# 爱因斯坦全集
第十二卷：柏林时期

# The Collected Papers of Albert Einstein
# 1921

Volume 12: The Berlin Years: Correspondence, January–December 1921

[美]阿耳伯特·爱因斯坦——著
Diana Kormos Buchwald, Ze'ev Rosenkranz, Tilman Sauer, József Illy, Virginia Iris Holmes ——主编
莫光华——主译　邹振隆——审校　莫光华　赵　蓉——译　湖南科学技术出版社

THE COLLECTED PAPERS OF

# Albert Einstein

VOLUME 12

THE BERLIN YEARS:
CORRESPONDENCE, JANUARY–DECEMBER 1921

Diana Kormos Buchwald, Ze'ev Rosenkranz, Tilman Sauer,
József Illy, and Virginia Iris Holmes
EDITORS

Jeroen van Dongen, Daniel Kennefick, A. J. Kox, and Osik Moses
ASSOCIATE EDITORS

Rudy Hirschmann, Jennifer Nollar, and Carol Chaplin
EDITORIAL ASSISTANTS

Princeton University Press
2009

## 主办者

耶路撒冷希伯来大学
加州理工学院
普林斯顿大学出版社

## 执行委员会

Yemima Ben Menahem  Daniel J. Kevles
Martin J. Klein  John D. Norton
Barbara Oberg  Fritz Stern
Joseph H. Taylor  Kip S. Thorne

**谨 以 此 卷 纪 念**

John Archibald Wheeler

(1911—2008)

## 捐赠者

Harold W. McGraw, Jr.

Virgle L. Hedgcoth & Susan Alexander 基金会

加州理工学院

## 资助者

《爱因斯坦全集》之得以付梓,端赖下列资助者对编辑工作的慷慨支持,现耶路撒冷希伯来大学和美国普林斯顿大学出版社谨对他们表示感谢。

加州理工学院,帕萨迪纳　美国
国家人文基金,华盛顿　美国
阿卡迪亚基金,英国
彼得·塞曼基金会,荷兰

# 本 卷 要 目

| | |
|---|---|
| 中文版出版说明 | 3 |
| 正文目录 | 5 |
| 插图目录 | 21 |
| 第十二卷序 | 25 |
| 关于全集的编辑方法 | 63 |
| 致谢 | 73 |
| 关于英译本的说明 | 77 |
| 文献所在机构符号表 | 79 |
| 文献种类说明符号表 | 85 |
| 正　　文 | 1 |
| 正文字顺目录 | 401 |
| 年表和日程表 | 421 |
| 附录 | 490 |
| 引用义献 | 544 |
| 名词索引 | 564 |
| 人名索引 | 579 |
| 引文索引 | 607 |
| 译后记 | 613 |

# 中文版出版说明

阿耳伯特·爱因斯坦不仅是 20 世纪最杰出的物理学家,而且是一位富有哲学探索精神的思想家,同时又是一位具有高度社会责任感的真正意义上的知识分子。对他的科学成就、科学思想、政治言论及生平的深入研究,势必成为科学史界普遍关注的话题。美国普林斯顿大学出版社自 1987 年出版《爱因斯坦全集》(The Collected Papers of Albert Einstein)第一卷以来,已陆续出版多卷,随着资料不断地收集,全集出齐将超过 25 卷。

全集不仅包括爱因斯坦的全部学术论文,还涉及有关和平、宗教、犹太人问题等社会政治言论,还有他与家人及朋友的往来书信,各种听课、备课笔记以及其他有关他个人的全部材料。这些材料是目前研究爱因斯坦最权威、最全面的资料,其中许多材料是首次公开发表。《爱因斯坦全集》的编辑出版,是国际科学史界的一项大工程,它不仅可以填补科学史上的一些空白,而且可以澄清一些广为流传的讹误,其学术价值和文化积累意义是不言而喻的。我社聘请国内科学史界和物理学界资深专家教授及年轻学者翻译出版《爱因斯坦全集》,这对我国学术界来说无疑是一件幸事。读者将最大限度地追踪爱因斯坦的思想、生活及科学活动,从中领略到科学和文化在现代社会中的深远影响。

《爱因斯坦全集》中文版是根据普林斯顿大学出版社出版的 The Collected Papers of Albert Einstein 德文版精装本翻译的,翻译过程中还参阅了此书的英文版平装本。为了便于前后各卷的统一,全集中除爱因斯坦外的人名均未译。地名及专有名词在正文中第一次出现时附注了原文。各卷的边码均指示德文原版书的页码,以利读者核对原文。全集各卷注释及索引中的页码除特别指明外,均指德文原版书页码即中文版的边码。中文版将原版索引拆分为三,一是名词索引,包括社会政治经济和文化机构名称、地名和地址以及科学技术词汇。以人名命名的科技术语也在其中。二是人名索引。此外尚有引文索引。名词索引按汉语拼音顺序排,人名索引及引文索引按拉丁文字母顺序排。

《爱因斯坦全集》的翻译出版工作浩大而繁杂,这使得我们的工作难免留下某些遗憾。恳请海内外读书界、著译界和出版界的朋友、同仁提出宝贵的意见和建议,以利改进工作,促使此项翻译出版工程圆满完成。

湖南科学技术出版社

2013 年 10 月

## 正 文 目 录

| | | | |
|---|---|---|---|
| 第五卷 | 254a. 致 Alfred Stern | 苏黎世,[1911年]2月16日 | 3 |
| 第五卷 | 259a. 致 Heike Kamerlingh Onnes | 苏黎世,1911年3月27日 | 3 |
| 第八卷 | 164. Michele Besso 来信 | 克鲁门瑙,1915年12月11日 | 5 |
| 第八卷 | 219a. 致 Emil Arnold Budde | [柏林,]1916年5月22日 | 6 |
| 第八卷 | 227a. Willem de Sitter 来信 | 莱顿,1916年6月7日[1916年6月22日之后] | 8 |
| 第九卷 | 343a. 致 Charlotte Weigert | [柏林,]1920年3月8日 | 11 |
| 第九卷 | 352a. 致 Frieda Huber | [柏林,]1920年3月14日 | 12 |
| 第十卷 | 4a. 致 Frieda Huber | [柏林,1920年5月2日] | 13 |
| 第十卷 | 39a. Frieda Huber 来信 | [1920年5月13日之后] | 14 |
| 第十卷 | 39c 致 Fritz Haber | [1920年5月15日]莱顿,星期六 | 16 |
| 第十卷 | 82a Hans Albert Einstein 来信 | [苏黎世,1920年7月23日到8月1日之间] | 16 |
| 第十卷 | 232a. Hans Albert Einstein 来信 | [苏黎世,1920年12月25日之后] | 18 |

1. Hans Albert Einstein 来信　[苏黎世,1920年12月26日到1921年3月14之间]　20
2. Heinrich Zangger 来信　[苏黎世,1920年12月24日到1921年1月初之间]　21
3. 致 Hendrik A. Lorentz　[柏林,]1921年1月1日　22
4. 致 Frieda Huber　[柏林,1921年初]　24

5. 致 Heinrich Zangger ［柏林,1921年初］ 25
6. 致 Arnold Sommerfeld ［柏林,］1921年1月4日 26
7. Edouard Guillaume 来信 伯尔尼,1921年1月4日 27
8. 致柏林犹太共同体 ［柏林,］1921年1月5日 29
9. 致维也纳乌拉尼亚天文台(Ludwig Koessler) 柏林,1921年1月5日 30
10. Paul Zacharias 来信 ［纽伦堡,］1921年1月6日 31
11. 致 Elsa Einstein ［布拉格,1921年1月7日］ 32
12. 致 Elsa Einstein ［布拉格,］1921年1月8日 33
13. 致 Elsa Einstein ［维也纳,］星期一［1921年1月10日］ 34
14. Otto Neurath 来信 维也纳I区,绅士街23号,1921年1月12日 34
15. 致维也纳乌拉尼亚天文台(Ludwig Koessler) ［维也纳,］1921年1月15日 35
16. 致 Paul Ehrenfest 维也纳,1921年1月16日 36
17. Emil 和 Johanna Zürcker 来信 苏黎世,1921年1月16日 37
18. 致 Friedrich Michael 柏林,1921年1月17日 38
19. Arnold Berliner 来信 柏林 西9区,林克街23/24号,1921年1月17日 42
20. 致 Otto Neurath ［柏林,1921年1月17日之后］ 43
21. Paul Ehrenfest 来信 莱顿,1921年1月18日 43
22. 致挪威议会诺贝尔委员会 柏林,1921年1月19日 45
23. 致 Paul Zacharias ［柏林,］1921年1月19日 46
24. 致 Paul Ehrenfest ［柏林,］1921年1月20日 47
25. 致 Edouard Guillaume ［柏林,］1921年1月20日 49
26. Walter Hasenclever 来信 德累斯顿,1921年1月20日 50
27. 致 Paul Ehrenfest ［柏林,1921年1月21日］ 51
28. Arnold Berliner 来信 柏林 西9区,林克街23/24号,1921年1月21日 52

| | | |
|---|---|---|
| 29. Niles Bohr 来信 | 哥本哈根 ø. Blegdamsvej 15, 1921 年 1 月 22 日 | 54 |
| 30. Paul Ehrenfest 来信 | 莱顿, 1921 年 1 月 22 日 | 55 |
| 31. George B. Jeffery 来信 | 密德萨斯, 哈罗, 皮纳路 365 号, 1921 年 1 月 23 日 | 58 |
| 32. Paul Zacharias 来信 | 纽伦堡, 1921 年 1 月 23 日 | 60 |
| 33. 致 Nikolai M. Fedorovsky | [柏林, 1921 年 1 月 27 日之前] | 61 |
| 34. 致 Edouard Guillaume | [柏林,] 1921 年 1 月 27 日 | 62 |
| 35. 致 Walter Hasencelver | [柏林,] 1921 年 1 月 27 日 | 63 |
| 36. Felix Ehrenhaft 来信 | 维也纳 9 区, 玻尔兹曼街 5 号, 1921 年 1 月 28 日 | 63 |
| 37. 致 Max Born | [柏林,] 1921 年 1 月 31 日 | 66 |
| 38. 致 Evelyn N. Wagner | 柏林, 1921 年 1 月 31 日 | 67 |
| 39. 致 Axel Frey Samsioe | [柏林, 1921 年 2 月 4 日之后] | 68 |
| 40. Lili Halpern-Neuda 来信 | 维也纳Ⅲ区, 黑格尔街 10 号[1921 年 2 月 5 日之前] | 68 |
| 41. 致 Lili Halpern-Neuda | 柏林, 1921 年 2 月 5 日 | 70 |
| 42. Paul Ehrenfest 来信 | [莱顿,] 1921 年 2 月 8 日 | 71 |
| 43. Max M. Warburg 来信 | 汉堡, 1921 年 2 月 8 日 | 72 |
| 44. Friedrich Carl von Simmens 来信 | 柏林 西北 6 区, 希弗鲍尔大道 15 号, 1921 年 2 月 10 日 | 73 |
| 45. 致 Friedrich Carl von Siemen | 柏林, 1921 年 2 月 11 日 | 75 |
| 46. Eduard Schweigler 来信 | 维也纳, 1921 年 2 月 11 日 | 76 |
| 47. Max Born 来信 | 美因河畔法兰克福, 1921 年 2 月 12 日 | 78 |
| 48. 致 Paul Ehrenfest | 柏林, 星期日晚[1921 年 2 月 13 日] | 81 |
| 49. Wilhelm Wirtinger 来信 | 维也纳 9 区, 斯特鲁德尔霍夫街 4 号, 1921 年 2 月 15 日 | 82 |
| 50. 致 Johannes W. Classen | 柏林, 1921 年 2 月 17 日 | 84 |
| 51. 致 Eduard Schweigler | 柏林, 1921 年 2 月 17 日 | 85 |

52. Max M. Warburg 来信　　汉堡，1921 年 2 月 18 日　　　　　　　　　85
53. 致 John G. Hibben　　柏林，1921 年 2 月 21 日　　　　　　　　　86
54. Vladimir M. Chulanovsky　　莱顿，维特罗曾街 57 号，1921 年
    2 月 21 日　　　　　　　　　　　　　　　　　　　　　　　　88
55. Paul Ehrenfest 来信　　〔莱顿，〕1921 年 2 月 21 日　　　　　　89
56. 致 Arthur T. Hadley　　柏林，1921 年 2 月 22 日　　　　　　　91
57. 致 Hendrik A. Lorentz　　〔柏林，〕1921 年 2 月 22 日　　　　　92
58. 致 Wilhelm Wirtinger　　柏林，1921 年 2 月 22 日　　　　　　　94
59. Otto Neurath 来信　　维也纳，1921 年 2 月 22 日　　　　　　　95
60. 致 Carl Beck　　柏林，1921 年 2 月 23 日　　　　　　　　　　95
61. Lucien Fabre 来信　　蓬德拉尔克县(Eure)，1921 年 2 月 23 日　96
62. Gilbert N. Lewis 来信　　〔加利福尼亚州，伯克利，〕1921 年
    2 月 23 日　　　　　　　　　　　　　　　　　　　　　　　　97
63. Chaim Weizmann 来信　　〔伦敦，〕1921 年 2 月 23 日　　　　98
64. Theodor Wulf　　〔柏林，〕1921 年 2 月 25 日　　　　　　　　99
65. Paul Oppenheim 来信　　美因河畔法兰克福，吉奥莱街 46 号，1921 年
    2 月 25 日　　　　　　　　　　　　　　　　　　　　　　　　99
66. 信仰犹太教的德国公民中央联合会来信　　柏林西南区，林登街
    18 号，1921 年 2 月 27 日　　　　　　　　　　　　　　　　101
67. Nathan Ratnoff 来信　　纽约，〔1921 年 2 月 27 日〕　　　　101
68. Paul Ehrenfest 来信　　〔莱顿，〕1921 年 2 月 28 日　　　　102
69. Maurice Solovine 来信　　巴黎，罗亚尔港街 39 号，1921 年 2 月 28 日
    　　　　　　　　　　　　　　　　　　　　　　　　　　　103
70. Chaim Weizmann 来信　　伦敦，W.C.1.，大罗素街 77 号，1921 年 2 月 28 日
    　　　　　　　　　　　　　　　　　　　　　　　　　　　105
71. 致 Paul Ehrenfest　　〔柏林，〕1921 年 3 月 1 日　　　　　106
72. 致 Romain Rolland　　〔柏林，〕1921 年 3 月 1 日　　　　　107
73. Erich Marx 来信　　柏林西 15 区，萨克森街 8 号，1921 年 3 月 2 日　108

74. Malwin Warschauer 来信　柏林北 24 区,奥拉宁堡街 66 号,
    1921 年 3 月 2 日　　　　　　　　　　　　　　　　　　　109
75. 致 Erich Marx　［柏林,］1921 年 3 月 3 日　　　　　　　110
76. 致 Otto Neurath　［柏林,］1921 年 3 月 3 日　　　　　　111
77. 致 Otto Neurath　柏林,1921 年 3 月 3 日　　　　　　　　111
78. Paul Epstein 来信　苏黎世,物理街 6 号,1921 年 3 月 4 日　112
79. Wilhelm Wirtinger 来信　维也纳Ⅸ区,斯特鲁德尔霍夫街 4 号,
    1921 年 3 月 4 日　　　　　　　　　　　　　　　　　　　113
80. Jakob Grommer 来信　［格丁根或柏林,］1921 年 3 月 5 日　115
81. 致 Alfred Kerr　［柏林,］1921 年 3 月 7 日　　　　　　117
82. Rudolf Goldschmidt 来信　［柏林,］夏洛滕堡 9 区,林登路 45 号,
    1921 年 3 月 7 日　　　　　　　　　　　　　　　　　　　117
83. 致 Paul Ehrenfest　［柏林,1921 年 3 月 8 日］　　　　　118
84. 致 Rudolf Goldschmidt　［柏林,］1921 年 3 月 8 日　　　119
85. 致 Maurice Solovine　［柏林,］1921 年 3 月 8 日　　　　119
86. 致 Malwin Warschauer　［柏林,］1921 年 3 月 8 日　　　121
87. Fritz Haber 来信　柏林-达勒姆 法拉第路 8 号,1921 年 3 月 9 日　121
88. 致 Fritz Haber　［柏林,］1921 年 3 月 9 日　　　　　　124
89. 致 Arnold Sommerfeld　［柏林,］1921 年 3 月 9 日　　　127
90. Hans Reissner 来信　［柏林,］维尔默斯多夫,维特尔斯巴赫街
    18 号,1921 年 3 月 9 日　　　　　　　　　　　　　　　　128
91. Chaim Weizmann 来信　伦敦,W.C.1.,大罗素街 77 号,1921 年 3 月
    9 日　　　　　　　　　　　　　　　　　　　　　　　　　129
92. Hermann Anschütz-Kaempfe 来信　［慕尼黑,］1921 年 3 月 10 日　130
93. Maurice Solovine 来信　巴黎,罗亚尔港街 39 号,1921 年 3 月 11 日
    　　　　　　　　　　　　　　　　　　　　　　　　　　　131
94. 致 Arnold Berliner　［柏林,］1921 年 3 月 12 日　　　　133
95. 致 Hermann Anschütz-Kaempfe　［柏林,］1921 年 3 月 13 日　134

| | | |
|---|---|---|
| 96. 致 Heinrich Scholz | [柏林,]1921年3月13日 | 135 |
| 97. 致 Heinrich Zangger | [柏林,]1921年3月14日 | 136 |
| 98. Arnold Sommerfeld 来信 | 慕尼黑,1921年3月14日 | 137 |
| 99. 致 Franz Oppenheim | 柏林,1921年3月15日 | 139 |
| 100. 致 Maurice Solovine | [柏林,]1921年3月16日 | 140 |
| 101. Maurice Solovine 来信 | 巴黎,1921年3月16日 | 141 |
| 102. 致 Paul Ehrenfest | [柏林,1921年3月17日] | 142 |
| 103. 致普鲁士科学院（对波茨坦天体物理台台长任命的建议） [柏林,1921年3月17日] | | 143 |
| 104. 致 George B. Jeffery | 柏林,1921年3月18日 | 144 |
| 105. 致 Franz Rusch | 柏林,1921年3月18日 | 145 |
| 106. 致 Maurice Solovine | [柏林,]1921年3月19日 | 146 |
| 107. Hendrik A Lorentz 来信 | 哈勒姆,1921年3月19日 | 147 |
| 108. 致 Heinrich Scholz | 柏林,1921年3月20日 | 148 |
| 109. Eduard Einstein 来信 | [苏黎世,1921年3月21日之前] | 149 |
| 110. Hans Albert Einstein 来信 | [苏黎世,1921年3月21日之前] | 150 |
| 111. 致 Emmanuel Carvallo | [柏林,]1921年3月21日 | 151 |
| 112. Arthur T. Hadley 来信 | [纽黑文,]1921年3月21日 | 151 |
| 113. 致 Paul Ehrenfest | [鹿特丹号游轮上,1921年3月24日] | 152 |
| 114. Franz Boas 来信 | 纽约,1921年4月7日 | 153 |
| 115. 致 Carl Beck | 纽约,1921年4月8日 | 153 |
| 116. 致 Franz Boas | 纽约,康莫多酒店,1921年4月11日 | 155 |
| 117. Arthur G. Webster 来信 | 马萨诸塞州,伍斯特,1921年4月11日 | 156 |
| 118. 致 Ernest G. Barker | 纽约,康莫多酒店,1921年4月12日 | 157 |
| 119. Paul M. Warburg 来信 | 纽约,1921年4月12日 | 157 |
| 120. 致 Carl Beck | 纽约,1921年4月15日 | 158 |
| 121. 关于授予纽约荣誉市民的决议 | [纽约,1921年4月16日] | 159 |
| 122. 致 Judah L. Magnes | 纽约,1921年4月18日 | 159 |

| | | |
|---|---|---|
| 123. Charles D. Walcott 来信 | 华盛顿,1921年4月18日 | 160 |
| 124. Judah L. Magnes 来信 | 纽约第五大道114号,1921年4月19日 | 161 |
| 125. 致 Henry A. Miers | 纽约康莫多酒店,1921年4月20日 | 162 |
| 126. Fèlix Michaud 来信 | 巴黎,1921年4月25日 | 162 |
| 127. 致 Solomon Rosenbloom | [纽约,]1921年4月27日 | 163 |
| 128. Louis D. Brandeis 来信 | 华盛顿,1921年4月29日 | 165 |
| 129. 致 Theodore Lyman | 芝加哥,1921年5月4日 | 166 |
| 130. Richard B. Haldane 来信 | [伦敦,]1921年5月5日 | 167 |
| 131. 致 Jacques Loeb | [纽约,]1921年5月9日 | 167 |
| 132. Benjamin N. Cardozo 来信 | 纽约,1921年5月13日 | 168 |
| 133. Paul M. Warburg 来信 | [纽约,]1921年5月13日 | 169 |
| 134. Felix Frankfurter 来信 | 马萨诸塞州,剑桥城,1921年5月17日 | 170 |
| 135. Solomon Rosenbloom 来信 | [匹兹堡,]1921年5月18日 | 170 |
| 136. 致 Ludwik Silberstein | [纽约,]1921年5月21日 | 172 |
| 137. Julian W. Mack 来信 | 纽约,第5大道55号,1921年5月24日 | 173 |
| 138. Michael I. Pupin 来信 | 纽约,1921年5月2⟨8⟩7日 | 174 |
| 139. 致 Felix Frankfurter | [纽约,]1921年5月28日 | 175 |
| 140. 致 Fclix Frankfurter | [纽约,]1921年5月29日 | 177 |
| 141. 致 Michele Besso | [纽约,1921年5月30日之前] | 178 |
| 142. 致 Edwin B. Frost | [纽约,]1921年5月30日 | 179 |
| 143. Heinrich Scholz 来信 | 基尔,费尔德街61号,1921年6月2日 | 179 |
| 144. Morris R. Cohen 来信 | [纽约,]1921年6月6日 | 181 |
| 145. Richard B. Haldane 来信 | 威斯敏斯特,1921年6月6日 | 182 |
| 146. Michele Besso 来信 | 伯尔尼,齐格勒尔街42号,1921年6月10日 | 183 |
| 147. Arthur S. Eddington 来信 | [伦敦/剑桥,]1921年6月12日 | 184 |
| 148. Paul Ehrenfest 来信 | 代尔夫特,1921年6月14日 | 185 |
| 149. 致 Mary E. Haldane | [伦敦,]1921年6月15日 | 187 |

150. 致 Chester E. Clark　［柏林,1921年6月17日之后］　188

151. Hellmut von Gerlach 等给"新祖国同盟"成员的信　［柏林, 1921年6月17日之后］　188

152. 致 Paul Ehrenfest　［柏林,］1921年6月18日　189

153. 致 Hans Albert Einstein　［柏林,］1921年6月18日　191

154. Maurice Solovine 来信　巴黎,罗亚尔港街39号,1921年6月20日　192

155. 致 Richard B. Haldane　柏林,1921年6月21日　193

156. Joachim von Winterfeldt-Menkin 来信　柏林,马太教堂街20号,1921年6月22日　194

157. 致 Maurice Solovine　柏林,1921年6月25日　195

158. Michele Besso 来信　伯尔尼,［1921年］6月26日　196

159. Richard B. Haldane 来信　［伦敦,］1921年6月21日　197

160. Fritz Haber 来信　柏林,达勒姆,法拉第路4—6号,1921年6月28日　197

161. Joel J. Joël 来信　吕贝克,柯尼希街10号,1921年6月28日　199

162. Maurice Solovine 来信　巴黎,罗亚尔港街39号, 1921年6月28日　200

163. 致 Hendrik A. Lorentz　［柏林,］1921年6月30日　201

164. 德国红十字会中央委员会来信　［柏林,］塞西利安豪斯,1921年6月30日　202

165. 致 Félix Michaud　［柏林,］1921年7月1日　203

166. Felix Frankfurter 来信　马萨诸塞州,剑桥城,1921年7月1日　204

167. Maja Winterler-Einstein 来信　菲耶索莱,Casa Givo. Manuelli, via G. verdi,1921年7月3日　205

168. Arnold Sommerfeld 来信　慕尼黑,1921年7月4日　207

169. Joachim von Winterfeldt-Menkin 来信　柏林,马太教堂街20号,1921年7月4日　208

170. 不明来信　墨西哥,1921年7月7日之后　209

| | | |
|---|---|---|
| 171. | Heinrich Zangger 来信　苏黎世，苏黎世伯格街 8 号，1921 年 7 月 7 日 | 210 |
| 172. | Georg Bernhard 来信　柏林 西南 68 区，科赫街 23/25 号，1921 年 7 月 9 日 | 211 |
| 173. | Solomon Ginzberg 来信　[伦敦，]1921 年 7 月 12 日 | 211 |
| 174. | 致 Frieda Huber　[柏林，]1921 年 7 月 13 日 | 212 |
| 175. | 致 Arnold Sommerfeld　[柏林，]1921 年 7 月 13 日 | 213 |
| 176. | 致 Joachim von Winterfeldt-Menkin　柏林，1921 年 7 月 13 日 | 214 |
| 177. | Solomon Ginzberg 来信　[伦敦，1921 年 7 月 13 日] | 215 |
| 178. | Ludwik Silberstein 来信　伊利诺伊州，芝加哥，1921 年 7 月 13 日 | 216 |
| 179. | 致 Solomon Ginzberg　[柏林，]1921 年 7 月 14 日 | 217 |
| 180. | 致 Solomon Ginzberg　[柏林，]1921 年 7 月 14 日 | 217 |
| 181. | 致 Emil Starkenstein　[柏林，]1921 年 7 月 14 日 | 218 |
| 182. | 致 Theodore Wolff　[柏林，]1921 年 7 月 21 日 | 218 |
| 183. | Solomon Ginzberg 来信　[伦敦，]1921 年 7 月 14 日 | 219 |
| 184. | Else Lasker-Schüler 来信　[柏林(?)，]1921 年 7 月 15 日 | 220 |
| 185. | 致 Lise Meitner　[柏林，]星期一[1921 年 7 月 18 日或之前] | 221 |
| 186. | Hans Albert Einstein 来信　[苏黎世，1921 年 7 月 18 日之前] | 222 |
| 187. | Ludwik Silberstein 来信　[芝加哥，]1921 年 7 月 18 日 | 223 |
| 188. | Jacques Loeb 来信　马萨诸塞州，伍兹霍尔，海洋实验室，1921 年 7 月 20 日 | 224 |
| 189. | 致 Hermann Anschütz-Kaempfe　武斯特罗，1921 年 7 月 22 日 | 226 |
| 190. | Morris R. Cohen 来信　纽约，1921 年 7 月 22 日 | 226 |
| 191. | Hermann Anschütz-Kaempfe 来信　基尔，俾斯麦大道 24 号，1921 年 7 月 23 日 | 227 |
| 192. | Lise Meitner 来信　柏林-达勒姆，梯也尔大道 63 号，1921 年 7 月 24 日 | 229 |
| 193. | 致 Lise Meitner　武斯特罗，[1921 年]7 月 27 日 | 230 |

194. 致 Hermann Anschütz-Kaempfe ［武斯特罗，1921 年 7 月 28 日］ 231

195. Walther Nernst 来信　柏林，卡尔斯巴德 26a，1921 年 7 月 29 日　232

196. 致柏林和平游行 ［1921 年 7 月 30 日之前］ 234

197. Ludwik Wilberstein 来信 ［芝加哥，］1921 年 7 月 30 日 234

198. 致 Elsa Einstein ［武斯特罗，1921 年 8 月 1 日］ 237

199. Michele Besso 来信　伯尔尼，齐格勒街 42 号，1921 年 8 月 1 日　237

200. Arnold Sommerfeld 来信　慕尼黑，1921 年 8 月 2 日 239

201. Max Born 来信　格丁根，1921 年 8 月 4 日 239

202. 致 Moritz Schlick ［基尔，］1921 年 8 月 10 日 240

203. 致 Joachim von Winterfeldt-Menkin ［柏林，1921 年 8 月 10 日之后］ 241

204. Arnold Sommerfeld 来信　慕尼黑，1921 年 8 月 10 日 241

205. Heike Kamerlingh Onnes 来信　恩格尔伯格，提特利斯宾馆，1921 年 8 月 13 日 242

206. 致 Elsa Einstein ［基尔，］1921 年 8 月 14 日 244

207. 致 Elsa Einstein ［基尔，1921 年 8 月 14 日］ 245

208. 致 Paul Epstein ［基尔，］1921 年 8 月 14 日 246

209. Arthur Holitscher 来信　柏林 v. 15. 路德维希教堂广场 12 号，1921 年 8 月 16 日 248

210. Maurice Solovine 来信　维桑（加莱海峡），德班酒店，1921 年 8 月 17 日 249

211. 致 Max Born ［柏林，］1921 年 8 月 22 日 249

212. James Franck 来信　格丁根，本生街 9 号，1921 年 8 月 24 日 250

213. Jakob Grommer 来信　格丁根，普朗克街 18 号，1921 年 8 月 25 日 251

214. 致 Margot Einstein ［柏林，］1921 年 8 月 26 日 254

215. Hermann Weyl 来信　赖兴哈尔，1921 年 8 月 26 日 255

216. 致天文学会　［柏林,1921年8月27日之前］　256

217. 致天文学会　［柏林,1921年8月27日之前］　257

218. 致 Mileva Einstein-Marić　［柏林,］1921年8月28日　258

219. 致 Paul Ehrenfest　［柏林,］1921年9月1日　260

220. 致法国人权联盟　［柏林,1921年9月到1922年1月2日之间］　261

221. 致 Werner Richter　［柏林,］1921年9月1日　261

222. Willi G. Münzenberg 来信　柏林,1921年9月1日　262

223. 致 Hans Albert 和 Eduard Einstein　［柏林,1921年9月1日之后］　263

224. Hans Albert Einstein 来信　［苏黎世,1921年9月1日］　265

225. 致 Paul Ehrenfest　［柏林,］1921年9月2日　266

226. 致 Willi G. Münzenberg　柏林,1921年9月3日　267

227. Otto Göbel 来信　柏林,1921年9月3日　267

228. 致 James Franck　［柏林,1921年9月4日］　268

229. Ludwik Silberstein 来信　纽约州,罗切斯特,塞尼卡公园大道129号,1921年9月4日　269

230. 致 Hermann Weyl　［柏林,］1921年9月5日　271

231. 致 Max Barthel　柏林,1921年9月6日　272

232. 德奥救助社团中央委员会（全国委员会）来信　纽约,1921年9月9日　273

233. 致 Erwin F. Freundlich　［柏林,］1921年9月10日　274

234. Käthe Kollwitz 来信　［柏林,］1921年9月11日　275

235. 致 Samuel Untermyer　［柏林,］1921年9月15日　275

236. 致柏林犹太剧院的领导人　柏林,1921年9月16日　276

237. 致 Hermann Anschütz-Kaempfe　［柏林,］1921年9月17日　277

238. Arthur Holitscher 来信　柏林,v.15.路德维希教堂广场12号　278

239. 致 Hermann Anschütz-Kaempfe　［柏林,］1921年9月18日　280

240. 致 Käthe Kollwitz　柏林,1921年9月19日　280

| | | | |
|---|---|---|---|
| 241. | Hermann Anschütz-Kaempfe 来信 | 基尔,1921年9月20日 | 281 |
| 242. | 致 Hugo Bergmann | [柏林,]1921年9月22日 | 282 |
| 243. | C.A. Schwetschke & Sohn 出版社来信 | 柏林 W. 30,1921年9月22日 | 282 |
| 244. | Jun Ishiwara 来信 | 仙台,1921年9月24日 | 283 |
| 245. | Kôshin Murobuse 来信 | 柏林 W 62区,b/Döllen,路德街12号,[1921年9月27日之前] | 284 |
| 246. | 致 Kôshin Murobuse | 柏林,1921年9月27日 | 286 |
| 247. | 致 Arnold Sommerfeld | [柏林,]1921年9月27日 | 286 |
| 248. | 致 Werner Richter | [柏林,]1921年9月29日 | 288 |
| 249. | 致 Heinrich Zangger | [柏林,]1921年9月29日 | 289 |
| 250. | 致 Eberhard Zschimmer | 柏林,1921年9月30日 | 290 |
| 251. | Paul G. Tomlinson 来信 | 新泽西州,普林斯顿,1921年9月30日 | 291 |
| 252. | Heinrich Zangger 来信 | 苏黎世,1921年10月3日 | 291 |
| 253. | Heinrich Zangger 来信 | 苏黎世[1921年10月3—16日之间] | 294 |
| 254. | 致 Ludwik Silberstein | 柏林,1921年10月4日 | 296 |
| 255. | Eduard Einstein 来信 | [苏黎世,][1921年]10月4日 | 298 |
| 256. | Hans Albert Einstein 来信 | [苏黎世,1921年10月4日] | 298 |
| 257. | Mileva Einstein-Marić 来信 | [苏黎世,1921年10月4日] | 299 |
| 258. | 致 Friedrich Vieweg | 柏林,1921年10月5日 | 300 |
| 259. | Chaim Weizmann 来信 | 梅拉诺,斯特凡尼疗养院,1921年10月7日 | 300 |
| 260. | 致 Mileva Einstein-Marić | [柏林,]星期六[1921年10月8日] | 301 |
| 261. | 致 Alnold Sommerfeld | [柏林,]1921年10月9日 | 303 |
| 262. | Keiichi Aichi 来信 | 仙台,1921年10月10日 | 304 |
| 263. | 致 Hermann Anschütz-Kaempfe | [柏林,]1921年10月11日 | 305 |
| 264. | Erich Wende 来信 | 柏林西8区菩提树下街4号文化部,1921年10月11日 | 306 |

265. 致 Friedrich Vieweg　柏林,1921 年 10 月 12 日　　　　307
266. Hans Reichenback 来信　斯图加特,诺斯普街 5 号,1921 年 10 月 12 日
　　　　308
267. 致 Erich Wende　[柏林,]1921 年 10 月 13 日　　　　310
268. 致 P.R. Bennett　柏林,1921 年 10 月 14 日　　　　311
269. 致 Eduard Hartmann　柏林,1921 年 10 月 14 日　　　　311
270. 致 Theodor Kaluza　[柏林,]1921 年 10 月 14 日　　　　313
271. 致 Ralph de Laer Kronig　柏林,1921 年 10 月 14 日　　　　314
272. Sigmund Zeisler 来信　芝加哥,迪尔伯恩街 127N,1921 年 10 月 15 日　　　　314
273. 致 Elsa,Ilse 和 Margot Einstein　博尔扎诺,[1921 年 10 月 16 日] 晚上　　　　316
274. Arnold Sommerfeld 来信　慕尼黑,1921 年 10 月 17 日　　　　317
275. 致 Michele Besso　[佛罗伦萨]1921 年 10 月 20 日　　　　319
276. Shmarya Levin 来信(?)　[伦敦][1921]年 10 月 20 日　　　　320
277. Svante Arrhenius 来信　Experimentalf[äs]tet,1921 年 10 月 21 日
　　　　321
278. Max Born 来信　格丁根,1921 年 10 月 21 日　　　　321
279. Max Planck 来信　柏林,格鲁内瓦尔德,1921 年 10 月 22 日　　　　324
280. Elsa Einstein 来信　[柏林,1921 年 10 月 12 日之后]　　　　325
281. Theodore Kaluza 来信　普鲁士,柯尼斯堡,斯坦因梅茨街 34 号, 1921 年 10 月 24 日　　　　326
282. 致 Alfred 和 Clara Stern　博洛尼亚,1921 年 10 月 25 日　　　　327
283. Jakob Grommer 来信　柏林,1921 年 10 月 25 日　　　　327
284. 致 Michele Besso　[博洛尼亚,]1921 年 10 月 26 日　　　　331
285. Kôshin Murobuse 来信　日本,东京都,大森入山津 471 号 [1921 年 11 月]　　　　331

286. Hedwig Born 来信　［格丁根，］1921 年 11 月 1 日　332
287. Max Planck 来信　格鲁内瓦尔德，1921 年 11 月 2 日　332
288. 致 Ilse 和 Margot Einstein　［莱顿，］1921 年 11 月 5 日　333
289. Hans Geiger 来信　［柏林，］夏洛滕堡，马奇街 25 号，1921 年 11 月 7 日　333
290. Max Schuler 来信　基尔附近的新米伦，1921 年 11 月 7 日　334
291. Société Française des Pays Danubiens(Marcle Schwob & Cie)来信　维也纳 1 区，斯图本 2 环比伯街 24 号，1921 年 11 月 7 日　336
292. 致 Ilse Einstein　［莱顿，1921 年 11 月 9 日］　337
293. Hermann Anschütz-Paempfe 来信　慕尼黑，列奥珀得街 6 号，1921 年 11 月 10 日　338
294. 致 Georg Jaffé　莱顿，1921 年 11 月 11 日　339
295. 致 Arthur S. Eddington　柏林，1921 年 11 月 12 日　340
296. 致 Elsa Einstein　［莱顿，1921 年］11 月 12 日　341
297. Paul Winteler 来信　［苏黎世，1921 年 11 月 12 日］　343
298. Hendrik A. Lorentz 来信　哈勒姆，1921 年 11 月 13 日　344
299. Ellen Siemens-Helmholtz 来信　万湖，西门子别墅，1921 年 11 月 14 日　348
300. Noémi Stricker 来信　柏林，1921 年 11 月 15 日　349
301. Henri Barbusse 来信　法国 Aumort par Senlis (Oise)，1921 年 11 月 17 日　350
302. Louis G. Du Pasquier 来信　纳沙泰尔（瑞士），沙布伦斯街 33 号，1921 年 11 月 19 日　351
303. 致 Elsa Einstein　［莱顿，］1921 年 11 月 20 日　352
304. Heinrich Zangger 来信　苏黎世，1921 年 11 月 21 日　353
305. Theodor Kaluza 来信　普鲁士，柯尼斯堡，施泰因梅茨街 34 号，1921 年 11 月 28 日　354

| | |
|---|---|
| 306. 致 David A. Lourie　　柏林,1921年11月29日 | 356 |
| 307. 致 Noémi Stricker　　柏林,1921年11月29日 | 357 |
| 308. Max Born 来信　　格丁根,1921年11月29日 | 358 |
| 309. 致 Max Schuler　　[柏林,]1921年12月1日 | 361 |
| 310. Edith Einstein 来信　　苏黎世,奥提克街27号,1921年12月4日 | 362 |
| 311. Hans Albert Einstein 来信　　[苏黎世,1921年12月5日] | 363 |
| 312. 致 Jun Ishiwara　　柏林,1921年12月6日 | 364 |
| 313. 致 Johannes Staub　　柏林,1921年12月6日 | 364 |
| 314. 致 Paul Painlevé　　柏林,1921年12月7日 | 365 |
| 315. Maja Winteler-Einstein 来信　　菲耶索莱,威尔第8号收转,[1921年]12月7日 | 366 |
| 316. Walther Bothe 来信　　[柏林,]夏洛滕堡,魏尔纳-西门子街8/12号,1921年12月7日 | 367 |
| 317. 致 Henri Barbusse　　[柏林,]1921年12月9日 | 369 |
| 318. 致 Theodor Kaluza　　[柏林,1921年]12月9日 | 369 |
| 319. 致 Louis G. Du Pasquier　　柏林,1921年12月10日 | 370 |
| 320. Ludwik Silberstein 来信　　纽约州,罗切斯特,塞尼卡公园大道129号,1921年12月11日 | 371 |
| 321. Theodor Von Kármán 来信　　亚琛,1921年12月12日 | 373 |
| 322. Stefan Zweig 来信　　萨尔茨堡,1921年12月12日 | 374 |
| 323. Louis G. Du Pasquier 来信　　纳沙泰尔,萨布隆,1921年12月13日 | 375 |
| 324. Hermann Weyl 来信　　苏黎世,托伯尔霍夫街20号,1921年12月13日 | 376 |
| 325. 致 Anatole France　　[柏林,]1921年12月16日 | 378 |
| 326. 致 Hermann Weyl　　[柏林,]1921年12月16日 | 378 |
| 327. Hermann Anschütz-Kaempfe 来信　　慕尼黑,列奥珀特街6号,1921年12月16日 | 379 |

| | | |
|---|---|---|
| 328. Count Harry Kessler 来信 | [巴黎,]1921 年 12 月 17 日 | 380 |
| 329. Max Soloweitschik 来信 | 科诺,1921 年 12 月 19 日 | 381 |
| 330. 致 Erwin Freundlich | 柏林,1921 年 12 月 20 日 | 382 |
| 331. 致 Hugo Andres Krüss | 柏林,1921 年 12 月 20 日 | 383 |
| 332. Paul Painlevé 来信 | 巴黎,1921 年 12 月 20 日 | 383 |
| 333. Michael Polányi 来信 | 柏林,达勒姆,法拉第路 4—6 号,1921 年 12 月 20 日 | 384 |
| 334. Georg Schlesinger 来信 | [柏林,]夏洛滕堡 2 号,1921 年 12 月 20 日 | 385 |
| 335. 致《新自由报》 | 柏林,1921 年 12 月 21 日 | 386 |
| 336. 致 Hermann Weyl | [柏林,]1921 年 12 月 22 日 | 387 |
| 337. Arnold Berliner 来信 | 柏林西 9 区,林克街 23/24 号,1921 年 12 月 23 日 | 387 |
| 338. Michele Besso 来信 | 伯尔尼,齐格勒尔街 42 号,1921 年 12 月 23 日 | 388 |
| 339. 致 Arnold Berliner | 柏林,1921 年 12 月 24 日 | 390 |
| 340. 致 Hans Ludendorff | 柏林,西 30 区,1921 年 12 月 25 日 | 391 |
| 341. 致 Gerhart Hauptmann | 柏林,1921 年 12 月 27 日 | 391 |
| 342. Claude August Crommelin 来信 | 莱顿,1921 年 12 月 27 日 | 392 |
| 343. Paul Ehrenfest 来信 | 哥本哈根,1921 年 12 月 27 日晚 10 时 | 393 |
| 344. Franz Selety 来信 | 维也纳,1921 年 12 月 29 日 | 394 |
| 345. 致 Hedwig 和 Max Born | [柏林,]1921 年 12 月 30 日 | 395 |
| 346. 致 Richard Fleischer | [1921 年 12 月 30 日] | 397 |
| 347. 致 Richard B. Haldane | [柏林,]1921 年 12 月 30 日 | 398 |
| 348. Federico Enriques, Paul Langevin, Pierre Weiss, Paul Montel 和 Giovanni Malfitano 来信 | [巴黎,1921 年 12 月 30 日] | 398 |
| 349. Eduard 和 Hans Albert Einstein 来信 | 苏黎世,[1921 年]新年晚上 | 399 |

# 插 图 目 录

1. 爱因斯坦肖像画,Ferdinand Schmutzer 1921 年 1 月创作于维也纳。(感谢阿耳伯特·爱因斯坦档案馆提供)
2. 爱因斯坦和其他几位犹太复国主义者组织成员赴美登上鹿特丹游轮时的情景,从左至右依次是:Ben-Zion Mossinson、爱因斯坦、Chaim Weizmann 以及 Menachem Ussishkin。(感谢耶路撒冷的中央犹太复国主义者档案馆提供)
3. 1921 年 5 月,爱因斯坦在纽约。(感谢国会图书馆提供)
4. 1921 年 4 月 5 日,纽约市市长站在市政厅台阶上迎接犹太复国主义者组织代表团一行,从左至右分别 Chaim Weizmann、纽约市市长 John F. Hylan,以及爱因斯坦。(感谢 Corbis 提供)
5. 1921 年 5 月 25 日爱因斯坦所画草图,当时他正在俄亥俄州克利夫兰与凯斯学院(Case Institute)的 Dayton C. Miller 讨论他的威尔逊山实验。(感谢 Robert S. Shankland 提供)
6. 1921 年 5 月 6 日,爱因斯坦在威斯康星州威廉姆斯湾参观芝加哥大学的叶凯士天文台。几位参观者和天文台 40 英寸望远镜一起合影,包括著名天文学家 Edward E. Barnard(左起第八位),中间是 Edwin B. Frost(天文台台长)、爱因斯坦、波恩大学的 Alexander W. Pflueger 以及 Solomon Ginzberg。(感谢叶凯士天文台提供)
7. Orren Jack Turner 创作的爱因斯坦 1921 年 5 月 6 日在威斯康星州威廉姆斯湾叶凯士天文台时的肖像。(感谢普林斯顿大学图书馆提供)
8. 1921 年 5 月 25—27 日,爱因斯坦和 Ernest F. Nichols 在俄亥俄州克利夫兰通用电气公司的国家电灯协会公园实验室。(感谢美国物理学会 Emilio Segrè 视频档案馆提供)
9. 1921 年 5 月,爱因斯坦和纽约大学校长 Elmer E. Brown 在一起。

（感谢纽约大学提供）

10. 1921年4月，爱因斯坦与普林斯顿大学学监 Henry B. Fine 在纽约城市学院。（感谢普林斯顿大学图书馆的 Seeley G. Mudd 手稿图书馆提供）

11. 1921年4月25日，美国华盛顿白宫接待爱因斯坦和美国科学院代表团成员。从左至右分别是 Elsa Einstein、爱因斯坦、第一夫人 Florence K. Harding，总统 Warren G. Harding 以及美国科学院院长 Charles D. Walcot。（感谢 Ullstein 画报提供）

12. 1921年5月9—13日，爱因斯坦受邀去普林斯顿大学演讲。（感谢斯坦福大学特别收藏部提供）

13. 爱因斯坦在普林斯顿大学为他颁发科学荣誉博士学位的仪式上，和他一起的还有 Andrew West、John G. Hibben 以及 William A. Libbey。（感谢美国物理学会 Emilio Segrè 视频档案馆提供）

14. 爱因斯坦获普林斯顿大学为他颁发的化学荣誉博士学位，授予时间是1921年5月7日。（感谢阿耳伯特·爱因斯坦档案馆提供）

15. 阿耳伯特·爱因斯坦与 Elsa Einstein 1921年5月30日在纽约登上即将开往利物浦的凯尔特号邮轮。（感谢 Corbis 提供）

16. 爱因斯坦1921年6月13日在伦敦大学国王学院的演讲海报，有手写校正，暗示日期的改变。（感谢阿耳伯特·爱因斯坦档案馆提供）

17. 爱因斯坦1921年6月在伦敦。（感谢 Ullstein 画报提供）

18. 阿耳伯特·爱因斯坦和 Elsa Einstein 1921年6月在伦敦拜访 Haldane 勋爵。（感谢 TopFoto 提供）

19. Ferdinand Schmutzer 1921年1月在维也纳创作的爱因斯坦肖像画。（感谢阿耳伯特·爱因斯坦档案馆提供）

20. 20世纪20年代早期的 Ilse Einstein。（感谢阿耳伯特·爱因斯坦档案馆提供）

21. Margot Einstein 在20世纪20年代早期。（感谢阿耳伯特·爱因斯坦档案馆提供）

22. 波茨坦天体物理台的爱因斯坦塔。（感谢波茨坦天体物理研究所提供）

23. 爱因斯坦和 Hans Ludendorff 1921 年 8 月 24—27 日在波茨坦天文学会的年会上。(感谢 Ullstein 画报提供)
24. 爱因斯坦与 Federigo Enriques 1921 年 10 月在博洛尼亚。(感谢美国物理学会的 Emilio Segrè 视频档案馆提供)

# 第十二卷序

1921年，爱因斯坦有6个多月不在柏林。他去了欧洲大陆各国，并且第一次去了美国和英国，给那里的同行和普通听众宣讲他的研究工作，在曾为敌对国的科学家当中倡导国际和解与合作。

爱因斯坦当时已是著名的科学家，被越来越多的人知晓和关注。他的相对论在物理学家、天文学家以及数学家当中引起了广泛的讨论。在这一年里，爱因斯坦的科学活动主要集中于两个方面，一、从理论上证明引力与电磁学的统一问题；二、通过实验来研究量子力学的某些推论。与此同时，爱因斯坦根据自己早期的研究所撰写的科学论文和论著也迅速增多，之所以能形成如此蓬勃兴旺的景象，是因为爱因斯坦的演讲和公开露面使相对论在科学家和普通听众当中得到了广泛的传播。人们希望他能采取更具体的行动，或者在纷繁复杂的其他话题方面阐明他自己的态度。他为希伯来大学的创建做出了积极的努力，为促进国际和解与合作采取了果断的行动。但他卷帙浩繁的书信不仅记录了许多其他意义重大的事件，同时也为我们提供了丰富的资料，使我们可以更加深入地了解爱因斯坦在多个领域里的个人生活，比如他的兴趣、他的活动以及人际交往。

本卷利用了爱因斯坦1921年的2000多份文件，包括他自己写的、写给他的以及关于他的文件。前面11封书信的写作时间略早于1921年，随后选取的349封书信做全文呈现。

在爱因斯坦1921年所写的可找到的291封书信当中，本卷做全文收录的共有169封；而在他1921年收到的500多封仍然存在的来信当中，本卷做全文收录的有180封。本卷所附的年表和日程表包括几百个条目。其中与不同出版商的大量交流表明，人们对德语原版的爱因斯坦著作的需求增多，也越来越需要把爱因斯坦的著作翻译成英语、法语、西班牙语、意大利语、俄语、波兰语、匈牙利语、乌克兰语、日语、罗马尼亚语、意第绪语以及希伯来语。这些书信揭示了爱因斯坦的工作和生活中许多不为人知的方面,不仅可以帮助我们了解他与家人、朋友以及同事之间的关系,也可以帮助我们了解他在1921年间初次接触到的许多个人、机构以及许多重大的活动。

# I

从1919年末到1920年初,爱因斯坦积极投身于犹太复国主义运动。1921年初,为了重振犹太复国主义者事业,爱因斯坦第一次穿越大西洋,到达大洋彼岸。在那些研究爱因斯坦的人看来,促成爱因斯坦这次旅行的,乃是他对耶路撒冷希伯来大学创建的兴趣。这次旅行在一定程度上使爱因斯坦与美国科学界建立起了新的联系。[1] 在研究犹太复国主义运动的历史学家们看来,爱因斯坦的参与对于犹太复国主义者组织驻伦敦主席、著名化学家[2] Chaim Weizmann 在美国的犹太复国运动来说,只是一个小小的有趣的脚注而已。

关于1921年那次漫长的旅行,爱因斯坦手头的文件极少。大量尚未被查考的资料来源为他的英、美之行提供了新的洞见。我们了解到,这次旅行对爱因斯坦来说需要许多个人主动性,同时丰富了他对犹太复国主义者政治和美国犹太人的了解。他见到了日渐兴盛的美国科学共同体的许多代表,而且几乎每天都不得不面对喜欢刨根问底的国际媒体的众多记者。因此,爱因斯坦出现在美国不再被视为犹太复国主义使命的一个点缀,也不只是他一时心血来潮,想去完成一项自己喜欢的工程。在这次旅行期间,一个特别的规划渐渐在爱因斯坦的心里形成:他要在美国和英国成立大学资助委员会,以此促成希伯来大学的建立。

爱因斯坦的这次旅行不完全是一个惊喜,他以前就思考过进行一次大范围的科学演讲之旅的可能性。1920年10月,爱因斯坦接到美国普林斯顿大学和其他几位潜在的东道主[3]的邀请,当时在 Paul Ehrenfest 的鼓励下,爱因斯坦向每一位邀请他的东道主提出必须支付15000美元高额酬金的要求。他想这个近乎开玩笑的要求很可能"吓跑"那些东道主,因为不管怎样,他毕竟还是喜欢待在家里。[4] 不过,爱因斯坦也有理由提出如此大胆的要求。一方面他希望借此得到"经济自由",稳定前妻和两个儿子在苏黎世的经济需求。另一方面,正如 Ehrenfest 所认为的那样,爱因斯坦也坚信,如果他能够得到"两三所美国精英大学"[5]的邀请,德国科学界的声望和地位也会随之提高。

1920 年 12 月底,普林斯顿大学校长告诉爱因斯坦他的大学付不起这笔酬金。[6]威斯康星大学的教务长觉得爱因斯坦提的酬金要求太"离谱",他告诉伯克利加州大学校长和爱因斯坦的谈判代表 Paul M. Warburg,说"这笔酬金太高了,完全超出了美国各大学的筹资能力"。[7]后来,Paul M. Warburg 的哥哥 Max M. Warburg 把这个情况转告给了爱因斯坦(文件 43)。

1921 年的最初几个星期里,爱因斯坦看起来很轻松,他好像不必刻意去准备这次辛苦的旅行(文件 48)。然而他的计划很快就发生了戏剧性的变化。德国犹太复国主义领袖 Kurt Blumenfeld 给他带来一封电报,是伦敦的 Weizmann 发给他的,想邀请他一起去美国发动犹太复国主义运动。[8]

Weizmann 计划在美国待一年多,主要处理欧美两地犹太复国主义者组织在巴勒斯坦建设基金问题上存在的越来越明显的分歧。巴勒斯坦建设基金是伦敦犹太复国主义者组织创办的,目的是"帮助犹太人及时有序地迁入巴勒斯坦,并使迁入巴勒斯坦的犹太人的人数稳步上升,同时保证该国将来的经济发展更有利于其犹太居民和非犹太居民"。[9]巴勒斯坦建设基金决定筹款 2500 万英镑。围绕这个基金而起的争议主要集中于如下几点:谁来运作这个基金;这个基金是否可以建设成为一个"普遍的捐献基金,针对巴勒斯坦犹太复国主义运动的所有开支";抑或这个基金"只用于公共服务,以独立的商业规划方式来运作"。

Louis D. Brandeis 是第一个被任命为美国最高法院法官的犹太人,他也是美国犹太复国主义者组织的著名领导人。对于上述问题,Brandeis 更倾向于后者,即以"更商业化的方式"筹集资金,然而 Weizmann 及其支持者更关注"犹太复国主义运动长远的经济目标和政治目标"。他们致力解决巴勒斯坦的犹太移民问题,拒绝接受 Brandeis

一派对基金筹集的商业化做法,主张由犹太复国行政部来掌管巴勒斯坦建设基金。与此相反,Brandeis 一派则坚决要求由每个国家联合会来控制不同基金的筹集和分配。[10] Weizmann 此次美国之行可能削弱 Brandeis 作为美国犹太复国主义者组织的卓越领导人的立场。[11]

根据 Blumenfeld 的说法,爱因斯坦最初不太愿意接受这个邀请,因为他刚刚拒绝了为他提供"丰厚报酬"的 6 所美国大学的邀请。[12] 再则,爱因斯坦当时正在准备几周之后就要召开的第三届索尔维物理学大会。这次大会将在布鲁塞尔举行,是第一次世界大战后该领域第一次举行国际会议。作为唯一被此次大会邀请的德国科学家,爱因斯坦的出席必然具有重大的政治意义和象征意义。按照 Blumenfeld 的说法,爱因斯坦起初并不明白,为何创建希伯来大学如此迫在眉睫。可 Weizmann 的邀请是否就是旅美的一个充分理由呢?爱因斯坦对此显然有些摇摆不定。然而三天后,当爱因斯坦见到 Blumenfeld 本人的时候,便欣然答应"与他同往了"。[13]

几天之后,Weizmann 亲自出面邀请爱因斯坦,这是他们两人第一次正面接触(文件 63),于是爱因斯坦马上启动他本已取消的这次科学演讲之旅。他写信告诉普林斯顿大学校长,说他"被迫"在 3 月中旬代表希伯来大学访问美国。不过,他也希望借这次机会为国际和解做一些努力,因为这是"他特别看重的一件事情"(文件 53)。他还马上写信给 Hendrik A. Lorentz(文件 57),为不能参加本届索尔维物理学会议表示歉意,尽管 Lorentz 赞成邀请爱因斯坦参加这次会议。[14] 爱因斯坦的拒绝是一件很微妙的事,因为他和这位比他年长的杰出同事是令人羡慕的老朋友。[15] 前敌国的科学家们意识到,"在本次被邀请的科学家当中,只有爱因斯坦是德国人,为此爱因斯坦可以算是来自国际社会的人"。[16] 爱因斯坦在信中告诉 Lorentz,关于计划中的希伯来大学,他这次去美国可能会有一些重要会面。对于希伯来大学项目,爱因斯坦始终热情满怀;他相信希伯来大学的建立将有可能为东欧的学生和学术界提供预期的庇护,并且他也越来越认同他们的作为。

听了爱因斯坦的计划,Ehrenfest 很快写信给他,表达他对"耶路撒冷远征美元国"(Jerusalem expedition to Dollardia)的愉快心情。然而就在几天前，Ehrenfest还认为，一次"只为了让自己快乐"的旅行可能会消耗爱因斯坦的精力（文件68）；现在，他赞同爱因斯坦的想法，相信为了一个犹太大学项目的成功值得做一番努力（文件55）。Ehrenfest的回信使爱因斯坦深感安慰，但他也担心这次美国之行会遭到其他人的批评（文件83）。也许他已经收到了Fritz Haber的来信（文件87），Haber不赞成爱因斯坦与犹太复国主义运动的英国支持者同行，责备他"接受敌国政府的邀请"去访问这个前敌国，尽管爱因斯坦当时已经得到美国各高校的邀请。Haber心里感到不安，因为爱因斯坦决定不参加即将召开的索尔维物理学大会。他责备爱因斯坦选择"这个时候"去美国，当时美国总统Harding已经推迟讨论批准《凡尔赛和约》，英国又正在加紧制裁德国。面对德国民族当时所处的可怕困境，爱因斯坦几次声称他本人只是一个"偶然"住在德国的瑞士公民。Haber相信，爱因斯坦这样做无异于把身陷囹圄的德国民族弃之不顾，坐视他们在泥潭里痛苦地挣扎。Haber指责爱因斯坦这样做也伤害了德国犹太人的感情，因为他这次旅美可能被证明是犹太人对自己的国家"不忠"。他恳求爱因斯坦把这次旅行推迟一年，希望他不要把"德国高校里那些犹太老师和学生仅存的一点小地盘"置于危险的境地。

爱因斯坦当天就给Haber写了回信（文件88）。他清楚地告诉Haber，他早在几周以前就收到了Weizmann的邀请，也就是说这次邀请是在最近出现的这些政治危机之前；他这次旅美的目的是利用自己的名声为筹资做广告。他再次强调，虽然他也怀有国际主义的同情之心，但他也有义务干预，并且也有"能力"代表"他那些遭受迫害和在道德上遭受压迫"的犹太同胞们的利益。最近，他目睹了"优秀的犹太青年"遭受不公正和无情对待的"许多"案例，特别使他感到悲伤的是，那些官员正在预谋剥夺犹太青年的受教育前程。他特别强调，他的决定其实是一种"忠诚"之举，而非背信弃义。

Haber关于"忠诚"方面的指责，爱因斯坦自然会予以反驳。他罗列了近几年来他所收到的许多海外邀请，邀请他光临有名望的高等学府。但他出于对自己同事的忠诚，最后都一一拒绝了。他在给Haber的信中继续说，Haber认为他必须对德国表示忠诚，这一点违背了他作为一个和平主义者所应该坚守的原则,他不可以背离那些原则;因此他不会改变自己的计划。但如果混乱的政局仍未改变的话,他答应取消他在曼彻斯特大学的讲座,而至于索尔维物理学大会,他也只好"心情沉重地"放弃了。尽管当时他们的同事 Walther Nernst,作为 1911 年首届索尔维会议组织者之一,在得知德国唯一被邀请的科学家爱因斯坦同意参会后甚是"恼怒"。

爱因斯坦在给 Haber 的回信中所强调的重点是,他不仅极为认同年轻的犹太学术界所面临的困难,而且在面对老朋友的指责时内心也感到十分失落和痛苦。[17]最近几起针对他的反犹事件更加激发了他作为一个犹太人的自我意识:他特别提到他与巴德瑙海姆那些反相对论者[18]之间的冲突;提到普鲁士科学院的秘书 Gustav Roethe 拒绝和他一起抵制那些反相对论者;提到学界同仁 Ulrich von Wilamowitz-Moellendorff 不愿在一份有爱因斯坦签名的请愿书上签名。[19]

爱因斯坦也觉得有必要安慰一下犹太复国主义者批评家、老朋友 Maurice Solovine(文件 93)。至于怎样通过民族主义运动,使犹太复国主义事业与国际主义相协调,爱因斯坦这样写道,尽管他本人不是一个民族主义者,但他也希望犹太人能够在巴勒斯坦拥有一小块寄居地,从而避免"权力的虚无"。至少从表面上看来,爱因斯坦的这次旅行是为了"犹太复国主义者"的利益,而不是为了他个人的利益(文件 100)。

3 月 21 日,爱因斯坦和妻子 Elsa 乘火车离开柏林,前往鹿特丹港口;两天后,他们要在那里乘船去美国。3 月 24 日,Weizmann 及夫人 Vera,随同犹太复国主义者组织的行政人员 Menachem Ussishkin 和犹太复国主义者总委员会的成员兼巴勒斯坦建设基金的董事 Ben-Zin Mossinson,与爱因斯坦在普利茅斯的鹿特丹号游轮上会合。Weizmann 听取了 Blumenfeld 的建议,经过 10 天旅程中与爱因斯坦的交流,他不再坚持"把爱因斯坦变成一个犹太复国主义者"。[20]爱因斯坦的这次行程好像没有具体的安排,他只需要准备"在一些有一定影响的小型私人聚会上做简短发言,或者准备接触一些可能对希伯来大学事业表示同情的重要个人,如果这样的个人名单可以及时提供的话"。[21] Weizmann 在船上向美国犹太复国主义运动领导人发了一封电报，询问他们对"这次旅行最初几天的安排"，以及他们"为爱因斯坦制订的个人计划"。他们到达美国的前三天里，美国的具体计划还没有定下来。[22]而爱因斯坦本人一到达纽约后，就与普林斯顿大学约好5月第二周将在那里发表五场演讲，并且希望与美国的科学家们进行更深入的接触（文件115）。

爱因斯坦一行于4月2日到达纽约，纽约市市长办公室的代表前来迎接。他们乘车穿过纽约下东区的犹太人聚居区，在前往纽约市中心的康莫多宾馆时，得到一大群犹太人的热烈欢迎。[23]4月10日，美国犹太复国主义者组织在大都会歌剧院为他们举办招待会。在这次招待会上，Weizmann发表了一篇热情洋溢的演讲，爱因斯坦则一句话也没有说。[24]

两天之后，2万多人涌入[69团]军械库，差点把那里"变成了一个暴乱场所"。他们一边欢呼，一边挥舞着手中的"犹太旗帜和美国国旗，疯狂地冲击着警察的防卫线"。这次"示威活动"是"八百多个犹太团体"组织的，这是在欢迎他们的领袖。那天晚上，Weizmann再次发表演讲，爱因斯坦也发了言，但"他的发言最简短。他说：'你们的领袖Weizmann博士已经说过了，他所说的对我们大家都很好。你们只要照着他的话去做，就会做得很好；这就是我想要说的。'"[25]然而，爱因斯坦代表团的访问在纽约市议会的内部引起了政治分歧。纽约市议会最终不顾市议员Bruce M. Falconer的百般阻挠（文件121），授予了Weizmann和爱因斯坦纽约荣誉市民称号。

与这次美国之行相关的各个党派都有各自不同的议程和期望。Weizmann希望爱因斯坦支持希伯来大学的筹资，同时也希望他支持巴勒斯坦建设基金的筹集。犹太复国主义者组织的大学委员会秘书Solomon Ginzberg则希望爱因斯坦宣传希伯来大学项目的非意识形态性质，以吸引那些不支持犹太复国主义运动的犹太富人；并且希望爱因斯坦致力于英、美两国大学资助委员会的创建。纽约刚刚成立的美国犹太医生委员会则希望好好利用爱因斯坦的个人声望，为筹备中的希伯来大学医学系筹集资金。由于他们的这些愿望彼此冲突，因此围绕爱因斯坦的使命而制订的计划分歧也很大，这在爱因斯坦当时的书信交往中可以清楚地看到，信件里出现的访谈时间和会议日程总是在不断地改变。

Weizmann 与美国犹太复国主义者组织的 Brandeis 派进行了为期两周"有希望的"商谈后,他们的谈话不得不停了下来,一条深深的裂痕在他们之间渐渐形成。4 月 17 日,Weizmann 终止举行进一步的会议,并且"宣布在美国建立巴勒斯坦建设基金组织"。[26]这次谈判的破产暂时没有影响到爱因斯坦的努力。4 月中旬,Brandeis 的支持者 Judah L. Magnes 提议为希伯来大学的建立召集一次知识分子聚会,爱因斯坦答应参加,但他要求这个聚会必须"有助于他使命的成功,必须保证支持耶路撒冷大学"(文件 123);Magnes 不赞同这个条件(文件 124)。爱因斯坦想采取一个决定性的行动,代表希伯来大学项目建构一个框架,调动那些不支持犹太复国主义者的犹太人的积极性。他 5 月 9 日发了一封通函,邀请美国有声望的犹太人 9 月 15 到康莫多酒店,就建立希伯来大学进行一些相关的讨论(文件 131)。这封信送到了"500 多个非犹太复国主义者的手中";他们希望这次聚会可以成立一个大学资助委员会,并且可以选出该委员会的主要管理人员。[27]许多著名的犹太人都拒绝了爱因斯坦的邀请,其中一些人对爱因斯坦的整个项目都表示反对,反对最强烈的可能是 Paul M. Warburg(文件 133)。这个人先前还为爱因斯坦的演讲之旅扮演着谈判者的角色,据说他先前还坚持要爱因斯坦参与犹太复国主义者的使命(文件 43 和 73)。[28]

5 月 18 日,爱因斯坦出席了在哈佛大学校长家里举办的招待会,然后参加了波士顿新世纪俱乐部举行的晚宴;在这次晚宴上,爱因斯坦为希伯来大学图书馆筹集了 25000 美元。[29]尽管爱因斯坦被邀请去哈佛大学自由俱乐部——这个俱乐部是哈佛大学的校友创建的,没有加入哈佛大学——发表关于国际和解的演讲,然而没有迹象表明这次演讲真的发生过。美国犹太复国主义者组织的杰出领袖兼哈佛大学的法律教授 Felix Frankfurter 既生气又满怀歉意地给爱因斯坦写了一封信。他相信爱因斯坦已经知道他没有被邀请去哈佛大学发表演讲是他 Felix 的缘故(文件 134)。Weizmann 收到美国一位犹太复国主义者发来的电报,声称"哈佛大学一定会拒绝爱因斯坦"。[30]到此时为止,关于爱因斯坦能否去哈佛大学发表演讲的争论已经持续了 6

个星期。哈佛大学为何拒绝爱因斯坦,其中的原因我们还不清楚。也许是因为当时正在高涨的反犹情绪,也许是当地政治方面的原因,也有可能是因为爱因斯坦早先提出的演讲报酬太高。

当旅美行程快要结束的时候,爱因斯坦开始关注那个计划中的医学院。5月21日,他参加了美国犹太医生委员会在纽约华尔道夫酒店举办的招待会。800名犹太医生参加了这次招待会,爱因斯坦计划筹资100万美元,但在这次招待会上他只筹集到25万美元。[31] 他们还起草了一份正式协议,爱因斯坦也在这份协议上签了字。该协议制定了美国犹太医生基金的基本法,核心目的是为计划中的耶路撒冷医学院筹集资金。[32]

在这次旅美过程中,爱因斯坦最终因为他在Weizmann阵营里所遭受的不公正待遇而感到有些恼火;关于一些内部政治事件和分歧,他们总是把爱因斯坦蒙在鼓里。4月26日,他私下与Brandeis在华盛顿见面,这次见面及其后果表明,为希伯来大学的筹资和爱因斯坦本人在Weizmann与Brandeis的冲突中成为全面爆发的政治争端。Brandeis派通过向爱因斯坦宣称Weizmann盗用基金,指明是要叫他失信于人,从而对他造成严重的政治中伤(文件128)。

爱因斯坦为希伯来大学所做的努力最终只获得小小的成功,但他在那些具有东欧背景的犹太专业人士当中激发的热情,为计划要创建的医学院和希伯来大学图书馆赢得了有效的资金筹集,尽管他没有能够成功地建立起大学资助委员会。这些失望情绪对爱因斯坦致力于希伯来大学项目的努力似乎没有产生任何实质性的影响,对他在犹太复国主义运动中的地位也没有产生任何实质性的影响,爱因斯坦还会继续支持犹太复国主义运动。尽管他和犹太复国主义者组织的领导人交流很深,但可能正是因为这一点,他也始终与这个运动的领导层保持着一定的距离。

爱因斯坦在美国度过的6个星期充满了各种公私聚会,这种紧张的日程安排使爱因斯坦更加熟悉他的同种族朋友(文件141)。但他喜欢他在各种聚会上见到的许多美国犹太人,他们大多是最近才从东欧移居到美国的(参阅"对阿耳伯特·爱因斯坦教授的一次采访",附录D,第七卷)。

与《爱因斯坦全集第十卷》中的情形一样,本卷中的一小部分书信揭示了爱因斯坦如何审视自己的犹太血统,这清楚地体现在他为犹太复国主义事业所做的努力和他作为高度知名的犹太人这一角色方面。延续早期他与柏林犹太人共同体在1920年关于他的会费所做的交流,爱因斯坦于1921年1月宣布他不会加入那个共同体;他对自己的犹太身份的界定只存在于共同的民族性和起源,而不是一种宗教的信仰(文件8)。柏林一位拉比兼犹太复国主义者Marvin Warschauer恳求爱因斯坦能够宽容些,努力做一个交会费的成员,从而加强共同体中复国主义者的力量(文件74);然而爱因斯坦再一次毫不犹豫地拒绝了(文件86)。后来在写给德国犹太作家Alfred Kerr的一封信中,爱因斯坦戏称自己是耶和华神的一个"不忠实的儿子"(文件81),然而与此同时,他又把自己看成是一个"忠实的犹太人"(文件181),特别是当他看到意第绪语版的"Wilnär Truppe"在柏林舞台上演出时,他的内心对德国和美国当时正在复兴的犹太文化充满了热情。

## II

1921年4月和5月上旬期间,爱因斯坦面向美国听众发表了17场相对论演讲。

1921年早些时候,爱因斯坦就已经开始在布拉格、维也纳以及德累斯顿发表相对论演讲。在美国,爱因斯坦在纽约城市学院演讲了5场;面对纽约工程师和农学家复国主义者团体演讲了两场;在芝加哥大学讲了3场,在芝加哥弗朗西斯帕克学校讲了1场;在哥伦比亚大学讲了1场。稍作休息之后,爱因斯坦继续到普林斯顿大学和马萨诸塞州的剑桥艺术科学学院发表演讲。他拒绝了许多学术机构的再一次邀请,例如美国哲学协会、纽约大学、匹兹堡大学、耶鲁大学、威斯康星大学、华盛顿霍华德大学、圣路易斯的华盛顿大学、伯克利的加利福尼亚大学,以及纽约州布法罗的凯尼休斯学院。

6月上旬一回到欧洲,爱因斯坦就去曼彻斯坦大学和伦敦国王学院发表相对论演讲(文件58,第七卷),但他拒绝了英国利兹大学的邀请。10月下旬,爱因斯坦又在博洛尼亚发表了3场演讲,在帕多瓦发表了一场演讲。1月中旬,爱因斯坦被邀请去意大利,希望用他的"蹩脚的意大利语"发表演讲,并说但丁的后代几乎不知道那是意大利语了(文件263和296)。当博洛尼亚为爱因斯坦提供一个职位时,爱因斯坦的态度有些模棱两可。他以前对待国外大学提供给他的职位的态度就是这样,现在也是如此:一方面,他因自己不能接受博洛尼亚的好意而表示遗憾;另一方面他又这样写道,他恨不得"眨眼之间"就把柏林换做博洛尼亚(文件296)。在那年可提供的一项报道数据中,包含意大利《信使报》(*Il Messagero*)对爱因斯坦的一次采访(附录G)。

普林斯顿大学的"斯塔福德·利特尔讲座"(Stafford Little Lectures)赢得了永久性的荣誉,因为普林斯顿大学出版社签订的"斯塔福德·利特尔讲座"的出版合同,最终使爱因斯坦完成了一本后来被广泛使用的相对论教材(*Einstein1922c*[第七卷,文件71])。最初两场更受欢迎的普林斯顿演讲保存有听众笔记的当代抄本(第七卷,附录C)。本卷还提供了普林斯顿另外3场专业演讲的摘要(附录E),另外包括爱因斯坦当年所做的其他演讲的听众笔记。他们的笔记内容即使不完全对应爱因斯坦说过的某句话,也能为纽约城市学院的那些演讲提供参考(附录C),同时也能为芝加哥大学和帕克学校的讲座提供信息(附录D)。跟在其他地方一样,爱因斯坦在美国也使用程度不同的技术细节谈论相对论,通过调整讲座的内容和其中的术语,以适应听众不同的科学背景。爱因斯坦在纽约城市学院所做的第一次讲座不同于后面的讲座,因为他在第一次演讲时不仅谈到相对论,也谈到量子论。爱因斯坦在纽约城市学院讲了两场狭义相对论,一场广义相对论;这三场演讲所使用的材料都符合爱因斯坦在普林斯顿大学做的系列讲座中最初两场技术性不太强的演讲。爱因斯坦在纽约城市学院发表的第四场讲座,部分是在讨论他1920年在莱顿大学所做的那场就职演讲中的争论,那次讲座的题目是"以太与相对论"(*Einstein 1920j*)[第七卷,文件38];亦即,广义相对论可以被解释成为一种以太理论,尽管缺少旧的以太介质理论那令人讨厌的绝对先验性特点,然而就空间在决定物质运动中所扮演的关键性角色来看,这也是一种实体理论。第四场讲座的其余部分主要是分析量子论中电磁辐射的含义,涉及光的产生及吸收方面的问题,如粒子(不连续的)和波(连续的)这两种彼此竞争的理论所描述的那样。这不仅是爱因斯坦此次努力要解决的一个问题,也是爱因斯坦的听众非常感兴趣的一个问题。纽约城市大学研究委员会的成员们建议爱因斯坦在最后一次讲座里讨论辐射和量子论(年表和日程表,4月23日条)。

这个建议没有被采纳,爱因斯坦也不想在接下来的讲座里谈论量子论。应芝加哥大学校长 Harry Pratt Judson[33] 的邀请,爱因斯坦去芝加哥大学发表了三场讲演,但这三场讲演都没有怎么谈及量子论;量子论在这些演讲里也没有任何地位。更早些时候,Felix Ehrenhaft 热情推荐的著名芝加哥物理学家 Carl Beck(文件36),就已经在爱因斯坦是否以及何时去美国进行学术演讲方面提供了帮助。爱因斯坦表达了想与"美国科学界"会面的愿望,并问 Beck 能否帮助他见到芝加哥的物理学家们(文件115)。这些物理学家当中比较著名的有 Albert A. Michelson、Robert A. Millikan,以及 Henry G. Gale。爱因斯坦对 Michelson 的评价甚高,只是 Michelson 当时正在欧洲旅行(文件107和187);爱因斯坦见到了 Millikan,Millikan 当时刚开完索尔维物理学会议(文件163)。

5月3至5日,爱因斯坦在芝加哥大学谈到狭义相对论和广义相对论(附录D)。尽管专业性不强,但所使用的相对论材料与他接下来在普林斯顿大学做所的讲座内容大致相似。根据一位听众的速记抄本提供的内容,爱因斯坦在一次有趣的谈话中说,通过实验证明相对论关于引力中光线弯曲的预言是"一项极其重要的任务,我们相信天文学家很快就能够完成这个任务"。我们不清楚爱因斯坦的这种说法是否是对 Eddington 1919年日食考察结果的准确描述,也不清楚这一记录是否是对爱因斯坦的谈话内容的误解,因为尽管这位笔记者的德语功底非常好,但他缺乏相应的科学知识背景。或许爱因斯坦在此指的是一次即将到来的新考察,这次新考察将要验证(而且最终会提供另一个确证)1922年9月21日那次日食(参阅文件217、233、308、320以及年表8月24—27日条)期间光线弯曲的预言。在纽约城市学院做讲座时,爱因斯坦显然只提到引力红移尚未得到"满意的解决"。根据对爱因斯坦在纽约城市学院所做讲座的一次报道,爱因斯坦当时"获得听众连绵不绝的掌声,因为他充分引用了英国科学家的研究成果,尽管当时英国还处于战争时期,但它的科学家们却不惜成本地准备了两次考察,目的是验证爱因斯坦理论的真实性"(附录C)。

爱因斯坦在简单解释狭义相对论的发展过程时,做了一次最引人入胜的评论。这是在一份抄本里发现的,该抄本记录了爱因斯坦5月4日在芝加哥帕克学校的一次演讲(附录D)。这次演讲可能是爱因斯坦在帕克学校的一次全校晨练上发表的,帕克学校的全校晨练活动每周一次,是陆军上校Francis Wayland Parker 1901年创办这所学校时立下的规矩;Parker以前是芝加哥公立学校的负责人。[34] 也许是为了取悦当时的听众,爱因斯坦声称他还是一个学生时,就已经知道Michelson-Morley实验了。他是这样说的:"当我还是一个学生时,就看见有人做过这类实验(例如以太漂移实验),特别是你们的同胞Michelson。"接着他又说,"Michelson证明地球上的人没有发现地球在运动,地球上发生的一切,就好像地球处于静止状态一样。"

Michelson 1887年以太漂移实验的零结果在爱因斯坦的相对论思想发展过程中所发挥的作用,长期以来都是学术界讨论的一个话题。一些研究者甚至相信,爱因斯坦1905年可能还没有意识到这个实验,因为他当时写的一篇讨论运动物体的电动力学的著名论文中并没有提到这个实验(*Einstein 1905r*[第二卷,文件23])。既然如此,在解释这个陈述时,即在解释这个与某些相关证据一致却与其他的数据不一致的陈述时,需要特别考虑速记员这份笔记[35]的有限可靠性。

在爱因斯坦的此次旅美之行里,他与芝加哥物理学家们的接触非常成功。他甚至被问道是否愿意在美国接受教授职位,取代Millikan,因为Millikan将被任命为Norman Bridge物理实验室的主任和加州理工学院的执行委员会主席(文件229)。爱因斯坦回答说,尽管他觉得这个条件很吸引人,但因为家人和好友的缘故他会拒绝,他已经深深"扎根"于柏林,不会去"选择一个虽有诱惑力却是全新的环境"。在如此"不同的环境里",他不能想象自己是否可以不遭受"明显的损坏"就能获得必要的"重生"(文件254)。

爱因斯坦在普林斯顿大学发表了几场最重要也最著名的相对论演讲。1920年10月,普林斯顿大学校长John Hibben就已邀请过爱因斯坦去普林斯顿大学发表相对论演讲(第十卷,文件160)。由于双方在预期的报酬方面存在分歧,谈判结果摇摆不定,但当爱因斯坦决定参与希伯来大学的筹资活动时,他马上就于2月21日写信给Hibben(文件53)。如果不考虑哥伦比亚大学1912年对爱因斯坦的邀请,普林斯顿大学算是美国第一所邀请爱因斯坦去做讲座的大学(文件139)。为此,爱因斯坦答应去普林斯顿大学做一系列演讲,把有关报酬的决定留给Hibben来做。[36]

爱因斯坦在普林斯顿大学的演讲共发出600多封邀请函(插图说明12,年表和日程表4月30日)。Hibben建议速记员的记录稍后由普林斯顿大学出版社出版(文件119)。的确就在5月9日那天,也就是爱因斯坦在普林斯顿大学发表第一场演讲那天,爱因斯坦就与普林斯顿大学出版社签订了出版合同。不过爱因斯坦不同意出版那个手抄本,他决定自己编辑一本全新的演讲内容。9月初,爱因斯坦已着手准备演讲的文字内容。在接下来几个月的时间里,爱因斯坦把主要精力都用在了这个任务上,偶尔他也会因为进展太慢而发泄一下郁闷的情绪(年表和日程表9月7日)。到了这年的年底,爱因斯坦完成了手稿内容。这本书的德文版同时由Vieweg出版社出版,普林斯顿大学出版社出版的是它的英译本。

随着爱因斯坦的美国之行,越来越多的机构向爱因斯坦发出邀请,希望他去发表演讲。9月下旬,《改造》杂志邀请爱因斯坦去日本,做为期一个月的讲学旅行(文件244)。作家室伏高信邀请爱因斯坦做一次为期3个月的访问(文件245)。这一年早些时候,爱因斯坦就已感到疲惫不堪,他甚至说自己已经"厌倦了相对论,不想再谈相对论了"(文件12)。然而尽管如此,他还是会积极回应别人的邀请。1922年秋天,爱因斯坦准备应邀去日本。然而到了那年10月初,爱因斯坦不满意对方给出的经济条件,认为对方是一个"骗子"(文件292),不久就彻底取消了那次旅行(文件312)。到了那年的年底,有很多迹象表明爱因斯坦可能去南美洲(文件264);对于南美之行,爱因斯坦认为一年之内是无法实现的(文件267)。

爱因斯坦在那一年还获得了许多殊荣。除了获得普林斯顿大学授予他的科学荣誉博士学位称号,爱因斯坦还成为伦敦皇家学会的一名外国成员,同时他还成为意大利博洛尼亚科学院和瑞典哥德堡科学与艺术协会的成员。不过在投票推选法国科学院的终生院士时，爱因斯坦没能得到足够的票数（参看年表和日程表5月5日、12月12日以及11月3日）。他拒绝了代表"新祖国同盟"去法国旅行的机会，也拒绝了其他人邀请他去巴黎发表演讲的机会（文件220，年表和日程表11月30日）。但他来年最终可能会去法兰西科学院发表讲演。

尽管在1921年期间，爱因斯坦表示非常愿意接受来自国外的各种邀请，有他越来越广泛的演讲旅行为证，然而当他在德国本地发表公开演讲时，却表现得更加小心。本卷收录的许多文件表明，1920年夏天在柏林爱乐音乐厅举行的反相对论集会，以及在德国自然科学家与医生协会巴德瑙海姆会议上与Philipp Lenard的辩论，都在爱因斯坦身上留下了深深的烙印。[37]为此，爱因斯坦决定不出席德国物理学会在耶拿召开的会议（文件201、219和249），也打算取消参加第二年德国自然科学家与医生协会会议的决定（文件279），最后甚至拒绝在他青年时代生活过的慕尼黑举办一次研讨会（文件247）。

考虑到Alexander Moszkowski那本以对爱因斯坦的采访为基础的新书发行之后可能引起反相对论者的新一轮进攻，Hans Reichenbach和Arnold Berliner提出一个建议，希望爱因斯坦写一篇相对论文献的回顾文章，从而划清敌我界限（文件28）。爱因斯坦没有答应，他宣布说自己根本不会去读Moszkowski的新书，同时也建议他的通信者们不要去读那本书（文件27、37、97以及153）。

尽管爱因斯坦竭力调和相对论引起的相关争议，但公众关于相对论的讨论仍在继续。Lenard找到Johann von Soldner 1801年根据牛顿力学对太阳引力场中光的偏折所做的预言，以此怀疑爱因斯坦对效应大小的估计，从而也质疑Eddington团队所做的假定性证明。他还暗示说，Soldner的研究已很不公平地被合并到相对论中，希望更加夸大相对论作者的成就（文件308）。对于这些新出现的指控，爱因斯坦似乎没有受到太多的干扰，反倒乐于去反驳David Hilbert和Max Born发表在《法兰克福报》上的那些论断（文件345）。

然而这些初期产生的关于剽窃的断言会在将来产生长久的影响。1920年，爱因斯坦与Born夫妇因为媒体公开性和Moszkowski的《传记》发生了争吵；1921年1月底至2月初，爱因斯坦与Max Born达成和解(文件37和47)，Max Born甚至帮助出版《爱因斯坦文集》(文件338)。到1921年底，Hedwig Born代表他们刚出生的儿子Gustav写了一张明信片给爱因斯坦，再次延伸了"和平管道"(文件286)，爱因斯坦也接受了这张明信片(文件345)。

相对论之争也在美国上演。纽堡的Wesley Wait宣称他先于爱因斯坦构想出相对论的核心内容。[38]其他人则大肆指责媒体夸大其词，指出缺少实验证据，或者反对废除以太。[39]克利夫兰的一个发明家Charles Francis Brush在费城的美国哲学协会面前演示了一个钟摆实验，目的是要表明地球对等量的锌和铋的引力是不同的。这一对等效原理的驳斥赢得了热烈的掌声，得到全美国媒体铺天盖地的报道。多数文章也提到，美国前物理学会主席和国家科学研究院成员Arthur Gordon Webster已经被那些结果弄得"目瞪口呆"。[40]

在那些批评爱因斯坦的美国人当中，最引人注目、最持久的就是Arvid Reuterdahl；他是明尼苏达州圣保罗的圣托马斯大学工程建筑系的系主任。4月9日，他挑战爱因斯坦，激起对相对论的争论，迫切想要证明相对论只是一派"胡言"。[41]他还断言，爱因斯坦剽窃了一个用笔名"Kinertia"写作的人的成果。[42]两天后，当问到这些断言时，爱因斯坦对一家纽约报纸说，他到美国来是要推动希伯来大学这项事业，因此没有兴趣与"那些怀疑和误解我的理论，甚至质疑我人格的个人在报纸上进行讨论"。他说他既没有听说过"Kinertia"这个人，也没有听说过Reuterdahl。[43]然而Reuterdahl还在继续攻击他，不久又在Henry Ford的《迪尔伯恩独立报》(*Dearborn Independent*)上发表了对Kinertia和爱因斯坦的文本的一个比较。[44]到了1921年底，Reuterdahl创办了"多国科学院"这样一个整合性组织，意在联合全世界的反相对论者。欧洲一些反相对论者也很快加入进来，这其中就有Ernst Gehrcke，他后来成为该协会的德国分会的主席。[45]

## III

与上年相比，爱因斯坦1921年间与家人的通信大大减少，并且与两个儿子和前妻在书信的语气方面也有了改变；随着时间的流逝，他们之间的关系变得不那么紧张了。尽管在前几卷书信集里,紧张、愤怒以及失望的情绪时时表露无遗,但随着1920年秋天的到来(第十卷,文件232a,本卷里),爱因斯坦带着两个儿子去南部德国度假以后,对这两个孩子的夸奖明显增多,而且也很高兴有他们一路同行。爱因斯坦对大儿子Hans Albert的进步更是印象深刻(文件174),而且在思考自己42岁生日时,爱因斯坦写信给知己Heinrich Zangger,毫不掩饰自己内心的自豪,坦言对他说,疏于写信、知识能力以及勇敢挑战都是他遗传给家人仅有的资产(文件97)。

这年早些时候,Hans Albert盼望着能跟父亲一起去博洛尼亚,但又担心爱因斯坦可能太忙,于是玩笑似地责备他通信太多(文件110)。爱因斯坦平常只能抽点零星的时间去苏黎世看望他们,这对孩子们来说,尤其是对仅11岁大的爱德华来说,始终是一件伤心事。爱因斯坦去美国之前,Eduard遗憾地告诉父亲,他们将在很长时间里见不了面,他甚至暗示爱因斯坦应该取消那次旅行(文件109)。到了这年年底,Eduard感到特别失落,因为爱因斯坦从来没有跟他们一起庆祝过圣诞节(文件349)。

7月中旬,两个孩子确实和父亲一起度过了整整一个月,这也是爱因斯坦一直盼望的一个暑期。他们在武斯特罗(文件189)的波罗的海海滨度假村愉快地度过了3个星期,接下来的10天又拜访了基尔的Hermann Anschuetz。爱因斯坦很喜欢跟他们在一起的这段日子。这对他来说就是一份"难以形容的快乐"(文件249)。他非常感谢前妻Mileva Marié,因为孩子们对他的"态度很好"。他喜欢"他们那可爱的聪明模样",他们"幸福而谦虚的举止"(文件218)。Hans Albert计划读完高中后继续学习,爱因斯坦对他的计划非常感兴趣(文件260)。这年夏天也使两个孩子有机会见到爱因斯坦的继女Ilse和Margot(插图说明20和21),她们当时就在附近的阿伦斯霍普(Ahrenshoop)度假(文件214)。这年晚些时候,爱因斯坦与Hans Albert去意大利,跟他的姐姐Maja及其丈夫Paul Winteler度过了一段惬意的时光(文件249和296)。爱因斯坦与两个儿子的亲近也带来了他与Mileva之间关系的改善。当爱因斯坦从意大利返回莱顿时,Mileva恳求爱因斯坦去苏黎世,为了两个孩子,她想私下里和爱因斯坦谈谈;

爱因斯坦同意了。这年秋末,爱因斯坦感觉到,经常的见面使孩子们也更加"黏他"了(文件296)。

经济方面的担忧大大减轻,爱因斯坦与 Mileva 及两个孩子关系也得到进一步的改善。1920年底,考虑到当时十分不利的汇率,爱因斯坦仍然觉得他的家人应该从瑞士搬到南部德国,这样他就可以更好地接济他们(第十卷,文件 232a 本卷)。但许多亲朋好友劝他放弃这个想法,说 Hans Albert 在苏黎世完成他学业中的最后一年尤其关键(文件17)。但到了1921年8月下旬,爱因斯坦的经济状况得到实质性的改善,他的公开演讲和作为莱顿大学客座教授所做的讲座为他赢得了丰厚的报酬(文件21);他的书和文章非常畅销,卖得很快;他的思想和学术著作获得了专利(文件82),他的年薪也得到相当大的提高(年表和日程表10月20日条)。爱因斯坦和 Elsa 还购买了瑞士奥尔股份公司的债券,再考虑到当时外汇出口方面的诸多限制和德国盛行的收入税法,他们还通过律师兼官员(市民领袖)Samuel Untermyer(文件235)把4300美元存到了美国,并通过代码语言获知他们所持股票的情况(文件272)。现在,爱因斯坦可以告诉 Mileva,他们以后在苏黎世的经济状况基本稳定了。爱因斯坦还督促 Hans Albert 跟 Anschuetz-Kaempfe 经常通信(文件218),因为 Hans 计划学习工程学,爱因斯坦又跟 Anschuetz-Kaempfe 素来交好(文件327);加之他们两人在科学和技术方面的合作,爱因斯坦又喜欢访问基尔,喜欢划船,喜欢享受 Anschuetz-Kaempfe 度假屋提供的安逸的食宿,因此两人的关系就更加要好了。爱因斯坦一直希望能有自己的避暑屋,这个愿望终于在1921年实现了。Elsa 在柏林城外的施潘道(Spandau)买了一栋小房子(文件207)。

本卷里的许多文件暗示了爱因斯坦是怎样对待他越发高涨的知名度和声誉的。3月份的时候,爱因斯坦请他的朋友 Maurice Solovine 放心,说那些"不切实际的"的浮夸和赞誉没有腐蚀他的心灵(文件85)。从美国之行和随之而来的喧闹中走出来后,爱因斯坦承认他现在更能明白"作为官场人物经常抛头露面,经常被别人评头论足,所说的每一句话经常遭到别人的掂量"(文件174)意味着什么了。很可能是因为对以前的批评耿耿于怀,爱因斯坦要求菲韦格(Vieweg)

出版社在发行新版 *Einstein 1917a* 时不要刊登他的照片(文件 265)。爱因斯坦对荷兰日报《新鹿特丹报》(*Nieuwe Rotterdamsche Courant*)对他的采访(第七卷,附录 D)产生的后果很不愉快,因为有这样的后果,爱因斯坦收到一封讨厌的反犹信件,鼓动他搬到耶路撒冷(文件 170)去,因此爱因斯坦开始拒绝接受任何采访。他也拒绝为报刊撰写文章,因为那有悖于他的"神圣的原则和习惯"(文件 106)。不过,他请《柏林日报》(*Berliner Tageblatt*)的主编 Theodor Wolff 允许他对 NRC 的采访最后再说几句,以便做一个澄清,即他关于"美国知识界的好转"的负面效果所说的那些半开玩笑的话并不是针对普通大众。他感到很不高兴的是,《柏林日报》在传达那次荷兰采访的内容时,过分突出地翻译了那些玩笑话(文件 182)。

## IV

本年初,爱因斯坦收到一封信,询问他是否支持法国报纸《晨报》(*Le Matin*)在 1921 年 1 月 2 日刊登的一份声明。该声明批评德国当局在裁军问题上采取"混乱"战略,呼吁法国要警醒,并且在必要时出面进行干预(文件 10)。[46] 这份声明是和平主义者组织新祖国同盟领导人 Otto Lehmann-Russbueldt 写的,爱因斯坦也是该组织的成员之一。声明一发表,立即招来百般指责,控告爱因斯坦与和平主义者组织的其他成员犯了叛国罪。

此后不久,第一份要求刺杀爱因斯坦的传单印发出来(参阅文件 32)。在国内,爱因斯坦已经陷入危险,他已沦为右翼极端分子攻击的靶子(文件 10)。尽管如此,爱因斯坦还是没有否认他是新祖国同盟的会员,他声明自己对 Lehmann-Russbueldt 发表在 *Le Matin* 上的那篇文章并不知情,同时也声明自己对战后德国武器数量控制的关心(文件 23)。

1921 年间,爱因斯坦一直在努力澄清他与德国国内外政策的关系,与国际主义的关系,与和平主义者组织的关系,以及与左翼组织及其发起人之间的关系。由于《凡尔赛和约》针对德国所做的苛刻要求,爱因斯坦非常同情他的德国同胞们所遭受的痛苦,他坚决捍卫柏林,使其免遭各样的批评(文件97和附录G)。虽然他自己不得不面对日渐高涨的民族主义情绪,比如1月份他在德累斯顿发表演讲期间,大学生当中爆发的那种民族主义情绪(文件24)。他把当下这些事件比作帝国主义的民族狂热激情(文件97),公开批评战败国学者们的危险处境(文件111)。甚至在访问英国之前,爱因斯坦始终对英国学者们称赞有加,特别是他们当中的贵格会会员和和平主义者,反复强调英国科学家接受相对论的热情,并且亲切地把他们和他的德国同事们进行比较(文件88和104)。

在这些时常紧张的状况下,爱因斯坦1921年间与Arnold Sommerfeld的书信交流表明,爱因斯坦的一些同事显然对爱因斯坦的观点和性格缺乏理解。7月,爱因斯坦访问英国获得极大的成功。在此期间,爱因斯坦的访问被认为促进了两国科学知识共同体意义重大的和睦。访问结束后,Arnold请爱因斯坦帮忙在英国媒体上发表一篇支持颁发卢西塔尼亚奖章(Lusitania medal)(文件168)的文章。在写信回复Arnold的要求时,爱因斯坦坦言说他为Arnold写了这篇文章而感到很伤心。他认为这篇文章不适合在英国发表,并且解释说,Arnold这样做其实是在告诉德国公众德国在"战争期间积累的""这一大堆脏衣服"(文件175)。

爱因斯坦写信告诉Arnold,慕尼黑大学是"反犹太人的反动黄蜂的窝巢",他不愿意去那里发表演讲,因为他害怕招来右翼学生的抵制(文件247)。爱因斯坦接到的那份邀请引起了争议。当时,慕尼黑大学的教区长要求学生代表做出承诺,保证在爱因斯坦来访期间不做出任何"不光彩的举动"。学生会代表回答说可以,但前提是爱因斯坦发表演讲时必须避开"政治敏感话题"。[47]听到这个说法,爱因斯坦不再觉得自己有必要信守承诺。他试图委婉地予以拒绝,于是写信给Arnold说,他想要远离那些"无端使人陷入困境的麻烦事"(文件247)。11月,Anschuetz-Kaempfe写信给爱因斯坦,说爱因斯坦在《费加罗报》(Le Figaro)的一次采访中对其"军事化"的慕尼黑体育课的严厉描述——爱因斯坦在与Moszkowski的讨论时也有过类似的表述[48]——在他的故乡造成了负面影响。他请求爱因斯坦给Arnold写一封信,"安抚"一下他的情绪(文件293),爱因斯坦显然答应了他的请求(文件327)。

爱因斯坦在英国见到一些高层官员,包括首相Lloyd George和坎特伯雷大主教Randall Davidson(文件145)。似乎毫无疑问的是,爱因斯坦(文件152)及其东道主(文件159),包括一些柏林官员和新闻媒体,无不惊讶于爱因斯坦所得到的接待。爱因斯坦称赞英国的"文化瑰宝"(文件149)及其"灿烂的知识和政治传统"(文件155),而且此后长期与他的东道主们保持书信往来。在回到柏林后的一次采访中,爱因斯坦说,美国"绝大多数"科学家都对重建国际合作感兴趣。他的目标就是更好地促进国际间科学共同体的和解,并在英、美各大名校探讨他新近的科学理论成果(文件115)。他发现英国比美国更渴望这样的国际和解,并且谈及他使用德语在这两国发表演讲的意义(附录F)。

爱因斯坦从国外回来不久,德国红十字会会长邀请他去柏林的兰德豪斯酒店,谈谈他的旅行见闻(文件156)。参加此次会面的有总统Ebert和帝国的其他成员,以及普鲁士内阁成员,还有来自国会、柏林行政部门、各高校的代表以及工商界的行政人员(文件164)。这次招待会得到德国媒体的广泛报道,使爱因斯坦获得了自访问前敌国以来从未有过的知名度。显然是因为这次旅行带来了令人瞩目的成功,柏林犹太人社团的一些成员才对爱因斯坦的好奇心愈发增强。6月7日在Bluethner-Saal举行的一次"群众集会"上,爱因斯坦赢得了"雷鸣般的欢呼声",然而警察却不得不在外面指挥车辆改道,避开演讲大厅外面涌动的人群。[49]7月初,德国犹太复国主义者联合会也在柏林的官廷宾馆举办宴会,为爱因斯坦接风洗尘。据报道,爱因斯坦在发表演讲时宣布,他对犹太复国主义运动的支持主要在于促进和平,因为在犹太复国主义者的领导下、犹太人生活的复苏可以增强世界和平爱好者们的信心。[50]

因此,国际合作与和平似乎一直是爱因斯坦1921年间所参与的公共活动的现实主题。然而控告爱因斯坦犯了叛国罪甚至要求刺杀他(文件32)的呼声,使得爱因斯坦的工作陷入了停顿。他拒绝了《观察家报》驻柏林记者的采访,因为德国已经对他感到非常"愤怒"(文件38)。然而不久,爱因斯坦与Harry Kessler和Otto Lehmann-Russbueldt 参加了新祖国同盟的代表团,前往阿姆斯特丹,呼吁国际工会联盟代表德国在巴黎赔款大会上对协约国进行干预。对于这次短时旅行,爱因斯坦只能匆匆告知好朋友 Ehrenfest,说他是要去实现"一个很冒险的政治想法"(文件 48)。听到这个消息,Ehrenfest 感到既惊讶又担心,他恳求爱因斯坦在荷兰要"安静如新生的婴儿",以免把自己的荷兰同事陷入不舒服的境地(文件 55)。在爱因斯坦与国外各位同事的所有会面中,和平主义与世界合作显然都是最迫切的需要。在美国也是如此,爱因斯坦的众多聚会中至少有一次是代表德国和平主义者,即他与卡内基基金会的一个行政人员的见面;他们这次见面是要讨论资助德国和平主义者的必要性,尤其是对新祖国同盟代表团的支持(文件 151)。

爱因斯坦支持纪念第一次世界大战爆发 7 周年时在柏林举行的群众和平示威游行(文件 196),Elsa Einstein 也参与了这次和平示威游行,她监督引导反战小册子《不要再有战争!》的销售(年表和日程表中 7 月 13 日条);此外,爱因斯坦还听取了 Stefan Zweig 的如下建议,即希望那些"以超国家方式"积极行动的人,邀请最近刚获得诺贝尔文学奖的 Anatole France 见面,去他那栋暖气供应糟糕的柏林公寓里共进晚餐(文件 322 和 325)。

在 1921 年期间,无数的组织和各种活动的领袖们彼此竞争,纷纷想要引起爱因斯坦的注意,以寻求他的支持和帮助。更主要的是,苏联正处于上升的影响力迫使德国和欧洲的知识分子表明对当时各个事件的立场,迫使他们表明自己对左翼的支持力度。鉴于德国和欧洲当时普遍糟糕的社会和经济状况,许多寻求爱因斯坦帮助的人主要希望他能够提供经济支持与合作。爱因斯坦参与的合作有奥地利社会学家兼哲学家 Otto Neurath 的项目,作为该项目的合作人,爱因斯坦答应帮助 Otto Neurath 面向普通大众读者,尤其是针对工人阶级推出一系列科普读物(文件 14 和 76)。而且在回复著名德裔美国人类学家 Franz Boas 时,爱因斯坦对应急协会援助德国和奥地利的科学和艺术表示"十分的感谢"(文件 114 和 116),后来,爱因斯坦又与德国红十字会合作确定那些需要帮助的学者,他们将会得到最近成立的美国科学家和教师资助委员会的支持(文件 169 和 203)。9 月底,爱因斯坦写信给Zangger,说他现在对当前的政治局势更加乐观了,因为大范围的经济困难似乎营造了欧洲的团结氛围(文件249)。

爱因斯坦也在努力帮助苏联的科学家,苏联当时正处于内战和饥荒。爱因斯坦答应Ehrenfest的要求,与驻塔林的德国领事交涉,请求他同意苏联物理学家经德国去荷兰(文件71)。1月,*Izvetiya* 发表了爱因斯坦写给驻柏林的苏联科学技术局组织者Nikolai Fedorovsky的一封公开信(文件33),这封信是关于支持爱因斯坦的苏联"同志"的工作事宜。不过私下里,爱因斯坦对喀琅施塔得发生的反抗布尔什维克政府的水手暴动事件表示同情(文件97);这次暴动最终遭到残酷的镇压。爱因斯坦帮助Ehrenfest安排物理学家Abram Joffe访问荷兰(文件148),甚至有谣言称爱因斯坦正在和教育部长Anatoly Lunacharsky商谈,讨论何时去苏联发表一次演讲的事情(文件199)。爱因斯坦断然否定了这个流言(文件207)。尽管爱因斯坦还接到一些请求,请他出面帮助苏联那些遭受痛苦的人,但爱因斯坦只答应了"俄国饥饿工人救助组织"的海外委员会,然而他最终要求退出这个组织,因为后来他从"一个能干的社会主义情报人员那里得知",这是一个"党派组织"(文件226、231以及234)。由于爱因斯坦与社会主义的高层政客之间关系密切,比如他与Konrad Haenisch和Carl H. Becker的亲密关系,对于他所收到的关于饥荒的各种请求,可以请他们首先做一个评估。[51]

## V

由于深陷各种请求的困扰,爱因斯坦写信给一位老助手,述说自己对现在这种忙乱生活的无奈和不悦,说他几乎没有时间进行"思考"。因为对爱因斯坦来说,科学才是"最主要的事情"。虽然爱因斯坦认为,"大规模的创造性活动"对他来说也许已经结束(文件105),但到了12月,爱因斯坦非常开心地说,他做的一个实验带给他"近几年来最深刻的科学经历"(文件345)。这个实验花去爱因斯坦好几个月的时间,实验的目的是探索极隧射线粒子发光的过程。尽管他的工作总是被打断,但在1921年间,爱因斯坦还是从事了重要的理论和实验研究;并且逐步予以发表。如若不然,除去几次值得记录的例外,爱因斯坦只能把自己困在公众圈子里,只能够出版一点关于政治和其他时事问题的简短陈述。爱因斯坦在这一年出版的东西很多,比如他对普鲁士科学院发表的关于"几何与经验"的演讲,处理更宽泛的分析相对论的数学及物理方面的假设和推论(*Einstein 1921c* [第七卷,文件52]);发表更多关于广义相对论的文章(*Einstein 1921e* [第七卷,文件54]);关于球状星团之大小的文章(*Einstein 1921f* [第七卷,文件56]);关于一个考察光之本质的计划中的实验的文章(*Einstein 1922a* [第七卷,文件68])。爱因斯坦还为大众媒体撰写相对论的文章(*Einstein 1921d* [第七卷,文件53]),以出版物的形式表明他对犹太复国主义者的看法(*Einstein 1921 h* 和 *Einstein 1921j* [第七卷,文件57 和 62]);对和平主义的看法(*Einstein 1922b* [第七卷,文件69]),以及对经济贫困的看法(第七卷,文件65 和 *Einstein 1921k*,[第七卷,文件70]);草拟专利争议方面的专家意见(第七卷,文件66 和 67)。

爱因斯坦的相对论愈益成为公众理解现代理论物理的一部分。相对论也影响了关于时空本质和科学研究特点的更广泛的哲学讨论。尽管爱因斯坦仍在努力普及该领域已经完成的部分,但他也在继续致力于与该理论相关的一些尚未解决的问题。

尚未解决的问题之一涉及电磁场的角色。与当时其他的理论家一样,爱因斯坦也相信,一种令人满意的物理理论应该能够在概念方面以统一的方式解释引力场和电磁场。在过去的几年里,关于修正广义相对论的原始框架方面,爱因斯坦遇到两个极具诱惑力的建议。第一个建议是 Hermann Weyl 的"微分"几何学,以及按照 Weyl 在其广义几何理论中的"长度联络"对电磁势的解释。尽管迷恋 Weyl 的数学思想,但爱因斯坦不久后拒绝了这种方法,因它从物理的角度解释"量杆异议"时站不住脚。然而,作为对爱因斯坦广义相对论的一个引人注目的概括,Weyl 的理论得到了研究,尤其是当 Weyl 把那些关于数学思想的讨论写进他那本被高度称赞并被广泛研究的教科书《空间、时间、物质》(*Space-Time-Matter*)(*Weyl 1919*,*1921a*)的第三和第四版时。爱因斯坦在书信里挑选了两个基于 Weyl 的广义几何学的更深层次的理论;这相关的书信一封是写给 Arthur Stanley Eddington 的;

另一封是写给 Rudolf Bach 的（文件 163 和 230）。

第二个方法来自 Theodor Kaluza,[52]该方法旨在统一引力和电磁力。它要求使用五维时空的度规；这个五维时空在其 $g_{5\mu}$ 分量里包含电磁势（$g_{\mu\nu}$,$\mu,\nu,=1,\cdots,4$ 在相对论中扮演了类似的角色）。Kaluza 表明这个理论的仿射联络可以解释为包含电磁场，对于线性化度规，Ricci 张量可以除 Maxwell 方程外给出线性化引力场方程。爱因斯坦通过 Kaluza 1919 年寄给他的一份手稿了解到 Kaluza 的理论。与喜欢 Weyl 的方法一样，爱因斯坦同样一开始也喜欢上了 Kaluza 的理论；他提出向普鲁士科学院的会议纪要提交 Kaluza 的论文（第九卷，文件 26）。然而问题也出在这里，爱因斯坦对 Kaluza 的方法很快就提出了根本的反对意见。Kaluza 的理论框架暗示了一个 $g_{55}$ 分量的存在，而 Kaluza 对这个分量的解释又不太清楚。但 Kaluza 理论的推论之一就是，$g_{55}$ 分量构成了携带一个基本电荷的粒子运动方程中的首要项。这就意味着，对电子运动产生的影响比实验观察容许的运动大许多数量级。爱因斯坦认为 Kaluza 的方法存在严重的问题，因此收回了想要把 Kaluza 的论文提交给普鲁士科学院的想法，如此一来，Kaluza 的那篇论文最终没有得到发表（第九卷，文件 40 和 48）。

爱因斯坦和其他人也都希望"阐明"只有用显微镜才可以看得见的"分子世界"（文件 57）。对于这一点，一个主要的考虑就是克服"场和物质的二元论"。在评价广义相对论中的场方程式结构时，爱因斯坦认为能量动量张量的产生只是一种描述现象时的"权宜之计"，这是因为忽略了物质真实的分子性质所造成的一个后果（文件 318）。

早在 1919 年，爱因斯坦就发表了一篇笔记，他在其中提出的问题是，"引力场在基本粒子结构中起重要作用吗？"(*Einstein 1919a*[第七卷，文件 17]）。按照 Henri Poincare 关于电子内应力所提出的类似想法，爱因斯坦提出了一个修改后的引力场方程，目的是解释电子的稳定性。爱因斯坦书信里的只言片语表明他一直都在思考这些问题，但到了 1921 年，我们可以清楚地看到，爱因斯坦仍在思考这些问题，他开始重新思考 Weyl 的理论和 Kaluza 的想法。

1921 年初，爱因斯坦关于 Weyl 的理论有了一个"幸运的想法"（文件 71）。就像他在 3 月 3 日提交给科学院的那份笔记里所论证的那样，Weyl 的理论基于两个重要的想法。根据第一个想法，度规分量的比率是一个比它们的绝对值更基础的量，而且事实上，这个理论的大部分内容都已经包含在由光锥 $ds^2=0$ 给出的共形结构里，而不是包含在由线元 $ds^2=g_{\mu\nu}dx^\mu dx^\nu$ 给出的全度规结构里。Weyl 的第二个想法是要通过假定可输运量杆的存在，然而同时又否定量杆长度独立于输运的路径来推广黎曼几何。在 Weyl 的理论中，这个想法通过引入"长度联络"这一新概念实现了；这个新概念的系数 $\varphi_\mu$ 被解释为电磁势的表达式。

现在，爱因斯坦打算保留 Weyl 的第一个想法，但不采用他的第二个想法。他请教早年在维也纳结识的维也纳数学家 Wilhelm Wirtinger，对测地线方程的普遍化能否只依赖共形结构。Wirtinger 的回答是肯定的，他展示了一个运动方程如何依靠 Weyl 标量建构起来的线元（文件 49、58 及 79）。不像 Weyl 早期的统一引力电磁学理论，这个理论的魅力在于可能只存在电磁场强度，不存在电磁势（文件 57 和 89）。[53] 一开始，爱因斯坦"非常想知道这些假设是否站得住脚"（文件 57），他相信一定有人可以确定这种理论从物理学上看是否正确（文件 58 和 71）。然而到了 3 月 9 日，爱因斯坦写信给 Sommerfeld，说他怀疑"这种理论在物理学方面真有什么价值可言"，接着他又补充说："上帝随意而为，他不按照规则出牌"（文件 89）。几周以后，爱因斯坦又哀叹说完全找不到"物理学方面的线索"，因为在那时候，爱因斯坦认为"物理学方面的线索"才是取得"真正进展"的唯一可能的起点（文件 163）。

爱因斯坦也考虑了 Kaluza 的五维统一场理论，正如 Jakob Grommer 所展示的那样，其目的是考察这种理论是否允许存在一个常规的、中心对称的解能够表现电子。[54] 然而爱因斯坦认为 Kaluza 的理论"确实很有魅力"（文件 318），与 Grommer 合作研究 Kaluza 理论的那些推论时，爱因斯坦决定再次考虑他早先拒绝过的 Kaluza 的那份手稿，他现在想要满足自己的初衷，他要把 Kaluza 的那份手稿推荐给普鲁士科学院（文件 270 和 281）。12 月 8 日，爱因斯坦把 Kaluza 关于五维理论的一篇论文提交给普鲁士科学院。该论文详细讨论了带电荷粒子的运动方程式中 $g_{55}$ 分量所引起的那些问题，并且就如何避免这些问题提供了一些思考（*Kaluza 1921*，第 970—972 页；亦参文件 305）。然而爱因斯坦仍有疑问，因为正如他与 Grommer 合作努力的结果所显示的那样，这种理论没能通过一个非奇异的粒子解实现场与物质的理想统一。

广义相对论的理论研究的确不只是对可能的广义化的探索。1921 年晚些时候，爱因斯坦遇到 Schwarzschild 度规真实性质的一个最早暗示，我们现在称之为黑洞（文件 314 和 302）。法国数学家兼政客 Paul Painlevé 发现一套适用于描绘单个质点的时空的新坐标，也就是大家熟知的 Schwarzschild 度规。这个时空里物质的变化好像不同于我们在通常 Schwarzschild 坐标里看见的那样。具体而言，一个朝着以前被看作奇点、现在被叫作黑洞事件视界的东西，在 Painlevé 的坐标里没有表现出奇怪的变形，这种奇怪的变形在描绘普通坐标里的 Schwarzschild 度规时，靠近空间里该点时就会出现。Painlevé 因此得出结论：对同一时空里同一事件如此截然不同的"测量"表明，该理论主张的广义协变存在某种不确定性。爱因斯坦勇敢地捍卫自己的理论，他反对这样的暗示，即如果一种理论预言了彼此明显矛盾的测量，而这依赖于不同的计算方式，那么该理论是不可能自洽的。然而跟当时的其他人一样，爱因斯坦也没有觉察到 Painlevé 的坐标选择暗示了关于所谓 Schwarzschild 奇点的任何非物理的东西。

## VI

爱因斯坦 1921 年的书信为大量新的或正在进行的实验研究提供了充分的证据，这些实验研究要么是爱因斯坦直接建议要做的，要么是爱因斯坦带着浓厚的兴趣亲自做的。通过了解爱因斯坦这一年里往来的书信，我们发现，不是每一个想法或者说每一项实验研究都能达到出版的结果，至少在本卷所涵盖的时间段里还不能出版。实际上，对于大多数这些实验，它们进展到了哪一步，结果怎样，以及解释了什么，我们所拥有的证据都非常少。

一个著名的例外是这样一个实验，该实验的目的是在根本不同的解释之间确定，光的波动理论和量子理论为光辐射的极隧射线粒子提供了光发射的元过程。这个实验是爱因斯坦发表在普鲁士科学院科学文献汇编里的一本笔记中提出的(第七卷,文件68),是1921年出版物中唯一提到的一个实验,然而也是爱因斯坦在这一年里特别感兴趣的众多实验之一。

的确,在这一年的第一封信里,也就是爱因斯坦1921年1月1日写给Hendrik A. Lorentz的那封信里(文件3),爱因斯坦提到两个新实验:一个实验他计划在柏林做,另一个实验他打算让莱顿的同事来做。后面这个实验涉及超导体中Hall效应的存在和属性。爱因斯坦勾勒出一个论题,用以讨论针对无限电导率的Maxwell方程的属性。然后,爱因斯坦致力于一个实验装置,可以用来研究已预言过的属性。[55]这一年晚些时候,爱因斯坦提议再做一个超导体实验,也是在莱顿的Heike Kamerlingh Onnes低温实验室里进行。9月2日,爱因斯坦在写给Ehrenfest的信中提到他们早期关于这个话题的讨论,并且详细阐释了超导电荷输运的想法;超导电荷输运是随着电子围绕吻切的Bohr轨道经过多次旅行,从原子到原子按照蛇形运动的方式完成的(文件225)。对于这个想法,爱因斯坦在1920年11月的"磁周"(Magnet-Woche)访问期间,与Ehrenfest和莱顿的其他物理学家已经讨论过。现在,爱因斯坦指出这个想法的一个直接后果就是,超导电流对于许可的电子轨道带有一个由Bohr量子条件决定的最小阈值。爱因斯坦建议用实验来验证这个想法,考察一个超导环是否会响应只在某个阈值之上的一个邻近的正常导体里的感应电流。[56]

爱因斯坦对Lorentz提到的另一个实验是关于一项研究,爱因斯坦希望在柏林与实验物理学家Peter Pringsheim合作进行这项研究。与其他超导体实验一样,这个实验的目的也是研究新兴量子理论的属性。3天后,爱因斯坦大胆地把这个实验称为"关键实验"(experimentum crucis)。他设计这个实验旨在确定光的波动理论是否正确地预言了热力学黑体谱(文件6、24以及37),目的是为一热辐射槽中原子的光发射寻找感生的Stark效应。然而,对于爱因斯坦这一项目本身及其具体的操作,我们都没有找到明晰的陈述。

关于新兴量子理论的推论的实验依据,爱因斯坦在9月1日写给Ehrenfest的一封信里提到了另一项研究(文件219)。在这封信里,爱因斯坦说他与 Grommer 一起考察了现有的实验数据,希望能够确定氦是否显示了零点能量的任何迹象。

1921 年间的更多证据显示,爱因斯坦和 Wandr J. de Haas 在旋磁效应方面的最初努力受到因子 2 问题的干扰,理论和实验之间起初的一致不可能再产生。2 倍的差异最终只有等到几年后发现电子自旋时才能得到满意的解释。1920 年 6 月,爱因斯坦接受了 1921 年索尔维会议的参会邀请,并且打算在大会上对这个问题进行梳理(第十卷,文件 56)。1920 年 12 月,爱因斯坦与 De Haas 通信,讨论可利用的实验文献(第十卷,文件 215)。然而由于后来要去美国,爱因斯坦没有出席索尔维会议,但他请 De Haas 代表他在大会上发言;尽管如此,爱因斯坦本人仍然对这个问题兴趣盎然。当汉堡实验主义者 Johannes Classen 写信给爱因斯坦,谈到他自己对旋磁效应的测量时,爱因斯坦仍然对这些测量的结论保持怀疑,他建议在解释这些测量时要"十分小心"(文件 50,亦参阅文件 57)。同样,爱因斯坦在与 Sommerfeld 通信时谈到慕尼黑基地的物理学家 Karl Herzfeld 提出的实验和关于因子 2 问题的一个解释(文献 89、98、168 以及 175)。但爱因斯坦还是拒绝了这个解释,他说:"魔鬼扎根更深"(文件 175)。

上面提到的实验都是以某种方式在处理与量子理论相关的问题,然而,爱因斯坦和以前一个通信者一直在讨论与相对论相关的实验。Ludwik Silberstein 是爱因斯坦 1921 年 5 月在普林斯顿结识的。他那年夏天在芝加哥做了一学期的教员(文件 178)。他激发 Michelson——爱因斯坦眼中的"大师"(文件 136)——又做了一个以太曳引的实验:根据相对论以及静止以太假设,地球自转暗示了沿着一个闭合三角形轨道朝相反方向运动的光传播之间存在一个相位差。虽然 Michelson 早在 1904 年就提出了这个实验,但爱因斯坦还是对这个新实验感到非常兴奋,关于该实验整个一年的进展,Silberstein 都如实地告诉了爱因斯坦(文件 187、197、229 以及 320)。Silberstein 进一步告诉爱因斯坦,相对论的一个推论与被观察到的双星的行为相冲突(文件 178 和 187),但他很快意识到这个论点是错误的(文件 197 和 229)。[57] 还是在普林斯顿的时候,爱因斯坦就知道凯斯研究所的 Dayton C. Miller 在威尔逊山做的初步试验。Miller 声称自己发现了一种非零以太漂移。Oswald Veblen 听说爱因斯坦对此的回应是这样:"上帝行事微妙,但他不怀恶意。"(年表和日程表5月9日条)

对于通过实验观察证明相对论的引力红移这一预言的进展,爱因斯坦同样怀着极大的兴趣。爱因斯坦告诉朋友 Besso,他很满意欧洲大陆一系列实验得出的有利的结论(文件141),也许使爱因斯坦感到更满意的是,以前持怀疑态度的英、美天文界正在朝着他的思维方式靠拢。美国公众和科学家对引力红移特别感兴趣,这是广义相对论的三个预言中唯一一个还没有通过实验证实的。太阳光谱学家们仍然怀疑,预言的效应是否一直与他们的数据吻合。爱因斯坦1920年就已经感觉到了情形的变化(第十卷,文件76和98),1921年间,形势的发展越来越有利于相对论。《纽约时报》9月8日报道,美国天文学家现在希望这个理论可以通过 Charles Everard St. John 最近的实验得到确证,St. John 以前对这个理论一直持怀疑态度。11月,爱因斯坦写信告诉 Eddington 一些传言(文件295),说 St. John 尚未发表的成果可以强有力地证明他的理论,因为他的理论的反对意见已经被一一排除了。[58]

1921年,我们也看到爱因斯坦与他的长期合作者、柏林天文学家 Erwin Freundlich 之间的争吵。他们从1911年秋天开始通信,自那以后,他们就一直不断地探索可能的实验观测。为了证明新兴的相对论性引力理论,他们研究经过太阳或木星边缘的星光受引力影响的偏折,或通过恒星引力透镜来研究光线的偏折。他们还合作考察被预言的引力红移。Freundlich 是第一位对这一验证表现出持久热情的专业天文学家。[59]1920年期间,Freundlich 始终是爱因斯坦捐献基金的主要推动者,该基金最终支持建造了著名的爱因斯坦塔式望远镜,并且,天文学会1921年夏在波茨坦召开的年度会议期间完成了该望远镜的落成典礼(插图说明22)。1921年6月,我们发现这两位科学家,作为友好的同事,在伦敦拜访 Lord Haldane 期间,与英国数学-哲学家 Alfred North Whitehead 进行了长时间的讨论。[60]然而 Freundlich 的工作早些时候遭到天文学家同事们的批评,爱因斯坦在写给 Ehrenfest 的信中开玩笑地猜测说,在 Freundlich 来访期间莱顿的同事们可能"掐了"他一把,这样做可能"只是为他好"(文件152及其注释)。在给天文学会的请愿书上,爱因斯坦和 Freundlich 都签了名,要求天文学会支持对预言的行星近日点进动的实验验证,支持那次已经计划好的日食远征考察队,验证 1922 年 9 月 21 日日食期间引力场中的光线弯曲(文件 216 和 217)。在 Freundlich 的敦促之下,虽然爱因斯坦 9 月在波茨坦天文台的任命问题上干预了普鲁士教育部的官员,但他们当中的紧张氛围已经显露无疑,特别是当爱因斯坦提醒 Freundlich,柏林对相对论研究的好意本质上是因为英国同事们对该理论做出的贡献时(参阅文件 221、233、248、331 以及年表和日程表 8 月 31 日)。

爱因斯坦与 Freundlich 之间的关系越来越疏远,最终,他们在 1921 年 12 月晚些时候爆发了公开的争吵,这次争吵是由爱因斯坦的一份手稿引起的。

情形好像是这样,为了筹资,爱因斯坦把 *Einstein 1916e* 的手稿——现藏于以色列国家图书馆的 Schwadron——给了 Freundlich,(第六卷,文件 30)。1921 年夏天,爱因斯坦想要回手稿,Freundlich 没有答应,虽然有人再三调停,Elsa Einstein 也参与了调停(文件 331)。9 月底,爱因斯坦公开对 Freundlich 干预波茨坦天文台的任命事件持保留意见(文件 248)。12 月 20 日,爱因斯坦写了一封语气苛刻的信,再次索要那份相对论手稿(文件 330)。他指责 Freundlich 没有合理使用(盗用)他的手稿,甚至说 Freundlich 背着他想把手稿卖到国外去。尽管有 Arnold Berliner 和其他人在这两个曾为同事的当事人之间进行调停(文件 337 和 339),但到了 1921 年底,爱因斯坦却因为与 Freundlich 之间存在着"不可挽回的冲突"而向爱因斯坦捐献基金管理委员会递交了辞呈(文件 340)。

爱因斯坦对实验工作所做的贡献并不局限于直接与他个人的研究喜好相关的研究。从爱因斯坦与 Felix Ehrenhaft 的通信来看(文件 36),我们知道他 1921 年早些时候去维也纳拜访过 Felix Ehrenhaft,并建议对他的实验做详细的修改。爱因斯坦还与 Walther Nernst 就制作一台冷冻装置可能遇到的技术问题进行合作("制冰机",参阅文件 195 和 219),他还参与 Anschuet-Kaempfe 公司进行的实际的实验(文件 293、92、237、241、263、290、309 以及 327)。

但在所有这些实验中,爱因斯坦"这些年来感受最强烈的一次科学经历"就是那个考察极隧射线粒子的光发射过程的实验,正如爱因斯坦12月30日在写给Born夫妇的信中所言(文件345)。爱因斯坦第一次提到这个实验是在他8月22日写给Born的一封信(文件211)。仅仅6天后,爱因斯坦在一个报告中提到,他已经开始在帝国物理技术研究所进行这个实验(文件218)。与他一起进行这个实验的是Hans Geiger;后来Walther Bothe也参与进来。[61]

爱因斯坦对光量子的兴趣,可以追溯到他最早的论文,最著名的是他在1905年对这个概念富有启发性的介绍(*Einstein 1905i*[第二卷,文件14])。在接下来的几年里,爱因斯坦通过分析能量涨落的Planck分布律来证明光量子概念(*Einstein 1909b*,*1909c*[第56卷,文件56和60])。1916年,Millikan的观测证实了爱因斯坦为光电效应在能量与发射频率之间建立的关系,尽管对Millikan实验的理论解释仍然存在争议。同年,根据量子发射的定向性的结果,爱因斯坦得出结论说:"不存在球面波形式的辐射"。[62] 1921年,光量子在爱因斯坦的许多同事当中仍存有争议。那年夏天的索尔维会议上,Niels Bohr在论文中表示,爱因斯坦的量子论呈现出的"重重难以逾越的障碍":假定的理论仍然与熟知的光的干涉现象相冲突。[63]

为了探索光发射过程的性质,爱因斯坦提议做一个极隧射线光源的实验。根据对发射过程所做的波图记录,发射的光可能产生多普勒效应,因其对频率来说带有熟知的角度依赖性。爱因斯坦相信,量子理论也可能存在多普勒效应,Johannes Stark早在1905年通过极隧射线源证实了Doppler效应的存在(参阅文件261),然而他希望量子发射过程中的Doppler频移将会给出很不相同的光的色散属性。[64]

为了验证不同的观点,爱因斯坦提出收集发射到一个透镜孔径角内的光,将其聚焦到一条狭缝上面,然后经过第二个透镜投射成平行光束。如果进入光学装置的光线表现出Doppler频移,正如波动图景所预言的那样,那么将必然存在相干相位波前,这个相位波前显示了一个依赖于位置的频移。该实验的意图是通过发送平行光束通过色散介质与频率相关的衍射指数来测试这种情况。通过使用色散介质,爱因斯坦认为具有可变频率的一束光线会发生弯曲,其弯曲角度按照他的计算很容易观测得到。然而在量子的相同情形里,爱因斯坦认为这种弯曲不会发生(*Einstein 1922a*[第七卷,文件 68])。

爱因斯坦对这个实验项目充满热情,他有时候很适度地称其为"有趣的"(文件 230、240 以及 275),但他也对实验的结果非常好奇,他说:"我对我们的极隧射线实验的结果非常好奇。我期望的结果一点都不确定"(文件 261)。事实上,我们从 Lorentz 的一封信中了解到(文件 298),爱因斯坦希望存在这样一种光的发射和传播理论,它可以把"一种球面波"的假设与量子理论的"定向能量过程"结合起来(文件 261)。Lorentz 的信暗示爱因斯坦可能认为球面辐射场是一种"干涉辐射",描述"能量辐射"——不可分的个体量子——击中沿辐射路径摆放的屏幕上某点的概率。干涉辐射场将产生一个概率分布,由此,量子将建立一种干涉图样。然而 Lorentz 指出,这种解释可能意味着,根据 Maxwell 电动力学和新的波加量子视角,爱因斯坦的装置表现了色散介质里的偏折(文件 298)。因此,这个实验将不能解决那个预设的问题。

爱因斯坦没有被 Lorentz 的观点吓到,他相信只有经典理论可以预言色散介质中的极隧射线的偏转。他仍然相信量子发射图景能够通过这个安排中偏折的缺失得到证实(文件 326)。

Geiger 11 月上旬告诉爱因斯坦第一批初步的不确定的结果(文件 289),但不久他生病得了溃疡(文件 303)。接着他的技工也生病了,这造成实验的暂时搁置(文件 316 和 326)。到了 12 月中旬,爱因斯坦仍不能提供任何实验方面的结果,尽管他那时已经向普鲁士科学院提交了一篇论文(*Einstein 1922a*[第七卷,文件 68]),概述这个实验及其蕴含。但一周后,他们得出了结论:没有观测到偏折现象。[65] 经典理论似乎遭受了沉重的打击。爱因斯坦相信波场已经被显示并非"真实存在"。必须考虑即时发生了一个量子的发射,就其能量而言,爱因斯坦认为这个发射过程严格受到 Bohr 量子条件的控制(文件 345)。

在了解这个实验的确定性结果之前一周,爱因斯坦写信给 Hermann Weyl,说如果这个实验是否定的,也就是说,如果它没有表现任何偏折,那么"场论原则上是不能被承认的"(文件 326)。到了 12 月 22 日,爱因斯坦向 Weyl 报告说:"极隧射线实验的结果是否定的,这最终意味着对电磁场理论的驳斥"（文件 336）。爱因斯坦知道这个消息后感到很困惑，因为他那时坚信这个实验可以从经验上为两个完全相反的概念提供一个明确的判定。而且，这也证明了他的坚信，即经验数据对解决基本问题可能具有的意义。面对他所认识到的经典场论的一个实验性的决定，爱因斯坦在给 Weyl 的明信片的末尾这样写道："现在该怎么办呢？"

[1] 例如参阅 *Clark 1971*, 第 382—392 页; *Foelsing 1997*, 第 494—509 页; *Frank 1953*, 第 176—187 页; *Hermann 1994*, 第 261—266 页; *Isaacson 2007*, 第 289—301 页; 关于这次旅行的新闻报道, 其评注版可参阅 *Illy 2006*。

[2] 比如参阅 *Adelson 1978*; *Barnard 1974*, 第 269—283 页; *Berlin 1970*, *Halpern 1987*, 第 221—232 页; *Panitz 1978*, 第 77—94 页; *Reinharz 1993*, 第 346—348 页和 363—364 页; *Rose 1986*, 第 206—213 页; *Weizmann 1949*, 第 265—269, *Urofsky 1974*。

[3] 参阅 Luther P. Eisenhart 1920 年 10 月 1 日写给爱因斯坦的信（第十卷，文件 160）; 参阅 Albert G. Schmedeman 1920 年 10 月 30 日写给爱因斯坦的信（第十卷，年表和日程表）。

[4] 参阅爱因斯坦 1920 年 11 月 26 日写给 Paul Ehrenfest 的信（第十卷，文件 209）。

[5] 参阅 Paul Ehrenfest 1920 年 11 月 7 日写给爱因斯坦的信（第十卷，文件 191）; 亦参阅爱因斯坦 1920 年 11 月 26 日写给 Paul Ehrenfest 的信（第十卷，文件 209）。

[6] 参阅 John G. Hibben 1920 年 12 月 24 日写给爱因斯坦的信（第十卷，文件 243）。

[7] 参阅 Charles S. Slichter 1920 年 1 月 12 日写给 A. L. Barrows 的信; 亦参阅 Charles S. Slichter 1921 年 1 月 31 日写给 Paul M. Warburg 的信（《威斯康星大学档案》, Dean Slichter Papers）。

[8] 参阅 Chaim Weizmann 1921 年 2 月 16 日写给 Kurt Blumenfeld 的信（33 345）。

[9] "巴勒斯坦建国基金宣言 - 1920, 伦敦",《犹太编年史》(*The Jewish Chronicle*), 1920 年 12 月 24 日。

[10] *Wasserstein 1977a*. 第 13—14 页。

[11] *Lipstadt 1978*, 第 55 页。

[12] 另外 3 个美国机构是哥伦比亚、耶鲁和国家研究委员会（亦参阅爱因斯坦 1920 年 10 月 6 日写给 Fritz Haber 的信[第十卷, 文件 162], 1920 年 12 月 8 日写给 Max Warburg 的信[第十卷, 文件 223]）。

[13] "关于爱因斯坦愿意与您一同去美国的信", Kurt Blumenfeld 1921 年 2 月 19 日写给 Chaim Weizmann 的信[Weizmann 的档案, Weizmann 研究所]。

[14] Lorentz 作为大会的国际科学委员会主席发给爱因斯坦的官方邀请, 参阅 Hendrik A. Lorentz 1920 年 6 月 9 日写给爱因斯坦的信（第十卷, 文件 49）。

[15] 关于爱因斯坦与 Lorentz 之间的关系, 参阅 *Kox 1993*。

[16] 参阅 Ernest Rutherford 1921 年 2 月 28 日写给 Bertram B. Boltwood 的信, *Badash 1969*, 第 342 页。尽管爱因斯坦再三申明他自己是瑞士公民, 但柏林教育局和科学院最后还是把他看作一个普鲁士公民, 因为他 1913 年到 1914 年期间受聘在那里工作。若要参阅已经出版的相关文献, 可参阅 *Kirsten and Treder 1979a*, 第 112—120 页。

[17] 关于爱因斯坦与 Haber 之间的关系, 以及他们对德国人和犹太人的不同观点, 可参阅 *Stern*

1999,第三章。

[18] 参阅第十卷序言第二章。针对爱因斯坦与反相对论运动之间的公开争论,科学院是否应该公开表明自己的立场,Roethe 对此所持的观点,爱因斯坦可能不太高兴。Roethe 告诉 Planck,说他反对科学院公开支持爱因斯坦的做法(参阅 Gustav Roethe 1920 年 9 月 10 日写给 Max Planck 的信)。

[19] 参阅爱因斯坦 1920 年 4 月 19 日写给 Ulrich Wilamowitz-Moellendorff 的信(第九卷,文件 379)。 lviii

[20] Kurt Blumenfeld 1921 年 2 月 20 日写给 Chaim Weizmann 的信(Weizmann 的档案,Weizmann 研究所)。

[21] 参阅"爱因斯坦教授关于耶路撒冷大学的计划",《犹太评论》(*Jüdische Rundschau*),1921 年 3 月 30 日。

[22] 参阅 Chaim Weizmann 1921 年 3 月 30 日写给 Julian Mack 的信,*Wasserstein 1977*,第 177 页,以及 Julian Mack 和 Felix Frankfurter 1921 年 3 月 2 日写给 Chaim Weizmann 的信(Weizmann 的档案,Weizmann Institute)。关于爱因斯坦美国之行的详细记述,可参阅 *Illy 2006*。

[23] 参阅《纽约美国人》(*New York American*),4 月 3 日;《纽约时报》(*New York Times*),4 月 2 日和 3 日;*Yidishes Togeblat-The Jewish Daily News*,1921 年 4 月 3 日;以及 *Weizmann 1949*,第 266 页。

[24] 《纽约时报》,4 月 11 日;《新巴勒斯坦》(*The New Palestine*),4 月 15 日;*Yidishes Togeblat-The-Jewish Daily News*,1921 年 4 月 12 日。

[25] 参阅"为 Weizmann 博士及其同事举行的招待会",1921 年 4 月 13 日(Weizmann Archives,Weizmann Institute),以及《纽约时报》1921 年 4 月 13 日。

[26] 参阅 *Urofsky and Levy 1991*,第 73 页。

[27] 参阅 Solomon Ginzberg 1921 年 5 月 13 日写给 Stephen Wise 的信(美国犹太历史协会[American Jewish Historical Society],Archives,Stephen Wise Collection)。

[28] Paul Warburg 对犹太复国主义运动不够支持,这方面可参 *Chernow 1993*,第 249 页。

[29] 参阅《波士顿晚报》(*Boston Evening Transcript*),5 月 18—19 日;《波士顿先驱报》(*Boston Herald*)和《波士顿邮报》(*Boston Post*),1921 年 5 月 19 日。

[30] 参阅 Julian Mack 1921 年 3 月 30 日写给 Chaim Weizmann 的信(Weizmann Archives,Weizmann Institute)。关于常青藤大学的管理人员当中在此期间突发的反犹情绪(包括哈佛大学在内),可参阅 *Karabel 2005*,第 86—89 页。

[31] 参阅"招待会和宴会邀请函"(Library of Congress, Papers of Jacques Loeb/mm 73030429, Container 4),5 月 22 日的《纽约时报》,《犹太评论》(*Jüdische Rundschau*),1921 年 7 月 1 日;Nathan Ratnoff 的"我们成就了什么"(What We Have Accomplished),《新巴斯坦》(*New Palestine*)1,no. 50(1921 年 12 月 30 日):7。

[32] 参阅"美国犹太医生基金会关于建立和支持耶路撒冷希伯来大学医学院所制定的预备法",1921 年 5 月 21 日[IsJCZA/L12/43/I]。

[33] 参阅文件 129,注释 2。参阅《弗朗西斯帕克学校年鉴》(*The Francis W. Parker School Year Book*),弗朗西斯帕克学校编(Francis W. Parker School)(芝加哥,Ill.),弗朗西斯帕克学校全体教职员(Faculty of the Francis W. Parker School,1918,第 7—16 页)。记录(The transcripts)在 WiMaHS, Anita Blaine McCormick Papers, Series 1E, Box 237。Blaine 为这所学校的创建提供了资金,参阅 William H. Harper 和 M. M. Quaife 的《芝加哥:历史回顾与展望》(*Chicago: A History and Forecast*)(芝加哥:芝加哥贸易协会[Chicago: Chicago Association of Commerce]),1921 年)第 74 页和《纽约时报》1899 年 6 月 4 日。

[34] 爱因斯坦回忆了他第一次面对 Michelson-Morley 实验的情景,后来,他又对这个实验做了陈述;关于他的回忆和对他的陈述所做的具有历史意义的解释,可参阅 Holton 1969；Pais 1982,第 115—119 页、第 172—173 页；Stachel 2002,第 171—190 页。

[35] 关于爱因斯坦早些时候被邀请去哥伦比亚大学做讲座的事情,可参阅 George Pegram 1912 年 1 月 9 日写给爱因斯坦的信(第五卷,文件 337)。

[36] 参阅第七卷的《〔编者按〕爱因斯坦同德国反相对论者的冲突》第 101—113 页和第十卷序言第二章。

[37] 参阅爱因斯坦 1920 年 11 月 26 日写给 Paul Ehrenfest 的信(第十卷,文件 209)。

[38] 可参阅比如"Laurels of Einstein Claimed by Another",*Evening Star*(华盛顿)4 月 28 日；"Newburgh Man 说:'我发现爱因斯坦的理论是老古董'"(Einstein Theory Is Old Stuff；I Found It),《纽约晚间报道》(*New York Evening Journal*),1921 年 4 月 29 日。

[39] 这些指控分别发现在 Gertrude Besse King 的"阿拉丁爱因斯坦"(Aladdin Einstein),*The Freeman*,4 月 27 日；美国科学家说"爱因斯坦是在瞎蒙",《纽约论坛报》(*New York Tribune*),4 月 25 日；"爱因斯坦完全错了",*St. Louis Post Dispatch*,1921 年 4 月 24 日。

[40] 参阅《纽约时报》1921 年 4 月 23 日发表的文章:"Einstein Wrong, Brush Indicates"；"怀疑引力定律"(Doubt Gravitation Law),《洛杉矶时报》(*Los Angeles Times*)；"实验证明爱因斯坦的理论有误"(Tests Disprove Einstein Theory),《芝加哥先驱和审查员》(*Chicago Herald and Examiner*)；"说爱因斯坦错了",《堪萨斯城市之星》(*Kansas City Star*)；"爱因斯坦的相对论思想被抛弃",*Post-Standard*(Syracuse, N.Y.)。

[41] "爱因斯坦被污名为科学骗子,明尼苏达人称相对论为'胡言'",《明尼阿波利斯星期日论坛报》,1921 年 4 月 10 日。

[42] 很可能指工程师 Robert Stevenson (1844—1922)；参阅"'神秘人物'起来摧毁爱因斯坦的主张",《明尼阿波利斯早晨论坛报》(*Minneapolis Morning Tribune*),1921 年 5 月 5 日；明尼苏达州,圣保罗,圣托马斯大学,档案,Arvid Reuterdahl Papers, RS 07/09/11, Series V: 4-56：Stevenson, Robert。

[43] "爱因斯坦拒绝为理论而辩",《纽约美国人》,1921 年 4 月 12 日。

[44] Arvid Reuterdahl,"'Kinertia'对阵爱因斯坦,对相对论时代提出微妙质疑的引言",《迪尔伯恩独立报》(*Dearborn Independent*),1921 年 4 月 30 日。

[45] 参阅 Wazeck 2005b。

[46] 以"德国尽可能不解除武装"(L'Allemagne désarme le moins qu'elle peut")为大标题,Otto Lehmann-Russbüldt 亲自向柏林《晨报》(*Le Matin*)的特派记者发去了这个声明。"代表'新祖国同盟'"Lehmann-Russbüldt 传达了"解除安全警察('Sipo' Sicherheitspolizei)和公民护卫队(Einwohnerwehr)的武装这个消息"。这个申明指责负责解除平民武装的帝国专员(Reichs commissioner)Wilhelm Peters,说他故意忽视有关私藏武器的可靠消息;申明请求法国帮助转移将来可能发生战争的威胁,说:"如果放弃解除德国武装,即使从最小的程度上讲,都可能把共和德国和民主德国引向被激怒的'容克'暴政,从而给支持复仇的人制造准备一场新战争的机会,我们希望法国能够保护我们不遭到这两种危险。"1920 年 7 月,在比利时小镇斯帕(Spa)举行的协约国德国会议上,德国被要求、也同意取缔治安警察和解除平民的武装(参阅 *International Yearbook 1921*,第 732 页)。

[47] 《世界舞台》(*Die Weltbühne*),1921 年 9 月 15 日,第 275 页。

[48] 参阅 *Moszkowski 1921*,第 221 页。

[49] 参阅"Der Aufbau Palästinas als Aufgabe der Judenheit. Eine jüdische Massenkundgebung in

Berlin",《犹太评论》(*Jüdische Rundschau*);"爱因斯坦在柏林的演讲,"《维也纳晨报》,1921年7月1日。

[50] 参阅"爱因斯坦谈犹太复国主义的和平使命",《福斯报》(*Vossische Zeitung*),1921年7月5日。

[51] 可参阅比如 Konrad Haenisch 1920年9月6日写给爱因斯坦的信(第十卷,文件135)以及本卷年表和日程表中的1921年10月15日条。海外委员会(The Auslandskomitee)是 Willi Münzenberg 建立的,作为一个共产主义先锋组织的未来原型。

[52] 参阅 *Kaluza 1921*。

[53] 参阅 *Einstein 1921e*(第七卷,文件54)。

[54] 该论点后来发表在 *Einstein and Grommer 1923* 上面。

[55] 在1920年底的两个文件,爱因斯坦1920年12月9日写给 Paul Ehrenfest 的信(第十卷,文件227)和第十卷附录中也有类似的考虑。

[56] 对这些计划中的实验的详细讨论,可参阅 *Sauer 2007*。

[57] Michelson 的新实验最后于1925年完成,它再次证实相对论(或静止以太)的预言,参阅 *Michelson and Gale 1925*。

[58] *Hentschel 1993* 在1921年看(St. John)还是一个无神论者,而在1923年变成了一个"皈依者"。

[59] 可参阅比如 *Hentschel 1997* 第49—52页和 *Renn and Sauer 2003*。

[60] 参阅 *Desmet 2008*。

[61] 爱因斯坦在12月8日给科学院的提议(第七卷,文件68)里只说 Hans Geiger 是他的实验合作人。有证据显示,Walther Bothe 早在12月7日就表明他对这个理论的细节和这个项目的实验设计感兴趣(文件316)。

[62] *Einstein 1916n*(第六卷,文件38),第61页。

[63] Paul Ehrenfest 宣读了这篇论文,当时 Bohr 病了,不能参会(参阅 *Bohr 1923*,第242页)。

[64] 参阅爱因斯坦的手稿"über ein optisches Experiment dessen Ergebnis mit der Undulationstheorie unvereinbar ist"[2 086];关于对这个实验的解释,参阅 *Klein, M. 1970b* 和 *Tauschinsky and Dongen 2008*。

[65] 关于这个实验的结果,参阅 Hans Geiger 和 Walther Bothe 合作完成的那份没有发表的手稿:"实验部分",1922年1月[2 088]。

# 关于全集的编辑方法

下面是《爱因斯坦全集》系列的编辑方法,合并了前几卷里已经介绍的修订和增补内容。

## 资料选择

继先前出版的第一卷后,此次编辑分为两个系列:论文集和书信集。

5卷论文集(第二、第三、第四、第六以及第七卷)涵盖时间为1900—1921年,呈现了阿耳伯特·爱因斯坦所有的论文、著作以及没有出版的科学手稿,包括他作为一个物理学专业学生时的笔记,他在大学授课的讲座笔记以及研究笔记。听众的讲座笔记,不管是逐字逐句记录的还是摘要形式,作为爱因斯坦所授课程的笔记的补充,加上对他的讲座、演讲、评论或采访的可靠记录,都作为完整的文本或摘要包括在各卷里。

爱因斯坦在1922年之前所写的我们可获得的书信都以全文或摘要形式呈现在1902—1921年期间的6卷书信集(第五、第八、第九、第十以及第十二卷)的年表和日程表里。写给不止一个收信人的信件只出现一次。写给爱因斯坦的信件在处理时更具有选择性。我们获得发表许可的所有写给爱因斯坦的重要信件都做全文收录。而对于那些没有获得发表许可的信件,我们在年表和日程表里以概要的方式呈现。另外,对于那些写给爱因斯坦的不太重要的信件,我们在年表和日程表里也以摘要的形式处理。作者和日期已知,但找不到的信件则引用;如果原始信件的重要摘录可以获得,这些摘录也会被刊印。

爱因斯坦1917年10月成为威廉皇帝物理研究所[KWIP]所长。与前面几卷一样,在本卷里,他任KWIP所长时的通信也很重要。与爱因斯坦的常规的财政和行政交流,包括向他提出的补助申请都省略了,但年表和日程表里提到了。除非对理解爱因斯坦的思想和行为有特别的意义,爱因斯坦作为 KWIP 董事会成员写给别人或收到的所有书信,或者爱因斯坦写给董事会的信件和写给 KWIP 董事会其他成员的信件,包括他担任 KWIP 所长时的第三方文件,都以摘要形式放在年表和日程表当中。

爱因斯坦所作的诗被放在《爱因斯坦论文集》系列里。写给爱因斯坦的诗放在书信集里,如果这些诗是一封信必要部分的话;否则,就在注释里描述一下,放在年表和日程表里。

爱因斯坦的后记如果只是扩展了的问候,没有独立的特点,或是其他作者附在信件里的,都放在年表和日程表里。

内容明确表明是要出版的信件印在《文集》里,而那些为有限制性受众所写的信件被放在《书信集》里。

采访中的引述,和在一个完整的没有采访者插话的文本中所做的陈述,都以文本形式放在《文集》里。包含爱因斯坦大量引言的采访,但以更典型的采访形式,或者并置了爱因斯坦对一个题目的各种声明,这样的采访就放在附录里(比如参阅附录 F)。

合集版的前言如果是爱因斯坦在其中起积极作用的话,这样的前言就包括在《文集》里。爱因斯坦给其他著作所写的前言,或者给他自己著作的翻译版所写的前言,没有编入《文集》里,但包括在年表和日程表里,除非他的前言内容要求作为文本放在《文集》里。

对于我们有抄本的文本或文本片段,但其日期与所考虑的文件的内容相冲突,我们就在年表和日程表中注明这样的文本或文本片段的存在,而不作为一个文本放在年表和日程表里。

爱因斯坦档案中有七十多个文本都只是片段,而且它们的时间大多只能按照 10 年来计算。最后一卷涵盖了爱因斯坦在柏林的时期(1914—1933),在这一卷里,编者对这些草稿和注释提供了一份独立的明细清单。对几封大致可以推断是柏林期间写的书信,也做了这样的处理。

还有,第三方书信和其他文件,比如证明和官方报告,如果它们有助于我们更好地了解爱因斯坦的发展,爱因斯坦的生活环境,以及爱因斯坦的公共活动,这样的书信和文件就以完整的,部分的或者以概要的方式刊印。

## 文本的确定

我们通常的做法是从手稿的影印本着手,然后,如果有原件的话,我们就依照原件做好我们的抄本。如果原件和影印本都不可得,我们就以以前抄录的或是印行的版本为依据。如果这样的抄录本或印刷本不止一个,我们就选择我们认为最接近作者的写作风格,最接近作者的书写风格和标点的版本,不考虑只为纠正明显的排版错误的文本。

对于已经出版了的条目,我们采用以原始语种出版的第一个版本,作为我们的最初文本,同时也标注了以后出版的爱因斯坦著作中的各种变体。如果可以找到原始的手稿,我们就以脚注方式标明其细微的差异。如果手稿与印刷版差异甚大,那么手稿中不同的部分就以单独的文本呈现,放在印刷版本之前。如果找不到原始语种的手稿、打印稿或者印刷稿,我们就采用已经出版的翻译版本。如果除了德语文本,我们还可获得由爱因斯坦授权作为第一或者唯一出版物的英语版本,那么两个版本我们都会印行。

凡属爱因斯坦手写的一组讨论或片段,则将其作为文本的来源,而不用那些评论的发表版本,所有可以获得文本的重要不同之处都将注明。

## 展示方式

卷内的所有文件都以时间顺序来呈现。每一份文件都有一个编号和一个英文标题。如果原文有标题,则将其翻译成英文。书信以致信给爱因斯坦的一方或爱因斯坦致信的一方的姓名为标题,而作为写信人或收信人的爱因斯坦的姓名就在标题中省略了。对于任何单个日期,按照字母顺序编辑收信人或寄信人,首先呈现爱因斯坦寄出的书信,然后再展示他收到的信件。

发表过的文本均以复制方式再版；而本卷中包括的其他材料则重新排版。两个系列的文本均按照时间顺序来编排。已发表过的论文如果知道其完成日期，就按照其完稿时间来标注日期，否则就标注其投稿日期、收稿日期或者发表日期。如果推测某文献是在一段时间里完成的，则按照其起始时间来决定其在本卷中的位置。若有某篇未标注时间的文献附属于另一篇文献，或者被插在其中，就将这篇未标注时间的文献放在该文献之后，除非有根据表明其来源更早于该文献。

日期一栏水平放在文本的右上方，不考虑该日期在原文件中的位置。编辑补充或更正的日期采用方括号，对不确定的日期则用问号表明，或者用描述性的注释说明。"约"或写为"ca."，暗示对所表明的年、月、日有几个单位的不确定性。如果知道的话，再加上已发表文章的完成、提交和出版日期，同时包括印刷版的来源。如果作者在文件下面重复提到地址信息，那么在转录文本中不再提地址信息。

称谓语总是放在左边，水平放在日期栏的下一行，第一段都会缩进。第一段的第一个单词通常大写。

对于收到的书信，所有手写的、印刷的或是打印的信头，都以描述性的注释转录。对于寄出的通信，收件人的地址以描述性的注释转录。

署名放在右边，附言水平放在署名的左下方。

针对构成一篇文献的、未完讨论稿所写的编者按语采用较小的标题字体排印，以便使之与正文相区别。编者按语排在爱因斯坦的文稿之前，其作用是概要总结爱因斯坦文本回应他人的论文、演讲、致辞以及声明的内容。

英文书眉标题与连续页码编排在每页顶端的横线上。表示编者所加的脚注之序号，连同其方括号，一同排在以复制方式翻印的正文空白处，紧靠该条注释所说明的那段文字或方程式所在的那一行。在复制文本的最后一页排印注释说明。

以复制方式排印在著作卷中的文本，都保留着原始出版物的所有相关特点，包括页码的标法、注释的位置以及书眉标题。原与本卷不相关、却与爱因斯坦撰写的文稿排印在同一页上的文章片段，则用颜色较浅淡的字体翻印。在该文本之前的那一页上，读者会发现文献序号、英文标题、出自引用文献表的该文献之标题的缩写、每个文本的完稿时间以及来源,等等。爱因斯坦所撰写的某篇再版文章,根据推测可能由他本人做过修订或者添加了注释的,亦在那一页上加注说明。在该文献最后不加序号的说明性按语中,会重复标题页上的某些信息。

在书信卷或著作卷刊印发行之后,若编辑又发现属于该卷时期的文献,这些文献会刊印在后续书信卷或著作卷的前面,本卷不做收录。

编者所加的尾注,以方括号加阿拉伯数字的上标序号,排在文献的正文和说明性按语之后。在某些情况下,为了使文献更方便阅读,就将注释排印在每一单独文献页的后面,或者正对文本排印。

除了已经发表过的论文,正文之后都标有一个说明文件种类的符号(见说明文件种类符号表)。如果没有特别注明,则表明文本来源于耶路撒冷希伯来大学的阿耳伯特·爱因斯坦档案馆。否则就将原件的出处(标示在圆括号内)排在说明文件种类的符号之后。如果原件的出处不明,就标明其影印件或抄本的来源。文献存放库的符号遵循《国会图书馆全国联合目录》的编目准则(见文件所在单位符号表)。

在指出原始文献的出处之后,接着是说明性的注释,用以评论影响文本阅读的原文献的文本特点或物理特点,诸如该原始文献的纸边是否切过,是否打过孔,是否字迹模糊,或者残缺不全等。如果一篇或多篇文献的来源(例如一个笔记本或者一份官方报告)还包含着另外的材料,便在此处简略记录该材料的内容;而这被删去的材料则有可能刊印在本版中的其他地方。原件的页码标法和页码转换说明这样的文本特点直接略去不提。信函或明信片原件上的姓名、地址及邮戳,如果能够得知的话,均予注明。

书信各卷中,每篇文献之后的说明性注释里给出了如下信息:(a)说明文件种类的符号;(b)文件收藏单位代号,表明可以找到原始文献的地方,如果原始文献不是收藏在阿耳伯特·爱因斯坦档案馆里的话;(c)凡出过印刷本的文本,均予以注明;(d)为阿耳伯特·爱因斯坦档案馆的每一份原始文献或复印件所分配的管理编号,并用方括号括之;(e)对于明信片,如果信封可获得,便用线标出了地址和寄件人的抄本,同时包括对加盖的邮戳的描述;(f)如果邮戳模糊不清或不完整,则予以说明,如果可能,并且在非如此不足以辨认日期的情况下,对所盖邮戳的内容予以说明。

文本的字母顺序表放在正文后面的附加资料之中。

正文里未予收录的爱因斯坦所写或收到的全部书信,亦按照年月先后顺序编入书信系列各卷附加资料的年表和日程表中,并注明其来源。年表和日程表还包含了对著作系列里的文本的参考、具体文件里不可获得的总体时间信息,以及对重大采访的参考。年表和日程表中的各个条目概括了上述文件的内容(若做详细了解,请见年表和日程表的导言部分)。

当原始文献或其复印件无法获得时,如果能够从交易商或拍卖目录中得到文献残篇的抄本,连同可获得的插入的编者按语,采用与尾注同样的字号排印。作为文本来源的连贯的摘要,比如部分的副本或信息量较大的复印材料,则用与爱因斯坦的书信正文同一型号的字体排印。某些文本只可以部分地得到重构,通过展示重要的文本残篇或重要引用的复印件,连同编者按语或不连贯的摘要。在这些情形里,保留上面指出的字号区分。

如果一篇原始文献后来增补的内容直接排印在该文献之后,那么继续保留这种排印方式。在正文目录相应的标题页和正文的注释里均标明两个日期。

如果某篇文献附有一封书信,该书信只作为说明文献的附函,本身并无独立的特点,则将这两样排印在一起,共用一个编号。

如果一篇草稿的原件里出现重复的文字片段、不相关的文字抑或方程式,则在发表抄录文本时略去这些信息。

作者在撰写某文献期间所做的修订,如果不破坏文献的文理连贯性的话,则被插入正文中,不做特别的说明;如果有助于提醒读者注意原文的修订处,则添加注释;如果修订内容是在评论原文献,且不适宜并入此文献,则将修订内容置于文献后面的注释加以说明。

如果词语下面画了两道或三道着重线的,刊印时均采取与画一道着重线的词语相同的处理方法,即用斜体字排印。① 只有在加倍强调

---

① 中文本用楷体排印。——中文编者注

之语具有特别重要的意义,或者配有注入惊叹号之类具有强调效果的标点符号之时,才予以注释说明。

一篇原始文献的称呼、日期以及结语之中以斜体形式或字母大写形式出现的地名或公函惯用语,均以首字母大写的罗马字体表示。

如果无法证明可能是原始文献附图的重绘,就采用扫描的方式将该图录入。遇到这种情况,我们所采取的方法是,在包含此图的文献残篇后添加尾注,并把相关词语或短语抄录在注释里。

文后注释里引自草稿的德语、法语以及意大利语的段落,均放在尾注里不予翻译。只有当引用的段落用以评论时才加以翻译。

## 誊　　写

我们力求在誊写过程中忠实于原始文献。除了如下情形之外,不做添加、删除、变更字体或标点以及排版形式。

一直到 1905 年,爱因斯坦始终用哥特式手写体(第五卷,文件29),后来他改用拉丁字体,此后一直如此。他所有的文本均以拉丁字体刊印。

如果作者刻意用一条竖线来表示新起一个段落,书中就采用首行缩进的方式在此处另起一段;还有,当原文段落层次非常含糊,而原文作者可能想要缩进分段,或者原文应当分段却没有分段时,编辑时也采用缩进方式另起一段。当原文在此明显应该分段,然而原文作者的做法是将段落首行顶左格时,我们也采用首行缩进来处理。结语处全部连续排印,适当的地方也加添了逗号,但对此不另做说明。

除非相关,否则手写文献上和明信片背面印刷的信息均略去不录。不常用的或含义混淆的缩写都扩展复原,并置于方括号内。遇到字母拼写模糊不清,或难以辨认的地方,则添加可能的读法,并在其后加一个问号,连同假定正确的拼写、语法以及句法,一并置于方括号内。如果没有说明读法,则使用适当数量的破折号来表示难以辨读的词语和字母的可能数量,并将这些破折号置于方括号内。

凡认为无意义而又被作者删去的内容,均略去不录且不加说明;

若认为被删去的内容具有重要意义,则将其放在尖括号里,置于修改过的文本之前。如果作为整体删除的文本信息超过一行,则以一条左高右低的斜线表示,而不像如前所述的,只删去一行或少于一行的那样,放在尖括号里。

将上标和下标置于其所在的那一行,必要时给予相应的注释。

除非认为重要的信息已经丢失,否则作者标明插入的、实际上却放在本页其他地方的单词或句子,均插入文本当中而不加另外的说明。没有标明的段落置于文献的末尾,加注说明其原始的位置。如果是重要的段落,均保留在原来的位置。在本页版面编排允许的情况下,复制的示意图靠近其在原始文献中的位置,必要时加说明文字。

凡是刊印的摘要,每个被删去的部分都用在方括号内加3个省略点来表示。摘录开始的地方都采用缩进方式。

如果是打字机处理的文献,则保留所有的打印错误;然而遇到超过间距的情况时,一律按照惯例来调整其间距。

在爱因斯坦致他人的书信的日期一行里,略去了柏林的街道地址。

文献顶端以及信封和明信片上的地址中,其下方画有着重线的城镇名均改用罗马字体排印。

表示连字符的双横线破折号(即短"等号"),均改为单横线连字符。

德文破折号用以表示段落的结束;接下来的一行要做缩进处理,即使原文中作者没有做这样的处理。

爱因斯坦经常使用一个手写的缩写符号表示连词"和",此词便抄录为"&"。

用单辅音上加一短横线的方式来表示双辅音字母"mm"和"nn"的做法,本书不予效仿。凡是作者使用近似于速写的记号来代表词尾"ung"和"ungen",均改为其完整的原形。

在文献原件的打字稿或其抄件中以"J"代表"I"之处,改为现代的习惯用法"I"。由于爱因斯坦不加区分地使用拉丁字体的"I"和哥特字体的"I",本书统一改为拉丁体。

在德文中,按照旧式的书写法,源于专有名词的形容词之标识性词尾是与该名词本身隔开的,这也依照现代书写法进行了调整,例如把"Tetrode'sche"改为"Tetrodesche"。

凡是由于作者未在某个词语中加连字符,以致该词在原始文献里分别属于一行之尾和下一行之首的两个部分自然断裂,而下一行的那部分的第一个字母又没有大写,则该词写为有连字符的形式。

对于因没有加标点符号而可能造成语义紊乱的现象,则在正文中额外留一个间隔。

如果方程式的一部分为了计算的目的而被划去,则用一条右高左低的线来表示,以便使之与删除斜线相区别。

凡是具有作者个人独特风格的引号写法,均按照约定俗成的写法改写。凡是爱因斯坦为了同一个目的使用上标符号"×"和"∗",则将其统一写为"∗"。

原始文献中以加空白的疏行体(即德语的"Sperrdruck")排印的部分,除了专有名词改用罗马体排印以外,其他的均以斜体字母排印。原始文献中凡以小体大写字母排印之处,均改为以首字母大写的方式排印。

## 注　　释

编辑按语讨论的是一篇文献的内容和上下文语境,或者许多文献共同拥有的一个主题。

文后的注释详细说明具体参考的人物、地点、文献、科学发展、组织机构以及作者所熟悉的事件以及某篇文献预期的读者,但不必是当代读者;凡属可能,均从一手文献引用此类信息。一篇既未标明日期又没有盖邮戳的文献,其(推测的)日期用括号括起来,然后用一条尾注对该日期加以说明。尾注还用于纠正文本里的错误,用于鉴别方言,评论令人困惑的拼写、不可靠的阅读材料以及难以辨认的段落等文本问题。不是出于作者的修正或校订,均从文本中略去不提,但对其中重要的修订,均作为尾注收入本书。

以复制方式翻印的文献在编页码时,始终参考初次出版时所编的页码。

对已经出版的《爱因斯坦全集》的某个文本的参考,除了爱因斯坦本人已经发表的论文之外(在这种情况下,如果合适的话,除了注明卷号和文献序号,还要注明其作者名和日期),均注明其卷号(如果是另一卷)和文件序号。

在编辑所撰写的全部文字材料中所引用的参考文献,均注明其作者和日期。这些引用文献均按字母表顺序排列在各卷最后的引用文献中,并给出了完备的文献信息。该引用文献表并不涵盖关于爱因斯坦的所有重要著作的书目一览表。

凡指参考某封书信或某篇文献而又不知其原件存于何处,则指参考阿耳伯特·爱因斯坦档案室中所存放的某个版本或复印件,同时注明其档案底本编号。

若是指引参见爱因斯坦档案中尚未发表的档案材料,则只在其日期无法确定的情况下采用档案编号,否则就简单地指引参见作者、收信人及日期即可。

若是读者更熟悉某篇文献更晚些时候的某个版本,则在文献上注明这个更流行的版本里出现的分页情况,并且在标题页上注明指引参见之。

为了纠正著作系列中复制文献的文本错误而编写的注释,仅仅加在此类错误有可能造成理解失误之处。

如果将爱因斯坦的讨论意见作为所发表的讨论记录的一个组成部分予以翻印,则将爱因斯坦之外其他参与者的意见仅仅收录在注释里,作为《传记》信息和文献信息的补充。

只有注释中引自第三方的文献资料的外语引文才予以翻译,但文献的异文不予翻译,例如注释中收录的相关的草稿片段。

# 致　谢

编者得到了大量来自个人和机构的帮助和支持。我们谨向执行委员会的成员们表示感谢。我们也要感谢耶路撒冷希伯来大学同意我们发表其所收藏的资料。

我们要感谢长期支持我们的 Harold McGraw, Jr,也要感谢加州理工学院的教务办公室、加州理工学院的 Virgle L. Hedgcoth 以及 Susan Alexander 基金会给予我们的慷慨帮助。感谢 Dr. Lisbeth Rausing、Dr. Peter Baldwin、Dr. Fay Bound Alberti 以及阿卡迪亚基金会对我们工作的热情支持。非常感谢阿姆斯特丹的彼得·塞曼基金(Pieter Zeeman Foundation)的支持。

我们要深深感谢 Barbara Wolff,她一丝不苟地帮助我们完成了本卷的校对工作,同时也感谢耶路撒冷希伯来大学阿耳伯特·爱因斯坦档案馆的 Chaya Becker 和 Roni Grosz 馆长,感谢他们一直以来的帮助和热情合作。感谢 Fritz Stern、John D. Norton、Issachar Unna 以及 Robert Schulmann,感谢他们在仔细阅读和评价手稿方面所提供的宝贵的专业知识。

在加州理工学院,我们要特别感谢 Shady Peyvan、Judy Nollar、Sandy Gerstang 以及 Millikan 图书馆具有奉献精神的其余员工,感谢他们帮助我们搜寻到了难以找到的资料和信息。同时,我们也要感谢学院档案馆(the Institute Archives)的 Bonnie Ludt、Charlotte Erwin 以及 Judy Goodstein。感谢 Brenda Shorkend 为我们挖掘出无数有意义的资料。我们要感谢瑞士联邦工学院图书馆管理员、苏黎世大学档案馆以及苏黎世城市档案馆的特藏部,感谢他们一直帮助我们检查与爱因斯坦相关的资料。

本卷的研究和完成需要许多历史方面的信息和细节。非常感谢如下友好人士对我们的倾力相助:匹兹堡大学科学哲学档案馆的

Brigitta Arden；莱顿天文台的 David Baneke；维也纳城市和国家档案馆的 Heinrich Berg；维也纳的 Joseph Braunbeck；慕尼黑德国博物馆的 Jobst Broelmann；斯沃斯莫尔学院和平收藏部的 Wendy Chmielewski；斯沃斯莫尔学院友人历史图书馆的 Christopher Densmore；比弗利山庄的 Esther Dreifuss-Kattan；新苏黎世报公司编辑档案馆的 Pia Ducrey；慕尼黑德国博物馆 Sommerfeld 著作编辑部的 Michael Eckert；巴黎 CNRS 的 Jean Eisenstaedt；霍华德大学创建者图书馆手稿分部的 Joellen P. ElBashir；格拉茨大学的 Christian Fleck；塞克什白堡林学院的 Forestry College；奥地利国家图书馆的手稿、签名和遗产部的 Ernst Gamillscheg；普林斯顿大学科技图书馆的 Patricia Gaspari-Bridges；利兹大学图书馆特别收藏室的 Liza Giffen 和 Richard High；国家科学院档案馆的 Janice F. Goldblum；圣保罗的巴西以色列人慈善协会阿耳伯特·爱因斯坦历史中心的 José Luiz Goldfarb；华盛顿州立大学图书馆的 Cheryl Gunselman；耶路撒冷希伯来大学的 Hanoch Gutfreund；柏林艺术档案馆的 Elgine Helmstaedt；乌普萨拉大学图书馆的 Åsa Henningson；伯尔尼大学的 Klaus Hentschel；普林斯顿大学的 Jane Holmquist；哈佛大学的 Nina 和 Gerald Holton；纽约市 Leo Baeck 研究所的 Miriam Intrator；慕尼黑西门子公司档案馆的 Alexandra Kinter；耶路撒冷中央犹太复国主义档案馆的 Reuven Koffler 和 Simone Schliachter；基尔的石勒苏益格-荷尔斯泰因州立图书馆手稿部的 Kornelia Küchmeister；Kaaterskill 书店的 Charles Kutcher；维也纳奥地利科学院的唱片档案馆的 Gerda Lechleitner；牛津大学的 Dennis Lehmkuhl；柏林 Max Planck 科学历史学院的 Christoph Lehner 和 Milena Wazeck；柏林德国红十字会档案馆的 Petra Liebner；柏林 Gerda Bassenge 画廊的 Stephan Schurr；Seeley G. Mudd 手稿图书馆的 Nurit Lifshitz 和 Kfar Saba；Daniel J. Linke；美国哲学协会的 Valerie-Anne Lutz van Ammers；维也纳工人运动史协会档案馆的 Wolfgang Maderthaner 和 Michaela Maier；慕尼黑德国博物馆的 Eva A. Mayring；阿姆斯特丹 Huygens Fokker 基金会的 Ned McGowan；罗切斯特大学 Rush Rhees 图书馆稀有图书和特藏部的 Nancy Martin；芝加哥大学图书馆的 Edd Merkel，James Vaughan 以及 Raymond Gadke；苏黎世中央图书馆的 Cathrin Meyer，Matthias Müller 和 Gabriele Wohlgemuth；埃文斯通西北大学 Seeley G. Mudd 科学工程图书馆的 Bob Michaelson；威斯康星历史协会的 Harry Miller；耶路撒冷的 Sara Palmor；波茨坦的 Sebastian Panwitz；苏黎世以色列文化社区图书馆的 Kerstin Paul；芝加哥大学 Regenstein 图书馆的 David Pavelich；哥本哈根 Niels Bohr 档案馆的 Felicity Pors；维也纳大学的 Harald Posch 和 Wolfgang L. Reiter；普林斯顿大学稀有图书和特别藏书处的 Meg Sherry Rich；柏林医学委员会的 Sascha Rudat；基尔的 Raytheon Marine 有限公司的 Bernhardt Schell；阿姆斯特丹的 Henriette Schatz；柏林艺术大学档案馆的 Dietmar Schenk；布拉格捷克共和国国家图书馆的 Veronika Ševčíková；普林斯顿大学稀有图书和特别藏书处的 Don C. Skemer；剑桥三一学院图书馆的 Jonathan Smith；维也纳业余大学档案馆的 Christian Stifter；里约热内卢天文博物馆科学史档案馆的 Alfredo Tiomno Tolmasquim；罗马大学"Guido Castelnuovo"数学系图书馆的 Lucilla Vespucci；莫斯科俄罗斯科学院科学技术史馆的 Vladimir P. Vizgin；柏林犹太中心的 Barbara Welker；希伯来大学在纽约的美国友人 Ann Wollock；伍斯特公共图书馆资料管理员；雷霍沃斯(Rehovoth)的 Weizmann 研究档案馆的 Orna Zeltzer。

感谢那些才华横溢的学生，他们在爱因斯坦论文项目方面做了许多细致而深入的工作，感谢他们热诚的努力和奉献。感谢 William Coulter，Daniel Obenshain 和 Lernik Ohanian。

加州理工学院爱因斯坦文集项目的编辑以及员工得以每日充满活力及保持良好的身体状态，端赖于 Susan Davis，Jonathan Katz，Paul Jennings，Gail Nash，Ed Stolper 等诸多教职人员的帮助与厚待。

感谢我们长期的排印编辑 Alice Calaprice，他从普林斯顿大学出版社退休之后，就一直作为自由职业者为我们提供服务。

非常感谢普林斯顿大学出版社的每一位员工，特别感谢其中的 Linny Schenck，Terri O'Prey 以及我们的制作团队 Leslie Flis；感谢 Brigitta van Rheinberg；感谢 Neil Litt；感谢 Adam Fortgang；感谢 Martha Camp 及其领导 Peter Dougherty。

我们谨以此卷纪念著名的物理学家 John Archibald Wheeler，作为 20 世纪 50 年代普林斯顿大学的一位年轻教授,他振兴了美国广义相对论和引力研究与教学。他认识爱因斯坦,敬佩爱因斯坦,并且多年以来专心致力于阿耳伯特·爱因斯坦论文集的编撰工作。1971 年 4 月,他参加了"阿耳伯特·爱因斯坦文集"的第一次编辑顾问委员会的官方会议,当时这个项目就叫"阿耳伯特·爱因斯坦文集"。

# 关于英译本的说明

《爱因斯坦全集》英文版是由普林斯顿大学出版社出版,由总编辑 Diana Kormos Buchwald 负责监督管理。第十二卷节选的英文译本由译者 Ann Hentschel 负责完成,Klaus Hentschel 担任顾问,Alice Calaprice 担任校对。Rosy Meiron 和 Carol Chaplin 也参与了翻译工作,Osik Moses 准备索引、排版以及本卷的最后定稿,并与 Rudy Hirschmann 一起准备本卷的印制。这些以平装本形式印刷的英译本,意在供读者结合德文版进行阅读,因为英文版没有包括德文版中的编者按语和注释。

# 文献所在机构符号表

除非另有说明,本卷所收录或援引的文件,以及从爱因斯坦个人图书馆所引用的书籍和他所收藏的乐谱中所引用的曲目,其原件均保存在耶路撒冷希伯来大学的阿耳伯特·爱因斯坦档案馆。下面是所援引文件的收藏单位一览表：

| | |
|---|---|
| AVÖVa | österreichisches Volkshochschularchiv, Vienna, Austria |
| | 奥地利,维也纳,业余大学档案馆 |
| BeBxUL | Archives de l'Université Libre de Bruxelles, Belgium |
| | 比利时,布鲁塞尔,布鲁塞尔自由大学 |
| BrSpSBI | Acervo do Centro Histórico da Sociedade Beneficente Israelita Brasileira Albert Einstein, São Paulo, Brazil |
| | 巴西,圣保罗,以色列人慈善协会阿耳伯特·爱因斯坦历史中心档案馆 |
| CPIT | California Instutute of Technology, Pasadena, USA |
| | 美国,加利福尼亚州,帕萨迪纳,加州理工学院 |
| CtY | Yale University, New Haven, Connecticut, USA |
| | 美国,康涅狄格州,纽黑文,耶鲁大学 |
| DkKoRA | Rigsarkivet, Copenhagen, Denmark |
| | 丹麦,哥本哈根,国家档案馆 |
| FPBN | Bibliothèque nationale de France, Paris |
| | 法国,巴黎,国家图书馆 |
| Gy-Ar | Deutsches Bundesarchiv, Koblenz, Germany |
| | 德国,科布伦茨,德国联邦档案馆 |

| | |
|---|---|
| GyB | Staatsbibliothek zu Berlin, Preußischer Kulturbesitz |
| | 德国,柏林,国家图书馆,普鲁士文物收藏处 |
| GyBAW | Archiv der Berlin-Brandenburgischen Akademie der Wissenschaften |
| | 德国,柏林-勃兰登堡科学院档案馆 |
| GyBP | Archiv zur Geschichte der Max-Planck-Gesellschaft |
| | 德国,柏林,马克斯·普朗克学会历史档案馆 |
| GyBPTB | Archiv der Physikalisch-Technischen Bundesanstalt, Berlin, Germany |
| | 德国,柏林,德国联邦物理技术档案馆 |
| GyBSA | Geheimes Staatsarchiv, Preußischer Kulturbesitz, Berlin (Dahlem), Germany |
| | 德国,柏林(达勒姆),普鲁士文化遗产的秘密档案 |
| GyKiRA | Archiv, Anschütz & Co. Gmbh/Raytheon Marine GmbH, Kiel, Germany |
| | 德国,基尔,Anschütz & Co. Gmbh/Raytheon Marine 有限公司档案馆 |
| GyKiSHB | Schleswig-Holsteinische Landesbibliothek, Kiel, Germany |
| | 德国,基尔,石勒苏益格-荷尔斯泰因州立图书馆 |
| GyMDM | Archiv, Deutsches Museum, Munich, Germany |
| | 德国,慕尼黑,德国博物馆,档案馆 |
| ICU-Y | Yerkes Observatory, University of Chicago, Williams Bay, Wisconsin, USA |
| | 美国,威斯康星州,威廉斯湾芝加哥大学,叶凯士天文台 |

| | | |
|---|---|---|
| IENU | University Archives, Northwestern University, Evanston, Illinois, USA | lxxv |
| | 美国,伊利诺伊州,埃文斯通,西北大学档案馆 | |
| IsJCAHJP | Central Archives for the History of the Jewish People, Jerusalem, Israel | |
| | 以色列,耶路撒冷,犹太人民史中心档案馆 | |
| IsJCZA | Central Zionist Archives, Jerusalem, Israel | |
| | 以色列,耶路撒冷,犹太复国主义运动中心档案馆 | |
| IsJJNLS | Schwadron Collection, Jewish National and University Library, Jerusalem, Israel | |
| | 以色列,耶路撒冷,犹太国家与大学图书馆 | |
| IsRWW | Yad Chaim Weizmann (Weizmann Archives), Weizmann Institute, Rehovoth | |
| | 以色列,雷赫沃特,魏茨曼研究所,魏茨曼档案馆 | |
| MH | Harvard University, Cambridge, Massachusetts, USA | |
| | 美国,马萨诸塞州,剑桥,哈佛大学 | |
| MoSW | Washington University Archives, St. Louis, Missouri, USA | |
| | 美国,密苏里州,圣路易斯,华盛顿大学档案馆 | |
| NeHN | Noord-Hollands Archives, Haarlem, The Netherlands | |
| | 荷兰,哈勒姆,北荷兰档案馆 | |
| NeLR | Museum Boerhaave (Rijksmuseum voor de Geschiedenis van de Natuurwetenschappen en van de Geneeskunde), Leyden, The Netherlands | |
| | 荷兰,莱顿,布尔哈夫博物馆(自然科学和医学史博物馆) | |
| NIC | Cornell University Libraries, Ithaca, New York | |
| | 纽约州,伊萨卡,康奈尔大学图书馆 | |

| | | |
|---|---|---|
| NJPPUL | Princeton University Library, Princeton, New Jersey, USA | |
| | 美国,新泽西州,普林斯顿,普林斯顿大学图书馆 | |
| NN | New York Public Library, New York, USA | |
| | 美国,纽约,纽约公共图书馆 | |
| NNAFHU | American Friends of the Hebrew University, New York, USA | |
| | 美国,纽约,希伯来大学的美国友人 | |
| NNAJHS | American Jewish Historical Society, New York, USA | |
| | 美国,纽约,美国犹太历史协会 | |
| NNPM | The Pierpont Morgan Library, New York, USA | |
| | 美国,纽约,皮尔庞特·摩根图书馆 | |
| NNU | New York University, New York, USA | |
| | 美国,纽约,纽约大学 | |
| PPiU | University of Pittsburgh, Pennsylvania, USA | |
| | 美国,宾夕法尼亚州,匹兹堡大学 | |
| SzBL | Schweizerische Landesbibliothek, Bern, Switzerland | |
| | 瑞士,伯尔尼,瑞士州立图书馆 | |
| SzZ | Zentralbibliothek, Zurich, Switzerland | |
| | 瑞士,苏黎世,中央图书馆 | |
| SzZE | Eidgenössische Technische Hochschule, Zurich, Switzerland | |
| | 瑞士,苏黎世,瑞士联邦工学院 | |
| SzZSa | Staatsarchiv des Kantons Zürich, Switzerland | |
| | 瑞士,苏黎世国家档案馆 | |
| TxU | Harry Ransom Humanities Research Center, University of Texas at Austin, USA | |
| | 美国,奥斯汀,得克萨斯大学,人文研究中心 | |

| | |
|---|---|
| UkCC | Archives Centre at Churchill College, Cambridge, United Kingdom |
| | 英国,剑桥,丘吉尔学院档案中心 |
| UkE | National Library of Scotland, Edinburgh, United Kingdom |
| | 英国,爱丁堡,苏格兰国家图书馆 |
| UkLRS | Archives of the Royal Society, London, United Kingdom |
| | 英国,伦敦,皇家学会档案馆 |
| WMUW | Division of Archives, University of Wisconsin, Madison, USA |
| | 美国,麦迪逊,威斯康星大学档案部 |

## 文献种类说明符号表

| | |
|---|---|
| AD | 亲笔文件 |
| ADft | 亲笔草稿 |
| ADftS | 有签名的亲笔草稿 |
| AKS | 有签名的亲笔卡片或明信片 |
| AKSX | 有签名的亲笔卡片或明信片,影印版 |
| AL | 亲笔信 |
| ALS | 有签名的亲笔信 |
| ALSX | 有签名的亲笔信,影印版 |
| Dft | 由他人代笔的草稿 |
| DftS | 有签名的草稿 |
| LS | 有签名的信件 |
| PD | 印刷的文件 |
| PL | 印刷的信件 |
| PLS | 有签名的印刷信件 |
| TD | 打印文件 |
| TDC | 打印文件,存档原件 |
| TDft | 打印草稿 |
| TDftS | 有签名的打印草稿 |
| TDS | 有签名的打印文件 |
| Tgm | 电报 |

| | | |
|---|---|---|
| | TgmDftC | 电报草稿复印件 |
| | TK | 打印卡片或明信片 |
| | TKS | 有签名的打印卡片或明信片 |
| | TL | 打印信件 |
| | TLC | 打印信件,存档原件 |
| lxxvii | TLCX | 打印信件,存档原件影印本 |
| | TLS | 有签名的打印信件 |
| | TLSX | 有签名的打印信件,影印本 |
| | Tr | 抄本 |
| | TTr | 打印的抄本 |
| | TTrL | 打印的信件抄本 |
| | TTrLC | 打印的信件抄本,存档原件 |
| | TTrTgm | 打印的电报抄本 |

1. 维也纳，1921 年 1 月

2. 从左到右：Ben-Zion Mossinson，爱因斯坦，Chaim Weizmann 以及 Menachem Ussishkin

3. 纽约，1921 年 5 月

4. 从左至右：Chaim Weizmann，纽约市市长 John F. Hylan，爱因斯坦

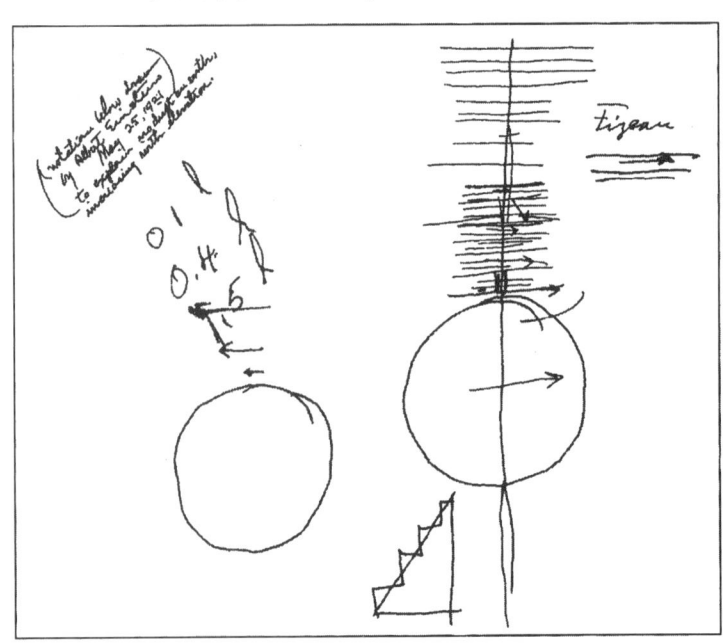

5. 爱因斯坦所画草图，克利夫兰，俄亥俄州，1921 年

6. 参观者和叶凯士天文台 40 英寸的望远镜一起合影，1921 年 5 月

7. 爱因斯坦在叶凯士天文台
（Orren Jack Turner 创作）

8. 爱因斯坦和 Ernest F. Nichols 在通用电气公司的国家电灯协会公园实验室，克利夫兰，俄亥俄州，1921 年 5 月

9. 爱因斯坦和纽约大学校长 Elmer E. Brown，1921 年 5 月

10. 爱因斯坦与普林斯顿大学学监 Henry B. Fine 在纽约城市学院，1921 年 4 月

11. 从左至右：Elsa Einstein，爱因斯坦，第一夫人 Florence K. Harding，总统华伦·哈丁（Warren G. Harding）以及美国国家科学院院长 Charles D. Walcot。1921 年 4 月 25 日

12. 请爱因斯坦去普林斯顿大学演讲的邀请函

13. 从左至右：Andrew West，爱因斯坦，John G. Hibben 以及 William A. Libbey，普林斯顿，1921年5月9日

14. 爱因斯坦获普林斯顿大学化学荣誉博士学位

15. 爱因斯坦与 Elsa Einstein 离开纽约去利物浦，1921 年 5 月 30 日

16. 伦敦大学国王学院的演讲海报

17. 伦敦，1921 年 6 月

18. 爱因斯坦和 Elsa Einstein 在伦敦拜访 Haldane 勋爵，1921 年 6 月

19. 维也纳，1921 年 1 月

20. Ilse Einstein

21. Margot Einstein，20 世纪 20 年代早期

22. 爱因斯坦塔，波茨坦天文台

23. 爱因斯坦和天文学家 Hans Ludendorff，波茨坦，1921 年 8 月

24. 爱因斯坦与 Federigo Enriques，博洛尼亚，1921 年 10 月

正　　文

# 第五卷　254a. 致 Alfred Stern[1]

苏黎世，[1911年]2月16日[2]

亲爱的 Stern 教授先生：

我要为您提供的音乐会门票向您表示最诚挚的谢意。可惜的是，因为我们要星期二才能从莱顿赶回来，[3]所以那张门票就派不上用场了。在荷兰的日子真是太棒了，纵然我们只能够匆匆一瞥当地那些艺术瑰宝。尽管如此，我却有机会结识了几乎全部的荷兰物理学家，特别是所有在世的理论物理学家中最重要的那一位——H. A. Lorentz。[4]

向你们俩[5]致以最诚挚问候的

A. 爱因斯坦

我的妻子[6]也向你们致以最友好的问候。

ALS(NNPM，不受约束的国际爱因斯坦[Unbound International Einstein] MA 4610)，[90 426]。

　[1] Alfred Stern(1846—1936)是瑞士联邦工学院的历史学教授(参阅第一卷《人物志》，第386—387页)。

　[2] 补上的年份依据是，爱因斯坦与莱顿大学理论物理学教授 Hendrik A. Lorentz(1853—1928)的第一次见面。

　[3] 爱因斯坦为莱顿大学的学生联合会做了一场关于波动的讲座(第三卷，文件19)。

　[4] 爱因斯坦夫妇住在 Lorentz 家里(参阅爱因斯坦1911年2月15日写给 Hendrik A. Lorentz 的信[第五卷，文件254])。

　[5] Stern 和他的妻子 Clara(1862—1933)。

　[6] Mileva Einstein-Marić(1875—1948)，爱因斯坦的第一任妻子。

# 第五卷　259a. 致 Heike Kamerlingh Onnes[1]

苏黎世，1911年3月27日

十分尊敬的同事先生：

在我离开这里(去布拉格)之前，我迫切需要为您提供的那份翔实的报告向您表达我衷心的谢意。在收到它之后，我就立即将它转给了系里。人们郑重其事地认为，Perier 先生适合这个职位。[2]他属于三位有待遴选的候选人之一。尽管如此,我却难以相信,他现在就能赢得这个职位,因为同时入围的其他两位候选人也都取得过重要的物理学成就。[3]得设法在这个杰出的年轻人的祖国为其营造一个适合他发挥作用的圈子。[4]对于选聘程序的下一阶段,我本人已不可能再产生什么影响,因为我就要离开这里了。

尽管我由于搬家[5]而很少有时间思考问题,可我还是对临界点附近的状态方程之异常问题略有考虑。[6]从质量上看,此事根据 Boltzmann 定律是易于理解的。粒子获得体积涨落,其线性平均值不等于零。由此得出的结论是:平均密度会偏离没有密度涨落时所测得的密度值。可这时出现的困难是,那样的话,如果对于一个越小的体积部分来计算,密度涨落就会越大;于是所要寻求的偏离程度就取决于,应该把多小的体积部分视为均质的。我们只能说,这些体积部分[7]将会具有一个唯一的分子(连同间隙)的体积的数量级。结果就产生了一个困难,并且是在处理乳光时不会碰到的那种困难。[8]

请替我向 Keesom[9] 先生及其夫人[10]还有令人崇敬的 Lorentz 教授先生转达我诚挚的问候。

向您再次表示衷心谢意并顺致亲切的问候的<br>A. 爱因斯坦

我想请 Kesssom 先生尽快给年鉴撰稿,以通告他关于乳光公式的推导方法。[11]

ALS(NeLU). *Delft 2007*. [87 755]。

[1] Kamerlingh Onnes(1853—1926)是莱顿大学实验物理学教授兼实验物理学院的院长。

[2] Albert Perrier(1883—1962),瑞士联邦理工大学的编外讲师,当时正休假,在 Onnes 的实验室做研究(关于传记信息,参阅第五卷,文件 259,注释 6)。根据 Pierre Weiss 的建议,爱因斯坦 3 月 10 日就理论物理学的空缺席位向 Kamerlingh Onnes 表达他对 Perrier 的看法,参阅爱因斯坦 1911 年 3 月 10 日写给 Hans Schinz 的信(第五卷,文件 259)。在 1911 年 3 月 20 日教职员工的一份备忘录里,Alfred Kleiner 把 Perrier 列为可能的候选人之一。Perrier"以前和现在的上司都极力推荐他,我们认为他在理论研究,特别是在实验方面能力非常强,如果我们能够看到他在教学方面的推荐就好了。"(Alfred Kleiner 关于理论物理学之席位的备忘录,1911 年 3 月 20 日,SzZSa)在争取该席位的瑞士候选人当中,如果"其他的选择都失败了",Perrier 就可能在该候选人名单上排第一位。

[3] 早在一个月前,爱因斯坦就表达了这个意向。他认为只有 Peter Debye 和 Edgar Meyer 才是合格的候选人,参阅爱因斯坦 1911 年 2 月 26 日写给 Edgar Meyer 的信(第五卷,文件 256)。在 Kleiner 给该系推荐的人当中(参阅以前的注释),Debye 被列为第一候选人,"紧随其后的"是 Meyer。

[4] Perrier 出生于瓦特州的科佩,1911 年被任命为洛桑大学和洛桑专科学院的编外教授,1914 年被聘为教授。

[5] 爱因斯坦 3 月 30 日登记从苏黎世搬到布拉格,在慕尼黑拜访了 Arnold Sommerfeld 和 Debye 后,于 4 月 3 日和家人一起搬到了布拉格。

[6] 在对临界点的状态方程的研究过程中,Kamerlingh Onnes 和 Willem Keesom 在"实验里的物态

方程"与"特殊的未受扰动的物态方程"之间做了区分。"实验里的物态方程"也就是,对于在热力学平衡中由一种成分构成的除受容器壁的压力外不受其他外力影响的物质,$p$、$v$ 和 $T$ 之间的关系;"特殊的未受扰的物态方程"……是对无扰动发生的区域(如临界点附近)的观测通过调整插值公式导出的(*Kamerlingh Onnes and Keesom 190*,第 604—605 页)。这两种状态方程之间的差异称为"临界点附近的状态方程的扰动函数"。尽管有人认为通过实验可以证明,有些气体的确存在这样的扰动函数,例如二氧化碳,然而对这种扰动函数的理论解释还不清楚。关于这个问题进一步的讨论,参阅 *Kamerlingh Onnes and Keesom 1912*, sec. 50。

[7] "体积"可能是"偏差"。

[8] 关于爱因斯坦对乳光理论的兴趣,参阅 *Einstein 1910d*(第三卷,文件 9;第三卷《〔编者按〕爱因斯坦论临界乳光现象》,第 283—285 页)。

[9] Willem H. Keesom(1876—1956)是 Kamerlingh Onnes 的实验室的管理员。

[10] Catharina Kamerlingh Onnes(1861—1936)。

[11] Keesom 的论文 *Keesom 1911* 是 1911 年 5 月 12 日提交的。在这篇论文里,Keesom 从 Smoluchowski 的假定出发,对色散系数(coefficients of dispersion)做了详细的推演,从而"满足了爱因斯坦教授先生的要求"。

# 第八卷  164. Michele Besso[1]来信

克鲁门瑙,1915 年 12 月 11 日

亲爱的阿耳伯特:

一周前我就收到了那张明信片,你想用它向我表明:圣诞节期间你不会来瑞士了[2]。后来,我星期一在 Zangger 教授[3]那里看见了你写给他的那封信[4]和小 Albert 写给你的信[5],然后还有 Zangger 教授写给你的信。他对你的妻子很生气;在我看来,我必须承认,我〈个人〉对你们的期望不高。现在的情况是,确实需要达成一种和谐的气氛,然而为此所需的最基本的前提眼下都不具备[6];所以我只想把大事化小,尽可能客观地跟你谈谈这件事,因为〈令我难过的是〉,我认为你本来可以不带敌意地〈对一切更有效地〉进行自我保护。本来嘛,如果你曾跟他相处过几天,你肯定会觉得那小家伙可以完全是另一个样子,[7]这一点你心里其实跟我一样清楚。他的尖刻甚至粗暴的行为方式,并非完全是被诱导的结果,很大程度上是出自内心的一种自我救助,也就是说,当他面临你其实十分了然的那些痛苦印象时。

不管现在是哪一种情形,肯定都不意味着他的行为令人不满。我〈相信〉因此完全赞同好心的 Z.的想法,他〈当时〉反复对你讲,要是你能前来,他一定尽力让你见到那个小家伙,哪怕是在 26 日或 27 日。〈我很难过〉在你妻子心里有意

无意地形成的看法是,你有太过细腻的感觉(这种情况下是你的弱点),它导致你逃避了对自己情绪的掌控。我本来认为,在那位亲切友善的朋友 Z. 的身边,能确保你具有必要的坚定性,他自然随和的处事方式,能保证你在情绪激动时于己于人都不会太过分。

ADft (SzZ, Nachlass H. Zangger, box 216). [89 117]。这份草稿随 Besso 同一天写给 Heinrich Zangger 的一封信寄出。Besso 告诉 Zangger,如果他赞同草稿的内容,就请把草稿转交给爱因斯坦。这份草稿的不完全抄本即第八卷的文件 164。

[1] Michele Besso(1873—1955),关于他的传记,参阅第一卷,第 378—379 页。

[2] 爱因斯坦 1915 年 11 月 30 日写给 Michele Besso 的信(第八卷,文件 155)。

[3] Zangger(1874—1954)是苏黎世大学的法医学教授兼法医学实验室的主任。

[4] 爱因斯坦在 1915 年 12 月 4 日前写给 Heinrich Zangger 的信(第八卷,文件 159a,载第十卷)中说,他对儿子的来信"感到非常生气"。

[5] 参阅 Hans Albert 1915 年 11 月 30 日之前写给爱因斯坦的信(第八卷,文件 154a,载第十卷)。Hans Albert 在信中告诉爱因斯坦他的假期计划,他认为爱因斯坦承担的 Mileva 买给他的滑雪工具的部分费用,是爱因斯坦送他的一份圣诞礼物。爱因斯坦在 1915 年 11 月 30 日的回信里说,Albert 那样说很无情(第八卷,文件 156)。就在同一天,爱因斯坦又对 Besso 说 Hans Albert 给他写信的态度"非常恶劣",参阅爱因斯坦 1915 年 11 月 30 日写给 Michele Besso 的信(第八卷,文件 155)。

[6] 在 1916 年 2 月清楚地陈述离婚诉讼之前,爱因斯坦已经打算跟 Mileva 离婚(参阅爱因斯坦 1916 年 2 月 6 日写给 Mileva Einstein-Marić 的信,第八卷,文件 187),他在 1915 年 10 月底就暗示了这一点(参阅 Michele Besso 1915 年 10 月 30 日写给爱因斯坦的信[第八卷,文件 133])。Besso 建议 Zangger 陪同爱因斯坦去见律师,"为了彻底搞清他的处境带来的法律后果,亦即他将来要面临的选择"(参阅 Michele Besso 1915 年 12 月 11 日写给 Heinrich Zangger 的信,SzZ, Nachlass Zangger, box 27)。

[7] Besso 希望能够安排他与 Hans Albert 的一次见面(参阅第八卷,文件 133)。

# 第八卷　219a. 致 Emil Arnold Budde[1]

[柏林,]1916 年 5 月 22 日

尊敬的同事先生:

您的来信带给了我巨大的快乐;因为它涉及的事曾于大约半年前就让我体验过喜悦的激动之情。然而困难在于该现象虽然值得期待但却极其罕见。可惜的是,据我从概率上所做的估算,我们几乎毫无希望寻获那样一件幸运事件。[2]

在拍摄到的星图中之所以难以发现该现象,只能找到一些小圆圈,是因为后者会被辐照抹掉,结果就产生了如同来自一颗普通恒星的明亮圆盘。

我把我的希望寄托于另一个点,因为后面那颗恒星由于透镜效应,正如一番

简单的计算结果所表明的,其外观会呈现出十分强烈的放大后的效果。[3]所以我起初相信,那些"新星"可以借助这种透镜效应加以解释;一旦地球运行到距离两颗恒星的中央足够近的位置时,就会出现一颗"新星"。然而我那份喜悦虽然巨大,可也十分短暂。[4]因为经过一番更仔细的研究之后,我不得不说服自己:不可以如此解释那些新星的出现,理由如下:

(1)新星亮度的增加比衰减快得多。[5]

(2)随着时间的推移,它们的颜色会有规律地朝着红色一端改变,并且在此过程中,它们的光谱特征会发生显著而典型的变化。[6]

(3)出于前面已有暗示的那些统计上的考量的理由。[7]

所以我已经埋葬了我的这份希望。尽管如此我很欣慰,您也满怀爱意地研究过同一对象,并且您也得到了这个隐蔽的结论。

向您致以夏季的祝福和最诚挚的问候。

您忠实的
A. 爱因斯坦

ALS.［123 079］。

［1］Budde(1842—1921)是一位物理学家,也是 Siemens&Halske 公司夏洛滕堡工厂的前任领导。

［2］在 1915 年 10 月 15 日写给 Heinrich Zangger 的信中,爱因斯坦对引力透镜现象表达了同样的观点(第八卷,文件 130)。

［3］关于计算,包括对放大因子的计算,参阅爱因斯坦的草图笔记,1910—1914? 第 43—52 页(第三卷附录 A,第 585—590 页)。草图笔记前面的词条表明,至少这些计算中的一部分是在 1912 年春完成的。当时爱因斯坦在柏林,他拜访了 Erwin Freundlich,两人一起讨论从天体物理学的角度验证他的引力理论存在的可能性(参阅 Renn et al. 1997 和 Renn and Sauer 2003)。不过 Scratch Notebook 第 51 和第 52 页的那些词条好像是在爱因斯坦 1915 年关注时加进去的。这个时间确定的依据是,第 51 页最上面的词条参考的是 1914 年才出现的一种出版物,第 52 页计算了"一颗新星的视直径"。关于这些计算更详细的讨论,参阅 Sauer 2008。

［4］爱因斯坦在此处和在这封信的第一句话里,以"被电击"来暗示自己当时的情感,正如他 1915 年 9 月 30 日在给 Erwin Freundlich 的信中所提到的那样(第八卷,文件 123)。然而这封信中所影射的兴奋感是因为爱因斯坦意识到,建立在 Einstein and Grossmann 1913 的引力场方程式基础上的那种理论存在内在的冲突(第四卷,文件 13),关于旋转的笛卡儿坐标系中的闵可夫斯基时空,参阅 Janssen 1999。爱因斯坦支持把新星作为一种引力透镜现象来理解的想法,与他对限制协变的引力场方程式失去信心的时间很接近,这表明爱因斯坦在 1915 年秋经历了强烈的情感变化。后来,爱因斯坦形容他当时的情感变化是他"一生中最刺激最疲惫的经历";参阅爱因斯坦 1915 年 11 月 28 日写给 Arnold Sommerfeld 的信［第八卷,文件 153］)。

［5］1912 年双子座新星(DN Gem)的光变曲线在 1912 年 3 月 14 日达到最亮,是自 1901 年英仙座新星(GK Per)以来最亮的经典新星。关于 1912 年双子座新星的光变曲线,参阅 Fischer-Petersen 1912。

［6］关于光谱底片显示在 1912 年双子座新星光谱中的那些变化,参阅,比如 Adams and

8　Kohlschütter *1912*，Plate XV；关于经典新星的爆发更新的理论的回顾，参阅 *Shara 1989*；对经典新星理论具有历史意义的讨论，参阅 *Duerbeck 2007*。

[7] 有关重构爱因斯坦的数量级估计，以及对本信透露的爱因斯坦有关引力透镜想法详细而具有历史意义的讨论，参阅 *Sauer 2008*。

# 第八卷　227a. Willem de Sitter 来信

莱顿，1916 年 6 月 7 日[1916 年 6 月 22 日之后][1]

尊敬的同事先生：

我很感谢您的来信和订正稿。您在第 692 页指出，"此处对坐标系的选择得不到相应的普遍情况下的支持。"[2] 要是我没有弄错的话，方程(8)和(9)正是在普遍意义上相互关涉的。[3] 然而在实际运用中，正如您在您那篇研究水星的论文里所做的那样，[4] 我们大概也还不得不假定，物质的速度都很小：仅为 $\frac{1}{2}$ 阶（当 $\kappa$ 为 1 阶时）。则 $T_{ij}$ 在 $i$ 和 $j \neq 4$ 时成为 1 阶，$T_{i4}$ 为 $\frac{1}{2}$ 阶且 $T_{44}$ 为零阶。[5] 这也适用于 $\gamma'_{ij}$，当所有的阶序都随 1 增加时。所以准确到第 1 阶皆有 $\sum_\alpha \gamma'_{\alpha\alpha} = \gamma'_{44}$，从而

$$\psi = -\frac{1}{2}\gamma'_{44}, \text{且} \gamma_{ij} = \psi \quad \gamma_{ij} = 0 \quad (i,j=1,\cdots,4, i \neq j)$$

直至达到第 1 阶。$\gamma_{ij}$ 成为 $\frac{3}{2}$ 阶。对于力学问题而言，此时只需知道 $\gamma_{ij}$（$i$ 和 $j \neq$ 4）达到第 1 阶之前的情形，$\gamma_{i4}$ 达到 $\frac{3}{2}$ 阶之前以及 $\gamma_{44}$ 达到第 2 阶之前的情形。于是就有了下面 $g$（对 $x,y,z,t$）的变化，直至达到所预期的阶序。

$$(A) \quad \begin{matrix} -1+\psi & 0 & 0 & \chi_1 \\ 0 & -1+\psi & 0 & \chi_2 \\ 0 & 0 & -1+\psi & \chi_3 \\ \chi_1 & \chi_2 & \chi_3 & 1+\psi+\psi' \end{matrix}$$

当所有的物质静止时，$\chi_i$ 只能为零。此处我没有计算 $\chi_i$ 和 $\psi'$ 的值，因为 Droste 先生不久前来信告诉我，他已经确定了从 $n$ 运动的中心准确到第二阶的场。[6]

我没看过他的解，可我在想，他的解会跟(A)相同。[$\gamma_{ij} = 0$]。[7]

请您允许我再提几个问题。为了确定坐标系，通常情况下需要 4 个条件。

例如它们在您的上一篇论文中就是方程(4)。[8] 现在 Hilbert 认为,在 14 个拉格朗日方程中,有 4 个依赖于其余的方程[9]〈并且他得出的结论为:"电动力学现象就是引力效应"。这一结论在我看来是错误的。因为我们正好需要利用这 4 个方程去确定坐标系统,从而就不可能事后再次使用它们去从中推导出物理定律。如果我们一开始就有理由〈先验地〉,[10] 确立坐标系,那么 Hilbert 或许就是正确的,但是那就不仅意味着,我们必须放弃相对论,并且要重新回到绝对时空和以太等老路上去,而且还意味着,存在一个物理空间和一个时间,它们无关乎任何物理学上的观察和整个物理学。

$\sqrt{-g}=1$ 只是一个条件。尽管如此,它却足以确立坐标系? 我不这么认为。在我看来,在此条件内还有许多的坐标选择是有可能的,据此您在您那篇水星论文中借助第 833 页上的规定 3 标示出了一个坐标选择:v.[ide]l.[icet] $g_{i4}=0$。[11]

您在来信中将由 $\sqrt{-g}=1$ 标示的参考系称作"Galileo 空间"。[12] 或许更妥当的说法是 $\sqrt{-g}=1$ 独立于 $K$。因为如果我们留心 1,通常就会有比如说极坐标逐渐消失,可它们并不具备任何非 Galileo 特性,而不走运的计算者们则会被迫使用那些繁琐的坐标系,比如 $r^3[\text{Schwarzschild}]$。[13] 条件 $\sqrt{-g}$ 独立于 $K$,亦即无关乎重力,遂成为一种对空间的冻结或者说固定,从而对参考系的选择就无关乎空间中可能存在的物质及其运动和能量改变。我的这些表述或许很外行,但我相信,您能理解我的意思。对这样被冻结的空间我们可以称为 Galileo 的,而将其他那些空间看作不真实的或是假象——一切完全随意。另一位物理学家,他可能研究过其他那些空间之一并有所发现;恰好有同样多的理由把他的这个空间看作"真的",并称之为"Galileo 空间",甚或称之为"以太"。我就是以此方式在理解您的"修正"。[14] 我说的对不对呢? 要是不对,我恳请您的原谅和指教。

阿姆斯特丹学院的印刷速度缓慢,所以可能还要等几个月,我关于月球运动的研究成果才能面世。[15]

您忠实的
W. de Sitter

ALS (NeLU).〔87 953〕。

[1] De Sitter 手写的日期,纠正的依据是,假设这封信是对爱因斯坦 6 月 22 日来信的回复(第八卷,文件 227)(亦参阅注释 12 和 14 以下),并且 De Sitter 在此处感谢爱因斯坦寄来了他于 6 月 22 日提交的 *Einstein 1916g* 的校样(第六卷,文件 32)。也有可能是 De Sitter 在给这封信写日期时偏偏写错了月份。这封信曾被折叠起来,放在他 1916 年的一本研究笔记本里(NeLU, notebook S12)。De Sitter 两次在这

个笔记本里加了日期,分别是 6 月 4 日和 6 日,后来他又用铅笔把日期改成 7 月(第 192 和第 193 页)。这表明他有可能在这里也犯了一个类似的错误。如果是这样的话,这封信的日期应该是 7 月 7 日,这样就与上面另一个证据相吻合了。

[2] *Einstein 1916g*(第六卷,文件 32),第 692 页。在这篇论文里,爱因斯坦利用线性近似中的谐和坐标研究了引力场方程的弱场波解。

[3] *Einstein 1916g* 的方程(8)和(9)(第六卷,文件 32)涉及对方程(8)中的几个量的定义:$\gamma_{\mu\nu} = \gamma'_{\mu\nu} - \frac{1}{2}\delta_{\mu\nu}\sum_{\alpha}\gamma'_{\alpha\alpha}$ 是引力场 $g_{\mu\nu} = -\delta_{\mu\nu} + \gamma_{\mu\nu}$ 的线性分量 $\gamma_{\mu\nu}$,而 $g_{\mu\nu} = -\delta_{\mu\nu} + \gamma_{\mu\nu}$ 则由拟设的 $\gamma_{\mu\nu} = \gamma'_{\mu\nu} + \psi\delta_{\mu\nu}$ 确定。这些量遵循一个波动方程,类似于电磁波方程,可以通过方程(9)中给定的一个推迟格林函数来解。爱因斯坦后来承认,自己的计算由于对 $\gamma_{\mu\nu}$ 和 $\gamma'_{\mu\nu}$ 的合并而产生了错误(参阅 *Einstein 1918a*[第八卷,文件 1],第 157 页)。

[4] *Einstein 1915h*(第六卷,文件 24)。

[5] 应力-能量张量 $T_{\mu\nu}$ 的分量,是按它们用小参数 $(v/c)^2$ 展开中的阶数给定的,其中 $v$ 是该系统中物质的速度。如果 $\kappa = 8\pi(G/c^4)$ 阶数为 1,这就要假定取几何化的单位,其中 $G = c = 1$。

[6] *Droste 1916b*。

[7] 方括号里为原始内容。

[8] *Einstein 1916g* 里的方程(4)(第六卷,文件 32)专门针对形式为 $\sum_{\nu}\frac{\delta\gamma'_{\mu\nu}}{\delta\chi_{\nu}} = 0$ 的谐和坐标(关于 $\gamma'_{\mu\nu}$ 的含义,参阅上面的注释 3)。

[9] *Hilbert 1915*,定理 I(第 397 页)。

[10] De Sitter 可能想删除整个这一段的剩余部分,也就是这封信下一页的内容。

[11] *Einstein 1915h*(第六卷,文件 24),第 833 页。

[12] 在 7 月 15 日的信中(第八卷,文件 235),爱因斯坦显然是在回复这封信,他写道:"如果我在我的信中把 $\sqrt{-g} = 1$ 的坐标系叫作'Galileo 系',这样做并不好;只有让所有的 $g_{\mu\nu}$ 在里面都是常量的空间才可以那样叫。"爱因斯坦此处所指的书信,是他 1916 年 6 月 22 日写下的(第八卷,文件 227)。在那封信里,爱因斯坦提到了一组坐标,它能传导"以 Galileo 空间为背景的波动",其语气是,所提到的 Galileo 空间可以被构造为,但可能也不一定成为 $\sqrt{-g} = 1$ 的幺模坐标系 $\sqrt{-g} = 1$。

[13] 方括号内为原始内容。此处指出所介绍的坐标系,旨在描述 *Schwarzschild 1916* 对于单个大质量粒子的度规。在该论文中,Schwarzschild 径向坐标 $R$ 是根据坐标 $x_1$ 加以定义的,而后者本身又是按照习见的径向极坐标的立方 $r^3$ 来定义的。

[14] *Einstein 1916*(第六卷,文件 32)附有一份"补充说明"。爱因斯坦在其中论述说,论文主体所讨论的引力波的"三种类型"中的两种,实际上是虚假的,是一种幻想,是 De Sitter 刻意选择自己喜欢的坐标系所导致的产物。最后爱因斯坦指出,他自己起初选择的那个坐标系(需 $\sqrt{-g} = 1$),不会引发虚幻的波,从而可能具有"一种深层次的物理上的正当性"。

[15] 这篇论文发表为 *De Sitter 1916a*。爱因斯坦在其 6 月 22 日的信中(第八卷,文件 227)表示,他有兴趣阅读 De Sitter"谈月球的论文"。

# 第九卷 343a. 致 Charlotte Weigert[1]

[柏林，]1920年3月8日

亲爱的 Weigert 小姐：

您友好的话语[2]使我想起了您此前那些亲切的来信以及您翻译那篇文章时所付出的令人感动的努力。[3]为此我要向您表示衷心的感谢。我没有想到的是，我还要再一次在报纸上扮演一个类似于闻名世界的女主角一样的角色！可是作为人就得习惯于万事万物，即使是这种独具一格的自贱行径。不管怎么说我无论如何都不会把事情搞砸的；因为要在正义之眼前躲藏起来，我（无论如何）都觉得不轻松。

有段时间我们过得特别艰难，当时我的母亲罹患了致命的疾病。她苦不堪言地忍受折磨，可是直到最终都没弄清楚疾病的性质。[4]——我胸怀犹太复国主义思想的岁月距今并不十分遥远。尽管如此我却深感欣慰，据说我们的民族将会获得一个自己的家园，我特别感兴趣的是将要在巴勒斯坦创建的大学。[5]甚至有人说我本人要迁居耶路撒冷；可这话也如同许多其他印在纸上的那些有关我的传言一样。我年纪大了，已经难以掌握对我来说几乎完全陌生的希伯来语。[6] Holst 先生亲自给我送来了他那篇颇有思想的论文；我已着手写信与他讨论有关问题，但还没写完。[7]我被各种各样的事务裹挟着，简直不堪重负，以至于我的科研工作深受其害。Kramers，您曾见过吧，他是一位十分优秀的同行；请您向他转达我的问候。[8] Bohr[9] 先生是我很想认识的人；他是个天才，而且很讨人喜欢。

我相信，德国会因为遭受了苦难而逐渐地重新渴求别人的喜欢。人们以这种角色行事就会是善良的——而且只能是这种角色。从人的视角来看，我现在的感觉相比于战前要好很多，尽管还有困局和腐败现象。唉，可是那些旧势力依然很强大，当它们卷土重来，图谋报复的时候。[10]

希望能早日再次看见您健健康康的。

携夫人向您致以最衷心问候
A. 爱因斯坦

ALS (DkKoRA, Privatarkiv No. 3464). [87 934]。

[1] Weigert(1883—1971)搬到丹麦之前，曾是爱因斯坦一家人在柏林的一个朋友（参阅 Charlotte

Weigert 1918年5月15日写给爱因斯坦的信[第八卷,文件539])。

[2] 很可能是 Weigert 1920年3月3日的来信(参阅注释4)。

[3] 在他更早的来信里,Weigert 附了一份 *Ibald 1919* 的翻译稿,1919年11月中旬发表在一家荷兰报纸上,这正是在英国天文学家宣布已经确证相对论光偏折不久后的事情(参阅 Charlotte Weigert 1920年1月10日写给爱因斯坦的信[第九卷,文件253])。

[4] Weigert 在爱因斯坦的母亲去世之后极力安慰他,参阅 Charlotte Weigert 1920年3月3日写给爱因斯坦的信(第九卷,年表和日程表)。Pauline Einstein(1858—1920)长期遭受着胃癌的折磨,于2月20日去世。

[5] Weigert 在信中问爱因斯坦是否是一个犹太复国主义者,因为 *Ibald 1919* 形容他是一个"狂热的"犹太复国主义者(参阅 Charlotte Weigert 1920年1月10日写给爱因斯坦的信[第九卷,文件253])。

[6] 爱因斯坦是否会在计划创建的希伯来大学里执教一事,参阅 Paul Epstein 1919年9月11日写给爱因斯坦的信(第九卷,文件102)。

[7] 这里很可能指 *Holst 1919*。Helge Holst(1871—1944)是哥本哈根理工学院的图书管理员。

[8] Hendrik A. Kramers(1894—1952)是哥本哈根大学 Niels Bohr 的助手。

[9] Niels Bohr(1885—1962)是哥本哈根大学的理论物理学教授。几周以后,爱因斯坦将会见到他,这是爱因斯坦第一次见到他(参阅爱因斯坦1920年5月2日写给 Niels Bohr 的信[第十卷,文件6])。他从 Paul Ehrenfest 那里收到关于 Bohr 热情洋溢的报道(关于诸多细节内容,可参阅第九卷序言第九部分)。

[10] 关于爱因斯坦对德国右翼极端主义的看法,以及对卡普政变失败之后德国不断涌现的政治暴力的看法,可参阅爱因斯坦1920年3月26日写给 Heinrich Zangger 的信(第九卷,文件361)。

# 第九卷 352a. 致 Frieda Huber[1]

[柏林,]1920年3月14日

亲爱的 Frida 护士:

您讨人喜欢的办法令我开心极了,最好玩的就是那些可爱而不失庄严的小诗。我这次生日经历了一场极其混乱的政治上的狂欢节。上帝才知道,前面还会有什么样的惊喜。[2] 可我相信,这种军事上的辉煌就像一段意外的好时光,它稍后就会让位于愈发巨大的沮丧。您肯定想不到,您要是身在此地,将会有什么样的经历! 在此期间,总罢工已经轰轰烈烈地开始了。[3] 我们这儿甚至连水都没有了,幸好我们还能及时地搞到了满满的一桶水。

盼望能够尽早再次跟您一起漫步。

您满怀衷心谢意的
A. 爱因斯坦

ALS (SzBL). [123 160]。

［1］Huber(1880—1944)是 Pauline Einstein 在卢塞恩时的护士，在 Pauline Einstein 罹患癌症的最后时间里，Huber 陪伴她来到柏林（参阅爱因斯坦 1920 年 1 月 3 日写给 Heinrich Zangger 的信［第九卷，文件 242］）。

［2］可能指头一天开始的卡普政变。

［3］社会民主党政府支持的反对卡普政权的一次大罢工，这次罢工只持续了 4 天。

# 第十卷　4a. 致 Frieda Huber

［柏林，1920 年 5 月 2 日］[1]

亲爱的 Frieda 护士：

您令人愉快的来信和您寄来的那个极具诱惑力的小包裹在爱因斯坦的家里引发了普遍的欢乐气氛，而且雪茄迟钝的余味直到第二天才渐渐散去。包裹倒是安然无恙地到达了目的地，但它必定途经了许多饥饿者和酷爱甜食者之口；或许您念的咒语产生了奇迹。我很高兴您将去享受您应得的疗养。[2]春天时哪里还能找到比日内瓦湖更美的地方呢？就连柏林也显得不够好了。昨天是 5 月 1 日，有一列长长的列车从我家的外面经过，[3]此外，这里的政治局势更稳定了，至少表面上是这样的。我现在只有一件事要做，那就是等我的护照和签证，然后我就去莱顿。[4]为 Ehrenfest 的孩子们订购的小提琴已经做好了。[5]我几时能到瑞士目前还不清楚，但我希望是在夏天，即使只能做短暂的停留。您来信中令我尤其高兴的是，你说 Rotlisberger[6]还记得我。当时他还是一个朝气逢勃的小伙子，弹得一手令人陶醉的钢琴；而我自己则是一个神采奕奕的少年，心中挂满了低音提琴。

向您表示衷心感谢并致以最美好的祝福。

您的
A. 爱因斯坦

……[7]

孩子们也向您致以衷心的问候。[8]他们本人也都想写几句，可是这封信不得不马上寄出了。

ALS（SzBL）.［123 157］。

［1］日期依据是爱因斯坦正在等待即将到来的莱顿之行的入境签证、订购的小提琴以及信中所提到的 5 月 1 日。

［2］Huber 最近在拉图尔德佩(La Tour-de-Peilz)度假（参阅下面的文件）。

［3］关于柏林5月1日事件的和平过程，参阅"大柏林的五月节"（Die Maifeier in Groß-Berlin），《柏林日报》（Berlin er Tageblatt），1920年5月3日。

［4］尽管被任命为"特聘教授"的时间推迟了，但他还是在莱顿大学发表了就职演讲（参阅Paul Ehrenfest 1920年5月1日写给爱因斯坦的信［第十卷，文件2］，注释2）。

［5］关于给Ehrenfest的孩子Tatiana（1905—1984）和Anna（1910—1979）的两把小提琴，参阅第十卷序言第三章。

［6］这里很可能指Franz Rödelberger（1863—1926），他是爱因斯坦在上阿尔高州立学校时的音乐老师（参阅《督学关于阿尔高州立学校音乐考试的报告》[Inspector's Report on a Music Examination Aargau Kantonsschule]［第一卷，文件17］，注释4）。

［7］Elsa Einstein的话被省略了。

［8］Ilse（1897—1934）和Margot Einstein（1899—1986）是Elsa Einstein的女儿。

# 第十卷 39a. Frieda Huber 来信

［1920年5月13日之后］[1]

对亲爱的好教授说些事儿。

您一定知道，我见到您的小Albert了！那是我去拉图尔之前[2]的事。我必须去苏黎世，借这个机会代您问候小Albert。但我不得不马上对您说，您给我的这个使命没有按我的预期完成！我原本想叫小Albert来火车站，跟他一起走走，告诉他一些关于他的好Ätti[3]的情形。可是小Albert没有来，也许他没有收到我的明信片，也许我的明信片没有按时到达，真有些奇怪。但我确实想代您问候他，无论什么时候，只要有这个可能。既然我要经过苏黎世贝格，[4]我就想快快去您家里看看小Albert，因为我在苏黎世只能待几小时。

我按了门铃，一个身材魁梧的小伙子走下楼来；没错，就是他！"然而这哪里是小Albert啊，眼前这个小伙子长得真健壮啊！"我心里这样想着，然后做了自我介绍，告诉他我是受他父亲之托来看他的。"代我爸爸来看我的，是吧？"他说话的声音很浑厚，带着地道的苏黎世口音！小Albert看我的样子有些警惕，因为我穿得很普通，身上没有娇养之气。我们聊了一会儿，这时候我发现门口有什么东西在晃动，就在楼道口。但我只能看见一簇毛发，一簇[5]粗大的小眉毛，一只狮子鼻，两只好奇的小眼睛，正在门柱周围瞅来瞅去，两只小脚爪[6]正紧紧地抓着门柱子。我刚要问"那是Tete[7]的吧？"小家伙就跑开了，只留下几个深深的爪印。要是有时间，我真想耐心地把那只小狗狗哄出来，可是我必须马上下山。我很抱歉，亲爱的教授，对于小Albert，我真的没有太多的东西汇报给您，时间和地点都不允许。不过，我又安慰自己说没关系的，小男孩的爸爸很快就会亲

自来,到那时候,他一定会轻轻拧起他的小耳朵。——[8]

亲爱的教授,要不是我们之间隔着两层玻璃窗,我们最后肯定撞[9]到一起了。好像是在突然之间,我们就站在彼此的对面了。好高兴又见到了您,我友好地向您致以问候,可我友好的问候不一定能得到你友好的回应;因为你当时看起来郁郁寡欢,忧心忡忡;尽管当时你手里还捏着雪茄[10],尽管你刚刚从哥伦比亚大学获得光荣[11],这都不能减轻你心里沉甸甸的思虑。依然记得我好几次去药房,在路上碰见您,向您点头问候的情形;可是有一天,我去药店的路上所见的不再是您,而是直愣愣盯着我的纽约摩天楼,我就再也没有兴致去那里了。而今,你可能已安居在家,回味着您对旅行的喜悦;你这趟旅行很苦,但 the Gislifluh[12]当然不是!

de Giacomi 博士[13]说:"瑞士一定会非常欢迎您来。"他对您致以诚挚的问候!他知道您是出于美德才留在柏林的,但他又嘟嘟哝哝地抱怨说:"您应该属于瑞士!他对您的相对论非常感兴趣,但这个对他来说太难了!现在,整个世界都需要您,整个世界都在崇拜您,可是有一些人就只能抓狂不已了,因为相对论对他们来说太难了。"

我真幸运,能与我崇拜的您相识!

Nurse Frida[14]

ALS。[43 727]。

[1] 这封信是在爱因斯坦荣获哥伦比亚大学颁发的巴纳德奖章(the Barnard Medal)之后很快写成的(参阅 Frank D. Fackenthal 1920 年 5 与 13 日写给爱因斯坦的信[第十卷,年表和日程表]),该信的写作日期根据这一事实来推断(Als. 43 727)。

[2] 很明显,Huber 以前告诉过爱因斯坦她在沃州的拉图尔德佩度假过(参阅以前的文献)。

[3] 瑞士德语,表示"父亲"。

[4] Zürichberg,苏黎世东部。

[5] "一小簇"的瑞士德语。

[6] "小爪子"的瑞士德语。

[7] Eduard Einstein 的昵称。

[8] 他们计划 1920 年 10 月一起去本欣根度假(参阅爱因斯坦 1920 年 10 月 7 日写给 Elsa Einstein 的信[第十卷,文件 164]),她认为爱因斯坦会来苏黎世接孩子们去度假。

[9] "碰撞"的瑞士德语。

[10] 可能是第十卷的插图 23。

[11] 参阅注释 2。

[12] 汝拉褶皱山系中的 Gislifluh 山脉(阿尔高州)。

[13] 可能指 Joachim de Giacomi(1858—1921),伯尔尼一个物理学家。

[14] Frieda Huber 明显使用了她姓名的两种拼法:"Frieda" and "Frida"。

## 第十卷　39c. 致 Fritz Haber

[1920 年 5 月 15 日]莱顿,星期六

亲爱的 Haber：

当您还在本生学会[1]开会期间,我们接受了 Frank 的申请。[2]我立即致信理事会紧急请求迅速批准他的申请。[3]然而这个患有"便秘症"似的机构办事拖沓,恐怕还得等一段时间才能有结果。或许还得您设法稍微催办一下。[4]

这里的生活值得羡慕。科学、舒适,还有真诚。昨日我一整天都在 Lorentz 家中,他是个奇人。[5]

致以诚挚的问候。

您的
爱因斯坦

AKS (Bassenge 画廊,柏林,Lot 2528,2008 年 10 月)[92 061]。这张明信片上的收信人及其地址是"F. Haber 教授博士先生,柏林-达勒姆,法拉第路 4 号",回信地址是"莱顿 Ehrenfest 教授转阿耳伯特·爱因斯坦",邮戳为"莱顿15.V.20.1-2下午"。不知是谁在明信片的背面加了这样一条注释："Frank 教授先生 vorl. gez. Haber."

[1] 德国本生应用物理化学学会(Deutsche Bunsen-Gesellschaft für angewandte physikalische Chemie)的年会于 1920 年 4 月 21 日至 23 日在萨勒河畔哈雷举行。

[2] James Franck(1882—1964)是 Haber 在柏林-达勒姆的威廉皇帝物理化学和电化学研究所的物理部主任。1920 年 4 月 17 日,他为了研究电子碰撞测量向威廉皇帝物理研究所寻求 2000 马克的支持(参阅第九卷,年表和日程表)。

[3] 董事会 4 月 22 日将申请提交理事会,请求通过(第九卷,年表和日程表)。

[4] Haber 是两个董事会的成员。

[5] 爱因斯坦 1920 年 5 月 7 日至 31 日住在莱顿。

## 第十卷　82a. Hans Albert Einstein 来信

[苏黎世,1920 年 7 月 23 日到 8 月 1 日之间][1]

亲爱的爸爸：

我很遗憾地发现,您完完全全地误解了我写给你的那张明信片。故此我今天要给你写一封内容更详细的信。我之所以为了钱的问题给你写信,是因为我

们只有等你把那笔钱寄来才能过活了。妈妈手头的钱,其中一大部分在她生病[2]期间用掉了。另一部分她不得不预支给了姨妈,姨妈来过我们这里,因为外公外婆的钱大部分都在战争中损失了,结果他们就没钱买东西了。[3]至于几时才能拿回这笔钱,至少暂时还看不到任何可能性。我们手头仅存的一点钱,必须存起来,以便妈妈犯病时应急。所以你看,我们将完全得靠你给我们寄来的钱。我们的日子过得可以说是极度俭省,可是我们有时候真的不知道,怎样才能熬下去。我们也曾尝试去外面挣点钱,可是我们至今没能成功。前一段时间落到我们手头的钱不多,这你是知道的,我写那张明信片只是想请求你,把你要寄来的钱,按期寄来。[4]要是你设身处地想一想,你就会明白这个请求,而不会觉得那有什么恶意。

自从妈妈回到家里以来,她收到的金额如下:

| | |
|---|---|
| 收到 Karr 先生[5] | 600 法郎 |
| 收到奥尔公司(Auergesellschaft) | 1000 法郎 |
| 收到州立银行[6] | <u>600 法郎</u> |
| | 2200 法郎 |
| 减去税费(半年的) | <u>200 法郎</u> |
| 实收 | 2000 法郎 |

如今物价飞涨,[7]这对于 3 个人在 5 个月里的生计而言真是太少了。所以我希望,你现在能理解我了,并且不会怪罪我。

延长假期的事我做不到,这事妈妈最近会去替我办。[8]所以我想,我们会在 5 号或 6 号来。[9]请你写信告诉我,我到了你那里能不能演奏音乐,还有我需不需要带些乐谱来。您或许能替我准备好小提琴。我还没能去领事馆,因为他们上班的时候我老是有课。[10]签证费绝对是一大笔钱,我听熟人说起过,每份签证得交 30 多法郎。要是你能尽快为我们递交一份优惠签证费的申请就好了。

如果我在接下来的几天里仍然没有时间去领事馆,(我)妈妈会去的。

亲切问候你的

Adn.

ALS。[144 022]。

[1] 这封信是爱因斯坦 1920 年 7 月 23 日写信给 Mileva Einstein-Marie(第十卷,文件 81)之后,1920 年 8 月 1 日写信给 Eduard Einstein(第十卷,文件 96)(参阅注释 6 和 9)之前写的(ALS。[144 022])。

[2] Mileva 在 1916 年到 1917 年间患病严重,他们的生活为此受到很大的影响,关于这方面的信息,可参阅爱因斯坦 1916 年 8 月 18 日写给 Einrich Zangger 的信(第八卷,文件 250,载第十卷)。

[3] 1918 年 2 月到 1920 年 6 月期间,Zorka Marić(1883—1938)被送进苏黎世的 Burghölzli 精神病院(参阅爱因斯坦 1919 年 12 月 5 日写给 Mileva Einstein-Marić 的信[第九卷,文件 190],注释 2)。

关于战争对 Mileva 的父母 Miloš Marić(1846—1922)和 Marija Marić(1847—1935)经济状况的影响，爱因斯坦有自己不同的看法（参阅爱因斯坦 1918 年 6 月 28 日前写给 Michele Besso 的信[第八卷，文件 572]；也可参阅 Heinrich Zangger 1919 年 10 月 22 日写给爱因斯坦的信[第九卷，文件 148]）。

[4] 关于爱因斯坦对苏黎世的家人定期提供生活费方面的困难，可参阅爱因斯坦 1920 年 5 月 27 日写给 Heinrich Zangger 的信（第十卷，文件 34），注释 4。

[5] Albert Karr(1869—1927)正在管理爱因斯坦为家人转到瑞士的款项（参阅爱因斯坦 1920 年 1 月 6 日写给 Emil Zuercher 的信[第九卷，文件 248]）。

[6] Mileva 大概在 1920 年 4 月 1 日从诺维萨德回到苏黎世（参阅 Hans Albert Einstein 1920 年 3 月 14 日写给爱因斯坦的信[第九卷，文件 351a，载第十卷]）。

1919 年 11 月底，Mileva 向爱因斯坦抱怨他本该寄给苏黎世家人的钱寄给了 Karr（参阅 Mileva Einstein-Marie 1919 年 11 月 30 日写给爱因斯坦的信[第九卷，文件 183c，载第十卷]）。

早在 1919 年 11 月，Paul Winteler 就告诉爱因斯坦奥尔电子有限公司（the Auer-Aktiengesellschaft）会把 2000 瑞士法郎的一笔红利支付给他（参阅 Paul Winterler 1919 年 11 月 5 日写给爱因斯坦的信[第十卷，年表和日程表]）。

爱因斯坦告诉 Mileva 说给她汇了 700 瑞士法郎，是州银行账户上的余额（参阅爱因斯坦 1920 年 7 月 23 日写给 Mileva Einstein-Marić 的信[第十卷，文件 81]）。

[7] 1920 年 7 月，瑞士的生活消费指数比 1919 年 7 月提高了 2%[参阅《国际联盟 1926》(*League of Nations 1926*)，第 176 页]。

[8] 7 月初，爱因斯坦就提出两个儿子在跟他住本欣根期间可能得到学校的批准，他原计划的是 9 月底（参阅爱因斯坦 1920 年 7 月 4 日写给 Hans Albert 和 Eduard Einstein 的信[第十卷，文件 70]）。

[9] 爱因斯坦希望 10 月 5 日在本欣根见到孩子们（参阅爱因斯坦 1920 年 8 月 1 日写给 Eduard Einstein 的信[第十卷，文件 96]）。

[10] 爱因斯坦建议 Hans Albert 去苏黎世的德国领事馆领取旅游签证（参阅爱因斯坦 1920 年 7 月 4 日写给 Hans Albert 和 Eduard Einstein 的信[第十卷，文件 70]）

# 第十卷　232a. Hans Albert Einstein 来信

[苏黎世，1920 年 12 月 25 日之后][1]

亲爱的爸爸：

很抱歉现在才回信给你，因为整个圣诞节期间我都在修学旅行，因此给你回信真的很不容易。[2]我们去年已经讨论过你建议我们离开这里的事。[3]妈妈特别想我在这里拿到文凭，[4]我也觉得这样更好，正如我写信告诉你的那样。[5]我们知道，我们在这里的开支实在太大了，这对您来说确实是一份沉重的负担，但我们也必须考虑到我们自己的情形。在打算改变计划之前，我们想认认真真地考虑考虑，我们能否在这里挣点钱，以贴补一下我们现在拮据的家用。

从另一个方面来讲，你的这个建议也实在难以实现，因为我们不可能再把我们的公寓租出去,[6]房东不希望我们那样做。[7]去年他已经对我们开恩了,同意我们短期出租了一阵。[8]再说,根据最近刚刚出台的更严格的房屋租赁规定,[9]我们也不可以再把房子租出去了。因此,如果我们离开苏黎世,就不得不卖掉我们的家具,而且只能贱卖,到时候我们根本不可能把它们再买回来。这也是我们必须认真考虑的一个问题。还有,这次我们是去一个完全陌生的地方,这对我们来说也不是什么好玩的事儿。无论怎样,我们都想再等一等,看看能否找点事做,挣点钱,然后再写信告诉你。

亲爱的爸爸,不知你是否还记得 Von Gonzenbach 教授的夫人,我们过去经常在一起演奏音乐[10]。她要我问问你,能否让她的妹妹做你的助手。她妹妹就是以前的 Frenkel 小姐,在工学院学习过,后面几年住在美国。[11]

多谢爸爸圣诞节寄来的两本书,我们非常喜欢,我们从中获得了许多乐趣。

随信寄去我写生完成的一幅木版画,上面的印刷太糟糕了,因为找不到合适的印刷墨水;但我随后会寄给你一幅更好的。[12]

深爱你的
Albert

ALS。[144 025]。

[1] 这封信是在爱因斯坦 1920 年 12 月 15 日写信给 Hans Albert 和 Eduard Einstein 之后的回复(第十卷,文件 232),可以参看圣诞节假期。

[2] 按照爱因斯坦的说法,他的家人需要搬到达姆施塔特,这样他才能够供给他们生活费用(参阅上面的注释 1)。

[3] 爱因斯坦最早是在 1919 年 10 月准备搬家(参阅爱因斯坦 1919 年 10 月 15 日写给 Mileva Einstein-Marić 的信[第九卷,文件 135])。

[4] Hans Albert 正在苏黎世州立文理学校上五年级。

[5] Hans Albert 咨询 Emil Zuecher Jr.之后写信给爱因斯坦,说家里一致决定等他完成学业后再搬家(参阅 Hans Albert Einstein 1920 年 11 月 28 日写给爱因斯坦的信[第十卷,文件 212])。

[6] 正如爱因斯坦在写给儿子的信中所建议的那样(参阅注释 1)。

[7] Johann Heinrich Knecht(1859—1929)。

[8] 从 1919 年到 1920 年冬 Mileva 都不在苏黎世。她当时是在诺维萨德照顾生病的父母(参阅 Mileva Einstein-Marić 1919 年 11 月 30 日写给爱因斯坦的信[第九卷,文件 183c,载第十卷])。

[9] 关于房屋租赁方面新近出台的更严格的规定,参阅 *Verordnung 1920*。

[10] Margherita Serena von Gonzenbach-Frenkel-Heiden(1891—1972)是瑞士联邦工学院的卫生学和细菌学教授 Wilhelm von Gonzenbach 的妻子。他们和 Mileva 及其孩子住在同一栋公寓大楼里。Hans Albert 以前提到过他与 Gonzenback 一起演奏的事(参阅 Hans Albert Einstein 1919 年 4 月 20 日写给爱因斯坦的信[第九卷,文件 25a,载第十卷])。

[11] Elsa Johanna Sofia Frenkel-Heiden(1888—?)。

[12] 一只木刻鸟(参阅下面的文献)。

## 1. Hans Albert Einstein 来信

［苏黎世，1920 年 12 月 26 日到 1921 年 3 月 14 之间］[1]

亲爱的爸爸：

我们从卢塞恩[2]收到了那 7500 法郎。我觉得非常奇怪的是，你还问起这件事情，因为我在前面一封信里已经告诉你了。你也没有告诉我有关 Gonzenbach 夫人[3]的情况，难道你最后只收到我的半封信吗？可是现在没有书信审查呀！我还希望你能非常友善地回答 Gonzenbach 夫人提出的问题，因为她很想得到一个答复。对于搬家的事，我们的确已经商定好了，我想这件事情你最好让我们自己来决定，也让我们自己来负责。[4]无论如何，我们这里的朋友不会有任何的内疚，正如你想到的那样。[5]

很高兴你能喜欢我雕刻的那只鸟儿。那是我在上德语课时做的，当时我们快要睡着了，也就是说我在这儿雕刻的[6]；草图是我们上绘画课时完成的。

但我也开始在滥用另一门艺术了。钢琴对我来说已经不够了，我选了一样大乐器：双簧管。我已经是我们举办的一次音乐会上的双簧管演奏员了。这是一个好机会，我从学生管弦乐队弄到这个乐器，而且已经练习了 3 个月。

爱你的<br>Adn and Tete[7]

现在他已经在床上睡着了。

ALS.［144 026］。

[1] 日期的确定依据是这封信晚于前面的文件，早于 Wilhelm von Gonzenbach 写给爱因斯坦的那封信（参阅年表和日程表 1921 年 3 月 14 日）。

[2] 可能指 Paul Winteler 1920 年 12 月 1 日在写给爱因斯坦的那封信里提到的那笔基金（第十卷，文件 218）。

[3] 参阅以前的文件。

[4] 参阅以前的文件，注释 1。

[5] 很可能指 Emil Zürcher Jr.(1877—1937)和 Johanna Zürcher-Siebel(1873—1939)，他们是 Mileva 和她的儿子的邻居；Zürcher Jr.也是 Mileva 的律师。苏黎世家人跟他们咨询过搬到德国南部这个提议，爱因斯坦指责他们"对瑞士盲目狂热"，参阅 Hans Albert Einstein 1920 年 11 月 28 日写给爱因斯坦的信［第十卷，文件 212］和爱因斯坦 1920 年 12 月 15 日写给 Hans Albert 和 Eduard Einstein 的信［第十卷，文件 232］）。

[6] 关于以前对 Hans Albert 寄给爱因斯坦的那个木雕制品，参阅前面的文件。

[7] Eduard Einstein。

## 2. Heinrich Zangger 来信

[苏黎世,1920 年 12 月 24 日到 1921 年 1 月初之间][1]

我亲爱的朋友爱因斯坦:

自巴德瑙海姆[2]以后就再没有听到你的音信。祝你 1921 年心情愉快,尽管世上的一切都是相对的。

我现在摇摆于攻击和尊重(怨恨和喜爱)之间。攻击毕竟是招人恨的,当它仍然认为自己可以消灭(压制)某人的时候。

现在我来谈谈这本书引起的各种反应。[3]可以说每一种法律都有限制,一切都应该自由地买卖。毒药当然可以像任何其他替代产品一样出售(没有它们,任何其他东西都不再有效),那种危险的实质被忽略了,首先是被扭曲,然后是遭到攻击。——[4]

相反,巴黎的情形非常好,各方面都得到热情的欢迎;尤其是这本书的目标—自由—责任,每个方面都得到了很好的接受。在这里,任何一个没有思想的恶棍都争相认为他可以悄悄利用这些东西!我在医药史和医学院的历史中看见,即使在改变传统和习俗的过程中,哪怕只是向前迈出一小步,都需要拥有强大的说服力;对于伤寒和结核病,则需要 50 年,需要许多人。[5](相对论的路线非常不同,也许更快)药物功能,对生命的作用仍然是说服的直接后果。

你现在已经看到你的小 Tete 了,你也许更满意我对医药的乐观态度。[6]有许多不是相对的,人们必须相信最佳的结果。

受 Weyl 之托,我在伯尔尼跟 Gnehm 见面:游说后者准 Weyl 一段时间病假,从圣诞节一直到明年的 5 月份。加上一项研究基金的津贴,他就可以无忧虑地利用假期去接受治疗。[7]你们之间的争论肯定会越来越有趣。[8]他的理论根本不需要红移——这很对,是不是?[9]

现在他已经把场物理学的极限加进了这本书里。[10]爱因斯坦会给予回应。Born 的书是最好的,只是不太连贯,尤其是后面一部分。[11]

向你致以最诚挚的问候

Zangger

圣诞节期间,我要去巴黎看望 Romain Rolland。[12]

ALS。[40 008]。

[1]日期推断有两个依据:一是新年问候;二是 Hermann Weyl 1921 年 1 月 1 日写信给 Heinrich Zangger,信中提到 Zangger 的巴黎之旅(SzZ, Nachlass H. Zangger, box 406)。

[2]爱因斯坦参加了 1920 年 9 月 21—26 日在巴德瑙海姆举办的德国自然科学家和医生协会的第 86 次会议(参阅爱因斯坦 1920 年 9 月 24 日写给 Ilse 和 Margot Einstein 的信[第十卷,文件 154])。关于这方面的更多信息,可参阅第十卷序言第二章。

[3]可能指 *Zangger 1920*。

[4]此书认为医药应该有法律作保障,目的是减少因忽视或故意行为所造成的危害(*Eliasberg 1951*,第 317 页)。

[5]直到 1882 年才第一次承认因细菌引发肺结核病这种情况;肺结核在当时造成的死亡率是最高的。伤寒病是 20 世纪早期的第三大绝症,对这种疾病的了解大多是从 1903 年到 1915 年期间完成的。当时人们了解到有些患伤寒病的病人可以得到恢复,有些没有患伤寒病的病菌携带者仍可能受到感染(*Fenster 2003*,第 106—120 页)。

[6]爱因斯坦 1920 年 10 月初见到小儿子 Eduard,当时他和两个儿子在本欣根度假(参阅爱因斯坦 1920 年 10 月 19 日写给 Elsa Einstein 的信[第十卷,文件 179])。Eduard 得了肺炎,Zangger 给他看过病(参阅爱因斯坦 1920 年 4 月 19 日写给 Heinrich Zangger 的信[第九卷,文件 380])。

[7]Hermann Weyl(1885—1955)是瑞士联邦理工学院的数学教授,他因为哮喘不得不经常请假。这方面的资料可参阅 *Frei and Stammbach 1992*,第 50 页;此外还有爱因斯坦 1919 年 7 月 14 日写给 Elsa Einstein 的信(第九卷,文件 70b,载第十卷)。Robert Gnehm(1852—1925)是瑞士学校委员会主席。

[8]爱因斯坦反对 Weyl 的引力和电磁学统一理论,可参阅爱因斯坦 1920 年 7 月 26 日写给 Michele Besso 的信(第十卷,文件 85)。

[9]由于 Weyl 的统一场理论没有对引力红移的存在做出明确的预言,因此许多著名的物理学家建议把它作为广义相对论的一种后续理论,如果广义相对论被太阳红移测量证明是假;这似乎在 1921 年初是有可能的。关于这一观点的诸多例子,参阅 Adriaan D. Fokker 1919 年 7 月 26 日写给爱因斯坦的信(第九卷,文件 75),以及 Max Born 1920 年 7 月 16 日写给爱因斯坦的信(第十卷,文件 75)。

[10]Weyl 已经在他的教材第三版里修订和阐释了其中最后几部分,讨论了他的统一场理论(*Weyl 1919*)。在新近出版的扩充的第四版里,Weyl 进一步修订了其中的第 32 章和第 36 章,不同于 Mie 关于物质的场理论,Weyl 阐明,根据自己的理论,"物质以一种场的极限奇点出现,但电荷和质量表现为场中力的通量"(*Weyl 1921*,第 7 页)。

[11]*Born 1920* 在前 5 章讨论了几何、力学、宇宙学、光学以及电动力学的基础和历史起源,然后只在最后两章里,Born 明晰地讨论了爱因斯坦的狭义相对论和广义相对论。

[12]Romain Rolland(1866—1944),法国作家,爱因斯坦从 1915 年起就与他有书信来往。

# 3. 致 Hendrik A. Lorentz

[柏林,]1921 年 1 月 1 日

十分尊敬的同事先生:

您寄来的东西令我既欣喜又惭愧,欣喜是因为您一直想着我们,惭愧是因为让您太费心了。同时这里的食物供给情况有了根本的好转。给人的总体印象是,我们正逐渐迎来一个更好的时期。——

然后谈点儿物理。最有趣的事如下。问题:能否借助实验确定,辐射场真是以麦克斯韦理论所要求的那种分布方式存在着的?回答:根据该理论,在一些强辐射场中,电场量级(可达)150 V/cm。这些场域就必定会对光线传播产生一种可以感知的强效应。我们要为此设计一个实验,以便也能弄清宇宙物质。识别记号:光线传播必定会随着光线在序列中的序号而增加。[1]

超导体,Thomson(汤姆逊)效应。[2] 于是此时适用以下方程:

$$\left. \begin{array}{l} e + \alpha\left[\dfrac{i}{c}, \mathfrak{h}\right] = 0 \\ \operatorname{rot} e + \dfrac{1}{c}\dfrac{\partial \mathfrak{h}}{\partial t} = 0 \end{array} \right\} \quad \dfrac{\partial \mathfrak{h}}{\partial t} = \alpha \operatorname{rot}[i, \mathfrak{h}]$$

我们来研究光线在一个沿 $X$ 方向有电流通过的平板里的传播情况。

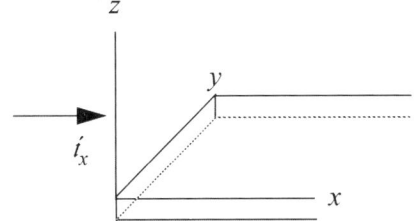

假设 $i_x$ 和 $i_y$ 不为 0 而 $\mathfrak{h}$ 中仅 $\mathfrak{h}_z$ 不为 0。如果起初一切都不依赖于 $z$,那么我们的方程便可简化为:

$$\dfrac{\partial \mathfrak{h}_z}{\partial t} + \alpha\left(\dfrac{\partial i_x \mathfrak{h}_z}{\partial x} + \dfrac{\partial i_y \mathfrak{h}_z}{\partial y}\right) = 0。$$

在 $y$ 方向会由 Hall 效应产生感应电流。电流沿平板边界闭合,或者,如果用柱体代替平板,电流则在柱体内部闭合。第一种情形里的电量与场量(的存在)必依赖于 $y$,在第二种情形里则不会。但是在某些情况下,第一种情形能被理性地估算出,如果预设 $\dfrac{\partial}{\partial y}( ) = 0$,则有

$$\dfrac{\partial \mathfrak{h}_z}{\partial t} + \alpha\dfrac{\partial(i_x \mathfrak{h}_z)}{\partial x} = 0$$

如果板的截面为常量,也会是 $\dfrac{\partial i_x}{\partial x} = 0$,于是有

$$\mathfrak{h}_z = f(x - \alpha i_x t)。$$

从而磁场就以速度 $\alpha i_x$ 随着电流被拖动。当板的厚度发生不稳定的变化时,$i_x \mathfrak{h}_z$ 是稳定的或者为 $\dfrac{1}{\delta} \cdot \mathfrak{h}_z$,此时板的厚度为 $\delta$。

所以人们为了借助实验判定 Hall 效应是否也存在于低温状态下,就大大忽视了这个值得期待的过程。[3]——

衷心祝愿您和您的妻子能度过一个幸福的 1921 年。[4]

您的
A. 爱因斯坦

ALSX。[16 533]。

[1] 关于该项目的进一步讨论,参阅文件 37。

[2] 爱因斯坦大约是在 1920 年 12 月 9 日写给 Paul Ehrenfest(?) 的信中(第十卷,文件 227)讨论了同一实验装置,它用于研究磁场对超导体的影响,并且爱因斯坦还在可能写于 1920 年 12 月的几处笔记里,对此有过论述(第十卷,附录)。

[3] 关于该实验的详细讨论,参阅 Sauer 2007,尤其是第 182—187 页。

[4] Wander J. de Haas(1878—1960)是代尔夫特理工大学的物理学教授,其妻名叫 Geertruida de Haas-Lorentz(1885—1973)。

## 4. 致 Frieda Huber

[柏林,1921 年初][1]

亲爱的小护士:

您这个可贵的人儿真是让我开心极了,您那封可爱的来信令人叫绝,还有那些以天才般的手艺做成的巧克力棒;然而最主要的是,这一切令人快乐的东西都来自于您。但愿我们今年能够见上一面,不管是在物价昂贵的祖国,还是在尽情挥霍的大州,都行。[2] 无论如何,我祝愿您今年万事如意并与您友好地握手。

您的
A. 爱因斯坦

ALS (SzBL)。[123 159]。

[1] 日期确定的依据是新年问候。

[2] 指的是瑞士和德国,考虑到当时超高的汇率,德国人认为瑞士的生活费用贵得离谱,而瑞士人嘲讽德国简直就是一个"大州"。

# 5. 致 Heinrich Zangger

[柏林，1921年初][1]

亲爱的 Zangger：

我终于可以抽点时间集中精力给你写信了。一个人的专注容易因为各种杂七杂八的事而分散，对于一个更需要专注而非顺应的人来说，尤其如此。你对巴黎的印象我一点也不感到惊讶。人们会发现，在所有欧洲人当中，那些说拉丁语的民族总会把他们的心放到合适的位置，总能保持某种简单的心智。相反，德国人和瑞士人却表现出某种敏感和精明。也许这是气候的缘故。因为气候问题，一个人一年有 7 个月只能被困在家里，只能盯着房间的四壁，他怎能保持一种开放的心态呢？我实话告诉你吧，我发现瑞士人的心思尤其褊狭。我永远不会忘记大学校长 Vetter 对我的抱怨。那是几年前，我当时在苏黎世，正在举办我的相对论讲座，他抱怨我演讲厅里的暖气费开销太大！[2] 没有哪个法国人会那样做的。上帝知道你的血从哪里来，总体来说，你与北方的瑞士人如此不同，他们的大脑总惦记着他们那亲爱的法郎。

我很喜欢跟孩子们在一起。Albert 变成了一个身体健康、性格独立的小伙子，他自信、聪明而谦虚。小 Tete 也让我感到满意，尤其是他的身体；他好动，喜欢恶作剧，尽管没有 Albert 那么热情和健康。他们两个在精神气质上有经商的大赋，但没有什么形而上的渴望。我非常希望他们三个搬到达姆施塔特。[3] 在那里，他们可以节约点什么以备不时之需；而现在的一些东西都快耗尽，他们生活得很拮据，我要看顾他们时间方面也有困难。但他们反对搬家，苏黎世又没有人可以去跟他们好好说说。也许你会足够客观地发现这个计划是有道理的。对我而言，如果他们自愿那样做也是一件好事，我也不想强迫他们，毕竟只有心甘情愿才能把事情做好。

你真好，为 Weyl 做了那么多。[4] 他肯定是一个极具创造力的人，一个能干的天才。我对他的这本新书充满好奇，因为这本书的方向（场物理学的局限性）与我的很相近。[5] 但我从没能找到一种有用的方法作为带有某种希望的新表达手段。Weyl 对广义相对论的扩展现在已经支撑了几年，我认为这个路子显然不对（根据物理学）。红移肯定会在未来几年得到证明，因此它不能解释为没有红移的 Weyl 理论的优点。完全可以怀疑地看待相对论中按照准先验正式建立起来的任何事物。问题在于，这种理论与非常肯定的事实〈结果〉要一致（光速的恒定性；惯性质量同引力质量的等效性），人的大脑不总是按照逻辑来决定和运作。与 Weyl 的尝试非常不同，我很喜欢把它叫作黑格尔式的。

Born 的书真的很精彩。[6] Born 作为一个作家不仅眼光敏锐，而且极有天赋，对现实具有特别的感受。

对你和你的家人致以热诚的问候。

爱因斯坦

特别问候 Gina，回报她亲切的问候。[7] 已经处理了一些小事情，但大事情上没有更大的进展。

ALS (SzZ, Nachlass H. Zangger, box 1c)。[86 525]。

[1] 这封信的日期依据是它是对文件 2 的回复。
[2] 参阅 Theodor Vetter 1919 年 1 月 28 日写给爱因斯坦的信(第九卷，文件 4，尤其是注释 3)。
[3] 自 1919 年起，爱因斯坦就催促他在苏黎世的家人搬到德国。最近，他在 1920 年 12 月 15 日的一封信中(第十卷，文件 232)努力说服 Hans Albert，告诉他搬到达姆施塔特的好处。
[4] Hermann Weyl。
[5] 参阅 *Weyl 1921a*，前言的日期是 1920 年 11 月，参阅文件 2，注释 10。
[6] *Born 1920*。
[7] Zangger 的女儿(1911—2005)。

## 6. 致 Arnold Sommerfeld[1]

[柏林，]1921 年 1 月 4 日

亲爱的 Sommerfeld：

你最近的一封信使我局促不安。[2] 我完全不能理解，为何我的相对论演讲被赋予如此大的价值。[3] 但现在我要面对这个事实，而且必须做出相应的安排。我准备 6 月份去慕尼黑，具体哪一天去，你来决定。很可能这个秋天不能成行，因为我可能不得不去美国。[4] 6 月我是否必须住在旅馆，这都无关紧要，既然我又变成了一个相当有弹性的小伙子。如果工程师们想要等那么久，我随时准备好延缓你的布道，只要你愿意。[5]

对于电子这个问题，我有些悲观。需要一种尚未出现的全新的想法。我不觉得 Herzfeld 的想法是对的。[6] 考虑两个相同的小杆共轴地悬挂在相距 1 m 的位置，考虑它们不断受到相反方向的磁力。在这种情形下，假定的光波过程实际上在远处完全被排除了。但没有人会相信，作用于一根杆上的角动量受到第二根杆磁反向的重要影响。

我有一个关键实验,来判定电磁波动场是否真的存在于 Maxwell 理论所要求的分布中的热电磁辐射里。我对这个结果充满了好奇。老实说我自己都不知道我的期望是什么。二元的能量子/波动场仍然严格地成立。

Rümelin 的死对我影响很大;我也真的快要以这种方式请个早假了。[7]

祝新年好运,一切如意。

你的<br>爱因斯坦

ALS (GyMDM, Archiv, HS, 1977—28A, 78[16])。*Einstein and Sommerfeld 1968*,第 77—78 页。[21 397]。

[1] Sommerfeld(1868—1951)是慕尼黑大学的物理学教授。

[2] Arnold Sommerfeld 1920 年 12 月 29 日写给爱因斯坦的信(第十卷,文件 252)。

[3] Sommerfeld 再三请求爱因斯坦去慕尼黑发表一次演讲。

[4] 关于去美国举办讲座一事,与几所大学的磋商正在进行[参阅 Albert G. Schmedeman 1920 年 12 月 23 日写给爱因斯坦的信和 Carl Beck 1920 年 12 月 28 日写给爱因斯坦的信(分别是第十卷文件 242 和 248)]。

[5] Sommerfeld 在信中提到他已被邀请去工程师协会发表一次演讲。

[6] Karl Herzfeld (1892—1978)是慕尼黑大学物理化学编外讲师,他打算通过实验来考察 Einstein-De Haas 和 Emil Beck 测量的旋磁比之间的差异是否是因为一种辐射引起的,当磁化反转时,这一辐射引起了一半动量的改变(参阅注释 2 中 Sommerfeld 的信)。

[7] Theodor Rümelin (1877—1920)是水力学工程师,Sommerfeld 说他死于胃溃疡破裂。爱因斯坦在 1917 年也患上了严重的胃溃疡。

# 7. Edouard Guillaume 来信[1]

伯尔尼,1921 年 1 月 4 日

亲爱的爱因斯坦:

要是我们能够相互理解,那可就真的是一种幸福了!我必须告诉您 Hadamard[2] 在斯特拉斯堡对我说过的那句话。当时我问他,他是否理解我,他答道:"噢,真的,我毫不怀疑你跟爱因斯坦是一样的"。唯愿这个大数学家的愿望能够成为现实![3]

首先我有一个小小的说明:$u_1$ 并非"时间",而是一段距离,一段"光程"。如果我们将 $u_1$ 除以时间 $t$,会得到一个速度 $c_1$。同样地,我们从 $u_2$ 能得到一个速

度 $c_2$。为了简化我的描述,我们将每一个坐标系 $K$ 都看作一个物理上的连续区,里面的每一个点都是发射中心,就如同经典的光以太的一个点。在每一个连续区中测量时(譬如借助 Fizeau 齿轮法),按预设的前提,光速是常量并且等于 $c_0$。这就是说,如果我们从位于 $K_1$ 中的一个发射点出发,将长度为 $c_0$ 的矢量朝各个方向发散,则它们的终点会位于球面上。

$$c_1 = \text{const.} = c_0。$$

这样我就能得到一幅光矢端图[4]。所观察到的发射点关联坐标系 $K_1$,按前提以速度发射 $c_0$,对于 $K_2$ 来说它被视为运动的光源(速度 $v = \alpha c_0$)。在发射时的光速相对于 $K_2$ 不等于 $c_0$,这时我们会看到,必定会产生一个 Doppler 效应。于是我们就得研究一下,为了对 $K_2$ 描述发射过程,我们得在各个方向发射哪些速度矢量。

我们立即可由 Lorentz 变换得到如下方程

$$c_2 = \frac{c_0}{\beta(1 + \alpha \cos \varphi)}$$

它给出了预期的答案。亦即:发射点的矢端图对于 $K_2$ 是一个以发射中心为焦点的椭球体。这有着直接的物理意义。[5] 既然 Doppler 效应的产生是出自如下方程

$$n_2 = \frac{n_1}{\beta(1 + \alpha \cos \varphi_2)}$$

那么我们就得出了值得注意的关系:$\frac{c_1}{n_1} = \frac{c_2}{n_2}$ 或 $\frac{n_1}{n_2} = \frac{c_1}{c_2}$。

对于物理学家而言,这一结果是令人满意的。相对论常常被人诟病的正是:如果光速是绝对的常量,则其所导致的 Doppler 效应令人费解。

倘若您想要更详细的解释,我向您推荐 Poincaré 的《科学与方法》,[6],第 239 页谈的就是那样一个椭球体。您看,可见这个椭球体至少跟"收缩"具有同样重要的物理意义,二者是完全等价的。此外,Poincaré 做出了如下暗示(前引书第 100 页):以下两种可能性是等价的,亦即

1. 光速是常量,但是物体会沿运动方向发生收缩;
2. 物体保持不变,但是光速在运动方向会大于垂直方向。

仔细思考之后,您必须承认,Poincaré 的这个观点是对的。

向您致以友好问候的
Ed Guillaume

TLS。Genovesi 2000,第 108—109 页。[11 550]。

[1] Guillaume（1881—1959）是瑞士联邦保险局的数学家。

[2] Jacques Hadamard（1865—1963）是法国科学院和巴黎综合理工大学的数学教授。

[3] 爱因斯坦在1920年12月29日的信中（第十卷，文件250）表达了绝望的心情，因为他无法说服Guillaume明白自己对相对论的批评完全是错误的。

[4] 矢端图用于显示被描绘为矢量的物体的变化速度。

[5] 爱因斯坦在上面提到的那封信里坚持认为，这样的椭球体虽然被Guillaume解释为在一个移动的观察者框架中传播的光的波阵面，但它没有任何物理意义。

[6] *Poincaré 1908*。

# 8. 致柏林犹太共同体

[柏林，]1921年1月5日

没有人喜欢被强迫加入某个宗教团体。[1]感谢上帝，那样的日子已经彻底过去了。因此我想在此声明，我不想加入任何宗教团体（或者说，我不认为有这个必要）；我不愿意依附任何一种信仰，正如到目前为止我所做的那样。[2]

在您的信中，我发现犹太人这个名词的含义很模糊，一方面它指的是一种民族性和起源（抑或血统），另一方面它指的是一种信仰。从第一层意思上讲，我是一个犹太人，但从第二个层面上来讲，我不是一个犹太人。因此，您信中的疑问自然也有了答案。

向您致以诚挚的问候。

爱因斯坦

Dft，出自Ilse Einstein之手。[35 098]。

[1] 这个文件是对柏林犹太人共同体写给爱因斯坦的那封信的回复。那封信通知爱因斯坦，每个犹太人都必须按照法律服从他所在共同体的税收要求（参阅柏林犹太人共同体1920年12月30日写给爱因斯坦的信[第十卷，文件253]）。

[2] 关于一个更早的例子，即爱因斯坦宣称自己"没有宗教关系"，参阅Ilse Einstein 1920年3月9日写给柏林新教教会（Protestant Synod）的信（第九卷，文件346）。

## 9. 致维也纳乌拉尼亚天文台（Ludwig Koessler[1]）

柏林，1921年1月5日

十分尊敬的同事先生：

我怀着最诚挚的谢意向您确认，我收到了您12月17日和31日的来信以及您从银行汇来的2500马克。[2]

可惜我完全不可能再多做几个报告了，因为我已答应别处，在接下来的10天里做6场报告。[3]我深信，在维也纳会有同行乐于到乌拉尼亚天文台来做些关于相对论的报告，而他们对此类问题的理解跟我本人是同样的。

维也纳的人们对于我的报告似乎表现出格外的兴趣，这本身就带给了我巨大的快乐。但愿我的讲座能够成功，不辜负他们的期待。

向您致以崇高的敬意。

A. 爱因斯坦

TLS（AVÖVa, Bestand Wiener Urania, box 14, Mappe "Persönliche Vorträge, 阿耳伯特·爱因斯坦"）。[91 782]。这封信上的收件人及其地址是"维也纳乌拉尼亚，维也纳国民教育中心崇高的主席先生"。

[1] Koessler（1861—1927）。

[2] Koessler告诉爱因斯坦，所安排好的那笔款项包含他的差旅费，并请爱因斯坦考虑一下他的决定，即请求他代表乌拉尼亚天文台做一次讲座（参阅年表和日程表1920年12月17日）。

[3] Koessler最初请爱因斯坦1920年10月19日或11月6日在乌拉尼亚天文台做讲座（参阅年表和日程表1920年9月29日条目）。爱因斯坦回信说，他在1920年12月或1921年1月之前不能去访问维也纳（参阅年表和日程表1920年10月11日）。鉴于门票紧俏的状况，Koessler希望爱因斯坦在他的维也纳之行期间增加一两场讲座（参阅年表和日程表1920年11月30日）。关于乌拉尼亚天文台的邀请的相关内容，请参阅 Stifter 2006。

其他5场讲座分别是：布拉格的乌拉尼亚天文台一次讲座，与Oskar Kraus的一次晚间讨论；维也纳大学化学学院的两场讲座，讨论广义相对论和狭义相对论；德累斯顿技术大学的一次讲座，针对全体师生联合会（参阅年表和日程表1921年1月7—8日、10—11日以及17日）。维也纳大学相对论讲座举办方是奥地利化学物理协会，出席讲座的有高层官员、维也纳各高校的教授、著名企业家、记者以及各相关协会的代表们（参阅 Braunbeck 2003，第39页）。这些讲座也正好是在维也纳大学第二化学实验室启用时举办的[参阅 Broda 1980，第12页，以及H. Glaser关于大学各讲座的一篇文章，载《新维也纳日报》（Neues Wiener Tagblatt），1921年1月11日]。

## 10. Paul Zacharias 来信[1]

[纽伦堡,]1921年1月6日

亲爱的教授:

我刚刚发现这张报纸里附加的一份声明,这份声明要求我做出回复,因而满怀敬意冒昧请求您能回答以下几个问题:

您是新祖国同盟的成员吗?[2]

报纸上关于 Lehmann-Rüssbuldt 先生陈述的信息确切无误吗?

Lehmann-Rüssbuldt 先生是受托以新祖国同盟的名义发表讲话吗?[3]

如果报上的信息准确无误,那么请问,您是否愿意亲自声明你同意 Lehmann-Rüssbuldt 先生所说的内容,同时相信 Lehmann-Rüssbuldt 先生也对 the Matin 的代表们强调了同样的问题?[4]

我需要向您解释我给您提出这些问题的理由。我必须说得更具体一点,我坚信某些团体将利用这个声明进行攻击,也将是针对您的人身攻击。为了能够及时抵挡那样的攻击,[5]我需要了解具体的情况。

我暂且把这个声明的内容看成是一个常见的错误报道。

在此谨向您和您的家人致以恭敬的问候,我夫人[6]也向你们问好。

您永远忠实的

Zacharias 博士

TLS。[45 293]。信头的寄信人地址是"Frauenarzt Dr. Zacharias Nürnberg Spittlertorgraben 39 II"。

[1] Zacharias(1875—?)是纽伦堡的普通妇科医生。

[2] 爱因斯坦自1915年3月以来就参加了新祖国同盟(参阅爱因斯坦1915年3月22日写给Romain Rolland 的信[第八卷,文件65])的活动;1915年6月,爱因斯坦正式成为其中一个成员(参阅新祖国同盟的成员名单表,Gy-Ar,Nachlaß Hans Wehberg,第十四卷,第109—110页;参阅爱因斯坦1915年7月21日写给 Hendrik A.Lorentz 的信[第八卷,文件98],注释2)。

[3] Otto Lehmann-Russbüldt (1873—1964)是作家和新闻记者,也是新祖国同盟的共同创建者,并且是新祖国同盟的时任秘书(Lehmann-Russbüldt 1922,第1页)。

[4] 1921年1月2日星期天,法国报纸 Le Matin 发表了 Lehmann-Russbüldt 前一天写的一则声明。在这份声明里,Lehmann-Russbüldt 代表新祖国同盟向 Le Matin 的代表们传达了有关解除安全警察和公民警卫武装的消息。这则声明指责负责解除平民武装的帝国专员 Wilhelm Peters,控告他故意忽视个人私藏武器的可靠消息,请求法国帮忙转移将来的战争威胁。亦参阅序言第四章。

[5] 最后三个字是 Zacharias 亲笔添上的。

[6] Elisabeth Zacharias (1885—?)是一个土生土长的荷兰人。

## 11. 致 Elsa Einstein[1]

[布拉格，1921年1月7日]

亲爱的 Else：

经过一次成功的旅行后，我平安而健康地回到了布拉格，我在这里等候 Frank 和他的夫人 Pick 的到来，此外还有其他几个朋友。[2] 我和电影[制作人] Fanta 一起旅行。[3] 昨天晚上，几个当地朋友邀请我去 Winternitze 家，[4] 那里的气氛非常热闹，我对它的喜欢简直无法形容。我和 Frank 住在学院里，[5] 他那位年轻的妻子以前是一个非常优秀的俄罗斯学生，她单独住一间，布拉格其实很缺公寓。这里的居民比柏林过得好，[6] 我觉得住在这里非常舒适。

今晚上有讲座，明天是讨论。[7]

爱你的<br>阿耳伯特

附上一张漂亮的照片，是 Frank 的夫人给我的。[8]

AKS。[143 111]。明信片上的收信人地址是"Elsa Einstein 夫人，柏林哈伯兰街5号"，邮戳为"Praha—7.I.21—[9 - -]"。

[1] Elsa Einstein (1876—1936)是爱因斯坦的第二任妻子。

[2] Philipp Frank (1884—1966)是理论物理学教授，妻子名叫 Hania Frank-Gerson (1894—1967)；Georg Pick (1859—1944)是布拉格日尔曼大学的数学教授。

[3] Otto Fanta 是 Bertha Fanta-Sohr 的儿子；Bertha Fanta-Sohr 是布拉格一个非正式沙龙的女主人；Max Brod(*Brod 1969*, 第171页)把这个非正式沙龙叫作"康德之夜"，爱因斯坦也参加了这个团体的活动，当时他在日尔曼大学(German University)当教授，那是 1911—1912 年间的事(参阅爱因斯坦 1916 年 9 月 8 日写给 Hedwig Born 的信[第八卷，文件 257])。Fanta 是电影《爱因斯坦相对论的基础》(*The Foundations of Einstein's Theory of Relativity*)的剧本的创作人之一，其他的作者还有 Otto Buek、Rudolf Laemmel 以及 Georg Nicolai。该电影后来由柏林的科隆电影公司推出(《柏林日报》[*Berliner Tageblatt*]，1921 年 8 月 30 日)。

[4] Moritz Winternitz (1863—1937)是布拉格日尔曼大学的梵文教授和人种学教授；他的妻子名叫 Berta Winternitz-Nagel (1862—1932)，儿子叫 Artur Winternitz (1893—1961)，是日尔曼大学的编外数学讲师。

[5] 爱因斯坦在那里工作时，那间屋子曾经是他的办公室(参阅 *Frank 1949*，第 283—284 页)。

[6] 关于战后捷克斯洛伐克的经济危机，参阅 *Olivová 1972*，第 152 页和 *Teichova 1988*，第 68—69 页。关于战后柏林住房短缺危机，参阅 *Wiedenhoeft 1985*，第 17—18 页。

[7] 参阅下面的文件。

[8] 明信片背面是 DaVinci 的名画《一个贵妇的画像》(*Portrait of a Woman*)的复制品。

## 12. 致 Elsa Einstein

[布拉格，] 1921 年 1 月 8 日

亲爱的 Else：

我在这里的讲座[1]已经结束，包括晚上的讨论也已结束。晚间讨论特别有意思（跟 Kraus 在一起也是这样）。[2]今天早上我们演奏了一曲四重奏，一如既往的好。[3]第一小提琴手是一个 80 岁的"小伙子"！明天我们就要动身去维也纳。[4]住在这里的日子对我来说充满了乐趣；我很想缩短我在维也纳的日子，而把那些日子换在这里度过。谁知道呢？

现在我特别厌烦谈相对论！甚至这样一件事都变得苍白，当一个人太专注于它的时候。我没怎么出去看看这座城市，我睡得太久，而且下午又想睡觉。我觉得一点也不辛苦，虽然昨晚刚为我举办了一个大型派对。[5]我在派对上没有回答别人的那些问题，只是演奏我的小提琴！[6]

热情问候你们大家。

阿耳伯特

明天我要去看望以前的一个音乐家朋友 Nagel 小姐。[7]

AKS。[143 112]。明信片上的收件人地址是"Elsa Einstein 夫人，柏林，哈伯兰街 5 号"邮戳为"Praha C. S. P. 9.I.21—6"。

[1] 应布拉格乌拉尼亚负责人 O. Frankl 的邀请（*Frank 1949*，第 282 页），爱因斯坦 1921 年 1 月 7 日在"异常拥挤的"（*Frank 1949*，第 285）的乌拉尼亚大厅举办了一次讲座（参阅《布拉格日报》[*Prager Tagblatt*]1921 年 1 月 8 日；《波西米亚》(*Bohemia*)，1921 年 1 月 9 日，增订版 1）。德国民主党政客 Josef Eckstein 以讲座"门票售罄"事件为契机介绍了爱因斯坦（参阅《福斯报》(*Vossische Zeitung*)，1921 年 1 月 11 日，晨间版，增订版 1）。

[2] 1 月 8 日在乌拉尼亚大厅也举办了相对论的讨论会（参阅《波希米亚》[*Bohemia*]1921 年 1 月 9 日，增订版 1 和《布拉格日报》1921 年 1 月 9 日）。Oskar Kraus（1872—1942）是布拉格日尔曼大学的哲学教授，也是相对论的反对者。关于 Kraus 针对这次讨论所撰写的一篇文章，参阅《波希米亚》(*Bohemia*)，1921 年 1 月 11 日，增订版 1。

[3] 在布拉格任教授期间，爱因斯坦与 Georg Pick，Moritz Winternitz 以及其他教授表演了四重奏（*Kowalewski 1950*，第 217 页）。

[4] 他被代表化学物理协会的 Felix Ehrenhaft 邀请去那里举办讲座（参阅 Felix Ehrenhaft 1920 年 11 月 24 日写给爱因斯坦的信[参阅第十卷，年表和日程表]）。

[5] 他得到布拉格日尔曼大学教务长 Franz Wähner 的欢迎，被他以"亲爱的老同事"相称呼（《新自由报》[*Neue Freie Presse*]，1921 年 1 月 8 日）。

[6] 爱因斯坦演奏了莫扎特的小提琴奏鸣曲(《布拉格日报》,1921年1月8日;*Frank 1949*,第286页)。

[7] Ottilie Nagel 是 Moritz Winternitz 的亲戚,爱因斯坦过去经常和她一起演奏小提琴和钢琴二重奏(参阅 Z. Guth 的论文,载 *Nede＝le s Lidovou demokracii*,1975年4月3日)。

## 13. 致 Elsa Einstein

[维也纳,]星期一[1921年1月10日]

亲爱的 Else：

我昨天已经安全到达,Pick、Frank 和 Winternitzes 把我送到火车站。[1]这里有很多人们必须体验的东西。[2]但星期六的早晨我就要离开。Winternitz 夫人[3]对我照顾得很周到,她给我的口袋里塞满了零食;她必须特别照顾小的 Winternitz。[4]

我的健康状况无可挑剔。随信附上手稿。问候你们大家(匆匆)。

你的
阿耳伯特

ALS。[143 113]。

[1] Georg Pick、Philipp Frank、Hania Frank-Gerson、Moritz Winternitz 及其家人。爱因斯坦1921年1月9日离开布拉格,前往维也纳。

[2] 爱因斯坦被 Felix Ehrenhaft 邀请去维也纳的化学物理学会发表演讲(参阅第十卷年表和日程表1920年11月24和29日),之前被 Ludwig Koessler 邀请去乌拉尼亚天文台发表演讲(参阅年表和日程表1920年9月29日)。

[3] Berta Winternitz-Nagel。

[4] Artur Winternitz。

## 14. Otto Neurath 来信[1]

维也纳 I 区,绅士街23号,1921年1月12日

尊敬的教授：

请容许我为您简要总结一下1921年1月11日我们的谈话结果[2],请发给我您对这个总结的赞同意向,并且尽可能详细些,这样我就可以把它作为发起与

其他合作者和出版商进行谈判的基础。您说您愿意签约做一套科普读物的编者,目的是向更广泛的读者传播知识,尤其是工人。追求的目标是根据教育程度分级,把各自独立的丛书汇总,编辑成一套完整的全集。除了简短连载的论文,还要考虑以员工界风格发行的讨论和问答式的出版物。再加上全面的题目索引,足以使这套全集成为一系列百科全书。

您同意由 Frank 教授(布拉格)和 Löwy 教授(维也纳)合作编写其中的物理学部分。[3] 您说您愿意审查我们起草的那些计划,您愿意评阅更重要的个人文章;支持我们努力完成一套具有现代倾向的集子。您还特别告诉我们,您愿意和 Frank 教授或者其他合作人一起讨论柏林的组织事宜。

如果您会继续发表物理学方面的大众演讲和讨论的话,[4] 您也声明您愿意将它们以速记的方式记录下来,然后修订出版。这个修订工作也许由 Frank 教授来做,按照您赞成的草案出版。

如果您愿意告诉我们,您推荐哪些员工来做您的合作者,做哪些领域和哪些方式的说明,我们将不胜感激。

不知您能否作为这样一个合集的编者签名,不仅作为物理学家,其他知识领域的人士也可能更容易招募。如果这个合集的部分内容可以修改,从而对工人社团或工人的教育有意义,那么我们可以期望,这对于我们的未来将是一个重要的激励。

向您致以亲切的问候!

Neurath

TLS。[18 396]。收信人的姓名打印在称呼语的上方:"阿耳伯特·爱因斯坦教授先生,柏林科学院"。

[1] Neurath(1882—1945)是奥地利著名的哲学家和社会学家。

[2] 1921 年 1 月 10 日到 15 日期间,爱因斯坦在维也纳发表了 3 场演讲。他在卡伦山上与 Neurath 相见(参阅 Otto Neurath 1935 年 3 月 11 日写给 Charles Morris 的信,这封信在 Dahms 2005 里被引用,第 105 页)。

[3] Philipp Frank;Heinrich Löwy(1884—?)是维也纳的地球物理学家。

[4] 爱因斯坦最后一场非常受欢迎的演讲是 1921 年 1 月 13 日在维也纳的乌拉尼亚天文台发表的。

# 15. 致维也纳乌拉尼亚天文台(Ludwig Koessler)[1]

[维也纳,]1921 年 1 月 15 日

尊敬的主席先生:

我还有件事放不下,在我动身之前,必须说出来。[2] 我知道,您十分友好,在

您身边为 Ehrenhaft 先生[3]保留了一个位置。而我已经请求 Ehrenhaft 先生,在我的近旁就坐,之所以这样主要是便于我们彼此在报告[4]结束后能够毫无困难地找到对方。情况表明,对他来说,这样做是很有好处的,要不然他在拥挤的人群中难以进入艺术家工作室。[5]我写信跟您说这事,是想让您知道,上述变化仅仅是出于我个人的提议。

向您致以崇高的敬意和友好的问候。

A. 爱因斯坦

ALS (AVÖVa, Bestand Wiener Urania, box 14, Mappe "Persönliche Vorträge, 阿耳伯特·爱因斯坦")。[91 781]。

[1] 收件人的确认依据是,这封信被放在维也纳乌拉尼亚天文台档案里。

[2] 爱因斯坦即将离开维也纳去德累斯顿。

[3] Felix Ehrenhaft (1879—1952)是维也纳大学的物理学教授(德累斯顿),爱因斯坦在维也纳时就住在他的家里。

[4] 这场题为"相对论"的讲座是在维也纳音乐厅大礼堂举办的。

[5] Koessler 告诉爱因斯坦,这次讲座的售票情况异常火爆,仅仅几天就卖完了,这间大礼堂可以容纳两千多名听众。他还告诉爱因斯坦他邀请了政界和学术家那些有名望的人(参阅年表和日程表 1920 年 12 月 31 日)。结果参加讲座的听众(包括 18 岁的 Karl Popper)超过 3000 人(参阅《新维也纳日报》[*Neues Wiener Tagblatt*],1921 年 1 月 14 日;*Stifter 2006*,第 3 页,以及 *Braunbeck 2003*,第 39 页)。关于这次讲座的举办细节和被邀请人名单,参阅 *Stifter 2006*,第 8—9 页。对爱因斯坦的演讲及其风格的生动描绘,参阅 *Broda 1980*,第 12 页。

## 16. 致 Paul Ehrenfest[1]

维也纳,1921 年 1 月 16 日[2]

亲爱的 Ehrenfest:

我在这里住得开心而惬意,虽然困难的处境时常出现。我们非常想念你,经常谈到你们大家。很高兴见到了你的哥哥。[3]我会很快再写信给你,车来了,催我走了。[4]

热情的问候。

你的
爱因斯坦

AKS (NeLR, Aardenne-Ehrenfest Collection)。[73 265]。明信片上的收信人地址"P. Ehrenfest 教授博

士,莱顿物理研究所"是 Felix Ehrenhaft 的手笔;另有人加上了"荷兰"。邮戳为"维也纳 45 17. I. 21. [- - - -]",第二个邮戳为"莱顿 3 21.1.21. 4-5V[oormiddag]"。Ehrenhaft 所写的那部分省略了。

[1] Ehrenfest（1880—1933）是莱顿大学的理论物理学教授。
[2] 日期是 Ehrenhaft 手笔。
[3] Arthur Ehrenfest（1862—1931）是维也纳一位土木工程师。
[4] 爱因斯坦将出发去德累斯顿。

# 17. Emil 和 Johanna Zürcker 来信

苏黎世,1921 年 1 月 16 日

尊敬而亲爱的教授:

您寄给我们的这张照片对我们来说简直好比一次盛大的圣诞款待,它对我们来说是那么的亲切,那么的重要。[1]它总让我想起我们在苏黎世宫廷里度过的美好时光,当时您努力想让我了解您的理论构想。[2]由于我自己所受的学校教育有限,不能够理解事物的本质,我必须集中精力思考您思想的心理学前提,思考客观性的实质,思考公正性,理解您对传统想法的怀疑。这对于我来说已经很多了,因此可以说我竟然在一窍不通的领域也学会了很多。

我们每天都能见到您的儿子,我可以向您保证,他们正在成为能干、稳健而有用的人。[3]他们得到的引导和教养非常好。就在刚才我妻子还说,他们所受的照顾和教育实在是不能再好了,还说等两个孩子长成独立的年轻人以后,站在您面前想从您那里学到什么的时候,您肯定会十分感激他们的母亲,[4]他们的妈妈已经相当尽力了。在看护这两个孩子方面,母亲的方向显而易见是对的。当然,我们不应该按照结果去察看这件事情;但两个孩子的情感发展冷静而平稳,志向坚定,并且心智发展日趋成熟。我相信这种宁静的延续性才是最重要的,我真的害怕这种延续性现在就被打断。我不相信 Albert 能够离开苏黎世预备学校,然后被扔进一个全新的陌生环境,他的情感生活的重要部分不经历任何的冒险就能适应新学校的生活,使他良好的感受力以一种讨厌的方式去加强和发展。[5]我想只要有可能,他就应该在这里完成预备学校的学习,至少应该避开那不必要的风险,如果这种风险谈不上是伤害的话。我感觉小 Tete 的健康也不太稳定,尽管他现在非常适应我们这里的气候,但您应该在万分紧急时才尝试让他到一个完全不同的气候环境里去。[6]请原谅我干涉您的家务事儿,但作为特别看护人我们必须报告您;[7]我们都非常清楚,因为钱的问题,任何思考都是多么的困难。我的柏林朋友 Ernst Hoffmann 先生[8]告诉我:如果我有孩子,他们将尽可能住在瑞士,按照瑞士精神来教育孩子非常重要。我特别尊重 Hoffmann 先生的建议,因为他是一位了不起的教育家。

向您致以最诚挚的问候。

您的<br/>Zürchers

我很高兴地向您保证,我丈夫说的每一句话都是真实可信的,在此向您致以同样热诚的问候。

Johanna Zürcher-Siebell

ALS。[45 358]。

[1] 1920 年秋,Zürcher 夫妇要了爱因斯坦的一张照片(参阅爱因斯坦 1920 年 10 月 7 日写给 Elsa Einstein 的信[第十卷,文件 164])。

[2] 可能是 1919 年 2 月 14 日在苏黎世当地法院,当时正在审理爱因斯坦与 Mileva Einstein-Marić 的离婚案,Mileva Einstein-Marić 一方由 Zürcher 代表(参阅离婚判决书,1919 年 2 月 14 日[第九卷,文件 6])。

[3] Zürcher 一家是 Mileva 和儿子 Hans Albert 和 Eduard 的邻居。

[4] Mileva Einstein-Marić。

[5] 怀着同样的心情,Hans Albert 回答了父亲爱因斯坦再次希望他们搬到德国南部的想法,他恳求父亲能够答应他在苏黎世完成学业(参阅第十卷,文件 232a,载本卷)。

[6] 关于 Eduard 娇弱的身体状况,参阅 Hans Albert Einstein 1920 年 11 月 28 日写给父亲爱因斯坦的信[第十卷,文件 212]。

[7] Zürcher 一家过去经常帮助 Mileva 照顾她的家庭和财政(参阅爱因斯坦 1916 年 7 月 25 日写给 Heinrich Zangger 的信[第八卷,文件 242]和爱因斯坦 1920 年 1 月 6 日写给 Emil Zürcher 的信[第九卷,文件 248])。

[8] Ernst Hoffmann(1880—1952)在柏林的文理中学教古典语言和哲学基本原理。

## 18. 致 Friedrich Michael[1]

柏林,1921 年 1 月 17 日

尊敬的教授先生:

爱因斯坦教授先生已收悉您 4 日的来信。[2]令他十分遗憾的是,他没有办法给您那篇您期待的关于相对论的文章。已经太过沉重的工作负担使他不可能承担一份新的义务。爱因斯坦教授先生向您推荐下列人士,他们可以执笔撰写那篇文章:M. Schlik 教授博士——罗斯托克奥尔良街 23 号,Ernst Cassierer——汉堡布鲁门街 16 号(他们俩可以从哲学角度论述相对论);M. von Laue 教授博士——柏林/Zehlendorf-Mitte，Albertinen 街 17 号，M. Born 博士——美因河畔法兰克福 Cronstetten 街 9 号，以及 A. Kopff 教授博士——海德堡（具体住址不详），这几位能够阐明相对论的物理学基础。

以下罗列的关于相对论的学术文献不可能是完备的，因为这只是我自己根据我们图书馆里能找到的材料开出的一份目录。

A. 爱因斯坦　著
《论狭义和广义相对论》(Friedr. Vieweg 出版社)
《以太与相对论》(Julius Springer 出版社，柏林)
《相对论，狭义和广义的理论》(Methuen 出版公司，伦敦) 理学博士 Robert Lawson 译
该书的法译本(Gauthier Villars 出版社，巴黎)
该书的俄译本(Slowo 出版社，柏林)

Lorentz-Einstein-Minkowski　合著
《相对性原理》(Teubner 出版社，莱比锡)

A. 爱因斯坦　著
《广义相对论的基础》(Barth 出版社)

E. Freundlich　著
《爱因斯坦引力理论的基础》(Springer 出版社，柏林)
该书英译本(剑桥大学出版社)
该书西班牙语译本(Calpe 出版社，马德里)

Moritz Schlik　著
《当代物理学中的空间与时间》(Springer 出版社，柏林)
该书英译本(剑桥大学出版社，Clarendon 出版社，牛津[3])

Hermann Weyl　著
《空间　时间　物质》(Springer 出版社，柏林)(各语种译本请询问出版社)

Max Born　著
《爱因斯坦的相对论及其物理学基础》(Springer 出版社，柏林)

Max v. Laue 著
《相对论》第 3 版(Friedr. Vieweg & Sohn 出版社)

Hans Reichbach 著
《相对论与先验的认识》(Springer 出版社,柏林)

Ernst Carsirer 著
《论爱因斯坦的相对论》(Bruno Cassirer 出版社,柏林)

Ilse Schneider 著
《Kant 与爱因斯坦论时空问题》(Springer 出版社,柏林)

Friedrich Adler 著
《当地时间、系统时间、区域时间和电动力学优越的参考系》(维也纳 Volksbuchhandlung 出版社)

Ludwig Schlesinger 著
《空间、时间和相对论》(Teubner 出版社,莱比锡)

Harry Schmidt 著
《相对论的世界图景》(Paul Hartung 出版社,汉堡)

Rudolf Lämmel 著
《通往相对论之路》(Kosmos,Frankhsche 出版社,斯图加特)

Joseph Petzoldt 著
《相对论在人类精神发展中的地位》(Sibyllen 出版社,德累斯顿)

A. Pflüger 著
《爱因斯坦的相对性原理》(Cohen 出版社,波恩)

B. Rülf 著
《爱因斯坦的相对论与力学基础》(Springer 出版社,柏林)

W. Bloch 著
《相对论导论》(Teubner 出版社,莱比锡)

A. Brill 著
《相对性原理》(Teubner 出版社,莱比锡)
《爱因斯坦的相对论及其历史意义》(Perles 出版社,维也纳和莱比锡)

F. Barnewitz 著
《A. 爱因斯坦的相对论》(Leopold 大学书店出版社,罗斯托克)

Emil Cohn 著
《关于时间和空间的物理学》(Teubner 出版社,莱比锡)

P. Ehrenfest 著
《论光以太假定的危机》(Springer 出版社,柏林)

Leo Gilbert 著
《相对性原理》(最新的科学时髦狂)(Brackwede 出版社,维也纳,布赖滕巴赫)[4]

M. Palagyi 著
《现代物理学中的相对论》(Reimer 出版社,柏林)

Max B. Weinstein 著
《运动物质的物理学与相对论》(Barth 出版社,莱比锡)

关于国外出版的相对论文献我无法向您提供任何信息;在我们的馆藏中,仅有两本小书:一本是《爱因斯坦简说》(Edwin E. Slosson 著,Harcourt, Brase & Howe 出版社,纽约),另一本是《爱因斯坦,街上的男人》(L. B. Buchmann 著,Stone & Wester Journal)。

此外我不想错过这个机会,提醒您留意一本通俗的小书,其作者是 Kirchberger 教授;可是该书目前不在我们图书馆,所以我没法告诉您书名和出版社。

向你致以特别的崇高敬意。

秘书[5]

TLC。[43 395]。这封信的收信人地址是"莱比锡，德国海外图书贸易协会"。

[1] Michael（1892—?）是一位作家，也是德语图书学会（the Gesellschaft *Das deutsche Buch*）杂志的编辑。

[2] 参阅年表和日程表1921年1月4日条。

[3] 修改版是Ilse Einstein的手笔。

[4] 书名和出版者是Ilse手笔。

[5] Ilse Einstein。

## 19. Arnold Berliner 来信[1]

柏林 西9区，林克街23/24号，1921年1月17日

亲爱的爱因斯坦先生：

《物理杂志》关于巴德瑙海姆讨论的报告内容不连贯，很多地方太牵强附会，人们不指责Debye[2]，也可以说它没有什么价值。[3]这个错误更多应归咎于Hirzel，而不是Debye，因为前者没有提供必要的版面。[4]鉴于此事的意义，我认为有必要原原本本地出版讨论稿，我很高兴能得到必要的版面（我想我可以很轻松地得到讨论的抄本）。然而我要首先征求您的同意，然后再考虑出版的问题。也许出于某种原因，您可能会对此表示反对，如果是那样的话，我自然也会停下来。

我收到Fricke的一封信[5]，我必须原封不动地把这封信展示给您看，这样做的效果我也想亲自跟您说说。这里面有许多谈论您的赞誉之词。不知道我能否在星期三参加讨论会[6]，因为4时左右我要与Scheel和其他几个科学杂志编辑开会[7]；因为我们与这些科学杂志的关系都应该好好巩固一下，虽然怎样跟他们交流和为何如此，我还不清楚，但我肯定会坚持自己的独立性。

致以最美好的问候。

您最忠心的
A.Berliner

TLS。[7 007]。信头上写的寄信人地址是"《自然科学》。医学、技术和自然科学发展周刊"，收件人地址是"阿耳伯特·爱因斯坦教授博士先生，柏林"。

[1] Berliner（1862—1942）是《自然科学》（*Die Naturwissenschaften*）的编辑。

[2] Peter Debye（1884—1966）是瑞士联邦理工学院的物理学教授，也是《物理杂志》（*Physikalische Zeitschrift*）的合作编辑。

[3] 参阅 *Einstein et al.* 1920（第七卷，文件46）。1920年9月25日，德国自然科学家和医生协会第86届大会在巴德瑙海姆举行。关于这次大会对相对论的讨论，参阅第七卷《〔编者按〕爱因斯坦同德国反

相对论者的冲突》,第 101—113 页;第十卷序言第二章;爱因斯坦 1920 年 9 月 24 日写给 Ilse 和 Margot Einstein 的信(第十卷,文件 154);Rowe 2006;Dongen 2007a。

[4] Hirzel 出版社出版了《物理杂志》(Physikalische Zeitschrift)。

[5] 可能是 Hermann Fricke(1876—1949),他供职于柏林专利局的政府评议会。Fricke 早些时候曾向威廉皇帝物理研究所寻求支持,希望能够出版他的另一种引力理论[参阅 Hermann Fricke 1918 年 2 月 18 日写给爱因斯坦的信(第八卷年表和日程表)],并且希望私底下能与爱因斯坦见面,但没有成功[参阅 Hermann Fricke 1919 年 2 月 10 日写给爱因斯坦的信(第九卷年表和日程表)]。他最近举办讲座,发表反对相对论的言论[参阅《德意志报》(Deutsche Zeitung),1920 年 10 月 19 日;《德意志日报》(Deutsche Tageszeitung),1920 年 11 月 24 日,晚间版,以及 Fricke 1920]。

[6] Heinrich Rubens 的物理学研讨会在柏林大学举行,时间定在星期三下午 5 时到 7 时(参阅 Berlin Verzeichnis 1920,第 48 页)。

[7] Karl Scheel(1866—1936)主管帝国物理技术研究所的物理技术部,德国物理学会的秘书,《德国物理学会、物理学杂志和物理报告的谈判》的编辑。1920 年 9 月 21 日,德国物理学会在巴德瑙海姆举行商务会议,爱因斯坦在会上参与讨论了关于合并《物理杂志》和《物理年鉴》的提议(参阅《德国物理学会的谈判》1[1920]:85)。

## 20. 致 Otto Neurath

[柏林,1921 年 1 月 17 日之后][1]

询问除爱因斯坦教授先生以外还有谁担任编者。他同意的话,对于出版社还会产生哪些义务。此外教授先生还想知道,他的同意的有效期限是多久。

Dft 为 Ilse Einstein 手笔。[18 396.1]。写在文件 14 第一页的左边。

[1] 日期依据是该草稿是在柏林写的,也就是说,是在爱因斯坦从德累斯顿回来以后写的。

## 21. Paul Ehrenfest 来信

莱顿,1921 年 1 月 18 日

亲爱的爱因斯坦:

1. 随信附上两封今天收到的信。

2. 我最近刚从大学基金(我们的合作银行账户)接到 1000 荷兰盾,稍后(7 月份?)还会收到另一笔 1000[1]——我不能通过 Methuen 把这张支票兑换成 819 荷兰盾(1920 年 11 月),这一点我先前就已经告知了,因为支票是你的姓名。[2]

3. 总之，看起来还不错的是，这个春天你将在我们大学举办一些讲座。[3] 在接下来的几年里，我将竭力让你避开这样的事情！比如经过短时间之后你可以花时间随意做你想做的任何事情。有人在这里竟然滥用你的姓名，把它当作一个相对论留声机，在我看来，这其实是一种罪过。我觉得更好的是，你能谈谈你鲜为人知的研究和出版物（比如光化学等），不过顺从上帝的旨意，按照你自己喜欢的方式去做。——现在请依照下面的安排来选择时间：

(a) 我们的讲座在3月19日复活节之前结束。

(b) 布鲁塞尔的会议是"4月初"[4]。

(c) 过完复活节，我们的讲座从4月11日开始。

(d) 荷兰科学院的会议于3月31日至4月1—2日在乌得勒支召开。}

(e) 请尽快与Ilse商量这事，[5] 让我通过她知道你的想法。

4. 对Ilse的要求：应许多荷兰物理学家（Lorentz、Zeeman、Julius、Onnes、Kuenen、Haga[6] 以及Ehrenfest）的邀请，彼得格勒大学光学协会主任D. Rozhdestvensky教授[7] 将于1月15日左右从彼得格勒出发，途径塔林[Reval][8] 来荷兰和德国，报告他的光学研究和订购物理仪器。

我们已经安排，等D. Rozhdestvensky教授到达塔林时就为他在荷兰领事馆办理好荷兰入境签证。[9]

等他到达塔林后，我们恳请你帮忙安排到塔林的德国领事馆办理他在德国的过境签证。

他在这里待的时间很少，然后就必须返回彼得格勒的协会，然而通常来说，得到途经德国的过境签证需要等待很长时间。

不过我在此可以向你担保，Rozhdestvensky教授的此次旅行完全是为着科学目的。

[说实话，不久后我还得再次麻烦你，帮忙为其他5位物理学家申请去荷兰的过境签证，他们是彼得格勒科学院派出的，同样是为了采购仪器、书籍以及期刊。我稍后会提到这个。][10]

―― · ――
―― · ――

亲爱的爱因斯坦，亲爱的Ilse小姐，不要因为我的打扰而生气！！！！问候你的夫人和Margot。

你的老朋友
P. Ehrenfest

ALS。[9 535]。

[1] 爱因斯坦做莱顿大学特聘教授的月薪。

[2] 显然是美国出版 *Einstein 1917a* 的预付款(第六卷,文件 42);参阅 Methuen 出版社于 1920 年 12 月 8 日写给爱因斯坦的信(第十卷年表和日程表)。

[3] 原文此处,Ehrenfest 暗示他在该页的页脚加添了一条注释:"In künftigen Jahren werde ich mich *sehr* bemühen Dich von solchen Dingen zu bewahren!"(未来几年里,我将会很努力地确保你避免那样的事情!)

[4] Hendrik A. Lorentz 邀请爱因斯坦参加 1921 年 4 月 1 日至 6 日在布鲁塞尔举行的第三届索尔维物理大会并在会上发言,讨论他关于安培的分子电流的研究情况(参阅 Hendrik A. Lorentz 1920 年 6 月 9 日写给爱因斯坦的信[第十卷,文件 49])。

[5] Ilse Einstein 是爱因斯坦在威廉皇帝物理学研究所的秘书;她不再在爱因斯坦的公寓里工作。

[6] Hendrik A. Lorentz;Pieter Zeeman (1865—1943) 是阿姆斯特丹大学物理学教授;Willem Julius (1860—1925) 是乌得勒支大学物理学教授;Heike Kamerlingh Onnes;Johannes Kuenen (1866—1922)是莱顿大学物理学教授;Herman Haga (1852—1936)是格罗宁根大学物理学教授。

[7] Dmitry S. Rozhdestvensky (1876—1940)。

[8] 德语地名是塔林(Tallinn),爱沙尼亚的首都。

[9] 1920 年 12 月,Ehrenfest 告诉爱因斯坦,Jaffe 和 Rozhdestvensky 可能访问荷兰,他们可能需要经过德国的过境签证(参阅 Paul Ehrenfest 1920 年 12 月 8 写给爱因斯坦的信[第十卷,文件 225])。

[10] 方括号内是原文内容。

# 22. 致挪威议会诺贝尔委员会

柏林,1921 年 1 月 19 日

在朋友们[1]不断要我关注捷克议会请求将 1921 年诺贝尔和平奖授予马萨里克总统(President Masaryk)的提议后,[2]我决定在此以最大的热情来支持这个提议。我想我应该可以这么做的,即使我没有权利推荐候选人,因为我既不是历史学教授,也不是哲学教授。[3]

作为少数民族利益的捍卫者,尤其是捷克和犹太人利益的捍卫者,Masaryk都做出了最伟大的贡献。[4]他从没有因为任何只是承诺会获得实际成功的政策而牺牲自己高贵的信仰,即使是当他所追求的事业看不到任何希望之时,他也没有放弃过自己的信念。我坚信,将和平奖授予他就是各民族之间和谐相处的一次美好的胜利,而且也完全符合诺贝尔和平奖创建者的良好意愿。[5]

致以最高的敬意。

TLC。*Nathan and Norden 1960*,第 41 页。[30 042]。收信人的地址是"An das Nobel Komité des norwegischen Parlaments Kristiania"。信头上写的寄信人地址是"阿耳伯特·爱因斯坦教授博士,Mitglied 普鲁士科学院"。关于爱因斯坦对委员会的地址添加的一条注释,参阅年表和日程表 1921 年 1 月 4 日之后。

[1] 可能是 Philipp Frank、Georg Pick 以及 Moritz Winternitz,爱因斯坦最近住布拉格期间去拜访过他们(参阅文件 11)。

[2] Tomás= Garrigue Masaryk (1850—1937),原捷克斯洛伐克的总统。

[3] 除了诺贝尔奖的获得者,挪威诺贝尔委员会委员和顾问、政府官员、国会议员、法院、和平组织、大学领导、法学教授、宗教学教授、历史学教授以及哲学教授,都可以主动为和平奖提名(参阅 *Bisceglia 1972*,第 264 页)。

[4] 关于 Masaryk 代表捷克民族独立所做的努力,可以参阅 *Baer 1998*,第 75—93 页。关于他对犹太人所持的宽容态度,可参阅 *Szporluk 1981*,第 119—121 页。

[5] 诺贝尔在遗嘱里说,诺贝尔和平奖授予"曾为促进国家之间的友好、为废除或裁减常备军以及为举行和平会议做出过最大或最好贡献的人"(参阅 *Crawford 1987*,第 217 页)。1921 年,诺贝尔和平奖的最终得主分别是瑞典首相兼国际联盟委员会的瑞典代表 Karl Hjalmar Branting 以及布鲁塞尔各国议会联盟(Inter-Parliamentary Union, Brussels)秘书长、挪威的 Christian Lous Lange。

## 23.致 Paul Zacharias

[柏林,]1921 年 1 月 19 日

亲爱的博士:

我是和平主义协会新祖国同盟的成员[1],新祖国同盟的秘书是作家 L(eh-mann)-R(ussbüldt)先生。[2]由于我很少能够参加新祖国同盟的会议,另外,作为这个组织的领导层在其活动方面也享有一定的自由,因此我不知道您说的那个 *the Matin* 记者的采访,如果说第一次知道这件事,也是刚从您信中得知的。[3]现在对于这件引起争议的事情,我确实认为庞大的战争物资被控制在未经授权的私人手里问题很大,顺便提及,协约国将不必通过 L.-R.先生得知此事。[4]关于您的信我问过 L.-R.先生,他只评价说这件事情完全被误传了,新祖国同盟将要起诉那家报纸。

向您致以崇高的敬意!

并代我的家人向您的妻子表示最美好的祝福。

阿耳伯特·爱因斯坦

Dft 为 Ilse Einstein 的手笔。[45 294]。写在文件 10 的背面。

[1] 新祖国同盟。关于作为新祖国同盟的成员身份,参阅文件 10,注释 2。

[2] Otto Lehmann-Russbüldt。关于他在新祖国同盟中的作用,参阅文件 10,注释 3。早在前一天,Lehmann-Russbüldt 寄给爱因斯坦一封公函,询问爱因斯坦的姓名是否被写在新祖国同盟的信纸上,列在

一份著名成员的名单当中（参阅年表和日程表1921年1月18日）。

[3] 参阅文件10，注释4。

[4] 关于解除德国平民武装的问题，参阅文件10，注释4。

## 24. 致 Paul Ehrenfest

[柏林，]1921年1月20日[1]

亲爱的 Ehrenfest：

我现在又从我的"访问者之旅"中[2]回来了。我的肠炎犯了，现在只能躺在床上，这样也好，我们现在就有更多的时间闲聊了。在维也纳，我对 Ehrenhaft 的印象比以前好很多了。[3]我住在他家里，对他渐渐更加了解了。他最大的罪过就是——缺乏品味。但他对依靠他的人非常友好，在战斗中也很诚实，这是那些反对他的同事不可能做到的事。[4]他的妻子是一个思想深邃、精于世故、勤奋肯干的女人，对他来说犹如一块美玉。[5]一天晚上，我去拜访了你的哥哥；我也非常喜欢他。[6]我发现他是多么地爱你，多么地关心你的生活和你身边的人，很遗憾的是你们不能彼此了解更多。在布拉格特别好。Frank 娶了一位非常优秀的俄罗斯女孩（犹太女孩），[7]有了这个女孩，Frank 过着一种最有魅力的单身生活。这个女孩子还在读书，租了一间屋子，Frank 住在学院里[8]，睡的是一张折叠床，白天，这张床就像一只蝙蝠一样藏起来。我也住在学院里。我和 Kraus 搞了一个公开讨论夜，一场特别有趣的马戏表演；然而 Kraus 对此太严肃了。[9]然后我答应学生的邀请，在德累斯顿发表了另一场演讲；[10]在这个过程中，可爱的男孩子们要我做一个真正爱国的德国人的测试，对于这件事，我还是以后亲自给你讲吧。——趁我现在还记得，请马上以我的名义寄一笔合适的款项给 Zeeman 基金；但愿现在还来得及。[11]

我突然有了一个想法，来解决辐射中是否真的存在波动电场这个问题。根据 Maxwell 的理论，强大的辐射中场的数量级是 100 V/cm，这样的场已经显示了一条可察觉的、经[Zeeman]Stark 效应加宽的线。[12]我想和 Pringsheim 一起来做这些实验。[13]我非常想知道实验的结果；我想人们应该期望的结果是什么呢？

香水女士的那封来信好像找不到了，所以我恐怕不会给她写回信了；再说了，我也不可能每一封信都要回复。

Hall 效应方面的事情非常简单。Hall 力通过磁场中暂时的改变而引起的感应电场得到了补偿。在最简单的情形里,这种暂时的改变是稳定扩展的无磁场点的形成。Hall 效应将从这个过程的速度得到保证。

这次美国之行是否能实现仍然还是一个问题。我其实更愿意待在这里——如果不是为了可恶的钱,也就是说为了独立。[14]我真正想去的地方是莱顿。我现在正在为布鲁塞尔写一份非常简短的报告,我希望 de Haas 把他的成果也加进来。[15]我之所以这样做,是因为他的法语更好,用德语做一个报告可能会毫无趣味。请把这个事情告诉 de Haas,这样的话也可以节约时间,我们也可以避免再次重复。我打算离开布鲁塞尔后去莱顿——当然是过完复活节之后,这你知道。我想提前讲点东西,大致的题目是"理论物理学杂谈",然后我们来商量具体要讲的话题。不管怎样,我都可以帮助你的俄国朋友。[16]我不想去哥本哈根;因为我的身体恐怕吃不消,再说我也不应该总是离开。[17]我很高兴 Busch 那么讨你的喜欢。[18]他真是一个很棒的小伙子,单纯得像一个孩子。他的演奏很有力量;有时略微使我烦恼的是他那过分的严肃和刻板的节奏;缺乏想象,少了柔和。难道那里没有受到柏林某种东西的影响吗?这种现象在柏林本地其他伟大的小提琴手那里表现得比 Busch 更明显。

衷心问候你们大家[还有年轻人们]!

和 Maltschiks。[19]

我已经处理了 Methuen 一事。[20]

你的<br>爱因斯坦

ALS。[9 537]。

[1] 日期依据是收信人。Ehrenfest 增加了"1921 年 1 月 21 日收悉"。

[2] 爱因斯坦旅行两周刚回来。旅行期间,他在布拉格、维也纳以及德累斯顿发表了演讲(参阅文件 11 和 13 以及年表和日程表 1921 年 1 月 17 日)。

[3] Felix Ehrenhaft。

[4] 尽管许多同事极力反对,爱因斯坦还是于 1920 年 10 月在维也纳大学物理系获得了一个教席(参阅 Felix Ehrenhaft 1920 年 9 月 10 日写给爱因斯坦的信[第十卷,文件 143]和 *Braunbeck 2003*,第 34—38 页)。

[5] Olga Ehrenhaft-Steindler (1879—1933),物理学家,维也纳女子商学院的校长。

[6] Arthur Ehrenfest。

[7] Philipp Frank 和 Hania Frank-Gerson。

[8] 布拉格日尔曼大学的物理学院。

[9] Oskar Kraus。关于讨论之夜,参阅文件 12。

[10] 爱因斯坦给德累斯顿理工大学的全体师生做讲座(参阅年表和日程表 1921 年 1 月 17 日)。

[11] 在 Pieter Zeeman 发现塞曼效应第 25 年周年纪念日上,学界掀起了为 Pieter Zeeman 实验室的筹资运动。捐献的最后期限是 2 月 15 日,这是由爱因斯坦联合签名的一份公函设置的期限(参阅年表和日程表 1921 年 2 月 15 日)。

[12] 爱因斯坦早先在文件 3 和 6 中提过这个计划中的实验。

[13] Peter Pringsheim (1881—1963)是柏林大学的物理学编外讲师。

[14] 早在一个月前,普林斯顿大学就通知爱因斯坦说他们深感遗憾,不能支付他计划中的课程所提出的 15000 美元(参阅 John G. Hibben 1920 年 12 月 24 日写给爱因斯坦的信[第十卷,文件 243])。关于一次讲座旅行与威斯康星大学的谈判也因财政困难陷入僵局(参阅 Albert G. Schmedeman 1920 年 12 月 23 日写给爱因斯坦的信[第十卷,文件 242])。关于爱因斯坦的经济要求的个人背景和职业背景,参阅 Paul Ehrenfest 1920 年 11 月 7 日写给爱因斯坦的信(第十卷,文件 191)。

[15] Wander de Haas。关于他们在第三届索尔维会议上将要发表的联合演讲,参阅文件 21,注释 4。

[16] 爱因斯坦代表 Dmitry S. Rozhdestvensky 和其他 5 位苏联物理学家,与德国当局交涉他们去莱顿的过境签证事宜(参阅文件 21、年表和日程表 1921 年 1 月 21 日)。

[17] 爱因斯坦计划 2 月份去那里(参阅 Paul Ehrenfest 1920 年 8 月 16 日写给爱因斯坦的信[第十卷,文件 104])。

[18] Adolf Busch (1891—1952)是一位小提琴家和作曲家。

[19] 俄语里的"小伙子们",但这里可能指 Ehrenfest 的所有孩子们。

[20] 关于与 Methuen 的事情,参阅文件 21。

# 25. 致 Edouard Guillaume

[柏林,]1921 年 1 月 20 日

亲爱的 Guillaume:

这并不真确,[1] 如果说以下两种陈述

1)光速是恒定的,可是物体遭受了一种……收缩,

2)物体保持不变,但光速在运动方向会大于垂直方向完全等价。[2] 这种等价仅在解释 Michelson 实验时才是有效的。

相反,在第 2 种情况下,光速必须依赖与坐标系相反的、正在产生的光源的运动;而这就意味着,它是一个违背 Lorentz 理论的假定(与第 1 种情况相反)。

不仅如此,我坚持认为,以下这个方程

$$c_2 = \frac{c_0}{\beta(1+\alpha\cos\varphi_2)},$$

与 Lorentz 变换不可能是一致的(此处的 $c_0$ 代表与 $K_1$ 相关的光速,$c_2$ 代表同一光源的与 $K_2$ 相关的光速)。确切地说,这个方程只有搞错了的时候才有可能从 Lorentz 变换中推导出来。

向您致以衷心问候的

A. 爱因斯坦

又及：当 Hadamard 引用那句话时，有没有流露出一点儿节日的欢乐表情呢？[3]

49　ALS（Charles-Edouard Guillaume，Neuchâtel）。*Genovesi 2000*，第 109—110 页[79 018]。

[1] 在原文的此处，爱因斯坦暗示了他在该页页脚添加的一条注释："可是与著名的 93 人宣言毫无关系"。93 人宣言（参阅第八卷序言第四部分）的每句话都以"这不是真的……"（"Es ist nicht wahr, dass…."）开头。

[2] 正如 Guillaume 在文件 7 里的结论。

[3] Guillaume 在文件 7 里引用了 Hadamard 的话。

## 26. Walter Hasenclever 来信[1]

德累斯顿，1921 年 1 月 20 日

尊敬的教授：

回想我很荣幸地与您之间的通信[2]，请允许我能够对您再说几句。这一次不是为了私人的愿望，而是为了公众的利益。正如我当时在信中对您所说的，我相信艺术的发展与同时代的科学成果之间关系紧密。对我来说，当前绘画和诗歌方面的努力对您的发现包含着一种直观的预示；我能否斗胆请您为我们的杂志对这种联系写几句话呢？[3] 尊敬的教授，我相信您能够从您丰富的资料中摘出几句给我们，使我们知识界更多的文学大众相信您，不是一种科学讨论，而是对某种方式和意义富有警示的洞见。除了我们大家对您无条件的忠诚，我想为以后的一篇文学论文在我们圈子里保留您的名字，我知道我需要足够的勇气才敢对您提这个请求。

致以最崇高的敬意。

您忠实的

Walter Hasenclever

TLS。[43 859]。

[1] Hasenclever（1890—1940）是一位诗人和剧作家。

[2] 参阅 Walter Hasenclever 1920 年 4 月 4 日致爱因斯坦的信（参阅第九卷年表和日程表）。

[3] 他和 Heinar Schilling 一起出版了《人类.新艺术杂志》(*Menschen. Zeitschrift neuer Kunst*)。

## 27. 致 Paul Ehrenfest

[柏林,1921年1月21日][1]

亲爱的 Ehrenfest：

1) 为 Rozhdestvensky[2] 办理的过境签证申请已交给外交部。[3]

2) 请在夏季学期开始的最初三四周宣布讲座题目："理论物理学杂谈"。我需要一份简单合适的课程大纲(不谈相对论)。

3) 支票兑现的事情可以等我来了再说；期货已经提供。

---

非常期待我们4月的重聚。如果面对的听众不多,讲座也会很顺利。关于三流作家 Moskopses [Moszkowski] 的那本书,基本上是否定的。感谢上帝,没有人在读它,都只是在批评它,但如果阅读了再批评它的话,那用词可能更尖刻——我只是这样怀疑,因为我自己当然也没有读过它。[4]

我必须尽快为布鲁塞尔写点什么,[5] 尽管我的胃一阵阵地绞痛；否则就来不及了。

热切地问候你们全家。

你的

爱因斯坦

请快点把其他俄罗斯人的信息寄给我,这样就可以准备做好安排。

AKS.[9 539]。这张明信片上的收信人地址是："P. Ehrenfest 教授博士先生 Witte Roozen Str.莱顿(荷兰)",邮戳为"柏林 W 30 21.1.21. 4—5[下午]"。

[1] 收信人写的日期。

[2] Dmitry S. Rozhdestvensky。

[3] 正如 Ehrenfest 在文件21里要求的那样。关于向外交部提交的申请,参阅年表和日程表1921年1月21日。

[4] 参考了刚出版的 *Moszkowski 1921*。Alexander Moszkowski (1851—1934)是 *Lustige Blätter* 的主编。1920年秋,爱因斯坦试图阻止出版 Moszkowski 的书(参阅第十卷序言第41页和爱因斯坦1920年10月11日写给 Max Born 的信[第十卷,文件174])。

[5] 为第三届索尔维会议准备他的论文。

## 28. Arnold Berliner 来信

柏林 西9区,林克街23/24号,1921年1月21日

尊敬而亲爱的爱因斯坦先生:

我会努力得到巴德瑙海姆讨论的抄本,然后与 Lenard 交涉校订方面的事情。[1]

Springer 先生有意索要您关于《几何与经验》的学术演讲内容。[2] 如果您把那个演讲给他,我恳请您能容许同时在《自然科学》上出版它。我已经很长时间不能为《自然科学》提供什么特别有吸引力的东西,倘若这一次您能答应我的请求,我将不胜感激。

现在跟您谈谈别的完全不同的事,也就是说,某种您可能只是因为同情而报以一笑的事,抑或某种使你摇摇您那仁慈的头表示反对的事。不管怎样,我恳求您能相信我这样做完全是出于真诚和敬重,跟那种庸俗的崇拜毫无关系。您肯定不得不经常面对那样的崇拜,某些人向您表达崇拜之意,只因为其他人也对您那样表达过。

很久以来,我就有想法发表一篇文章,文章大致的标题是"关于相对论的文献",然后将这篇文章按照朋友和反对者这两个标题分为两部分(这个建议来自 Reichenback)[3]。然而我不得不推迟这个计划,因为我一直确定不了由谁来写这篇文章。这时候 Moszkowski 的书[4]出版了,我知道我的计划不能再拖了,我必须马上确定下来,不管采取哪种方式。当提起 Moszkowski 的书时,我知道您默默地笑了,因为您认为我的担心有些夸大[5],但我在这里要告诉您歌德说的一句话:"同一件事情看起来之所以截然不同,完全取决于您是俯视它还是仰望它。"[6]您是站在上面俯视它,我恰好是站在下面仰望它。您也许会反驳我说,两个不同的人在看待同一件事情。然而由于我在与您讨论时很难坚持我自己的观点,请容许我指出,大多数人看待这件事情的角度与我的角度相同,而且许许多多站在那里的人的观点和担心碰巧也与我的相同。这本书已经给许多团体造成一种非常不受欢迎的效应,不幸的是,这是一个无可否认的事实。我只瞥了一眼这本书,就感觉特别的讨厌,如果我一考虑这特别讨厌的印象,我就一刻也不会怀疑,这本书在您对手的磨盘里转进了多少污泥。[7]肯定有人大声抗议这本书的内容;如果总是以永恒的观点来看待事物的您也认为这件事情没有意义,那么事情的发展绝不会是现在这个样子。像 Weyland[8]那样卑劣的反对者及其喽啰们

将会迫不及待地搅动他们挂在 Moszkowski 这点篝火上的大锅，也就是他们的污泥，然后把这滚烫的污泥再次泼洒在您的身上。如果要用同样大的反作用力及时地对抗 Moszkowsk 这本书带来的这种效应，我能想到的就只有一个办法，那就是写一篇关于相对论之文献的文章，报告该文献里有关朋友和反对者的事情。这篇文章应该由您亲自执笔。[9] 我知道您绝对会马上说不，但您可以跟 Planck 或 von Laue 先生讨论一下我的这个想法，他们的态度您当然不会怀疑，他们的判断您可以给予适当的权衡。[10] 也许您跟 Planck 先生或 von Laue 先生谈话的结果是，您不能亲自撰写这篇文章，但也许 von Laue 先生[11] 甚或 Planck 先生自己可以写，[12] 又或者您发现别的某个人适合写。但我恳求您——我相信我是代表您所有真诚而富有同情心的支持者和崇拜者的心愿——不要对我的要求置若罔闻。请您考虑考虑吧，然后尽快告诉我您的决定。

　　向您致以最美好的问候。

您最忠实的仆人<br>A. Berliner

TLS。[7 008]。信头印刷的寄信人地址是"自然科学、医学和技术发展周刊"。

[1] Philipp Lenard (1862—1947) 是海德堡大学物理学教授，在巴德瑙海姆的相对论讨论中，他是爱因斯坦最主要的反对者；关于这次讨论及其出版情况，参阅文件 19。

[2] Julius Springer (1880—1968) 是一位出版商；*Einstein 1921c*（第七卷，文件 52）。

[3] Hans Reichenbach (1891—1953) 是斯图加特理工大学物理学编外讲师。

[4] *Moszkowski 1921*。

[5] 关于爱因斯坦对 *Moszkowski 1921* 出版之后的反应，参阅文件 27。出版前，Berliner 已写信给 Reichenbach，说后者"很快不得不写一篇文章，讨论那些正在推广相对论的人的无能和缺乏。在这封信的边缘，Berliner 补充了下面几个姓名："Pflüger, Schmidt, Moszkowski"（参阅 Arnold Berliner 1920 年 10 月 6 日写给 Hans Reichenbach 的信 [PPiU, Hans Reichenbach 文集，HR 015—49—35]；亦参阅 *Hentschel 1990*，第 55—56 页）。

[6] Berliner 可能暗指歌德的《浮士德》里的魔鬼梅菲斯托斯。撞见斯芬克斯时，梅菲斯托斯感叹道："从上面看，你太诱人了，这野兽下面伸展出去的部分太可怕了！"（"Du bist recht appetitlich oben anzuschauen, / Doch unten hin die Bestie macht mir Grauen." *Goethe 1994*，第 183 页）。Moszkowski 在他的书的"发现者"一章首先讨论科学变化和发现过程的本质。他认为爱因斯坦的相对论对于什么是"上和下"引入了一种深刻的变化，同时也对空间坐标的重新界定给出了"一种预言式的洞见"。在此，他还引用了《浮士德》里的另一句话："即使在那边的空间里，也有一个上和下"（"ob es auch in jenen Sphären ein Oben oder Unten gibt"；*Moszkowski 1921*，第 98 页）。

[7] 关于对爱因斯坦相对论的反对意见的历史考察，可参阅 *Hentschel 1990*，*Goenner 1993*。其中反对声音最大的是 Pau Weyland 和 Ernst Gehrcke（参阅第七卷《[编者按] 爱因斯坦同德国反相对论者的冲突》，第 101—113 页；第十卷序言第 2 章以及 Israel Malkin 1920 年 8 月 27 日写给爱因斯坦的信 [第十卷，文件 111]；*Rowe 2006*；*Dongen 2007a*）。他们的指责之一是，爱因斯坦搞了一场自抬身价的运动

(*Weyland 1920*)。Max Born 担心 Moszkowski 的书出版后会证实这些指控，爱因斯坦最初也同意出版他的书（参阅 Max Born 1920 年 10 月 13 日写给爱因斯坦的信[第十卷，文件 175]）。

[8] Paul Weyland (1888—1972)。

[9] Julius Springer 已在巴德瑙海姆会议上建议，要求爱因斯坦正视一本小册子里的相对论的反对者，1921 年 1 月 4 日他再次这样要求他（参阅年表和日程表）。看了书店里出售的 Weyland 和 Gehrcke 的演讲后，Reichenbach 提出写一篇关于相对论文献的论文（*Weyland 1920*；*Gehrcke 1920*）。他问 Berliner 是否不应该强调"这些清沟工人的最后成就"（参阅 Hans Reichenbach 1921 年 1 月 12 日写给 Arnold Berliner 的信[PPiU, Hans Reichenbach Collection，HR 015—49—31]）。Berliner 在回信里建议他跟爱因斯坦提一下这样的评述文章（参阅 Arnold Berliner 1921 年 1 月 18 写给 Hans Reichenbach 的信[PPiU, Hans Reichenbach 文集，HR 015—49—30]）。

[10] Max Planck (1858—1947) 是柏林大学物理学教授；Max von Laue (1879—1960) 是柏林大学理论物理学教授。

[11] Max von Laue 最近写信回应 Weyland 所说的爱因斯坦剽窃他人的指控（参阅 *Laue 1920a*；*1920b*）。

[12] 在原文此处 Berliner 暗示他在该页页脚增加的一条注释："或者您会找到别的某个合适的人"。

## 29. Niles Bohr 来信

哥本哈根 ø.Blegdamsvej 15，1921 年 1 月 22 日

亲爱的爱因斯坦教授：

我还没有写信感谢在柏林时您对我的所有好意。[1] 您此次不能来哥本哈根，这使丹麦物理学家们感到非常沮丧。与此同时，我期待着能够告诉您我在研究方面的进展，可我总是同时有许多任务要完成，因此不能做点正事，但还是希望可以很快告诉您更好的事情。正给您写这封信的时候，哥本哈根工艺学会的会长 H. I. Hannover 教授就要求我问您能否给他一张您本人的有签名的照片。他准备把这张照片放在那些访问过该学会的名人肖像集里。[2] 您去年在哥本哈根举办的讲座就是在那个学会。按照这位会长的意思，这张照片只以影像的形式在该学会 2 月 1 日举行的新年庆典上展出；因此，如果您能答应他的请求，请尽快把照片寄给他以备此用，他将不胜感激。希望我的这个请求没有给您带来不必要的麻烦。

祝您和您的家人新年快乐！

您的
Niels Bohr

TLS.[8 071]。

[1] 1920 年 4 月 27 日，Bohr 去柏林向德国物理学会发表演讲。关于 Bohr 对他们见面的回忆，参阅 Niels Bohr 1920 年 6 月 24 日写给爱因斯坦的信（第十卷，文件 64）。

[2] 在原文的这个地方，Bohr 表示他在页底添加了一个注释："就是那个机构，您去年夏天在哥本哈根的讲座就是在那儿举办的"。1920 年 6 月 25 日，爱因斯坦在丹麦天文学会上发表了关于引力与几何的演讲（参阅 Niels Bohr 1920 年 6 月 24 日写给爱因斯坦的信[第十卷，文件 64]，注释 1）。

# 30. Paul Ehrenfest 来信

莱顿，1921 年 1 月 22 日

亲爱的爱因斯坦：

我大哥给我寄来一首对你名副其实的赞美诗——枢密顾问先生出了一身冷汗，可谓是出于对你的崇拜（对你这个人的崇拜）[1]——你对他那么好，我真是太高兴了。我非常感谢我的这位哥哥——顺便提一下，我也很感谢我另外几个哥哥：小时候，也就是我 5 到 8 岁的时候吧，哥哥们总是把他们觉得有趣的事情展示给我看，解释给我听，我后来从别人那里学到的东西还不及我从哥哥们那里学到的多！我收到了你离开维也纳时寄给我的明信片，上面的介绍里充满熠熠生辉的光彩。此外还有你从柏林寄来的信。[2]

1) 我将从你的账户上提取一笔款项寄给 Zeeman 基金。[3]

2) 我会通知 De Haas（关于布鲁塞尔的评论）。[4]

3) 我将努力弄明白你对 Hall 效应的评论。[5]

4) 如果你提到的光波场的 Stark 效应可以觉察到的话，那将是一件很了不起的事情，因为现在看来似乎难以置信。[6]

5) 最近我经常感到良心不安，因为在旅美这件事情上以主动的建议干扰你。van Aardenne 尤其反对任何干扰。[7] 但现在这个事情已经过去了，我就自我安慰说你去美国完全是毫无意义的，除非这样就可以逃避在更远的将来不断的东奔西跑。现在只有恳求上帝原谅我，如果我错误地掺和了这件事情。再说了，上帝已经惩罚我了：因为我总是盼望着能去一次美国，主要是 a) 因为"没有护照"，我已经陷在这里好几年了；[8] b) 我亲爱的哥哥在美国（圣路易斯），我已经有 20 年没见到他了[9]；c) Tanitchka——可以想象——特别喜欢跟在我后面[10]，甚至还有 van Aardenne，也是这样；d) 再有，你知道，我特别想要去了解别人。

魔鬼就要抓住我——我感觉他已侵入到我的骨头——我想为这个"魔鬼抓住我"买一份特别的生命保单，这样至少我的妻儿可以从中得到点什么。

———·———

哦对了——我朋友 Joffe 1920 年 12 月 16 日从彼得格勒寄来一封信,信里说[11]他希望几周后去荷兰待两三个月(关于 Rozhdestvensky 的事情,[12]我已经在几天前给你写信说,我非常遗憾再次打扰你,[13]——这不,又要打扰你了——比我想象的还要快。也就是,现在经爱沙尼亚的塔林去荷兰的人有:

1)A. Joffe 教授,彼得格勒理工大学教授,俄国科学院院士,物理学家。

2)A. Krylov 教授,彼得格勒理工大学教授,俄国科学院院士(造船工程师和数学家),我个人认为他是非常合适的成员——从这个词最贴切的意义上讲。

3)M. Kirpicheva 夫人。

4)A. Fehringer 小姐→我们的朋友(她的姓名正确的拼写可能是 Foehringer)。

5)Mr. P. Kapitsa。[14]

后面三位分别是彼得格勒理工大学或圣彼得堡大学的物理讲师。

他们此行的目的是:①购买科学仪器、杂志和书籍:为俄国科学院和彼得格勒理工大学的物理研究院;②关注俄国所做的物理分析在国外的出版状况;③个人之间的交流与磋商,尤其是与荷兰几个物理学家进行交流。

附言:我可以亲自向你保证,这次旅行绝对不附带任何政治目的。具体而言,由两位教授支配的款项也会用于上面提及的需要。(请注意,Joffe 教授与那个著名的政治人物 Joffe 毫无关系。)[15]

Lorentz 已经安排,塔林的荷兰领事馆应该及时为这 5 个人办理荷兰入境签证。[16]现在我必须请求你帮忙为他们在塔林申请德国的过境签证。[17]考虑到他们待的时间短,又有那么多事情要办,因此稍有一点耽延对他们来说都会非常糟糕。他们随后如果在德国逗留,这是否需要办理许可证,我不太清楚;但我考虑很有可能。

如果 Joffe 去拜访你,请你务必热情地接待他。Joffe 是一个很有天赋的物理学家,我在科学方面欠他很多(他的表达总是模糊不清[18]!!!!!! 但他绝对是一个出色的演讲家。只是在私下里跟人聊天时,他说话不太连贯、思路不够清楚,这可能是因为他觉得把一切来龙去脉说得太清楚就没味儿了。)他也是一个少见的好人,一个十分优秀的人——可以说,他是我这家动物园里拿得出手的一员。

———·———

van Aardenne 要在达沃斯待几个星期——其实不是生病了,但需要稍稍恢复身体。

Harm 和两个女孩先跟父母一起住在戛纳,[19]现在他们单独住在塞勒里那

（瑞士）。——

Lorentz 委托我代表 Bohr 为布鲁塞尔写玻尔原子报告。[20] 结果是：自杀的想法。

我一直耐心满满地期待着你的到来。你离开布鲁塞尔后在德累斯顿小住，再做一点演讲，这样很好。哦对了，爱因斯坦，我真的很理解你的情形；你病了，厌烦这不断飞来飞去的生活——但我真的愿意尽我所能安排你住在我的新家；我的新家虽然不大，但我会为你专门预备一个房间，这样你就可以安安静静地休息几小时。

希望你信里所说的肠炎快快好起来。对此，我非常想得到一份简短的报告！或许可以通过 Ilse。但愿莱顿和我们大家能在你的心里存留一个正面的印象！！

当我听 Busch 演奏了 5 分钟的时候[21]——他当时演奏的是贝多芬四重奏第一乐章(op.59, no.1)，我想——他必定很懂数学——但物理学？——不，他可能不知道——想象这次演奏——当我后来问他，发现我的猜想是对的。如果你再见到他或他的妻子，请代我问候他们——我怕打扰他们——但我非常喜欢他们！他们的孩子一定很可爱。——问候你们大家。

P. E.

ALS。[9 541]。信头写的寄信人地址是："莱顿国立大学自然科学实验室"。

[1] Arthur Ehrenfest（生于 1862）。其他的弟弟是 Emil（生于 1865 年），Hugo（生于 1870 年）以及 Otto（生于 1872 年）。

[2] 文件 16 和 24。

[3] 关于爱因斯坦对塞曼基金的捐献，参阅文件 24。

[4] 在文件 24 里，爱因斯坦提出把他的书面评语并入 Wander de Haas 对索尔维大会发表的演讲。

[5] 参阅文件 24，关于爱因斯坦对 Hall 效应的评价。

[6] 在文件 24 里，爱因斯坦简要描绘了他的用意，他想探查由热辐射的电场引起的原子里的斯塔克效应。

[7] Gijsbert van Aardenne（1888—1983），一个在 Ehrenfest 家寄宿的学生。

[8] Ehrenfest 还没有荷兰身份证。参阅他 1921 年 3 月 28 日写给 Abram F. Ioffe 的信（*Ehrenfest and Ioffe 1990*，第 144 页）和 *Klein, M. 1970a*，第 298 页）。

[9] Hugo Ehrenfest（1870—1942）。

[10] Ehrenfest 的大女儿 Tatiana。

[11] Abram F. Ioffe (1880—1960)。

[12] Dmitry S. Rozhdestvensky。

[13] 参阅文件 21。

[14] Aleksei N. Krylov (1863—1945);Melitina V. Kirpicheva (1887—1923);Anna B. Feringer;Petr L. Kapitsa (1894—1984)。

[15] 方括号内是原文内容。

[16] 1920 年 12 月底,Hendrik A. Lorentz 通知 Ehrenfest,说他要求从海牙警署警官那里为俄国 5 个同事办理荷兰入境签证(参阅 H. A. Lorentz 1920 年 12 月 29 日写给 Paul Ehrenfest 的信[NeLR])。

[17] 这句话放在一个括号里。关于爱因斯坦写给柏林警察总部的一封支持信,参阅年表和日程表 1921 年 1 月 25 日。

[18] 在原文此处,Ehrenfest 暗示他在该页上方添加了一个注释,并且用箭头标示"可是作为优秀教师——仅在个别谈话中思维跳跃而不清楚,因为他觉得把一切必要的都罗列出来未免显得太枯燥无味。"

[19] Harm (1893—1985),Menso Kamerlingh Onnes 的女儿 Jenneke (1894—?)和 Elisabeth Maria (1897—?) Kamerlingh Onnes。

[20] Niels Bohr 生病了(参阅 Ehrenfest 1921 年 3 月 28 日写给 Abram F. Ioffe 的信[*Ehrenfest and Ioffe 1990*,第 145 页]和 *Bohr 1923*,第 228 页。关于 Lorentz 的请求,参阅 H. A. Lorentz 1920 年 12 月 17 日写给 Paul Ehrenfest 的信[NeLR])。

[21] Adolf Busch。

# 31. George B. Jeffery 来信[1]

密德萨斯,哈罗,皮纳路 365 号,1921 年 1 月 23 日

亲爱的爱因斯坦教授:

我很高兴收到您友好的来信,也很高兴您如此友善地给我寄来了一份《相对性原理》的文本。[2]我和您同样满心希望,我们各国的科学工作者能恢复彼此间的友好关系。第一次世界大战期间,我作为和平主义者和"出于良心而拒服兵役者"被关进了监狱。现在,令我备受鼓舞的是,我发现德国也有坚持和平与友善的人士。[3]我可以很欣慰地说,英国的好战情绪也将很快而且不容置疑地成为过去。一方面花去自己一半的时间去竭力解释德国科学家的著作,同时又要相信德国及其所有的一切都十足邪恶且无可救药——这是我们不可能做到的。

关于那本《相对性原理》:您给我寄来的文本是 1915 年出版的,没有包含您后来对广义相对论的研究。那些论文当中有几篇被英国科学家广为传阅,并且有两本非常好的书——就是 Silberstein 和 Cunningham 讨论狭义相对论的著作。[4]我认为,不能把这本书视为对该理论在当今情况的介绍。然而还有一点我

不明白。想必您知道 E. T. Gumbel，[5]我在给他的信中提到了这本书，他说这本书里有很多关于广义相对论的内容。该书后来再版过吗？我曾问英国的书商们，但他们对此一无所知。[6]

也许您有兴趣听一听我对这个理论所做的研究。我的研究结果不久就会由伦敦皇家学会出版。[7]我一直在考虑引力场和电磁场的方程式并且发现，它们有一个严格解：[8]

$$\mathrm{d}s^2 = -\frac{1}{\gamma}\mathrm{d}r^2 - r^2\mathrm{d}\theta^2 - r^2\sin^2\theta\,\mathrm{d}\varphi^2 + \gamma c^2\mathrm{d}t^2$$

其中，

$$\gamma = 1 - \frac{2\kappa m}{c^2 r} + \frac{\kappa\varepsilon^2}{c^4 r^2}$$

其中 $\kappa$=引力常数，$c$=没有引力时的光速。$m$ 和 $\varepsilon$ 为积分常数，可以视为粒子的质量和电荷。我并不认为这仅仅是一个巧合，但是 $\gamma$ 则具有其无穷远值亦即 1，在只有一个电子的情况下，且当 $r$ 的数量级达到 $10^{-13}$ 时。

您可能还记得，在作为会议报告发表的您那些论文中的某一篇的结尾处，您曾说过，适用于引力的量子假说也适用于电磁现象。[9]在我看来，我们似乎忽视了辐射并且引入了量子假说，要说这两者等效，我觉得也不是不可能的：量子化轨道就是那些无辐射的轨道。而无辐射轨道就是那些符合我们的微分方程之周期解的轨道。上述思考使我能够处理一个电子的运动问题，比如说一个氢核场里的电子，这近似于忽略因电子的质量而引起的场干扰。由此就有了如下形式的轨道方程：

$$\left(\frac{\mathrm{d}u}{\mathrm{d}\varphi}\right)^2 = a_0 u^4 + a_1 u^3 + a_2 u^2 + a_3 u + a_4$$

当然了，这就使所有的轨道都具有了周期性，并且不产生辐射。不可能有一个更精确的解，它既考虑到处在 $g_{\mu\nu}$ 中的两个物体的质量效应，同时又导致一个不同的、仅有一些周期解的轨道方程。周期解所需的条件，可能表现为一个会产生"量子化轨道"的超越方程。

这些推断使我确信，我们接下来想要的，便是对于两个奇点——两个质点的场的方程 $G_{\mu\nu} = 0$ 的精确解。

致以亲切的问候。

您真诚的
G. B. Jeffery

ALS。[13 424]。

[1] Jeffery（1891—1957）是伦敦国王学院数学副教授。

[2] Jeffery 表示想和 W. Perrett 一起把爱因斯坦的相对论论文译成英语。作为回复,爱因斯坦给他寄去了一册 *Lorentz et al. 1920*,参阅爱因斯坦 1920 年 12 月 14 日写给 George B. Jeffery 的信[第十卷,文件 230]）。

[3] 第一次世界大战期间,英国约有 1.6 万人递交了"出于良心而拒服兵役"（conscientious objector）的申请。然而只有那些同时也拒绝执行其他可以替代兵役的勤务的人才受到迫害。大约有 5000 人被关进监狱（*Millman 2000*,第 194—195 页）。

[4] *Silberstein 1914* 和 *Cunningham 1914*。

[5] Emil J. Gumbel（1891—1966）是新祖国同盟的政治顾问委员会成员（参阅 *Brenner 2001*,第 4、第 29—42 以及第 61 页）。

[6] 1920 年出版的该书第三版（*Lorentz et al. 1920*）,增加了爱因斯坦关于广义相对论的如下论文: *Einstein 1911h*、*1916e*、*1916o*、*1917b*,以及 *1919a*（分别是第三卷,文件 13;第六卷,文件 30、41 以及 43;第七卷,文件 17）。

[7] *Jeffery 1921*。

[8] 关于一个带电粒子的场的度规以前是 Gunnar Nordström 发表的（*Nordström 1918*）。Jeffery 在他那篇发表的论文里表明,他得到这个度规时并不知道 Nordström 的论文。

[9] *Einstein 1916g*,第 696 页（第六卷,文件 32）。爱因斯坦在这篇论文末尾的评论好像是:"量子理论不仅必将修改 Maxwell 的电动力学,而且也必将修改新的引力理论"（第 356 页）;爱因斯坦的这些评论被 *Jeffery 1921* 援引,第 130 页,并在 *Einstein 1918a* 里被再次提及,第 164 页（第七卷,文件 1）。

## 32. Paul Zacharias 来信

纽伦堡,1921 年 1 月 23 日

亲爱的教授:

我预感到的那种攻击真的发生了。[1]随信附上我收到的这首诗,可以为您提供证据,希望您看完之后寄还给我。此外,与您本人相关的 Lehmann-Rüssbuldt 事件将会作为一个热闹的话题,在这里 7 时召开的会议上进行辩论。辩论会上,我解释说我已经写信给您,至于您对此事的任何态度,需要等待您的回复。[2]

当您写信说协约国无需通过 L.-R. 先生的揭示也知道军事装备掌握在未授权的私人手里,[3]有人因而会说这些揭示至少非常多余。不考虑这一点,在该国的敌人是通过自己的情报站和心理卑劣的告密者搜集到情报,还是通过 L. 先生作为他的新祖国同盟秘书长[4]的能耐提供了服务,这两者之间存在巨大的差异;关于他们的价值,人们可以保持不同的观点。

我认为,应该完全禁止没有官方委托的任何人从国外寻求这些事情的观点。首先,媒体应该对那样的采访彻底保持沉默,以切断那些发言人的成名之路。那么这样的事情将会马上停止。因为经验告诉我们,如果他们所做的不可能娱乐和惹恼更多的听众,也不可能给人感觉他们是在执行一件重要任务的话,他们的魅力通常就会立刻消失。

非常感谢你的善言,感谢您的夸奖,也转告我妻子对您和您的家人的问候。

您最真诚的

Zacharias 博士

TLS. [45 296]。回信地址打印在称呼之上:"Frauenarzt Dr. Zacharias 纽伦堡"。

[1] 关于 Zacharias 的预言,参阅文件 10。1 月 9 日,在对 Le Matin 出版的 Lehmann-Russbüldt 声明的反应里,激进派右翼分子、德国新闻记者 Rudolf Lebius 要求刺杀爱因斯坦和新祖国同盟的其他成员,谴责他们应该对 200 多万死去的德国同胞负责,指控他们扮演了法国特务的角色(参阅《公民报》[Staatsbürger-Zeitung],1921 年 1 月 9 日)。

一位律师率先起来指责 Lebius,说他是在散布诽谤的谣言,参阅 Halpert 1921 年 1 月 31 日写给 Otto Lehmann-Russbüldt 的信(年表和日程表)。又据《纽约时报》的报道,4 月,Lebius,这位"反犹太领袖(被指控)蓄谋暗杀阿耳伯特·爱因斯坦教授,当时爱因斯坦正在美国发表演讲",并且最后被罚款 16 美元或 1000 马克(参阅《纽约时报》1921 年 4 月 8 日和 Lehmann-Russbüldt 1922,第 4 页)。

[2] Zacharias 在会议前一天给爱因斯坦写了信(参阅文件 10)。

[3] 参阅文件 23。

[4] 指的是法语里一个讽刺表达,是对新祖国同盟里 Lehmann-Russbüldt 的成员资格的一个双关语。

## 33. 致 Nikolai M. Fedorovsky [1]

[柏林,1921 年 1 月 27 日之前]

(译自俄文的译文)[2]

我从朋友那里了解到[3],我们的俄国朋友甚至在艰苦的条件下都做了深入的科学工作。

我坚信,所有生活在更好环境中的科学家应该去努力帮助他们的俄国同事,应该竭尽全力去恢复国际科学的关系,这是他们愉快而神圣的责任。

我会热情欢迎俄国朋友们,并答应尽我所能建立和巩固这里和俄国的科学家们之间的关系。

A. 爱因斯坦

PL. Izvestiya,1921 年 1 月 27 日。Uspekhi fizicheskikh nauk 113 中的再版文本(1974):第 14 页。

[1] Fedorovsky(1886—1956)是莫斯科矿业科学院矿物学教授,最高国家经济委员会科学工程分部的部长,柏林外国科学技术局的组织者。这个局是为苏联科学技术的发展提供德国科学仪器和文献。爱

因斯坦显然按照 Fedorovsky 的请求起草了这份申明(Frenkel 1976)。

[2] 出自 *Soviet Physics Uspekhi* 17 (1974—1975)：第 296 页，稍有改动。

[3] 俄文版本里使用的"tovarishch"(同志)一词，可能既表示同志，又表示朋友。爱因斯坦可能使用了"同志"(Genoss)一词。

## 34. 致 Edouard Guillaume

[柏林,]1921 年 1 月 27 日

亲爱的 Guillaume：

当您在您 1 月 12 日的阐述中引入变量 $t$ 的时候，我就难以理解了。[1] 您写的是

$$\frac{\mathrm{d}x_1}{\mathrm{d}\tau_1}=\frac{\mathrm{d}x_1}{\mathrm{d}t}\frac{\mathrm{d}t}{\mathrm{d}\tau_1}$$

这个变量 $t$ 不应只关涉到一个特定的世界线，而且也应有其普遍的意义。因此 $t=c.$ 是一条处在 $x_1,\tau_1$ 平面上的线，$t$ 是一个参数(无关乎所考虑到的世界线)。可这时的商 $\frac{\mathrm{d}t}{\mathrm{d}\tau_1}$ 在 $P$ 点对于所考虑的世界线而言，却有一个特定的值。要是我从 $P$ 点引出第二条世界线(Ⅱ)，则对于这个商 $\frac{\mathrm{d}t}{\mathrm{d}\tau_1}$ 就会产生一个不同于第一条世界线的值。

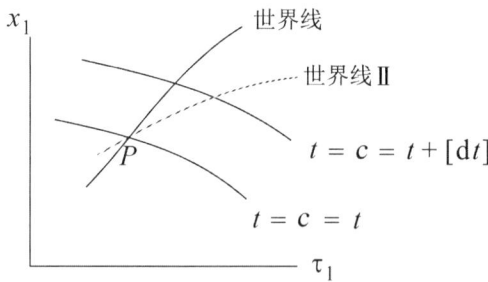

此时您设 $\frac{\mathrm{d}t}{\mathrm{d}\tau_1}=\frac{c_0}{c_1}$。可是在这个方程里面，根据以上论述，因为 $\frac{c_0}{c_1}=\frac{\mathrm{d}t}{\mathrm{d}\tau_1}$ 对于 $P$ 并非确定的量，故 $c_0$ 和 $c_1$ 两者不仅仅取决于位置，而且取决于从 $P$ 引出的世界线的方向。

所以说，您那些思考不具有任何清晰的意义；您必定会认可我的说法，如果您能不带情绪地想一想。我不会再写信给您了，以免影响您对这个要点的思索。

在您对此要点获得完全清晰的认识之前,我们继续通信将是毫无目的的。[2]

致以最衷心的问候。

您的<br>A. 爱因斯坦

ALS (Charles-Edouard Guillaume, Neuchatel)。*Genovesi 2000*,第 112 页。[11 552.1]。

[1] Guillaume 前一封信上的日期其实是 1 月 24 日(参阅年表和日程表)。

[2] 关于 Guillaume 的回复,参阅年表和日程表 1921 年 2 月 3 日条。

## 35. 致 Walter Hasenclever

[柏林,] 1921 年 1 月 27 日

亲爱的 Hasenclever 先生:

由于不相信我还能说出什么新颖的话,对于您所谈的那个话题还能发表什么有价值的东西,故此,我随信附上那个警句,[1]向您表示我的好意。要不是我的墨水太黏稠了,我会多写几句,以满足您在那封友善的信里表达的愿望。

致以最崇高的敬意。

Dft 为 Ilse Einstein 的手笔[43 860]。写在文件 26 的背面。

[1] 在回复文件 26 时,爱因斯坦寄出了 *Einstein 1921a* (第七卷,文件 51),关于艺术与科学之亲密关系,爱因斯坦总结为一句话,即"因爱而献身于超脱个人、远离欲望的事物。"

## 36. Felix Ehrenhaft 来信

维也纳 9 区,玻尔兹曼街 5 号,1921 年 1 月 28 日

亲爱的爱因斯坦先生:

首先请原谅我没有亲笔写信给您,因为您几乎很难从我潦草的手迹里感受到一点快乐。读到您的信我很高兴,为此也衷心地谢谢您。同时也向您转达我妻子对您和蔼可亲的妻子的感谢。过几天后,我妻子一有空就会亲自给您的妻子写信。[1]

我很抱歉您在德累斯顿遭遇的小遗憾。[2]但我不能免除您所有的内疚;正如

我看见的,您也已经发现了这件事情的幽默之处;这完全是一件机遇巧合的事,董事长 Lederer[3] 亲自促成您注意到贝勒维大酒店。不管怎样,您现在已经安全到达柏林,这才是最重要的事。

我和妻子都非常开心,您中途在维也纳也感到很舒适。我们也特别感谢您美好的拜访。[4] 这只是一个小小的开始,我们肯定可以依靠我们的一致,这种合作的考虑最终不会像碘酒一样挥发。而且关于这一点,我的妻子会写信给您夫人做详细的说明。

现在向您报告一些消息:①我打电话给 Hartmann,[5] 说您很抱歉因命运的捉弄没能与他谈话;他告诉我,他将于 2 月 20 日左右去柏林,并利用这个机会去拜访您。②在化学-物理学会接下来的(或最后一次)会议上,Wegscheider[6] 向董事长 Lederer 表达了衷心的感谢,因为他的努力,化学-物理学会才能荣幸而愉快地邀请您来发表演讲。假如不是事先已有的那件事情,您已经在维也纳深得人心了。③关于工人的报纸一事,已经由您向我问及的那个人处理好了,正如我从 Adler 得到的情况一样;[7] 然而这里还是需要小心。还有一件小事情,也就是,我必须引导那个年轻人不偏离正确而合适的轨道。这一次应该很容易办到,因为甚至 Jäger[8] 也对我承认现在正是进行干预的好时机。请对此事保密。

不幸的是,随信附上的 Beck 博士从芝加哥寄来的这封信晚了一周才到,因此您在维也纳时我不能亲自把他的信交给您,若是那样,我们就可以更直接更详细地谈论这件事了。[9] Beck 寄给我那封他写给您的信的复印件。因此,如果我可以让自己跟您讨论这件事的话,Beck 也鼓励我这么做,那么我认为 Beck 博士提供的帮助不应该被撇在一边;因为他会为您做最好的打算。他不只对这里的情况非常了解,而且对美国的情况也很了解,这是非常有价值的了解。当您与您的美国管理人和发言人打交道时,身边有这么一位无论在哪方面都那么无私而又完全值得信赖的人,这对您来说也是非常好的。Beck 博士本人以前是布拉格物理学家 Mach 的学生,现在是美国最大一家诊所的董事会成员和拥有者,这是我的姐夫 Arthur Steindler 医生[10]告诉我的,他是美国艾奥瓦州立大学的外科学教授。另外,我本人也认识 Beck,他来维也纳时拜访过我,我们两个起初都不知道,我姐夫回美国后成了他的助手。Beck 博士在信中所说的完全可信。我在上面标明了我姐夫的地址;我已亲自跟您说过,我姐夫将在今年夏初来欧洲,因此,如果您觉得合适的话,可以跟我姐夫私下里面谈一次。他秋季再回美国。

不要认为您在打扰我,无论在哪里,只要我可以,我都愿意站在您那一边,只要您希望我能够帮助您。因为其一,我的亲身经历告诉我,在国外时,身边能有一个完全值得信赖的人会是多么重要多么方便的事情。其二,作为一个一流的环球旅行者,您已经用您在德累斯顿那次有趣的小经历表明了您的价值。因此,您的朋友——我希望我可以数出其中几个来——很想让您的旅行尽可能的舒适。此外,我认为您其实可以毫无保留地告诉 Beck 博士,只要您认为必要的话;因为他除了在所有其他方面做得很好以外,还是一个聪明的商人,他肯定能够给你提供许多良好的建议。Beck 的德语表达很好。无论如何,我请您回复 Beck 博士,并且一直与我保持联系。

我也打算做那个被寻求的蒸发硒改进实验,然后就实验的结果向您做简短的汇报。[11] 关于研究院这里丰富的资源可以提供的这些微小粒子和任何其他东西,您或许会想到点什么,或许您的想法可以帮助我实现这个目的。如果是这样的话,我会非常开心,也因此非常感谢您。

请代我向您亲切而和蔼的妻子致以最诚挚的问候,尽管我还不太熟悉她;也请接受我对您最诚挚的问候。

Ehrenhaft

我的妻子也向您和您的妻子表示友好的问候。

随信附上 Beck 博士的一封信和两本选刊,其中一本是那次已经被提到的具有历史意义的谈话。

在此寄给您一张 Beck 博士的照片,这是他最近寄给我的。人们有时候能从某个人的面部特征发现许多东西。

在您读到的这封信里,Beck 写的姓名地址与我们讨论的同样令人困惑:还是分不清 Ehren*fest* 和 Ehren*haft*。

TLS。[10 371]。信头写的寄信人及其地址是:"F. Ehrenhaft 教授博士,K. K.大学维也纳物理研究所"。最后两段和稍有修订的地方为 Ehrenhaft 的手笔。

[1] Olga Ehrenhaft-Steindler;Elsa Einstein。

[2] 在德累斯顿,爱因斯坦刚刚为德累斯顿理工大学的全体师生发表了一次演讲(参阅文件 24)。

[3] Eugen Lederer(1884—1947)是西屋电气公司(Westinghouse)的董事长,也是维也纳化学-物理学会会长。

[4] 在维也纳期间,爱因斯坦和 Ehrenhaft 一家人住在一起(参阅文件 24)。

[5] 可能是 Ludo Moritz Hartmann(1865—1924),维也纳大学历史学教授,驻柏林的奥地利大使,卷入与 Ehrenhaft 争夺维也纳大学物理学教授席位一事(参阅爱因斯坦 1920 年 4 月 2 日写给 Ludo Moritz Hartmann 的信[第九卷,文件 365])。

[6] Rudolf Wegscheider(1859—1935)是维也纳大学化学教授和奥地利化学家协会会长。

[7]《工人报》(*the Arbeiter-Zeitung*)是奥地利社会民主党的喉舌;Friedrich Adler(1879—1960)任该报秘书。

[8] 可能是 Gustav Jäger(1865—1938),他是维也纳大学物理学教授。

[9] Carl Beck(1864—1952)是伊利诺伊大学外科学教授,是圣安东尼医院和北芝加哥医院的共同创建者。关于他的信,参阅 Carl Beck 1920 年 12 月 2 日写给爱因斯坦的信(第十卷,文件 248)。

[10] Steindler(1878—1959)。

[11] 显然,爱因斯坦建议 Ehrenhaft 在进一步的实验里使用一种新物质,一种变异的硒。早些时候(参阅 Ehrenhaft 1920),Ehrenhaft 曾在一种氩气里蒸发硒粉。从镭元素 A 到镭元素 D 的衰变产物在硒上陡降。当置于最初使浓缩粒子呈漂浮状态的电场里,因 α 粒子从其放射性涂层的发射而产生的电荷的改变使得这些粒子处于运动状态。为了使这些粒子保持漂浮状态,就需要电场强度的补偿,这种场变化被用来计算粒子电荷的改变。

## 37. 致 Max Born[1]

[柏林,]1921 年 1 月 31 日

亲爱的 Born:

今天写信给您是想慎重其事与您捐弃前嫌。我为自己妻子的缘故与您的妻子争论,主要是因为她给我的妻子写了一封很无礼的信。[2] 然而现在时过境迁,如果像我们这样亲密的好朋友因这样的琐事而彼此生疏、失去联系,这并不是什么好事。Moszkowski 那不恰当的大作问世以来依旧无声无息;地球至今也没有震动一下,我也没有读过它。[3] 我不知道 Boguslavsky 怎么办,尽管我对他深感抱歉;[4] 他关于辐射理论的言论有些奇怪。其错误的根源似乎在于局部反射墙所能达到的效果。[5] 最近我想到的都是一些小事。然而其中最好的一件事情是关于辐射场的实验观测。[6] 辐射的统计规律对辐射里是否真实存在 Maxwell 的场提出了质疑。强大的热辐射中平均场强度的数量级是为 100V/cm;存在这样场的任何地方都必然产生发射和吸收原子的 Stark 效应,该效应又刚好还在可察觉的范围内。然而,如果根据辐射统计规律,场影响的另一种分布占优的话,那么这种效应必然产生在几个分子上,而且对这些分子的影响非常强,因此在一条非常清晰的谱线旁边可以发现非常微弱而弥散的效应。我想同 Pringsheim 测试这个问题;[7] 阅读 Byk 在《物理杂志》[8] 上发表的一篇关于对应态和量子定律的小论文是一件很棒的事情。你的相对论著作[9] 使许多人都能理解这个话题,比如外交部一半以上的人都应该能够理解了(因此它现在不会错过目标)。你不应该因为现在的政治局势而悲观沮丧。[10] 大笔的赔偿数字和威胁只是可爱的法国公众们的道德饲料,目的是使这个局势看起来更加乐观。这些条件越不可能,就越能肯定这些条件不会实现。[11]

希望你们身体健康。问候你的妻子。

爱因斯坦

ALSX。*Einstein and Born 1969*，第 78—79。[8 158]。

[1] Born(1882—1970)是法兰克福大学的理论物理学教授。

[2] Hedwig Born(1882—1972)在写给 Elsa Einstein 的一封"非常直白的"信中这样写道，爱因斯坦声称在他成名之后，他的妻子变成了"自大狂"。Elsa 非常喜欢听奉承话，这混淆了她的判断，她本不应该容许 Alexander Moszkowski 接近爱因斯坦(Hedwig Born 1920 年 11 月 18 日写给 Elsa Einstein 的信[65 850])。关于爱因斯坦对 Hedwig Born 来信的看法，参阅他 1920 年 11 月 26 日写给 Paul Ehrenfest 的信(第十卷，文件 209)；关于 Moszkowski，参阅文件 28。

在这个文件的开头，爱因斯坦用很正式的"您"称呼 Born。他们在 1919 年都是用很随便的"你"称呼彼此。这是爱因斯坦第一次用"您"称呼 Born(参阅爱因斯坦 1919 年 11 月 9 日前写给 Max Born 的信[第九卷，文件 162])。Born 后来责备说"这是我前面那封信的傲慢语气的"旧病复发"；参阅 *Einstein and Born 1969*，第 77 页。这封信指的是 Max Born 1920 年 10 月 28 日写给爱因斯坦的信(第十卷，文件 185)。

[3] *Moszkowski 1921*。Born 夫妇试图说服爱因斯坦，请他阻止 Moszkowski 著作的出版(参阅 Hedwig Born 1920 年 10 月 7 日写给爱因斯坦的信；Max Born 1920 年 10 月 28 日写给爱因斯坦的信[第十卷，文件 166 和 185])。

[4] Sergei A. Boguslavsky(1883—1923)是萨拉托夫大学(University of Saratov)物理学教授。出生于贵族家庭，体弱多病，他希望被邀请去德国发表演讲，摆脱他在革命后时期苏联所面对的艰难(参阅 *Einstein and Born 2005*，第 43 页)。Born 在 1920 年 12 月 8 日的信中寻求爱因斯坦的帮助(第十卷，文件 224)。

[5] Boguslavsky 认为通过使用一个活塞封闭包含黑体辐射的空腔来构建第二类永动机；这个活塞可以反射一个特定频率间隔的辐射，但对所有其他频率都是可以渗透的(参阅他的信，载 *Einstein and Born 2005*，第 45—47 页)。

[6] 关于这个题目，也可参阅文件 30。关于 Born 后来的评论，包括他怀疑这些实验可能没有做出来，参阅 *Einstein and Born 2005*，第 49 页。

[7] Peter Pringsheim。

[8] *Byk 1921a*。

[9] *Born 1920*。

[10] 关于 Born 对政治局势的感慨，参阅他 1920 年 12 月 8 日写给爱因斯坦的信(第十卷，文件 224)。

[11] 协约国在巴黎和会上提出的惩罚性措施包括：占领鲁尔区、扩大莱茵河占领区，以及废除德国在国际联盟中的席位(《柏林日报》[*Berliner Tageblatt*,]1921 年 1 月 30 日，晨间版)。在他们 1921 年 1 月的巴黎协定里，协约国要求德国赔款 2260 亿金马克，以分期付款的方式，42 年付清(*Mommsen 1996*，第 112 页)，几个月后，赔款数目减去了一半(*Feldman 1997*，第 328—329 页)。

# 38. 致 Evelyn N. Wagner[1]

柏林，1921 年 1 月 31 日

亲爱的夫人：

抱歉我不能说服自己答应您善意的邀请。[2] 不是因为缺乏时间，而是因为如下原因：首先，我的观点和判断最近得到极大的关注，因此我想回避在我不能胜任的领域里公开发表观点；其二，由于我坚持和平主义的观点和政治态度，使我的行为广受诟病，[3] 这是无可辩驳的事实，尤其是在德国。在德国当前的艰难局势下，这样的敌意只会愈演愈烈。因此，鉴于这样的情形，对我的观点很可能产生许多误解，而这些误解势必造成更多的伤害。

  致以崇高的敬意。

TLC。[45 193]。

  [1] Wagner 是伦敦《观察家报》的驻柏林记者。

  [2] 早在两天前，Wagner 邀请爱因斯坦为《观察家报》做一个采访（参阅年表和日程表 1921 年 1 月 29 日）。

  [3] 关于最近爱因斯坦面对的威胁，参阅文件 32。

## 39. 致 Axel Frey Samsioe[1]

[柏林，1921 年 2 月 4 日之后]

  ⟨如果站在 Lorentz 理论的角度，或许可以这样回答您的问题：[2] Fokault 的实验表明地球自转是否定以太说的。也可以从广义相对论的立场坚持这一表述。⟩

  根据广义相对论我们不得考虑到，相对于地球的惯性总质量而言，Foucault 摆本身是不旋转的。可是这一相互影响不可以解释为远距离作用。质量决定着空间中 $g_{in}$ 的度规场，而该场又决定着 Foucault 摆的质量的惯性行为。[3]

  顺致崇高敬意。

A.E.

AdftS。[25 247]。写在 Samsioe 1921 年 2 月 4 日的来信背面（年表和日程表）。

  [1] Samsioe（1890—1972）是瑞典的土木工程师。

  [2] 关于 Samsioe 的问题，参阅年表和日程表 1921 年 2 月 4 日。

  [3] 关于逐渐被称为马赫原理的另一个版本，参阅 *Einstein 1920j*，第 12 页（第七卷，文件 38，第 317 页）。

## 40. Lili Halpern-Neuda 来信[1]

维也纳Ⅲ区，黑格尔街 10 号 [1921 年 2 月 5 日之前][2]

十分尊敬的教授：

我已经被告知，我这封写给当今最著名、最伟大之人物的信不会得到回复。然而我相信事实未必如此，相反，我还知道您会更好地回复我。我非常清楚您就是这样一个人，您不可能不回我的信。从心理学的角度来讲，（您）不可能那样做。您会回复我的信，不是因为给您写这封信的人是我，一个在末尾签名"维也纳团体的年轻女士"；而是因为人的灵魂。与我一样，正是这个灵魂，它以人类最重要并带着可怕感情，事实上又是唯一的问题紧紧跟随您，以内心的痛苦带给您的那种能量紧紧跟随您，就好像世人跟随上帝一样，如果对于我们这些可怜而不幸的人儿，上帝是可见的话！我们不得不在这世上孤独而无助地生活，同时又不能向上帝求问这宇宙痛苦的奥秘，所以我就只有求助人类最伟大的那一位，我只能求助他。

　　教授，我是一个深感困惑的生灵。我拽住您的双手请问您：您有信仰吗？您相信灵魂存在吗？您相信今生之后会有更高级的个体存在吗？您相信"精神建构身体"吗？您相信最重要的至高存在就是灵魂的这种进步，人类的这种拯救吗？您确定存在自然力主体或流体那样的理论吗（它现在好像已经超越了理论）？这种流体充满整个肉体和骨骼，是那些能从一种恍惚状态里提取出来的精神力量活动的场所。[3]对于这些问题，其充满热情而最根本的回答是"肯定的"，然而真理寻求者只会受到这个引诱吗？尊敬的教授，您对人类思想中这些错误的钻研比我们其他所有人都更深刻，您已经揭示了情感和所谓健康的常识在我们面前所设置的陷阱。您的思想会使您得出哪些必要的结论呢？

　　根据您的观点，"一切都是物理学的"这句话可以理解吗？正如魔王墨菲斯托似的唯物论者的信条所陈明的那样。我相信，外部事物肯定会按照物理学的规律发生，还有许多外部事物我们尚且不知；然而我相信，任何物理学规律的背后都存在——一种形而上学！哦！这个"我相信"——然而仍然那么危险！

　　经过几小时令人窒息的恐惧，我已经感到了存在的绝望。尊敬的教授，这是一种您可以从"影子公民的绳索"（The Rope of the Phantom Citizen）那里感受得到的绝望，倘若您能慷慨大方地去读读这首诗的话。[4]既然唯有艺术才能"滴水不漏地传达灵魂的讯息"——对我来说这也是最能深刻地吸引我的地方，也特别是与您相关的地方——因此，请恕我大胆附上我的几首小诗，它们或许可以带给您一个遥远灵魂痛苦的潮汐。

十分崇拜您的<br>Lili Halpern-Neuda

ALS。[43 837]。

　　[1] Lili Neuda(1882—1940?)嫁给了一个出生于维也纳的诗人 Abraham Halpern。

[2] 这封信的日期依据的是，文件 41 是对它的回复。

[3] 1844 年，Karl Freiherr von Reichenbach，一个非常富有的煤炭和石油企业家，揭示了一种特别的新能源形式的存在。这种能源是所有的人类发出的，只有感觉特别灵敏的人才能发现，他把这种新能源叫作 Od(*Meyers Konversationslexikon 1892*，第 321 页)。奥地利的内科医生 Franz Anton Mesmer 引进动物磁力概念"fluidum"来描绘一种液体。这种液体跟随磁场并渗透到自然当中。通过各种伪装，这一概念演变为唯心论、招魂术、催眠术，以及其他心理解释和治疗体系。在 *Moszkowski 1921*（第 120—123 页）中，爱因斯坦的话在超心理学、催眠术以及隐秘力量方面得到广泛的引用；他否定媒介中如此"个人的"知识的可能性，反而把报道的那些"无法解释的"现象，比如交鬼，看作是与一些观众合谋玩的"纯粹的小骗局"和"小把戏"，看作是一些混乱的思维过程。

[4] 可以提供这首诗的一个两页的 TD 带有手写体修改意见[43 841]。

## 41. 致 Lili Halpern-Neuda

柏林，1921 年 2 月 5 日

尊敬的女士：

您没有找对人。[1] 只有放弃您所提的那些问题的那个人才会变成精密科学领域里的一位研究者。毫无疑问，物理学和因果论无法完全解释我们多姿多彩的经验。就好像政治经济学无法穷尽人类的整个关系链一样。没有一种形式体系可以完全涵盖现实，它只能从一个方面描绘现实。自然科学只处理物理事件和只是与物理事件相关联的精神事件。这种联系是否完全，我们尚且不知。但根据我们在此起支配作用的不完全的关系经历，我还是相信这一点。我们没有理由相信存在独立于物理现实的精神层面；我觉得这样的信仰很丑陋，配不上一个强大的人，因为它表示自愿回避科学的理解。

我们这个时代的神秘趋向，尤其表现在所谓的通神学和招魂术的泛滥之中，这对我来说就是软弱和神志不清的症状。因为我们的精神体验包含感官印象的再生和联合，没有身体的灵魂这一概念对我来说似乎空洞而毫无意义。让我们为有机生命通过死亡和繁殖分裂成一个个个体而感到高兴吧。

致以最崇高的敬意！

TLC. [43 847]。文件 40 背面最后两句有爱因斯坦和 Ilse Einstein 笔迹的 ADft [43 838] 也可以获得。

[1] 文件 40。

## 42. Paul Ehrenfest 来信

［莱顿，］1921年2月8日

亲爱的爱因斯坦：

请把这点小垃圾寄给《物理学杂志》(*Zeitschrift für Physik*)，(假如足够体面的话)德国物理学会的一个前成员能够在那里发表东西的话。——

要不就寄给《物理杂志》(*Physikal. Zeitschrift*)或《年鉴》(*the Annalen*)(后者的发表过程好像都很慢？)[1]，如果你觉得合适的话。原谅我为这个麻烦你(我的用意绝不是要你看一遍这肮脏的东西！)[2]

我们还是老样子；我的妻儿都还健康。Galinka 最近用颜料和墨汁做的东西非常漂亮，但现在她专心油画，她的油画里展现的一切都是那么美好，那梦幻般的情绪是多么的微妙。[3] 她真是一个了不起的小精灵。也许只有通过她我的存在才是合法的。

Van Aardenne 昨天从达沃斯回来了，身上晒得跟牛皮一样黑，看起来非常健壮[4]。Onneses 一家现在在拉帕洛；[5] Harmy 应该 3 月初去了爪哇岛[6]。——

我们现在又安顿下来了，住在一栋新房子里，还有阅览室，成本高得可怕。我在这里有一间非常舒服的办公室——因此坐在办公室里，我整天都可以不受干扰。——虽然有些奢侈，但你也会喜欢这里的。我只是有些担心，我在想要不要允许你(只此一例！)在我的小楼里抽雪茄——让我们等等看吧。

我很想知道我能否得到一张护照。他们激起了我的希望——否则你们都去布鲁塞尔，我却像一个"受惩罚"的小孩子，不得不躲在莱顿；[7] 那会使我感到难以形容的沮丧。——但无论怎样我都希望你们以后到这里来。——如果你喜欢，可以来做一些讲座，只让那些已经学过两三年的学生才能跟得上。——所有细节问题我们以后再解决吧。如果你愿意谈谈你那还不太知名的，仍然有些零碎的非相对论方面的研究(或想法)，我会感到非常高兴。但你是完全自由的。那时人们会从乌得勒支来，从阿姆斯特丹来，还有从代尔夫特来。

问候你们大家，不要把我们都忘光了。

你的
P. Ehrenfest

你的身体现在怎样？[8]

我绞尽脑汁在思考 Bohr 原子的一个半经验色散理论——但还是百思不得

其解。

我们还需再次考虑你的荷兰签证吗？抑或这次的签证自动生成？

ALS。[9 543]。附言写在这封信的两页纸的边缘。

[1] *Ehrenfest 1921* 于 1921 年 2 月 12 日被《物理学杂志》(*Zeitschrift für Physik*)接受。

[2] 沿这句话的左边缘，Ehrenfest 用了两条垂线和一个问号。

[3] Ehrenfest 的小女儿 Anna (Galinka) Ehrenfest (1910—1970)。

[4] Gijsbert W. van Aardenne。

[5] 可能是指 Heike Kamerlingh Onnes 的弟弟 Menso Kamerlingh Onnes (1869—1925) 及其家人。

[6] Harm Kamerlingh Onnes 是 Heike Kamerlingh Onnes 的侄儿。

[7] 第三届索尔维物理学大会于 4 月 1—6 日在布鲁塞尔举行，Ehrenfest 担心护照问题，因为他还不是一个荷兰公民。

[8] 在文件 27 里，爱因斯坦抱怨自己得了肠炎。

# 43. Max M. Warburg 来信[1]

汉堡，1921 年 2 月 8 日

亲爱的教授：

我想在此告诉您，我从我弟弟 Paul[2] 那里收到一封电报。他简要告诉我，您希望[3]的那些安排当中，有一样安排暂时不可能完成。关于这一点，他当然以后会写信详细告诉我。但我只想让您马上知道电报的内容。

谨致问候，也[4]问候您尊贵的夫人。

您最忠心的
Max M. Warburg

TLS。[36 250]。信头上写的是"M. M. Warburg 公司，汉堡 1"，收信人及其地址是"阿耳伯特·爱因斯坦教授博士先生，柏林 西 30 区．哈伯兰街 5 号"。

[1] Max Moritz Warburg(1867—1946)是 Warburg 汉堡银行的共同所有人，也是德国帝国银行中央委员会的成员。

[2] Paul Moritz Warburg (1868—1932)，美国银行家，顾问委员会的成员，是国际承兑银行的创建者，创立这家银行的目的是重建德国。关于 Warburg 两兄弟之间关系的详细情形，请参阅 *Chernow 1993*。

[3] 早在两个月前，爱因斯坦就通知 Warburg，如果他被邀请去普林斯顿大学和威斯康星大学，在 1921 年 10 月到 1922 年 3 月期间做一系列讲座的话，他要求这两所大学各自付给他 15000 美元的报酬 (参阅爱因斯坦 1920 年 12 月 8 日写给 Max M. Warburg 的信[第十卷，文件 223])。

[4] 这个词以后的内容，文本为 Warburg 的手笔。

## 44. Friedrich Carl von Simmens 来信[1]

柏林 西北6区，希弗鲍尔大道15号，1921年2月10日

非常尊敬的教授：

请容许我对 Alexander Moszkowski 最近那本有趣的《爱因斯坦：探索他的思想世界》(*Einstein, Insights into His World of Ideas*)里对我的《煤炭时代》(*Im Zeitalter der Kohle*)[2]一文的批评保持一个立场。如果这样做只为捍卫我个人的观点，我就不会写这些话了，而是尊重 Moszkowski 在他那本书的序言里高举在您头上的那块盾牌，[3]尽管我怀着特别不希望被您不公正地判断这个可以理解的愿望。然而我写这些话是因为一个更严肃的理由，我想消除我对煤的指导原则可能引起的任何误解。具体地说，对煤做一个正确而可能长远的评估，对现在和将来的德国的经济活动来说都具有很大的必要性，因此，任何削弱这一评估的意义的做法都只会伤害我们的祖国。

从这个意义上讲，我这篇关于煤的文章也是一篇带有一个目的的论文，我认为我对此已经给出了充分的表达，参照我不得不做的一些抽象归纳。此外，我冒昧附上我这篇文章的单行本，为了帮助您理解我的论点。

在我看来，您之所以对我的观点提出批评，是因为您是从全球的角度去理解煤问题，这一点您跟 Moszkowski 的理解相同。然而我的论证是想以此影响经济政策；具体地说，影响煤对德国社会机体的作用问题。这也可以解释为何您同意我的假设——这些假设是全球的——却不同意我的结论，这些结论具体来说与德国相关。

第一个前提是，太阳能是我们可以支配的唯一的能源，不考虑是何种形式的太阳能，因此人类劳动总是太阳能的唯一开发者，受制于一定程度的效率。第二个前提只适用于德国；这个前提是，过多的人口、短缺的日照、贫瘠的土地及其居民的高预期寿命，使得煤形式的太阳能胜过其他所有形式的太阳能，因此认为煤是当前德国唯一的能量来源不会犯太大的错误。

后面这个前提可能是错误的。我想努力在那篇随信附上的文章里证明它。但无论如何，它多少也包含一些合理性。为了简单起见，如果人们假设它是正确的，那么我认为必然引起的结果是人类劳动依靠煤，而不是相反。[4]如果我举起我的手臂，仅仅的可能是因为以前某时某地燃烧了一定量的煤，这燃烧的煤产生的能量比我现在举起的手臂里包含的能量更多。我再次强调，这个断言只有在

这个时候才是正确的。在人类发展史上，在煤还不能被开采和利用之前，必然存在来自日照的人类能量，有了煤之后人们才可以忽略日照，因为德国的人口大量增长，煤作为能源的范围扩大，现在它像气体一样，充满了可用的空间。

如果您也赞同第二个前提，这个只适用于德国的前提，那么暂时的，尽管不是现在，人类能量肯定是可以作为主要能量来分配的；然而这时德国可消耗的功量取决于煤。因此对我来说，您的观点好像站不住脚，如果可能从 1kg 煤里提取更高的效益，那么节约的劳动力就与提取设备里剩余的一样多。[5] 我宁愿这个是真的，如果煤产量的效益得到改善的话。然而改善煤的效益涉及所有工作程序，直至形成最终产品，因此节约了更多的人力。如果德国有 6000 万人，其中 60 万是煤矿工人，那么采煤技术改善 10% 就可以节约 6 万煤矿工人，德国就会拥有现存的能量储备可用。然而如果煤的效益上升 10%，德国可供自己支配的能量就会增加 10%，因此，假如生活方式保持不变的话，就可以多支撑 600 万人的生活，相当于找到了 6 万多采煤工人，大致相当于 200 万有效的工人可以退休，如果此时人口的数量和生活方式都保持不变的话。这是一个天壤之别，煤的普用性从这一差别中再次显现出来。

现在来谈谈您的另一个反对意见，也就是说，您认为最初的 6000 万居民不必是受益的，如果增加能源数量可以容许再增加 600 万人口。对于这个估计，我完全站在您的立场，我也认为最大值不等于最佳值。[6] 这就是为什么我也说，任何野心勃勃的民族都不可避免地想要繁衍壮大，想要延长寿命，这是显而易见的事实。事实上，我在这个法则里没有看到任何的例外，至少这在生活在温带地区的白种人当中是如此。尽管如此，值得安慰的是，这是两大罪恶中最小的一条。因为每一项技术进步都相当于一种能量扩大，因此这相应地会滋生退休人员或扩大的物质主义，如果人口增长不是作为一种新的雇佣动机的话。然而公共教育还没有走到那么远，足以把有意识地节约的 200 万工人转变成许多有知识的工人。

最后，您认为我的论点"煤是万物的尺度"经不起更仔细的检验；理由是，不管有多少煤可以使用，也不管它的使用多么有效，但它毕竟不能产出棉花。[7] 既然我的论点，正如所解释的那样，只在今天和在德国有效，那么我认为即使面对这个测试问题，这个论点仍然站得住。我们只能进口棉花，我们没有别的产品对冲进口，除了以潜在煤方式存在的我们的工业和精神[8]产品。这样，棉花也可以表现为这里的煤，然而是以更简单的货币结算方式，因此我们必须始终只考虑，我们的钱只有依靠能源来支撑，也就是煤。

如果我冒昧提出的这许多的抽象概念与您的科学思维相反，那么这只证明政治经济学不是纯粹的科学，而是一门应用科学。如果您能在 Moszkowski 那本预期的新版里考虑上述论点，出于个人的原因我会非常欢迎，但主要也是为了这个话题。

恳请您原谅我占用了您宝贵的时间。

您最忠诚的
Friedr. Siemens

1册特刊：《煤炭时代》(*Im Zeitalter der Kohle*)

TLS。[44 897]。第一页左边缘附有 Ilse Einstein 手笔的注释被省略了。

[1] Siemens(1877—1952) 是柏林西门子制炉公司(Friedrich Siemens KG für Ofenbau)的所有人，也是西门子和哈尔斯克股份公司(Siemens & Halske AG)的监督董事会的成员。

[2] *Moszkowski 1921*，第 39—41。

[3] Moszkowski 强调说："我坦白地说，这最后的公式公布之前，阿耳伯特·爱因斯坦并不知道"(同上，第 8 页)。

[4] 同[2]，第 40 页。

[5] 同[2]，第 40—41 页。

[6] 同[2]，第 41 页。

[7] 同[2]。

[8] 增加的"和精神"字样为 Siemens 手笔。

# 45. 致 Friedrich Carl von Siemen

柏林，1921 年 2 月 11 日

Moszkowski 先生已经以他所有不可否认的亲切感，使我陷入一种非常窘迫的境地。[1] 想象您正无拘无束地与一个人天南海北地谈论各样事情，这个人自己坐下来，然后白纸黑字地写下您的每一句话——正如它们碰巧留在他记忆中的那样——此外又在其上加了大量的油膏。然后，一些严肃的人走过来，紧皱着眉头提出您应该为那个代笔人假借您口说的那些话承担责任，而那样的话又多多少少具有一点真实性。如果这样的事您梦见了，难道这不是一个糟糕的梦吗？如果这样的事您经历了，难道不是一次恐怖的经历吗？尽管这件事在您的情形里，紧皱的眉头因为许多的友好和善意变得舒缓了。[2] 以这种方式熟悉您和您的思想，这对我来说应是一种真正的快乐。但我会把您的信，连同其他许多更刺耳的信，一并寄给那个老罪人 Moszkowski。

您可以想象，我的思想远远不够参与反驳您科学的思考，如果我没有记错的话，我甚至还不了解这些科学的思考。我当时只是顺着自己的心境和情绪随便回答了 Moszkowski 的一些评论。当我从教育和实用性的角度来看待您的论文时,我发现我很佩服您文章的清晰紧凑。[3] 但当我试图更严肃地思考这个题目时,我遇到了难点,下面我简要指出一个最重要的难点。

没有水,什么也不可能存在。因而为何不能把一个民族的经济政策建立在水的基础上呢? 答案是,对于沙漠地区,那里(维持生命)的水资源极其有限,因此那样做不会那么愚蠢;但对于我们这个国家,这样做肯定很愚蠢,因为这里的水到处都是。现在,这里的煤的现状如何呢? 储备的〈有限性〉消耗实际上没有被考虑;相反,人们思想和行动的方式就好像地球上的储备是无限的。因此有人可能声称(多少有点自相矛盾):从严格意义上讲,煤埋在矿藏里只有零价值。但我不想这样断言,因为假设它可开采的数量必须很大。然而如果非要认为大量的煤(与适合开采的劳动力成比例)每年能够从现有的矿山中开采出来,那么(某人会想)接下来的问题可能就很简单了。因此我认为煤跟任何其他东西一样,可以作为一种产品,但不适合作为一种价值尺度的出发点,即使煤作为一种能源的重要性是一种(独特的)包含一切的能源。

(或许某天我可以高兴地就这些问题跟您私下里谈谈。)

ADft 部分为 Ilse Einstein 的手笔。[44 898]。写在文件 44 的背面。
[1] Alexander Moszkowski 与他的书 *Moszkowski 1921*。
[2] 参阅文件 44。
[3] 从这里开始的原件为爱因斯坦的手笔。

# 46. Eduard Schweigler 来信

维也纳,1921 年 2 月 11 日

一个美好的偶然把 1919 年 11 月 28 日出版的《自然科学》第 48 期带入了我的发明酝酿过程。这一期里面就有 Planck [1] 教授先生那篇直接点燃了我灵感的报告[2]。他在篇末指出:每一个在您的指引下获得的启发,都经过了最细致的检验。

在从事电视收视率调查的过程中,基于上面提到的那篇报告,我对我的视讯单元——它构成了各元件组合赖以产生的基础——进行了下图所示的改变。

我请求您,替作为德国发明家的我铺平道路,让我可以为大众的福祉发挥自己的作用。

致以最深的谢意!

Eduard Schweigler

真空管的阴极会均匀地向阳极发射电子。

这时如果使管子($R$)也不透光,用一片明亮的银镜覆盖阴极($K$),将阳极($A$)改为一只铝环,在它前面装上聚光透镜($O$),以使光线全都聚集到位于焦点的阴极($K$),于是这面镜形阴极就会随着照射在表面的光线颜色的变化而时多时少地向环形阳极 $A$ 发射电子。

如果借助音频电路(电话电路)将这个视讯单元跟任意位置的一个具有通讯功能的视讯单元接通,则上述过程可逆向发生。

这个视讯单元,我们称之为再现单元,能由阴极($K$)相应于接收装置获得的信号,时多时少地向阳极发送电子,光线穿过一只物镜散布到一个不发光的屏幕上($M$),类似于 X 线。

第一种带有这种视讯单元的组合装置,根据系统的实际需要,可以是有线或无线的视讯电话机:

Eduard Schweigler

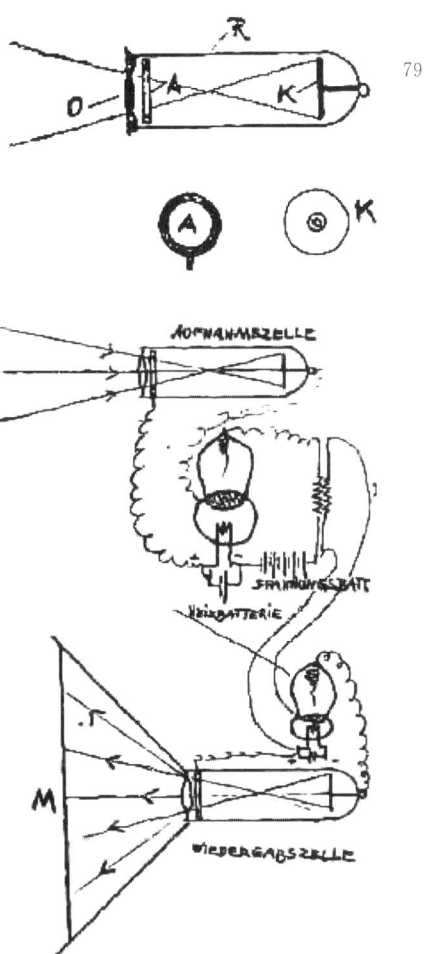

TLS。[77 608,77 609]。打印的信头上的寄信人及其地址是:"Eduard Schweigler,维也纳,Ⅶ区. 施蒂夫特街 31 号",收信人及其地址是:"致尊敬的威廉皇帝学会物理研究所所长,柏林"。

[1] Max Planck 在 1919 年召开的威廉皇帝学会大会上发表了一次演讲。他从历史的角度评述了人类对光的理解。在演讲的最后,他简要地讨论了光量子假说和 Bohr 的原子光谱理论。他称赞威廉皇帝物理研究所参与"所有民族"支持有关的理论研究的努力:"从某种意义上讲,我们的威廉皇帝学会也对这些著作做出了贡献,既然它有一个特别的物理研究机构,它的领袖的姓名阿耳伯特·爱因斯坦保证了,它的董事会关注的每一项提议,每一项带有某种成功希望的提议,都会得到最仔细的考虑,而且如果可能的话,这样的提议都会获得最慷慨的支持。"(*Planck 1919*,第 909 页)

[2] 这句话是 Schweigler 添加的。

## 47. Max Born 来信

美因河畔法兰克福,1921 年 2 月 12 日

亲爱的爱因斯坦:

我本想马上回复你友好的来信[1],但我不得不立刻出发去格丁根,因为那里有希望找到一栋公寓(这个愿望似乎很偶然地实现了。)[2]女人之间那些令人遗憾的书信交流我知道得很少,因为自那天以后,我妻子对于此事什么也不跟我说。[3]然而我确实觉得自己有错,因为没有阻止我妻子写那些尖刻而难听的话。我对这件事情非常担心,比以往任何时候都更担心。因为每一件与你相关的事情都会深深地影响我。相信我吧,如果情形相反,我不会为 Moszkowski 一事那么伤心。[4]地球当然没有特别地震动,然而在广告栏里看到这些东西还是不太好。现在让我们抛开这个吧。我经常会为你与这个世界的关系而感到苦恼,因为我的准绳不合适(它们太短了);但以后你不会注意到它的任何一面。——如果你在那边都不能为 Boguslavsky 做点什么,那我也想不出任何别的办法帮助他了。[5]最好是有人能够完全以私人的名义给他寄一张邀请函,加上我们的签名;也许他那时能得到一张护照。一旦他到了这里,我会想办法让他能在这里住上几个月。他的理论推测价值不大;在考虑辐射时,他显然忘记了用反射活塞进行压缩会改变频率。我以前对这样的问题总是想得很多,知道它对于半透明壁不起作用。[6]你使用热辐射中电场的斯塔克效应来确定它们的统计特点,这种大胆的想法的确非常好;我希望你能在这方面做出点成果。[7]我读了 Byk 的论文,并且和 Stern 讨论了这篇论文,但我们对它没有特别的热情。你知道这只是一种理论的开始的开始。[8]我们自己也非常忙,因为我们必须完成学院这学期的研究任务。为此,新老板来了,他就是 Madelung。[9]天啊,我不能实现 Stern 的任命了;他对此非常伤心。处在当前反犹太人的境况里,他的期望肯定会让他感到失望。[10]他一直想找到一种商业化的位置,我认为这种想法很疯狂。当下他应该花几周时间来格丁根度度假;Bohr[11]从 6 月开始就会在那里。难道你不想来吗?——我的径长测量结果仍然不令人满意。我现在有办法让压力常量在银辐照期间保持在几个百分点之内,我现在也可以把沉积层厚度的测量精确到几个百分点,然而还是一点都不起作用。[12]我依靠 Wiener[13]所说的一种望远镜光学干涉方法来进行厚度测量;但我是在显微镜下完成的,这样可以做得很好。人们可以测量层的厚度(大约 1 $\mu$),几乎可以逐点地(在 0.01mm$^2$ 的视场中)测量。

我想使用这种方法测量非常小的晶体片的弯曲常数;作为 Voigt 的后继者,我确实也应该做点那样的事。[14] 也许我弯曲金刚石的实验会成功;Paul Oppenheim 给我提供了 1/2cm 长的一小块黄金。[15] 但在理论方面我没有多少进展。首先我写了一篇阐释 Carathéodory 的热力学的论文,这篇论文不久将在《物理杂志》(*Physikalische Zeitschrift*)上发表。[16] 我很想知道你对我的论文的看法。我给 Carathéodory 寄去了出版社对 Smyrna[Izmir]的一份校样,Carathéodory 认为我的描绘符合他的概念。[17] 其次我证明了下面的定理,这个着实让我大伤脑筋:如果某人以某种方式交换了钠离子型的一个晶格中的正负离子,那么晶格里的静电能量总会增加,那么钠离子晶格关于这样的交换就有最小的能量;这可能(部分地)解释它的通常情况。[18] 尽管对于一个计划的盐溶理论,我需要这个命题,我把它想象成离子的一种混杂。但很难! ——你看,这些都不是非常深刻的检验。此外,我正在准备一篇百科全书似的文章,Brody 博士做我的私人助手。这是一个非常聪明的人(可惜的是,他基本不懂德语,听力尤其差)。[19] 他有一种新的一般量化方法,使用的是 Poincaré 的积分不变量;他说他把这个告诉过你。[20] 关于这一点,可能会有点结果。现在我们这里有 Gerlach,他肯定很不错:精力旺盛、知识渊博、技术熟练、乐于助人。[21] 他现在接到智利政府的邀请,接管那里的物理和电机工程(圣地亚哥)。他这样做明智吗? 我认为他在这里也会有很好的发展前景,但他是一个进取心很强的小伙子,非常适合国外那样一个职位。Franck 已经在哥本哈根安定下来了[22](也就是说,他现在跟 Bohr 一起在哥本哈根);他必须有行动的自由,这就是我为他攒钱的原因。到目前为止,我已经攒了 68000 马克。[23] 其实,要让门外汉对我们的研究感兴趣绝对不是容易的事。我必须攒更多的钱。慕尼黑的 Wien 得到 100 万,用以翻新研究院。[24] 我想 Wien 所需要的钱,Franck 肯定也需要——我现在必须修订我的相对论著作[25],因为 Springer 出版社打算出第二版;但我这学期还做不到这一点。如果你发现了错误、疏漏什么的,我会表示非常感谢。Pauli 百科全书似的论文想必已经完成,那篇论文足有 2.5kg 重——其知识的分量可想而知。这小家伙不仅头脑聪明,而且非常勤奋。[26]——我妻子最近感觉很不好,在卡塞尔住了几周恢复身体。我那段时间也有件趣事,也就是一个真正的入室窃案。一群恶棍那天夜里撞开篱笆,从地下室的窗户闯进我家,从一楼抢走了许多银子、亚麻制品,以及两辆自行车,甚至还有我的衣服和鞋子。自那以后,我的睡眠就很糟糕,即使睡在家里也感到不安全。我对警察感到彻底失望。我对政治问题不能像你那样乐观,尽管我不相信一切还在摇篮中就已经被吞噬。[27] 我们不打算支付所要求的那样多的赔款,但我看到了这种权力政治在老百姓心里的作用;那是彻底无法挽回的各种丑陋情感的堆积,比如愤怒、报复和仇恨。在格丁根这样的小镇上,你会发现这样的情绪非常强烈。不管怎么说我理解这一点。我的理智告诉我,那样的反应很愚蠢;但我内心的情感就会做出那样的反应。对我来说,好像某一天会不可避免地再从其中引发灾难。世界不单单依靠理性来统治,肯定也不是依靠爱心。——但我希望我们之间的和谐不会再次被打扰。

致以热诚的问候,也代我妻子问候你。

你的
Max Born

ALS. *Einstein and Born 1969*,第 80—83 页[8 159]。

[1] 文件 37。

[2] 由于很难找到合适的房子,Born 搬到格丁根的日子显然被耽搁了(参阅 Max 和 Hedwig Born 夫妇 1920 年 7 月 31 日写给爱因斯坦的信[第十卷,文件 95])。

[3] Hedwig Born 给 Elsa Einstein 写了一封语气严厉的信,责备她容许 Alexander Moszkowski 接近爱因斯坦(参阅文件 37,注释 2)。

[4] 关于 Born 对计划好的出版 *Moszkowski 1921* 的反应,参阅 Max Born 1920 年 10 月 13 日写给爱因斯坦的信(参阅第十卷,文件 175)。

[5] Sergei A. Boguslavsky 一直希望能够被邀请去柏林做讲座,爱因斯坦告诉 Born 他完全帮不上忙(参阅文件 37)。

[6] Boguslavsky 曾写信给 Born(参阅 *Einstein and Born 2005*,第 45—47 页),提议说,许多物质对于光的某些频率是透明的,而对其他频率不透明,这一事实可以用来借助频率分隔热辐射,因而也可以分隔温度(违背热力学第二定律)。

[7] 爱因斯坦在文件 37 里描绘了这个被提出的实验。关于 Born 后来对这个提议的反思,参阅 *Einstein and Born 2005*,第 49 页。

[8] 在文件 37 里,爱因斯坦请 Born 注意 Alfred Byk 撰写的一篇论文,*Byk 1921a*。Otto Stern(1888—1969)是法兰克福大学特聘教授。

[9] Erwin Madelung(1881—1972)是明斯特大学理论物理教授,被任命为 Born 在法兰克福的继任者(参阅 *Physikalische Zeitschrift* 22 (1921): 160)。

[10] Born 试图让 Stern 做他的接班人,参阅 Max Born 1920 年 12 月 8 日写给爱因斯坦的信(参阅第十卷,文件 224)。

[11] 1920 年 11 月,Niels Bohr 接到 Wolfskehl 基金会的邀请,请他 1921 年 6 月去格丁根做讲座。然而由于 Bohr 生病,去格丁根的时间最后推迟到 1922 年 6 月(参阅 *Mehra and Rechenberg 1982*,第 344 页)。

[12] Born 想测量金刚石的弹性常数,但没有成功(参阅 *Einstein and Born 2005*,第 53 页)。

[13] Otto Heinrich Wiener(1862—1927)是莱比锡大学物理学教授,他在彩色摄影方面是一位开路先锋。他也研究过晶体学和光的偏振。Born 使用一架蔡司显微干涉仪做这些实验(参阅 *Einstein and Born 2005*,第 53 页)。

[14] Woldemar Voigt(1850—1919)是格丁根大学物理学教授,因晶体物理学方面的贡献而闻名。

[15] Paul Oppenheim(1885—1955) 是 N. M. Oppenheim 比公司的化学家。

[16] *Born 1921a*。

[17] Constantin Carathéodory(1873—1950)是士麦那大学数学教授。关于他对热力学基础的研究,参阅 *Carathéodory 1909*。

[18] *Born 1921c*;亦参阅 *Born 1923a*,第 730—733 页。

[19] *Born 1915* 的第二版作为 *Born 1923a* 和《数学科学百科全书》(*Encyclopedia of the Mathematical Sciences*)(*Born 1923b*)的一部分出版。Imre Bródy(1891—1944)是格丁根大学的助教,是匈牙利本地人。

[20] *Bródy 1921*。

[21] Walther Gerlach(1889—1979)是法兰克福大学物理学特聘教授。

[22] 关于 James Franck 要求去格丁根,参阅 Max Born 1920 年 7 月 16 日写给爱因斯坦的信(参阅第十卷,文件 75)。

[23] From Carl Still 是雷克林豪森的一个实业家(参阅 *Einstein and Born 2005*,第 53 页)。

[24] Wilhelm Wien(1864—1928)是慕尼黑大学物理学教授。

[25] *Born 1920*。

[26] Wolfgang Pauli(1900—1958)曾是慕尼黑大学的一个学生(参阅文件 98)。他的文章 *Pauli 1921* 共有 237 页。

[27] 关于爱因斯坦对德国赔偿这一问题的观点,参阅文件 37。

# 48. 致 Paul Ehrenfest

柏林,星期日晚[1921 年 2 月 13 日][1]

亲爱的 Ehrenfest:

因为一个冒险的政治想决,我不得不很快和几个同事去阿姆斯特丹[2],但我没有时间去拜访你们所有人。[3] 我一接到你的信,[4] 就开始为我们的俄国同事与警察总局交涉。[5] 而且一收到你前一封来信,[6] 我就把你的论文交给了 Scheel。[7] 我提前浏览了一遍,觉得论文写得很流畅。寄给你一张已在这里放了很久的支票,[8] 希望它能平安到达你手中。我把那次演讲的几个注释寄给了 De Haas;希望他已经收到。[9] 你这可怜的家伙不得不帮 Bohr 发表一次长篇大论了。他自己为什么不做呢?[10] 我收到 Harm 从意大利寄来的一封精彩的信,而且马上就回复了(不可思议吧?)。[11] 美国那边还没有什么消息,因为他们发现我的要求太高了。[12] 我很高兴可以不去那里;那真的不是赚钱的好办法,也不是一件真正快乐的事情。我很欣赏你的进取精神,我只能把它理解成这是你长期的牢笼生活的结果。如果你去布鲁塞尔的事情能顺利就好![13]

现在我得去赶火车了。衷心问候你们大家。

你的
爱因斯坦

附:我的课程是"理论物理杂谈"。你为我给塞曼基金捐款没有?[14]

ALS。[9 545]。

[1] 书信日期依据:爱因斯坦2月14—15日在阿姆斯特丹参加会议,而且他马上要乘火车离开。

[2] 爱因斯坦与Harry Kessler和Otto Lehmann-Russbüldt一起去阿姆斯特丹的路途中,向国际工会联盟递交了新祖国同盟的一份要求。新祖国同盟认为工会联盟是很有权力的组织,因此他们希望这个组织代表德国,出面与巴黎赔款会议上的协约国代表交涉(参阅 "Skizze des Telegramms nach Amsterdam" [44 309]和 *Kessler 1961*,第241页)。在爱因斯坦的发动下,这个请求于2月14—15日在会上交给了联盟秘书Edo Fimmen和Jan Oudegeest(参阅新祖国同盟,"关于1921年2月3日正式大会情况的报告",1921年3月23日[GyBAr(K), NL 199 Wehberg, Nr. 14, Bl. 249])。

[3] 这句话也在一封没有注明日期的信里引用了,这封信是写给Hendrik A. Lorentz的,是在他收到现在这封信之后不久写的(参阅 Paul Ehrenfest 写给 Hendrik A. Lorentz的信,NeHN, Archief H. A. Lorentz)。关于Ehrenfest对爱因斯坦提出的这份声明的反应,参阅文件55中引用的段落。

[4] 3周前,Ehrenfest请求爱因斯坦与德国当局交涉,帮助5位苏联同事得到过境德国的签证(参阅文件30)。

[5] 参阅年表和日程表1921年1月25日。

[6] 文件42。

[7] Karl Scheel,手稿作为 *Ehrenfest 1921* 出版。

[8] 来自Methuen出版社的一张支票(参阅文件55)。

[9] 关于在布鲁塞尔第三届索尔维会议上,Wander de Haas所做他们共同工作的演讲内容参阅文件24 和"论磁化体中的动量矩",第七卷附录B,第585—587页。

[10] 根据Lorentz的要求(参阅文件30)。

[11] Menso Kamerlingh Onnes和他的家人可能在意大利(参阅文件42)。

[12] Max M. Warburg通知爱因斯坦,普林斯顿大学和威斯康星大学都付不起爱因斯坦要求的报酬(参阅文件43和序言第一章)。

[13] 因为Ehrenfest在办理护照时遇到困难(参阅文件30)。

[14] Ehrenfest在文件30里承诺爱因斯坦,将从他的账户提取一部分资金。

# 49. Wilhelm Wirtinger 来信[1]

维也纳9区,斯特鲁德尔霍夫街4号,1921年2月15日

十分尊敬的同事先生:

对于您曾在维也纳评论过的问题,[2]也就是:能否建立一个仅仅取决于$g_{\mu\nu}$之比率的张量,我一直在思考,并且现在获得了十分令人满意而有趣的结果。[3]

因为如果我们研究种种无穷小的变化,也就是那些常见的形式所产生的变化,特别是黎曼-克里斯托弗曲率张量在$g_{\mu\nu}$跟一个形如$(1+a)$的因子相乘时产

生的变化——此处的 $a$ 是 $x_1\cdots x_4$ 连同其全部导数的无穷小函数,那么我们就会发现,若用一个前置的 $\delta$ 来标记这些变化,对于

$$K_{\mu\nu\rho\sigma} = \frac{\partial}{\partial x_\nu}\begin{bmatrix}\mu\rho\\\sigma\end{bmatrix} - \frac{\partial}{\partial x_\mu}\begin{bmatrix}\nu\rho\\\sigma\end{bmatrix} - \sum_{\alpha\beta} g^{\alpha\beta}\left(\begin{bmatrix}\mu\rho\\\alpha\end{bmatrix}\begin{bmatrix}\nu\sigma\\\beta\end{bmatrix} - \begin{bmatrix}\mu\sigma\\\alpha\end{bmatrix}\begin{bmatrix}\nu\rho\\\beta\end{bmatrix}\right)$$

(按 Herglotz 的标记法,《莱比锡报道》1916,199 页)[4]

可得

$$\delta K_{\mu\nu\rho\sigma} = aK_{\mu\nu\rho\sigma} - \frac{1}{2}(g_{\mu\rho}a_{\nu\sigma} - g_{\mu\sigma}a_{\nu\rho} + g_{\nu\sigma}a_{\mu\rho} - g_{\nu\rho}a_{\mu\sigma})$$

$$a_{\alpha\beta} = \frac{\partial^2 a}{\partial x_\alpha \partial x_\beta} - \sum_\gamma \frac{\partial a}{\partial x_\gamma}\begin{Bmatrix}\alpha\beta\\\beta\end{Bmatrix}$$

由此产生的结果是,即使对于有限的 $a$,$I = \sum K^{\mu\nu\rho\sigma}K_{\mu\nu\rho\sigma}$ 也只会呈现因子 $(1+a)^{-2}$。[5]

进而,张量[6]

$$H_{\mu\nu\rho\sigma} = K_{\mu\nu\rho\sigma} + \frac{1}{n-2}(g_{\mu\sigma}K_{\nu\rho} - g_{\mu\rho}K_{\nu\sigma} + g_{\nu\rho}K_{\mu\sigma} - g_{\nu\sigma}K_{\mu\rho}) -$$

$$\frac{1}{(n-1)(n-2)}(g_{\mu\sigma}g_{\nu\rho} - g_{\mu\rho}g_{\nu\sigma}K)$$

会呈现因子 $(1+a)$,只要以 $(1+a)g_{\mu\nu}$ 替代 $g_{\mu\nu}$。

此时若按 Herglotz 就有

$$\sum g^{\mu\rho}K_{\mu\nu\rho\sigma} = K_{\nu\sigma}, \quad \sum g^{\nu\sigma}K_{\nu\sigma} = K.$$

可此处却是:

$$\sum H_{\mu\nu\rho\sigma}g^{\mu\rho} = 0.$$

这就提示我们考虑以下也仅取决于 $g^{\mu\rho}$ 之比率的二次式

$$d\sigma^2 = ds^2 I^{1/2}$$

并且确定边界固定时的变分问题

$$\delta \int d\sigma = 0$$

按照惯用的标记方式可得以下微分方程

A.) $\dfrac{d^2 x_r}{d\sigma^2} = -\sum_{ik}\begin{Bmatrix}ik\\r\end{Bmatrix}\dfrac{dx_i}{d\sigma}\dfrac{dx_k}{d\sigma} + \dfrac{1}{2}\dfrac{dx_r}{d\sigma}\dfrac{d\lg I}{d\sigma} - \dfrac{1}{4}I^{-1/2}\sum_l \dfrac{\partial \log I}{\partial x_l}g^{lr}$ [7]

对于一个曲率为常量的 $ds^2$ 而言,$I$ 也将是常量且不为零;从而当曲率不为零时,此处的测地线也保持不变。倘若曲率为零,则 $I=0$ 且从 $ds^2$ 过渡到 $d\sigma^2$ 就是不可能的。

另外,对于常曲率空间来说,$H_{\mu\nu\rho\sigma}$ 同样会恒为零。

借助公式

$$\delta\begin{Bmatrix}ik\\r\end{Bmatrix}=\frac{1}{2}\left(\frac{\partial a}{\partial x_i}\varepsilon_{kr}+\frac{\partial a}{\partial x_k}\varepsilon_{ir}-g_{ik}\sum\frac{\partial a}{\partial x_h}g^{hr}\right)\text{。}$$

很容易验证，若以$(1+a)g_{\mu\nu}$替代$g_{\mu\nu}$，微分方程 A.)保持不变，

可见不管怎么说，这些微分方程 A.)都对测地线形成了一种有趣的推广，对于恒定曲率而言，它们过渡到测地线，对于 $I$ 的微商很小的区域而言，很少偏离测地线。至于是否应该为那些依赖于 $I$ 的附加项赋予物理学上的含义，我则不敢断言。

但愿这封信能抵达处在最健康状态的您的手中。感谢您在维也纳给了我很多启发。

您忠实的<br>Wirtinger

ALS。[23 492]。

[1] Wirtinger（1865—1945）是维也纳大学数学教授。
[2] 爱因斯坦 1 月中旬访问了维也纳（比如可参阅文件 13）。
[3] 爱因斯坦可能参考了 *Einstein 1921e* 里的下列结果（第七卷，文件 54）。
[4] *Herglotz 1916*。
[5] 正如爱因斯坦在回信中指出的（文件 58），这个结果其实是错的。对 Wirtinger 的错误的解释，请参阅文件 80。
[6] 后来为人所知的 Weyl 张量；亦参阅文件 58 及其注释 4。
[7] $\log I$ 应为 $\lg I$。

# 50. 致 Johannes W. Classen[1]

柏林，1921 年 2 月 17 日

亲爱的同事：

你的信息自然使我很感兴趣。[2]然而我还是建议你，无论在什么情况下，在解释你的实验时一定要十分谨慎。由于磁化与场之间的相移以及反向磁化过程的缓慢，使对磁刚体现象数据的定量分析复杂化了。通过电流短脉冲影响反向磁化也是可行的。你对经历回转运动的原子向外释放部分角动量的解释，与苏黎世的 Beck 博士所做的一系列细心的测量相矛盾。Beck 博士发现，大杆和包含在一捆导线束里的杆的表现完全相同。[3]你注意补偿过地球磁场吗？当使用磁刚体时，地球磁场引起的误差会因为复杂化了的相位条件而变得特别危险。

满心期待你下一步报告。

致以友好的问候。

你的
爱因斯坦

TLC。[8 401]。这封信的收信人及其地址是"Classen 教授博士先生,汉堡"。

[1] Classen（1864—1928）是汉堡国家物理实验室的教授和助理研究员。

[2] 参阅年表和日程表 1921 年 2 月 3 日。

[3] *Beck 1919*。爱因斯坦在 1919 年 3 月 22 日写给 Paul Ehrenfest,称赞 Beck 一丝不苟的实验（第九卷,文件 10）。

## 51. 致 Eduard Schweigler

柏林,1921 年 2 月 17 日

关于阁下本月 11 日的来信,[1] 我很荣幸地向您作出以下答复。威廉皇帝物理研究所的唯一使命就是致力于促进各种纯科学目标的实现,故此,它不能促进您的研究。

就我个人而言,我必须向您说明,我还是不清楚您的"视讯部件"的目的和作用方式。普通光线不会向银镜释放电子。而且,即使采用敏感的表面和合适的光线,恐怕也难以达到足够的敏感度。

向您致以崇高敬意的
所长

TLC (GyBMPG,I Abt.,Rep. 34,Nr. 10,Mappe Schweigler)。[77 610]。这封信的收信人及其地址是"Eduard Schweigler 先生,维也纳 4 区"。

[1] 文件 46。

## 52. Max M. Warburg 来信

汉堡,1921 年 2 月 18 日

十分尊敬的教授先生：

我随信为您附上我弟弟 Paul 2 月 3 日来信的副本。[1] 唯一令人安慰的消息是,那边的情况看似也不比我们好。这场战争确实把一切都搞乱了,要恢复正常,还得好几年才行。

　　向您和您可敬的夫人致以诚挚的问候。

您的<br>Max M. Warburg

TLS。[36 251]。信头打印的寄件人地址是"M. M. Warburg 公司,汉堡1区"。

　　[1] 在 Paul Warburg 给 Max Warburg 的那封信里(后者在文件43中曾答应转给爱因斯坦),部分内容是:"今天我收到威斯康星大学的一封信,他在这封信里说,经过与普林斯顿大学和华盛顿大学商议,决定有必要放弃那个谈判。他还补充说:'从个人的角度讲,我非常遗憾这个谈判所涉及的资金完全超出了我们美国大学的支付能力。'这是一个非常真实的陈述。这段时间里,这里所有大学的教授薪水都是一个大问题。不断上涨的物价和生活消费使得教授们几乎不可能依靠自己的收入度日,而大学又不可能充分提高他们的薪水。即使是领导阶层的收入也不过4000—8000美元。在这样的情形下,你能看出这些院校是多么不可能支付爱因斯坦博士提出的两场演讲的报酬。我非常诚挚地予以抱歉,因为此时此地举办这些讲演本来是最有益处的,没有什么比爱因斯坦的访问更能重建和促进我们双方科学家之间的关系了。但不幸的是,这些条件都不允许。"[36 252]。

## 53. 致 John G. Hibben[1]

柏林,1921年2月21日

尊敬的校长:

　　谢谢您1920年12月24日的友好来信。[2]我的情形同时也发生了一些变化。3月中旬我接到犹太复国主义者组织的邀请,恳请我为创建耶路撒冷大学的事访问美国。[3]这一次我能在普林斯顿大学发表几次演讲,假如您觉得可以的话。请原谅我这样的主动,考虑到我收到的美国各大学对我友好的邀请,首先是贵校的邀请,我就觉得在去美国之前,如果不通知您一声是不合适的。除了收到普林斯顿大学的邀请,我也收到威斯康星大学、耶鲁大学,以及华盛顿美国科学院的邀请。[4]然而我只给您写了信,因为我最早收到您的邀请函,也是因为我能支配的时间有限。我不知道这个时间是否适合您,但我不想忽略任何有助于改善国际关系的事情,这也是我最关心的事情。[5]至于演讲的报酬,完全交给您来决定。在此请求您把您友好的回信寄给纽约库恩-洛布公司(Kuhn, Loeb & Co.)的Paul Warburg博士。[6]

　　盼望能早日认识您,对您表达我特别的敬意。

您真诚的<br>爱因斯坦

### 53. 致 John G. Hibben

TLC。[36 244]。信上的收件人及其地址是"Hibben 校长先生　普林斯顿"。Ilse Einstein 手笔带几处修正的草稿[36 243]也可以获得。

[1] John Grier Hibben（1861—1933）是教育家和哲学家，普林斯顿大学校长。

[2] Hibben 告诉爱因斯坦，普林斯顿大学拿不出他所要求的 15000 美元的讲座酬金（参阅 John G. Hibben 1920 年 12 月 24 日写给爱因斯坦的信[第十卷，文件 243]）。

[3] 早在 5 天前，犹太复国主义者组织的主席 Chaim Weizmann 就给 Kurt Blumenfeld 发了一封电报，要他问问爱因斯坦是否愿意陪他一起去美国，为创建巴勒斯坦筹资，尤其是为创办希伯来大学筹资；Kurt Blumenfeld 是德国最主要的犹太复国成员，也是犹太复国总委员会委员（the Zionist General Council）。Blumenfeld 把这封电报转交爱因斯坦（Chaim Weizmann 1921 年 2 月 16 日发给 Kurt Blumenfeld 的电报［33 345］）。

发出这封信那天，犹太电报局——《纽约时报》于一天后引用——宣布，爱因斯坦已经接受了这份邀请，"陪同欧洲的犹太复国代表下个月一起前往美国，今天再次宣布。爱因斯坦教授呼吁美国的犹太人，希望他们能够为支持在耶路撒冷的橄榄山创建希伯来大学而慷慨解囊"（《纽约时报》，1921 年 2 月 22 日）。Weizmann 旅美计划的背景是他与美国犹太复国主义者组织（ZOA）的荣誉主席 Louis D. Brandeis 之间的冲突。这场冲突开始于 1920 年 7 月在伦敦举行的犹太复国大会，最终导致了犹太复国主义者组织内部的分裂，一派支持 Weizmann，另一派反对 Weizmann（参阅 Haas 1929，第 126—138 页）。甚至这次旅美计划本身也变成了美欧犹太复国者之间的一个争吵事件。Weizmann 想在伦敦组织一个委员会，作为克利夫兰组建一个全面的犹太复国主义运动的国家大会的筹备大会，这个全面的国家大会计划在 1921 年 6 月组建。在 1921 年 2 月计划召开的这样一个大会上，他希望美国犹太复国主义者组织能够接受巴勒斯坦建设基金（Keren Hayesod）。然而 Brandeis 一派"震惊于这个提议，他们认为这个提议的提纲不明确，没有效率，认为它似乎太过随便，方法上太松懈"，因此拒绝参加伦敦会议，从而导致了这次大会的取消（参阅 Urofsky and Levy 1991，第 64 页）。接下来，"欧洲人力求应邀去美国，Brandeis 极力反对这样的美国之行。因为欧、美领袖之间的冲突加深，Brandeis 一派害怕 Weizmann、Sokolow 或者 Levin 可能加强美国的反对力量。他们担心欧洲人增强了离散的犹太人的民族主义力量；'在普通人当中加强美国的犹太复国主义力量'，如果欧洲人愿意'来这里'，这些普通人会很高兴；首先，'击退 Schiff 和那些最近开始进入一线的人'"（参阅 De Haas 1920 年 2 月 29 日写给 Brandeis 的信，[IsJCZA, De Haas Papers, quoted in *Lipstadt 1978*，第 56 页]）。而且 Weizmann 被告知，一个英国犹太复国主义者"出面领导美国的犹太复国主义运动也'不合时宜'"（参阅 *Barnard 1974*，第 279 页）。

Weizmann 决定继续旅美计划，尽管遭到各方面的反对。他说："他的唯一目的就是与美国犹太复国主义者达成妥协（*Barnard 1974*，第 279 页）。1921 年 1 月初，Weizmann 与 Brandeis 集团之间因为巴勒斯坦建设基金造成的冲突更加扩大。他写信给 ZOA 说："我对我们的犹太复国主义者组织并没有失去信心，尽管我完全相信，为了建立巴勒斯坦我们必须去努力赢得整个犹太民族的支持，这个时刻已经来临"；参阅 Chaim Weizmann 1921 年 1 月 6 日写给美国犹太复国主义者组织行政部的信（发表在 *Wasserstein 1977a* 上，第 133—134 页）。关于 Brandeis 集团与 Weizmann 派别在巴勒斯坦建设基金方面的谈判破裂，其相关细节可参阅 *Haas 1929*，第 139—145 页。关于 1920 年 7 月建立巴勒斯坦建设基金，参阅 *Ulitzur 1946*，第 9—12 页。

[4] 关于爱因斯坦与威斯康星大学的商谈，参阅文件 24，注释 14。关于耶鲁大学对爱因斯坦的邀请，参阅年表和日程表 1921 年 2 月 2 日。关于美国科学院研究委员会的邀请，参阅 Augustus Trowbridge 1920 年 11 月 22 日写 Heike Kamerlingh Onnes 的信（第十卷，文件 207）。

[5] 爱因斯坦认为改善国际关系具有至关重要性，关于这方面的表达，可参阅比如 *Einstein 1920i*（第

七卷，文件 47）。

［6］在与美国各大学的谈判中，Paul M. Warburg 是爱因斯坦的代表（参阅文件 43）。

## 54. Vladimir M. Chulanovsky[1]来信

莱顿，维特罗曾街 57 号，1921 年 2 月 21 日

尊敬的爱因斯坦先生：

在极度的困顿中，我只有向您求助。

（1）有一个危险（现在还不完全清楚），我的老板 Roshdestvensky 教授很快要来塔林，但他还没有收到荷兰的入境签证，可能是因为出现了某种不可知的误解。[2]

（2）既然 Roshdestvensky 此次旅行的一个主要目的是：(a)与德国几位物理学家会谈，尤其是与 Paschen 面谈；[3] (b)购买仪器，尤其是在德国购买仪器，因此对他来说，能够得到在德国停留一段时间的签证就显得尤为重要。[4]

（3）由于作为光学研究所的所长，他只可以短时间地离开彼得堡；这样光学研究所的管理才不会陷入严重的混乱，因此非常重要的是他不必浪费时间去等签证。

我实在不想打扰您，可是这件事情唯有您可以帮忙。

Ehrenfest 先生也知道[5]我正在请求您帮忙。

您的

W. Tschulanowsky

ALS。[9 549]。

［1］Chulanovsky（1889—1969）是圣彼得堡国家光学研究所研究员。

［2］已通过过境签证，但寄给了一个不正确的地址（参阅年表和日程表 1921 年 3 月 21 日）。

［3］Friedrich Paschen（1865—1947）是帝国物理技术研究所所长，柏林大学荣誉教授。

［4］Ehrenfest 要求为 Dmitry S. Rozhdestvensky 办理一张过境签证（文件 21），而不是一个居住签证，爱因斯坦把这份要求转交给了外事处（文件 27）。

［5］Paul Ehrenfest。

## 55. Paul Ehrenfest 来信

[莱顿,]1921年2月21日

亲爱的爱因斯坦:

你的阿姆斯特丹之行使我感到非常非常沮丧。[1]我知道我这样的希望是毫无道理的。——我当然没有任何权利说什么。你知道我是多么多么地尊敬你。我也一刻不能忘记,我们所有的行动,从 25 年、50 年甚或 100 年以后来看,可能与现在完全不同。但你正在使你当代朋友的生活变得更加艰难。——我不知道——就荷兰而言——你是否总是知道 Lorentz 和 Onnes——我当然不怎么在意,这很不幸——利用他们在这个国家的声望[2]为你下了一笔赌注。因此,你也许认为我要是不继续写,这样很好;因为我甚至完全不知道你这次究竟又搞的什么鬼。[请不要写信告诉我这个][3]只是请,请,请看在 Lorentz 面上:你要记住你与我的两位枢密使叔叔(Geheimrat Onkeln)以及我本人之间的那些详谈,请一定不要让他们担心。你真的很像一个发了疯的 α 粒子,如果确实必须在世上所有 $n-1$ 个国家扬起灰尘,那么你至少像个刚出生的小婴儿,在我们这第 $n$ 个小地盘上安分一点点。于是你会再次满足于你能在某处叼着你的小烟斗真正地做个老实人,且不会有任何半瓶子醋的怨言。——我和 Onnes 都想拽住你的头发,把你拖回到莱顿——但我们的手不够长——是的,我知道——上帝听到我们的心思了!——你是"文明史上一块基石",具有基石所有典型的经历。

———·———

我相信我不是要让你生气,但请,请,请你行行好。总的来说——你就完全像一个刚出生的新生儿那样好好的——这样的话,你在这里的朋友他们的头发才不会变得灰白,甚或掉光,至少在他们还没有奄奄一息之前。

---

你寄来的 Methuen 的支票我的确完好无损地收到了——但那是你的另一个古怪的想法促使你把它寄来的吧。[4]

你去美国没有成行,这一方面使我的良心有些不安,但我基本上真的相信它绝对是胡闹,如果你去那里只是为了"好玩"。——你(和你的健康!)都不允许,这的确是一件苦差事,这对你真的不好,除非这次旅行意味着为以后购买和平。——但如果我的干预委屈了你,请原谅我。

我自己想去美国的原因是：①我的牢笼生活[5]；②我最爱的哥哥在那里（圣路易斯），我已经21年没有见到他了；[6]③Tanitchka 和 Van Aardenne 喜欢；[7]④最终还是去不成！！！！！！！⑤我喜欢为了那些荷兰和俄国学生私下接触许多人；⑥一种"半逃脱你的方式"——你知道——我一直依赖你。

我准备把你的捐款和我的一份一起寄给塞曼基金，我想让它花的时间长点，但不多！[8]

我一知道你什么时候能够开始上课，知道你能跟我们一起待多久，知道你是否愿意一周做两次讲座，我就立即宣布你的"理论物理杂谈"这门课程。由于物理学家们想从阿姆斯特丹、代尔夫特、乌得勒支（也许还有从格罗宁根）来，因此如果先考虑一下可能很好，比如，如下安排（大致这样！！你仍可以建议做些改变）。

星期三和星期六下午 2:00—2:45：你发言（只要你在这里）；3:00—3:45："讨论"；4:00—4:45 你再发言——也可能安排在星期五和星期六，而不是星期三和星期六。——

这些"讨论"可以使你有一点"喘息"的机会，可以得到某种我特别喜欢的东西：①通过这种方式，那些因你而来到莱顿的人们可以彼此交流，②在"讨论"环节里，你可以邀请所有希望对你说点什么的人们可以说点什么。

只是不管怎样，你必须帮我保护你自己不要被累垮了！！！[9]

如果你只对这个领域里一小部分同事讲，不要让"公众"进来，我就有必要宣布你的课程只针对特别专业性的问题：

如果你还可以讲讲以下几个问题，我也会非常开心：①你关于光量子空间浓度的论点；[10]②关于你的光化学物，与 Lewis 和 Perrin 的做对照；[11]③关于反应速度；[12]④关于转动光谱[13]（假如你已经思考过这个问题！）。——

如果你不高兴一周讲两次，那就只在星期六讲好了。[14]

关于时间方面的安排，你是完全自由的——

只是你自己必须好好的！

你的老友
Ehrenfest

我们迫不及待地想见到你。——这一次你又要和我们生活在一起了。

问候你的妻子和 Margot。

ALS. [9 547]。

[1]参阅文件48。1921年2月16日以前,Ehrenfest写信给Hendrik A. Lorentz,说:"这件事情使我感到十分地沮丧,我跟爱因斯坦谈到的一切都鼓励我,使我认为他不会受到这个国家那些荒唐事的影响,顺便说一下,我现在猜想那只是关于某些和平主义者或犹太复国主义者的'gedoe';'Gedoe'是荷兰语,意思是'大惊小怪'"(NeHN,Archief H. A. Lorentz)。

[2] Hendrik A. Lorentz, Heike Kamerlingh Onnes。由于身份辨认的错误,荷兰当局1920年推迟了爱因斯坦作为莱顿特聘教授的聘任,因为起初担心他参与共产主义活动(参阅第十卷序言第二章)。

[3] 括号里是原文内容。

[4] Methuen publishers 寄给 Ehrenfest 一张支票,爱因斯坦将这张支票与文件48一并寄出。

[5] 或者正如爱因斯坦所谓的"Käfig-Dasein"(文件48)。

[6] Hugo Ehrenfest。

[7] Tatiana Ehrenfest 和 Gijsbert van Aardenne。

[8] 在文件48里,爱因斯坦提醒他从自己存在荷兰账户里的钱,取一部分作为捐款寄出去。

[9] 沿着这段的两边,Ehrenfest 摆放了四条垂线。

[10] 参阅 *Einstein 1909c*,*1916j* 和 *1916n*(第二卷,文件60和第六卷,文件34和38)。

[11] Ehrenfest 讨论了爱因斯坦的光化学论文 *Einstein 1912b*(第四卷,文件2),在他1912年4月3日前致爱因斯坦的信中(第五卷,文件380),爱因斯坦回到 *Einstein 1916j* 的这个问题(第六卷,文件34),§3 *Lewis 1919* and/or *1920*。Jean Perrin(1870—1942)是索邦神学院的物理化学教授。在 *Perrin 1919* 里,他提出了一个假设,认为所有的化学反应,甚至放射性衰变也是在辐射的影响下发生的。回应他研究这篇论文的要求(Jean Perrin 1919年8月28日写给爱因斯坦的信[第九卷,文件96]),爱因斯坦谈到自己的怀疑(爱因斯坦1919年11月5日写给 Jean Perrin 的信[第九卷,文件156]),早在1911年第一次索尔维会议上,爱因斯坦在与 Perrin 私下讨论同一个观点时,也是这么做的。他在 *Einstein 1920c* 提到 Perrin 的假设(第七卷,文件39)。

[12] 参阅 *Einstein 1920c*(第七卷,文件39)。

[13] 爱因斯坦认为分子转动零点能量的存在是一个发现,引起了接近他们理论描绘的低温下的磁性现象,参阅爱因斯坦1920年7月30日写给 Paul Ehrenfest 的信(第十卷,文件92)。

[14] 沿着这一段的左边缘,Ehrenfest 画了两个感叹号和两条垂线。

# 56. 致 Arthur T. Hadley[1]

柏林,1921年2月22日

尊敬的校长阁下:

本月8日您在信中对我的友好邀请[2]使我有些为难。因为我3月10日要启程去纽约,以便为在耶路撒冷建立大学筹资,同时也希望能抽时间在那里做一些讲座。但现在我已经得到普林斯顿大学、威斯康星大学以及华盛顿美国科学院的邀请,还没有结束与这些大学中任何一所大学的洽谈。[3]然而我的确相信我将去普林斯顿大学做几次讲座,因为我首先收到他们的邀请。因为我毫无准备地突然得到通知,要求我必须尽快去美国;[4]因此我还没有准备任何讲座。一个特别大的问题是我没有掌握英语,法语也不太好,不能用法语即席发言。我在这里不可能估计我在那里可以支配的那一点时间能做什么。请告诉我,在当前这样复杂的形势下,您是否依然希望对我发出邀请。您寄给纽约库恩-洛布公司(Kuhn, Loeb &Co)的 Paul Warburg 的信我收到了。[5]我还想补充一点,我很感激美国方面的邀请,这些邀请不仅表现了私人之间的友好,也特别表现了学者之间的国际关系正在恢复和加强。

  致以最崇高的敬意。

您的

TLC。[36 267]。这封信的收信人及其地址是"耶鲁大学校长先生,康涅狄格州,纽黑文"。Ilse Einstein 手书的草稿[36 266]也可获得。

 [1] Hadley(1857—1931)是一位政治经济学家,耶鲁大学的校长。
 [2] 参阅年表和日程表 1921 年 2 月 2 日。
 [3] 参阅爱因斯坦 1920 年 12 月 8 日写给 Max M. Warburg 的信(第十卷,文件 223)。
 [4] 关于匆忙的邀请,参阅文件 53。
 [5] Paul 和 Felix Warburg 是 Kuhn Loeb 投资公司的合伙人。

## 57. 致 Hendrik A. Lorentz

[柏林,]1921 年 2 月 22 日

十分崇敬的同事先生:

  我得益于您的建议而受邀参加布鲁塞尔会议,这对我来说简直是一种难以言说的快乐。[1]可惜此时我却不得不遗憾地通知您,我不能出席这次会议。但我坚信,您会同意我的做法。犹太复国主义者计划在耶路撒冷建一所大学。为了这个目的,拟于 3 月在美国召开几次具有决定意义的关于该校组织机构方面的会议。[2]现在有人恳求我参加这些会议,因此他们相信,我本人亲自参与此事,定能促使美国那些富裕的犹太人变得更加乐善好施。[3]尽管这听起来有些好笑,可我确实相信,他们说的其实也不无道理。因此我对此事非常上心,作为一个犹太人,我也感到自己有义务为成功建校竭尽全力,所以我答应了他们的恳求。[4]我请您务必告诉 Solvay 先生和同事们,我真的是怀着沉重的心情,才做出了放弃参加这次索尔维会议的决定;我衷心希望这次大会能成功地举办。[5]

  现在我又一次希望,能够借助相对论来照亮分子领域。这是因为,存在将以

下两个假设统一起来的可能性。

(1)自然定律仅仅依赖于 $g_{\mu\nu}$($g_{\mu\nu}$ 与 $\lambda g_{\mu\nu}$ 是等价的)。[Weyl 假说][6]

(2)电磁势没有明显地进入这些定律,进入的只有场强。[7]

我很好奇,想看看这些假设能否得到验证。我已请求 De Haas 独自承担关于旋磁效应的简短报告。[8]我也想知道,他那些小心翼翼的实验究竟会产生出什么结果。汉堡(大学)的 Classen 先生相信,他自己已经借助实验方法找到了该效应的值太小的原因;可我本人眼下对此表示怀疑。[9]这事我就不在此详谈了,因为我不知道 Classen 先生是否同意我那样做,毕竟他的研究还没有结束。

现在看来,我不得不晚些时候再动身到莱顿了,但无论如何都会在夏季学期前往。[10]向您和您的夫人及 De Haas 全家致以友好的问候。[11]

您的<br>
A. 爱因斯坦

ALS (NeHN, Archief H. A. Lorentz)。[16 537]。文档左边留有活页孔。

[1]作为索尔维会议国际科学委员会主席的 Lorentz,以官方名义邀请爱因斯坦参加 4 月 1—6 日在布鲁塞尔举办的第三届索尔维会议。关于这方面的信息,参阅 Hendrik A. Lorentz 1920 年 6 月 9 日写给爱因斯坦的信(第十卷,文件 49)。

[2]有关犹太复国主义者组织大学委员会的具体计划和去美国的任务,参阅文件 70,注释 3。

[3]Chaim Weizmann 代表犹太复国主义者组织邀请爱因斯坦一同去美国,为计划创建希伯来大学筹集资金。有关这方面的详细资料,参阅文件 53,注释 3。

[4]关于爱因斯坦最初参与筹建耶路撒冷希伯来大学的相关细节,参阅第九卷序言第 xlv—xlvi 页。

[5]Ernest Solvay(1838—1922),比利时化学工业家,他建立了国际索尔维物理研究所。第一次世界大战爆发后,该机构与其德国成员之间的关系,可参阅 Hendrik A. Lorentz 在 1920 年 6 月 9 日写给爱因斯坦的信(第十卷,文件 49,注释 2)。

[6]方括号里是原始内容。

[7]在维也纳期间,爱因斯坦与 Wilhelm Wirtinger 讨论了 Weyl 统一场理论的这种变体(参阅文件 49 和 50)。他发表了这一观点,也就是 Einstein 1921e(第七卷,文件 54)。

[8]1920 年 6 月 20 日,Lorentz 要求(第十卷,文件 49)爱因斯坦在即将到来的索尔维会议上讨论"电子与磁性. 陀螺效应"。爱因斯坦和 De Haas 在这个问题上合作过一段时间(参阅 Einstein and de Haas 1915a,1915c,1915d [第六卷,文件 13、14 和 23]。关于他们以前合作的更多细节,参阅 Wander de Haas 1920 年 12 月写给爱因斯坦的信(第十卷,文件 215,注释 1)。

[9]关于 Classen 的提议,参阅年表和日程表 1921 年 2 月 3 日和文件 50。

[10]爱因斯坦原计划参加索尔维会议,并于会后在莱顿待一段时间(参阅文件 24)。

[11]Aletta Lorentz-Kaiser(1858—1931),Wander de Haas,Geertruida Luberta Lorentz-de Haas,以及 Hendrik A. de Haas(1919—?)。

## 58. 致 Wilhelm Wirtinger

柏林，1921 年 2 月 22 日

十分尊敬的同事先生：

非常感谢您告诉我您那个令人高度欣喜的发现！[1] $J = K^{\mu\nu\rho\sigma} K_{\mu\nu\rho\sigma}$ 这个量的性质让我极度惊愕。＊我深信，由此您为相对论做出了一个难以估量的贡献。因为这样一来，要建立这样一个相对论就很容易了：它只为 $g_{\mu\nu}$ 的比率和 $\sum g_{\mu\nu} dx_\mu dx_\nu = 0$ 赋予意义，而无需像 Weyl 所做的那样，让某些在我看来完全没有任何物理意义的量 $\varphi_\nu$（电磁势）明显地出现在方程中。剩下的唯一问题就是，自然是否真的利用了其所拥有的自我约束之可能性。一旦我对这个问题形成了判断，我将乐于告诉您有关细节。[2]

再次致以衷心的谢意和友好的问候。

您忠实的
A. 爱因斯坦

＊经过仔细计算，我相信，$K^{\mu\nu\rho\sigma} K_{\mu\nu\rho\sigma}$ 并不具备您所赋予它的那种性质，而 $H^{\mu\nu\rho\sigma} H_{\mu\nu\rho\sigma}$ 倒可能具有（其实单是 $H_{\mu\nu\rho\sigma}$ 就已具有了）。[3] 我得顺便说一下，Weyl 已经指出过，$H_{\mu\nu\rho\sigma}$ 是仅依赖于 $g_{\mu\nu}$ 之比率的关于 $g_{\mu\nu,\rho\sigma}$ 为线性的唯一张量。[4] 但是您所做的种种思考其重要价值将不会由于这一疏忽而受到影响。倘若能够知道，上述（含 $g_{\mu\nu}$ 二阶导数二次方的）标量在何种程度上是具有我们所要求那种性质的唯一标量，或许会是很有趣的事。[5]

TTrL.［23 493］。

［1］参阅文件 49。

［2］爱因斯坦修改了 Hermann Weyl 统一场理论的方法并将有关文字出版为 *Einstein 1921e*（第七卷，文件 54）。

［3］此问题的实质是这样一个事实：$H^{\mu\nu\rho\sigma} H_{\mu\nu\rho\sigma}$ 是权为 −2 的共形不变量（"权为 $n$ 的 Weyl 不变量"，参阅 *Einstein 1921e*［第七卷，文件 54］，第 263 页）。类似地，$H_{\mu\nu\rho\sigma}$ 是权为 1 的共形不变量。

［4］参阅 *Weyl 1918c*，第 21 页。

［5］*Einstein 1921e* 的最后一句提出了同样的问题（第七卷，文件 54），该文件被提交给普鲁士科学院的时间是 3 月 3 日，亦即爱因斯坦可能收到 Wirtinger 对该问题的否定回答的前一天（文件 79）。

## 59. Otto Neurath 来信

维也纳，1921 年 2 月 22 日

亲爱的教授：

您知道这个事情暂时还在与 Frank 和 Löwy 博士讨论。[1]进一步的洽谈只有等您同意之后再做考虑。[2]请您把那封要求详尽的信里已谈妥的部分转寄给我，并在末尾加上这样一句话："在与出版商和其他编辑达成协议之前，我当然有权选择同意与否。"这样您就可以不再受约束，我也可以继续那些洽谈。

希望尽快得到您的答复。

满怀尊敬的
Neurath

TLS。[18 398]。

[1] Philipp Frank 和 Heinrich Löwy。

[2] Ilse Einstein 显然代表爱因斯坦给 Neurath 写过信，问他还有谁会参与这项编辑工作，爱因斯坦的任务是什么，他对这个项目的任务必须持续多久（参阅文件 20）。

## 60. 致 Carl Beck

柏林，1921 年 2 月 23 日

尊敬的 Beck 教授：

您真是太好了，如此详细地写信给我，并且提供给我那么有价值的帮助。[1]在过去半年的时间里，我收到美国许多大学的邀请。[2]然而因为各种原因，我放弃了去美国发表演讲的旅行。现在情况突然变了，我有必要去美国，为了参与在耶路撒冷创建一座大学的商谈。我肯定会在那里发表几次演讲，但无论如何只是在适当的程度上。[3]

诚挚地谢谢您善意的帮助。

致以友好的问候。

A. 爱因斯坦

TLS。[70 630]。这封信的收信人及其地址是"Carl Beck 教授博士先生，芝加哥"。Ilse Einstein'手笔的草稿[43 218]也可获得，日期是 1921 年 2 月 17 日，写在 Beck 1920 年 12 月 28 日写给爱因斯坦的那封信的背面(第十卷，文件 248)。

[1] 在信里，Beck 强调认真准备一次美国之行的重要性，而且他会提供帮助(Carl Beck 1920 年 12 月 28 日写给爱因斯坦的信[第十卷，文件 248])。

[2] 爱因斯坦与美国各大学和国家研究委员会的商谈很困难(参阅文件 48 和 52)。仅在一周前所写的那份草稿信件里，以这句话开头的那段话如下："但我已经决定，无论如何暂时不去美国，尤其在考虑到我的健康状况不稳定的情况下，我不能承担我从那里接到的所有邀请。因为您在信里透露的信息，我非常容易做这个决定；您说一个住在德国的学者访问美国的时机还不成熟。另一方面，作为一个和平主义者，我确实认为这是我的义务，即我要尽我所能为建立国际纽带重新铺路。"两天后，爱因斯坦收到一份邀请函，邀请他在美国旅行时加入犹太复国主义运动代表团(参阅文件 53，注释 3 以及序言第一章，关于这次旅行的更多细节)。

[3] 早在两天前，爱因斯坦已通知普林斯顿大学(文件 53)和耶鲁大学(文件 56)，他将会到美国。

# 61. Lucien Fabre 来信[1]

蓬德拉尔克县(Eure)，1921 年 2 月 23 日

我亲爱的大师：

我另封寄了一册我研究您理论的著作给您。[2] 也许您已知道这本书包括以下的内容：基本的论述；您已读过的历史评述；一些数学和逻辑细节，以及哲学的结论。

由于我在请求您为我写一篇序言时没有得到您的回复，[3] 我就想请科学院的一个朋友帮忙；但在您的大名前有谁的姓名能不完全黯然失色呢？于是最后我决定复制——简单而单纯地复制一份——就是复制 Oppenheim 为您转达给我的那封信，[4] 但我抹去了您引用的 Guillaume 和 Varcollier 这两个人的姓名，[5] 因此这本书完全属于您。希望您能笑纳我对您的这份敬意。

我可以告诉您，如果您也对它感兴趣的话，这本书就非常成功了。France 认为的所有那些知识分子，那些被"庸俗的庸俗化者"讨厌的人，都对这本书感兴趣。这样您的姓名为更多的人了解，您的为人也被更多的人理解了。但愿上帝喜欢我的著作配得上您的成果！

我听说您会在巴黎暂作停留，[6] 好高兴能够见到您！愿我能荣幸获知您下一次的来访。

我还要在乡下住一段时间，但您的一句话就足以使我备感欣慰。

请再次接受我对您的敬佩之情。

Lucien Fabre

ALS。[11 005]。

[1] Fabre(1889—1952)是工程师、诗人和小说家。

[2] *Fabre 1921*。

[3] Fabre 请求使用关于爱因斯坦观点的几页内容作为序言(参阅 Lucien Fabre 1920 年 7 月 17 日写给爱因斯坦的信[第十卷,年表和日程表])。

[4] 对于 Paul Oppenheim 作为爱因斯坦与 Fabre 的中间人角色,参阅 Paul Oppenheim 1920 年 4 月 24 日写给爱因斯坦的信(参阅第九卷,文件 394)。至于这份序言是如何杜撰的,其相关细节可参阅文件 65。

[5] Edouard Guillaume;Henri Varcollier。

[6] 他可能是在杂志 *L'Information* 读到了爱因斯坦即将访问巴黎的消息,参阅 Lucien Fabre 1921 年 2 月 11 日写给 Paul Oppenheim 的信[11 004];他极有可能参考的是 *L'Echo du dimanche. Journal d'Information*。德国媒体上也有一则类似的谣言。事实上,爱因斯坦并没有去巴黎(参阅年表和日程表 1921 年 1 月 28 日和 29 日)。

# 62. Gilbert N. Lewis 来信[1]

[加利福尼亚州,伯克利,]1921 年 2 月 23 日

我亲爱的爱因斯坦教授:

自上次您、我,还有 Bredig 在苏黎世 Kneipe 酒吧畅谈以后,又发生了好多的事情。这一切无一例外都是关于您的理论被广泛接受和欣赏,这使我很开心,在此请让我向您表达最真诚的祝贺。

从今天早晨的报纸上,我了解到您很快就要来这个国家。[2] 我希望趁这次机会您可以来加州看看。美国是一个奇妙的国家,如果您的时间许可,我保证您会发现穿越大陆的旅行十分有趣。

如果您能安排时间来加州,我会很开心地竭尽所能去接待您。我可以跟那所大学做一些安排,报销您从大西洋彼岸过来的差旅费,包括您演讲的报酬,您不需要承担任何费用。这应当是一次愉快之旅。

向您致以热诚的问候。

您忠心的
Gilbert N. Lewis

TLS。[15 111]。信封上的寄件人地址是"加州伯克利大学化学系",收信人及其地址是"阿耳伯特·爱因斯坦教授,德国柏林大学物理研究所"。

[1] Lewis(1875—1946)是伯克利加州大学化学院院长和物理化学教授。Lewis 在 1900 到 1905 期间访问德国,在莱比锡和格丁根大学学习。Georg Bredig(1868—1944)是卡尔斯鲁厄理工大学(Technical University of Karlsruhe)的物理化学教授,当时在莱比锡,而爱因斯坦正在苏黎世写他的博士论文,从 1902 年起住在伯尔尼。

[2] 比如可参阅"爱因斯坦要来这里,他将为创建巴勒斯坦希伯来大学寻求支持。"《纽约时报》,1921 年 2 月 22 日。

## 63. Chaim Weizmann 来信[1]

[伦敦,]1921 年 2 月 23 日

好高兴您答应了同行。[2] 我和朋友们衷心感谢您为犹太人民所做的如此重要一刻的准备。哦,对了,旅行必须推迟一周。[3] 请按照您的意愿和电报细节亲自预定船票。顺便也请转告您的妻子,很高兴她能同行,我的[4] 妻子也会与我同去。[5]

Weizmann

TgmDftC(IsJCZA,KH1/163)。*Wasserstein 1977a*,p 152。[70 956]。这封电报上的收件人及其地址是"[在公法上得到确定的巴勒斯坦的家园]给柏林的爱因斯坦收",回信地址及接收人是"Keren Hayesod,W. C. 1,大罗素街 75 号"。

[1] Weizmann(1874—1952)是伦敦犹太复国主义者组织的主席。

[2] 早在一周前,Weizmann 请 Kurt Blumenfeld 联系爱因斯坦,请爱因斯坦陪同他一起去美国,为创建希伯来大学筹集资金[参阅文件 53,注释 3 以及《犹太评论》(*Jüdische Rundschau*),1921 年 2 月 25 日]。几天后,Blumenfeld 通知 Weizmann,说爱因斯坦同意一起去。他也暗示说,出于健康方面的考虑,爱因斯坦要求 Elsa 陪他同行,而且不想经过伦敦去美国(参阅 Kurt Blumenfeld 1921 年 2 月 20 写给 Chaim Weizmann 的信[IsJCZA/KH1/193])。

[3] 这次旅行开始于 3 月中旬(参阅文件 53)。

[4] 这句"我很高兴你的妻子可以一起去,我的妻子也会同去"似乎是原来那封电报内容的错误重复。

[5] Elsa Einstein 和 Vera Weizmann(1881—1966)。就在同一天,Weizmann 写信告诉他的妻子他很开心,因为爱因斯坦答应去美国,但爱因斯坦的同意得看 Elsa 是否愿意陪他去(参阅 Chaim Weizmann 1921 年 2 月 23 日写给 Vera Weizmann 的信[*Wasserstein 1977a*,第十卷,第 152 页])。

## 64. Theodor Wulf [1]

[柏林,]1921年2月25日

尊敬的同事:

您发表在《天文新闻》(*Astronomische Nachrichten*)上的那篇论文[2]在我看来太幼稚了,因此坦白地说,我很惊讶这份杂志居然接受了它。从因果关系的角度来看,引力场当然只有在它表现的特点独立于坐标系的选择时才可以被决定。故此,关于当我使坐标系旋转起来时所形成的引力场是从哪里来的,这样的问题就毫无意义。

像您提到的那种实验原则上[3]是合理的。广义相对论允许对结果提前做一个精确的计算。不幸的是,这里要考虑的所有效应都要涉及这个因子:引力常量/光速的平方,这个数量级是 $10^{-28}$,因此,这些效应因为太小而不能通过实验获得。[4]

致以崇高的敬意。

Dft 为 Ilse Einstein 手笔。[23 527]。写在 Wulf 1921 年 2 月 9 日那封信的背面(年表和日程表)。

[1] Wulf (1868—1946)是荷兰法尔肯堡的圣伊格内修斯学院(St. Ignatius College in Valkenburg)物理学教授。

[2] Wulf 在他的论文(*Wulf 1921*)中声称,等效原理在被应用到旋转参考系时,会与已知的天文事实相矛盾。他认为,从一个站在地球上的观察者所在的参照系去看,行星应该表现出 Lorentz 收缩。这将使它们变成旋转椭球体,海王星像一个侧向圆盘。同样,他声称,如果恒星围绕地球旋转,它们应该有与地球的距离成正比的相对论速度。Hans Reichenbach 在同一本杂志上发表了一篇驳斥 Wulf 论述的文章。

[3] 参阅年表和日程表 1921 年 2 月 9 日。

[4] $G/c^2$ 这个值是 cgs 单位里引用的。

## 65. Paul Oppenheim 来信

美因河畔法兰克福,吉奥莱街46号,1921年2月25日

我亲爱的教授:

我刚刚给 Fabre 先生写完这封附有抗议的信,他的书就到了[1],对于这本书,我随后会寄给您。但不幸的是我的信写晚了,现在请您告诉我,关于他书里

第15—18页的内容,我应该怎样回答。[2] 我发现这个作者的整个做法都很可恶,他的热情根本就是毫无来由。我总觉得他是在利用您的姓名进行商业炒作,这是一种让人不可接受的行为,然而不幸的是,这样的行为已经不是第一次了。对于这样一件欺世盗名的事,我自然是一无所知,否则我会对此更加恼怒。[3] Fabre 先生的这封信是我去柏林之前收到的,在没有得到您的回信,告诉我该怎样写之前,我当然不想回复他。因此,如果您能尽快告诉我应该怎样回复他的信,回信时应该写些什么,我会非常感谢。我自然希望您能直接写信给他,这样人们就能够通过这件事情看到,当某个人站在你们中间,即使当他——像我一样——对您如此小心如此忠心,也可能会发生什么。您直接写信给他的一个正当理由是,我按照他的要求把他的那封信的复印件转交给了您。然而如果您出于某种原因,不愿意再与这样一个人直接通信的话,那么直接让我做您的中间人好了。也可以考虑把我这封信寄出去,就当我还没有收到他的书。我觉得这样做不是完全没有原则性的,因为我确实是在收到他的书之前就写信给他了。如果您也觉得这个办法可行,我需要您把我写给 Fabre 先生的那封信退回给我;否则就把它销毁吧。如果您在退回之前喜欢读读那本书,时间也来得及。

这封信带给我的唯一乐趣在于:它让我有机会马上重申您在我们两个身上发现的东西,我们又可以在家里与你们俩快乐地度过几小时,这是多么幸福的事情!

致以热情的问候!

您忠实的仆人
Oppenheim

ALS。[44 633]。这封信的收信人及其地址是"阿耳伯特·爱因斯坦教授先生,柏林哈伯兰街5号"。

[1] Lucien Fabre。

[2] 此外,*Fabre 1921* 的这篇托名爱因斯坦的序言说:"Fabre 先生的著作最为有趣,而且写得非常好。他对牛顿、法拉第以及麦克斯韦研究的解释也非常成功。本书作者是一位真正的爱好者,他对科学的美充满了热情。"

[3] 在写给 Oppenheim 的信中,Fabre 解释了他是怎样组织这篇序言的:"在本书开头,我把爱因斯坦寄给我的传记信息用作这个目的,把你寄给我的他那封信作为序言;他在那封信里表达了刚读过我这本书的看法"(Lucien Fabre 1921 年 2 月 11 日写给 Paul Oppenheim 的信[11 004])。

## 66. 信仰犹太教的德国公民中央联合会来信

柏林西南区，林登街 18 号，1921 年 2 月 27 日

尊敬的教授：

按照我们最近的谈话，我想在这份杂志下期的时事栏目加添一篇评论，用以表明出版您的信完全没有得到您的原谅，也表明您在那封信里绝对没有贬低信仰犹太教的德国公民中央联合会抵制恶毒的反犹行为的努力。[1] 这样做是必须的，因为这封信现在把整个世界都搅翻了。[2] 等您方便的时候，我想通过我的私人秘书，向您转交我计划在该杂志里加入的那篇文章的一份草稿[3]，这样您就可以马上告诉那位年轻的女士任何想要改变的内容。但愿我可以要求您告诉我，我的私人秘书的拜访将不会打扰您。

向您致以崇高的敬意。

您的
L. Holländer[4]

TLS。[43 445]。信头写的寄信人及其地址是："Der Syndikus des Central-Vereins deutscher Staatsbürger jüdischen Glaubens"，信上的收信人地址是"阿耳伯特·爱因斯坦教授博士先生，柏林 西 30 区. 哈伯兰街 5 号"。

[1] 可能参考的是爱因斯坦 1920 年 4 月 5 日写给中央联合会的 封信（参阅第九卷，文件 368），发表在 1920 年 9 月 24 日的《瑞士以色列周报》上（第七卷，文件 37），在 K. C. Blätter（第十卷，1920 年 9—10 月，第 103 页）和《犹太评论》(Jüdische Rundschau)（25 [1920]：659—660）。信中，爱因斯坦拒绝中央联合会邀请他参加一个会议以讨伐学术界那些反犹者，他也批评了中央联合会对反犹主义的看法。

[2] 关于出版这封信所引起的一些反应，参阅第七卷，文件 37，注释 1。

[3] 一份报告声称，《在德意志帝国》的读者可以"完全放心"，自这封信发表以来，爱因斯坦开始欣赏中央联合会的工作（参阅《在德意志帝国》，[1921 年 3 月 17 日]，第 91—92 页）。

[4] Ludwig Holländer（1877—1936）是中央联合会的法律顾问。

## 67. Nathan Ratnoff 来信[1]

纽约，[1921 年 2 月 27 日]

美国犹太医生委员会热情邀请您访问美国，我们将支持医学院和大学医院

的费用，[2]祝愿您的访问将会成功地完成大学项目。——Ratnoff 主席

（译者注：该文件原为英语）

105 Tgm．[36 839]。这封电报上的收件人和地址是："阿耳伯特·爱因斯坦教授，柏林哈伯兰街 5 号"，邮戳为"Deutsches Haupt-Telegraphenamt 柏林 27.2.[1921]"。

[1] Ratnoff（1875—1947）是纽约犹太产科医院的医疗主任和产科医生，是美国犹太医生委员会的创建者和主席，也是 Chaim Weizmann 的同学（参阅 *Finkel 1937*，第 196 页）。

[2] 美国犹太医生委员会（AJPC）是 Ratnoff 和纽约市一群医生创建起来的。这个委员会不是犹太复国主义者组织的一个组成部分：它是一个"独立的机构，但它与犹太复国主义者组织的关系很和谐，也与犹太复国主义者组织一起合作"（参阅《希伯来大学 1924》[*Hebrew University 1924*]，第 4 页）。关于 Ratnoff 自己对建立这个委员会所采取的初步措施，参阅 *Ratnoff 1921*。根据委员会执行委员会主席 David Kaliski 的说法，AJPC"感动于伟大的犹太学者阿耳伯特·爱因斯坦的努力"（参阅 *Kaliski 1925*，第 345 页）。"它的主要目标是为巴勒斯坦希伯来大学医学院的创建、落成典礼、维持以及管理募集资金"（参阅 NNAFHU，美国犹太医生委员会的公司注册证书[The Certificate of Incorporation of American Jewish Physicians' Committee, Inc.]，1921 年 11 月 22 日，§2）。这个委员会最初的法定创始人是著名的犹太医生 Nathan Ratnoff，Israel Strauss，Samuel J. Kopetzky，Israel S. Wechsler 以及 Abraham J. Rongy（参阅 NNAFHU，美国犹太医生委员会的公司注册证书，1921 年 11 月 22 日）。委员会的首要目标是筹建一个微生物学院（参阅 *Kaliski 1925*，第 345 页）。对于微生物学院和热带疾病的详细计划，由犹太复国主义者组织大学委员会的下属医学委员会起草，这个下属委员会于 1920 年在伦敦成立（参阅《希伯来大学 1948》[*Hebrew University 1948*]，第 3—4 页）。

为计划创建的医学院的筹资准备开始于 Weizmann 和爱因斯坦到达美国之前。他们在纽约上岸的前一天，美国犹太复国主义者组织就告诉 Weizmann 说："我们有一群医生正在准备爱因斯坦的大学筹资宴会"（参阅 Levin Neumann 1921 年 4 月 1 日写给 Chaim Weizmann 的信 [IsJCZA，Z4/303/1]）。关于 Stephen Wise 极度怀疑美国犹太医生委员会的筹资努力，可参阅 Stephen Wise 1921 年 4 月 26 日与 Chaim Weizmann 共进午餐时的备忘录（NNAJHS，Stephen S. Wise Collection）。

# 68. Paul Ehrenfest 来信

[莱顿，]1921 年 2 月 28 日

最最亲爱的爱因斯坦：

我从 Lorentz 那里听说你开始了"耶路撒冷远征美元国"之行！[1] 1.这样我终于可以如释重负了，自上次给你写信以来，我心里就一直沉甸甸的。[2]——

2.原谅我写的那封信，我当时心里非常焦虑。尽管我写的时候尽可能地故作轻松，为的是不让你生气，但因为错误的假设，我心里其实一点也不轻松！——

3.如果那个大学项目[3]有成功的机会，我认为你愿意为这次旅行做出牺牲，

愿意为了实现这个目标而忍受随之而来的可怕的喧嚷和吵闹,这样做是非常正确的;你能这样做真是太好了。——

但我希望这样做不会伤害到你的健康!![4]——

如果你这次旅行要经过荷兰,我希望你能走得远一点(在荷兰境内),这样我们就可以见面了,哪怕只有半小时。因此请让我知道你是否经过荷兰,什么时候经过,从哪一条路线来。

热情问候你们大家。

孩子们和我的太太也向你们问好。

你的

Ehrenfest

AKS。[9 551]。背面的收信人及其地址是"阿耳伯特·爱因斯坦教授博士,柏林哈伯兰街 5 号",回信地址及接收人是"P. Ehrenfest 莱顿荷兰",邮戳为"莱顿 10 1.III. 21. 12—1V[oormiddag]"。

[1] 参阅文件 57。
[2] 参阅文件 55。
[3] 犹太复国主义者组织创办希伯来大学的计划。
[4] 暗示爱因斯坦胃病复发(参阅文件 27)。

# 69. Maurice Solovine 来信[1]

巴黎,罗亚尔港街 39 号,1921 年 2 月 28 日

亲爱的爱因斯坦:

经过几番谈判,我今天终于跟 Gauthier-Villars 出版社的常务董事达成一致,按照您提出的条件出版您关于以太和相对论的演讲。[2] 我坚持要求,这份讲演与您那本由 Rouvièr 小姐[3] 翻译的书[4] 同时出版,时间是本周末。

我尽我所能想要忠实地传达您思想丰富的演讲里的每一个词汇,尽管如此,您演讲里的有些表达我还是不能翻译成法语,比如"Verhalten der Körper"不可以翻译成法语的"état des corps",这个短语在法语里表示"状态",也可以表示"存在状态"。然而如果我翻译成"行为"(comporter),那么我在法国人眼里就变得很可笑了,因为"comporter"这个词在法语里只用来表示生物,不表示无生命的东西。

如果是一个像您这样的名人,忽略优雅完全不成问题,因为那是鞋匠和裁缝考虑的事情。[5]然而我们这些可怜的小人儿,一点都不能轻看那些可信赖之人的

成就。在确信没有丝毫亵渎您这本小册子的内容的同时,我总是想把它的风格变得尽可能的优雅。在 Lagrange 和 Laplace 的土地上,对优雅方面的期望非常高,稍有冒犯都会被视为是不可原谅的。

我迫不及待地期待着您关于"几何学和经验"的演讲,[6]我同样希望把它翻译成法语。合同书将由 Gauthier-Villars 出版社在明后天寄给您。

正如 Besso 写信告诉我的[7],您将很快去美国,请务必告诉我您何时走,准备在美国待多久。您真幸运啊! 为了去旧金山看看我可怜的妈妈,[8]我几乎使出了超人的力气,结果很不幸,一切都是徒劳。——

我这边的朋友,当然了,他们都是很博学的人;他们感到非常吃惊,不敢相信您竟然为 Lucien Fabre 那本肤浅的书写了那么漂亮的序言。Lucien Fabre 是一个反动分子,一个迫害犹太人的家伙。[9]他在这里是一个出了名的夸夸其谈的白痴。去年 9 月,他在当地一家报纸上发了一篇文章,向全世界宣布已经发现了"dia"射线,依靠"dia"射线可以看见最厚的墙背后的钢、铁以及黄金。[10]当我走进再仔细一看,我毫不吃惊地发现这个愚蠢的呆子完全是在愚弄人。因为手里攥着您的序言,他现在可以到处炫耀他是最好的公认的爱因斯坦专家。

期待您亲切的回信!

在此以老朋友的身份向您致以忠心的问候。

您的

M. Solovine

问候你可爱的秘书 Else Einstein 小姐,她好像是您家里的一份子。[11]

我刚刚收到合同书的草稿。随信寄给你,请回信时寄回。不久您将收到有您签名、具有法律效力的同一份合同书。[12]

ALS。[21 133]。

[1] Solovine(1875—1958)是《哲学杂志》的编辑。关于他的传记,参阅第五卷第 641—642 页。

[2] Einstein 1920j(第七卷,文件 38)。关于那些条件,参阅年表和日程表 1921 年 2 月 10 日。

[3] Einstein 1917a(第六卷,文件 42)。

[4] Jeanne Rouvière。

[5] 爱因斯坦在 Einstein 1917a 的第 Ⅳ 页引用了 Ludwig Boltzmann 的妙语。

[6] Einstein 1921c(第七卷,文件 52)。

[7] Michele Besso。

[8] Minnie Solovine(1856—1944)。

[9] 参阅文件 65,注释 2。

[10] Fabre 1920。

[11] 关于翻译问题 Solovine 与 Ilse Einstein 有过书信交流(参阅年表和日程表 1921 年 2 月 10 日)。

[12] 关于最后的合同,参阅年表和日程表 1921 年 3 月 11 日。

## 70. Chaim Weizmann 来信

伦敦，W.C.1.，大罗素街 77 号，1921 年 2 月 28 日

尊敬的教授阁下：

恳请您不要反对我，因考虑到事情的紧迫，我以前一直使用电报方式联系您。[1] 现在特别开心的是，能够写信再次向您表示最热烈的感谢，感谢您接受我的邀请。我完全了解在这次旅行中您甘愿做出的伟大牺牲；但我也坚信，最后的结果会充分证明我的要求是合理的；您为在耶路撒冷创建大学而接受其筹资的使命也是正确的。我知道，在耶路撒冷建立大学也是您的心愿。[2] 我完全相信，这次您代表我们的大学项目出行美国具有绝对的重要性。[3] 能够为了这个具有历史意义的项目与您一起努力，我觉得这也是一种无上的光荣。

很高兴的是，我听说您愿意您亲爱的妻子[4] 同去。为了减轻您旅途的劳顿，为了您在美国的工作走得更远，我想给您派一名秘书，他就是 Solomon Ginzberg 先生[5]，是我们处理大学事务的秘书。他完全了解我们的大学计划及其初步规划（比如在学术、财政以及人事方面的规划），因而他能够为您提供所有必要的信息，从而有助于解决可能出现的任何问题。能够遵照您的要求帮助您在美国的工作，这是 Ginzberg 先生最大的快乐。

尊敬的教授阁下，如果您能通过电报告诉我您关于这方面的决定，我将无比感激。如果这个决定您也同意，正如我希望的那样，我将安排 Ginzberg 去接您，柏林或荷兰都可以，只要最适合您就好。

期待 3 月 24 日在普利茅斯与您相见。[6]

致以最衷心的问候。

您的
Ch. Weizmann
犹太复国主义者组织主席。

TLS。*Wasserstein 1977a*，第 158 页。[33 346]。信头打印的寄信人地址是："复国主义者组织执行部"，收信人的地址是"阿耳伯特·爱因斯坦教授博士先生，柏林 西 15 区 Keren Hajessod 转。"

[1] 早在 12 天前，Weizmann 给 Kurt Blumenfeld 发了一封电报，问他是否可以确定爱因斯坦愿意陪他去美国。这封电报明显转给了爱因斯坦（Chaim Weizmann 1921 年 2 月 16 日发给 Kurt Blumenfeld 的电报 [33 345]）。就在 5 天前，Weizmann 也给爱因斯坦发了一封电报，在其中表达了他对爱因斯坦接受他的邀请时的快乐心情（参阅文件 63）。

[2] 爱因斯坦在给 Lorentz 的信中使用了同样的短语,在那封信里,爱因斯坦告诉 Lorentz 他的旅行计划(参阅文件 57)。

[3] 根据 Solomon Ginzberg 的说法,犹太复国主义者组织希望爱因斯坦的参与可以鼓动"较富有的非犹太复国主义者",他们过去不支持为创建希伯来大学筹资的各项犹太复国主义规划,他形容这是一个"具有伟大精神吸引力的非政治机构"(参阅 *Ginossar 1950*,第 72 页)。

[4] Elsa Einstein。

[5] Solomon Ginzberg (1889—1968),伦敦中央犹太复国办公室希伯来大学事务部的秘书。几天后,柏林犹太复国局通知伦敦犹太复国主义者组织的总部,说爱因斯坦同意 Ginzberg 陪同他一起去,但只愿意坐鹿特丹号邮轮走,因为在他逗留鹿特丹的短短时间里可以"与同事"一起商量(参阅 Orghip Berlin 1921 年 3 月 4 日写给伦敦犹太复国办公室 的信[IsJCZA, KH1/193])。这个同事就是 Paul Ehrenfest(参阅文件 83)。

[6] Weizmann 计划从伦敦到普利茅斯去坐船;Vera 从 Weizmann 位于什罗浦郡,斯特雷顿教堂的家里出发(参阅 Chaim Weizmann 1921 年 2 月 27 日写给 Vera Weizmann 的信,载 *Wasserstein 1977a*,第 157 页)。显然是为了避开公开露面,爱因斯坦在逗留普利茅斯期间一直待在鹿特丹号上,不愿意踏上英国的土地(参阅"关于爱因斯坦教授旅行的英语新闻"及伦敦巴勒斯坦建设基金 1921 年 3 月 30 日写给柏林巴勒斯坦建设基金的信。[IsJCZA, KH1/193],[91 573])。

## 71. 致 Paul Ehrenfest

[柏林,]1921 年 3 月 1 日

亲爱的 Ehrenfest:

首先请告诉我们的俄国同事,我很久以前就开始着手处理其他俄国物理学家们的入境签证问题,而且已经得到当地警察局的同意。[1]我去阿姆斯特丹的短期旅行毫无伤害,你这个胆小鬼。[2]这里和其他地方的任何人可能都了解这件事,即使你对它不感兴趣。但你可以相信我永远不会连累亲爱的荷兰朋友们,[3]也不会做任何让他们感到失望的背信之事。但另一件事情来了,你可能会为此责备我。我和妻子 3 月 23 日要去美国,帮助犹太复国主义者筹集资金,为在巴勒斯坦建立一所大学。因此我只好推迟我在莱顿的演讲,不参加索尔维物理学会议。[4]我为此深感抱歉,但人不可能什么事情都揽着,我真心相信我在美国的出现,能够激发那些有钱人多多地捐款。我看见你紧锁眉头了,但无论如何——我现在什么也改变不了。为此,我放弃了我自己的美元之旅。[5]如果可以的话,我只想在那里的一所大学做几次演讲,只为表达我的好意而已。然后按照你的建议,我下学期去莱顿做演讲。[6]关于相对论我突然有了一个很好的想法。像 Weyl 一样,可以只赋予 $g_{\mu\nu}$ 的相对值以物理意义(亦即光锥 $ds^2 = 0$),因此不必因距离或量杆中不可积的变化求助于特别的 $\varphi$-度规)。相比而言,那个数学结构比较简单。这种事情是否具有物理学方面的价值,在相对较短的时间内就可以决定。我随后寄给你那篇初步写成的文章。[7]

热情问候你们大家。

你的
爱因斯坦

ALS。[9 553]。

[1] 爱因斯坦已经通知 Ehrenfest,大约 3 周前,他代表 5 位苏联物理学家与德国当局交涉过(参阅文件 48)。关于爱因斯坦写给柏林警察总部的信,参阅年表和日程表 1921 年 1 月 25 日。然而早在两周前,Lorentz 告诉 Ehrenfest,说荷兰当局不同意给他们签证。后来,A. Joffe 要求 Lorentz 进行调解。他和 Melitina Kirpicheva 在塔林等他们的签证(参阅 H. A. Lorentz 1921 年 2 月 16 日写给 Paul Ehrenfest 的信[NeLR])。

[2] 关于爱因斯坦参与去阿姆斯特丹的一个政治使命,Ehrenfest 的不赞成和焦虑心情,参阅文件 55。

[3] Ehrenfest 明显指的是 Lorentz 和 Kamerlingh Onnes(参阅文件 55)。

[4] Ehrenfest 以前对犹太复国主义运动表示过怀疑(比如参阅 Paul Ehrenfest 1919 年 11 月 24 日写给爱因斯坦的信[第九卷,文件 175])。

[5] 爱因斯坦计划去美国各所大学举行一次演讲之旅(参阅文件 48)。

[6] 关于 Ehrenfest 对爱因斯坦在莱顿发表演讲的计划,参阅文件 55。

[7] 两天后爱因斯坦提交了 *Einstein 1921e*(第七卷,文件 54)。他已经与 Wilhelm Wirtinger 讨论过这个想法(参阅文件 58)。

# 72. 致 Romain Rolland

[柏林,]1921 年 3 月 1 日

尊敬的大师:

请接受我衷心的谢意,感谢您赠予带有您友好题词的近作。[1]现在我有了一个很好的机会,可以在乘船前往美国的途中研读它。

期待再见您慈祥的面容。

致以热诚的问候。

您的
A. 爱因斯坦

ALS (FPBN, Fonds R. Rolland, 65/3)。[84 171]。信封上的收信人和地址是:"Romain Rolland 先生 3 rue Boissonade 巴黎 (XIV)",邮戳为"柏林 西 30 区 1921 年 3 月 2 日.8—9 时[上午]",回信地址及接收人是"阿耳伯特·爱因斯坦教授博士,柏林西.30 区 哈伯兰街 5 号",第二个邮戳为"巴黎 XIV Distribution

3 1545"，盖在背面。

[1] Rolland 1920，包含如下手写的题词："献给阿耳伯特·爱因斯坦，谨以此表示深深的敬意和纪念。罗曼·罗兰1921年于巴黎"。在第336页上，罗兰把爱因斯坦比作"一位新的牛顿，自由的德国人"。

## 73. Erich Marx 来信[1]

柏林西15区，萨克森街8号，1921年3月2日

尊敬的教授阁下：

正如您已经意识到的那样，犹太复国主义世界组织——更具体地说，我们的伦敦总部和在美机构——和我们自己将以最衷心的感谢来看待您参与创建耶路撒冷犹太大学谈判的重要价值；这些谈判将于本月底在纽约举行。[2]尤其是纽约的各位先生再三告诉我，您的参与将以我们希望的方式促进这个项目的顺利进行。[3]另一方面，美国这边也极其希望这些商谈在他们那里结束，因为能够特别参与这个项目对美国来说也是一种荣幸。[4]您知道，纽约著名的两位Warburg先生对耶路撒冷大学的建立特别感兴趣，纽约的这些绅士们特别盼望您的出席。[5]

鉴于这样的情形，我们以世界组织的名义满怀敬意地询问您是否愿意在本月底与您的妻子[6]一起开始美国之行。我们已经为你们定好了船票，你们将乘荷兰至美国的鹿特丹号邮轮到美国。该邮轮将于3月23日从鹿特丹出发，到了普利茅斯后，这艘邮轮将在那里停泊2小时。接着，犹太复国主义世界组织的主席Weizmann博士将带领我们总部的人员在那里登船，与你们一起坐这艘邮轮去美国，目的是结束创建耶稣撒冷大学的谈判会。[7]

正如我们想再次强调的那样，您出席的时间要求特别紧急，因此不能再有耽搁。同样，你们肯定也已经收到我们驻伦敦的总部通过电报发出的邀请函。[8]

恳请您及时通知我们，最好是通过回信方式，这样我们就可以马上电报告知纽约和伦敦，说您已经收到邀请函。而且我们也希望能够用上为你们准备的这两张船票。

致以最崇高的敬意。

您最忠诚的
Erich Marx 博士

TLS．[36 835]。信头打印的寄信人地址是"德国犹太复国主义者组织"。

[1] Marx（1888—1966）参与了德国犹太复国主义联合会的宣传工作。

[2] 在过去一周里,爱因斯坦已经被邀请参加这些由 Chaim Weizmann 代表伦敦犹太复国主义者组织中央办公室(参阅文件 63 和 70)和 Nathan Ratnoff 代表纽约美国犹太医生委员会组织的讨论(参阅文件 67)。美国犹太复国主义者运动联盟是美国犹太复国主义者组织,总部设在纽约。

[3] 几乎就在收到爱因斯坦愿意陪他同去的消息的同时,Weizmann 通知 Julian Mack,叫 Julian Mack "准备理由,推荐任命特别大学委员会"(Chaim Weizmann 1921 年 2 月 28 日写给 Julian Mack 的信[IsJCZA, KH1/193],发表在 *Wasserstein 1977a*,第 158 页上)。作为回应,犹太复国主义者组织建立了一个"Weizmann 委员会"来安排他的这次旅行。委员会被 Mack 告知"爱因斯坦博士特别为创建希伯来大学而来"(Weizmann 委员会第一次会议记录,1921 年 3 月 23 日,[IsRWW])。

Brandeis 一派对爱因斯坦来访的热情明显被抑制了。在致岳母的信中,Brandeis 说:"你一定听说了伟大的爱因斯坦将很快与我们的犹太复国主义者领袖 Weizmann 博士一起来美国。巴勒斯坦也许不只需要宇宙的一种新概念,也不只是需要几个额外维度的新概念;而是在反犹浪潮来袭之时告诉这个世界,在思想世界里,做出突出贡献的是犹太人"(Louis D. Brandeis 1921 年 3 月 1 日写给 Regina W. Goldmark 的信,载 *Brandeis 1975*,第 536—537 页)。

[4] 犹太复国主义者组织希望,通过这次访问他们可以在美国建立一个"强大的委员会",从而为大学基金"成立一个特别管理机构,如此一来,主要委员会和巴勒斯坦建设基金将会得到及时的代表。"(参阅 Solomon Ginzberg 1921 年 3 月 4 日写给 Frederick S. Spiers 的信[IsJCZA, L12/113])。Ginzberg 把这个委员会叫作"大学救助委员会",关于这个委员会的更多信息,参阅文件 115,注释 5。

[5] 指 Paul 和 Felix Warburg 两兄弟。虽然 Paul Warburg 不是犹太复国主义者运动的支持者,并且"通常避开犹太复国主义者组织",然而他的哥哥 Felix 却对巴勒斯坦的项目热情满怀,尤其是对计划创建的希伯来大学充满热情(参阅 *Chernow 1993*,第 249 和 252 页)。

[6] Elsa Einstein。

[7] 关于计划中的犹太复国代表团的组成,参阅文件 87,注释 2。

[8] 参阅注释 2。

# 74. Malwin Warschauer 来信[1]

柏林北 24 区,奥拉宁堡街 66 号,1921 年 3 月 2 日

亲爱的教授:

我受犹太共同体之托,就您加入该共同体一事联系您。如果我不是像您一样的犹太民族主义者,而事实上是一个有正式隶属关系的犹太复国主义者,在您向犹太共同体提出断然拒绝之后,我本不应该承担这个使命[2]。同样,我也理解并认可您不情愿加入该共同体的犹豫心情,因为您不想假装表面上坚守一个您觉得毫无实际意义的信仰。[3]然而请允许我请求您考虑如下情形:为了我们的生存,毫无疑问,我们既需要全面性的组织,也需要小型的联合会。而在今天,联合会唯一可行的组织就是这些现存的共同体,我们犹太复国主义者致力于这些共同体的改变,希望把它们从宗教性的组织改变成民族性的组织,即所谓的民族共

同体。[4]

  这个目标要取得成功,只有当我们属于这些共同体,并让它们采取具有民族意义的形式之时。从这个角度来讲,许多民族主义犹太人都是当前这些共同体的成员,他们在这些共同体内工作。我热诚地恳求您再次从这个角度重新审视您的立场。而且,请不要认为这些话是我对您的一种强迫,或是共同体的管理部门强加给您的;这只是领受一种感觉的引导,即对犹太民族的支持和共同体的荣誉,即在这样的共同体内,能够依靠它自己的重要知识精英。

  希望得到您默认的便条,我会满怀敬意地在上面签字。

您忠实的<br>
拉比 Warschauer 博士

ALS。*Warschauer 1995*,第 141—142 页[35 101]。信头写的寄信人及其地址是:"Dr. M. Warschauer Rabbiner der jüd. Gemeinde"。

  [1] Warschauer (1871—1955) 是柏林奥拉宁堡大街的新犹太会堂的拉比。

  [2] 1920 年 12 月柏林犹太共同体要求爱因斯坦支付过期未付的犹太教会费,在回应这一要求时,有信追问爱因斯坦是否是犹太会堂的一个成员,是否是被迫接受其成员资格的(参阅文件 8)。

  [3] 关于 Warschauer 最初对犹太民族主义者的兴趣,以及他在柏林读书期间参与犹太复国主义者运动的情形,参阅 *Warschauer 1995*,第 81 页和第 91—95 页。

  [4] 关于犹太民族主义者想把德国当地犹太共同体转变成"民主的民族实体"的努力,参阅 *Lavsky 1996*,第 43 页。

## 75. 致 Erich Marx

[柏林,]1921 年 3 月 3 日

  根据我们早先口头上的讨论和您本月 2 日的来信[1],我在此向您表明我接受您的邀请去美国,并按照您在来信中罗列的一系列条款,参加在耶路撒冷创建一所大学的谈判。

Dft 为 Ilse Einstein 代笔。[36 836]。写在文件 73 的背面。

  [1] Marx 前一天写给爱因斯坦的信(参阅文件 73)。

## 76. 致 Otto Neurath

[柏林,]1921 年 3 月 3 日

尊敬的 Neurath 博士：

您期望的计划在我看来很有价值，我愿意作为一个合作者尽全力支持它；也就是说，我会大致按照您在 1921 年 1 月 12 日来信中提出的方式来做。[1]然而，各样科学职责和其他事务缠绕着我，使我不能投入作为一个合格的编辑所应该付出的时间和努力。这可能反映了一些错误事实，必须予以杜绝。而且我不能接受这个义务，就是使我所谈的每件事情都能对这个计划有用，这个必须留给我来做评估。我为着广告目的给您附上另一封信。[2]我提到的可作备选的合作者有：M. Wertheimer 博士；[3] W. Reichenbach 博士[4]（物理学、技术以及认识论）；斯图加特理工学院的物理研究所；Nicolai[5]（生物学、生理学）；Gumbel 博士[6]（物理学、数学）柏林西 30 区，莫茨街 48 号。

如果我能想到其他合适的合作者，我会告诉您他们的地址。

致以崇高的敬意。

Dft 在 Ilse Einstein 的手中。[18 399]。写在文件 59 的背面。

[1] 参阅文件 14。

[2] 参阅文件 77。

[3] Max Wertheimer（1880—1943）是柏林大学心理学和哲学的编外讲师。

[4] Hans Reichenbach。

[5] Georg F. Nicolai（1874—1964）是柏林大学的医学教授。

[6] Emil J. Gumbel。

## 77. 致 Otto Neurath

柏林,1921 年 3 月 3 日

尊敬的博士：

您已经说服我相信，您关于出版一系列通俗读物的计划非常适合于满足无数读者真正有效地学习。[1]您的计划对于更广泛的大众来说，具有像 18 世纪时百科全书对法国受教育者一样的重要性。[2] 我本人非常愿意尽我所能与您合作，也愿意努力激发能干而友好的同事们参与您的计划。

　　致以崇高的敬意。

TLC。[18 401]。这封信的收件人及其地址是："Otto Neurath 博士先生，柏林"。

　　[1] 这封信附在前一份文件上，主要是为 Neurath 的项目做广告宣传。

　　[2] 爱因斯坦提到法国百科全书（可能是想劝 Neurath 以"统一的科学百科全书"（Encyclopedia of Unified Science）为名再冒一次险，尽管这一次失败了（Dahms 2005，第 108—109 页）。

## 78. Paul Epstein 来信[1]

苏黎世，物理街 6 号，1921 年 3 月 4 日

尊敬的教授阁下：

　　我从报纸上了解到您本月底将要出发去美国。[2] 我此时也在这里打点行李，准备接下来的日子去荷兰安身。如果您在荷兰坐船走，我将非常期待能在荷兰见到您。

　　我想我在荷兰也只是暂时的，我准备努力去美国或英国找更合适的职位。我最近正在跟伯克利洽谈一个为期一年的岗位，刚刚谈到一半，最后有没有结果还很难说。[3] 如果某所大学请您为他们推荐一位理论物理学家，请多多考虑我。当然，您只为我考虑有稳定收入的岗位，正如某个非常懂行的人所说的那样，那个岗位至少是"助教"以上。

　　Edith 小姐是少有的几个不想我离开的人。她的博士论文才写了没多少，但不论好坏，她最后都必须完成；所以给人的印象可能有点弱。不幸的是，照她现在的样子，似乎很难完成。[4]

　　不管怎样我都不觉得离开苏黎世太遗憾，我已开始期待莱顿有更好的工作条件。我已经寄出一篇小文章，很快会在 Amsterdam Proceedings 上发表。[5]

　　希望您的旅途愉快，也能带给您许多的乐趣和灵感。希望您的目的圆满达到。[6]

　　向您致以热诚的问候。

您忠诚的
Paul Epstein

　　附：Abraham 最近在苏黎世。他向罗马最高法院提起上诉，要求恢复他的教授席位。按照他所说的，这次他有希望成功。[7] 非常高兴能读到您发表在《柏

林报告》(*Berliner Berichte*)上的精彩言论。[8]

ALS。[10 559]。

[1] Epstein(1882—1966)是苏黎世大学的物理学编外讲师,他准备接受 Hendrik A. Lorentz 和 Paul Ehrenfest 的邀请,去做他们带有薪水的助手(参阅爱因斯坦 1920 年 6 月 4 日写给 Paul Epstein 的信[第十卷,文件 42])。

[2] 从 2 月 25 日起,德国和国外报纸开始详细报道爱因斯坦的美国之行,比如参阅《柏林日报》(*Berliner Tageblatt*),2 月 25 日;《福斯报》(*Vossische Zeitung*),1921 年 3 月 2 日,早间增补版,以及《每日评论》(*Tägliche Rundschau*),1921 年 3 月 3 日晨间版。

[3] Epstein 可能也在与加州理工学院商谈,他可能在 1921 年秋去那里;按照当初的约定,在那里做一年的客座教授(参阅 CPIT,《口述历史抄本》,第 109 页)。

[4] Edith Einstein(1888—1960)是爱因斯坦的表姐,当时正在苏黎世大学撰写一篇关于辐射计理论的博士论文(*Einstein*, *E. 1922*),指导她的是 Epstein(参阅 Epstein 1920 年 5 月 30 日写给爱因斯坦的信和爱因斯坦 1920 年 6 月 4 日写给 Epstein 的信[第十卷,文献 38 和 42])。

[5] *Epstein 1921*。

[6] 爱因斯坦正要去美国支持犹太复国主义事业,尤其是在耶路撒冷创办希伯来大学(参阅文件 71)。

[7] Max Abraham(1875—1922)自 1909 年起就在米兰理工大学任教。1913 年 7 月 1 日,他被任命为理性力学“正式教授”。1915 年 4 月 19 日,沙文主义学生抗议并且扰乱 Abraham 的课堂。1915 年 5 月 2 日,Abraham 离开意大利,前往瑞士。1915 年 11 月 1 日,Abraham 被解除教师资格,理由是缺课之后,他没有回到自己的岗位上(*Il Secolo*,1915 年 5 月 4 日以及米兰理工大学档案 Max Abraham 卷,Sign A. G. 1)。1920 年 12 月,Abraham 开始申请恢复教师资格,但遭到拒绝,尽管他的藏书室仍归他所有,参阅 Abraham 1920 年 6 月 22 日和 1921 年 9 月 29 日写给 I. Hanauer 的信[GyB,Slg. Darmst. Fle(6) 1898]。

[8] 爱因斯坦的演讲《几何学和经验》(*Einstein 1921c*[第七卷,文件 52])。

# 79. Wilhelm Wirtinger 来信

维也纳Ⅸ区,斯特鲁德尔霍夫街 4 号,1921 年 3 月 4 日

十分尊敬的同事先生:

非常感谢您 1921 年 2 月 22 日的友好来信。[1]请您原谅我在 $K_{\mu\sigma}K^{\mu\sigma}$ 上的疏漏,计算过程中我忽略了一个指标交换。[2]

我也按您的提示找到了 Weyl 所说的那个张量 $H$,起初它也同样被我忽略了。[3]至于说,$I$ 是不是所找到的那类唯一的不变量,当 $n=4$ 时我对这个问题的回答是否定的;然而我相信,也仅仅对于这个数字来说,答案才是否定的,因为线性几何立刻就能提供第二个与之不同的不变量。[4]如果相应于线坐标之间的等

式 $p_{12}p_{34}+p_{13}p_{42}+p_{14}p_{23}=0$,我们就 $12/34, 13/42, 14/23$ 这些指标对进行计算,字母相同但带撇号的配对为 $\mu\nu/\mu'\nu'$,那么 $g^{\mu\nu/\rho\sigma}=\frac{1}{g}H_{\mu'\nu'/\rho'\sigma'}$ 也就会随 $H_{\mu\nu\rho\sigma}$ 成为一个张量。由此 $H_{\mu\nu\rho\sigma}g^{\mu\nu\rho\sigma}=\frac{1}{g}H_{\mu\nu\rho\sigma}H_{\mu'\nu'/\rho'\sigma'}$ 也成了一个标量 $L$,当以 $ag_{\mu\nu}$ 替代 $g_{\mu\nu}$ 时,它会带因子 $a^{-2}$。于是,代替 $d\sigma$,可以出现任一微分形式 $ds \cdot M(I, L)$,此处的 $M$ 是一个 $I$ 和 $L$ 的齐次函数的 4 次方根,即 $\sqrt[4]{\alpha I+\beta L}$ 或 $\alpha\sqrt[4]{I}+\beta\sqrt[4]{L}$。从而比率 $I:L$ 就是一个仅仅依赖于 $g_{\mu\nu}$ 及其一阶和二阶微商的位置函数,该函数肯定会被赋予一种物理意义。对于具有恒定曲率的空间而言,两者都会同样地随着 $H$ 消失,结果在过渡到它们的边界时,就必须补充一些其他条件。

在四维区域的变分问题上,起初大概只能考虑
$$0=\delta\int(\alpha I+\beta L)\sqrt{g}\,dx_1\,dx_2\,dx_3\,dx_4,$$
然后在这些拉格朗日方程之间就会存在 5 个微分恒等式。对于我们的世界图像提出的那类很普遍的要求,或许有可能在这里就决定 $\alpha$ 和 $\beta$。

您此前在过渡到特殊问题时所做的那个假定——无限远处的空间是欧氏性质的或者甚至只是具有恒定曲率的——在此处可能产生的结果是:$H$ 并且随之还有 $I$ 和 $L$ 都会在那样的空间里为零,$I:L$ 会变得不确定。而这个结果对我来说,显得完全不合理,而且可以在如下意义上来理解:一种基于 $H_{\mu\nu\rho\sigma}$ 的物理学在那样的空间里会变得言之无物。

在 $n>4$ 的情况下,虽然会有类似的结构,可是它们要么带有高阶的微商,要么就将含更多变量。所以或许还有可能朝各个不同的方向进行推广,但是这样做有无必要,我也不知道。

$I$ 和 $L$ 事实上是不相同的,因为 $H_{1212}^2(g^{11}g^{22}-(g^{12})^2)^2$ 项出现在 $I$ 里,却没有出现在 $L$ 里。经计算所得的 $L$ 为
$$\frac{1}{g}(H_{1212}H_{3434}+H_{2323}H_{1414}+H_{3131}H_{2424}+2(H_{1223}H_{3414}+H_{1231}H_{3424}+$$
$$H_{1224}H_{3431}+H_{2331}H_{1424}+H_{3114}H_{2324}+H_{1214}H_{3423})+H_{1234}^2+H_{3124}^2+H_{2314}^2)$$

对于那些可能作为作用量函数出现在 Weyl 设想中的不变量,Weitzenböck 先生已经进行过系统的研究。[5] 这些研究结果会尽快在我们科学院公布——只要时间允许我们"尽快"。

我满怀喜悦地期待着您答应过要告诉我的、关于"没有 $\varphi_\nu$ 的"物理学的消息。[6]

十分感谢并怀着崇高敬意问候您!

您真诚的
Wirtinger

ALS。[23 495]。

[1] 文件 58。

[2] $K_{\mu\nu\rho\sigma}K^{\mu\rho\sigma}$ 并非"Weyl 不变量"(参阅文件 49 和 58)。

[3] 参阅文件 58,注释 4。

[4] 这个问题是在文件 58 和 *Einstein 1921e* 里提出的(第七卷,文件 54)。在收到这封信的时候,爱因斯坦已于前一天也就是 3 月 3 日,将 *Einstein 1921e* 提交给了普鲁士科学院准备出版。

[5] *Weitzenböck 1920a*,*1920b*,*1921*。这三次交流分别于 1920 年 10 月 21 日、28 日以及 1921 年 2 月 10 日提交给了维也纳科学院。Roland Weitzenböck(1885—1955)是格拉茨理工大学的数学教授。

[6] 影射了爱因斯坦对 Weyl 的批评,因为后者把爱因斯坦的"长度联络"解释为电磁势(参阅文件 58)。关于 Wirtinger 对 Weyl 提出的基于一种"广义微分几何"的物理理论的兴趣,参阅 *Wirtinger 1922*。

# 80. Jakob Grommer 来信[1]

[格丁根或柏林,]1921 年 3 月 5 日[2]

亲爱的教授先生:

对于以下四个变量而言,

I ) $\quad H_{iklm}H_{i'k'l'm'} \cdot \dfrac{\delta^{iki'k'}}{\sqrt{g}}\dfrac{\delta^{lml'm'}}{\sqrt{g}},$

II ) $\quad H_{iklm}H_{i'k'l'm'} \cdot \dfrac{\delta^{klk'l'}}{\sqrt{g}}\dfrac{\delta^{imi'm'}}{\sqrt{g}},$

III ) $\quad H_{iklm}H_{i'k'l'm'} \cdot \dfrac{1}{\sqrt{g}}\delta^{iki'k'}g^{ll'}g^{mm'},$

IV ) $\quad H_{iklm}H_{i'k'l'm'} \cdot \dfrac{1}{\sqrt{g}}\delta^{klk'l'}g^{ll'}g^{mm'}.$

在中心对称的情况下,结果为:I = 4。II = 数值因子 · $H_{iklm}H^{iklm}$,且 III = IV = 0。此外,Wirting 先生对 $\delta R_{iklm}$ 的描述并不正确。[3]在他那里,对 $a$ 或者 $\gamma = 1+a$ 的导数的乘积给省略了。是这样的:

当 $R_{iklm} = \dfrac{1}{2}\dfrac{\partial^2 g_{il}}{\partial x_k \partial x_m} + \cdots$(Wirtinger 的为负),则有

$$R_{iklm}(\lambda g_{\alpha\beta}) = \lambda R_{iklm} + \frac{1}{2}(g_{il}\lambda_{mk} - g_{im}\lambda_{kl} + g_{km}\lambda_{il} - g_{kl}\lambda_{im}) - \frac{3}{4\lambda}(g_{il}\lambda_k\lambda_m - g_{im}\lambda_k\lambda_l + g_{km}\lambda_i\lambda_l - g_{kl}\lambda_i\lambda_m) + \frac{1}{4\lambda}\lambda_\mu\lambda^\mu(g_{il}g_{km} - g_{im}g_{kl}),$$

$$R_{km}(\lambda g_{\alpha\beta}) = R_{km} + \frac{\lambda_{km}}{\lambda} - \frac{3}{2\lambda^2}\lambda_k\lambda_m + \frac{g_{km}}{2\lambda}\lambda_{\alpha\beta}g^{\alpha\beta}.$$

$$R(\lambda g_{\alpha\beta}) = \frac{R}{\lambda} + \frac{3}{\lambda^2}\lambda_{il}g^{il} - \frac{3}{2\lambda^3}\lambda_m\lambda^m.$$

Weyl 的不变量是正确的。[4]

我想研究相对论的几个问题。您能否不介意让我占用您一些时间？我正在考虑的主要是这样一些问题：如果在有限远处总有 $R_{ik}=0$ 且 $g_{ik}$ 是非异的，并且 $g=0$，那么流形就必然是欧氏性质的吗？我认为，Lipschitz 的一个研究成果或可用于处理这个问题。[5] 我在考虑的另一个问题为：是否存在封闭的测地线。[6]

我打算写一部关于相对论的书。对于数学方面的问题我也会采用科学的方法去处理。要是我能在这里（或到巴勒斯坦）获得大学执教资格，[7]您愿意帮帮我吗？

v. Mises 教授先生是一位杰出的人士，您或可跟他谈谈有关的事。[8]

向您致以衷心问候的

J. Grommer

又及：另外我觉得，局限于二阶导数是不对的，倘若只有 $g_{ik}$ 的比率在起作用。附加条件或可包含更高阶的导数。

ALS。[11 407]。

[1] Grommer（1879—1933）是爱因斯坦在数学方面的临时合作人。

[2] Grommer 在格丁根大学工作（参阅文件 176），但经常访问柏林。

[3] 爱因斯坦可能已经把 Wirtinger 2 月 15 日的那封来信给 Grommer 看过（文件 49）。他已经在给 Wirtinger 的回信中指出了 Wirtinger 的错误（文件 58）。

[4] 从 Weyl 张量演变而来的一个不变标量（An invariant scalar），在爱因斯坦通过 Wirtinger 的帮助发展起来的一个理论中起了关键性的作用（参阅 Einstein 1921e ［第七卷，文件 54］）。

[5] Rudolf Lipschitz（1832—1903）是波恩大学数学教授。

[6] 可能就是当今所说的"闭合类时曲线"（closed timelike curves）。在这些闭合类时曲线里，粒子经过时空轨道的时候，可能将其带回轨道先前穿过或靠近的事件。对于这种闭合路径因广义相对论而获得的可能性，爱因斯坦早在 1915 年就讨论过，参阅 Einstein 1914（第六卷，文件 9，第 1079 页）。

[7] Grommer 计划搬到巴勒斯坦去做讲师，或者编写数学教材（参阅 Solomon Ginzberg[？]1920 年 11 月 2 日写给 Otto Warburg 的信［IsJCZA，L12/104/2］。爱因斯坦于 1920 年 10 月 11 日前将自己对 Grommer 在数学和物理学方面的教学工作的意见，寄给了伦敦犹太复国组织［IsJCZA，L12/99/2］）。

[8] Richard von Mises（1883—1953）是柏林大学应用数学教授。

## 81. 致 Alfred Kerr [1]

[柏林,] 1921 年 3 月 7 日

十分尊敬的 Kerr 先生:

我希望您的妻子[2]感觉好些了,也希望您的孩子[3]正在享受着一种非宗教的快乐[4]。您刚一离开,我就收到了一位拉比的来信。他用狡猾的言辞挑动我的心,企图让我加入那个宗教共同体;[5]但耶和华会帮助他悖逆的儿子,使他坚持不动摇。[6]衷心感谢您寄来的那些书,[7]我已沉浸在愉快的阅读中了。我想起了一种喷泉,这样间歇性的气质总会产生出乎意料的东西。我不想寻求回报,因为那意味着一种几乎不道德的无礼。

向您致以热情的问候。

您的
爱因斯坦

ALS (GyBAK, Alfred-Kerr-Archiv)。[44 114]。

[1] Kerr(1867—1948)是一位诗人、作家以及《柏林日报》的戏剧评论人。
[2] Julia Kerr-Weismann(1898—1965)是一位音乐家和作曲家。
[3] 他们的第一个孩子 Michael(1921—2002),出生于 3 月 1 日。
[4] 作为一个年轻人,Kerr 不信有神,随后选择不让他的孩子接受宗教方面的教育(参阅 *Vietor Engländer 1994*,第 68 页)。
[5] Rabbi Malwin Warschauer(参阅文件 74)。
[6] 参阅文件 86。
[7] 可能是 *Kerr 1920*,珍藏于爱因斯坦图书馆。第一、第二卷包含如下的手写题词:"满怀由衷的谢意和敬意,致灵魂的牧者爱因斯坦,他在这本著作里找到 3 个城市:乌尔姆——他的出生地(Ⅰ, 150);纽约——他正前往之地(Ⅱ, 180)耶路撒冷——他要为之效力之处(II, 153)1921 年 3 月 Kerr。"

## 82. Rudolf Goldschmidt 来信[1]

[柏林,]夏洛滕堡 9 区,林登路 45 号,1921 年 3 月 7 日

亲爱的教授:

我想再次感谢您允许我就我的发明请教您。[2]

因为您的帮助，公司[3]将支付给您约定的酬金，共计18000马克，按照分期付款的方式每年分4次提前支付。

在此我谨向您保证，我不会对您的时间做出过分的要求，也不会限制对我总体计划的提交和讨论的磋商。

您的<br>
Rodulf Goldschmidt

ALS。[35 491]。这封信的收信人是"A. 爱因斯坦教授博士先生"。

[1] Goldschmidt (1876—1950)是一位私人电机工程师。

[2] 以爱因斯坦为顾问的4项发明被提交上去，都是关于把旋转运动改变成往复运动，从而达到制作电动手锤的目的。它们由丹麦夏洛滕隆技术测试公司在1920年11月10日至1921年2月7日期间提交给德国专利局，被接受为德国专利，专利号分别是3148111, 347785, 357007以及370019。这些专利没有提到Goldschmidt的姓名，但紧随这些德国专利之后又出了一项美国专利(1921年1月10日提交，专利号1386329)，该专利提到了Goldschmidt的姓名，将其作为那家丹麦公司的发明人和专利转让人。

[3] 技术测试公司。

## 83. 致 Paul Ehrenfest

[柏林，1921年3月8日]

亲爱的 Ehrenfest：

你这个大好人，你这个天使，竟然不责备我的犹太复国主义大冒险！[1]这儿已经愤怒了，但对我来说都是一样。甚至被同化的犹太人也在痛哭或责备。[2]如果一切顺利，我们将于21日去鹿特丹，到达那里的时间是22日。轮船23日离开。[3]如果你来鹿特丹，那真是太好了！[4]这样我们可以自由地畅谈。如果旅行计划有变动，你会马上得到通知。这个夏季学期无论如何我要去莱顿。[5]

热情问候你们大家。

你的<br>
爱因斯坦

那个音乐计划听起来非常好。[6]尽管事实上没有那么简单。如果可能，希望我们的一切都进展顺利。

AKS。[9 555]。Ilse Einstein 的附言被省略了。背面写的收信人及其地址是"P. Ehrenfest 教授博士先生，莱顿(荷兰)，威特罗曾街"，邮戳为"柏林 W 30 8.3.21.9—10[下午]"。

[1] 指 Ehrenfest 对爱因斯坦旅美计划的积极反应(参阅文件68和71)。

［2］关于爱因斯坦的旅美可能对德国犹太共同体产生的影响以及 Fritz Haber 对此的看法，可参阅文件 87。

［3］鹿特丹号邮轮。

［4］Ehrenfest 提议与爱因斯坦见一面，如果爱因斯坦途经荷兰去美国的话（参阅文件 68）。

［5］关于爱因斯坦对莱顿演讲计划的改变，参阅文件 68 和 71。

［6］可能指爱因斯坦替 Ehrenfest 为他女儿买的一把小提琴，显然那些小提琴都放在柏林（参阅 Paul Ehrenfest 1920 年 8 月 6 日写给爱因斯坦的信［第十卷，文件 99］）。

## 84. 致 Rudolf Goldschmidt

［柏林，］1921 年 3 月 8 日

亲爱的 Goldschmidt 先生：

在此想确切地告诉您，我已收到我们口头协议的书面通知。[1]非常高兴能以这样的方式一直与您保持联系，尤其使我开心的是，我得承认，在很长一段时间之内，您的想法都将是我所熟悉的最有原创性的想法之一。

致以崇高的敬意。

Dft 为 Ilse Einstein 手笔。［35 492］。写在文件 82 的背面。

［1］参阅文件 82。

## 85. 致 Maurice Solovine

［柏林，］1921 年 3 月 8 日

亲爱的 Solovine：

非常感谢您友好的来信。[1]但您得到每册 10％ 的稿酬没有？也就是我想给您的那一部分？[2]如果这对您不够，那么尽管保留属于我的那份的第三期支付款项（从 20％ 当中抽取）。我从您提的问题可以知道，您是一位非常尽职的翻译。因此我明确地决定把我的翻译权交给您，并且向您承诺，无论我想用法语出版什么，翻译的事情都只交给您来做。数字计算方面需要考虑的程度有多大呢？我同意那份合同。[3]

该死的 Lucien Fabre 竟然伪造了我的序言，因为他——没有问过我同意与否，就直接修改一封甚至并非完全属于我的信，把它当作一篇序言[4]；其实那封信已经被我的一个朋友的手打上了法国文明的印记。[5]如果您能帮我让这个犯人戴上刑具,您就算帮了我最大的忙了。我根本没有读过 Fabre 的书[6],因此我不知道它有什么价值。您很快就会收到我在科学院的简短发言,还有一份需要翻译的补遗。[7]当您收到我要您翻译的那样的垃圾,您将会怎样看我呢——对了,我的确必须问问科学院,看看是否可以翻译;也许那些沙文主义者不容许用法语出版。[8]

我不喜欢去美国,但我只是代表犹太复国主义者去,他们必须为了耶路撒冷的教育机构去讨钱;为此,我必须被当作了不起的大人物和诱饵去做点什么。[9]如果我们的位置可以稍稍互换一下,我很高兴您能代我去。[10]另一方面,我要尽我所能为我的同胞做点什么,他们无论在哪里总是受到恶劣的待遇。[11]总之我认为,如果我们能够再相见,我们将非常理解彼此。我相信那不配得到的赞美没有玷污我的灵魂。我很抱歉,没有把我的小册子也交由您来翻译。[12]但我应该怎么安排它呢?如果我什么都能做,甚至可以将那个恶劣的 Fabre 绳之以法,我将很乐意那样做。给我写信就寄到这里吧,我会找别人把信转交给我,如果那信还有价值的话;也许我出发之前,这件事情就可以解决。我 3 月 21 日从这里出发。[13]在莱顿的发言里,务必留出正式的地址[14]——照着您认为最好的方式去做即可。

向您致以热情的问候。

您的
A. 爱因斯坦

ALS (TxU, Albert Einstein Collection)。*Einstein and Solovine 1956*,第 24 和 26 页[80 832]。Ilse Einstein 写的附言被省略了。

[1] 文件 69。

[2] 关于把 *Einstein 1920j* 翻译成法语(第七卷,文件 38),参阅年表和日程表 1921 年 2 月 10 日。

[3] Solovine 把合同转交给了爱因斯坦(参阅文件 69)。

[4] 关于 Fabre 盗用爱因斯坦写给 Oppenheim 的那封信,参阅文件 61。

[5] Paul Oppenheim。

[6] *Fabre 1921*。

[7] *Einstein 1921c*(第七卷,文件 52)。

[8] 在战争开始之前,45 位德国学者是法国科学院的通信院士,而只有 14 个法国学者是普鲁士科学院的院士。随着敌对形势的升级,那些法国院士退出了普鲁士科学院。法国科学院也开除了其德国院士。关于普鲁士科学院和法国科学院之间的紧张气氛,参阅 *Grau 2000*。

[9] 爱因斯坦的美国之行,参阅文件 73。

[10] 多年来,Solovine 一直在努力准备去旧金山看望母亲(参阅文件 69)。

[11] 关于爱因斯坦对反犹情绪的缘由的看法,参阅"同化与反犹主义"(第七卷,文件 34)。

[12] *Einstein 1917a*(第六卷文件 42),由 Jeanne Rouvière 翻译成法语。

[13] 经荷兰去美国。

## 86. 致 Malwin Warschauer

[柏林,] 1921 年 3 月 8 日

十分尊敬的博士：

我非常钦佩您以如此善意的方式施加在我这个不善言辞的可怜人儿身上的那种技巧。[1]但我必须硬着颈项坚持我的立场。[2]这个共同体是一个操练各样仪式的组织，而那些仪式距离我的观点实在遥远。我必须把它当作今天的样子，不必把它当作某个人可能希望看到它变成的那个样子。当我想开车去镇上，我不会躺在床上，希望它会长出轮子，变成一辆汽车。

如果我的这种态度在您的眼里只是使您感到不舒服的耻辱，我会高兴地发誓，我将很快以各种有利于犹太个人和犹太共同体的努力使它平顺。

如此，请允许我向您献上善意的敬意。

您的
阿耳伯特·爱因斯坦

Dft 为 Ilse Einstein 的手笔。*Warschauer 1995*, 第 142 页[35 102]。信头写的寄信人是："科学院院士阿耳伯特·爱因斯坦教授博士"。

[1] 参阅文件 74。
[2] 参阅文件 8。

## 87. Fritz Haber 来信[1]

柏林-达勒姆 法拉第路 8 号，1921 年 3 月 9 日

亲爱的阿耳伯特·爱因斯坦：

我们多年的友谊迫使我今天给您写这封信。

人家告诉我您很快就要启程去美国，代表致力在耶路撒冷创建一所大学的犹太复国主义者，而且您将与那些支持这个想法的英国人同行，然后接受那里政府的邀请再去英国。[2]此外，我还从报纸上了解到，这个计划阻碍了您参加布鲁塞尔的索尔维会议，对于这次会议，您是我们国家唯一受到邀请的代表。[3]

无论您的脚步把您带到哪里，我的关心都会跟随您到哪里。就我对您的了解，我知道您所有的行为总是发自高贵的人类本性和良心。我对此的感受如此强烈，以至于我很难扮演歌德的《塔索》(Tasso)中的安东尼奥(Antonio)，很难违背您乐善好施的天性，谈论联结我们之间的纽带。[4] 我也不愿这样做，如果没有人能够说服我这样做可以帮助您的话。但我深深知道，人的年龄越来越老，当传统和习俗，即一切可以稳定生活秩序的东西展示其情感力量的时候，那样的日子就会来临。我不希望对我来说那么亲近的人后来却说，他开始了一段不可避免地充满了痛苦冲突的旅程，然而他的朋友都没有提醒过他。

如果您去美国的时候，新上任的总统推迟磋商那条宣告美德和平的律条，[5] 如果您与英国犹太复国主义运动的朋友同去美国的时候，那些制裁正暴露得比以往更加露骨，[6] 那么，您正当着全世界人的面公开宣布您只想做一个瑞士人，一个碰巧住在德国的瑞士人。[7] 我恳求您考虑一下，您是否真的想现在就做这样的宣布。现在这个时间是，属于德国就是一种殉道的行为。您真的想在这个时候宣布您个人的疏远吗？人们对深奥的需要给您戴上您配得的王冠，给您的使命和忽略附加上意义，这些以前只赋予王族所做事情的东西。您做的事情，无论何事，不只具有您自己想要的那种效应。

英国人和比利时人想要夺取阿耳伯特·爱因斯坦这个姓名所具有的德国特点。如果您同意他们这么做，德国犹太人将必然为此遭受痛苦。

因为对于整个世界来说，您现在是最重要的德国犹太人。如果这个时候，您大张旗鼓地与英国人及其朋友称兄道弟，那么这里家乡的人们将会为此感到遗憾，认为这是犹太人不忠的证据。[8] 那么多犹太人在这场战争中战斗、牺牲，或者因为战争变得一贫如洗，他们却毫无怨言，认为这是他们的本分。他们的生与死没有根除反犹情绪，但减轻了这种情绪，使得那些关心我们国家的荣誉和强大的人们把这样的情绪视为可憎的和羞耻的。[9] 您想用自己的行为把德国犹太人所流的鲜血和所遭受的痛苦全都抹去吗？您现在去美国，您能从这样的旅行中得到什么呢？为何不推迟一年，等到各国之间的关系更加和平的时候再去呢？也许您会成功，在耶路撒冷建立大学可能提前一年，但您必然会牺牲掉那块狭窄的地盘，那些忠心于德国大学的老师和学生们赖以生存的地盘。[10]

您情感的自由与您行动的责任之间的冲突，根源于您在德国所经历的这个时代，根源于您所做的伟大的工作，看在我们之间坚固的友谊的份上，我认为在此把这一点向您陈明是我的义务。

您的
Fritz Haber

TLS。[12 329]。信头打印的寄信人是"枢密顾问 F. Haber 教授博士"。

[1] Haber(1868—1934)是柏林威廉皇帝物理化学和电化学研究所所长。

[2] 参阅文件63。3月10日,伦敦犹太复国主义者组织决定代表团的构成。Menachem Ussishkin 是犹太复国主义行政机构的成员,Isaac A. Naiditch 和 Hillel Zlatopolsky 都是巴勒斯坦建设基金的创始人,他们将与 Weizmann 和爱因斯坦一同去美国;拉比 Hirsch Perez Chajes 和犹太复国主义行政人员 Arthur Ruppin 以后可能加入他们。爱因斯坦的旅行费用将由犹太复国主义者组织的大学基金来承担(参阅巴勒斯坦临时行政委员会第八次会议纪要,1921年3月10日[IsRWW])。根据 Weizmann 3月中旬的说法,代表团的其他成员是 Zlatopolsky 和 Naiditch;Ruppin 和 Ussishkin 以后会加入(Chaim Weizmann 1921年3月14日写给 Bella Berligne 的信,*Wasserstein 1977a*,第169页)。

Weizmann 1910年正式成为一个英国公民(参阅 *Reinharz 1985*,第338和第506页)。爱因斯坦接到曼彻斯特和伦敦各大学的邀请(参阅年表和日程表1921年3月19日和24日)。爱因斯坦没有接到来自英国政府的官方邀请。

[3] 参阅《福斯报》,1921年3月2日,晨间版,增订版1。第一届索尔维物理会议召开于大战爆发后;第三届会议将在布鲁塞尔举行,时间是1921年4月1日到6日。爱因斯坦1920年6月9日接到 Hendrik A. Lorentz 的邀请(第十卷,文件49)。尽管索尔维研究所计划只邀请协约国的学者,或者来自中立国的学者,但对 Ehrenfest 和"爱因斯坦先生例外,爱因斯坦的国籍不确定,我想他是瑞士人吧,他在大战期间成为柏林许多骚乱的话题,因为他始终怀着和平主义者的同情之心",参阅 Emile Tassel 1921年3月23日写给 Michel Huisman 的信[BeBxUL,Ernest Solvay 创立的物理和化学国际档案机构,no. 2074]。"唯一被邀请的德国人就是爱因斯坦,因此从这个目的上讲,他应该算是国际人士"(Ernest Rutherford 1921年2月28日写给 Bertram B. Boltwood 的信,载 *Badash 1969*,第342页)。

[4] 指歌德的戏剧 *Torquato Tasso*,把喜爱政治注重实效的王子的首相 Antonio Montecatino 与浪漫的自我为中心的诗人 Torquato Tasso 相提并论。

[5] Warren G. Harding(1865—1923)1921年3月4日开始就任美国总统。一年前,美国参议院投票反对批准《凡尔赛条约》,反对美国加入国际联盟。因此就这封信的写作日期来看,美国从程序上说仍然在与德国交战。德国希望与美国达成单独的和平协议,同时在与英法谈判中要求执行《凡尔赛条约》的期限和时间表都不要太紧迫。抵制宣战的一份决议是参议员 Philander C. Knox 1920年提出的,Harding 准备就职以后马上支持这个决议,但遭到 Woodrow Wilson 总统的否决。1921年7月2日,Harding 签署了单方面想要与德国结束战争的诺克斯-波特决议(*Jonas 1984*,第158—159页)。

[6] 两天前,围绕德国赔款的议程和条件的商谈遭到破裂,因此赔偿的第二次伦敦会议也以失败告终。协约国的制裁马上生效(*Eyck 1967*,第178页)。

[7] 爱因斯坦有好几次都声明自己只是一个瑞士公民(例如可参阅他1920年4月19日写给 Ulrich von Milamowitz-Moellendorff 的信[第九卷,文件379])。然而他好像有时候也声称自己是德国公民(例如可参阅第九卷年表和日程表1920年2月13日)。

[8] Blumenfeld 在写信给 Weizmann 时很可能提到这一段:"爱因斯坦的旅行带给他一些德国同化主义者写的愤怒的信,他对这些信一笑了之"(参阅 Kurt Blumenfeld 1921年3月15日写给 Chaim Weizmann 的信,载 *Blumenfeld 1976*,第67页)。

[9] 关于指控犹太人作为前线战士在德国军队的服役与非犹太人作为前线战士的服役的比例不同,以及关于建立德国犹太人前线战士同盟,作为对这些指控的回应,参阅 *Dunker 1977 and Niewyk 2001*,第47—48页和第89—90页。

[10] 关于德国右翼学生和德国保守学术机构各个派别当中广泛出现的反犹太人情绪,参阅 *Niewyk*

*2001*,第 61—63 页和第 67—68 页以及 *Ringer 1969*,第 135—139 页、第 224 页和第 239—240 页。

## 88. 致 Fritz Haber

[柏林,]1921 年 3 月 9 日

亲爱的 Haber 老友:

这次美国之行无论如何都不能再做改变。因为几周前,当时没有人考虑到政治方面的变化,我非常欣赏的一位犹太复国主义者带着 Weizmann 教授的一封电报来找我。这封电报的内容是,犹太复国主义者组织邀请我与德国和英国几个犹太复国主义者前去美国,商谈巴勒斯坦的教育事宜。[1]他们需要我的不是我的能力,而是我的名望。考虑到美元国那些富裕的同胞,他们希望我的名声可以带来巨大的成功。[2]尽管我宣布我是一个国际主义者,但我觉得我有义务为我那些遭受迫害、道德上遭受压迫的同胞弟兄们说话,只要是我力所能及的。[3]因此,我考虑不到 5 分钟就欣然接受了,尽管我刚刚拒绝了美国一些大学的邀请。[4]所以,这次旅行对我来说更多是忠诚之举而非背信弃义。[5]创建一所犹太大学的前景尤其使我感到高兴,最近我从无数的例子中看到,优秀的犹太青年在这里遭受了多么不公平而邪恶的待遇,甚至可能被剥夺受教育的机会。我也可以告诉您,去年发生的一些事情,这些事情可能迫使任何一个有自尊心的犹太人更加严肃地看待犹太人的团结,而不是像以往那样,只是觉得犹太人的团结很有必要,或者说似乎是自然而然的事情。想想 Roethe,[6] Wilamowitz-Moellendorff,[7] 著名的(巴德)瑙海姆警卫,[8]他们最后又因为机会主义者的缘故摆脱了 Weyland[9]。

没有哪一个有理性的人会指责我,说我对我的德国朋友们不忠。[10]我拒绝了许多诱惑的电话,要我去瑞士、荷兰、挪威和英国,但我甚至想都没有想就拒绝了。[11]顺便说一下,我这样做不是出于我与德国之间的联系,而是我与亲爱的德国朋友们的联系,在我这些可爱的德国朋友当中,您是最特殊最好心的一个。为德国政治结构而形成的任何亲密关系在我这个和平主义者看来都不自然。[12]然而现在,这个时候出现了对机智的考虑;现在,这些考虑造成了一种冲突的处境,这是以前不可能预见的。[13]

这个处境更加恶化了,因为我在几周前接受了一个邀请,要去曼彻斯特大学发表一次演讲,这恰巧给我留下了选择确切日期的大量空间。[14]几周前,没有哪一个理性的德国人会赞同我拒绝这份邀请;而现在,我接受邀请看起来好像激怒了德国人,但这绝不是我的过错。如果不祥的政治局势还在持续,我可能取消去曼彻斯特的旅行,我们在那里的同事可以理解我,如果我完全友好和诚实地把原因解释给他们听的话。此外,科学合作是从支持这个国家发出的遥远的呼唤。[15] 如果学者更严肃地看待自己的专业,而不是政治热情,他们就会更加按照文化而不是政治热情来引导自己的行为。甚至还有一点必须提到,如果按照这个方面来看,英国人比我们这里的同事们表现得更高尚。他们大多是贵格会会员和和平主义者。[16] 相比而言,他们对我和我的相对论的态度更加宽宏大量!您也许还不能如此近距离地明白这一点,但我只能说:向他们敬礼!对于英国人来说,我顺便说一句,我是一个柏林人,一个彻彻底底的柏林人,我的国际和平心智他们知道。因此他们善意的邀请真的应该得到感谢。最近,他们也通过驻英国的德国领事馆[17]寄来一张调查表,问我是否访问伦敦,如果我接到他们官方性质的邀请。很幸运的是,这封邀请函还没有被遭到起诉。无论如何,这个事实也表明英国学者不想树立敌意。

所有这一切都是 cura posterior。[18] 然而我一定会去的,因为我已经给出了我坚定的承诺,船票也已经定好了。我只是在完成一个约定的职责。

我本来很高兴去索尔维物理会议,然而这次不能去,心情也很沉重。[19] 顺便说一下,Nernst 听说我被那边邀请,而且打算去[20]以后就发怒了。您很遗憾——同样是因为民族主义的原因——我不得不拒绝参加这次会议。难道这不使人想起那个古老的关于父亲、儿子与驴子的精彩寓言吗?[21]

(使我自己独立起来)

亲爱的 Haber! 一个熟人最近给我贴了一个标签,说我是一头"野兽"。那就是吧。这头野兽喜欢您,想在离开之前去拜访您,如果这喧嚣繁忙之时完全可行的话。

致以热诚的问候。

您的
爱因斯坦

ALS。[12 332]。

[1] 3 周前,Chaim Weizmann 给德国犹太复国主义运动领袖 Kurt Blumenfeld 发去一封电报,问他爱因斯坦是否愿意跟他一起去美国,为计划创建的希伯来大学筹集资金(参阅 Chaim Weizmann 1921 年 2 月 16 日写给 Kurt Blumenfeld 的信[33 345]),关于犹太复国主义运动代表团的构成计划,参阅文件 87,注释 2。

[2] 为爱因斯坦到达纽约的准备好像是在最后一分钟才完成的,参阅序言第一章。

[3] 关于爱因斯坦对计划创建希伯来大学的支持,并使其成为东欧犹太学生和学术界的一个避难所,参阅例如爱因斯坦 1919 年 11 月 8 日写给 Paul Ehrenfest 的信(第九卷,文件 160)。

[4] Blumenfeld 告诉 Weizmann,说他与爱因斯坦在 2 月 19 日那天进行了一次"长谈",这次交流促使爱因斯坦接受了 Weizmann 的邀请(参阅 Kurt Blumenfeld 1921 年 2 月 20 日写给 Chaim Weizmann 的信[IsRWW])。关于取消爱因斯坦去普林斯顿大学和威斯康星大学发表演讲的计划,参阅文件 52,注释 1 和序言第一章。

[5] Haber 警告爱因斯坦说,如果爱因斯坦与英国人交往,德国人会认为那是他对犹太人不忠的证据(参阅文件 87)。

[6] Gustav Roethe(1859—1926)是柏林大学的德语语义学教授,普鲁士科学院的会议秘书。1920 年 9 月,Roethe 向 Planck 说过他不愿意启动一次特别会议,讨论科学院是否应该公开声明在与反相对论的批评家的冲突中支持爱因斯坦(参阅 Gustav Roethe 1920 年 9 月 10 日写给 Max Planck 的信[GyBAW-LA,Hist. Abt. II. Tit. Personalia II-III,38,Fo. 80])。

[7] Ulrich von Wilamowitz-Moellendorff(1848—1931)是柏林大学的古典语义学教授,也是普鲁士科学院的院士。关于爱因斯坦可能考虑的那个具体事件,参阅爱因斯坦 1920 年 4 月 19 日写给 Ulrich Wilamowitz-Moellendorff 的信[第九卷,文件 379]。

[8] 指一群反相对论者。1920 年 9 月,在德国自然学家和医生协会的巴德瑙海姆会议上,有人希望这些人与爱因斯坦发生冲突(参阅第十卷序言第二章)。

[9] Paul Weyland。

[10] 很可能指 Planck、Nernst 还有 Haber 本人,他们被警告说又出现了爱因斯坦计划离开柏林那样的谣言(例如参阅 Fritz Haber 1920 年 8 月 30 日写给爱因斯坦[第十卷,文件 119],Max Planck 1920 年 9 月 5 日写给爱因斯坦的信[第十卷,文件 133])。

[11] 爱因斯坦接到几个邀请,希望他回到瑞士。最近一次的邀请来自苏黎世大学的 Edgar Meyer 和联邦理工大学的 Marcel Grossmann(参阅爱因斯坦 1919 年 7 月 25 日写给 Elsa Einstein 的信[第九卷,文件 74d,载第十卷]。此外他还接到 Ehrenfest 的邀请,希望他接受莱顿大学全职教授的席位,参阅 Paul Ehrenfest 1919 年 9 月 2 日写给爱因斯坦的信[第九卷,文件 98]),这是在爱因斯坦接受莱顿大学的"特聘教授"一职之前(例如参阅爱因斯坦 1920 年 3 月 1 日写给 Paul Ehrenfest 的信[第九卷,文件 335]。关于克里斯蒂安尼亚大学(the University of Kristiania)寄给爱因斯坦的聘任邀请书的细节,参阅 Vilhelm Bjerknes 1920 年 10 月 18 日写给爱因斯坦的信[第十卷,文件 177]。爱因斯坦还接到剑桥大学 Ernest Pickworth Farrow 的邀请(参阅第十卷年表和日程表 1920 年 12 月 17 日)。

[12] 关于爱因斯坦对和平主义和战后德国的观点,参阅第九卷序言第 42—45 页。

[13] 关于爱因斯坦最可能提及的那些条件,参阅文件 87,注释 5 和 6。

[14] 关于被邀请到曼彻斯特大学发表一个讨论 Adamson 的演讲,参阅年表和日程表 1921 年 3 月 19 日。

[15] Haber 认为爱因斯坦被英国官方正式邀请去访问英国(参阅文件 87)。

[16] Arthur S. Eddington 和 Robert W. Lawson 都是贵格会会员与和平主义者。

[17] Friedrich Sthamer(1856—1931)是驻伦敦的德国大使。

[18] 拉丁语,意思是"事后的考虑"。

[19] 爱因斯坦上个月向 Lorentz 表达了歉意(参阅文件 57)。

[20] Walther Nernst(1864—1941)是柏林大学的物理化学教授,Emil Warburg 是索尔维研究所国际科学委员会的德国成员,但他后来脱离了这个委员会(参阅 Hendrik A. Lorentz 1920 年 6 月 9 日写给爱因

斯坦的信[第十卷,文件 49,注释 2])。

[21] 指《伊索寓言》中"磨坊主、儿子与驴子"的故事;其寓意是,想要让人人都满意,结果谁也不会感到满意。此处,下一段的第一句话被从页底撕掉了,这极有可能是爱因斯坦自己撕掉的。接下来被删掉的部分位于该文件的第二页开头。

## 89. 致 Arnold Sommerfeld

[柏林,] 1921 年 3 月 9 日

亲爱的 Sommerfeld:

令我惊愕的是,今天我从 W. Wien[1]那里得知,我最近写给您的那封信竟然被弄丢了。[2]在那封信里,我已答应您(如果您真的仍然希望我来),我会在 6 月的某个时候到慕尼黑。这份承诺现在仍然有效。在信中我还说过,我不能赞同 Herzfeld 关于磁反转过程中那一半角动量辐射的观点。[3]至少,Beck 所做的某些实验不支持 Herzfeld 的观点。[4]根据那些实验,绝缘铁丝束跟大质量杆的行为方式是一样的。无论如何,我们可以暂且拭目以待 Herzfeld 的实验结果。我发现了对于广义相对论基础的一种补充,它与 Weyl 的方案有亲缘关系,但又与之截然不同,其不同点在于:$\varphi_\nu$ 仅作为势出现于电场强度 $\left(\dfrac{\partial \varphi_\mu}{\partial x_\nu} - \dfrac{\partial \varphi_\nu}{\partial x_\mu}\right)$ 中;至于这东西是否在物理学上有什么价值,我自己都很怀疑。[5]上帝只按他自己的意愿行事,并且从不循规蹈矩。

但愿这一次您能收到我的来信,以免我无辜的头脑里积满怨恨!向您致以最衷心的问候。

A. 爱因斯坦

ALS (GyMDM, Archiv, HS, 1977—28A, 78[17])。*Einstein and Sommerfeld 1968*,第 78 页[21 398]。

[1] Wilhelm Wien。
[2] 文件 6。
[3] 关于 Herzfeld 思想的细节方面,参阅文件 6。
[4] *Beck 1919*。
[5] 参阅文件 58 和 79 以及 *Einstein 1921e*(第七卷,文件 54)。

## 90. Hans Reissner 来信[1]

[柏林,]维尔默斯多夫,维特尔斯巴赫街18号,1921年3月9日

尊敬的爱因斯坦先生:

您仔细审阅了我1920年1月[2]所做的那次报告的校样,这令我特别感激您,尤其是因为,您还指出了我的一些疏漏之处,它们正是我打算处理的。

只是您所作的边注中有一处,我不太明白,就是在报告开头那一处。在那里,我试图揭示一个参考系在原则上的可能性,它带有一个位于特定的栅栏和信号系统的恒为可变的坐标。

我得承认,对我来说这个任务一开始就是妨碍我达成真正理解的主要障碍,并且我在各种文献中寻求处理它的方法,却劳而无功。

您1916年[3]的《广义相对论基础》中那些原以为我已经看懂了的许多东西,在您将我的阐释尝试斥为"完全无法理解"之后,都变得晦暗难解了。

您在第61页方程(71)之后写道:"统一量杆随着与坐标系的关联……会显得变短了,如果……"

哪一个坐标系呢?我自己曾设想过一个由地球、光信号和观测装置建立的坐标系,类似于我所描述的那个。

然后是第62页方程(72)后面;"时钟变慢了,如果它……"

我设想的是建立 $x_4$ 的坐标系,借助一只地面时钟的周期性的信号,发射后穿过整个空间(在地球上 $g_{44}=1$),跟太阳处结构相同钟的信号相比较。

然后是第62页下面:"光线必然会相对于坐标系弯曲……"

这又是哪个坐标系呢?我设想的是这样一个坐标系:它部分地是由距离光线的到达处十分遥远的发光中心和作为时钟的地球自转所构成的。

但每一次我都不得不首先利用刚体和回转性的或周期性的过程来构建一个坐标系,并且对于这样一种原则上的可能性,我正打算在我的报告开头提一下。它当然只是许多可能性中的一种,亦即当 $g_{44}=1$ 时,才有可能。

我的说明并不表示,我们可以将世界"理解为连续的流形",而是只想将一个可能的坐标系在不涉及几何的前提下直观化。

如果您坚持认为,我报告中的有关段落"完全不可理解",那么我将努力设法以注解或以别的方式采纳您的亦即正确的观点。

向您致以友好的问候!

您最忠实的
H. Reissner

ALS。[25 239]。信头为:"H. Reissner 工学博士,理工大学力学正教授"。

[1] Hans Jacob Reissner(1874—1967)是柏林理工大学的力学教授。

[2] 他 1920 年 1 月 28 日在柏林数学学会所做这次演讲后来发表为 *Reissner 1920*。

[3] *Einstein 1916e*(第六卷,文件 30)。

## 91. Chaim Weizmann 来信

伦敦,W.C.1.,大罗素街 77 号,1921 年 3 月 9 日

亲爱的教授:

我收到美国犹太复国主义者组织主席 Judge Mack 和美国犹太复国主义者组织的领导成员、哈佛大学的 Frankfurter 教授从美国发来的一封电报。电报上说,他们已经准备好了我们为创建那所大学将要在美国开展的工作。[1]这两个人都评价说,他们相信,您若接受美国大学的邀请,去那些大学发表一些科学演讲,[2]对我们成功地在美国开展活动完全是必要的。当然,我不希望自己去影响您选择方面的自由,我只想向您表明我们美国朋友们的看法;通过接受美国大学的几份邀请,您将会最有效地支持我们的工作。

不知您是否可以告诉我您对此的最后决定,告诉我您是否已经在美国做了安排,做了怎样的安排,这样我就可以跟我们那边的朋友一起商量。也许您还可以告诉我,您可能在美国待多久,最晚是什么时候。Blumenfeld 先生[3]或中欧部[4]将会把您的答复转交给我。

在此谨向您致以最热诚的问候,尊敬的教授阁下。

您忠实的
Chaim Weizmaan

TLS。*Wasserstein 1977a*,第 166—167 页[33 347]。信头写的寄信人地址是:"犹太复国主义者组织行政部"。

[1] Julian W. Mack(1866—1943)是美国犹太复国主义者组织的主席,也是美国芝加哥的巡回法官。

Felix Frankfurter(1882—1965)是哈佛大学的法学教授,犹太复国主义者组织执行委员会委会。1921 年 3 月 2 日,Mack 和 Frankfurter 给伦敦的 Weizmann 发了一封电报,鼓励爱因斯坦接受学术邀请(参阅 Julian Mack 和 Felix Frankfurter 1921 年 3 月 2 日发给 Chaim Weizmann 的电报[IsRWW])。然而,当爱因斯坦早先与美国各大学的洽谈和这些机构拒绝支付爱因斯坦提出的高额报酬的细节曝光之后,组织者们马上决定,只鼓励爱因斯坦接受一些不付报酬的演讲,如果接到这样的邀请。关于这些书信交流更多的细节,参阅文件 137,注释 1。

[2] 关于爱因斯坦以前与美国各大学的商谈,参阅文件 53。

[3] Kurt Blumenfeld (1884—1963) 是犹太复国主义者总委员会的成员。一周后,Blumenfeld 向 Weizmann 汇报他与爱因斯坦的几次见面,这几次见面意在准备他的美国之行(参阅 Kurt Blumenfeld 1921 年 3 月 15 日写给 Chaim Weizmann 的信,*Blumenfeld 1976*,第 66—68 页)。

[4] 柏林犹太复国主义部门。

## 92. Hermann Anschütz-Kaempfe 来信[1]

[慕尼黑,]1921 年 3 月 10 日

十分尊敬的教授先生:

我随信附上了那篇报告[2],内容围绕那个"吹气球"(Blase-Kugel)[3]——用的是带有径向金属片装置的环形磁铁,[4]并且诚恳地请求您,将它审读一遍。目前我已经无计可施,可我必须要找到一个实用的问题解决方案,而此方案正好显示了极大的优势。

我很不情愿地返回了最初那个打算采用绕线环状磁铁的想法,[5]因为我担心,球的内容物[6]在跟那些贯穿球环的磁力线发生联系时将是不对称的。

我充其量能够寄希望于如下方式的绕线环布局:

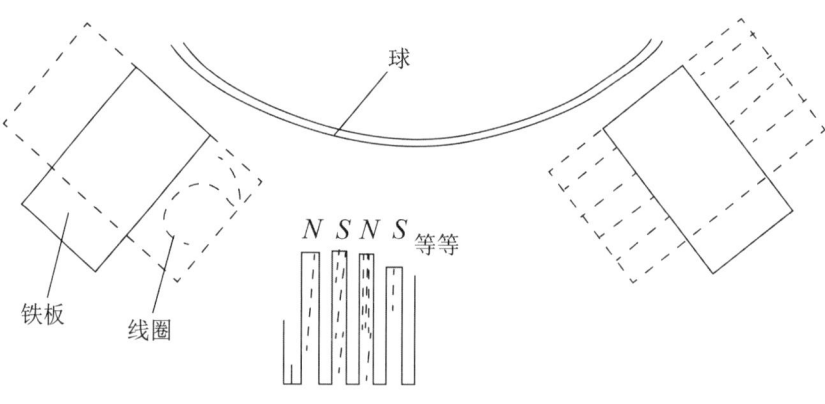

当球间距为 5mm[7] 时,齿间距亦即铁环的磁铁间距约为 10mm。

这自然又是已经被弃用的绕线环,可是它带有那么多的磁铁,这样就无须再担心内部那 3 个铁质体也即回转仪会受到不利的影响。

然而我还是担心最后尝试的那个内部带有同心线圈的铁环不可靠,但我也别无办法,或者说,您看这样到底行不行呢?[8]

我们这里谣传,说您在春季结束之前就会去美国;[9]对此我将出于纯属自私

的动机而感到高兴,因为那样的话,您就会被邀请于 11 月到慕尼黑来,于是我们就有幸将您作为客人招待了。您从美国回来之后自然是要到基尔来的。[10]

我们全家向你们全家致以衷心的问候。

您最忠实的<br>Anschütz.

ALS. Lohmeier and Schell 2005,第 120—121 页。[37 361]。信头为:"Anschütz Kaempfe 慕尼黑 利奥波德街 6 号"。

[1] Anschütz-Kaempfe(1872—1931)是德国一家生产航空航海仪器的公司老板。

[2] Karl Glitscher 和 Maximilian Schuler 关于 Anschütz 的报告,参阅附录 B。

[3] "吹气"球在内部,罗盘球(含有陀螺仪)漂浮在外球内的液体里。一个最基本的问题是如何使船保持平衡,防止倾斜和颠簸。1920 年 10 月前,爱因斯坦提出,可在罗盘球体外设置电磁铁(参阅 Hermann Anschütz-Kaempfe 1920 年 10 月 10 日写给爱因斯坦的信[第十卷,文件 172])。当两个球体的相对位置发生改变,罗盘表面的磁场强度也会改变,并产生涡流。这些电流会感应一个磁场,驱使两个球体恢复到初始位置。电磁铁的线圈被称作"吹出线圈"(blow-out coils),因为这些线圈吹的是磁力线(参阅 Lohmeier and Schell 2005,第 35—39 页)。

[4] 显然是 Anschütz-Kaempfe,他在 1920 年 12 月 28 日写给爱因斯坦的信中(第十卷,文件 247)提议使用环形磁铁取代磁铁圈(包括单个的电磁铁)。

[5] 关于磁铁圈的更早的设想,参阅 Hermann Anschütz-Kaempfe 1920 年 10 月 10 日写给爱因斯坦的信(第十卷,文件 172)。

[6] 罗盘球包含 3 个带有各自电机的陀螺仪和电触点,等等。

[7] 其底部显示在图中的那个球体是罗盘球,横截面显示了安装在外球面里的电磁圈。

[8] Anschütz 在 1920 年 12 月 28 日的信中提出,在环外采用一块带同心线圈的环形磁铁(第十卷,文件 247)。

[9] 这次访问信息刊登于《福斯报》(*Vossische Zeitung*)1921 年 3 月 2 日的晨间版的副刊头版和《每日评论》(*Tägliche Rundschau*)1921 年 3 月 3 日晨间版。

[10] Anschütz 的工厂位于基尔,但他这一年的大多数时间都住在慕尼黑。

# 93. Maurice Solovine 来信

巴黎,罗亚尔港街 39 号,1921 年 3 月 11 日

亲爱的爱因斯坦:

很高兴读了我刚收到的您亲切的来信,[1] 感谢您把您的著作[2] 寄给我。尽管我还没有收到,但我盼着很快就能拥有它们。

今天早上,我与 Gauthier-Villars 出版社的常务董事谈了关于您的演讲稿

"几何学和经验"的翻译问题。他同意出版这份演讲稿,按照您的以太和相对论[3]演讲的出版条件出版。我请他把那份新合同转寄给您,以便您在上面签字,这样事情就搞定了。因此,请您尽力得到普鲁士科学院的同意,[4]我一接到演讲稿就可以开始翻译。

在把这封信转交给您的同一家邮局那里,您也会收到我邮寄的20册译本。[5]如果您能费心读一遍,告诉我是否满意我的翻译,我将不胜感激。至于我翻译的酬金,我按照您说的要求给我10%。

您在美国哪一座城市发表演讲呢?您会在那里待多久?您现在做的是一件非常高贵的事业。[6]全世界的犹太人总是被当作替罪羊,为不是他们所做的蠢事和过错承担责任。我时常感到震惊的是,那些有钱有名望的犹太人总是羞于提起自己的犹太血统,并且总是在那些歧视和迫害他们的人面前卑躬屈膝。然而现在,我非常高兴地看到,有人不顾自己因知识和天赋所得的荣誉和地位,仍然站在这些不幸的人一边。不幸的是,我不可能成为一个犹太复国主义者,因为我相信,如果犹太人有自己的祖国,他们也会以它的名义,跟其他人一样犯下许多可耻的暴行和罪孽。我每天都在感谢上帝(假如上帝真的存在),他未曾在我的内心加添更好认识他的动力,也没有给我一个祖国。神学家和爱国者在历史上制造了最可怕的伤害。在我看来,要使社会变得更人性,唯一的可能性最终在于某种社会主义形式。倒不是社会主义形式具有什么神秘力量可以彻底改变人的本性。也许人类永远都是自私和邪恶的。但只要摆脱实现人类邪恶冲动的手段,就肯定有可能把这个社会组织起来。靠着一些杰出人物的努力,这在某一天应该可以成为现实。——

现在来说说Lucien Fabre,我真的相信您有很简单的办法可以结束他的可耻行为。[7]您可以给出版商Payot(巴黎,日耳曼大道106号)和Lucien Fabre各写一封同样字斟句酌的信,鉴于Fabre所犯的伪造罪(您最好展示得具体一点),您不容许这篇序言继续出现在他的书里,因而您要求这两个人在该书再版时不可继续刊印这篇序言,否则您有权利提出公开的抗议。[8]——我之所以告诉您Fabre的这件事情,是因为我的许多朋友,他们都是非常尊敬您的人,他们了解到Fabre的行为后感到很震惊,再三要求我把这个事情告诉您。这对我个人来说毫无趣味可言,我一生中也从未见过他。只是一定要记住,在您写信给他们的时候,请您务必不要提到我的姓名。[9]

希望我能在您离开之前收到您友好的回复。

向您致以最热诚的问候,祝您旅途顺利,往返平安。

您的<br>M. Solovine

代我问候 Ilse Einstein 小姐。

ALS。[21 135]。

[1] 文件 85。

[2] *Einstein 1921c*(参阅文件 85)。

[3] *Einstein 1920j*(参阅第七卷,文件 38))。按照合同,爱因斯坦将获得版税的 20%(参阅年表和日程表 1921 年 3 月 11 日条)。

[4] 爱因斯坦担心普鲁士科学院可能不同意出版法语版 *Einstein 1921c*(第七卷,文件 52),参阅文件 85。

[5] *Einstein 1921l*。

[6] 指爱因斯坦旅美为希伯来大学筹资的计划(参阅文件 85)。

[7] 爱因斯坦通知 Solovine,发表在 *Fabre 1921* 上的那一份序言是"杜撰的"(参阅文件 85)。

[8] 爱因斯坦接受 Solovine 的建议,给 Payot 出版社寄去一封抗议信(参阅年表和记事表 1921 年 3 月 16 日)。Payot 出版社的回答含糊其辞(参阅年表和记事表 1921 年 3 月 24 日)。

[9] 在编辑与爱因斯坦的通信时,Solovine 在文件 85 和 106 的传真里用 X…替换了 Fabre 的姓名,显然出于同样的原因(参阅 *Einstein and Solovine 1956*,第 24、第 26 和第 32 页)。

## 94. 致 Arnold Berliner

[柏林,]1921 年 3 月 12 日

亲爱的 Berliner 先生:

我认为这个问题[1]不值得公开讨论,跟您一样,我认为,如果您按照如下的暗示回答 Peters 先生[2]会更好。

毫无疑问,根据相对论,时间维度与空间维度之间必然存在等价。没错,通过引入虚的时间坐标,就可以正式形成数学上的等价。然而正是在把虚的坐标引入时间而非空间维度的这种必要性里,存在着一种牢不可破的差异,以及截然不同的特点。

因而从相似性的观点出发,考虑到无限性的问题,就得出结论说宇宙无论在时间上还是空间上都必然可以理解,这样的结论无论如何都是不合理的。

类似于经典力学,相对论也允许自身可能存在时间的有限性(相当于事件发生之周期性这一假定);但热力学和辐射方面的数据绝对不支持这样一个假定。

向您致以友好的问候。

您的

Ilse Einstein 手书的 Dft [7 011]。写在 Berliner 1921 年 3 月 11 日给爱因斯坦的那封信背面(年表和日程表)。

[1] 对 Berliner 1921 年 3 月 11 日来信的回复(年表和日程表)。那个相关的文本已经不存在了。

[2] 可能是 Rudolf Peters(参阅爱因斯坦 1920 年 4 月 20 日写给 Rudolf Peters 的信[第九卷,文件 388])。

## 95. 致 Hermann Anschütz-Kaempfe

[柏林,] 1921 年 3 月 13 日

亲爱的 Anschütz 先生:

我同意您和 Schuller 先生的见解。[1]问题的根源在于,磁场受到的限制太小了,也就是说,我们在 $AB$ [2]区域搞了一个太强大的磁场。

然而这个情况很容易补救,亦即我们可以设法使安培匝数的总和为零。因此我想建议把环形磁铁的数量加倍,也就是说,不采用这种环形截面:

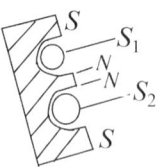

而是采用下面这种环形截面:

靠这个,线圈 $S_1$ 和 $S_2$ 的安培绕组匝数相同而方向相反。

我觉得这个办法目前好于采用一个带有交变极性的环,[3]因为如果采用后者,就会产生很可能有害的转矩。

制造这个仪器的更好的做法或许是,用一只或者若干只陶瓷环取代粘胶,[4]陶瓷环的外表具有楔形夹子,以夹住那些由绝缘材料相隔的铁片,例如下图所示:

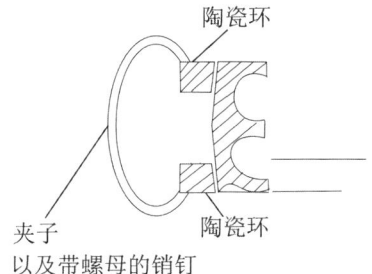

陶瓷环
夹子
以及带螺母的销钉
陶瓷环

我将于 22 日前往美国,主要是去参加一些事关创建耶路撒冷大学的会议。5 月份我就回来了。我希望能在 7 月份来拜访您。但愿在那之前,我们的设计工作中的困难都已得到克服。要是我能在 11 月初到慕尼黑来,那对我而言会是很合适的安排。我在一封我听说是寄丢了的信中曾建议 Sommerfeld,让我 6 月份来慕尼黑,[5] 但我现在很乐意把时间挪到 11 月。

衷心问候您和您的夫人。你们的

A. 爱因斯坦

ALS (Maximilian Schuler Papers,Friedrich Schlögl,Aachen)。*Lohmeier and Schell 2005*,第 127—128 页 [81 203]。Ilse Einstein 手书那份数字略有不同的 TLC [37 366] 也可以获得。

[1] 即如文件 92 与 Maximilian Schuler 和 Karl Glitscher 的信中所阐释的那样(附录 B)。Schuler (1882—1972) 是基尔 Anschütz &. Co. GmbH 的负责人。

[2] 该草图是 Glitscher 附在文件 92 里的信中那幅图的简化版(参阅附录 B)。

[3] 即如 Anschütz 在文件 92 中提出的那样。

[4] Glitscher 发现,用来连接那个环的各部件的胶水弄湿以后不是黏合力弱就是会导电(参阅附录 B)。

[5] 文件 6。爱因斯坦从 Wilhelm Wien 那里听说这封信已经丢失了(参阅文件 89)。

# 96. 致 Heinrich Scholz[1]

[柏林,]1921 年 3 月 13 日

尊敬的同事阁下:

很高兴回复您的询问,[2] 既然 Schilick 的著作如此吸引我,我对 Schilick 的评价如此好,对他人格方面的评价也是如此,因此我坚信他是最适合这个教授席位的人选,为此我不再推荐其他任何人。[3] 在我看来,Schlick 的重要性肯定不在于他拥有渊博的数学物理学知识——事实上他更像一个哲学家——更多在于他

处理认识论问题时非凡的清晰和自主。当我在阅读他的认识论著作时[4],他明晰晓畅的风格让我想起 Stuart Mill。[5]我跟他讨论过许多哲学和其他科学方面的问题,这使我相信他知道如何讨论甚至即兴表达更复杂的东西。可惜我还没有听过他的任何讲座,因此无法就这个方面完全回答您的问题。关于 Schlick 的哲学立场,他独立于康德哲学的教条,这也许可以使后来的一代人更信任他;然而为此就指责他是肤浅的经验论者或实证论者,这绝对不是公正的做法。Schlick 是当今为数不多的几个具有开阔的视野和丰富知识的哲学家,这样的眼界和知识从哲学的角度探索精密科学也是必需的。

现在想起我们在基尔的散步和聊天就感到特别开心。[6]

向您致以最崇高的敬意。

您的

TLC。[21 534]。

[1] Scholz(1884—1956)是基尔大学的哲学教授。
[2] 参阅 Scholz 1921 年 3 月 9 日的信(年表和日程表)。
[3] Schlick(1882—1936)是罗斯托克大学的编外哲学讲师。
[4] *Schlick 1918*。
[5] 关于 Schlick 与 John Stuart Mill 之间另一个相似性的声明,参阅爱因斯坦 1920 年 2 月 27 日写给 Marcel Grossmann 的信(第十卷,文件 330)。
[6] 在基尔秋季艺术科学周期间,时间大约是 1920 年 9 月 15 日。

## 97. 致 Heinrich Zangger

[柏林,]1921 年 3 月 14 日

亲爱的老朋友 Zanger:

我上次给您写的信太粗暴了,所以您抱怨我也是应该的。[1]星期天我就直接去美国了,也就是说,不只是因为要去大学发表演讲(另外的情形也有可能发生),而且也因为要在耶路撒冷创建一所犹太大学。[2]我认为很有必要为此做些什么。我不理解您为何花时间去读 Moszkowski 的[书];[3]我没有那样去做,因此我的心理健康也没有陷入危机。我知道油质乳香也是一种商品,尽管"没有香气"[*non olet*][4]放在这里甚至比放在其他场合更糟。大概一两天前,我也给孩子们写了信。他们遗传了我不喜欢写信的坏习惯,这一点我也是从我父亲那里遗传来的。[5]这是唯一一点家传的性格,不依赖某种知识能力和固执。我生活的

柏林的气氛还不像您想象的那么糟,只是有点忙乱和骚动不安。您一定会明白的。我们在美国能见到面吗？我在这里的地址是：纽约库恩-洛布公司[6](听起来好像是地地道道的美国地名)。这里将是另一种疯狂的奔忙！与以前在威廉[皇帝]统治下一样,这里又掀起了一股火热的爱国热潮；他们不了解。[7]

向您致以热诚的问候。

您的
爱因斯坦

毕竟,我抱怨苏黎世人是对的。他们现在正把阐明了 Stark 效应的 Epstein 赶到荷兰。[8]荷兰只为他提供了一个临时岗位。我很抱歉俄国出现的骚动；那里的同仁们总是怀着诚实而热烈的愿望,尽管他们做错了。[9]

ALS (SzZ, Nachlass H. Zangger, Box 1c)。[40 012]。

[1] 极可能指爱因斯坦在文件 5 中对瑞士人的批评言论。
[2] 关于爱因斯坦计划旅美一事,参阅文件 85。
[3] 指 *Moszkowski 1921*。
[4] 拉丁文的意思是:"不要闻",出自谚语"pecunia non olet",意思是"钱不是拿来闻的"。关于出版 *Moszkowski 1921* 引发的争议,参阅第十卷序言第 41 页。
[5] Hermann Einstein(1847—1902)。
[6] Paul M. Warburg 的发言,Warburg 承担了爱因斯坦在美国时的代理人角色(参阅文件 53)。
[7] 前一天是卡普政变一周年纪念日。宪兵队提前调动起来了。然而去街上游行的人比预期的少很多。几百名"民族主义"学生和以前的士兵举着一面旗帜,上面写着"德国人的德国",所有人都"戴着反犹太人的形状像十字的臂章",抗议德国的协约国委员会,"大约有 100 个共产党员举着红旗……跟在那些民主主义者后面。"同一天,约有 1 万名德国独立社会民主党的支持者参加了一个小型集会,"反对协约国在柏林卢斯特花园的努力"[参阅《福斯报》(*Vossische Zeitung*)和《纽约时报》,1921 年 3 月 14 日]。
[8] Paul Epstein。
[9] 指对苏联海港城市发生的反布尔什维克政府的水手暴动的军事镇压[参阅《福斯报》(*Vossische Zeitung*),1921 年 3 月 14 日],这次镇压开始的时间是 3 月 7 日。

# 98. Arnold Sommerfeld 来信

慕尼黑,1921 年 3 月 14 日

亲爱的爱因斯坦：

不只是您,我也是应该感到内疚的人！[1]我总是因为这样那样的事情无法及时回信给您。应该陈明而且最后确实要陈明的是：如果您因为美国的事 11 月不能来,也欢迎您明年 6 月份来,[2]而且热烈欢迎。您 11 月来的话在许多方面都更合适,还可以住在 Anschütz 家。[3]6 月来的话,您就只能委屈住我家那间简陋的小屋子，您不可以因为它简陋就拒绝的。还有，我只能请求您许可把您6月份来的日期往后推一点，因为我现在有两件重要的事情必须做适当的安排：①一次旅行：我要去格丁根见 Bohr[4]（他关于原子内部的新想法使我特别感兴趣，尤其是考虑到我必须为我要再版的书写点什么！）；[5] ②两次关于相对论的讨论，是我和我的哲学同事 Geiger[6] 为了实现大学目标而进行的讨论，类似于您通过科学院在柏林安排的讨论。您的讨论应该在这之后，面对的是被邀请的听众（不收入场费，您的报酬由基金会支付）；也就是说，受邀请的是物理学会、大学教师（按照大学评议会的意愿）、工程师联合会、巴伐利亚数学教师协会、医生联合会；学生当中只包括真正感兴趣的人，都是经过教授遴选出来的。我不必告诉您，我们多么期待见到您！

您正在以另一种方式理解 Weyl（因此还有 Mie）的东西，这样做非常好。[7] 我已把[Pauli]的文章寄给出版社，为《百科全书》准备的；简直太棒了，特别是对于一个才上第五学期的学生来说。[8] 您最近的论文不能放进去，即使我们已经知道它，因为那篇文章截止时间是1920年底。

说说 Herzfeld 的事：他的实验正在密锣紧鼓地进行：我们今天得到一个新的高频放大器。您早先那封信里提出的反对意见在我们看来似乎站不住脚。因为它假定基元磁铁的辐射是相干的。根据 Herzfeld 的观点不应该这样：这不应该是受外部磁场影响的过程，而是一个受相反磁场影响的自由过程。这就是为何我看不出按照 Beck 的想法将杆再分有什么问题。但 Herzfeld 还没有任何积极的办法证明他的理论设想，尽管我觉得还是很有道理的。我的研究院里所有人在操作实验方面都是笨手笨脚的；所以我们自然会听见经常提到的一个词"噼里啪啦"。根据 Herzfeld 的理论，它是按照赫兹频率组成的一个长波波列，暗示了那个被辐射的角动量。[9]

关于新谱线方面我没有什么可以向您汇报的。也许最好的消息是，我前不久发表在 *Annalen*[10] 上的"磁-光分解律"正在引起更多人的关注，并且正在促成一个"完整的反常塞曼分裂的构成公式"（比如说即将出版的《自然科学》中的 Back[11]）。否则我要反驳 Stark，因为他在《年鉴》（*Jahrbuch*）[12] 上面非常愚蠢地攻击 Bohr。而且，我从日本的观察数据里看出，二阶 Stark 效应（一个补充效应）与 $H_\gamma$ 的磁场强度的二次幂成正比。[13] 此外，我又写了一点关于润滑摩擦的东西[14]。但现在我要上山了，跟 Laue、Lenz 以及 Mie 等到山上去住两星期，如果可能，我们还要去滑雪。[15]

因此再见了！请原谅我这么晚回信给您。

您的

A. Sommerfeld

ALS。*Einstein and Sommerfeld 1968*，第 79—81 页。[21 342]。被裁剪了。

[1] 参阅文件 89。
[2] 关于爱因斯坦对新定的演讲日期的提议，参阅文件 95。
[3] Hermann Anschütz-Kaempfe。
[4] 1922 年 6 月，Niels Bohr 被邀请去格丁根发表一个演讲，讨论原子的结构(参阅 *Bohr 1977*)。
[5] *Sommerfeld 1921b* 的新版。
[6] Moritz Geiger(1880—1937)是慕尼黑大学的哲学特聘教授。
[7] 爱因斯坦在文件 89 中关于他的 *Einstein 1921e* 的简短评论(第七卷，文件 54)，这是 1921 年 3 月 3 日在普鲁士科学院提出的。
[8] Wolfgang Pauli；*Pauli 1921*。
[9] 爱因斯坦对 Karl Herzfeld 实验的正结果的怀疑，参阅文件 89。
[10] *Sommerfeld 1920*。
[11] *Back 1921*。
[12] *Stark 1921* 和 *Sommerfeld 1921e*。
[13] 在 *Sommerfeld 1921c* 中，他提到 *Takamine and Kokubu 1919*，并与他们之间的通信。
[14] *Sommerfeld 1921d*。
[15] Max von Laue；Wilhelm Lenz(1888—1957)，汉堡大学的理论物理学教授；Gustav Mie(1868—1957)是哈雷大学的实验物理学教授。

# 99. 致 Franz Oppenheim[1]

柏林，1921 年 3 月 15 日

尊敬的 Oppenheim 先生：

好高兴从我们的电话聊天里获悉，您能够并有意投入一大笔资金支持物理学领域的科学研究。容我以最大的热情向您推荐两位可蒙您赞助的人选。

（1）J. Franck 教授(格丁根大学物理研究院)，需要 20000 马克继续他关于电子碰撞产生的原子和分子量子态能级的重要研究。[2]

（2）H. Boas 先生，工程师([柏林]东南 16 区，克珀尼克街 40 号)，[3]需要 10000 马克帮助开发一台新的天体物理设备(一种新的频谱日像仪)。

我坚信您的这两笔投资都会促进真正的科学进步。

很高兴您告诉我临行前我们还可能再聚。[4]

向您致以真挚的问候。

您的

TLC。[44 623]。这封信的收信人及其地址是"Geh.-Rat Oppenheim 先生，柏林"。

[1] Franz Oppenheim(1852—1929)是一位化学家和实业家。

[2] 1921年3月9日,James Franck为同样目的从威廉皇家物理研究所要求2万马克的支持(参阅年表和日程表)。

[3] Hans A. Boas(1869—?)是一位工程师和工厂主。

[4] 爱因斯坦准备出发去美国。

## 100. 致 Maurice Solovine

[柏林,]1921年3月16日

亲爱的 Solovine:

我把签好字的合同[1]回寄给您(Gauthier-Villars)[2]。请把钱寄给 Ehrenfest 教授,地址是莱顿,威特路曾街,说是为我准备的。因为我在国外需要花很多钱,尤其是在荷兰和瑞士,[3]这是最简单的办法。我已征得科学院的同意。[4]星期天我已出发,因此您寄到这里的信我就收不到了。我希望两个月后再回到这里。[5]如果我真的发表科学演讲,那可能是在普林斯顿大学,这所大学最先邀请我。[6]我到美国后,您如果写信给我,地址就写纽约库恩-洛布公司,我可以收到的。[7]

亲爱的 Solovine,我也不是一个爱国者,坚信犹太人会因为他们巴勒斯坦殖民地的弱小和依赖性而不再迷恋权力。[8]

亲爱的 Solovine,我想跟您多聊几句,可是我奔忙得像一只兔子,不得不抓紧每分每秒。

向您致以亲切的问候。

您的
A. 爱因斯坦

ALS (TxU, Albert Einstein Collection)。*Einstein and Solovine 1956*,第28页和第30页。[80 835]。Ilse Einstein 的问候省略了。

[1] 关于出版 *Einstein 1920j* 和 *1921c* 的法译本的合同(第七卷,文件38和52)。参阅年表和日程表1921年3月11日条。

[2] 括号里出版商的姓名为 Ilse Einstein 手笔。

[3] 爱因斯坦因为经常旅居莱顿而要求荷兰的基金支持,他下次去莱顿计划在夏季(参阅文件57),因为他离婚后给妻子支付赡养费而要求瑞士的资金(参阅爱因斯坦1920年12月15日写给 Hans Albert 的信[第十卷,文件232])。

[4] 关于 *Einstein 1921c* 在法国的出版,参阅文件93。

[5] 爱因斯坦将在美国参加世界犹太复国主义者组织的筹资使命。
[6] 关于爱因斯坦与普林斯顿大学的书信往来,参阅文件 53。
[7] Paul M. Warburg 的演讲。
[8] 关于 Solovine 对犹太复国主义运动和犹太民族主义的怀疑,参阅文件 93。

## 101. Maurice Solovine 来信

巴黎,1921 年 3 月 16 日

亲爱的爱因斯坦:

我还没有收到您好意寄给我的论文,我想请您能尽快寄给我。[1] 如果要结束那些无能的流氓随意盗用您的观点,最保险的做法就是尽快把您的成果翻译成法语。[2] 已经翻译好的在这里有很大的需求。[3] 认真而能干的人很喜欢通过原始文献引用您宏伟的新观点。

遵照我许多朋友的建议,我必须再次回到卑劣的 Fabre。随信寄给您他发表在 *L'Intransigeant* 上的一篇文章。他在那篇文章里把他最愚蠢的胡言乱语归之于您。[4] 基于此,您可以写一封信给那家报纸的主编[5],强烈抗议他的愚昧无知,因为他的无知不仅表现在他对您论文的无知,也表现在他对物理学最基本定律的无知;因为,如果射线可能穿过最厚的墙壁和岩石,而人是不可能做到的。——那个愚蠢的傻瓜简直连完全不同的事物都不能区分。现在他到处声张说您的发现甚至不属于您。Poincaré[6] 到处造谣生事,说您只是发展了他的想法。都是那群呆子一派迷惑人的胡言乱语!多么卑鄙的家伙!

我希望您已经收到我寄给您的那 20 册译本。[7] 您对我的翻译还满意吗?如果您觉得我的翻译还没有完全传达您的观点,请直接告诉我。我将努力在接下来的版本里做进一步的修改,从现在算起来,不久以后这也是必要的。

如果您有意以适当的方式了结 Fabre 事件,您会在下一页发现您可以这样做的格式。您可以在打字机上把这个再打一份给我吗?再次祝您旅途愉快!

向您致以最热诚的问候。

您的
M. Solovine

代问 Ilse Einstein 小姐好。

Léon Bailby 先生是巴黎 *L'Intransigeant* 的主编[8]

尊敬的社长:

我刚刚读了 Lucien 先生 1920 年 8 月 31 日发表在贵刊的一篇文章。在那篇文章里,他把某些夸张而荒谬的(我从未想过的)想法归于我。在此,我要严重抗议 Fabre 先生这种张冠李戴的做法;为了出名,他竟然以如此奇怪的方式滥用我的姓名。如果法国有能力的读者读到这类荒谬的编造,他们将会怎样想我呢? 我非常后悔曾经那么信任他,给他那本我没有时间细察的书写了一篇简短的序言。

能否请您把这封信嵌进贵刊的下一版中。

尊敬的主编,请容我提前向您表达我的谢意。

您的

ALS。[21 138,21 139]。

[1] 推测起来,可能是 *Einstein 1921c*(第七卷,文件 52),参阅文件 93。
[2] 关于法国人不情愿接受相对论的原因,参阅 *Biezunski 1987*。
[3] 那时候 *Einstein 1921l* 和 *1921m* 已经在法国出版。
[4] *Fabre 1920*。关于 Fabre 的原始资料,参阅文件 69。
[5] Léon Bailby (1867—1954)。
[6] Henri Poincaré (1854—1912) 是索邦神学院(巴黎大学的前身)的数学和天文学教授。
[7] 他寄这些译本给爱因斯坦的时间与他前一封信的时间相同(参阅文件 93)。
[8] 以单独一页附在这个文件里。

## 102. 致 Paul Ehrenfest

[柏林,1921 年 3 月 17 日]

亲爱的 Ehrenfest:

我们将于星期二中午到达鹿特丹。[1] 你肯定会在火车上找到我们。如果我们彼此错过了,我们可以在魏玛酒店见面,至少我们可以在那里留一个地址。好高兴能够再次见到你;但如果这对你不方便,就请待在莱顿。

向你和你的家人问好。

你的
爱因斯坦

AKS。[73 257]。明信片上的寄信人及其地址是"P. Ehrenfest 教授博士先生,莱顿 威特罗森街",邮戳为"柏林 W 30 17.32.21. 12—1[下午]"。Ilse Einstein 的附言省略了。

[1] 3 月 22 日,爱因斯坦夫妇计划第二天乘坐鹿特丹号邮轮去纽约(参阅文件 83)。

## 103. 致普鲁士科学院（对波茨坦天体物理台台长任命的建议）[1]

[柏林，1921年3月17日][1]

根据今年2月[2]科学、艺术和文化部的那封信，普鲁士科学院受邀对重新任命波茨坦天体物理台台长一事提出建议。下面是两位科学家的简历，一位是著名的物理学家，另一位是天体物理学领域的天文学家。

1. Max von Laue 教授，1879年出生于科布伦茨附近的普法芬多夫，[3] 1903年在柏林获博士学位，博士论文是研究平面平行板的干涉效应。1906年在那里取得"关于干涉现象的热力学"课程的执教资格。1912年成为苏黎世大学的编外教授，1914年在法兰克福做全职教授，1919年在柏林成为全职教授，同时也是我们普鲁士科学院的院士。

他的杰出成就如下：1912年与更年轻的合作人合作完成了惊人的实验。这些实验证明了伦琴射线的波动性质，同时证明了这些射线与通常光线的相似性，而且进一步给出了晶体的原子晶格结构。他在物理学方面同样也有意义深远的发现，比如元素周期系统的深层性质能够借助 Laue 的发现得到揭示。在无数涉及固体物质精密几何结构的技术应用中，Laue 的装置最近也得到非常成功的使用。Laue 关于相对论的论文和专著证明，他的眼光的敏锐一点也不逊色于他在理论构想方面的天分。他研究热离子和放大管的论文更倾向实验方法。众多的研究成果进一步证明了他对理论光学的驾轻就熟。最近，理论光学已回归天文学的最前沿。

2. Ludendorff 教授，47岁，已经在波茨坦天文台工作了23年，[4] 因而非常熟悉天文台的工作状况。他在天文学和天体物理学领域的出版物甚多，而且几乎都是权威之作，这些都是出于他伟大的关注和严格的批评。此外，他性格随和，广受大家喜爱和高度称赞。最值得注意的是他对恒星视向速度和分光双星轨道测定的研究。恒星统计数据领域是当前兴趣的前沿阵地，他在这方面已经取得了很大的成功。在恒星测光方面，他也做出了许多贡献和各种开创性的成就。主要管理职责是对一个人领导工作能力的最高挑战，现在更是如此；这样的职责交在 Ludendorff 手里绝对是万无一失。——

如果我们推选 von Laue 这样一位科学家作为天文台台长，我们会有担心，因为他已经远远离开天文学，尤其是当我们有——如果按照通常的专业眼光来看——Ludendorff 这样一位天体物理学方面的强有力代表，尽管他不是什么顶天立地的大人物，因此，来自天文领域的反对声音将不得不提前考虑一下。如果科学院不考虑这些反对意见，把他放在推荐人的首位，那么这样做是出于下面两个原因：其一，很不幸的是，德国天文学当前在实验和物理数学领域的确有些落后。其二，特别是最近，依赖于物理学的实验和理论研究——尤其是考虑到爱因斯坦、Hale、Michelson 以及 Eddington[5] 的研究——已经有了重要的新发展。显而易见的是，在德国，天文学和物理学之间缺乏充分的交流；要激发这种交流，我们相信我们最初的推荐自然是更有效的了。

如果 von Laue 教授愿意领导天文台的工作，如果要使天体物理方面的研究可以继续往前走，建议考虑以某种合适的方式提升观测者的地位，当前天文台相关机构的两位观测者分别是 Ludendorff 和 Eberhard[6]。或者可以增设一个副台长职位，但性格如 von Laue 教授那样温和而敏锐的领导自然愿意保证，天文台眼下正在进行的项目会继续得到这位新领导的支持。

A. 爱因斯坦<br>W. Nernst

149　TDftS (GyBAW, Ⅱ-ⅩⅣ, Bd. 6, Bl. 7)。*Kirsten and Treder 1979a*，第 185—186 页[84 024]。

　　[1]日期依据是一份提交给普鲁士科学院的建议，是关于为波茨坦天体物理台推选一位负责人之事。这个建议遭到拒绝，代之以一份推荐信，提议 Ludendorff 被任命为天文台的执行台长，物理学家 Laue 被任命为天文台的同一级别的台长。这个提议得到 Nernst 和委员会的其他成员的签名同意，但爱因斯坦没有签字(*Kirsten and Treder 1979a*，第 186 页)。

　　[2]正确的日期是 1921 年 1 月 31 日(参阅 *Kirsten and Treder 1979a*，第 186 页)。

　　[3] Max von Laue (1879—1960)。

　　[4] Hans Ludendorff (1873—1941) 是首席观测家。

　　[5] George E. Hale (1868—1938) 是威尔逊山天文台的创建者和台长；Albert A. Michelson (1852—1931) 是芝加哥大学的物理学教授；Arthur S. Eddington (1882—1944) 是剑桥大学天文学和实验哲学教授。

　　[6] Gustav Eberhard (1867—1940)。

## 104. 致 George B. Jeffery

柏林，1921 年 3 月 18 日

尊敬的同事：

　　我感到非常震惊的是，我刚刚发现我忘了回复您那封善意而有趣的来信[1]。我的秘书无意中把我那篇关于相对论的文章的旧版本寄给您了，那篇文章还没有涉及任何有关广义相对论的内容。[2]您在收到这封信的时候,会同时收到那篇论文的新版本。[3]请您注意 Springer 出版社(柏林)出版的 H. Weyl 的书《空间、时间、物质》,这本书同样包含了您关于中心对称电场的精确公式。[4]一个真实电子的场当然不可能看起来是那样的,很明显,这个理论在这里还没有完成。[5]另外,我想在此补充一点,从物理学的角度来看,我完全不同意 Weyl 对广义相对论的扩展,他的扩展是基于对黎曼几何的推广。

很遗憾,关于解决量子论问题的方案,我没有您那么乐观。我相信相对论不能使我们更近一步,至少以其现在的形式。我相信二体问题不会导致多条分离的路径,而是一条连续的路径。

令人感到欢喜的是,英国大部分有志之士坚守和平主义理想。[6]鉴于英国在当今世界所拥有的雄厚实力,她的态度势必对其他国家的知识界逐渐产生具有疗效的榜样作用。我们这里的学者,哎,绝大多数囿于传统的偏见,只是这种偏见正在被国家实施的高压政策强化。

向您致以热情的问候。

TLC。[13 426]。这封信的收信人及其地址是"G. S. Jeffery 教授先生,伦敦"。

[1] 文件 31。

[2] 参阅文件 31,注释 2 和 6。

[3] *Lorentz et al. 1920*。顺便提一下,第三版及后来的版本包括 *Einstein 1916e*(第六卷,文件 30),没有第一页(第 769 页),*Lorentz et al. 1923* 也是这样。

[4] 参阅 *Weyl 1918b*,第 207 页。

[5] Jeffery,跟 Arthur S. Eddington 一样也是贵格会会员,战争期间是一个拒服兵役者。

# 105. 致 Franz Rusch[1]

柏林,1921 年 3 月 18 日

亲爱的 Rusch 先生:

如果良好意愿可以主宰一切的话,我本应该在很久以前就写信给您了。但我的生活烦乱不堪,几乎没有停下来进行思考的时间。自从我们上次见面以来,这个世界已经发生了太多的事情![2]现在一想到它,我就禁不住浑身发抖。这个可预知的未来还会发生什么事情呢?尽管一个人最终会走到尽头,但其他的一切会依然继续,这也许算得上一种安慰吧。然而最美好的事情是,现在也仍然是科学,而且像花儿一样盛开得如此奇妙。对于我来说,值得庆幸的是我可以想出运动的相对论,并且看到它得到验证,同时也为 Planck 的公式找到了满意的量子理论。当然,量子问题本身仍然像以往那样模糊不清。我们在此的理论基础好像是一个失败,它超出了所有世人解决问题的能力。但 Rutherford 和 Bohr 对原子结构的理解却是一个了不起的成功。最近,Rutherford 通过 α 射线演示了许多较轻原子的放射性衰变(比如铝)。

很抱歉你会感到如此孤单。我想象在中国人们生活其实很美好,也很有吸引力。我发现,我所遇见的人群里没有几个真正具有超凡吸引力的。从人类的角度来讲,这些中国人拥有特别的平衡感,他们实际上好像远比我们更优秀,因此如果通过我们的影响,他们失去的可能比得到的更多。[3]

我与本地人的冲突如同肆虐的狂风。我觉得那些人太客观,对他们来说,我在物质方面太安稳,不可能做出什么惊天动地之举。对于这一切,我处之泰然地艰难前行,一有时间就沉浸在思想的旋风里。此外,进行大规模创造活动已是年轻人的事情,对我来说已经结束。我现在要去美国两个月,若不是眼下恼人的艰难处境,我早就可以寄给您几篇论文了。但我会想办法补上的。

向您致以友好的问候。

您的
A. 爱因斯坦

ALSX。*Nathan and Norden 1960* 里引用的两段文字,第 43 页[44 828]。信纸上有墨渍。

[1] Rusch(1880—1962)是天津直隶理工学院(Chihli College of Technology)的物理学教授。

[2] 在苏黎世大学的时候,爱因斯坦与物理实验室的 Rusch 合作(参阅爱因斯坦 1910 年 5 月 14 日写给 Lucien Chavan 的信[第五卷,文件 207])。关于他们之间的友谊,参阅 Rusch 在 *Abensberger Tagblatt/Neustädter Zeitung* 中的回忆,1955 年 9 月 17—18 日和 19—20 日。

[3] 参阅他 1919 年 3 月 22 日在写给 Paul Ehrenfest 的信中对中国人的看法(参阅第九卷,文件 10)和 1919 年 12 月 24 日写给 Heinrich Zangger 的信(第九卷。文件 233)。

## 106. 致 Maurice Solovine

[柏林,]1921 年 3 月 19 日

亲爱的 Solovine:

非常感谢那篇大作和您的建议。[1] 然而我自己不愿意给报纸写信,因为这违背了我神圣的原则和习惯。我只想在回答那份询问时陈明我的观点,但现在已经太晚了,因为我后天就要出发。顺便说一下,您的理解不够明白。我没有给

Fabre 的书[2]写过什么序言,那篇序言是他自己编凑的,从我的一封信里摘抄了一些句子。如果这件事情闹大了,反倒会非常适合我。关于这件事情我有一份通告刊印在当地普通科学杂志《自然科学》(*Naturwissenschaften*)里,并且要求这个通告在外国期刊里重印。[3]

祝好!

您的<br>A. 爱因斯坦

附:我们这位体面朋友的文章[4]中的观点原本出自《柏林日报》增刊《世界之镜》(*Weltspiegel*)4 月刊出的内容。在这则简短的通告里,Fabre 简直变成了愚人节的傻瓜,这样的通告比我出面做任何申明有效得多。

AKS(TxU,阿耳伯特·爱因斯坦论文集)。*Einstein and Solovine 1956*,第 32 页(省略了最后一句和附言)[80 837]。明信片的收信人及其地址是"M. Solovine 博士先生,巴黎 罗亚尔港街 39 号",邮戳为"柏林-Wil[mersdorf] 1 19 3 [21] 7—8[下午]"。

[1] 与文件 101 一起寄出。
[2] 指的是 Lucien Fabre。
[3] 3 天前,爱因斯坦向《自然科学》提交了一份抗议书(*Einstein 1921g*[第七卷,文件 55])。
[4] *Fabre 1921*。

# 107. Hendrik A. Lorentz 来信

哈勒姆,1921 年 3 月 19 日

亲爱的同事:

对您不打算去布鲁塞尔[1]一事,我几乎不必告诉您我感到有多么的抱歉,其他所有人也会为此感到非常遗憾。但我理解您的心情,因为您觉得您有这个义务去美国。

W.H.Bragg(H.L.Bragg 之父)[2]也不会来了。Langevin 还在犹豫,[3]他得了胸膜炎,好在不太危险,现在已经好了,只是他还得好好照顾自己。

看到这种情形,尤其是考虑到您的缺席,Marie Curie 和 M.Brillouin[4]建议将会议推迟到秋季。然而实际上这不可能,因此我们将于 3 月 31 日去布鲁塞尔。我们也邀请了刚好在欧洲的 Michelson[5]和 M.Brillouin 的儿子 L. Brillouin。[6]

现在我热诚希望您的这次旅行全然美好,希望您的这次旅行真的可以帮助耶路撒冷大学的创建。[7]我已经与这所大学建立了联系；因为他们的图书馆正在接收荷兰科学协会的出版物，比如《惠更斯全集》。

千万不要因为各种采访和演讲累坏了自己。[8]当然，适当作一些对您来说很好，但太多了可能会对您要求太多。但愿我们几个月后在莱顿见到您的时候，您的身体依然健康。

向您致以热诚的问候。[9]

您的<br>H. A. Lorentz

ALSX。[16 539]。

[1] 关于邀请参加4月第一周期间举行的索尔维会议，参阅 Hendrik A. Lorentz 1920 年 6 月 9 日致爱因斯坦的信（第十卷，文件 49）。爱因斯坦在文件 57 中告诉 Lorentz，他不能参加这次会议。

[2] William Henry Bragg（1862—1942）是伦敦大学学院物理学"裘恩教席"教授（Quain Professor）。

[3] Paul Langevin。

[4] Marie Curie（1867—1934）是索邦（Sorbonne）大学物理学教授；Marcel Brillouin（1854—1948）是法兰西学院数学物理学教授。

[5] Albert A. Michelson。

[6] Léon N. Brillouin（1889—1969）。

[7] 原文此处，Lorentz 表明他在本页末尾加了一条脚注："我跟这个大学已经有了些关系；因为它的图书馆里就藏有荷兰科学协会的出版物，例如《惠更斯全集》"。

[8] 原文此处，Lorentz 表明他在这页末尾加了第二条脚注："您自然得做几次讲座，这样的安排确实很好，可是大家对您的要求可能太多了"。

[9] Lorentz 和他的妻子 Aletta Lorentz-Kaiser。

## 108. 致 Heinrich Scholz

柏林，1921 年 3 月 20 日

尊敬的同事：

我很高兴您如此喜悦地评价 Schlick 的前途。[1]

今天写信给您，主要是想对您明信片里包含的一个评论做专业的澄清。您谈到一种直觉的、正式的先验空间。[2]因此我一直相信，Kant 所谓的正式的先验解释从纯粹的逻辑上来看是不言自明的，严格对立于直觉的心理上的不言而喻。我也知道有些 Kant 派学者大胆否认 Kant 所说的"直觉"与日常生活所谓的直觉或直觉的东西有任何关系。Kant 的直觉更愿意描绘逻辑上和认识论上可以理解的事物。我必须承认，我总是认为 Kant 的空间理论与广义相对论在细节方面彼此冲突，尽管对具有先验特点的基本概念和功能建立一个清单的要求仍是合理的。[3]对于这个问题，如果我能得到您一个简短的答复，我将不胜感激。然而这个答复我只能在两个月后才能收到了，也就是只能等到我从美国回来之后了。[4]

您真诚的

TLC。[21 538]。

[1] 在回复爱因斯坦早期的来信时（文件 96），Scholz 很高兴知道 Schlick 在基尔大学谋得一个教职（参阅年表和日程表 1921 年 3 月 19 日条）。

[2] 在 1921 年 3 月 19 日的明信片中（年表和日程表），Scholz 暗示他不认同 Kant 的空间概念，既不认同欧氏几何空间，也不认同物理空间。

[3] 关于 Kant 空间概念的关键性评论，比如可参阅 *Einstein 1917a* 的第六版，第 87 页（第六卷，文献 42，第 519 页）和爱因斯坦 1920 年 6 月 5 日写给 Ernst Cassirer 的信（第十卷，文件 44）；关于对 Kant 先验的综合理论的反对，比如可参阅爱因斯坦 1915 年 12 月 14 日写给 Moritz Schlick 的信和爱因斯坦 1918 年 6 月 29 日写给 Max Born 的信（第八卷，文件 165 和 575）。

[4] 第二天，也就是 3 月 21 日，爱因斯坦离开柏林，将于 6 月 17 日返回柏林。

## 109. Eduard Einstein 来信

[苏黎世，1921 年 3 月 21 日之前][1]

亲爱的爸爸：

昨天我们收到你寄来的照片，还有随照片一起寄来的信。好遗憾我们要很久以后才能见面，我更喜欢你住在这里。复活节[2]快到了，我们都还不错。我现在喜欢集邮，为了我的收藏更丰富，我想叫你从美国给我寄些邮票来。对于弹钢琴，我现在练习音阶和一般的练习曲。我其余的时间都是跟我的鹦鹉玩儿，它们很有趣，也很调皮。

好想早点见到你。

问候你的<br>Tete

ALS。[144 467]。

[1] 该信写作的日期根据是这封信与文件 110 一起寄出。

[2] 复活节后的星期日是 1921 年 3 月 27 日。

## 110. Hans Albert Einstein 来信

[苏黎世,1921 年 3 月 21 日之前][1]

亲爱的爸爸:

昨天我们收到了你的来信和照片,这两样我们都很喜欢。幸好发明了照相机,因为这样我们就可以见到你了。

Gonzenbach 教授夫人[2]的情况是这样:Gonzenbach 教授夫人将会亲自写信给你,或者她已经这样做了。[3]整个事情其实都跟 Schuhmann 博士夫人有关,她的丈夫很久以前去世了,她本人就是以前的 Frenkel 小姐。[4]

我很高兴你说的意大利之行,我相信我可以去的,因为当时正值秋假[5]。只是,如果我们不能单独在那里,我会很不自在,因为那样的话,我们就不能经常在一起,毕竟我不会跟意大利的任何人说话。去年秋天很好,但你写的信也少,因为你在本欣根[6]要写的东西实在多得离谱。我想多瑙河乡村的生活将会是最美好的了。

我这么忙着写信给你,是因为你很快就要离开了。[7]但旅行期间别忘了时时告诉我们,如果在某个地方待的时间长,就给我们写这个地址,这样我们就可以给你回信。

Teddy[8]叫你可能的话给他寄一些邮票。你肯定能弄到一些。

多多问候你的

Adn

ALS。[144 468]。

[1] 该信写作日期参照的是爱因斯坦即将启程去美国。

[2] Margherita Serena von Gonzenbach-Frenkel-Heiden。

[3] 关于她写给爱因斯坦的信,参阅年表和日程表 1921 年 3 月 14 日。

[4] Elsa Johanna Sofia Frenkel-Heiden。Hans Albert 以前关于 Gonzenbach-Frenkel-Heiden 要求的书信,参阅第十卷,文件 232a,载本卷。

[5] 1月,爱因斯坦应邀去博洛尼亚发表演讲(参阅年表和日程表 1921 年 1 月 19 日)。

[6] 1920 年 10 月初,爱因斯坦和两个儿子在德国南部靠近上多瑙的小镇本欣根度假(参阅第十卷年表和日程表 1920 年 10 月 6 日)。

[7] 去美国。

[8] Eduard Einstein。

## 111. 致 Emmanuel Carvallo[1]

[柏林,]1921 年 3 月 21 日

亲爱的同事：

的确只有今天我才能回答您非常友好的来信。我真的认为,尽我所能(再次)去改善学者之间的关系是我的一个最神圣的职责。这对于一个生活在战败国的人来说肯定十分艰难。如果您犹豫不决,别人会认为您不友善;如果您勇往直前,您的同胞又觉得你不够忠诚。[2]今天的情形比起以往来说更加糟糕,因为当今的事情被双方认为或解释为帝国主义和强权不可缺少的和本质之物的明证。[3]什么时候欧洲才会意识到,如果它的政治组织跟随技术发展所能提供的条件走,它就会走向衰落呢？尤其不祥的是,前敌国的居民之间的个人交流几乎完全停滞;因此偏见毫无遮拦地蔓延,变得嶙峋可怖。以至于人们都忘记了最起码的常识,即个人的性格和美德完全与任何人为的疆界无关。

然而您的来信表明,您仍然是一位了不起的看重国际文化这一理想的人。

向您致以友好的问候。

您的
A. 爱因斯坦

ALS (J. W. Schulein 的私人收藏,纽约)。[43 432]。

[1] Carvallo (1856—1945) 是巴黎综合理工学院的研究院主管。收件人被确认为 Helen Dukas。

[2] 比如参阅 Fritz Haber 在文件 87 中的责备。

[3] 3 月 8 日,德国拒绝收回 1921 年 1 月宣布的巴黎协定的反对意见(参阅文件 37,注释 11),为了避免德方不理睬或破坏这些条款的最后期限,协约国出兵占领了杜伊斯堡、鲁尔区、杜塞尔多夫,并在莱茵河沿岸建立了海关边境(参阅 *Mommsen 1996*,第 113 页)。

## 112. Arthur T. Hadley 来信

[纽黑文,]1921 年 3 月 21 日

我亲爱的先生：

衷心感谢您 2 月 22 日的来信。[1]我们非常感激那些好条件,使您可以顺利

到达美国,我们应该乐意做各种可能的事情,使您的一切更方便。但以您的要求短时间内准备大量在形式和实质上都堪与过去媲美的演讲,这看起来好像不太可能。与其说是日期问题,还不如说是实效问题。如果您已经准备好了在柏林或巴黎的科学院要做的讲座,我们应该非常高兴改变我们的邀请时间,以方便您的安排。如果将来某一年,您想在美国科学界发表您的新东西,我可以向您保证,我们委员会将非常乐意再次对您发出邀请。但对您和对我们来说都很不公平的是,邀请您来匆忙准备一件必须谨慎而且专心才能做好(同时还兼顾其他)的事情。

致以衷心的问候。

157 TLC (CtY, Hadley Presidential Records, Series II, box 6, 第 40 页)[91 767]。这封信的收信人及其地址是"阿耳伯特·爱因斯坦教授,由纽约市 Kuhn, Loeb 公司 Paul Warburg 博士转交(回信交给 Chittenden 教授)"。

[1] 文件 56。

## 113. 致 Paul Ehrenfest

[鹿特丹号邮轮上,1921 年 3 月 24 日]

亲爱的 Ehrenfest:

在懒人的天堂里过日子真是太棒了。除了正儿八经地吃饭我们无所事事。但今天犹太复国运动出现了麻烦和担忧。[1] 现在要起大风浪了。在莱顿见![2]

热情问候你们大家。

你的
爱因斯坦

AKS (NeLR, Aardenne Collection)。[73 256]。附在 Elsa Einstein 写给 Ehrenfest 的那些话的后面,那些话已被略去。Elsa Einstein 手写的这张明信片上的收信人及其地址是"荷兰莱顿维特·罗岑(Witte Rozen)街,Ehrenfest 教授先生",邮戳为"Paquebot 24 M[aart] 21"。卡片背面复制了荷兰到美国航线的鹿特丹号邮轮的航线图。

[1] 指犹太复国主义者代表团登上鹿特丹号邮轮和这个代表团在美国的工作。

[2] 显然爱因斯坦计划从美国回来后就与 Ehrenfests 一家人住在一起(参阅这张明信片上被 Elsa 省略的文字)。

## 114. Franz Boas 来信[1]

纽约,1921 年 4 月 7 日

亲爱的先生:

您应该非常熟悉德奥科学艺术紧急救助协会[2]所开展的工作。我们希望我们提供的资金可以得到最好的利用,不仅可以帮助避免脑力工作面临的停滞,而且可以帮助那些仍在遭受政治迫害和种族折磨的科学家们达成和解。正如您已意识到的那样,我们提供的基金被用来维持那些生存处于危险的杂志,用来支持因为缺乏资金而不能继续的研究,用来支持年轻科学家,没有这样的帮助,这些年轻人可能会放弃他们的科学事业。[3]

我将非常高兴地盼望着您简短的回复,告诉我们正在追求的事业是否明智,告诉我们这样的紧迫是否正是我们想象的那样。如果您能就此提供任何的建议,我们自然会感激不尽。

您的
Franz Boas

TLS。[36 199]。信头写的寄信人地址是:"德奥科学艺术紧急救助协会",收信人及其地址是"纽约市康莫多酒店,阿耳伯特·爱因斯坦教授"。

[1] Boas (1858—1942)是哥伦比亚大学人类学教授。

[2] 这个协会最初名叫"欧洲科学艺术紧急援助协会,创建人是 Boas(参阅他 1933 年 3 月 27 日写给德国总统 Paul von Hindenburg 的公开信[PPAmP, Collection I, Franz Boas Papers, B B61]和 Boas 2004)。

[3] 德国对项目和出版费的支持。比第二次世界大战前提高了 5—8 倍(参阅 Adolf Harnack 1920 年 2 月的回忆录,引自 Zierold 1968,第 5 页)。

## 115. 致 Carl Beck

纽约,1921 年 4 月 8 日

亲爱的 Beck 博士:

请原谅我没有按照您的建议发电报回答您;我不能那样做是因为这个问题

太复杂,需要经过严肃的思考,发一封电报无法把问题说清楚。

我的美国之行完全出乎意料。实际的情形是,就在我写信给您的当天,我接到犹太复国主义者组织的主席 Weizmann 博士的一个紧急电话,叫我跟他一起去美国,目的是帮助寻求美国犹太人对计划创建的耶路撒冷大学的支持。[1]这个计划很顺我的心意,我觉得我必须接受。同时我也有利可图,我想借这次机会发表很多演讲。我已经与普林斯顿大学安排好了,5月第二个星期我将在那里发表5场演讲。[2]我也可能在其他大学发表一两次演讲。[3]

我知道,您将着手筹建的那个委员会旨在促进耶路撒冷希伯来大学的建立,是为联系我的美国之行而组建的。[4]对于那个委员会,我表示欢迎;为了创建那所大学,我鼓励为之付出的每一种努力。然而我还不清楚那个委员会的构成。临时委员会必然具有临时的特点,它需要一定的补充、协调以及重组等;我在美国期间或者离开美国之后,都希望如此。纽约也将采取步骤建立一个重要的大规模的大学委员会。[5]首先被邀请的人应该包括 Oscar Straus、Loeb 博士、Judge Mack,以及几位著名的绅士。[6]我非常高兴地获悉,您,亲爱的 Beck 博士,准备对耶路撒冷大学的创建提供支持,并且我在芝加哥期间就此事与我合作。

正如我已经提到的,我的旅行还有一个目标,即尽可能地去接触美国科学界的各位人士。如果您可以帮忙安排我见到芝加哥同一科学领域的科学家们,我将非常感激。[7]感谢您真诚邀请我在芝加哥期间去您家做客,但很遗憾的是我不能接受:我为耶路撒冷大学所做的努力,使我已成为众多谣言往来的中心,因此我真的会变成一个最麻烦的客人。

至于您对我将公开发表的演讲所提的问题,我可能会在耶路撒冷大学的某个聚会上略略谈谈。至于我要发表的科学演讲,目前的情形还不明朗,只有普林斯顿大学的演讲已定,正如我提到的那样。

请容我再次真诚地感谢您对我真诚的关心和帮助。

向您致以诚挚的问候。

您真诚的
阿耳伯特·爱因斯坦

附:我选择普林斯顿大学主要是因为这所大学首先邀请我。[8]

TLSX。[65 663]。信头打印的寄信人地址是"美国犹太复国主义者组织",收信人及其地址是"Carl Beck 博士,芝加哥 Ill 区 北克拉克街 2551 号 北芝加哥医院"。附言为爱因斯坦手书。

[1] 2月下旬,爱因斯坦通知 Beck 他去美国的旅行计划(参阅文件60)。2月28日,Weizmann 感谢爱因斯坦接受去美国旅行的邀请(参阅文件70)。4月2日,爱因斯坦到达纽约(参阅《纽约时报》,1921年4月2日)。

[2] 关于爱因斯坦与普林斯顿大学的演讲安排,参阅文件53。

[3] 关于爱因斯坦早期与耶鲁大学、威斯康星大学以及华盛顿国家科学院的演讲安排,尽管这些安排最终没有实现,参阅文件 56。3 月底,威斯康星大学了解到爱因斯坦要来美国,于是再次希望他能够去威斯康星(参阅 Albert G. Schmedeman 1921 年 3 月 31 日写给 M. E. McCaffrey 的信[WiMaUMA, Dean Slichter Papers],[84 989])。

[4] 极有可能指芝加哥当地一个为希伯来大学筹资的委员会。

[5] 这个计划创建的大学援助委员会旨在为希伯来大学组织大规模的筹资活动(参阅文件 70,注释 3)。

[6] Straus(1850—1936)是一位政客、作家和法理学家。他反对政治上的犹太复国主义者运动,但支持巴勒斯坦具体的物理学恢复项目和希伯来大学的创建,关于这方面的信息,参阅 *Cohen, N.* 1969 第 142 和第 292 页。Jacques Loeb(1859—1924)是纽约洛克菲勒医学研究院普通生理学分部主任,法国的相关领导人是 Julian W. Mack。

[7] Felix Ehrenhaft 以前关于 Beck 在这方面对爱因斯坦的帮助的书信,参阅文件 36。当时芝加哥最著名的物理学家是 Robert A. Millikan、Albert A. Michelson 以及 Henry Gale。

[8] 普林斯顿最初邀请爱因斯坦是在 1920 年 10 月(参阅 Luther P. Eisenhardt 1920 年 10 月 1 日写给爱因斯坦的信[第十卷,文件 160])。然而哥伦比亚大学早在 1912 年就邀请爱因斯坦去那里发表演讲了(参阅 George Pegram 1912 年 1 月 9 日写给爱因斯坦的信[第五卷,文件 337])。

## 116. 致 Franz Boas

纽约,康莫多酒店,1921 年 4 月 11 日

亲爱的先生:

很高兴向您致以诚挚的感谢,感谢您和您的协会为援助工作所奉献的时间和努力。我认为这项工作在争取科学家自身科研的生存方面至关重要。在这十分危急的时刻,如果要促进科学的进步,您所提供的援助是迫切需要的;对于那些因战争而遭受贫穷的高度文明的国家也是迫切需要的。[1]

我很了解那些负责德国基金分配的人们;我相信他们会以有效而绝对公正的方式完成他们的任务。我敢肯定奥地利的情形也是如此。那些在美国慷慨的文化支持者当中筹集的资金,也会以最佳的方式用在这些国家的科研方面。

爱因斯坦谨呈

TLC.[36 201]。信封上的收信人及其地址是"Franz Boas 教授,德奥科学艺术紧急救助协会,哥伦比亚,纽约城市大学"。Solomon Ginzberg 手书的英文草稿[36 200]也可以获得。

[1] Boas 在文件 114 中询问爱因斯坦协会的基金在德国使用的情况如何。

## 117. Arthur G. Webster 来信[1]

马萨诸塞州,伍斯特,1921 年 4 月 11 日

亲爱的先生:

我知道您不久以后会来伍斯特。我没有时间和我的朋友 Talamo 先生[2]交流一下您到达的日期,但我希望来得及邀请您到克拉克大学来做一次演讲,探讨您对相对论的重要研究。我从报纸上了解到,您将在普林斯顿大学发表一次演讲,原因是普林斯顿大学是第一所对相对论感兴趣的美国大学。[3] 然而我向您保证这绝对是一个误会,因为 1909 年我在访问西部的大学时就做过狭义相对论的演讲。广义相对论一发表,我们就开始在我的研讨会上进行讨论。我还在纽约《每周评论》[4]上面发表过几篇讨论相对论的通俗论文。我把我们的目录寄给您,以便让您了解我们是怎样的机构。我是 Helmholtz,Kundt 和 Planck 的学生,1890 年在柏林获得博士学位。[5]

如果你们暂时还没有别的约定,如果你们能够在 4 月 20 日之前来伍斯特(4 月 20 日那天我要出发去费城和华盛顿),我和 Webster 夫人将非常高兴可以在你们住伍斯特期间接待你们。如果您不会说英语也没关系,我可以帮您翻译。我 1904 年在圣路易斯物理学大会上为 Langevin 做过翻译。[6] 盼望着您的回音,我们为此不胜荣幸。

您的
Arthur Gordon Webster

TLS。[36 207]。信头写的寄件人及其地址是:"A. G. Webster,马萨诸塞州,伍斯特,克拉克大学物理系",信封上的收信人及其地址是"阿耳伯特·爱因斯坦教授,纽约市第 5 大街 55 号,美国犹太复国主义者委员会"。

[1] Webster(1863—1923)是克拉克大学物理学教授。

[2] Joseph Talamo(1894—1970)是伍斯特郡的一位律师。

[3] 5 月 9 日到 15 日,爱因斯坦将在普林斯顿大学举办 5 场相对论演讲(参阅《纽约时报》1921 年 4 月 9 日,第 11 页)。

[4] 参阅比如 *Webster 1919* 和 *1920*。

[5] Hermann von Helmholtz(1821—1894)、August Kundt(1839—1894)以及 Max Planck 都是柏林大学物理学教授。

[6] Paul Langevin。

## 118. 致 Ernest G. Barker

纽约,康莫多酒店,1921 年 4 月 12 日

亲爱的先生:

请代我向贵校教授委员会和管理机构转达我诚挚的谢意,感谢他们对我的善意邀请。[1]非常高兴能够去国王学院发表一两场演讲,然而我恐怕不能在 5 月底前到达伦敦,因此,国王学院的演讲(或者说您希望的两场演讲)可能在 5 月的最后几天或 6 月初进行;我现在还不能说具体是哪一天,因为这得看我们启程的时间。[2]请发电报告诉我(由纽约犹太复国主义者组织转交),这样的安排对贵校来说是否可行。

至于演讲的报酬,我不想提具体的数字,这个由贵校来决定。

您真诚的

TLC。[44 136]。这封信的收信人及其地址是"英国伦敦 W.C.1 区. 国王学院校长 Barker 博士"。

[1] Barker(1874—1960)是伦敦国王学院历史学教授和校长。他 1921 年 3 月 24 日向爱因斯坦发出邀请(参阅年表和日程表)。

[2] 关于爱因斯坦的旅英计划,显然犹太复国主义者代表团的内部感到有些困惑。4 月中旬,Weizmann 发电报给伦敦犹太复国主义行政部,说爱因斯坦的伦敦之行"仍不能确定,但希望爱因斯坦能够同意"(参阅 Chaim Weizmann 1921 年 4 月 17 日发给伦敦犹太复国主义行政部的电报[IsJCZA, KH1/193])。

## 119. Paul M. Warburg 来信

纽约,1921 年 4 月 12 日

亲爱的教授:

我接到普林斯顿大学 Hibben 教授[1]的来信。他在那封信里询问是否可以把您的演讲内容速记下来,交由普林斯顿大学出版社出版。Hibben 先生相信这本书的销量一定会很好,而且对于所销售的全部册数,您可以从其中抽取 15% 的版税。

亲爱的教授,对于上面的建议,您是否愿意呢?

向您致以热诚的问候,期待不久以后能再次见到您。

您始终的<br>Paul Warburg

TLS。[36 253]。信头写的寄信人及其地址是:"国际承兑银行,纽约 派恩街 31 号",收信人及其地址是"纽约市康莫多酒店,阿耳伯特·爱因斯坦教授先生"。

[1] John G. Hibben 是普林斯顿大学校长。

## 120. 致 Carl Beck

纽约,1921 年 4 月 15 日

亲爱的 Beck 博士:

非常感谢您本月 11 日[1]的来信。5 月 2—6 日我会在芝加哥。我相信这些安排都是为了我将在芝加哥大学发表的一系列演讲而做的。[2]当然几乎与此无关的是,我将在那里为我的使命而工作,该使命是根据希伯来大学委员会[3]发起的一个项目,我很高兴地了解到您也是其中一个成员。我也非常高兴能与芝加哥的科学家们见面,如果按照您友好的建议,[4]能在这方面提前做一些安排,我会非常感激。当然,假如这些安排不影响我在那所大学的讲座,也不影响我为耶路撒冷希伯来大学的活动项目的话;您也知道这个项目正是我此次来美国的主要目的。

至于语言方面,我恐怕不会说英语,美国英语也不行。我不得不说德语,就像在纽约和普林斯顿大学做讲座的时候一样。[5]

非常感谢您的关心。

您的<br>A. 爱因斯坦

TLSX。[65 662]。收件人的姓名地址打印在称呼的上方:"Carl Beck 博士,芝加哥 Ill 区,德明广场 601 号",回信地址是"纽约市康莫多酒店"。

[1] 可能是对文件 115 的回复。

[2] 爱因斯坦将在芝加哥大学做一个系列的 3 场讲座(参阅年表和日程表 1921 年 5 月 2 至 5 日)。

[3] 极有可能是文件 115 里提到的那个当地委员会。

[4] 爱因斯坦在文件 115 中表达了这个愿望。

[5] 关于爱因斯坦在纽约哥伦比亚大学、纽约城市大学以及普林斯顿大学所做演讲的详细资料,参阅年表和日程表 1921 年 4 月 15 日、18—21 日以及 5 月 9 至 13 日。

## 121. 关于授予纽约荣誉市民的决议

[纽约,1921 年 4 月 16 日]

决议:

我们市议会获悉世界犹太复国主义者组织主席 Chaim Weismann[1]教授已经到达纽约,陪同他的是我们这个时代最著名的科学家之一,阿耳伯特·爱因斯坦教授。感谢他们为实现他们一直渴望在巴勒斯坦重建家园之梦想所做的努力,感谢他们对犹太人民所做的无私的贡献。在此,我们真诚地把纽约荣誉市民称号授予我们尊贵的客人;也唯愿我们的同胞与我们一起为此对他们表示衷心的祝贺。

1921 年 4 月 8 日由市议会通过。

大多数议员对此投了赞成票。[2]

1921 年 4 月 16 日由市长批准。[3]

秘书 M J Cruise。

TDS (IsRWW)。[70 972]。信头打印的寄信人地址是"市政委员会"。印刷的段落使用楷体。背面的标题是"关于将纽约荣誉市民称号授予世界犹太复国主义者组织的主席 Chaim Weisman 教授、阿耳伯特·爱因斯坦教授以及陪同人员的决议,由 Aldermen Graubard、Hannoch Morris 和 Zeltner 宣布此决议"。

[1] Chaim Weizmann。

[2] 这个决议是 Aldermen Louis Zeltner、Moritz Graubard 以及 SamuelR. Morris 提出的,1921 年 4 月 5 日在纽约市议会的会议上进行讨论。共和党市议员 Bruce M. Falconer 在大会上企图阻挠该决议的通过,声称他不知道 Weizmann 和爱因斯坦是谁[参阅《纽约时报》和《纽约呼声》(*New York Call*),1921 年 4 月 6 日]。由于纽约州参议员 Nathan Straus Jr.的干预,这项决议最终在市议会 4 月 8 日的特别大会上以 56 或 57 对 1 的绝大多数选票得以通过(参阅《纽约时报》、《纽约呼声》和《纽约美国人》1921 年 4 月 9 日)。前首席检察官 George W. Wickersham 煽动 Falconer 起来发表反犹言论,但他的律师对此表示否认。关于这方面的信息,参阅 Abraham Tulin 1921 年 4 月 21 日写给 Leonard Stein 的信(IsRWW)。

[3] John F. Hylan (1868—1936)。

## 122. 致 Judah L. Magnes[1]

纽约,1921 年 4 月 18 日

亲爱的先生:

请原谅我没能及时回复您本月 10 日的来信。非常感谢您为这所大学满怀好意地组织了这次知识分子聚会。[2]这对于我来说无论如何都是一件快乐的事，但我现在能自由利用的时间很少，因此必须充分节约时间来约定。

然而，如果您认为您建议的这个聚会不仅在于思想交流，也有助于我为耶路撒冷大学寻求支持这一使命的成功——那么我将非常愿意参加这个聚会。从以上这个视角来讲，这个聚会当然应该尽可能地邀请更多有名望、有影响力的大人物参加。另外，如果您的朋友对这个大学项目有帮助，哪怕他们不属于这个知识圈子，但如果他们对这个聚会感兴趣，我也很希望看到他们在被邀请之列。

至于日期，我不知道下周星期天（星期六）是否可行？请与我的秘书Ginsburg先生联系[3]（最好是在上午9时到10时打电话给他，地址是康莫多酒店，765号房间），他将跟您一起做具体的安排。

再次感谢您友好的关心，亲爱的先生。

您的
A. 爱因斯坦

TLS (IsJeCAHJP, Judah L. Magnes Papers, P3/844)。[36 841]。这封信的收信人及其地址是"J. L. Magnes博士, 纽约市 东11街24号"，回信地址是"纽约市康莫多酒店"。

[1] Magnes（1877—1948）是犹太公共组织、纽约Kehillah的主席。

[2] Magnes参与希伯来大学的创建计划始于1913年。当时他和Chaim Weizmann影响了维也纳第十一届犹太复国主义者大会。会上通过了一项决议，指导犹太行动委员会"承担创建耶路撒冷希伯来大学所必须的预备工作"（参阅 Biale 1987 的第129页和 Goren 2000 的第374页）。在代表团到达之前的几个月里，关于Magnes对这些计划的消极评论，参阅他与纽约物理学家Henry G. Wincor的通信（参阅IsJeCAHJP, Judah L. Magnes Papers, P3/36）。

[3] Solomon Ginzberg。

# 123. Charles D. Walcott 来信[1]

华盛顿，1921年4月18日

亲爱的爱因斯坦博士：

很高兴收到您4月15日的来信，感谢您非常乐意地接受我的邀请，参加国家科学院的会议。Gano Dunn先生[2]发电报来说他亲自见到您，并告诉您我们希望在4月26日星期二12:30左右做一个简短的欢迎仪式，时间安排在上午休会之前。由于了解到您不会使用流畅的英语，因此我冒昧给您寄去了我代表国家科学院的发言，这样您或许更能够明白。整个仪式的时间控制在5到10

分钟。

很高兴知道 Dunn 先生也征得您的同意,将在星期二晚上的宴会上向国家科学院做简短发言。我们很期待这一点。

也很高兴邀请您的翻译与您同行,陪同您去我在邀请函里提到的任何地方。

您的<br>Charles D. Walcott 院长

亲爱的爱因斯坦:

很荣幸能够代表国家科学院向您致以热烈的欢迎。国家科学院很高兴可以向您这样才华横溢、思想敏锐,并且极大地丰富了终极真理这一哲学理论的大人物致敬。您为人类做出了举世瞩目的研究,这些研究的影响超越了时代和民族之间的界限和障碍,我们在此向您表示祝贺。对于世界各地的人来说,您的姓名可谓家喻户晓;您的姓名与您所研究的那个深奥的课题紧密相连。我们欢迎您参加我们的科学大会,尤其参加大会期间的交流活动。在此期间,我们国家科学院的成员们希望能够荣幸地见到您、认识您,并跟您成为朋友。

TLS.[36 224,36 225]。信头打印的寄信人及其地址是"国家科学院,史密森学会会长办公室,华盛顿",收信人及其地址是"纽约市康莫多酒店,阿耳伯特·爱因斯坦博士"。

[1] Walcott(1850—1927)是国家科学院的院长,史密森学会的秘书。

[2] Dunn(1870—1953)是 S. G. White 工程公司董事会成员,也是爱因斯坦在美国纽约和华盛顿的各种仪式的主持人。

# 124. Judah L. Magnes 来信[1]

纽约第五大道 114 号,1921 年 4 月 19 日

我亲爱的教授:

尽管时间很紧,您却渴望利用这点您可以支配的时间,实现您为希伯来大学筹资的目的[2],对此我向您深表敬佩。然而不幸的是,在我给您写信时还没想到筹资一事。鉴于这些情况,我想,放弃我建议的那个聚会可能会更好。

祝好!

您忠心的<br>Magnes

TLC (IsJCAHJP, Judah L. Magnes Papers, P3/844)。[36 842]。

[1] 该文件作者由存放处确认。

[2] 参阅文件 122。

## 125. 致 Henry A. Miers[1]

纽约康莫多酒店,1921年4月20日

亲爱的 Henry 先生：

非常感谢您友好的邀请。[2] 为此,我可能在5月24日或28日坐船从纽约出发,然后直接在英国曼彻斯特上岸。我会在那里发表演讲,之后很可能去伦敦,并且希望在伦敦的国王学院发表一两场演讲。[3]

我希望贵校能够接受这个安排。至于我演讲的具体时间,现在还不能完全确定,因为这依赖于我启程的时间,不过可以定在6月1至9日。

在此想告诉您,我已收到您上次电报发给我的信(康莫多酒店,纽约)。

我是您忠实的

TLC。[44 376]。这封信收信人及其地址是"Henry A. Miers 爵士 D Sc F R S,英国,曼彻斯特,曼彻斯特大学副校长"。

[1] Miers (1858—1942)。

[2] Miers 在1921年3月19日发出邀请(参阅年表和日程表)。

[3] 1921年3月24日,爱因斯坦被邀请到国王学院发表演讲(参阅年表和日程表)。

## 126. Fèlix Michaud[1] 来信

巴黎,1921年4月25日

先生：

我非常荣幸随信寄给您我关于"常规能源"[2] 的样书。

在我力图介绍的新想法中,我冒昧地向您指出在我看来有可能是广义相对论的一个结论：由于辐射能具有质量,因此距离发射它的天体越远,机械功损耗越大；辐射减弱,它所携带的些许熵随之消失。这将会是苦苦寻找终于被发现的能量减弱的补偿。这样,能量转换系统就关闭了,而克劳修斯的不平衡性是开放的。

若能得到您对此问题的高见我将会万分高兴与荣幸!

先生、尊敬的老师,请接受您最虚心的学生之一的敬意!

Felix Michaud<br>物理教学实验室

ALS。[17 191]。信头写的寄信人地址是:"巴黎,科学系物理教学实验室"。另外有人在信头最上方添加了"巴黎大学"。

[1] Michaud 是巴黎大学索邦科学系教学实验室的物理讲师。

[2] *Michaud 1921*。

## 127. 致 Solomon Rosenbloom [1]

[纽约,]1921 年 4 月 27 日

我亲爱的 Rosenbloom 先生:

感谢您寄来的那篇论"希伯来大学的主要功能"文章的复印本。[2]很抱歉我不能尽快回复您;但我希望以后能够详细处理这个话题,因为我能够用来思考和写作的闲暇时间极少!

您对我们将要建立的那所大学的主要功能的看法肯定很有意思。[3]就我个人而言,我总是对宗教方面的问题退避三舍,因此对于您生活中的精神冲突,[4]我无法跟您有同样深切的体会。我也认为没有人能够预测,或者说几乎可以肯定地预测,一个民族的文化生活将来的发展,更别说引导或迫使那样的发展朝着这个或那个方向前行。如果我对您的理解没有错的话,您也不会期望一个大学席位或像你所勾画的一个系部的建立,将有必要地和肯定地带来一种巨大的结果,比如像犹太民族的某种精神的复兴。[5]一个民族的将来掌握在神的手里! 另一方面,我充分意识到,如果犹太人的精神生活的发展朝宗教和科学精神相结合的方向发展,如果能够产生原创性的强大产品,这将是一件举足轻重的大事,对整个人类社会来说都具有最伟大的意义。如果巴勒斯坦的犹太民族的精神和通常意义上的人道主义精神朝着这个方向发展的话,那么我认为,那时候在耶路撒冷大学建立一所犹太哲学宗教学院肯定可以实现,可以很容易变成那样发展的一个中心。

您对犹太教及其在过去的统一性观点,我担心自己不能做出判断,因为我这方面的知识实在有限。[6]我只想说我很理解您,这就是曾经或现在您所理解的犹

太教，这就是您所希望的将来的样子，但您在此并不是说，我们将来在耶路撒冷工作的教授们的研究和教学要接受正统的犹太律法和观念的束缚。当然，任何这样的对自由思想的束缚都是不可容忍的（如果有例外的话，在纯粹的神学院或神学系里这样做也许是可以的），因为这样做将会毁掉您自己的目的，因为您的目标是促进信仰与理性之间自由而具有创造性的结合。

同时我得承认，一旦他们被任命，在给予他们充分自由的思考和教学的同时，那个系部的讲师们必须按照您的观点小心筛选。我意识到，一个能力强的学者与此同时可能缺乏那种精神，您所希望的科学与信仰之间的一种新结合就建立在那种精神之上。解决那个困难的办法似乎最简单，正如您自己的建议：我们要考虑的讲师席位的任命可以由一个特别委员会来负责。这个特别委员会由三到四位学者组成，他们值得信赖，可以坚持那个系部适宜的精神，不必过多要求任何单纯的外部条件。当然，耶路撒冷大学的管理机构也应该对那些任命享有一定的权力。

鉴于您对该系部所规划的这些特殊条件，有必要提出的是，系部的建立不应该依靠总体大学基金（这个基金几乎不能施加任何限制性的条件），而应该使用一份特别基金，这份基金应该由您和您那些认同这件事情的朋友们来筹集。总体而言，我不赞成永久性的捐款。20年或30年以后，科学或哲学的发展状况是个什么样子，谁也不能预测；经过一段漫长的时间，为具体的特别目的的捐款也许被证明是无用的，甚至令人感到尴尬，其他大学就经历过这样的事情。在我看来，长期资助一两个教席，比如10到15年完全足够了。这样的话，所需用的资金也不会太多；再者，您在近期毫无疑问也可以筹集得到。然而眼下一个更严重的困难是：犹太宗教哲学系只可以作为犹太和东方研究系的一部分。显而易见的是，没有希伯来文学、希伯来语义学、犹太历史、考古学以及民间文化等方面的书籍和讲座做支撑，就不可能有严格意义上的犹太哲学的研究。因此，您的基金会可能还得名副其实，只有等到创建一个完整的犹太东方研究系的资金筹集充分以后才行。我相信这不会等待太久，如果筹建耶路撒冷大学的资金得到这所大学的所有朋友们的热情支持，正如我们满怀信心期望的那样。[7]

亲爱的Rosenbloom的先生，但愿我以上所说的话能足够清楚地表明我对这个事情的理解。

您的
A. 爱因斯坦[8]

Solomon Ginzberg 写的 LS(IsJJNLS，Einstein Collection，74.1/74.2)[120 953]。信头写的寄信人地址是："纽约第42街和列克星敦大道中央车站潘兴广场康莫多酒店"，收信人是"Sol Rosenbloom Pittsburgh

先生"。

[1] Rosenbloom（1866—1925）是酿酒厂的一个老板，也是一位慈善家，美国犹太复国主义者组织行政委员会委员，他从1920年起就努力为希伯来大学计划中的犹太研究院筹集资金，参阅 *Lavsky 2000*，第141—142页。

[2] 参阅 *Rosenbloom 1921*。

[3] 在文章里，Rosenbloom 笼而统之地把计划中的希伯来大学界定为"新巴勒斯坦的犹太学术之地"。在他看来，创办希伯来大学的"至高任务"是"加强对犹太人的精神生活和宗教生活的理解，研究犹太教的发展"（参阅 *Rosenbloom 1921*，第36—37页）。

[4] 爱因斯坦从小就对宗教问题不感兴趣，关于这方面的内容，参阅第七卷的《〔编者按〕爱因斯坦与犹太人问题》，第222页。

[5] Rosenbloom 在文章里认为，"对犹太教哲学、犹太宗教以及犹太伦理学的研究"应该成为"希伯来大学最主要的课程"。为了达到这个目的，应该尽快设立"该研究院的教席"（参阅 *Rosenbloom 1921*，第38页）。

[6] 关于爱因斯坦的犹太宗教指导的细节内容，可参阅"卢伊特波尔德高级文科中学课程表"（第一卷附录B，第346—351页）。

[7] 关于建立犹太研究系，关于这个系与计划中的东方研究机构之间的关系，希伯来大学的计划指定人在这一时期进行了系列讨论，参阅 *Lavsky 2000*，第138—143页。

[8] 签名为爱因斯坦手笔。

# 128. Louis D. Brandeis 来信[1]

华盛顿，1921年4月29日

我亲爱的爱因斯坦教授：

我请我的一位助手[2]寄给您要求的数据——只要是这里有的数据都寄给您。[3] 真的好高兴见到了您和您的夫人。[4]

热诚问候您的
Louis D. Brandeis

ALS. *Brandeis 1975*，第556页[35 029]。信头写的寄信人地址是："华盛顿特区 斯通利法院"

[1] Brandeis（1856—1941）是美国最高法院的法官，也是美国犹太复国主义者组织的荣誉主席。

[2] 在给 Felix Frankfurter 的信中，Brandeis 确认通过 Bernard Flexner 把相关数据寄给了爱因斯坦（参阅 Louis D. Brandeis 1921年5月5日写给 Felix Frankfurter 的信，在 *Urofsky and Levy 1991* 里有引用，第75页）。

[3] 爱因斯坦前一天寄给 Brandeis 一封信（参阅 *Urofsky and Levy 1991*，第75页），在这封信里，他明确要求知道关于指控犹太复国主义者组织挪用资金的信息，这个指控是 Brandeis 在华盛顿召开的大会上提出的（参阅 Julian Mack 1921年6月2日写给 Leonard Stein 的信[91 378][IsJCZA, A405/123/β]）。

[4] 爱因斯坦一家4月26日拜访了Brandeis。Emile Berliner是德裔犹太人，美国发明家，他带领爱因斯坦一家人去拜访了Brandeis（参阅 Louis D. Brandeis 1921年4月26日写给 Julian Mack, Stephen Wise, Jacob de Haas以及Bernard Flexner的信［NNAJHS, Stephen Wise Collection］和Emile Berliner 1921年6月16日写给Julian Mack的信［IsJCZA, A405/123/β］）。

## 129. 致 Theodore Lyman[1]

芝加哥[2]，1921年5月4日

我亲爱的Lyman教授：

谢谢您4月29日的来信。[3]我17到19日将待在波士顿，其间我打算去哈佛对您的学生发表演讲。我是接受哈佛大学学生会和自由俱乐部的邀请才这样做的。[4]很高兴能够在那里见到这所大学的同事们和各位学术权威。

我可以在哈佛大学待一个早晨（和一个下午，如果必要的话），但我不可能远距离地拟定我在那里的计划。如果那些邀请我的机构可以帮忙安排好我的时间表，我将不胜感激。至于我访问的最好日期，应该与I. Harris先生来商定（波士顿 比肯街5—7号），他负责安排我在波士顿的具体活动（与我的计划在耶路撒冷创建希伯来大学的这一使命有关）。[5]

期待在哈佛大学与您相见。

您真诚的
阿耳伯特·爱因斯坦[6]
纽约 康莫多酒店

Solomon Ginzberg写的LS（MH, UAV 691, Dept. Physics, box 118）。[85 221]。信头写的寄信人地址是："芝加哥密歇根大道国会街礼堂酒店"，收信人及其地址是"Theodore Lyman教授，马萨诸塞州 剑桥"。

[1] Lyman（1874—1954）是哈佛大学物理学教授和杰佛逊物理实验室主任。

[2] 爱因斯坦5月2到6日住在芝加哥（参阅年表和日程表）。5月3—5日，爱因斯坦在芝加哥大学的曼德尔大厅发表狭义相对论和广义相对论的演讲（参阅《芝加哥每日论坛报》1921年5月2日；这些演讲的记录载于WiMaHS, Anita McCormick Blaine论文集，系列1E, Box 237）。5月3日，"200多名没有买票的听众要一睹这位著名物理学家的风采，结果被失望地拒之门外。"走上讲台的时候，"爱因斯坦赢得了雷鸣般的掌声，这样的欢迎足足持续了几分钟"（《每日孤岛》[Daily Maroon]，1921年5月4日）。爱因斯坦接到大学校长Harry Pratt Judson的邀请，邀请函由Max Epstein送到了纽约（《每日孤岛》，1921年5月3日）。5月5日，爱因斯坦在弗朗西斯帕克学校发表演讲（"阿耳伯特·爱因斯坦教授先生的演讲"，载WiMaHS, Anita McCormick Blaine论文集，系列1E, Box 237）。关于爱因斯坦希望见到芝加哥的科学家的想法，参阅文件115。

[3] Lyman代表哈佛大学校长Abbott L. Lowell询问爱因斯坦，问他在旅美期间是否计划去波士顿

(参阅年表和日程表 1921 年 4 月 29 日)。

　　[4] 哈佛协会(The Harvard Union)成立于 1901 年,作为"哈佛人的一个社交中心"(参阅 *Harvard 1936*,第 49 页)。哈佛学生自由俱乐部成立于 1919 年,其使命是"通过对富有争议的问题进行心平气和的讨论,促进校内对当前问题更深刻的了解"(参阅 *Quinquennial 1927*,第 2 页和第 34 页)。关于他们邀请爱因斯坦去发表国际和解方面的演讲,参阅年表和日程表 1921 年 4 月 30 日。

　　[5] Isaac Harris (1873—?)是一位律师,波士顿地区比较活跃的犹太复国主义者,也是美国犹太复国主义者组织国家行政委员会的委员。

　　[6] 签名为爱因斯坦手书。

# 130. Richard B. Haldane 来信 [1]

[伦敦,]1921 年 5 月 5 日

尊敬的教授阁下:

　　知道您 6 月要来伦敦,我们大家都很高兴。我在伦敦逗留期间,能否荣幸地邀请您来我家做客呢？我不知道这次您是一个人来,还是与您贤惠的夫人一起来。[2] 不管怎样都没有关系,因为我这里的家很宽敞。

　　如果您觉得这个邀请对您方便的话,我会非常高兴。Barker 校长和其他学者将在此恭候您的大驾光临。[3]

真诚而十分尊敬您的<br>Haldane of Cloan

我也发了电报。

ALS。[32 624]。信头写的寄信人地址是:"威斯敏斯特 安妮女王门 28 号"。

　　[1] Haldane (1856—1928)是一位政治家、律师和哲学家。

　　[2] Elsa Einstein。

　　[3] 爱因斯坦确定他在国王学院发表演讲的时间是 1921 年 4 月 20 日(参阅年表和日程表)。

# 131. 致 Jacques Loeb

[纽约,]1921 年 5 月 9 日

我亲爱的 Loeb 教授:

　　很荣幸能邀请您参加一个小聚会,时间是 5 月 9 日星期二下午 8 点半,地点在康莫多酒店。[1]

此次聚会旨在与共同体内各位先生一起讨论计划创建耶路撒冷希伯来大学事宜,并且为了支持这项计划,考虑以何种方式和方法,广泛激发美国犹太圈子对该计划的同情之心。这样的考虑既包括犹太复国主义者,也包括反对犹太复国主义者的犹太人。[2]

我知道您对这项伟大的计划充满兴趣,因此相信您一定会不吝赐教。

您的
爱因斯坦

TLS (DLC, Jacques Loeb 论文集,藏书柜4)。[15 184]。信头打印的寄信人及其地址是"康莫多酒店,阿耳伯特·爱因斯坦教授",收信人及其地址是"Jacques Loeb 教授,纽约洛克菲勒研究院"。

[1] Weizmann 以前暗示过,Judah L. Magnes 和 Louis B. Marshall 提议大会日期可能是5月19日或20日(Chaim Weizmann 1921年5月1日写给 Shmarya Levin 的信[IsReY])。爱因斯坦邀请了"50多位非犹太复国主义者"参会,他们的目的不是筹资,而是为了建立了大学资助委员会,并推选出这个委员会的主要负责人(参阅 Solomon Ginzberg 1921年5月13日写给 Stephen Wise 的信[NNAJHS, Stephen Wise Collection])。

[2] 37位被邀请人的名单为 Ginzberg 手笔(参阅"O. Strauss Dinner"[IsJCZA, L12/111])。关于爱因斯坦收到的那些回复,参阅年表和日程表1921年5月12—18日。

## 132. Benjamin N. Cardozo 来信[1]

纽约,1921年5月13日

亲爱的爱因斯坦教授:

我整个一周都在奥尔巴尼开庭审理案件,今晚回来才看到您的来信——感谢您的邀请,只是很抱歉我不能接受您的邀请。有些情形我无法控制,因此我不能在19日晚与您共聚。[2]

我确实对这项计划感兴趣,在此感谢您的盛情相邀。

您的
Benjamin N. Cardozo

ALS (IsJCZA, L12/111)。[85 974]。这封信的收信人是"阿耳伯特·爱因斯坦教授",回信地址是"西75街16号"。

[1] Cardozo(1870—1938)是纽约上诉法院的法官。关于他在支持犹太复国主义者运动方面的犹豫,参阅 *Kaufman 1998*,第176页。

[2] 参考爱因斯坦在文件131里描绘的聚会。

## 133. Paul M. Warburg 来信

[纽约,]1921 年 5 月 13 日

亲爱的爱因斯坦教授:

我希望您已经安全回来,而且对您在普林斯顿的日子完全满意。[1] 我收到 Hibben 教授的一封信,他在信中告诉我,在您光临他的大学期间他是多么的幸福和满足。[2]

您邀请我 19 日去康莫多酒店参加一个聚会,目的是讨论创建犹太大学事宜,我想特别遗憾地告诉您那天晚上我不能去,因为我已经答应了另外两个约会。[3] 但即使完全不考虑这个,我去了也毫无用处;相反,我害怕我去可能更多是泼冷水。正如我以前告诉过您的那样,关于犹太复国主义者计划我的怀疑很大,想到它们的后果,我总是带着极大的恐惧。[4] 最近这里发生的事情和巴勒斯坦发生的事情,使我更加确信这一点。[5]

希望很快能够再见到您,热情问候您的夫人。

您忠心的
Paul M. Warburg

TLS (IsJCZA, L12/111)。[85 983]。信头写的寄信人地址是:"国际承兑银行,纽约 派恩街 31 号",收信人及其地址是"纽约市康莫多酒店,阿耳伯特·爱因斯坦教授"。

[1] 爱因斯坦在普林斯顿大学发表了一系列演讲,共 5 场,时间是 5 月 9—13 日(参阅年表和日程表中那些相关日期的条目)。

[2] John G. Hibben。

[3] 爱因斯坦在文件 131 中谈到的同一次邀请。

[4] 关于 Paul Warburg 对犹太复国主义者运动缺乏支持,参阅 *Chernow 1993*,第 249 页。由于 Weizmann 与 Brandeis-Mack 派之间谈判破裂(参阅文件 127,注释 3),"非犹太复国主义者自然更不情愿参与合作"。当爱因斯坦为了那所大学的利益,邀请几十位著名人士到一间画室聚会的时候,只有少数人予以响应(参阅 *Ginossar 1950*,第 73 页)。

[5] Warburg 与其他的非犹太复国主义者一样,可能担心犹太复国主义运动会点燃反犹情绪。他最有可能指的是,在经过前面几轮辩论之后,就在同一天,美国国会以压倒多数的优势通过的紧急移民动议。该动议 6 月 3 日生效,成为正式的法律,它将移居美国的人数限制为 1910 年住美国的各民族人数的 3%,从而严格限制来自东欧的犹太移民。这条法律生效时间一直到 1922 年 7 月 1 日(必须参阅《纽约时报》,1921 年 4 月 19 日;5 月 3 日;5 月 20 日以及《仙童》[*Fairchild 1924*])。

在 5 月 1—7 日爆发的"雅法骚乱"期间,几乎 100 名犹太人和阿拉伯人在巴勒斯坦被杀(参阅 *Wasserstein 1978*,第 89—107 页)。

## 134. Felix Frankfurter 来信

马萨诸塞州,剑桥城,1921 年 5 月 17 日

尊敬的爱因斯坦教授:

非常抱歉打扰您,但真相迫使我这样做。有人告诉我,Levin 博士[1]本人或通过他,其他人也指控我阻挠您来哈佛大学发表演讲,或来哈佛大学做别的事情。[2]这个控告纯属子虚乌有。我只是不能理解,为什么有人喜欢无中生有,说出这样不可原谅的诽谤话。但这就是真实的情形;这就是为什么我被迫——尽管对我来说很痛苦——在此澄清。我可以希望我这样做是多余的吗?不管怎样,您都不会相信那是真的,对吗?

向您问好。

您的
Frankfurter

TLS。[36 209]。信头打印的寄信人地址是"哈佛大学法学院,马萨诸塞州,剑桥城"。

[1] Shmarya Levin(1867—1935),犹太复国主义者组织的行政人员,巴勒斯坦建设基金的宣传领袖,也是代表团的成员。

[2] 爱因斯坦 5 月 17 日抵达波士顿,5 月 18 日访问哈佛大学(参阅《波士顿先驱报》[*Boston Herald*],5 月 17 日和《波士顿晚报》[*Boston Evening Transcript*],1921 年 5 月 18 日)。Weizmann 对爱因斯坦提到 Frankfurter 参与他的公开演讲安排(参阅文件 91)。3 月底,Mack 给 Weizmann 发电报说"哈佛大学彻底拒绝爱因斯坦"(参阅 Julian Mack 1921 年 3 月 30 日发给 Chaim Weizmann 的电报[IsReWW])。关于在此期间美国常青藤大学的管理人员当中出现的反犹情绪,参阅 *Karabel 2005*,第 86—89 页。所提供的原因之一是爱因斯坦"只用德语发表演讲",其二是"大学的权力机构和哈佛协会的董事会"一致认为,大学师生有机会在非正式聚会上见到这位著名科学家比通过翻译之口来理解这位著名科学家的一场演讲更令人满意(参阅《哈佛深红报》[*Harvard Crimson*],1921 年 5 月 12 日)。

## 135. Solomon Rosenbloom 来信

[匹兹堡,]1921 年 5 月 18 日

我亲爱的爱因斯坦教授:

您 4 月 27 日写给我的那封珍贵的来信[1],我几天前在回家时收到了,这是

我第一次有机会来感谢它。对于我为希伯来大学提出的那个分部的概念,您非常清楚地表明了您的观点,对此我深表感谢。我完全赞同您的立场和观点;关于我的看法能够怎样去执行,您的建议最值得我们考虑。

从学术的角度来看,我应该把我的观点表达得更清楚,而不像我在那篇文章里陈述的那样[2],如果您将来同意如此的话,我会借此机会那样做。

然而现在,您表达的立场和相应的支持足以鼓励我为这所大学继续努力,特别是为那个分部继续努力。非常不幸的是,在这个节骨眼上,偏偏遇上犹太复国主义者组织的欧、美领导闹分裂。[3]因为这个误解,总体上的犹太复国主义工作注定会遭受挫折。此外我也感觉到,甚至这所大学的工作也会因为这个分裂而遭受损失。[4]如果没有等级之分,您的到来可以更好地为创建这所大学服务。然而我对未来并不绝望,欧洲领导人与美国犹太复国主义者组织之间一定会达成更明朗的和解。当那一天到来的时候,创建这所大学的努力将会获得更积极的进展。

我将继续献出我的热情和努力,为了这所大学的创建;尤其是为了那个分部的创建。它将包括犹太教哲学这门课程,即使这只有在设置一个东方研究系——正如您宣布的那样——的条件下才有可能。[5]最重要的是买书,这些书必须涵盖可以阐明犹太思想发展的这个特定阶段的所有文献。如此,当这个系建立起来以后,就可能进行广泛的学习和研究。为了达到这个目的,我已经以个人的名义给柏林的 Heinrich Loewe 教授汇去 10 万马克,因为他对建立一个全面的犹太哲学图书馆非常热心。[6]

我的事情如果许可——我现在准备结束我的生意[7]——我将投入更多的时间和精力,为创建这所大学而努力;我将激励其他人为这所大学的创建贡献自己的力量。我非常高兴能够随时告知您我们的进展状况。您没有能来参观我们的城市,这是匹兹堡最大的遗憾。每一个人都期待着您的到来。当然,至于我们这里的人为这所大学筹资的前景,我不能提前做一个承诺,但您的拜访无疑会激发他们筹资的热情。

我 5 月 2 日给您的信寄给了您芝加哥的秘书,[8]在那封信里,我因您不能来这里深感失望,Rosenbloom 夫人也是如此。[9]

再次感谢您信中的好意;您的信非常明晰,对我非常有启发。在此,Rosenbloom 夫人和我本人向您,我亲爱的教授,和爱因斯坦夫人[10]致以最友好的问候!

您的
Sol. Rosenbloom

TLS（IsJCZA，L12/110）。[86 011]。信头写的寄信人地址是："宾夕法尼亚州匹兹堡市 S.罗森布鲁姆 & 进口公司 & 非饮料批发商 &[------]招商"，收信人及其地址是"阿耳伯特·爱因斯坦教授，纽约市康莫多酒店转交"。

[1] 文件 127。

[2] 参阅 *Rosenbloom 1921*。

[3] Brandeis-Mack 派与大学基金的合作在最后一刻因"巴勒斯坦建国基金的正式名称"而失败，关于 Weizmann 与 Brandeis-Mack 派之间就此合作的谈判，参阅 *Ginossar 1950*，第 73 页。经过为期两周"有希望的谈判"，Weizmann 单方面宣布 4 月 17 日在美国建立巴勒斯坦建国基金（参阅 *Urofsky and Levy 1991*，第 73 页）。

[4] Ginzberg 后来写信说，对爱因斯坦来访美国的准备不充分，不止一个支持 Weizmann 的犹太复国主义者是这样解释的："我们不希望爱因斯坦拿走属于 Weizmann 的钱"。参阅 *Ginossar*（*Ginzberg*）*1950*，第 73 页。

[5] 爱因斯坦在文件 127 中表达过这一观点。

[6] Loewe（1869—1951）是一位图书管理员，也是柏林大学图书馆东方部的负责人。他被要求把现代图书管理方式运用到巴勒斯坦的犹太图书馆，引领德国对耶路撒冷国家图书馆所做的努力（参阅 *Schidorsky 1999* 和 *Loewe 1921*）。

[7] 作为一个酿酒厂的老板（参阅文件 127，注释 1）。

[8] Solomon Ginzberg。

[9] Celia Rosenbloom-Neumark（1888—1947）是一位犹太女性，她在教育组织中非常活跃，并与丈夫一起积极投身慈善工作。

[10] Elsa Einstein。

# 136. 致 Ludwik Silberstein[1]

[纽约，]1921 年 5 月 21 日

亲爱的 Silberstein 先生：

首先我想再说一次，好高兴我终于可以私下认识您了，好高兴我们在一起的时间对我来说是多么的快乐。[2]

您正在计划的那个实验，我相信对狭义相对论具有非常的作用。我又把这个事情更加深入地想了想，然后得出了完全与你一致的结论。根据相对论，或者根据 Lorentz 的理论，必然会得出一个正效应。[3] 我们切望这个实验以最好的方式进行，所幸的是，Michelson 想做这个实验。[4]

原谅我写得这么简单——我现在的处境不容许我写太多。

热诚的问候。

您的
爱因斯坦

ALS。[71 568]。信头写的寄信人地址是:"纽约第四十二街和列克星敦大道中央车站潘兴广场康莫多酒店"。

[1] Silberstein(1872—1948)正在纽约罗彻斯特的 Eastman Kodak 公司的研究实验室工作。

[2] Silberstein 听了爱因斯坦 5 月 9—13 日在普林斯顿大学发表的演讲。

[3] Silberstein 在光学和物理学会 1920 年 12 月 29 日的芝加哥会议上发表演讲。他在演讲中讨论了匀速旋转的刚性系统里光的传播;这次演讲的内容出版为 *Silberstein 1921*。在这篇论文和在普林斯顿与爱因斯坦的讨论里,Silberstein 提出一项最初由 Albert A. Michelson 构想的实验(参阅下面的注释)。该实验将检验位于一个旋转系,比如位于地球自转系下的一位观察者,能否测量因他自己的运动而产生的对光传播的一种效应。这个实验中将分裂一束光,使分裂后形成的两束光在合并之前围绕一个等边三角形状的闭合路线朝相反方向运动。由于观察者处于一个非惯性系中,相对论会要求存在一个可测量的相位差,然而以太曳引假说期望有部分的或零相移,故此,这将是对相对论的"致命一击"(亦参阅《纽约时报》1921 年 5 月 13 日)。

[4] Michelson 在这项实验的报告里指出,应该验证 *Michelson 1904* 所提出的地球自转对光速的影响。这个实验与 Silberstein 的相同,但对于 Silbersteins 展示的两束光之间预期的相位差的正确值(*Silberstein 1921*)只达到了一半。这个实验是 1921 年在"L. Silberstein 的紧急要求下"进行的(*Michelson 1925*,第 138 页)。

# 137. Julian W. Mack 来信

纽约,第 5 大道 55 号,1921 年 5 月 24 日

亲爱的爱因斯坦教授:

我恳求在此附上 Weizmann 博士与我们之间关于您的电报交流的复印件。[1] 这些电报内容好像不完整,电报的其他部分与您的事情无关。然而如果您想得到完整的电报内容,我会很乐意寄给您。

我深感遗憾的是,为了解释我们在整个事情中的想法和目的,亦即为了保护您不受到不公正的攻击,保护这个组织不遭到那些不正当攻击所带来的后果,我和 Bernard Flexner 先生的努力对您来说好像都不太可信。[2]

您的
Julian Mack

TLS。[36 197]。信头写的寄信人是"美国犹太复国主义者组织",收信人及其地址是"纽约市康莫多酒店 743 房间,阿耳伯特·爱因斯坦教授"。

[1] 所附内容包括 13 封电报,是 Chaim Weizmann 在伦敦和在鹿特丹号邮轮的甲板上与来自纽约的 Julian W. Mack、Felix Frankfurter 以及 Bernard Flexner 之间的交流,时间是 1921 年 2 月 26 日到 3 月 30 日。更早些时候,纽约发来的电报敦促爱因斯坦接受美国大学的演讲安排(比如 Julian W. Mack 和 Felix

Frankfurter 1921 年 3 月 2 日发给 Chaim Weizmann 的电报;也可参阅文件 91,注释 1)。

然而,后来的电报担心爱因斯坦看起来可能要借这次旅行把他的科学研究"商业化",从而损坏他的形象,更进一步说可能损坏犹太复国主义事业。他们敦促爱因斯坦停止那些与科学演讲约定有关的商谈,有些人甚至建议爱因斯坦取消这次旅行(比如 Julian W. Mack、Bernard Flexner 以及 Felix Frankfurter 1921 年 3 月 17 日发给 Chaim Weizmann 的电报[36 198])。

[2] Bernard Flexner (1865—1945)是一位纽约律师,也是美国犹太复国主义者组织行政委员会的成员。早在两天前,Brandeis 在给 Frankfurter 的信中谈到这些努力:"我答应 Mack 的要求,将要把爱因斯坦的信退回给您,还有您的回复的复印件。对 Mack & Ben F 来说这必定是一次痛苦的采访。我很高兴 W.在他 19 日的声明里允许我使用大学基金,不管 W.对该基金的性质怎么看"(参阅 Louis D. Brandeis 1921 年 5 月 22 日写给 Felix Frankfurter 的信,引自 *Urofsky and Levy 1991*,第 78 页)。

# 138. Michael I. Pupin[1] 来信

纽约,1921 年 5 月 2⟨8⟩7 日

亲爱的教授:

很不幸的是,我不得不明天离开,因此很遗憾下周星期一不能亲自去送您。[2]

我冒昧利用这次机会再次告诉您,我和 Butler 校长[3] 都希望很快再见到您。如果情况允许,您可以决定在接下来的春季学期在哥伦比亚大学做一系列讲座,每次讲座 2 小时,一共 6 次。这些讲座分 3 周完成,可以讨论相对论和量子理论。讲座的酬劳不能超过 2200 美元。请告知您近期的决定,然后我好采取下一步骤。

我能保证您的来访将会获得全面而显著的成功。我必须特别强调的是,您参与您长期遭受痛苦的同胞们的社会和政治进步,这为科学界的其他人士树立了很好的榜样。欣赏单纯的理性不应该阻止我们,偶尔也想想我们的内心。[4]

我在此寄给您一些美国雪茄,这样您在穿越大西洋的旅途中可以好好享用。

热情问候您和您的妻子。

您的
M. I. Pupin

ALS.[19 154]。信头写的寄信人地址是:"达科他 1 区西 72 街"。

[1] Pupin (1858—1935)是哥伦比亚大学电机学教授。

[2] 爱因斯坦在克利夫兰待了两天后,刚刚回到纽约(参阅 *Cleveland Press*,1921 年 5 月 25—26 日)。离开的日子最初安排在 5 月 28 日。根据 Weizmann 的安排,爱因斯坦夫妇将在那一天与他的妻子 Vera、

Solomon Ginzberg,可能还有 Menachem Ussishkin,一起坐凯尔特号(Celtic)去旅行(Chaim Weizmann 1921 年 5 月 18 日发给伦敦犹太复国主义行政部的电报;*Wasserstein 1977a*,第 195 页)。然而凯尔特号离开的时间推迟了,他们改在 5 月 30 日出发(参阅《纽约时报》,1921 年 5 月 30 和 31 日)。在乘坐凯尔特号的那些成员中,被报道的也有"Clara Louise[sic]Weizmann、Chaim Weizmann 的妻子"、M. Ussishkin、George E. Vincent,以及洛克菲勒基金会的会长(《纽约时报》,1921 年 5 月 29 和 31 日)。

[3] Nicholas M. Butler(1862—1947)是哥伦比亚大学的校长。

[4] Pupin 作为塞尔维亚出生的美国人,亲自投入改善第一次世界大战后塞尔维亚人的政治和经济困境的努力,同时努力提高美国塞尔维亚移民的政治和经济处境(参阅 *Wills 1935*,第 478 页)。

## 139. 致 Felix Frankfurter

[纽约,]1921 年 5 月 28 日

亲爱的同事:

由于担心对您不公,我不得不又拿起了我的笔。因为现在在我看来,似乎您的行为是出于诚实和好意,而不是出于政治动机。但首先我必须说,没有什么阻止我,也没有错误地向我展示什么,没有人说您不好,甚至也没有人说您正在怀疑的 Levin 不好。[1]

我首先想对您解释我的行为。当我接到美国大学的邀请时,我在荷兰的好朋友极力建议我提出这样高的要求。[2]那时我在柏林,正好遇上某些困难。[3]因此我的朋友建议我说:"如果您省去半年的工作时间,那么要做到这一点,您必须依靠这个获得经济的独立。如果这不可能做到,您最好就在国内工作。"[4]我接受了这个建议,这引起了——当然正如您所知道的那样——最大的愤怒。当我看见这事没出问题,我其实很满足。[5]

然后我收到 Weizmann 的电报。[6]我一刻也没有犹豫。因为对于我来说,犹太人的事业比我与那些大学的个人关系重要得多。但既然我认为,去美国不对那里的大学表示我良好的意愿就显得不够友好,我就立即写信给普林斯顿大学,告诉他们我愿意不提任何经济条件就在那里发表演讲。[7]我这样做是因为我进行科学研究的时间反正失去了,也是因为这样有助于犹太复国主义事业的发展。

现在,我在每个地方受到的欢迎比我预想的友好得多(即使抛开这个事件),因此我不认为您电报里的信息出自真诚。[8]如果所有的大学都停止邀请我,事情也没有那么严重。这绝不会成为创建耶路撒冷大学的一个障碍,虽然我确实知道犹太人的一个弱点就是,总是焦躁不安地想让外邦人(Gojims)保持良好的情绪。

现在我承认,您最后一封信给人留下的印象是诚实和善意的,因此我感到很高兴的是,我可以相信您的意图是真诚的。[9]那就是为什么我很高兴握住您伸出来的手,后悔自己曾经如此莽撞而不友善地冒犯你。我的妻子在波士顿时就已经认为我错怪了您。[10]

我仍然确信,美国犹太复国主义者现在的领导在良心方面犯有严重的罪过。为了这个神圣的事业,应该毫无怨言地去净化自己的内心,而且与所涉及的个人无关。[11]我说这些都是照着我自己的想法来说的:我没有权利代表官方说话。干涉这些政治事务也不是我的职责,既然我在犹太复国主义运动方面还是新手。当地犹太复国主义者领袖在大学事件里的所作所为真的让我感到很吃惊,但我心里很清楚的是,您无论如何对此都没有责任。重要的是这个事业能有一个灿烂的结局。在几年以后,我们将在耶路撒冷建立大学!到了那个时候,所有的争吵都会被忘记,每个人都会感到快乐。[12]

请接受我友善的问候和赞美,为您的耐心和和解的态度。

您的
A. 爱因斯坦

ALS(DLC,Felix Frankfurter Papers)。[36 210]。信头写的寄信人地址是:"纽约第四十二街和列克星敦大道中央车站潘兴广场康莫多酒店"。

[1] 参阅文件 134。Levin 表达了他在旅行期间对爱因斯坦的感受:"爱因斯坦就像一个无辜的婴儿一样无助,照顾他不是一件小事情,但他始终都是一个可爱的人儿"(Shmarya Levin 1921 年 4 月 21 日写给 Berthold Feiwel 的信[IsJCZA,KH1/193])。

[2] 在最初为学术演讲旅行制订计划的时候,爱因斯坦收到了 Ehrenfest 的建议,这方面内容可参考 Paul Ehrenfest 1920 年 1 月 17 日写给爱因斯坦的信(第十卷,文件 191)。

[3] 反相对论者对爱因斯坦的理论采取了攻击态度,此处参考了这些攻击所带来的后果,也参考了爱因斯坦在即将出版的 *Moszkowski 1921* 时预感到的困难,比如参阅爱因斯坦 1920 年 10 月 28 日写给 Elsa Einstein 的信[第十卷,文件 184])。

[4] 不是直接引用 Ehrenfest 1920 年 11 月 7 日的信,而是对 Ehrenfest 给他的建议的一种解释。

[5] 关于对爱因斯坦为这次演讲之旅所提经济要求的反应,以及爱因斯坦对取消这次旅行的满意,参阅文件 48。

[6] 在发给 Kurt Blumenfeld 的电报里,Weizmann 要求爱因斯坦也被邀请与他同去美国。接着,Blumenfeld 把这封电报带给了爱因斯坦(参阅文件 53,注释 3)。

[7] 关于他写给普林斯顿大学的信,参阅文件 53。

[8] 这个"事件"可能指爱因斯坦在哈佛大学发表演讲的计划被取消(参阅文件 134)。所提到的那些电报可能属于 Weizmann 与 Brandeis,Mack 以及 Frankfurter 之间的交流(参阅文件 91,注释 1)。

[9] 参阅文件 134。

[10] Elsa Einstein。爱因斯坦夫妇 5 月 17—19 日在波士顿(参阅 *Boston Globe*,5 月 17 日和 *Boston Post*,1921 年 5 月 19 日)。

[11] Brandeis-Mack 与 Weizmann 两派在大学基金方面的冲突，参阅文件 135，注释 3。

[12] 爱因斯坦代表希伯来大学所进行的活动是否真的很成功，对于这个问题可谓众说纷纭。关于 Solomon Ginzberg 的一份比较详细的叙述，参阅"大学方案的现状备忘录"（Memorandum on the Present Position of the University Scheme），1921 年 12 月[IsJCZA/KH2/86]。

## 140. 致 Felix Frankfurter

[纽约,]1921 年 5 月 29 日

亲爱的 Frankfurter 先生：

今天见到 Cohen 教授后，我终于确信我很讨厌地错怪了您，[1]因而我在此正式恳请您的原谅，只恳请您理解我的情形，使我的罪过可以减轻。因为您也明白，我要如何去理解那个牵涉一场不体面的政治阴谋的观点。对于我此次不得体的行为，以后若有机会，我定当弥补。

您参与反对 Weizmann 阵营的活动确实伤害了我。[2]也许您也有难言的苦衷，确实是迫不得已；也许您的观点被喜欢无事生非的新闻界变模糊了，就像它们对我的企图一样。[3]但如果您根据真实的文献，了解事情的真相，您也许会改变您的观点，正如我对您态度的改变一样。很遗憾我们不能私下彻底地讨论这件事情。

问候您的
A. 爱因斯坦

ALS（DLC，Felix Frankfurter 论文集）。[36 212]。信头写的寄信人地址是："纽约第四十二街和列克星敦大道中央车站潘兴广场康莫多酒店"。

[1] Morris R. Cohen（1880—1947）是纽约城市学院的哲学教授，美国哲学协会副主席，担任爱因斯坦在纽约城市大学发表演讲时的翻译（参阅 Cohen 1949，第 186 页）。显然，爱因斯坦指责 Frankfurter 在背后参与了阻挠他去哈佛大学发表演讲的计划（参阅文件 134）。

[2] 1921 年，Chaim Weizmann 与 Brandeis 一派在美国犹太复国主义运动的资金筹集方式上发生了冲突，关于在这场冲突背景下 Frankfurter 与 Louis Brandeis 之间的关系问题，参阅 Levy and Murphy 1980，尤其是其中的第 1269 页。

[3] 5 月中旬，Julian Mack 详细陈述了巴勒斯坦犹太复国主义委员会错误使用大学基金（还有其他基金）的情况，说他们"完全不顾预算的限制"，使用"每月汇来的 1000 美元，那本是为创建希伯来大学和完成其他犹太复国主义活动所准备的款项"。Mack 显然想当面把"这些可以证明上述陈述的文献"交给爱因斯坦看，但由于爱因斯坦要去波士顿，他们的这次见面被迫取消。因此，Mack 打算在给爱因斯坦的信中附上这些详细内容（参阅 Julian Mack 1921 年 5 月 15 日写给 Leonard Stein 的信[IsRWW]）。

## 141. 致 Michele Besso

[纽约,1921年5月30日之前][1]

亲爱的 Michele：

很高兴听到你的消息。这两个年轻人的脾气都很温和,因此肯定经受得起婚姻所需要的耐心大考验。[2]请对他们两个转达我的问候。

我接下来的两周时间紧张得可怕,但很满意的是,我能为犹太复国主义事业贡献力量,而且可以确保那所大学的建立。我们找到了美国的犹太医生(大约有6000人),他们特别慷慨,愿意为创建一所医学院提供资金帮助。[3]

美国很有意思;全因为它的工业和商业,它比任何其他的国家都更容易激起热情。我不得不像一头用于发奖的公牛,被牵到各处去展览;不得不在大大小小的集会上无数次地发言;不得不举办无数次的科学讲演。对于这一切,我竟然都撑下来了,这简直就是一个奇迹。不过现在一切都结束了,留下的是美好的感觉。就是为犹太人的事业做了一件真正的好事情,尽管遭到犹太人和非犹太人的各种抗议——我们大多数同胞都很勇敢,但也更聪明,我可以清楚地看到这一点。

现在,谱线的红移开始在各个方面都得到了证实:Grebe 和 Bachem、[4]Perot、[5]Fabri,以及 Buisson。[6]我一刻也没有怀疑过情形有一天会如此;但其他相信自己理解相对论的人肯定会怀疑。

星期一我将坐船去欧洲。我将在英国待几天,然后就可以享受一直盼望的安宁了。[7]7月我的孩子们会再来看我,我太高兴了,我想和他们划船去德国北部一片湖区玩儿。[8]

热情问候你和 Anna。[9]

你的
阿耳伯特

ALSX. *Einstein and Besso 1972*,第163—164页[7 335]。信头写的寄信人地址是:"纽约第四十二街和列克星敦大道中央车站潘兴广场康莫多酒店"。

[1] 这封信的写作日期参考了爱因斯坦5月30日星期一出发去美国这一事实。

[2] 推测起来,这里可能指 Besso 的儿子 Vero(1898—1962)和他的未婚妻 Lydia Brönnimann(参阅 Michele Besso 1920年2月24/27日写给爱因斯坦的信[第十卷,文件244])。

[3] 9天前起草了一份正式协定,协定一方是 Chaim Weizmann、爱因斯坦、Isaac Naiditch、Shmarya Levin 以及 Menachem Ussishkin,另一方是美国犹太医生委员会的主席及其成员。该协定拟定了美国犹

太医生基金会的初步章程,该基金会将为耶路撒冷医学院的创建筹集资金(参阅"美国犹太医生基金关于创建和支持耶路撒冷希伯来大学医学院的初步章程",1921 年 5 月 21 日[IsJCZA,L12/43/I])。

[4] *Grebe and Bachem 1920a* 和 *1920b*。

[5] *Pérot 1921*。

[6] 参阅 *Buisson and Fabry 1921*。在本篇论文发表之前,关于太阳光谱红移的大多数解释都不利于广义相对论。关于爱因斯坦在此引用的那些论文较为怀疑反应的某种迹象,参阅 *Hentschel 1993*。

[7] 爱因斯坦被邀请去曼彻斯特大学和伦敦大学的国王学院发表演讲(参阅年表和日程表 1921 年 3 月 19 和 24 日)。

[8] 关于他们计划去波罗的海海滨度假一事,参阅文件 186。

[9] Anna Besso-Winteler (1872—1944)。

## 142. 致 Edwin B. Frost[1]

184

[纽约,] 1921 年 5 月 30 日

令人崇敬的同事先生:

在我动身之前,我又友好地想起您和您的同事们。我要再次感谢你们在叶凯士天文台对我格外友好的接待。

向您致以最诚挚问候的

A. 爱因斯坦

Ginzberg 先生让我转达他对您的友好问候和谢意。

AKS。[83 530]。这张明信片上的收信人地址是"叶凯士天文台〈印第安纳州日内瓦湖〉",另有人加添了"威廉姆斯湾"几个字。邮戳为"Grand Cent. Sta. NY. May 31 [11]AM 1921",另一个邮戳为"Lake Geneva Wis Jun 3 [1.30] PM 1921"。背面是尼亚加拉大瀑布。

[1] Frost (1866—1935)是位于威斯康星州威廉姆斯湾的芝加哥大学叶凯士天文台台长。

## 143. Heinrich Scholz 来信

基尔,费尔德街 61 号,1921 年 6 月 2 日

尊敬的教授阁下:

由于两周前刚失去亲人,我现在的心情烦乱不堪,只有今天我才能回复您 3 月 15 日友好的询问。[1]

您问我 Kant 的空间概念,关于它的直觉或概念性质。我的回答是:①Kant 空间的直觉特点,在我看来原则上不容置疑。Kant 对 Leibniz 的知识论别具特色的批评,即宣称事物的空间概念是一种扭曲的思想(因为受感官的影响),这一批评只有在这个语境里才可以理解。对 Kant 来说,作为直觉形式的空间和时间不同于概念形式的,这样的时间和空间被类别固定,不仅受制于程度,也受制于类型。②因此,Kant 确实是在一个时空合成的超验逻辑里谈论一种建设性的时空处理。但按照我能理解的,他是这样做的,他非常清楚地意识到,这种建设性的处理其实去除了空间的直觉特点。而且,如果不破坏整个超验美学的话,他根本不可能单凭它们得出那些结果。美学不能独自站立在超验逻辑的旁边,相反,它必须被并入其中,就好像被吸进其中一样,否则其结果就可能是将整个的理性批评连根拔除。

很遗憾我的答案变得如此费解;但如果不除去我判断里那个不可以隐藏的问题,我就不能更简单地表达自己的观点。

也许在这些情形下,我可以请求您略略花点时间看看我随信附上的草稿。我在此给您展示的结构,今天晚上突然变得清晰了,当我把它视觉化之后,它自然首先接近我现在仍然极不完整的认知状态。无论如何,我在别处还没有发现这个格式里的 7 个方面。

我已经期待着冬天的来临了,那时候我将主持一场 4 小时的关于相对论的哲学和数学讨论会,和我们的数学私人讲师 von Schmeidler 先生一起,Kossel 先生[2]可能偶尔也会参加。通过这些事情,我已经对解析几何非常感兴趣了。我自己几年前几乎认为这是不可能的,因此我想利用这次机会让您知道,我是多么感谢您带给我这么重要的内涵丰富的东西。

最敬佩您的
Heinrich Scholz 教授

## "论相对论的哲学重要性"

(A)相对论在原则上的重要性

(1)同时性概念的相对性。

(2)通过系统时间概念将空间分配到时间当中。

附:是否有人会反过来问,能否连同一个时空的相关融合,把时间分配到空间里去,对于这一点我也不能决定。

(3)通过相对化了的同时性概念使矛盾原则相对化,假如因此用公式来表示它的话(或者按照 Aristotle 所谓的不得不因此用公式表示它):存在和非存在不可能同时存在。

(B)相对论在哲学史上的重要性

(4)证实理想论(=不存在)是绝对的,相对论(主观的)是真实的(经验主义的)。

(5)时间也一样。

(6)通过无边的有限世界(空间)的概念来纠正 Kant 的宇宙观。

(C)相对论在知识史中的重要性

(7)Kopernik 世界观的相对化及其接受方面的知识论争。

Heinrich Scholz

ALS。[21 540，21 541]。文档左边留有活页孔。

[1] 参阅文件 108。

[2] Werner Schmeidler(1890—1969)是基尔大学的数学编外讲师。Walther Kossel(1888—1927)是同一所大学的理论物理学教授。

## 144. Morris R. Cohen 来信

[纽约,] 1921 年 6 月 6 日[1]

亲爱的爱因斯坦教授:

我很难在口头上或用外语向您表达我与您相见所带给我的勇气和快乐。[2]糟糕的健康、太多的辛劳、分散的精神努力,以及知识世界的四个角落——法律、数学、文明史以及哲学——阻挡我不能成就任何我正为之奋斗的事情。因此,您对我的工作所表达的善意而友好的兴趣,对我来说意味着极大的鼓励;这种鼓励比您能够想象的更大。当您阅读您带在身边的我的几本再版书时,我希望您会记得它们是几年前写的,是写给哲学同事的。[3]我只希望我最近快要出版的东西会更有价值,会使您更感兴趣。

我热切地希望您可以接受哥伦比亚的邀请。[4]如果您觉得可以这样做,请告诉我或者 Gano Dunn 先生。[5]我敢肯定哥伦比亚附近的大学也会提出类似的邀请。如果您为科学目的而来,您没有必要住在纽约的宾馆里。我们可以安排您和爱因斯坦夫人住在某个安静的邻居家,这样你们可以见到你们想见的人,你们的私密也会得到尊重。

热情问候您和您的夫人,也代我的妻子[6]问候你们。

您忠实的<br>Morris R. Cohen

附：随信附上这封信的德文翻译，但我不知道哪一份您觉得更容易理解。（译者注：该文件原为英语。）

ALS。[32 444]。信头写的寄信人地址是："纽约城市学院哲学系"。Cohen 所写这封信的德语翻译被省略了[32 446]。

[1] 这封信被寄回给寄信人，因此不得不在 1921 年 7 月下旬再次寄出（参阅文件 190）。

[2] 4 月 18 至 21 日，爱因斯坦在纽约城市学院做了 4 场广义相对论演讲，Cohen 担任他的翻译。Cohen 在 *Cohen 1921a* 里总结了这些演讲。

[3] 可能是 *Cohen 1916 and 1918* 及其他。

[4] Michael Pupin 在文件 138 里提到邀请去哥伦比亚大学发表 4 次演讲这一事情。

[5] Dunn 是纽约城市学院的校友。

[6] Mary Cohen-Ryshpan（1880—1942）。

## 145. Richard B. Haldane 来信

威斯敏斯特，1921 年 6 月 6 日

亲爱的爱因斯坦：

我寄给您这个，表示欢迎您来到我们的国家。[1]您会发现您在这里跟在美国一样受欢迎，至少在这里不比美国差。

我希望您本人和您的夫人星期五晚上能来此与我们共进晚餐。[2]首相[3]和坎特伯雷大主教[4]想在这里见到您，此外还有知识界的众多代表。如果 7：55 对你们方便的话，您和您的夫人届时能否光临呢？其他客人会晚到几分钟，我和我的姐姐[5]都想先见到您。

附上那些写给您的信。

在此冒昧寄上我最近出版的一本书，探讨的是您已做出了巨大贡献的那个理论的哲学重要性。[6]

向您致以深深的敬意。

您的
Haldane

威斯敏斯特的安妮女王门位于议会大厦附近。您在伦敦的地址是？

ALS。[32 627]。信头写的寄信人地址是："威斯敏斯特 安妮女王门 28 号"。文档左边留有活页孔。

[1] 爱因斯坦 6 月 8 日到达利物浦（《泰晤士报》[伦敦]，1921 年 6 月 9 日）。Haldane 在文件 130 里邀请爱因斯坦与他同住。

[2] 关于这次宴会的详细信息,参阅第十卷年表和日程表1921年6月10日。

[3] David Lloyd George(1863—1945)。

[4] Randall Thomas Davidson(1848—1930)。

[5] Elizabeth Sanderson Haldane(1862—1937)是一位治安法官。

[6] 一本 *Haldane 1921*,上面有手写的题词:"致爱因斯坦教授,充满敬意的Haldane,1921年6月6日,珍藏在爱因斯坦图书馆。

## 146. Michele Besso 来信[1]

伯尔尼,齐格勒尔街42号,1921年6月10日

亲爱的阿耳伯特:

在此写一封短信,感谢你从纽约寄来的友好的来信,因为那个忙碌不堪的寄信人理应得到特别的感谢。[2]方便的时候,比如说方便出版的时候,我想知道那里需要什么,想知道已经完成了什么。一所耶路撒冷大学?[3]它属于哪个国家政权,或者,哪个片区可以确保它的安全? 什么类型的? (属于英国大学体制,还是德国-意大利类型的? 实行新的体制还是一个系部?)除了医学系,还有其他系吗? 主要语言是什么? 你打算亲自参与吗?[4]

什么时候你也告诉我你关于我们同胞的智力和缺乏勇气这方面的经历。[5]其实有勇气的人确实也存在! 比如说,我知道一个家庭就有两个人都是很有勇气的人,那就是 Gorizia 家[6]的 Emilio 和 Silvio Michelstädter,他们非常适合去做一种全新独创的教育事业。没有人会否认我们的朋友 Solovine 那坚韧不拔的勇气。[7]但一般来说,你的观察可能是对的。

我们的办公室已经搬到一个青葱翠绿的小区的临时建筑里。我几乎在想,如果你再来这里看望我们,你会再次申请加入我们办公室的工作……[8]要是外币汇率没有阻拦那样的拜访就好了![9]如果(顺便说一下),正如我刚刚在一篇文章里读到的那样,价格大致是稳定价格的8倍,通货膨胀仍然被计算成百分之百左右,那么这里的差异仍然是2.5到3倍。

你收到我12月底或1月初的那封信没有?[10]

关于红移:Perot、Fabri 以及 Buisson 的论文在什么地方出现的?[11]我好像生活在荒野里——其他问题怎么样了? 安培电流的陀螺效应现在如何?[12] Ehrenfest 的神秘问题? 量子方面有进展吗?

热诚问候你们大家!

你的
Michele

ALS。*Einstein and Besso 1972*，第 163—164 页。[7 074]。

[1] 这封信后来寄出，与文件 158 一同寄出。

[2] 参阅文件 141。

[3] 计划要创建的希伯来大学。

[4] 当前，希伯来大学的计划者们对这些问题的讨论，参阅 *Kolatt 2000* 和 *Lavsky 2000*。关于爱因斯坦有可能接受这所大学的讲师教席，参阅 Paul Epstein 1919 年 9 月 11 日写给爱因斯坦的信（第九卷，文件 102）。

[5] 爱因斯坦就犹太同胞们的聪明和勇气做了一番讽刺的评论（参阅文件 141）。

[6] Elia G. S. Michelstädter（1880—?）和他的表妹 Emilio Michelstädter（1892—1933）都是出生于意大利北部的 Gorizia 家。

[7] Maurice Solovine。

[8] 瑞士专利局从 the Outer Bollwerk 的老邮局搬出来——爱因斯坦在那里工作过——然后搬到第一次世界大战期间在伯尔尼的皮塔拉克尔地区修建的一处军营。从 1904 年到 1908 年，爱因斯坦一直和 Besso 在专利局办公室工作。

[9] 当时德国马克与瑞士法郎的兑换率是：11 马克兑换 1 瑞士法郎（参阅《福斯报》(*Vossische Zeitung*)，1921 年 6 月 10 日）。

[10] 极有可能指 Michele Besso 1920 年 12 月 24/27 日写给爱因斯坦的信（参阅第十卷，文件 244）。

[11] 参阅文件 141 中的注释 5 和 6。

[12] 越来越多的证据表明，爱因斯坦和 De Haas 对旋磁效应的测量结果低了一个因子 2，参阅 Wander de Haas 1920 年 12 月写给爱因斯坦的信（参阅第十卷，文件 215，尤其是注释 1）。

# 147. Arthur S. Eddington 来信

[伦敦/剑桥，]1921 年 6 月 12 日

亲爱的爱因斯坦教授：

这是我们星期五晚上[1]谈论的论文。

稍后我想听到它是否满足了您在我们谈话过程中形成的那些有利的期望，但我肯定您在英国的短暂日子里会非常忙碌；因此我就不为此打扰您了，等您闲暇时再说吧。

我想您会对我在第 12 节得出的结论感兴趣——这项工作是对您的理论的一个推广，但绝不是一个极不重要的修正，$ds$ 其实在一定距离上是可以比较的（即可积分的）[2]。

您忠实的
A.S. Eddington

ALS。[9 277]。

[1] *Eddington 1921*。这篇论文推广了 Hermann Weyl 的统一场理论。爱因斯坦自己则着手对 Weyl 理论的修改,比如参阅文件 58。星期五,爱因斯坦参加皇家天文学会的每月会议,并在会上受到该学会会长 Eddington 的欢迎。

[2] Eddington 声称,他对 Weyl 理论的研究除去了度量间隔 ds 对时空中物体过去历史的依赖,这种依赖也是爱因斯坦不喜欢 Weyl 理论的一个特点(参阅 *Einstein 1921e*,第七卷,文件 54)。

## 148. Paul Ehrenfest 来信

代尔夫特,1921 年 6 月 14 日

亲爱的爱因斯坦:

很不幸,我不知道你在英国要待多久,但我急于想告诉你下面的事情:

我最最好的一个朋友 A.Joffe 教授[1],圣彼得堡理工大学的教授,那里的 X 线研究所的所长,最近在英国。[他跟政治绝对毫无关系。][2] 虽然得到 Lorentz、Onnes 等人的邀请[3],但他不能得到去荷兰的签证。我去柏林见他,并且跟他(还有光学物理学家 Roschdjestwensky[4])谈了谈,你也知道我当时住在你家里。

Joffe 是一位非常非常有名望的物理学家,虽说可能不是最具原创性的多面人物,但却是 Franck 圈子(格丁根)里举足轻重的人物[5]。在做 Röntgen[6] 的私人助手和稍后在圣彼得堡期间,他关于石英和 NaCl 中的电流传导性对辐射的依赖方面做出了意义非常深远的发现(因为 Röntgen 的错误!!! 他的这些发现自 1905 年以来一直没有得到发表)。[7] 但他也做了一些别的事情,尤其是最近三四年(!!!)。

比如,他按照 Millikan 的方法检验 Fe 和 Ni 粒子的磁化曲线,发现它们是绝对无滞后的。[相反,在氢中蒸发的氧化铁粒子呈现笔直的磁滞回线。][8] 或者,比如他对 NaCl 晶体的可逆和不可逆形变的 X 线分析[9](也就是说,使用 Laue 装置可以直观地在荧光屏上反映出来)(得出了惊人的结果!!!!)。

他还使用一套全新的(非常聪明!)方法分析 Richardson-Einstein-De Haas 效应,如此等等。[10]

他不仅是一个优秀的实验家,而且也是一个充满了有趣思想的非凡人物。

因此鉴于以上所述,我认为他是我所知道的一个最优秀、最热诚、最绅士的人。

我想做的是:

1.你能马上叫他来见你,如果对他来说可能的话,不管你现在在英国的哪个

地方。他的地址是：Joffe 教授 D. Filitz 先生转交，伦敦 W.C. 1 133 High [St.]，博物馆站；电报地址是：Abahafi[1] Westcent，伦敦。[11]（也许给他发电报[12]，[他写信给你的妻子]，这样你的麻烦最少）——让他告诉你几件事情。必须要求他立即回复你，因为按照他自己的脾气，他做事总是犹豫不决。记住：他将要回到工作条件非常差的俄国。

2. 请以我的名义把他推荐给小 Bragg,[13]，如果可能的话，也可以把他推荐给 Rutherford。[14]考虑到他现在所做的有计划的（非常聪明的）研究，如果能够和这两个人当中的某一个静静地讨论一下，这对他来说非常重要。注意：请带一个翻译，因为尽管他的德语说得非常好，但他对英语一窍不通。除了交流思想，Joffe 几乎什么也不需要！

亲爱的、亲爱的爱因斯坦，请好好对待 Joffe，自从 1905 年以来，他就想与你认识，但总是错过机会。你会非常喜欢他的[15][我给你推荐的人你一向都很喜欢！]无论是作为一个物理学家，还是单纯的作为一个人，你都会喜欢他的。让我通过你妻子写的信知道你的情况，几句话就可以。我和 Van Aardenne[16]迫不及待地等待着你的消息，想知道你什么时候经过荷兰。

你的<br>P. Ehrenfest

ALS。[9 559]。信头写的寄信人地址是："物理与电气工程实验室"。Wander de Haas 的问候语被省略了。

[1] Abram F. Joffe。亦参阅文件 71，注释 1。

[2] 方括号内是原文内容。

[3] Hendrik A. Lorentz；Heike Kamerlingh Onnes。

[4] Dmitry S. Rozhdestvensky。

[5] James Franck。

[6] Wilhelm C. von Röntgen（1845—1923）是慕尼黑大学的物理学名誉教授。从 1905 年到 1913 年，Ioffe 在那里给他做助手。

[7] 比如我们发现，石英的电导率经过 X 线照射后会增加，然而岩盐被放在暗处时其电导率在经过 X 线照射后只是微略增加，但如果随后放在阳光下，它的电导率就会大大地增加。石英经过长时间的照射后的表现进一步表明这种传导是晶体中的杂质引起的（Röntgen 1913 和 1921；Ioffe 1923 [关于这一著作的出版历史，参阅该著作的第 461 页]）。

[8] 方括号内是原文内容。

[9] 1919 年，Ioffe 和 Melitina V. Kirpicheva 已经发现，NaCl 晶体结构在挤压时会分裂成结构更小的小晶体，这些小晶体沿着菱形十二面体的平面滑动，同时转过不同的角度。他们还找到一种方法，用来决定弹性应变情形里一个晶体小样品的弹性常量（参阅 *Ioffe and Kirpicheva 1922*）。

[10] 指的是在与 Pëtr L. Kapitsa 合作中，关于爱因斯坦-De Haas 效应所做的工作（参阅 Paul Ehrenfest 1920 年 9 月 2 日写给爱因斯坦的信[第十卷，文件 127]，注释 10）。关于爱因斯坦-De Haas 效应，参

阅 *Einstein and De Haas 1915a*，*1915c*（参阅第六卷，文件 13 和 14）与文件 57 和 146。

［11］在该页上方，Ehrenfest 添加了如下注释："Joffe 教授在 London W.C. 1. 133 的海尔布隆博物馆站的 D. Filitz 先生处。‖电报地址：Abahafil-Westcent London［Telef. 67-29 Centrum］"。方括号里是原始内容。

［12］Ehrenfest 在该段上方添加了一个注释，并用箭头标示："给您妻子的那封信上的地址。"

［13］William L. Bragg（1890—1971）是曼彻斯特大学的物理学教授。Ehrenfest 也写信给 Bragg，推荐 Ioffe（参阅 Paul Ehrenfest 1921 年 6 月 14 日写给 Abram F. Ioffe 的信［*Ehrenfest and Ioffe 1990*，第 147 页］）。

［14］Ernest Rutherford（1871—1937）是剑桥大学 Cavendish 讲席的物理教授。

［15］此处，Ehrenfest 暗示他在左边加的一个注释："我给你推荐的人你都很喜欢！"

［16］Gijsbert van Aardenne。

## 149. 致 Mary E. Haldane[1]

［伦敦，］1921 年 6 月 15 日

十分尊敬的 Haldane 女士：

我度过了生命中最值得回味的星期之一。在这个国度，我头一次怀着景仰之情欣赏了它那辉煌的传统和文化瑰宝。最美好的经历之一就是结识了您的两个孩子，目睹了他们和谐的家庭生活以及将他们与您和睦地维系起来的那种美妙的关系。[2]头一次，我从一个那么著名的人物口中听说，他每天都跟他的母亲保持着书信交流。对我而言，跟 Haldane 阁下之间的学术交往是一股灵感之源，跟他会面更是一段重要的人生经历。

只是我很遗憾，这次未能与您会面。此时我在远方友好地问候您。

向您致以崇高的敬意
阿耳伯特·爱因斯坦

ALS（UkE，Haldane of Cloan Papers，MSS 6082 f. 131）。［32 631］。信头写的寄信人地址是"威斯敏斯特，安妮女王门 28 号"）。

［1］Mary Elizabeth Burdon Sanderson Haldane（1825—1925）是 Richard 勋爵和 Elizabeth Burdon Sanderson Haldane 的母亲。

［2］爱因斯坦早在 5 天前和她的儿子及女儿一起进餐（参阅文件 145）。

## 150. 致 Chester E. Clark[1]

[柏林，1921年6月17日之后][2]

我怀着由衷的喜悦接受您为我考虑的那份荣耀。[3]

如果说我知道，您是因我科学上的发明而考虑到我，那么我也就不必讳言，我也曾（勇敢地）作为快乐的星期日骑士在技术的领地上尝试过。[4]

Ilse Einstain 手书的 Dft。[30 140]。写在 Clark 1921 年 5 月 25 日那封信的背面（年表和日程表）。

[1] Clark 是纽约国家发明家研究院的院长。

[2] 日期依据是，爱因斯坦 1921 年 6 月 17 日从英国回来后，Ilse Einstein 就可以帮助他了。

[3] 关于爱因斯坦被授予这个学院的荣誉成员称号，参阅 Clark 1921 年 5 月 25 日的信（年表和日程表）。

[4] 暗示他的电势增加器（"小机器"；参阅 Einstein 1908a [第二卷，文件 48]）和空气冷却蛇形管（参阅 Einstein 1916m [第六卷，文件 39]），还可能暗示他参与了一个回转罗盘的改进（参阅文件 237）。

## 151. Hellmut von Gerlach[1] 等给"新祖国同盟"成员的信

[柏林，1921年6月17日之后][2]

仅供参考，L-R。[3]

草稿！

亲爱的同盟朋友：

新祖国同盟目前的财政状况迫使我们想请求您捐一笔款项[4]，以确保该同盟本年度余下时间的工作能够正常运转。要使办公室运转起来，必须保证这 6 个月的开销，每月是 5000 马克；此外还需要筹资 20000 马克，用来偶尔雇佣专业助手和派遣代表参加国际会议，[5]这样所需费用一共是 50000 马克。现在现金账户的结余是 1200 马克，因此 6 月底的薪水支付看来很困难。[6]

阿耳伯特·爱因斯坦教授从美国和英国回来后向我们透露，他与卡内基基金会的执行委员会成员 N. M. Butler[7]商谈[8]支持德国和平主义者（特别是指新祖国同盟）的必要性，并给了后者与此有关的文件。[9]然而，只要德国与美国之间的和平局势还没有得到重建，卡内基基金会要实现那样的计划对于德国来说就不太可能。[10]不过,对于这份关于新祖国同盟现状的分析报告,爱因斯坦教授同意让我们告诉您他将极力支持这封信所采取的那项措施,至少确保该同盟今年下半年的资金周转。他非常清楚地补充说,等到他亲自访问时,他会高兴地确认他对新祖国同盟董事会采取的这项措施的拥护。

签名人<br>Gerlach,Alfons Horten,Heinrich Ströbel[11]

Dft。[44 310]。暗示了该文件与其最终稿之间存在重要的差异(GyB, Nachlass Delbrück, Mappe)新祖国同盟)。

[1] Gerlach(1866—1935)是 *Die Welt am Montag* 周刊的主编,也是德国和平协会(Deutsche Friedensgesellschaft)的合作创始人。

[2] 爱因斯坦 6 月 17 日回到柏林(参阅文件 152)。

[3] Otto Lehmann-Russbüldt 增加的内容。

[4] 寄给 Hans Delbrück 的最后通函的复印件增加了:"oder zu vermitteln."

[5] 最后通函把这一点替换为:"给国际会议的代表,特别是游行活动(比如拟于 8 月 1 日进行的全德范围的群众游行,口号是:决不再战)。"

[6] 这句话出自 Lehmann-Russbüldt 之手。

[7] Nicholas M. Butler 是卡内基国际和平捐赠基金执行委员会的成员。

[8] 最后的复印版增加了"影响力"(einflussreichen)一词。

[9] 最后的通函使用的是"为此准备的文件"(dafür vorbereiteten Unterlagen)。

[10] 关于当时和平谈判的现状,参阅文件 87,注释 5。

[11] Alfons Horten 是一位工程师兼企业家,是 Jacobus 矿业公司和蒂森钢铁公司的第一负责人。Ströbel(1869—1944)是德国和平协会的管理人员。这些姓名是 Lehmann-Russbüldt 添加的。"gez"是另一人加上去的。最后的通函在签名中增加了 Helene Stöcker 的姓名。最后的通函包括一条管理者注释,此处省略了。

# 152. 致 Paul Ehrenfest

[柏林,]1921 年 6 月 18 日

亲爱的 Ehrenfest:

我一从英国回来,就从我们整个女性世界那里[1]听说了你和 van Aardenne 来这里拜访我的来龙去脉,[2]心里真高兴。你代表男性在我们家里的表现真是太好了,使得我在家里的表现就逊色多了。你在这里时我们家里肯定一切都很好。不要生气哦,我们只是私底下这样说说。[3]去美国和英国太花钱,现在我只能吃素了。建立耶路撒冷大学的事情非常成功。[4]犹太复国主义运动真的为犹

太人提供了一种新的理想,可以赐给犹太人再次快乐地自我存在的机会。大学项目似乎得到了资金保障,至少创建一个特别重要的医学院很快就可以进行。无论是富人还是中产阶级,他们都确保这个计划的切实可行,尤其是美国的 6000 位犹太医生。[5] 我非常高兴的是我接受了 Weizmann 的邀请。[6] 然而有些地方还存在极其敏感的犹太民族主义情绪,这样的情绪有可能堕落成不宽容和心胸狭隘;但令人充满希望的是,这只是一种早期疾病。我的旅行也有益于科学家之间国际关系的恢复。无论在哪里,我都看见了良好的愿望、真诚的欢迎与和平的心态。无论在哪一方面,英国都给我留下了非常美好的印象;只要英国这个头带得好,一切事情都可以顺利地进展。

但现在我还不能兑现我访问莱顿的诺言。我应该秋末的时候去吗?你们的学期什么时候开始?[7] 秋季的时候,我也不得不去博洛尼亚待几周,至少那是我答应过 Rodrigues 的。[8] 你对德国和布拉格之行还满意吗?[9] 写信告诉我一点吧。

我打算 7 月底和 8 月初和孩子们一起去乡村度假,可能是去德国北部的一个湖边。[10] 我们主要想去划船。

热诚问候你们大家。还有那些孩子们[Maltschikes]。[11]

你的
爱因斯坦

Freundlich 肯定去拜访你了。你们大家可能有点干扰他;只可以对他好。[12] 我希望他也能跟 Julius[13] 谈谈。我极力把 Julius 的研究成果推荐给芝加哥附近叶凯士天文台的 Frost。[14] 他因为早期发表的一些东西搞得声名扫地。[15]

ALSX。[9 561]。

[1] 可能指爱因斯坦的岳母 Fanny Einstein (1852—1926)、Ilse、Margot Einstein 以及保姆 Anna。

[2] 爱因斯坦和 Elsa 刚从为期 3 个月的旅行中回来。Ehrenfest 和 Van Aardenne 5 月 10 日到达柏林,当时爱因斯坦不在,他们这次来只做短暂停留,主要目的是购买设备和会见 Abram Joffe 和 Dmitry Rozhdestvensky(参阅文件 148 和 Margot Einstein 1921 年 4 月 28 日写给 Frieda Huber 的信[SzBL][123 170])。爱因斯坦请 Ilse Einstein 代表 Ehrenfest 与柏林警察局交涉,帮助他们办理签证(参阅年表和日程表 1921 年 4 月 27 日)。

[3] 可能指从英国途经荷兰到柏林,中间不在莱顿停留。

[4] 美国犹太医生委员会的目标是为医学院筹资 100 万美元(参阅年表和日程表 1921 年 4 月 20 日)。到了这次旅行结束的时候,他们为医学院筹资总额是 25 万美元,而为希伯来大学的图书馆所筹的资金是 25000 美元(参阅年表和日程表 1921 年 5 月 18 日和 21 日)。

[5] Solomon Ginzberg 证实,这些犹太医生的努力比该共同体更富有的成员的筹资结果更成功(参阅 Solomon Ginzberg 1921 年 6 月 23 日写给 Patrick Geddes 的信[IsJCZA/L12/66])。

[6] 关于 Weizmann 最初的邀请，参阅 Chaim Weizmann 1921 年 2 月 16 日写给 Kurt Blumenfeld 的信。

[7] 爱因斯坦打算 4 月参加索尔维会议后马上就去莱顿（参阅文件 30）。后来他通知 Ehrenfest 和 Lorentz，说他不得不把讲座的时间推迟到夏季学期（参阅文件 83 和 57）。

[8] Federigo Enriques（1871—1946）是博洛尼亚大学投影和画法几何教授，他于 1921 年 1 月 19 日向爱因斯坦发出邀请（参阅年表和日程表）。

[9] Ehrenfest 拜访了德国的同事，去了柏林、格丁根以及慕尼黑的实验室和图书馆。他还被邀请去布拉格德语大学发表了演讲。

[10] 关于爱因斯坦和两个儿子假期计划的相关细节，参阅文件 153。

[11] 俄语，意思是"男孩"，指 Ehrenfest 的孩子们。

[12] Erwin Freundlich（1885—1964）是威廉皇帝物理研究所的助理教授。早在 1919 年，爱因斯坦通过使用恒星的统计学数据表达了他对 Freundlich 在引力红移方面的努力的失望（参阅爱因斯坦 1919 年 10 月 28 日写给 Elsa Einstein 的信[第九卷，文件 152a，载第十卷]和 *Einstein 1921f*［第七卷，文件 56］）。

[13] Willem Julius。

[14] 参阅文件 142。

[15] Julius 始终拒绝放弃他按照太阳光谱红移测量结果而提出的太阳光谱现象的反常色散理论；这些太阳光谱红移测量结果好像不支持他的理论，这严重影响了他在太阳天体物理学家中的声誉。Ehrenfest 请求爱因斯坦抓住一切机会为 Julius 说说好话（Paul Ehrenfest 1920 年 12 月 8 日写给爱因斯坦的信[第十卷，文件 225]）。

## 153. 致 Hans Albert Einstein

[柏林，]1921 年 6 月 18 日[1]

亲爱的 Albert：

昨天你那封可爱的信说：是的，到达了。[2] 因此，我昨天给你写的信就多余了。我马上去找一栋公寓和一艘帆船。除了那个女仆，没有人跟我们一起去，我答应过你们大家，尽量不受干扰地带你们出去玩。[3] 我没有说我们必须去吕根岛；[4] 只要哪里找得到一艘适合我们的帆船，我们就去哪里。等我有了着落，就马上写信告诉你们大家。随信附上给领事馆的相关材料。[5]

热诚问候你们的

爸爸

请把随信附上的申请直接交给领事馆，这样他们就可以确切地知道我们为什么要去那里。我在德国支付了你和 Tete[6] 的旅费。我们 4 个人坐三等舱，这样不会消费太高。今年尤其好。我认为你不应该买 Moszkowski 那样的书[7]，因为首先我可以帮你弄到这本书,再则它也不值得阅读。如果你能换就换了它吧。下次你要买这样的东西之前先问问我。这个说不定还会重印;它已经给我带来了不少的麻烦。[8]

ALS (BrSpSBI, MAE 0464 (T))。[70 955]。

[1] 书信日期参考的是去吕根岛附近的度假计划和 *Moszkowski 1921* 的出版。

[2] 爱因斯坦邀请两个儿子一起去德国北部度假(参阅文件 152)。

[3] 家里的保姆 Anna。这大概是一个安慰,孩子们不必与爱因斯坦在柏林的家庭成员之间有任何的联系;关于 Hans Albert 去柏林,Mileva 在以前的书信交流中表达的担心(参阅爱因斯坦 1920 年 7 月 23 日写给 Mileva Einstein-Marić 的信[第十卷,文件 81])。

[4] 波罗的海的一座岛屿,位于西波美拉尼亚的梅克伦堡海滨附近。

[5] 苏黎世的德国领事馆,爱因斯坦的孩子们可以在那里得到德国签证。

[6] Eduard Einstein。

[7] *Moszkowski 1921b*。

[8] 关于 Moszkowski 事件,参阅文件 27,注释 4。

## 154. Maurice Solovine 来信

巴黎,罗亚尔港街 39 号,1921 年 6 月 20 日

亲爱的爱因斯坦:

大概 15 天前我给您寄了一封挂号信,地址写的是伦敦 Davies 先生家。信中我请求您把您在美国和伦敦发表的演讲稿寄给我,我好在去美国之前把它们翻译成法语。因为我考虑 7 月底去那里。由于我没有接到来自您的任何东西,我就不得不猜想这封信没有转到您手里,或者您的日程安排太满,没有时间回复我。

这就是我再次真诚地请求您将那些演讲稿转交给我的原因,这样我就可以开始翻译。这里对您著作的翻译版需求量很大。很快有必要安排您探讨以太和相对论的演讲稿的新版本。[1] 当地知识分子对您的新思想越来越感兴趣。他们现在对新的正式结构非常熟悉,希望他们不要把头给弄晕了。

现在,卑鄙的 Fabre 不得不在他那本新版的书里去掉他杜撰的那份您的序言。[2] 然而在相应的地方,他又增加了一篇序言,在那篇序言里,他用最难听的话骂您。他认为您已经放弃您自己的思想,而且宣称,如果您作为一个物理学家值得钦佩,难道对您这个人,别人就不可以做出不同的评价吗!您对这个恶棍还能

说什么呢?! 我和几个朋友决定在当地一本期刊上好好教训一下他。为此,我们需要手里有您发表在《科学周刊》上的那份抗议书,以及关于这件事情的真实情况更具体的细节[3]。他只是重印了您的信,没有征求您的同意,擅自把它作为序言? 还是完全伪造了那些信? 因为这里没有声音抵制他那个卑劣的说法,当地的普通读者可能认为他是在理的。那就是为什么我们想当众纠正他。

亲爱的爱因斯坦,在您旅美期间,您在那里赢得了伟大而合法的胜利,您肯定结识了许多有影响的大人物。在得到我去美国所需要的那笔钱方面,我有难言的困难。如果这难言的困难我最终都克服了,我将不得不工作两三年来偿还我在各处所借的债。您知道,既然我精通哲学、希腊语和文学,难道没有这样的可能吗? 那就是您把我推荐给美国一个犹太团体,这样我就可以在那里发表几场关于这些题目的演讲,为此支付给我的报酬就可以帮助实现我的努力。我打心底里提前感谢您。

期待不久就可以得到您善意的回复。

向您致以友好热诚的问候。

您的<br>M. Solovine

特别问候 Ilse Einstein。

---

Ehrenfest 教授在莱顿的地址字迹模糊,[4]您可否把这个地址准确地重复一遍?

ALS。[21 143]。

　[1] *Einstein 1920j* 的法语版(第七卷,文件 38)。
　[2] *Fabre 1921*。
　[3] *Einstein 1921g*(第七卷,文件 55)。
　[4] 载文件 100。

# 155. 致 Richard B. Haldane

柏林,1921 年 6 月 21 日

尊敬的 Haldane 勋爵:

伦敦那奇妙的经历仍在我心里清晰可见,然而就像一场梦。[1]这块土地及其上面所承载的知识和政治传统留给我的印象深刻而长久,甚至比我期望的更大。对它给予我们的非常款待,我心里充满了感激,尤其感激那美好的表达,那些最有影响的个人发出的渴望国际理解的美好愿望。衷心感谢您和您的姐姐,感谢您给予我的热情招待,感谢您姐姐对我们如此的友善。[2]因此您不仅帮助我轻松地成功完成了我的使命,而且也使我能高兴地通过个人的互动更加认识您。一旦我完成这里等待着我的最紧迫的任务,我将全身心地投入您的工作。[3]

向您致以最衷心的敬佩。

您的<br>A. 爱因斯坦

ALS(UkE, Haldane of Cloan Papers, MSS 5915)。[32 633]。

[1] 爱因斯坦从 6 月 8 日到 17 日住在英国。

[2] 6 月 10 日,爱因斯坦与 Haldane 和他的姐姐 Elizabeth Sanderson Haldane,还有其他一些著名人士一起用餐(参阅文件 145)。

[3] *Haldane 1921*(参阅文件 145)。

## 156. Joachim von Winterfeldt-Menkin[1]来信

柏林,马太教堂街 20 号,1921 年 6 月 22 日

尊敬的教授:

特别高兴地听到您也觉得可以让更多听众分享您对这次成功旅行的印象[2]。很高兴您也赞同我的想法,希望邀请帝国内阁及其他领导成员尽快跟您见面和交流。

在此恕我冒昧地邀请您和您的妻子务必于

30 日星期四上午 8 点半光临兰德豪斯酒店

届时欢迎您和您的家人做我们的客人。

对您满怀尊敬的<br>Von Winterfeldt

TLS。[44 800]。信头写的寄信人是:"德国红十字会中央委员会主席",收信人及其地址是"爱因斯坦教授博士先生,柏林 西 30 区 哈伯兰街 5 号"。

[1] Winterfeldt-Menkin(1865—1945)是德国红十字会的创建人和主管人。

[2] 爱因斯坦 4 月和 5 月的大部分时间在美国度过,6 月 8—17 日在英国。

## 157. 致 Maurice Solovine

柏林,1921 年 6 月 25 日

亲爱的 Solovine:

我已经收到伦敦的第一封信[1],但回信却不可能。这次旅行期间我的压力太大了,以至于我没有限制地做了我所有的讲座。它们也都没有出版,我答应可以出版的只有普林斯顿大学的演讲。我很高兴把它的法语翻译工作留给您来做,尽管演讲里的科学部分是专业性的,您也许不能完全理解。但我也懂一点法语,所以还是可以把翻译权一起交给您,但我得首先写出来啊(可怜一下我吧),我甚至不知道我是懒惰还只是真累了。

Fabre 先生收到过我的一封信,也收到过我一位朋友的信,[2]他炫耀地随意引用我的那封信,对我信里的个别词句随意增减,只为适合他想要的谦恭。利用这些信,他独自炮制了一篇序言,以我的名义将它发表了。但事实上我根本不认同他在序言里写的一些东西,我不允许那样的行为不受惩罚,即便只为了诚实起见。《自然科学》(*Naturwissenschaften*)里的申明(Springer 出版社)如下:

### 致编辑部的一封信

### 声　明

Lucien Fabre 先生和巴黎的 Payot 出版社一起出版了一本名叫《爱因斯坦的理论》(*Les theories d'Einstein*)的书。我宣布我没有为这本书写序言,我抗议这种滥用我名字的做法。我请贵刊注意这份抗议,希望通过您的杂志,这份抗议能广泛地传到大众的手里,尤其是外国期刊那里。

A. 爱因斯坦[3]

您和您的朋友是否应该为此做点什么,我不能判断。真相已经充分地显明,每个人都有责备的权利,即使法国大革命忘了清楚地声明。

随信附上两张名片;一张是给 Untermyer 先生及其夫人的;他是纽约最著名的律师,刚刚被推选为犹太复国主义者组织的主席[4],您肯定会找到他;另一张是 Beck 博士的,他是一位著名的医生,在芝加哥开了一家大型私人诊所。[5]他跟大学圈子有联系。我肯定您能在美国赚点钱,尽管仲夏是一个非常不舒服的时节,因为那时候大城市里的人几乎都走光了,因此很难找到人;秋季舒服得多。

非常感谢您转寄给我的您的书。

向您致以热诚的问候。

TLCX。[21 145]。

[1] 这封信是 Solovine 6 月初寄出的(参阅文件 154)。

[2] Paul Oppenheim。关于 Fabre 对爱因斯坦和 Oppenheim 信中内容的篡改,参阅文件 65。

[3] *Einstein 1921g*(第七卷,文件 55)。

[4] Samuel Untermyer (1858—1940)是一位律师和市民领袖。1921 年 6 月 7 日在美国犹太复国主义者组织召开的克利夫兰大会上,他被推选为巴勒斯坦建设基金美国分支机构的主席(《纽约时报》,1921 年 6 月 8 日)。

[5] Carl Beck。

## 158. Michele Besso 来信

伯尔尼,[1921 年][1] 6 月 26 日

亲爱的阿耳伯特:

如你所见,我已给你写了两周的信[2]——却一直没有寄出,因为你说你不会直接去柏林,并且主要还因为我总在期待自己能有一个(有点)需要倾诉的时刻,亦即某些劳碌的思绪想要从我心头挣脱出来的时候。

因为我现在挺固执的,虽说我所处的环境很舒心,并且我可以不再操心很多事。(即使我要操心的事也总是仅限于义务范围之内,可是想要干脆免去这份操心也实难办到!)

就说到这儿吧!

你的
Michele

ALS。*Einstein and Besso 1972*,第 167 页[7 075]。

[1] 年份是 Pierre Speziali 加的。

[2] 最大的可能是指文件 146,与这封信一起寄出的。

## 159. Richard B. Haldane 来信

[伦敦,]1921年6月21日

亲爱的爱因斯坦教授:

真的很高兴收到您的信。[1]

毫无疑问,您的访问在改善两国关系方面比任何单个事件赢得的结果都更多,更真实可见。

您的姓名在我们国家就是一种力量。

对我来说,能够有3天时间与您进行亲密的私下交谈,简直就是一种无可比拟的荣耀。

相信我。

您忠诚的
Haldane

ALS。[32 634]。信头写的寄信人地址是:"威斯敏斯特 安妮女王门28号"。

[1] 文件155。

## 160. Fritz Haber 来信

柏林,达勒姆,法拉第路4—6号,1921年6月28日

(绝密!)

亲爱的爱因斯坦:

您再三谈到您对Warburg所长[1]热烈的兴趣和美好的看法,以至于我认为为了他可以容许我强迫您。简单说吧,Warburg虽然已经75岁了,但他仍然觉得自己宝刀未老,完全可以继续工作,但他不太愿意无限期地保留他的官方职位,因为他周围的其他人都是68岁离岗的。他的想法是退休,但与此同时得到工业界的一个职位,所得收入作为他的生活费用,包括他的退休金。

从工业界来讲,要雇佣一个75岁以上的人不是一个容易下的决定,这完全背离了他们的传统。按照传统,他们雇佣的人是能够依靠的人,对他们来说可以

长期使用的人。对他来说,一个自然而然的职位就是监管会的成员,因为做董事会的成员不用考虑年龄问题。这样的顾问职位通常都是留给那些与其他主要经济实体有联系的人,或者说与商界有特别重要关系的人。这些人所起的作用不是他们的工作能力,而是他们背后的各种关系。既然这样的关系会随着一个人年纪的增长而不断地增长,那么年龄在雇佣时自然就不是一个障碍,反倒变成了一种优势。因此这将成为首要的考虑。但我必须说,我的感觉是,除非运气特别好,或者说对一个人的天性怀着独特的兴趣,才可能达到这个最佳解决办法。因为 Warburg 所长一生都没有去充分发展他与物理相关公司里有影响的大人物之间的个人关系。还有,如果我没有说错的话,他通常也没有被相关人士认为是一个拥有重要个人商业联系的人。这里的例外可能是 Koppel[2],他与 Warburg 家有一种特殊关系。Koppel 先生过去总是接受老将军做他的监督人。也许现在那些将军已经过时了,他现在对 Warburg 感兴趣。但这件事情不太肯定。

如果不能考虑监管会的一个席位,那么最根本的就是安排一家或多家物理相关公司,给他提供一个顾问职位;最合适的做法就是您愿意出面,主动去激发 Rathenau 博士对这个人的兴趣。[3]您说的话对他很有分量。Warburg 自己也向西门子或哈尔斯克申请过,但都被他们礼貌地拒绝了,这次失败可能就是他转而求助我的原因。我想赌一赌电灯信托公司,Rathenau、西门子的 Karl Friedrich von Siemens[4] 和 Koppel 都是这家公司里最有影响的人,Meinhardt 是公司的董事长。[5]我正在写信给 Meinhardt,我把这封信的复印件给您寄去,如果您愿意,也能够这样做,您就与 Rathenau 和 Koppel 讨论一下这件事情。Warburg 清楚地声明他辞职没有感到任何压力,但他会马上这样做,如果他能在工业界找到一个合适的职位,这个职位能够带给他一年 40000 马克的收入。如果电灯信托公司这条路走不通,我非常愿意跟您讨论其他的办法。

热诚问候您和您亲爱的妻子。

Haber

TLS.[12 333]。这封信的收信人及其地址是"阿耳伯特·爱因斯坦教授博士先生,柏林西 30 区 哈伯兰街 5 号"。

[1] Emil Warburg(1846—1931)是帝国物理技术研究所的所长。

[2] Leopold Koppel(1854—1933)是一位金融家,也是威廉皇帝学会的资深会员。

[3] Walter Rathenau(1867—1922)是重建部长。

[4] Siemens(1872—1941)是西门子与哈尔斯克股份公司和 Siemens-Schuckert Werke 公司的监事会主席。

[5] Wilhelm Meinhardt(1872—1955)是欧司朗有限责任公司董事长。

# 161. Joel J. Joël 来信[1]

吕贝克,柯尼希街 10 号,1921 年 6 月 28 日

尊敬的教授:

我妹夫 Hans Mühsam[2]叫我帮您找一套合适的夏季公寓,并跟我说了您的愿望。[3]在考察了我们所有靠近湖边的好的环境之后,我最后相信,只有拉兹堡湖[4]是最适合您的了。因此,星期天我和妻子去到那里,在圣乔治山的湖边[5]找到一套三居室的公寓,带厨房、阳台和玻璃走廊,应该可以满足您的要求。此外没有别的选择了,因为那里所有的空屋子都已经被征用了。[6]我们也可以咨询一下拉兹堡[7]的旅行社,通过他们也许可以获得其他合适公寓的地址。

我们看中的这套公寓每天的消费是 25 马克。床上用品必须自己带,现在到处都是这样。房东有一艘好划艇。在拉兹堡湖畔的划艇租赁处还可以租到非常好的小帆船,这个我已经核实过。至于价格我还要问问。拉兹堡湖大概有 10km 长,连接着一个更小的湖[8],这个湖周围全是最美丽的古老的榉树,人们可以来这里散步,林间小路铺砌得非常漂亮。圣乔治山位于拉兹堡镇的近郊[9],生活必须品应有尽有。圣乔治山很美,环境极其安静,几乎没有交通拥塞,就坐落在与拉兹堡大湖相连的那个小湖边。——

如果您想租用这套公寓,请尽快告诉我。

如果不,我也非常愿意继续帮您寻找别的公寓。

向您致以深深的敬意。

Joël 博士

ALS。[44 011]。信头写的寄信人是:"Dr. med. Joël Arzt"。

[1] Joël (1867—1933) 是吕贝克市的儿科医生(参阅 *Joël-Adler-Carlebach 1996*,第 162 页)。

[2] Mühsam (1876—1957)是柏林犹太医院的主治医生,是爱因斯坦的一个朋友。他的姐姐 Margarethe Mühsam (1875—1958)嫁给了 Joël。

[3] 关于爱因斯坦计划暑假与儿子在一起,参阅文件 152 和 153。

[4] 距离石勒苏益格-荷尔斯泰因东南部的吕贝克以南约 26km。

[5] 库亨湖的西岸,就在大拉兹堡湖的南面。

[6] 德国因当时住房极其紧缺而没收公寓,参阅 *Wiedenhoeft 1985*,第 11 页和第 17—18 页。1919 年 12 月 9 日出台的《住房紧缺法案》允许没收财产用于修建公寓小区(参阅 *Reichs-Gesetzblatt 1919*,第 1968—1972 页)。

[7] 可能是拉兹堡。

[8] 库亨湖。

[9] 在大拉兹湖的南岸。

## 162. Maurice Solovine 来信

巴黎，罗亚尔港街 39 号，1921 年 6 月 28 日

亲爱的爱因斯坦：

非常感谢您愿意让我来把您在普林斯顿大学的演讲稿翻译成法语。[1]您写完一部分就尽快寄给我，我好在去美国之前把它翻译出来。[2]我会把它做成一份手稿交给您，方便您细读，正如您所愿。Gauthier-Villars 出版社希望尽快将其出版。

而且，我也要非常感谢您把我推荐给 Untermyer 先生和 Beck 博士。[3]但不幸的是，我必须承认，那样做也不能达到我那个预期目标。

如果我在美国住的时间更长些，这些绅士自然愿意尽力按照您的推荐为我安排点什么。但既然我不能住那么长的时间，如果这两位先生愿意，我只能在一些犹太听众面前发表一些演讲。我演讲的题目可能是："亚历山大时期犹太人与希腊人之间的交流以及世界对此交流的看法。"这个〈题目〉事实对于欧洲文明的发展有着极其重要的影响。顺便提一下，我在这里已经把这个题目完成了一半。

如果关于这个您能写信给 Untermyer 先生和 Beck 博士，他们肯定会毫不犹豫地同意这件事，这样我最终就可以向我亲爱的母亲尽一份孝心了。如果您不可能这样做，那么我自己写信给他们，只是随信附上您给我的名片。提前衷心谢谢您。

关于卑鄙的 Fabre[4]，我将和我的朋友商量该怎么做。

请不要忘记告诉我 Ehrenfest 教授在莱顿[5]的具体地址，这样他们就可以照您所愿交给他。[6]您收到那 20 本《几何学和经验》（Geometry and Experience）[7]了吗？您对那个翻译还满意吗？

按照您的良好建议，我将只在秋季去美国。[8]我会非常高兴在那之前把您的普林斯顿演讲稿译完。

如果我因这次美国之行打扰了您[9]，请原谅我，亲爱的爱因斯坦。您非常了解我的，我从来没有为我自己要求过您什么，即使当时是陷在最可怕的处境里。然而，面对我亲爱的老母亲，我怎么可以不去满足她想见见我的〈强烈的———〉愿望呢？而且我自己也多么想去看看她！

向您致以热诚的问候。

感激您的<br>M. Solovine

代我真诚地问候 Ilse Einstein 小姐。

ALS。[21 147]。

[1] 在文件 157 里,爱因斯坦同意 Solovine 翻译他的普林斯顿演讲稿。
[2] 参阅文件 69。
[3] 爱因斯坦在文件 157 里附上了给 Untermyer 和 Beck 的名片。
[4] Minnie Solovine。
[5] Lucien Fabre。关于 *Fabre 1921* 中所谓爱因斯坦为其撰写序言这一争端,参阅文件 157。
[6] Paul Ehrenfest。
[7] *Einstein 1921c* 的法语翻译本的版税(第七卷,文件 52),参阅文件 100。
[8] *Einstein 1921c* 的法译本。
[9] 在文件 157,爱因斯坦建议 Solovine 避开夏天去美国。

## 163. 致 Hendrik A. Lorentz

[柏林,]1921 年 6 月 30 日

尊敬而亲爱的同事:

实在是太可惜了,不是每一个人都可以参加布鲁塞尔会议。[1]我个人的遗憾也难以言表,因为我不得不在最后几分钟内决定不参加这次会议。[2]不过,我从以前在芝加哥拜访过的 Millikan 那里听说,会议进行得很成功;[3]我为此深感高兴。

我的英美之行也很成功。这次旅行不仅能为耶路撒冷大学的建立做出实质性的贡献,而且也能做一点力所能及的事情帮助恢复知识界的国际关系。但每件事情的时间都是如此的紧张,以至于我也不能去荷兰。我希望下学期能够弥补,也许是在秋季。[4]

非常高兴从您信中获悉,耶路撒冷图书馆通过您的介入得到了如此重要的捐助。[5]

相对论领域存在两种值得一提的尝试:一种是 Eddington 做的,另一是阿森的数学家 Back 做的;这两个尝试始于 Weyl 想要[6]统一引力场和电磁场的努力。Eddington 对联络 $\Gamma^{\sigma}_{\mu\nu}$ 的推广比 Weyl 走得更远,但那样得到了远多于可获得的微分方程的东西。[7]Back 的论文(《数学杂志》[*Mathematische Zeitschrift*]

第九卷，1/2 版[8]）对我来说似乎更有道理，尤其是因为它无需可疑地将从度规上定义的 $\varphi_\nu$ 与电磁场认同。[9] 然而与这些尝试相同的是，有人在缺乏任何物理支撑的情况下去处理四阶方程，其结果就是，在这个理论的陈述或方案里缺乏具有深远意义的定义。我也想推广这一理论[10]，只是连我自己都对它表示怀疑。显然，要取得真正的进步，必须以充分的物理指针为基础；但很不幸的是，这些物理指针都消失了。

热诚问候您和您的妻子。

您的
A. 爱因斯坦

ALS (NeHN, Archief H. A. Lorentz)。[16 541]。文档左边留有活页孔。

[1] William H. Bragg、Niels Bohr 以及 James H. Jeans 被禁止参加这次会议（参阅 *Rapports 1923*，第 6 页）。

[2] 因为爱因斯坦的美国之行（参阅文件 57）。

[3] Robert A. Millikan (1868—1953) 是芝加哥大学的物理学教授，他参加了这次会议。关于对这次会议的报道，参阅 *Rapports 1923*。

[4] 爱因斯坦已经问过 Ehrenfest，问他是否应该在秋末访问莱顿（参阅文件 152）。

[5] 文件 107 里，Lorentz 通知爱因斯坦图书馆正要接收荷兰科学院的出版物。

[6] Hermann Weyl。

[7] *Eddington 1921*。

[8] *Bach 1921*。

[9] 暗指爱因斯坦对 Weyl 统一场理论的批评（参阅比如文件 104）。

[10] 关于爱因斯坦的新思想，参阅比如文件 89。

## 164. 德国红十字会中央委员会来信

[柏林，]塞西利安豪斯，1921 年 6 月 30 日

十分尊敬的教授先生：

您的夫人十分和蔼，向您转达了我们的建议：我们希望您能将您在旅途中进行的一些或许适合公众知晓的观察和思考简要地归结一下；您今晚将在州府跟一些公共生活的领袖们进行座谈，我们打算以合适的方式将您的观察和思考用在关于该座谈的新闻报道中。[1]

不言而喻，我们不会将您的话语或文字逐字逐句直接照搬，而是只会把它们作为对您所提出的那些思想与观点的概述。我们希望您能抽出时间口授我们所

需的材料,为此请允许我请求您,如果可能,请将您口述的材料交由送信人带回,或者告诉他,您希望他何时来取。

致以亲切的问候并盼今晚再见。

您忠实的

[- - -]

TLS。[44 801]。信头写的寄信人地址是:"德国红十字会中央委员会美国救助会",收信人及其地址是"阿耳伯特·爱因斯坦教授博士先生,柏林,西 30 区 哈伯兰街 5 号"。

[1] 关于为此事所发出的邀请,参阅文件 156。

[2] 参加这次会议的有 Ebert 总统和帝国普鲁士内阁其他成员。德意志帝国国会、柏林的管理人员、柏林各大学的管理人员以及工商界管理人士也参加了这次会议。会议结束后,几家报纸争相转载了爱因斯坦在会议上讲话的相同总结;讲话内容关于爱因斯坦的声明,亦即英、美主要科学家和重要人物都表达了一份共同的愿望,那就是希望改善与德国学者之间的关系(比如参阅年表和日程表 1921 年 6 月 30 日,《柏林国家报》,1921 年 7 月 1 日,*Grundmann 1998* 第 194 页,以及 *Wazeck 2005a*)。

## 165. 致 Félix Michaud

[柏林,]1921 年 7 月 1 日

十分尊敬的同事:

感谢您的来信和您的小册子。[1]不幸的是,我无论如何不能把通过辐射损失的恒星的熵当作解决 Clausius 困境的方案。[2]如果增加被发射的辐射,熵其实会为整个体系增加的。解决这个困难的唯一希望可能是使自然法则系统来一次彻底的大转变。比如我提到的完全从蓝色中得出的那个假定:辐射在虚空里消失,原子重新从空间里形成。建立在经验基础上的定律把热死作为不可避免的结果。

向您致以真诚的敬意。

Ilse Einstein 手书的 Dft [17 192]。写在文件 126 的背面。

[1] *Michaud 1922*。

[2] 将 Clausius 的熵增加定律运用到宇宙学当中,可能会产生一个争论已久的后果,即宇宙的封闭系统最终必然经历一场热寂(heat death)。

## 166. Felix Frankfurter 来信

马萨诸塞州,剑桥城,1921 年 7 月 1 日

我亲爱的同事:

非常谢谢您在来信中表达的宽容。[1]这些信使我感到更加悲伤,我们周围的情形对我们如此残酷,使我们在您来访期间不能做一次真正的心的交流。过去的已经过去了。但我永远要感谢您完全的坦率和诚实。如果那样的过去继续横亘在我们之间,那真是太可怕了——那完全就是因为误传造成的一个大悲剧。我很高兴的是真实的情形不是这样。我希望这只是我们之间友谊的开始,开始于我这边此刻的尊敬和热心。

这不是谈论美国犹太复国主义者领袖和他们与 Weizmann 博士[2]之间关系的时候。这对我来说是一个悲伤的话题,因为没有人比我更看重 Weizmann 过去的服务——我认为我可以这么说——在使 Weizmann 的努力为美国人所知这一方面,没有人比我做得更多。然而我必须补充一点,您不知道一个判断完全依赖的那些事实。我希望那些事实不存在。但它们确实存在。或许这些天的某个时候,您也有机会了解它们。我知道幻灭是痛苦的。我有经历过。但比任何个人更重要的是重建巴勒斯坦的需要。我们大家为着这个目标团结起来,我希望我们所有的努力都指向那个目标。在这些年的某一天里,看到那所大学在耶路撒冷闪耀发光,那将是一种荣耀。那光亮的荣耀将使过去的不愉快黯然失色。

您会再次来到美国,或者我们去德国,然后我们再聊。

请代我问候您的夫人。

热诚问候您的
Felix Frankfurter

ALS。[36 214]。信头写的寄信人地址是:"哈佛大学法学院,马萨诸塞州,剑桥城"。

[1] 在文件 139 和 140 里,爱因斯坦表示道歉,因为他曾经表明 Frankfurter 阻挠了他在哈佛大学发表演讲的计划。

[2] 在文件 139 和 140 里,爱因斯坦就 Chaim Weizmann 与美国犹太复国主义者组织内部的 Brandeis 派之间的矛盾发表了自己的看法。

## 167. Maja Winterler-Einstein 来信[1]

菲耶索莱，Casa Givo. Manuelli, via G. verdi, 1921 年 7 月 3 日

我的亲人们：

我早该给你们写信并且感谢你们从尼亚加拉大瀑布向我发出的问候，要是我知道，我该往哪里写信的话。[2]

Häfliger[3] 先生从纽约给我寄送了几份报纸，这才让我了解到，你在纽约受到了多么隆重的接待，知道你还带着你的小提琴，Elsa 是你的译员，而且还饱受记者们的纠缠，可是我最感兴趣的事情，就是你是否胜利完成了你为耶路撒冷大学所担负的使命，然而这方面却没有任何消息。此外我还想知道你对那里的一切印象如何。

为了给你一个很好的范例，我从我们自己的旅行经历开始讲吧。我们来到意大利快有 4 个月了，从一个地方漫游到另一个地方，看到了许多美好的景象，既有自然景物也有艺术方面的。[4] 我得说，自从来到意大利，我才由衷地感到自己又重新变得那么生机勃勃了。尽管那场战争或者说那场"伟大的战争"致使这里发生了各种令人不愉快的变化，但它依然是一个神奇的国度。我们到过热那亚。虽说那座城市并不是特色鲜明而且还脏得令人难以置信，可我仍然很喜欢它。这样一种接纳生活之真实面貌，并且幽默而心地宽柔地度过困难的轻松态度，能使历经困厄才活出来的人感到无比的愉快。特别是这里得天独厚的位置！如许灿烂明媚的色彩，比如说整个令人难以置信的蔚蓝的第勒尼安海，简直就是我们这种放肆的理性所难想象的。我们在苏莲托海岬度过了十分美妙的 5 周，仍然觉得当地的美景百看不厌。我们还去了帕埃斯图姆，那里仍有 3 个保存完好的古希腊神庙，它们就座落在离大海不远的一个灌丛（Macchia）[5] 当中。（我们）在那个废墟里逗留了一整天，我难以给你描述它给人的奇特印象——单纯、厚重、严谨、美丽，而这一切仅仅借助建筑比例关系就彰显无遗了。除了地道的希腊艺术，一切罗马的连同文艺复兴时期的艺术都消失殆尽了。还能传承古代艺术精神并以截然不同的方式表现出来的，唯有哥特式建筑。

最近 5 周我们在佛罗伦萨，我们也很喜欢这里，甚至于喜欢得几乎都不想走了。艺术和自然把这里整个儿地交织成了一幅宏大的画卷，以至于要是人们——比如我们——可以选择在哪里宿营，那他们或许再也找不到比这里更好的地方了。或许你真该到秋天的意大利来看看，亲爱的阿耳伯特？[6] 我会十分高

兴的,如果终于又能再见你一面。[7]我们正设法在佛罗伦萨附近找间小房子。这样或许我们就能在我们自己的家里接待你了,等你到来时。对我来说,如果有机会带你欣赏一切美景,将是一份莫大的快乐。可惜到处都难以找到出租房。而且即使有那也是相当的贵。待售的小房子倒是更容易找到,并且还特别便宜,可是对我们来说,那又用不上。我们还得等一等,看我们能否尽快找到合适的住处。可惜我们在卢塞恩的屋子不能出租,并且一直空置。可是在瑞士住在自己家里,所需的生活费用可能会比住在这里带家具的出租房里更贵。接下来的 2 个月,从 7 月中到 9 月中,我们有义务替一个瑞士人看护其在佛罗伦萨的房子。它有一个漂亮的花园,这样我们到时候就不必忍受太多的酷热。目前我们还在菲耶索莱,它坐落在一座山丘的背面。从我们窗户眺望,可以将整个佛罗伦萨和 Arnothal 及谷中的山坡尽收眼底。这景致你就会很喜欢的,亲爱的阿耳伯特。我们有两个房间,还可以自己做吃的。我们的日子过得快乐而舒服。我们的女房东是个十分漂亮的比萨人。我们从 7 月 12 日起在佛罗伦萨的住址是:via Marsilio 8 Ficino 8 painterreno。

请给我们写信,一封内容详细的信。衷心问候并亲吻你们各位。

你们的
Maja

……[8]

我们很偶然地在这里遇到了 Bice(Michele 的妹妹)[9]并且跟她交往得很多也很好。

我常常到图书馆去并且也为瑞士的报纸写些文章。

ALS。[144 803]。

[1] Winteler-Einstein (1881—1951) 是爱因斯坦的妹妹。
[2] 在爱因斯坦旅美期间。
[3] 可能是 Josef Anton Häfliger (1873—1954),巴塞尔 St. Johanns 药房的老板。
[4] Winteler 一家 1920 年 12 月离开卢塞恩(参阅 Rogger 2005,第 66 页)。
[5] 意大利语。
[6] 在博洛尼亚(参阅年表和日程表 1 月 19 日)。
[7] Maja 1920 年初最后一次见到爱因斯坦,当时她陪同他们的母亲 Pauline Einstein 去柏林。那时候的 Pauline Einstein 患病严重,这已经是她生命的最后几周时间(参阅爱因斯坦 1920 年 1 月 3 日写给 Heinrich Zangger 的信[第九卷,文件 242]和 Rogger 2005,第 63 页)。
[8] Paul Winteler 的问候语省略了。
[9] Beatrice Rusconi-Besso (1890—1965)。

## 168. Arnold Sommerfeld 来信

慕尼黑,1921 年 7 月 4 日

亲爱的爱因斯坦:

在此我有两个重要的请求跟您说。其中一个您已经知道了,那就是您 11 月来这里为我们做一次讲座。听众是研讨会和几个科学俱乐部、工程师协会、医生协会成员,以及巴伐利亚中学教师,因此不完全是门外汉。酬劳已经商定为 2000 马克。[1] 如果您有意为更普遍的学生听众做一次客座演讲,演讲中没有任何数学术语,我也会支持,那将会得到特别感谢。对我来说,重要的是我们可以把 6 月已计划好的为讨论会所做的谈话[2]变成现实。Anschütz 也会很高兴,如果他的捐赠在这里被证明是有益的。[3] 您来决定具体的时间,如果 11 月不行,那么就推迟到别的冬季月份。

另一个要求是,我随信附上有自己签名的一篇报刊小文章,[4]这篇文章若得以在某种英文期刊上重印,我自然会感到欣慰。我将看到它在瑞典、瑞士和荷兰得到刊印。我刚好读到 *Athenäum* 上对您的演讲[5]的称赞。我认为,如果您给 *Athenäum* 的编辑写信说,一个德国朋友请求您把该文再行刊印,他们是不可能拒绝的。您知道这不是政治舆论的问题,而是完完全全的事实。英国有足够多的人讨厌甚至厌倦了 Northcliffe 对真理的歪曲,[6]尤其现在它已达到自己的目的,英国人也获得了极大的好处。我们的美国同事是来自伊利诺伊州乌尔班纳的 J. Kunz 教授。[7]

Herzfeld 关于你的磁效应实验得出了负结果。虽然我们有一个大致限定为 $\lambda = 1400$ m 的辐射,也是在预期的数量级范围内,但它最终变成放大器的本征频率。[8]

我在此要重复我的相对论演讲,我必须在今年夏天的演讲周里做这个演讲。两次演讲的听众大约是 1200 人。这些演讲稿也已经出版。[9]哲学家 Geiger 与我合作,这些天里他就会寄给您他的小册子。[10]您不可能同意他照着您的理论体系去裁剪康德先验论的做法。

非常好笑的是,Mach 在相对论方面持相对的立场,这是他在死后出版的那篇非常精彩的论光学的文章里表明的。[11]然而根据可敬的 Weyland,您还是抄袭了他的观点。

我不知道您是否能够答应我这两个请求,也不知道,如果我能在某个时候回报你,您是否会感到高兴。希望您的身体能够吃得消这一趟英美之行。

祝一切都好!

向您致以热诚的问候。

您的
A. Sommerfeld

ALS。*Einstein and Sommerfeld 1968*,第 81—82 页;*Sommerfeld 2004*,第 99—100 页[21 343]。

[1] 正如他在 1920 年 12 月 29 日写给爱因斯坦的信中所提出的那样(第十卷,文件 252)。

[2] 参阅文件 6。

[3] 1917 年,Hermann Anschütz-Kaempfe 建立了一个基金会,目的是"为了促进慕尼黑大学物理化学的发展"(*Broelmann 2002*,第 339—340 页)。

[4] 所谓的路西塔尼亚奖章(Lusitania medal)是 1915 年 8 月在德国颁发的。3 个月前,也就是 1915 年 5 月 7 日,英国路西塔尼亚号邮轮被鱼雷击中,造成 1200 多名乘客死亡。在一篇发表于《慕尼黑最新消息》1921 年 6 月 24 日的文章里,Sommerfeld 认为德国私人颁发的这枚奖章不是要表达对这艘邮轮沉没后的胜利心情,而是在谴责冠达邮轮公司(Cunard Lines)贪图利润的行为,因为那艘邮轮上还藏有步兵使用的军火。同样,这枚奖章也被英国著名的政客和媒体用来做反德宣传。

[5] 关于爱因斯坦在国王学院的演讲,参阅《爱因斯坦》,载 The Nation and the Athenæum 29 (1921);第 431—432 页。

[6] Alfred Harmsworth(1865—1922),第一代诺思克利夫子爵(Viscount Northcliffe),伦敦《泰晤士报》的拥有者,第一次世界大战期间任英国的宣传领袖。

[7] Jakob Kunz(1873—1938)是伊利诺伊大学的物理学副教授,他向 Sommerfeld 抱怨路西塔尼亚奖章一事(参阅《慕尼黑最新消息》[*Münchner Neueste Nachrichten*]中的一篇文章)。

[8] 关于 Karl Herzfeld 的实验,参阅文件 98。

[9] *Sommerfeld 1921a*。

[10] Moritz Geiger 的演讲最后出版为 *Geiger*,M. 1921。

[11] 参阅作者死后出版的 *Mach 1921*。本书包含 Mach 的一篇前言,但其实可能是他的儿子 Ludwig Mach 写的(参阅 *Wolters 1987*,也可参阅 *Holton 1993*,Ludwig Mach 为这一剽窃行为所持的不同意见)。

## 169. Joachim von Winterfeldt-Menkin 来信

柏林,马太教堂街 20 号,1921 年 7 月 4 日

尊敬的教授:

我们收到芝加哥的来信,说那里成立了一个委员会,为的是筹集一个基金会,用以帮助大学及各类其他学校的科学家和教师们。

转给我们的基金其根本的分配原则是按照我们美国朋友的愿望,应该不是

按照个人的级别和声望。

为了完成我们的这项任务，使大学的各位老师都满意，如果您能在我们完成这个慈善使命时给予您个人的帮助，[1] 我们将不胜感激。凭着您广泛的科学交往，您肯定经常有机会了解个人的经济困境。我们现在请您私下告诉我们那些需要帮助的人的姓名。

如果您能告知我们您是否愿意以这种方式与我们德国境内的救济努力合作，我们将不胜感激。

向您致以崇高的敬意。

您的
Von Winterfeldt

TLS。[44 802]。信头打印的寄信人是"红十字会中央委员会主席"，收信人及其地址是"阿耳伯特·爱因斯坦教授先生，柏林，西30区 哈伯兰街5号"。

[1] 就在几天前，爱因斯坦参加了德国红十字协会的"美国援助"办公室召开的一次会议（参阅文件164）。

## 170. 不明来信

墨西哥，1921年7月7日之后[1]

你关于美国人民的那些陈述，正如报纸上报道的那样，你对《新鹿特丹报》[2] 的代表或记者所说的那些话，是如此的没有来由和不知羞耻，以至于我这个虽生来为德国人，后来做了多年美国公民的人实在忍不住自己的愤怒，要亲自写信表达我对你的轻蔑。[3] 你这个该死的犹太人，早点和所有那些德国犹太大学的教授们滚回耶路撒冷吧，这样对德国和德国的学生来说越早越好。你不是一个德国人，而是一个犹太人，其地地道道的东方心智不正当地破坏了盎格鲁-撒克逊人的伦理观念——对这次世界大战和德国的毁灭的罪孽只能归因于德国犹太人的影响。

带着你习惯性的犹太人的批评，你感谢美国人的盛情款待，感谢他们赐给你的好处；或者你相信你被认为非常有趣的判断是因为它根源于一个大人物（只在你的想象中）吗？每一个犹太人当他相信他会"成名"时就会发疯。要不了多久，你"发现的"相对论就会被冠以一个犹太骗子[4] 的标牌。

滚开吧，犹太人！这必定而且将要成为来日的一个座右铭——去耶路撒冷一路平安！

AL.［65 856］。在爱因斯坦家庭藏书室 *Luther 1913* 里找到的，包括 Elsa Einstein 和 Hedwig Born 之间的通信。这封信写的收信人及其地址是"阿耳伯特·爱因斯坦教授先生，德国，柏林，柏林大学"。

［1］日期参考的是《新鹿特丹报》中的那次采访。

［2］采访发表于 7 月 4 日。

［3］关于发表的采访文本，参阅《阿耳伯特·爱因斯坦教授采访录》(参阅第七卷，附录 D)。

［4］类似的断言是德国某些反相对论者提出的(参阅第十卷序言第二章)。

## 171. Heinrich Zangger 来信

苏黎世，苏黎世伯格街 8 号，1921 年 7 月 7 日

亲爱的朋友爱因斯坦：

我从未回过您从美国寄来的信。如果您能利用您的世界声望澄清人类价值当下的困惑，我会感到非常高兴。只有那时候我才可以原谅您工作的安宁被偷走了，这是您在苏黎世最重要也是最珍贵的东西。您在美国发现您预言的红移也已经被证实，这件事情当然对于所有认识您的人来说又是一件高兴事儿。[1]

红移也完全符合 Weyl 的解释，这比它不存在要好。[2]难道您不觉得您交给科学院的最后一篇论文比早先的论文似乎更贴合 Weyl 的解释吗?[3]当您再来苏黎世的时候，我还得像以往那样给您提很多问题。在最后几年里，我已经可以理解 Debye 在各个方向的新研究了，并努力把我以前的实验数据吸收进最近建立的结果里。[4]现在，讨论中我印象最深的是 Bohr 那些关于结构问题概念的局限性；这对我的整个处理和发展提供了如此多的引导。纵然今天还没有得出任何统一而清晰的结论，但是 Debye 意义上的分子力，还有对 Kerr 效应，对建筑物及电致伸缩的种种观察结果却是十分重要的。当然，我们对晶体结构讨论了许多，这可能要通过变化和物理影响来证明。

愿您满载思想安全归来。——安全

Zangger

TLS.［40 014］。信头打印的寄信人及其地址是"苏黎世大学医学研究所所长 H. Zangger 教授博士"。第一段是 Zangger 的手迹。

［1］5 月 13 日，Jacques Loeb 通知爱因斯坦 *Buisson and Fabry 1921* 已经出版，并且准备寄给他一本；书中包括爱因斯坦对太阳光谱中谱线位移的预言(年表和日程表)。

［2］这年早些时候，Zangger 要爱因斯坦证实 Hermann Weyl 统一场理论没有对太阳光谱线中的引力红移做任何预言，因此，即使广义相对论不能被太阳红移测量证明，也依然可能存在(文件 2)。

［3］*Einstein 1921e*(第七卷，文件 54)，其中，爱因斯坦依靠 Wilhelm Wirtinger 的帮助对 Weyl 理论做

了进一步的修改(参阅文件 58)。

[4] Peter Debye。

## 172. Georg Bernhard[1] 来信

柏林 西南 68 区,科赫街 23/25 号,1921 年 7 月 9 日

尊敬的教授先生:

这封信的送信人是我们的年轻同事 Hardmuth Merlecker,他受我们之托,来跟您商讨对您的采访提纲。[2] Merlecker 同事的特殊才干使我们确信,他一定能准确理解您的意图。同时,Merlecker 先生今天下午还会带上已经确定的版面来再次读给您听一听,以便您有机会确信我们正确地再现了您的本义。

请允许我怀着特殊的崇敬向您表示问候。

您忠实的

G. Bernhard

TLS。[45 188]。信头写的寄信人是:"《福斯报》编辑 Georg Bernhard",收信人及其地址是"阿耳伯特·爱因斯坦教授博士先生,柏林"。

[1] Bernhard(1875—1944)是《福斯报》的编辑,也是帝国经济大会财政委员会主席。

[2] Merlecker(1894—?),《柏林日报》1921 年 7 月 1 日晨间版发表了对爱因斯坦采访的摘要(一位荷兰记者撰写的"爱因斯坦谈美国和英国的科学",第七卷,附录 D 第 3 节)。第二天发表了爱因斯坦简短的否定(《柏林日报》,1921 年 7 月 8 日晨间版)。《福斯报》显然在爱因斯坦的支持下发表了一篇关于爱因斯坦对美国和美国人的观点更详细的报道,这些观点或许可以抵消那些对犹太复国主义运动和爱因斯坦本人造成的损害。第二次采访于次日发表(标题为:"爱因斯坦的美国印象:他的真实所见"[第七卷,附录 E])。

## 173. Solomon Ginzberg 来信

[伦敦,]1921 年 7 月 12 日

……[1]

美国犹太复国主义者组织电报,引用《泰晤士报》报道的鹿特丹各家报纸上[2]刊登的 Cyril Brown[3] 对爱因斯坦的采访。爱因斯坦在采访中有贬低美国形象的观点,并且把爱因斯坦的坏脾气归罪于 Weizmann 任务的失败[4]。我们

对采访内容的准确性提出质疑,在此寄出更正内容,强调 Weizmann 的任务是成功的。电报结束引语:确信您的话被误传了。善意拍电报给伦敦,否定发表,美国。Ginzberg 犹太复国主义者办公室
......[5]

Tgm (IsJCZA, Z4/2971/IV). [86 003]。在驻伦敦的犹太复国主义者组织中心办公室写给柏林德国犹太复国主义者协会的信中,这封电报被一字不漏地引用了。收信人及其地址是"爱因斯坦教授,柏林,哈伯兰街 5 号"。

[1] 介绍性的文本内容被省略了,其中谈到驻伦敦的犹太复国主义者组织中心办公室通知德国犹太复国主义者协会,说他们收到一封发给爱因斯坦的电报,要求把这封信马上转交给他。

[2] 指 7 月 8 日《纽约时报》发表的、关于《柏林日报》转载的最初发表在 7 月 4 日《新鹿特丹报》上用荷兰语刊出的爱因斯坦访谈的部分翻译(参阅第七卷附录 D)。

[3] Brown (1887—1949)是《纽约时报》驻柏林的特派记者。

[4] 极有可能指 Brown 的文章:"爱因斯坦宣布女性统治这里,这位科学家说他发现美国男人都是女性的宠物狗",见 1921 年 7 月 8 日的《纽约时报》。

[5] 驻伦敦的犹太复国主义者组织中心办公室的问候语被省略了。

## 174. 致 Frieda Huber

[柏林,]1921 年 7 月 13 日

亲爱的 Frieda 护士:

由于一直忙于工作和旅行,我根本来不及回复您亲切的来信。就连那些美妙的雪茄也是花了 3 个星期才解放了我的舌头,尽管如此它们使我感到了无与伦比的快乐。您是一个忠实的人,而我是个备受折磨同时还备受嫉妒的人。到美国和英国的旅行真是一场十足的士兵拉练。[1]不得不马不停蹄地作为公众人物出场,总是处于被人围观的状态,每次开口都字斟句酌——我算是搞懂了,这一切是个什么滋味。那些可怜的王公们——我现在终于明白了,他们处于一种多么光彩夺目的悲惨处境中!Heine 说得很有道理:我也要劝告你,把你的小屋建在深谷里,而不是峰巅上。[2]我做了不计其数的演讲,总是跟衣冠楚楚的人们一起用餐,应对报社记者的无数次提问,还要把自己打扮得人模狗样,同时不得不进行一场令人绝望的书信大战,我完全没有时间静下心来观察和专注地思考问题……我被毁谤、被嫉妒、被无数人追逐着求见,等等。我终于挺过了这一段时间。星期一我将带着我的儿子们到东海度假,我要驾驶帆船,然后尽情地休闲。我要这样过上整整一个月。[3]或许这样的活法对您而言也会挺有趣的,尤其

是置身于快乐的孩子群中;我们驾驶帆船,懒懒散散地打发时间,泡澡。我们会很愉快的,我的 Albert 几乎是个男子汉了,他 17 岁了。

希望您过着好日子并且工作不是太多。秋天我要到瑞士来并期待见到您。因为我得到博洛尼亚去几天。[4]

衷心问候您<br>A. 爱因斯坦

ALS(SzBL)。[123 161]。

[1] 爱因斯坦 1921 年 3 月的英美之行。

[2] 对 Heine(海涅)诗歌集《罗曼采罗》(参阅 *Heine 1890*,第 432 页)第三部分前言第 2 节的参考("希伯来旋律")。这节内容其实是:"我也建议你,把你的小屋建在山谷/而不是在峰巅。"

[3] 在武斯特罗的海边度假胜地(参阅文件 189)。

[4] 爱因斯坦计划在去博洛尼亚的路上顺便到苏黎世接 Hans Albert,因为他被邀请去博洛尼亚发表演讲(参阅文件 152 和 198)。

## 175. 致 Arnold Sommerfeld

[柏林,]1921 年 7 月 13 日

亲爱的 Sommerfeld:

我会很高兴地发表那场大家都很期望的演讲,即使我并不清楚我能借着这次演讲完成什么任务。[1] 我没有什么新鲜东西可以讲,再好的鹦鹉也只能在房顶上重唱老歌。如果需要的话,我会 11 月 1 日来,因为那时候我不得不去博洛尼亚。[2]

我现在来谈谈那篇报刊文章。[3] 坦白地讲,我很伤心您写了那篇文章。总的来说这只可能作为战争造成的一种孤立结果。没有受过教育的英国人相信战争童话,或者看重那微不足道的事情。我在英国期间的经历告诉我,英国的学者比我们德国学者更没有偏见,看问题的角度更客观。[4] 这甚至不奇怪,因为无论哪一方面他们的处境都更容易。虽然我必须指出,绝大多数有名望的英国学者都是和平主义者,他们拒绝参与战争,比如其中的 Eddington 和 Russell。[5] 如果您去过那里,您肯定也会感受到用如此微不足道的事情去看待这些人是不合适的。公众会怎么想,我不清楚,但这里也有弥天大谎,没有批判,如果我们也参与其中,把战争期间堆积起来的所有脏衣服都搬出来,晒在日光里,那么肯定不会是什么具有建设性的好事。无论如何,我不会主动去这样做,我也恳求您为了良好

的国际和解，就让那些无果的事情都过去吧。我在美国和英国的每一处都会遇到诚实的交流愿望，一种对德国知识分子的尊重，对你的科学研究的敬佩，同时也有对你这个人的同情。[6]因此，丢开过去那些痛苦吧，我们必须毫不犹豫地做到这一点！

我从不曾相信 Herzfeld 的实验可能得出正的结果，当然也因为负面效应太小了，魔鬼扎根太深。[7]

我很惊讶 Mach 不赞同相对论，因为这条理性的链条完全与他的思路契合。我很好奇他怎样做到否定的。[8]

这次旅行特别累人，但非常成功，因此我现在很高兴自己当时去了。不要为我这篇文章里的观点生气，一个人做事不可能违背他自己的信仰。如果我有能力说服您就好了。

热诚问候您
A. 爱因斯坦

ALS (GyMDM, Archiv, HS, 1977 - 28A, 78[18])。*Einstein and Sommerfeld 1968*，第 83—86 页；*Sommerfeld 2004*，第 101—102 页[21 399]。文档左边留有活页孔。

［1］此处提到的演讲是在慕尼黑。Sommerfeld 1920 年 12 月第一次拜访爱因斯坦（参阅 Arnold Sommerfeld 1920 年 12 月 29 日写给爱因斯坦的信[第十卷，文件 252]）。

［2］博洛尼亚的演讲（参阅文件 152）。

［3］参阅文件 168。

［4］从美国回来的路上。

［5］Arthur S. Eddington 是贵格会会员；哲学家 Bertrand Russell(1872—1970)是第一次世界大战时英国拒服兵役委员会的主要成员。

［6］爱因斯坦访问美国的时间是 4 月 2 日到 5 月 31 日，访问英国是 6 月 8 日到 17 日。

［7］关于 Karl Herzfeld 实验的负结果，参阅文件 168。

［8］关于 *Mach 1921* 的前言，参阅文件 168 及其注释 11。

## 176. 致 Joachim von Winterfeldt-Menkin

柏林，1921 年 7 月 13 日

尊敬的 Winterfeldt 先生：

我非常感谢您通过您的询问所表现出的对我的信赖。我自己的熟人中仅有几位处在严重的贫困中，可以考虑为他们提供那种支持。[1]就是以下几位：

(1)Karl Stampe 先生——柏林 Sternchen 私人音乐学院的作曲教师，有 4

个孩子,入不敷出,极度贫困(地址:西 30 区,屈夫霍依泽街 10 pt.)。

(2) J. Grommer 博士——很有才的数学教师,目前在格丁根大学工作,因病无法从事教学活动。[2]

我将继续关注此事并且希望,我能为您提供一些贫困物理学家的有关材料。

关于贫困医生的情况,我从朋友那里获知,[3] 可靠的消息可以从以下两个方面获取:

莱比锡　杜富尔街 18 号　德国医生协会枢密顾问 Hartmann 先生。[4]

柏林　子爵街 2 号　柏林医生协会枢密顾问 Davidsohn 主席先生。

致以崇高的敬意。

您忠实的

TLC。[44 805]。

[1] 关于 Winterfeldt 要求提名那些需要芝加哥委员会帮助的人选,参阅文件 169。

[2] Jakob Grommer 正遭受着肢体肥胖症的痛苦(参阅爱因斯坦 1917 年 7 月 22 日写给 Paul Ehrenfest 的信[第八卷,文件 362])。

[3] Carl Heinrichsdorff 来信(参阅他 1921 年 7 月 9 日写给爱因斯坦的信[年表和日程表])。

[4] Hermann Hartmann (1863—1923)。

# 177. Solomon Ginzberg 来信

[伦敦,1921 年 7 月 13 日]

事关昨天那份电报[1]的其他细节。美国报刊声称您在接受鹿特丹[2]的媒体采访时说知识分子很贫困,美国人文化层次低下,您还讥讽了美国妇女。美国新闻界很激动。[3]我想请您予以更正,[4]伦敦犹太复国主义者办公室也同时建议您更正。向美国新闻界在柏林的代表更正。[5]

Ginsberg　犹太复国主义者办公室

TTrTg (IsJCZA, Z4/297/IV)。[86 004]。"1921 年 7 月 13 日晚寄出[- -]"被附加在这页底。

[1] 推测起来应该是文件 173。

[2] 本次对爱因斯坦的采访发表在 7 月 4 日的《新鹿特丹报》上。

[3] 参阅《纽约时报》1921 年 7 月 8—12 日版的文章。

[4] 推测可能是"更正"(Berichtigung)一词。

[5] 比如文件 173 里引用的 Cyril Brown。

## 178. Ludwik Silberstein 来信

伊利诺伊州，芝加哥，1921 年 7 月 13 日

亲爱的爱因斯坦教授：

  首先，我想向您致以亲切的问候，希望您和您的妻子离开欧洲时身体健康，经过一段短时间的英国之行后，平安回到柏林的家中。[1]

  对寄信地址[2]的解释是，我想夏季住在这里（6 月 20 日到 9 月 2 日），大学委任我主持一项"研究生重点课程"，一周 4 小时。我可以完全自由地选择科目，我正在做"相对论、引力和电磁"的讲座。大约有 50 个听众，他们准备得很充分，非常有激情。与此相应的，我也看了您狭义相对论的一些结果，发现其中一项结果与观测非常矛盾，我想恳求您能给予说明。关于这一点，我几天后再跟您联系。因为我仍然期望某些数据可以支撑我的观点。[3]

  不过现在我写信给您是关于另一件我最近很操心的事，也是因为您在普林斯顿时我太喜欢您了（请原谅我的真诚）。[4]就是几天前，这里出现了芝加哥和纽约报纸里刊登的一封柏林（1921 年 7 月 7 日）"来信"，在此我摘录一段随信寄给您。[5]Michelson[6]和许多其他人受它的影响很大。但还有一些人（包括我在内）为您辩护，说这些观点和言语肯定不可能出自于您，整个事情更可能是报社记者的杜撰。[7]就着这些话，我们刚才还和 Millikan 谈了谈，[8]他非常同情您，也最尊敬您，跟我一样，他也认为那封"信"的内容不是从您而来。因此我现在（出于我的本能）写信给您，想请您告诉我这个"来信"出自您（我的意思是，您说的话是否是被原样转载的）呢，或者是新闻记者的杜撰，整个或者部分内容是假的。

  我的询问肯定看起来有些莽撞。尽管如此，我可以请您放心，我的动机绝对是最好的。这也不是一个可以无所谓的问题，因为这封信已经引发了许多"仇恨"的情绪，您的美国朋友也想纠正此事。

  致以最热诚的问候。

您的<br>
Ludwig Silberstein

ALS。[21 042]。信头写的寄信人地址是："芝加哥大学瑞尔森物理实验室"，爱因斯坦藏本中的绘图和计算省略了。

  [1] 出自他们的英美之行。

  [2] Silberstein 通常住在纽约州的罗切斯特。

［3］关于细节问题，参阅他此处答应的那封信（文件 187）。
［4］Silberstein 参加了爱因斯坦在普林斯顿大学的演讲（参阅文件 136）。
［5］参阅"爱因斯坦宣布女性统治这里"，载 1921 年 7 月 8 日《纽约时报》；"'美国男人，女性的宠物狗'，爱因斯坦"，《芝加哥每日论坛报》1921 年 7 月 8 日；亦参见文件 173。
［6］Albert A. Michelson。
［7］《新鹿特丹报》驻柏林的记者。
［8］《纽约时报》7 月 9 日引用 Robert A. Millikan 的话，他在一天前说："爱因斯坦博士发现美国目前处境不利……他的发现引起广泛的轰动。我可以说他度过了一段繁忙的时间。"

# 179. 致 Solomon Ginzberg

［柏林，］1921 年 7 月 14 日

我拒绝为任何涉及我但未经我本人授权的言论承担责任，[1]特别是对于荷兰的那篇文章，[2]我在此全力否认并请求美国报刊方面[3]也在当地予以全力否认。

Tgm（IsJCZA，Z4/2971/IV）。[43 247]。这封电报的地址是"Ginzberg 伦敦 犹太复国复国主义者办公室"。电报登记号是 1699。

［1］爱因斯坦要求巴勒斯坦建设基金的柏林办公室把这封电报和文件 180 转交给犹太复国主义者组织的执行委员会。柏林办公室的附函声称爱因斯坦已经沦为"新闻欺骗"的牺牲品（参阅 Erich Marx 1921 年 7 月 14 日写给 Solomon Ginzberg 的信[IsJCZA，Z4/40205]）。
［2］爱因斯坦访谈的荷兰语版 7 月 4 日发表在《新鹿特丹报》（参阅第七卷附录 D）。
［3］参阅文件 173。

# 180. 致 Solomon Ginzberg

［柏林，］1921 年 7 月 14 日

荷兰媒体[1]未经我知晓就将我的私人言论完全扭曲。我毫无保留地赞同 Weizmann 的领导。[2]我注意到了美国人的巨大成功[3]。我从没说过任何唱反调的话。美国给我的印象极好。

Tgm（IsJCZA，Z4/2971/IV）。[43 246]。收件人及其地址是："Ginzberg 伦敦犹太复国主义者办公室"。这封电报的登记号是 1700。

[1] 参阅以前的文件。
[2] Chaim Weizmann 是犹太复国主义者组织的领导人。
[3] 关于 Ginzberg 对爱因斯坦接受荷兰记者采访时所说的那些话的描述，参阅文件 177。

## 181. 致 Emil Starkenstein [1]

[柏林，]1921 年 7 月 14 日

尊敬的教授：

我相信，是否属于一个教派是完全无关紧要的。只是对于我们犹太人来说，属于一个不同的教派就表明您想使自己脱离自己的人民。不属于某一个教派并不等于不忠于自己的人民（至少我是这样认为的）。我也是一个不属于某个教派的人，但我认为我自己是一个忠实的犹太人。[2]

我们犹太人应该认为自己是一个种族，或者说一个民族，一个完全依循自己的传统而形成的社会共同体；正是在这个意义上我是一个实实在在的犹太人。我们形成了这样一个民族实体，一个或多或少不同于其他民族的实体，其真实性对于任何人来说都是不容置疑的，这就足够了。[3]

热诚问候您的
爱因斯坦

ALS (Walter van Emde Boas, 阿姆斯特丹。*Reichinstein 1935*，第 157 页。[90 822]。这封信的收信人及其地址是："E. Starkenstein 教授博士先生，布拉格 格斯滕街 43 号"，邮戳为"夏洛滕堡 2 14.7.21 9-10N"。

[1] Starkenstein (1884—1942) 是布拉格日尔曼大学药理学的特聘教授。
[2] 关于爱因斯坦登记的不属于任何宗教组织的官方文件，参阅"民事登记录"，1919 年 6 月 2 日[第九卷，文件 55，尤其是注释 1]。
[3] 关于爱因斯坦认为犹太教作为一个教派和一个种族的这一看法的详细说明，参阅爱因斯坦 1920 年 4 月 5 日写给信仰犹太教德国公民中央联合会的信[第九卷，文件 368]。

## 182. 致 Theodore Wolff [1]

[柏林，]1921 年 7 月 21 日

十分尊敬的编辑先生：

虽然您解释说，您将用您的手记宣布那场关于我的美国访谈的辩论之结

束，[2]但我仍然会很感谢您，如果您能允许我，也就是那个最先发言的人，再补充一句声明性质的结束语。[3]我既不想指责《新鹿特丹报》，也不想指责那个采访我的女记者，[4]更不想指责《柏林日报》。可惜这是我在那里遭遇到的一件十足的司空见惯的倒霉事。我——请您抽空去读一读——在那位女记者面前，表达了我对美国那种完全异乎寻常的精神上的蓬勃发展态势的观感，我当时甚至几乎是为之兴奋不已；并且我还附带地、以半开玩笑的口气提到了——但根本不是要说给公众听——这种有些迅猛的蓬勃之势的一些令人讨厌的伴生现象。而现在产生的灾难性后果是：①那位可爱的女记者把我这番话以一种不必要的方式放入了她的访谈录，可是，②而那个日报的记者肯定是恰好又以为，这段话对我来说是最重要的，因为在本地报刊上，它占据了整个版面，然而他们对我关于美国的发展势头所作的那番十分慷慨激昂的论述却几乎只字未提。[5]

这令我很不愉快，至于为什么，那是显而易见，纵然这一切无关乎任何人的过错。请您根据此事涉及的报刊查验一下上述事实；如果情况属实，那么请您借助对事情的澄清来表明，您本人也不乐意让那个令人恼火且几乎仅仅是技术性的偶然事故对我的美国印象的效果产生不利影响。

因为这些印象是很纯粹很强烈的，就是为了有助于达成和解。

Dft 出自 Ilse Einstein 之手。[43 241]。

[1] Wolff（1868—1943）是《柏林日报》的主编。
[2] 在 7 月 9 日《福斯报》的采访中（参阅文件 172），爱因斯坦表明"一家柏林报纸"发表的那些摘录扭曲了那篇原为荷兰语的采访内容，即发表在 7 月 4 日《新鹿特丹报》上的那篇采访；爱因斯坦认为这种歪曲使他对美国的印象"成了完全错误的印象"（参阅"爱因斯坦的美国印象：他的真实所见"[第七卷，附录E]）。7 月 12 日，《柏林日报》驳斥了爱因斯坦的指责，宣称这份德语摘要完全符合荷兰语的原版采访，并且宣称对他们而言这件事情已经解决。
[3] 一份不知谁记录的未署日期的草稿（有爱因斯坦手书的校正）[43 243]可以获得，也许爱因斯坦打算把它发表在《柏林日报》上，作为他对这件事情最后的态度。
[4]《新鹿特丹报》驻柏林记者。
[5] 参阅"爱因斯坦谈美国和英国的科学"（第七卷，附录 D 第 3 节）。

# 183. Solomon Ginzberg 来信[1]

[伦敦，]1921 年 7 月 14 日

十分尊敬的、亲爱的教授先生：

昨天我给您发来一份美国犹太复国组织的电报，事关您那篇发表在《新鹿特

丹信使报》的访谈。[2]今天我又用电报向您告知了进一步的细节。[3]您也会收到这些电文的复本。

我冒昧地请您注意此意外事件,是基于以下理由:

对您思想的这种显然的歪曲——我能肯定它是一种误解,因为我相信我明白您关于美国和Weizmann[4]的成功——不仅会损害您在美国的声望——虽说您可能觉得这没什么大不了的——而且会严重损害犹太复国者在美国的事业。[5]这一点,从犹太复国联盟的电文中已经可以看出端倪。[6]特别抱歉的是,您的安宁又被人以这种方式给搅扰了,我希望这是最后一次您不得不经历的、与您的旅行相关的不愉快。

向您同时也向教授夫人致以衷心的问候。<br/>您忠实的

又及:关于我们的美国医生们我还没有获得任何直接的消息;Weizmann博士的印象是,他们的工作已经取得了很好的进展;[7]我本人也在继续推进此事。

TLC (IsJCZA, Z4/2971/IV)。[86 007]。这封信的收信人及其地址是"阿耳伯特·爱因斯坦博士先生,柏林,哈伯兰街5号"。

[1] 作者的确认依据是他早期的书信。
[2] 参阅文件173。
[3] 参阅文件177。
[4] Chaim Weizmann。
[5] 关于美国犹太复国主义者运动争取美国犹太共同体合法性的努力,比如可参阅 *Cohen, N. 1978*。
[6] 参阅文件173。
[7] 关于由美国犹太医生委员会资助创建医学院的计划的地位,参阅 Chaim Weizmann 1921年10月18日写给 Nathan Ratnoff 的信(*Wasserstein 1977a*,第259页)。

## 184. Else Lasker-Schüler 来信[1]

[柏林(?),]1921年7月15日

令人崇敬的教授先生,您是颗神奇的明星,[2]

我曾这样说过,当我们[3]从报上(周报)[4]看到您的肖像时。那位女士可能是您的夫人吧,她看起来那么单纯而善良,恰如那种内心十分富足的人。由于我儿子的事,我情绪很激动,他,如我所言,[5]在街上跟一个粗野的人打了一架,后者伤害了他的女友,结果他被刺了一刀。[6]我今晚会赶到曼海姆。我只想对您说

说我的信的开头,教授先生;我会写信向您讲述我的旅程。

最庄重的<br>Else Lasker-Schüler

ALS。[34 120]。

[1] Lasker-Schüler(1869—1945)是一位诗人、短篇小说家以及剧作家。

[2] 在那本 *Lasker-Schüler 1921* 中写给爱因斯坦的题词的称呼里(参阅年表和日程表 1921 年 7 月 15 日),Lasker-Schüler 在第一个词"Wunderprofessor"中间画了一颗星。

[3] Else 和她的儿子 Paul Lasker-Schüler。

[4] 在有插图的《周刊》(1921 年 1 月 8 日)的首版里,刊登了 Erich Büttner 创作的爱因斯坦的肖像画。

[5] 显然她收到了她要求爱因斯坦 1921 年 7 月 15 日之前发给她的邀请(参阅年表和日程表),并且就在同一天与他一起拜访,因为 *Lasker-Schüler 1921* 上题词的日期是 1921 年 7 月 15 日(参阅年表和日程表)。

[6] Paul Lasker-Schüler(1899—1927)。

# 185. 致 Lise Meitner [1]

[柏林,]星期一[1921 年 7 月 18 日或之前][2]

亲爱的同事小姐:

请原谅我头脑简单!您所追求的是完全正确的。除了弱的必定也会出现强的〈X 线〉抑制现象(Röntgenst Bremsungen);否则按照量子理论当阴极射线穿透物质时,就不会产生 X 线了。我们甚至可以由所产生的 X 线的强度逆推出那些受到强烈抑制的电子的(起码)数量。如果产生阴极射线[3]的阴极射线束能量为 $E$,[那么]必定(至少)有数量为 $\dfrac{E}{h\nu}$ 的电子受到了强抑制,其中的 $\nu$ 就是(中等的)X 线频率。也许将两者平行处理能够减轻探测的难度。

致以最亲切的问候。

您的<br>A. 爱因斯坦

ALS (UkCC,Lise Meitner 的论文,MTNR 5/4)。[17 146]。文档左边留有活页孔。

[1] 收件人的确认依据是这封信属于她个人所有。Meitner(1878—1968)是柏林-达勒姆的威廉皇帝化学研究所放射物理部主任。

[2] 这封信的日期依据是它写在 Meitner 7 月 24 日的那封信之前(文件 192)。

[3] "阴极射线"应为"X 线"。

## 186. Hans Albert Einstein 来信

[苏黎世,1921 年 7 月 18 日之前][1]

亲爱的爸爸:

我到现在才可以回信给你,因为我在忙学校组织的旅行;对于这次学校郊游,我们见面在一起的时候再告诉你吧。你写信说我们将去吕贝克附近度假。[2] 这对我来说非常方便,因为那时我们可以和 Knecht 博士[3]从这里到汉堡,我们到达那里的时间是 7 月 18 日星期一;万一你想和我们看看那里的港口和城市,就去那里跟我们会合吧,或者你必须说好我们应该在哪里见面,也许是吕贝克,也可以在汉堡,对我们来说,可能最好是在旅馆或餐馆里,因为火车站不好找人。因此,无论如何请写信告诉我们具体在哪里见面。

然后,再问几个非常重要的家务问题:

1. 我们要带食物吗? 带什么食物?

2. 我们可以把东西送到那里的洗衣店吗? (这样我们随身就可以少带行李了。)

请尽快回答这些问题,我希望你安排天气好的时候才去。想到要去划船我就特别兴奋。[4]

爱你的
Adn.

ALS。[144 024]。这封信的左上方被撕掉了。

[1] 写信日期依据住在吕贝克附近的计划;Hans Albert 和 Aduard 计划 7 月 18 日到达汉堡。

[2] 6 月 28 日,Joël 通知爱因斯坦说也许可以住在吕贝克附近的拉兹堡(参阅文件 161)。

[3] Frieda Knecht (1895—1959)是 Hans Albert 和 Aduard 在苏黎世的邻居(参阅 Hans Albert Einstein 1918 年 6 月 4 日写给爱因斯坦的信[第八卷,文件 557b,载第十卷])。

[4] 爱因斯坦答应 Hans Albert,他会在他们度假期间安排租一艘帆板船(参阅文件 153)。

## 187. Ludwik Silberstein 来信

[芝加哥,]1921 年 7 月 18 日

亲爱的教授先生：

几天前,我写信给您说了那些报刊上通信的事,我还在信中附了一份剪报；但这件事不值得您费心,因为我们都非常清楚,这封信(对美国的评价)不可能出自您的手。[1]

我在信中提到,与我在这所大学所做的那些讲座具有内在联系的工作是,我完成了对您的狭义相对论的一次小小的应用；我感到,我得出了一个正确的结论,但它却与经验完全抵牾。我就不在信里说这事了,而是随信奉上我的有关笔记的一个完整的复印件；这份笔记我几天前寄给了《哲学杂志》编辑部。[2]

请您阅读我这份笔记,然后请您友好地告诉我,您能否驳倒我的推理。我真的是花了 10 天时间,绞尽脑汁地想要从我的推理过程中发现一个错误,可是我却未能找出任何一处错漏。如果我没有弄错,那么各种天空经验都彻头彻尾地跟您的狭义相对论相悖,既然谈不上有双星成员发生了振幅为数百角秒的摆动。天文学家们都没有看见过那样的情形。[3]

可要是我犯了(逻辑上的)错误,并且您能坦率地告诉我错误之所在,那么不管怎么说,我都会很有收获,为此我要事先谢谢您。

——至于说到地上的光学实验,[4] 我可以非常高兴地告诉您,Michelson 刚从巴黎回来,就在 6 月 24 日来看了我,并以最热情的方式告诉我,他将"马上"开始这个实验。[5] 事实上,他的技术员[6]已经为他准备好了一切,并把东西寄到了(位于加利福尼亚的威尔逊山附近的)帕萨迪纳,Michelson 现在就在那里逗留[7]。他将在那里的露天场所做这个实验。如果这样做行不通,他会把光射入管道内（8000ft 长的排水管）。他的实验一有结果,我会立即告诉您。[8]

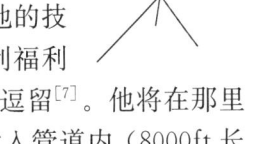

向您致以最衷心的问候。

您忠实的
Ludwik Silberstein

ALS。[21 043]。信头为："芝加哥大学 Ryerson 物理实验室"。在页面左下沿,爱因斯坦写下了公式 $c^2 =$

$2ab+(a-b)^2$,并画了一个 ◨。在页面右下角,爱因斯坦写下了 $\frac{v}{c}\cos\varphi$,并画了一个 ⬈。

[1] 在文件 178 里,Silberstein 提醒爱因斯坦,注意报纸上那些被人们视为出自爱因斯坦之口的评论可能导致的负面效果。

[2] 在题名"被双星颠覆的狭义相对论"的手稿里[21 044],Silberstein 解释说,他已经提交给了 7 月 16 日的《哲学杂志》(*Philosopical Magazine*)。他还加了下面的注释:"(请原谅我的这个有些残忍的题目)"。

[3] Silberstein 在自己的手稿里认为,相对论的光行差公式应该给出比观察值更大的双星直径(鉴于其成员之间存在相对运动),然而没有观察到这样的效应。

[4] 关于地球自转对以太的曳引的实验,参阅文件 136,注释 3 和 4。

[5] Albert A. Michelson 参加了在布鲁塞尔举行的第三届索尔维会议,时间是 1921 年 4 月 1—6 日。他已经表示,自愿在 1921 年 5 月 12 日之前的某个时候做这个实验(参阅 1921 年 5 月 13 日的《纽约时报》)。

[6] 在关于该实验的报告中(*Michelson 1925*,第 140 页),Michelson 说他得到了 Fred Pearson 的"帮助"。

[7] 关于 Michelson 在威尔逊山上的实验——他是那里的研究员。他设置了一架干涉仪,用以连接使用 100 英尺的 Hooker 望远镜进行的观察,参阅 *Hale 1921*,第 209—211 页和第 253—254 页。

[8] Michelson 最初希望在威尔逊山做这个实验,并让光束在户外经过。结果他没成功,没有达到所需的精度。然后他才开始使用真空管道来传送光束,这个实验是在伊利诺伊进行的(*Michelson 1925*,第 138—139 页)。

## 188. Jacques Loeb 来信

马萨诸塞州,伍兹霍尔,海洋实验室,1921 年 7 月 20 日

我亲爱的爱因斯坦教授:

我们 6 周前就到这里了,这里很凉爽,因此避开了纽约令人无法忍受的炎热。今年夏天纽约更是如此,肯定是多年以来难得一遇的炎热了。

我努力想为基尔的 Warburg、Michaelis、Meyerhof 以及 Höber,还有洛克菲勒研究所的几位年轻有为的生物学家寻求支持,但我的努力失败了。[1]他们回答我说,如果按照我所建议的这样进行个人选择可能会在研究院树敌。如果是为了研究,这样的逻辑说不过去,因为对无能和心智贫乏的人的任何支持对于科学来说都毫无价值。我几乎形成了这样的印象,对于德国人来说,失败增长了研究者的真诚,然而法国和这里的胜利却是以科学作为代价在促进政治。

我读到您的英国之行的正面报道。[2]与通常的情形一样,那些报纸刊登了扭曲您的陈述的荒谬记录,尽管如此,其中有些已经撤回,因此您不必在意这个。[3]

我完成了黏度测量,结果非常清楚。您的理论使这个以前难以理解的领域变得非常简单而清楚,因此这些黏度测量对我来说是一个非常简单而愉快的任务。[4]

Brandeis 先生在这里度假,我偶尔能见到他。F. Frankfurter 教授也时常来。[5] 他们谈到您的时候都是赞誉有加。

我收到 Arrhenius 的一封来信,告诉我说他在柏林见到了您和其他物理学家。[6] 他对这些圈子里盛行的知识氛围热情满怀。

考虑到科学自身在当今各处所面对的危险状态,德国研究者有必要保持充沛的精力,不可气馁,这显得至关重要。唯有这个可以救我们脱离这里的国家研究委员会——也就是说,摆脱一群被 George Hale 控制的政客的操纵——他们以组织的方式疯狂地压制科学的发展。[7]

我和妻子向您和您尊贵的妻子[8]致以最热诚的问候。

您的
Jacques Loeb

ALS。[15 186]。信头写的寄信人地址是:"洛克菲勒医学研究院,纽约 66 大街",回信地址是"海洋实验室,马萨诸塞州 伍兹霍尔"。

[1] Otto Heinrich Warburg(1883—1970)是威廉皇帝生物学研究所的教授;Leonor Michaelis(1875—1949)是柏林大学的物理生物化学和医学教授;Otto Meyerhof(1884—1951)是基尔生理学院的助教;Rudolf Höber(1873—1953)是基尔大学生理学教授。

[2] 6月上旬(参阅年表和日程表 1921 年 6 月 8 日到 17 日)。

[3] 参考的是美国新闻界的出版物,关于《新鹿特丹报》中对爱因斯坦的采访(参阅件 173 和 177)。

[4] Loeb 表明,"蛋白质溶液黏度以一种类似于它们的渗透压的方式受到电解质的影响,我们在此处理电解质对固体蛋白聚合物的膨胀的影响,这种膨胀是由聚合物内部的渗透压形成的。这是继爱因斯坦的黏度理论(Einstein 1905j 和 1906c [第二卷,文件 15 和 33])之后提出的,根据爱因斯坦的黏度理论,聚合物的这种膨胀必然增加蛋白质的黏度。因而经典化学的两条定律足以解释蛋白质的中和行为,这两条定律分别是化学计量法和 Donnan 的隔膜均衡理论(Loeb 1924,第 32 页)。

[5] Louis D. Brandeis;Felix Frankfurter。

[6] Svante Arrhenius(1859—1927)是斯德哥尔摩诺贝尔物理化学研究所所长,也是诺贝尔委员会的一个比较有影响力的成员。1904 年,他应 Loeb 邀请在伯克利做了一场简短的报告。他对 Loeb 极其敬佩(参阅 Crawford 1996,第 213—216 页),两人一直保持着紧密的联系。在访问柏林和莱比锡时,他觉得更需要加强战后德国的科学发展,关于他在这方面的观点,参阅《柏林日报》1921 年 6 月 17 日晚间版。

[7] Hale 1916 年认识到美国参战在所难免,于是开始创建一个乡间研究组织,可以为此提供军事帮助。结果,1917 年 Woodrow Wilson 总统创建了国家研究委员会。这个委员会是国家科学院的官方代理机构,由私人捐款给予资助,与国务院和政府各部门的关系紧密,其成员来自政府、学术界和各个学会(Yerkes 1920,尤其是第 24 章)。

[8] Anne L. Leonard(1862—1951)。

## 189. 致 Hermann Anschütz-Kaempfe

武斯特罗，1921 年 7 月 22 日

亲爱的 Anschütz 先生：

我和两个孩子在这里安顿下来了，住在我们的夏季公寓里。[1]顺便我和两个孩子 8 月 12 日左右想去拜访您，可以吗？我想那时在那里研究我们的问题状况。您也许想预先写信给我说说这个，因为在这里我有充足的时间进行思考。如果您没有地方留给孩子们住，我可以把他们安置在别的地方。

问候您和您的妻子。[2]

您的
A. 爱因斯坦
Niemann Bakery[3]
武斯特罗

AKS (GyKiRA)。*Lohmeier and Schell 2005*，第 129 页。[80 279]。明信片上的收信人及其地址是"Anschütz Kaempfe 博士先生，基尔，俾斯麦大道"，邮戳为"武斯特罗(Mecklb.) 22.7.21. 5—6 N[ach-mit-tags]"。

[1] 爱因斯坦和两个儿子将在菲施兰德的武斯特罗海滨胜地度假，距离波罗的海的罗斯托克东北部约有 37km。

[2] Reta Anschütz-Kaempfe-Stöve (1897—1961)。

[3] 属于 Franz Niemann 所有(参阅 *Schulz and Schwarz 1995*，第 18 页)，他可能是 Friede Niemann-Konow 的一个亲戚，爱因斯坦和他 1918 年住在 Ahrenshoop 附近(参阅爱因斯坦 1918 年 6 月 24 日写给 Max Born 的信[第八卷，文件 570])。

## 190. Morris R. Cohen 来信

纽约，1921 年 7 月 22 日

亲爱的爱因斯坦教授：

通过 Perleberg 的好意，我刚刚收到您和您妻子如此好意寄给我的两件礼物。Cohen 夫人[1]去乡下了，但我敢肯定，等她知道如何被你们甜蜜地记着，她一定会和我一样既高兴又感激。如果您读了我在您离开纽约几天后写给您的那

封信里所附的短笺,您就知道我是多么感谢您了。[2] 前段时间,那封信又回到我这里,我这时还在想给您寄到哪里去了呢,偏偏这时候好运气带来了 Perleberg 先生。

我一直希望把我的书的部分内容给您寄去,其中讨论的是数学物理学的逻辑。但美国法学院协会让我做编辑委员,准备法学方面的书,这将会使我忙碌一段时间。然而我也不是完全与物理哲学失去了联系。我正要寄给您关于 11 本相对论著作的大众评论,封面不同,其中某些评论您也许会感兴趣。[3] 您读过 Whitehead 教授最近的两本书吗?[4] 里面谈到他明年冬天来美国做讲座的事。您也许会在哥伦比亚见到他,如果您决定来的话。[5]

谢谢你们,最衷心地祝福您和您的夫人。

您忠心的
Morris R. Cohen

ALS。[32 447]。

[1] Mary Cohen-Ryshpan。

[2] 文件 144。

[3] *Cohen 1921b* 是 *Einstein 1917a* 英语版的一篇评论(第六卷,文件 42),此外还有 *Alexander 1920*,*Carr 1920*,*Eddington 1920*,*Freundlich 1920*,*Harrow 1920*,*Lorentz 1920*,*Schlick 1920*,*Slosson 1920*,以及 *Whitehead 1919* 和 *1920*。

[4] *Whitehead 1919 and 1920*。Alfred North Whitehead(1861—1955)是皇家学院的应用数学教授,伦敦大学科学院的院长。爱因斯坦在访问英国期间,6 月 13 日与 Whitehead 在 Haldane 勋爵家见面(参阅年表和日程表 1921 年 6 月 13 日,以及 *Desmet 2008*)。

[5] 关于爱因斯坦收到哥伦比亚大学的邀请,参阅文件 138。

# 191. Hermann Anschütz-Kaempfe 来信

基尔,俾斯麦大道 24 号,1921 年 7 月 23 日

敬爱的教授先生:

那就一言为定,我们高兴地期待着您 8 月份来我们家。我的实验室也将同样喜悦地迎接您;尤其是我们的浮球(Schwebekugel)将有望达到一种更好的效率。

两组线圈已经就绪,也就是说,它们处于彼此封闭的状态。可是由于它们处在不同的作用范围,所以可能还得建议,再安装两组较小的补偿线圈,以便能使得磁场在中心达到零。[1] 它虽然一直都能浮着,可是效率令我担忧。根据我迄今

为止的研究,在低于 100 W 的情况下,我觉得对于线圈来说是不行的,因为还有必须导出的热——这热真的很多,因为有两个线圈,我做了对称的布置。

使球得以漂浮的液体迄今为止表现很好,只是它很难获取,它名叫 α,α 二溴磷丙烯酸(Dibromhydron),须添加乙二醇(Glycol)和溴化钙(Calciumbromid)方可得到预期的传导性能。比重 2.1,沸点 227℃。

传导过程也很正常,精度为 0.1℃。电阻测量是在一部三相电动机上进行的,以两相作为电桥。[2]

而这一切我都必须向您做现场演示。您只需及时告知您的时间安排,以便我们同时也能把我们那艘不可或缺的帆船准备好。期待您能给我们带来好天气,我们特别需要它,因为我们又不得不坐在壁炉前了,并且在聊这样一个话题:是否新一轮冰期即将来临。

此外我不清楚如何借助自感线圈产生共振,我一直都在不断往电路中增加电容。[3]于是我就得根据电路连接的不同做出相应的选择,对电磁线圈提高电压或是增加电流,两种做法都有弊端。

我们饶有兴趣地读了各大报刊关于您的美国之行的评论,令人印象深刻的是,一个美国的纽约人在关于您的荣誉公民权的表决会上陈述的理由,他不像其他人那样表示赞同,因为他说他还没听到过您的相对论。不知情况是否如此。[4]

我们夫妇俩向您和您的夫人致以最衷心的问候,殷切期盼她能伴您一同前来。

您的<br>Anschütz 携夫人敬上

我本人[5]也十分高兴地期待着您的到访。但愿这次您的小提琴也能一同前来,我在我的晚年也开始练琴了,把我可怜的丈夫的耳朵折磨得够呛。

我也很希望,您的夫人能够以她的到访带给我们一份难得的欢乐。您有关于您儿子们的好消息没有?[6] 8 月再见。

致以衷心问候。

您的<br>R. Anschütz

ALS. *Lohmeier and Schell 2005*,第 129—131 页,[37 369]。

[1] Einstein 在文件 95 里建议使用两个而不是一个线圈。相反方向的电流布局方式,见附录 A 里爱因斯坦的草图。

[2] 罗盘球的真实位置必须移到外部范围内,以便它能被看见。

[3] 显然,爱因斯坦曾在一封现已失传的信中建议采用自感应方式。

[4] Alderman Bruce Falconer 反对把纽约市荣誉市民称号授予爱因斯坦和 Chaim Weizmann。关于

此事,可参阅例如 1921 年 4 月 6 日的《纽约时报》。

[5] 从此处开始是 Reta Anschütz-Kaempfe 的手笔。

[6] 这封信可能写在爱因斯坦 7 月 22 日的那封信到达之前(参阅文件 189)。

## 192. Lise Meitner 来信

柏林-达勒姆,梯也尔大道 63 号,1921 年 7 月 24 日

尊敬的、亲爱的教授:

恐怕您会对我产生很糟糕的印象,因为我今天才回复您友好又有趣的来信[1]。但我知道,Geiger 先生正忙于一项研究,[2] 这个研究触及了您所提出的那些问题,因此我想在给您写信之前,跟 Geiger 先生谈一谈。而这事我不可能一下子就办到。

至今还没有人对偏转幅度跟由此导致的速度损失之间的内在关系进行过定量分析。目前只能从定性的角度确认,受到较强偏转的 β 射线(据我所知尚无关于阴极射线之类的研究)所损失的速度,要大于受到较弱偏转的 β 射线所损失的速度。然而由于这些实验总是用相对较厚的箔片来做的,所以其偏转程度肯定总是表现为累加效果,而非体现在单个原子上的个体偏转度。[3] 正如 Geiger 先生所言,这也是主要困难之所在,因为就阴极射线而言,我们还不可能采用为达到更低速度所必须的那种更薄的箔片,那样的材料现今还无法制造出来;并且对于阴极射线来说,强度极其微小,以至于无法在更大偏转角度下进行测量。Geiger 先生目前正忙于确定 β 射线的散射(完全同类的射线会被磁场筛选出去)对导致散射的箔片厚度和原子核电荷数的依赖程度;也就是说,他要测量特定厚度下最可能的偏转角。[4] 正如他此前告诉我的那样,暂时还没超过 10°(他使用的金箔厚度为 $10^{-5}$ cm),因为失败的原因就在于箔片的强度太小。要是他能成功地克服这一困难,他自然也就能研究您感兴趣的那些问题:在特定的 $\angle$s 下偏转的射线是否具有统一的速度,并且能量损失在何种程度上有赖于初始速度、偏转角和序数。

除 Geiger 之外,适合进行这类实验的,还有慕尼黑的 Wagner。[5]

接下来或许我自己也可以就此问题谈点看法,或者准确些说,是提些问题。如果所产生的 X 线是由方程 $h\nu = L(v_1) - L(v_2)$ 确定的,那么 $L(v_1) - L(v_2)$ 越大亦即速度损失越大的话,$\nu$ 也就必定越大。从而我们难道不会期待,$\nu$ 必随偏转角 $\angle$s 的增大而增加,亦即"韧致辐射"X 线的能量分布曲线在方位角较大时,

其最大值朝着较短波长发生了移动？可是 Wagner 却在他自己的实验里发现，情况完全相反，[6] 也就是说，相比于 90°时，150°时的轫致辐射最大值处在波长更大的区域。或者说，这跟那毫无关系，因为，要是没有按经典的方法去计算，或许就完全不能够说清楚，被偏转的阴极射线的方向跟所产生的 X 线的方向之间是什么关系？除此之外，在这些情况下，实验中又会遇到箔片太厚的问题，从而仍会有累加效应。

再次请求您原谅我迟到的回复。

希望您能在乡间度过有一段非常轻松的时光。[7] 致以最美好的问候。

您忠实的
Lise Meitner

ALS。[17 142]。那封信最后一页底部和背面爱因斯坦手书的计算和一张草图都被省略了。

[1] 可能是文件 185。

[2] Hans Geiger (1882—1945)，柏林的帝国物理技术研究所镭研究实验室主任，6月下旬与 Walther Bothe 一起提交了一篇论文，探讨 β 射线在薄锡箔上的散射问题（Geiger and Bothe 1921a）。

[3] 对于较厚的靶箔片而言，关于 β 射线的已有理论和实验认为，散射角会随着箔片厚度的平方根（Crowther 1910）的增加而增大。测量表明，由于箔片厚度增加被散射的射线的速度会减小（参见 Wilson 1910，其中使用了 0.1mm 厚度的常用箔片）。关于多原子与单原子的散射及其与箔片厚度之间的关系，参见 Geiger and Bothe 1912b。

[4] 参阅 Geiger and Bothe 1921a。

[5] Ernst Wagner (1876—1928)，慕尼黑大学物理学编外教授。

[6] 参阅 Wagner 1920。

[7] 在武斯特罗。

## 193. 致 Lise Meitner

武斯特罗，[1921 年]7 月 27 日[1]

亲爱的 Meitner 小姐：

衷心感谢您友好的信息。[2] 我认为应该使用高电压的阴极射线。这样的阴极射线或可借助一个自动电压调节器以静电方式产生。为此我有一个办法，肯定能够让我们得到 $10^5$ V，也许更高。要找到一个够薄的膜片，或许已经是很困难的了。如果不可能找到，那就必须在两个隔板之间使用气体，同时要不断地抽走它，类似于 Wien 为获得真空而处理极隧射线的方式。[3]

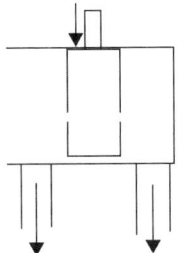

X 线的硬度有赖于方向,这一结论的合理性我们可以按如下方式来理解:

电子的矢量总阻滞对于发射方向具有决定意义。如果电子被完全制动了,[那么]阻滞矢量就会恰好处在跟阴极射线相反的方向。根据经典理论,此时能量就会主要沿垂直于它的方向辐射。如果电子能保持其部分的速度,则会从侧面逸出。在这种情况下,整个加速度的矢量会或多或少地具有一种不确定的方向。于是在这种情况下,亦即在发出的射线更软的情况下,当角度为 90°左右时,发出辐射的集中度将会不太明显。

致以友好的问候并祝您度过最美好的假期!

您的

A. 爱因斯坦

AKS (UkCC, The Papers of Lise Meitner, MTNR 5/4).[17 144]。明信片上的收信人及其地址是"柏林达勒姆威廉皇帝化学研究所 Liese Meitner 教授博士先生",邮戳为"武斯特罗(Mecklb.) 2[-] [- -] [- -]"。文档左边留有活页孔。

[1] 添加的年份依据是地点武斯特罗,爱因斯坦 1921 年在那里度假。

[2] 文件 192,这封信是对它的回复。

[3] Wilhelm Wien。参阅 *Wien 1909* 和评论 *Wien 1927* 对"穿流法"(Durchströmungsmethode)的讨论,第 559—560 页。

# 194. 致 Hermann Anschütz-Kaempfe

[武斯特罗,1921 年 7 月 28 日]

亲爱的 Anschütz 先生:

非常感谢您的来信和图样。毫无疑问,这样一来那些磁铁就组成了一个最理想的对称布局。但我们也不得不考虑到,交流电机转子边缘的受力会显著增强。如按以下布局排列磁极,则内部的干扰力将会变得尽可能小。[1]

```
S  N  S  N  S
○  ○  ○  ○  ○ ---
○  ○  ○  ○  ○ ----
N  S  N  S  N
```

　　这样一种布局所具有的稳定作用相比于采用均一转子边缘格局要有利得多,因为前者所需要的安培绕组数量更少,并且要将这种布局变成现实也毫不困难。

　　从您寄给我的那张图中,我看不出来,如何避免极环中产生的涡流。绝不可以让那些铁片形成闭合的电路,因为那会导致磁场被阻止(在铁片里的感生电流与绕组的励磁电流相平行)。或许本该将铁片呈放射状排列并使它们彼此绝缘。可是图上看起来并非如此。我将及时告知您我们的到来,而且我很期待那一刻。[2] 向你们俩致以最美好的问候。

您的<br>A. 爱因斯坦

AKS (GyKiRA). Lohmeier and Schell 2005,第 131—132 页[80 277]。明信片上的收信人地址是"Herrn Anschütz-Kämpfe 基尔 俾斯麦大道",邮戳为"Wustrow (Mecklb.) 28.7.21. 9—10V[上午]"。

　　[1] 为避免对罗盘球内的陀螺仪产生影响(亦见文件 191)。
　　[2] 爱因斯坦打算在 8 月份跟自己的儿子们一起去基尔看望 Anschütz(参阅文件 189)。

# 195. Walther Nernst 来信

柏林,卡尔斯巴德 26a,1921 年 7 月 29 日

亲爱的爱因斯坦同事:

　　非常感谢您本月 23 日的来信。我担心对新阀门的测试将会非常困难,用我们的方法要经过更长的时间才切实可行。[1] 可能必须建造整个系列带有压缩机的不同阀门,必须决定摩擦损失。这当然可行,但可能必须提前小心考虑和彻底的讨论。

　　大型压缩机每转泵送的容量是小压缩机的 4 倍,这种大型压缩机现在安装在一个传送装置上;我们星期一就开始首次试验。我对实验的结果非常兴奋。如果有用的话,制冷机应该不需要任何调整就可以很好地工作,也就是说发动机的能量应该提供 3 倍以上的冷却能力。

　　我刚从 Esslingen 那里收到一个很奇怪的回答。公司[2] 在信上说,那些实验"使用如此小的机器竟然能产生如此不同寻常的冷却能力,也就是 20—

2300Cal/Hph 的能力"(我们从来没有那样说过)。但接着就是一项令人非常困惑的计算,根据这个计算,可能过度代偿相比于 $NH_3$ 制冷机的所得,因此他们也许不得不拒绝。——其实正如他们建议的那样,他们拒绝的真实原因是害怕引发一场火灾的危险。

在开始启动新的谈判之前,必须实验大型压缩机,正如上面所提到的,这项实验越快越好;如此一来,这可能会出现的拒绝一开始就变得无效了。——

昨天,我面对科学院谈到"恒星的年龄",[3] 然后又谈到对照相底片等效律的确认。它的工作原理很简单,正如我认为的那样,Eggert 和 Noddack[4] 在论文里也已清楚地阐明。

考虑到第一点,也就是"恒星的年龄"问题,存在一个巨大的缺欠,即我们对正常恒星——单个的、非双星(除了太阳)——的质量没有任何信息。双星也许作为一颗大恒星分裂形成的特殊结构远离。也许只留下带一颗小卫星的大恒星。

如果双星由一颗亮星和一颗暗星组成,您关于太阳-地球的比较将变得更有说服力。我偶然发现,根据恒星统计数据,太阳作为星云状恒星时释放的能量是今天所释放能量的 50 倍,这自然不能与 Eddington 的完全相容,[5] 如果我们假设长时间的释放(按照地球的年龄)。我认为我详细论述的"太阳历史"[6] 至少基本达到目的了。

问候您的
W. Nernst

ALS。[18 446]。

[1] 他们正致力于研究一种新的冷却过程。

[2] 最有可能指艾斯林机械制造股份公司,当时还生产了制冷压缩机和装置(参阅 *Graff 2004*,第 213 页)。

[3] 在科学院全体大会上所做的恒星年龄的演讲里,Nernst 根据铀矿在地球上的结晶时间计算出太阳的最小年龄是 $10^9$ 年;根据爱因斯坦的质能公式计算出太阳的最大年龄是 $10^{13}$ 年;爱因斯坦的质能公式假设的前提是,自其在太阳上形成开始,它就按照现在的强度发生辐射。假设太阳只失去了其原始质量的 $\frac{1}{10}$,并且根据恒星的统计数据,它在早期发射了至少 10 倍的能量,这个最大估计值可以降低到 $10^{11}$ 年。他补充说,黄色巨星的年龄大概是 $3\times10^9$ 年,红巨星大约是 $5\times10^9$ 年(《普鲁士科学院会议报告》[柏林](1921):625)。

[4] 他提交了 *Eggert and Noddack 1921* (参阅[3])。

[5] 在 *Nernst 1921*(参阅比如第 49 页)中,Nernst 声称他不能接受 Eddington 的恒星演化论的某些方面,该理论将辐射压力作为阻止星体引力塌缩的主要作用力(*Eddington 1918*)。气体状的星云经常被观察到包含炽热而明亮的 B 型星,这一事实使得天文学家错误地得出结论:这些非常明亮的星再现了一个对于所有星体的生命力而言都很典型的年轻阶段。

[6] 9月,他在一份出版物的介绍文字上签字,该出版物总结了他关于这一话题的系列演讲;他最后将其出版为 Nernst 1921。

## 196. 致柏林和平游行

[1921年7月30日之前]

我谨向柏林的和平游行[1]表示我热情的声援并祝愿其获得持续的成功。

爱因斯坦

Tgm。《柏林早报》(Berliner Morgenzeitung),1921年7月30日。

[1] 7月31日星期日,一场大规模的和平示威游行将在第一次世界大战爆发七周年举行,这次游行最后以在柏林博物馆岛卢斯特花园的集会结束。类似的和平示威游行遍及整个德国境内。《柏林早报》报道说:"其组织委员会邀请爱因斯坦教授参加这次集会,但爱因斯坦当时不在柏林,不能参加集会,于是他发了下述电报。"那天下午,7月30日《前进报》(Vorwärts)的晚间版发表了电报中的同一段话。

该报道接着表明 Elsa Einstein 已经表示愿意带头推销和平主义宣传小册子《不再有战争!》(Nie Wieder Krieg!),这是"Karl Vetter, Karl v. Ossietsky, Kurt Hiller, Henning Duderstadt, Heinrich Heppenheimer, Hans Siemsen, Ignaz Wrobel"以及参与此次游行的其他成员一起发表的(Ignaz Wrobel 是 Kurt Tucholsky 的笔名之一)。这份只有一页的小册子是 Vetter 为了纪念和平主义者 Alfred H. Fried 而制作的,其中包括 Henri Barbusse 提供的文字(《12点正午报》[12-Uhr-Mittagszeitung],7月31日)。

Vetter 是《柏林大众报》(Berliner Volkszeitung)的编辑,作家 Carl von Ossietzky 和 Tucholsky,还有 Emil Julius Gumbel, Georg Friedrich Nicolai 以及 Otto Lehmann-Rußbüldt 都是1919年战后的一个军人和平联盟"战争参与者和平联盟"(Friedensbund der Kriegsteilnehmer)的创建者,这是前一战德国军人的一个和平组织,是反战日的主要组织者。Verhey 2000,第210页。

## 197. Ludwik Silberstein 来信

[芝加哥,]1921年7月30日

亲爱的爱因斯坦教授:

真是无比抱歉,我在7月18日将我为《哲学杂志》撰写的一篇短文的复印件有些仓促地寄给了您,它的(自以为是的)题目叫作"被双星推翻(否定)的狭义相对论"。[1]因为我当时对于这个问题还没有更好的了解。

自那以后,我再次进行了研究,使用了各种不同的方法,终于在7月27日找到了一个最直接的办法(亦即:让双星中的每一颗星都在一个惯性系 $S$ 中沿自己的闭合轨道旋转并处理所有球面波包络问题——完全无需动用Lorentz变换,而是只需基于光的传播对光源之运动的无关性),这样我就证明了,两颗星都没有显示出由此产生的光行差,并且对于处在 $S$ 中的静止观察者看来,它们之间的角距完全不依赖于旋转速度。

事实就是如此,所以我立即在 7 月 28 日撤回了我投给《天体物理学杂志》(*Astrophysical Journal*)的那篇短文(幸好它还只是印出了校样),并将其替换为如下内容:

"光行差和双星的相对论。"

"……困难不仅存在而且是明显的,虽说是一个很好的悖论。作者刚刚找到了解决这个悖论的方案,它能促成相对论与观测数据之间达成一种完美的和谐。此方案即将在本刊发表。L. Silberstein。[2]"

我刚刚给《哲学杂志》编辑部写了信,请求寄回我的手稿(您已有它的一个复印件),因为我不得不对它进行彻底的修改。

与此相应,我也想恳请您,将上述副本寄回给我同时原谅我的唐突。

既然我那个简单的解即将由上述刊物发表,我就不在此处赘言有关细节了。但有一点我必须要说一下,那就是,正是这整个事件给了我一个契机去思考,结果我认为,您对真实光行差的推导(参见您发表于 1905 年的《物理学年鉴》上那篇论文的第 7 节)[3],现在看来不尽如人意,甚至显得有些虚无缥缈。因为,恰如(在一个圆锥曲线轨道上运转的)双星情形里一样,在地球(观察者)周年运动的情形中,不可以从地球的瞬时静止系 $S'$ 的切向匀速运动直接就推导出其所产生的光行差椭圆。

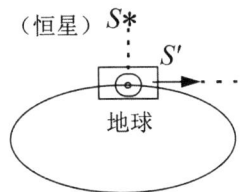

因为您得考虑到,倘若我们容许自己,在自转的地球这个情形里运用您的论断,那么人人都要将此推论也用于沿曲线轨道运动的恒星,而这意味着会有从 $S_1$ 到 $S$(如图所示)并且同样还有从 $S_2$ 到 $S$ 的转换(这对于恒星之间的视距离而言,将会产生出巨大的角度 $\alpha = 2\dfrac{v}{c}$),尽管这些星星不是沿着直线而是沿着曲线轨道在运动。

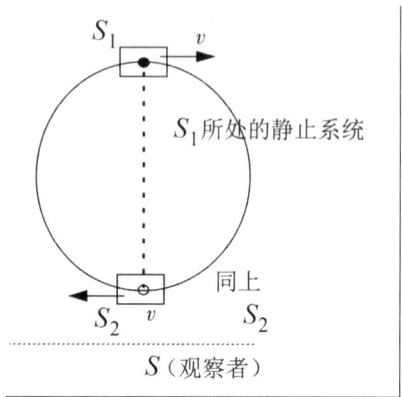

（如果它们所做的是直线运动，则 $\alpha = \dfrac{w}{c}$ 或许就是正确的，因为此时 S 看见的每一颗星正是从那里向他发射光的。）从而既然在对象（恒星）做曲线运动的情况下，不可以采用（恒星的）静止系，那么在观察者做曲线运动的情形中，或许也不可以采用。所以如要证明在后一种情形中的确可以采用（恒星的）静止系，则无论如何都应当进行细致的分析。

这一点我会在我的论文中注意。我可否冒昧地问一句：您将如何完成这样一个证明呢？

在我来看来，这一证明是完全必要的。因为要是没有完成这样一个证明，如下困局将会依然存在：我们肯定能说明，是什么导致了双星等并没有显示出额外的光行差，但却不能说明，恒星何以描绘出了我们习见的光行差椭圆。

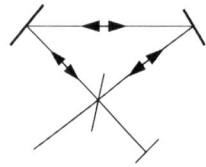

您所作的那些解释可能会在我整理我的笔记时很有帮助。虽然 Michelson 正（在威尔逊山上）忙于一个"光学回路"实验，[4] 但他的实验结果还没有处理完毕（尚不可用）。

亲爱的教授，请对我耐心一点，并且尽快写信给我。

向您致以衷心谢意的真诚的<br>
L. Silberstein

ALS。[21 045]。

　　[1] 参阅文件 187。

　　[2] 实际上，此处所说的短文和许诺的后续出版物都不再有消息了。

　　[3] *Einstein 1905r*（第二卷，文件 23）。

　　[4] Silberstein 以前亲自（参阅文件 136）或通过书信向爱因斯坦报告过 Michelson 的实验（参阅文件 187）。

## 198. 致 Elsa Einstein

[武斯特罗,1921年8月1日][1]

亲爱的 Else:

我在此寄给你一份为⟨Eng⟩美国新闻写的草稿,[2]需要一位语言能力很强的译者在柏林翻译出来,然后交给我们审查。我相信,轻松幽默地处理这种事情[3]是削弱它的最好办法。我们想在8天后(第9天)星期二的早晨从这里出发,如果可能,我和两个孩子坐船[4]去基尔。[5]18日(或19日?)至20日之间,我再返回家。时间过得真快;一切都很好,非常舒服。

孩子们很健康也很聪明,他们游得像两条鲸鱼。我可能带上 Albert 去博洛尼亚。[6]能有这两个大男孩作伴真是太好了。那个小木屋现在怎么样了?[7]

问候你的
阿耳伯特

附言:撕掉我的信,[- - -][8]

ALS。[143 114]。附言那张纸的表面有机械损坏。
[1] 日期依据8月9日出发去基尔的计划。
[2] 极有可能是"关于采访记者"(On Reporters)的手稿(第七卷,文件61)。
[3] 指《新鹿特丹报》对爱因斯坦的采访引起的争议(参阅文件173和第七卷附录D)。
[4] 爱因斯坦7月18日到达武斯特罗,和两个儿子在那里度假(参阅文件186)。
[5] 与 Hermann Anschütz-Kaempfe 一起访问基尔,并住在一起(参阅文件189)。
[6] 爱因斯坦接到去博洛尼亚发表演讲的邀请(参阅文件175)。
[7] 指的是施潘道的小木屋,显然这里是 Elsa 安排度假的地方(参阅文件207)。
[8] 这可能指翻译"关于采访记者"的计划(第七卷,文件61),参阅注释2。

## 199. Michele Besso 来信

伯尔尼,齐格勒街42号,1921年8月1日

亲爱的阿耳伯特:

你5月28日写信给我,一个月后我回信给你,提到将来创办耶路撒冷大学的各种问题。自那以后,更多的问题堆积在我这里——比如你和 Lunacharsky

关于一次演讲之旅的商谈。[1]今天,《联盟报》(the Bund)上增加了这篇文章。[2]我特别想知道的是,这是否是对你真正做过的陈述的一种过度平衡的选择;一方面主要是想在美国人当中抹黑你的形象,另一方面是要败坏美国人在瑞士人当中的名声。

在这些头发斑白、互相对峙的怪物的铁腕成员当中,无论是谁,比如Zangger 和你,当他像一个孩子从那里经过的时候,就他个人而言好像是穿过轻薄的蜘蛛网一样不被接触。然而在他的背后,那些灰白色的身体再次包围过来,他们经过时留下的一道道闪光变成了爪子和獠牙……

我发现你很久以前寄给我的一封信,你在信里邀请我跟你一起去偏僻的修道院读 Grassmann。[3]我经常在想,也许以后自己真的会变成一个修士。就是现在,我仍然想看见 Vero 安顿下来[4],这样他就能够关心他自认为正确的将来。——然后我只想独自沉沦。思想蹒跚而来,我不想默默无闻,然而我知道大多数人都是如此,甚至情况更糟,这样的碌碌无为时常折磨着我。我想,如果一个人真的努力了,他就能清晰地分析生活中的问题。我身上经常会发生这样的情形,如果是转眼之间,面对面地,我好像看见了我想象的其他人的样子,就好像在寓言里一样。这是一种可怕的肤浅的想法(虽然它有时候奇妙地飞逝而去)。难道你不也认为,你借以放弃重要事情的那种放弃——你是在市场大街的拱廊下[5]告诉我的——终究不可能是一种结局吗?从无灵魂的强大宇宙再回到沙漠去寻找自己的灵魂,可能是有价值的吗?你有效的专注力是否仍然不能把你变成人们期望的那个聪明人呢?尤其是变成"懒散中"的美国人(美国女人)[6]所等待的那种伟大,他们可能不会像我们这些喜欢闪耀的艺术和科学虚荣的欧洲人那样容易受到干扰。你会变成这些美国人欢迎而热烈拥护的那个聪敏人吗?

你的
Michele

ALS。*Einstein and Besso 1972*,第 168 页[7 076]。

[1] 8 月 2 日,《福斯报》有所保留地报道,爱因斯坦接受了俄国教育部长 Anatoly Lunacharsky(1875—1933)的邀请,希望他能去俄国免费发表相对论的演讲。关于 Lunacharsky 对爱因斯坦通俗论文的兴趣,参阅 Vladimir K. Arkad′ev 1920 年 6 月 22 日写给爱因斯坦的信(第十卷,文件 62)。

[2] 1921 年 8 月 2 日,伯尔尼报纸《联盟报》(Der Bund)发表了一篇文章,题目是《爱因斯坦与美国人》,重复爱因斯坦发表的那些贬损美国知识分子生活的言论,这些言论出现在 7 月 8 日的《纽约时报》上,标题是:"爱因斯坦宣布这里由女性统治;科学家发现美国男人是女性的宠物狗;绝大多数美国人都很无聊;爱因斯坦认为他们对他表现出过度的热情是因为缺乏对其他事物的兴趣"。因此这样看来,Besso 的来信应该是 1921 年 8 月 2 日写的,而不是 8 月 1 日。

[3] 在 1911 年 5 月 13 日写给 Michele Besso 的信(第五卷,文件 267)中,爱因斯坦邀请他去布拉格,建议他们俩在那里一起研究 *Grassmann 1862*。

［4］Vero Besso。

［5］位于伯尔尼主要的商业街上，当时两人都在瑞士专利局工作。

［6］参阅注释 2。

# 200. Arnold Sommerfeld 来信

慕尼黑，1921 年 8 月 2 日

亲爱的爱因斯坦：

真的很感谢您 11 月初的接待！[1]我们 11 月 2 日开始搞讲座，因此，如果您的讲座是在 11 月 2 日后，而不是之前，可能更方便些。但我们当然完全按照您的安排。也请务必跟 Anschütz(基尔)[2]讨论一下这个日期，然后一定告诉我。还有，请告诉我，除了更倾向于哲学的相对论讲座，您是否要特别为一个讨论会再次发表演讲，这个可能非常好。在路西塔尼亚奖章事件里，您自然只可能按照自己认为正确的方式去做。[3]贵格会的会员们因为那块奖章的非官方性质完全惊呆了，他们在给我的一封来信里告诉我，我的出版物是完全合适的。再见！

您的
A. Sommerfeld

AKS。*Einstein and Sommerfeld 1968*，第 86—87 页；*Sommerfeld 2004*，第 102 页[21 344]。这张明信片的收信人及其地址是"爱因斯坦教授先生，柏林 西区 哈伯兰街 5 号"，邮戳为"慕尼黑 1 2.8.21，6—7［下午］"。

［1］参阅文件 175。

［2］Hermann Anschütz-Kaempfe 打算在慕尼黑的家中招待他。

［3］关于爱因斯坦对 Sommerfeld 那篇讨论路西塔尼亚奖章的文章的反应，参阅文件 175。

# 201. Max Born 来信

格丁根，1921 年 8 月 4 日

亲爱的爱因斯坦：

7 月 29 日，一个名叫 Gustav Born[1]的小男孩儿来到了世间。我妻子[2]现在的身体状况非常好，她要我对您转达她善意的问候。——我还要在这里待几周，然后去某个地方放松放松。不幸的是，我不得不因为杂志等方面的事情[3]去耶拿参加物理学家会议。[4] 我其实已经发过誓，永远不再参加任何会议。Auerbach[5] 邀请我跟他待在一起，他写信跟我说您也应该跟他待在一起；那样很好。Franck 9 月去哥本哈根看 Bohr。[6] 我现在正跟 Brody 思考刚体的状态方程式，为此我们现在正在研究严密的晶体理论；[7] 这是一件非常乏味的苦差事。但正在朝着良好的方向发展。

热诚问候你们全家。

Max Born

AKS。*Einstein and Born 1969*，第 86 页[8 160]。

[1] Gustav Born（*1921）。

[2] Hedwig Born。

[3] Born 是 *Physikalische Zeitschrift* 的编辑。

[4] 德国物理学会(DPG)的此次会议在耶拿召开，时间是 9 月 18 日至 24 日。这是德国物理学会独立召开的第一届国家科学会议，独立于德国自然科学家和医生协会(GDNÄ)的那些会议，与德国技术物理协会和德国数学家学会联合组织。继 1920 年在巴德瑙海姆的那次会议后，德国自然科学家和医生协会每两年召开一次会议，以前是每年召开，这样德国物理学会决定在其间歇期举办一次会议（*Hermann 1995*；也可参阅德国自然科学家和医生协会 1920 年 9 月 30 日写给爱因斯坦的信[第十卷，文件 158]）。

[5] Felix Auerbach（1856—1933）是耶拿大学理论物理学的编外教授。

[6] James Franck；Niels Bohr。

[7] Imre Bródy；参阅 *Born and Brody 1922*。

## 202. 致 Moritz Schlick

[基尔，] 1921 年 8 月 10 日

亲爱的 Schlick 先生：

能去拜访您真是太好了。今天早上我读了您关于 Cassirer 的好文章，[1] 我已经好久没有读过这样真实而有辨别力的好东西了。

热诚问候您的

A. 爱因斯坦

AKSX，ATrK 的反面不知出于谁手。[21 638]。这张明信片上的收信人及其地址是"Schlick 教授博士先生，罗斯托克，奥尔良街"，邮戳为"基尔 10.8.21 8—9[下午]"。

[1] Schlick 发表了一篇评论文章，批评 Ernst Cassirer 采用新康德分析方法探讨爱因斯坦相对论的哲学基础。Cassirer 认为爱因斯坦的著作出自 Mach 对"感觉"的实证论基础，相对论唯一可选择的哲学解释是逻辑理想主义。Schlick 在 *Schlick 1921* 里提出了第三种选择，坚持"经验论"的解释，这个解释不同

于 Mach 的实证论。参阅 *Ferrari 2003*，第 125—126 页。

## 203. 致 Joachim von Winterfeldt-Menkin

[柏林，1921 年 8 月 10 日之后]

十分尊敬的 v. Winterfeld 先生：

〈我接受您友好的提议，告诉您有关地址〉我今天回复您此前的敦请〈并〉将〈令人同情的〉贫困教师人选〈可以再次考虑为其提供支持〉告诉您〈此即今天的事由〉亟须帮助的[1]文理中学教师 W. Bloch[2]博士，我个人认为他是一个勤奋、能干的人。B. 博士也写过一本不错的相对论入门读物。[3] B. 博士目前相当贫困，让他获得一份支持，这将是一件〈很〉值得期盼的事。

Dft 为 Ilse Einstein 手书。[43 286]。写在 Werner Bloch 那封来信的背面（参阅年表和日程表 1921 年 8 月 10 日）。

[1] 红十字会对学者和教师的资助计划，参阅文件 169。

[2] Werner Bloch（1890—1973）以前是爱因斯坦在柏林的学生，8 月 10 日向爱因斯坦寻求支持（参阅年表和日程表）。

[3] 已经出版的有两个版本（*Bloch 1918* 和 *1920*）。对这本书的手稿的正面评价，参阅爱因斯坦 1917 年 6 月 27 日写给 Bloch 的信（第八卷，文件 358a，载第十卷）。

## 204. Arnold Sommerfeld 来信

慕尼黑，1921 年 8 月 10 日

亲爱的爱因斯坦：

我的记忆告诉我，我给您的明信片可能太简单了，在这学期的压力之下，它显得太公事公办。[1]因此我想再次告诉您，我们大家多么期望见到您。我将邀请各种科学协会（工程师协会、医生协会、数学家协会，当然首先是物理学会的各个分支机构）。不过，这学期开始之前的时间可能不太方便；然而"魔鬼只找喜欢他的人"。如果您 11 月 4 日星期五仍然在这里并且做讲座，那非常好。请务必和 Anschütz 博士讨论我们的时间安排。[2]因为这些邀请的缘故，我自然不得不把最后的日期定在 10 月 15 日左右。

246　　　我已经做得非常辛苦,尤其是我的书的新版。[3] 现在我度假的时机成熟了。这学期又有 4 位博士(包括 Pauli)和一个私人讲师(Kratzer)。[4] 所有这些都是靠着汗水得来的。

　　X 线谱的系统研究已经井然有序,逐渐显示出反常塞曼效应了。[5]

　　Weyl 现在也在这里,[6] 他给人的印象特别深刻。我有一种感觉,他跟您只有细微的差别。他想按照他的"态度"去除规范变量的实际效果,而您,如果把 $g_{\mu\nu}$ 当作比率,是想限制世界函数的不确定性。[7]

　　希望您在基尔港的启程愉快!

您的[8]<br>A. Sommerfeld

ALS。*Einstein and Sommerfeld 1968*,第 87 页[21 345]。

　　[1] 文件 200。
　　[2] 爱因斯坦打算去慕尼黑时到 Hermann Anschütz-Kaempfe 家做客。
　　[3] *Sommerfeld 1921b*。
　　[4] Wolfgang Pauli；Adolf Kratzer (1893—1980)。
　　[5] 正如他已经在文件 98 中报告的那样。
　　[6] Hermann Weyl。
　　[7] 关于爱因斯坦对这一妥协的建议,参阅文件 71。
　　[8] 爱因斯坦假期的最后几周在基尔度过,他在那里坐的是 Anschütz-Kaempfe 的小船。

# 205. Heike Kamerlingh Onnes 来信

恩格尔伯格,提特利斯宾馆,1921 年 8 月 13 日

亲爱的朋友:

　　我再次十分感谢您 7 月 8 日的来信。我们目前正在为我们的旅行做准备,可是由于此前该了未了而严重滞后的工作压力很大,此外也跟 Jenneke 结婚一事[1]很有关系,故此我未能及时回复您,并且直到现在才能在夏日的清爽中给您写信。

　　首先我要表达我的欣喜之情,因为您将于 11 月来我们这里。我们期盼您给我们带来很多快乐并且住在我们家里。其次令我高兴的是,您有兴趣从对应状态原则出发对那些经验性的物态方程进行对比。对于您的问题,亦即我们是否已占有必要的经验材料以检验您的思想,我现在可以回答您了:事实上有许多从

中产生的东西是现成的,也有尚未公开发表的材料能与之联系起来,而且还有很多材料正在准备中。只要不缺乏合作者,我们就会继续努力,把那些大量的特别耗费时间然而又有必要的精密测量工作做下去。20 年来,我们一直在做这种高强度的工作,为的是从对应状态原则的角度把用于比较气体状态方程的材料跟临界最低温度结合起来。为此具有决定意义的观点是,一种材料的最低临界温度受其偏差函数的影响(《莱顿通讯》的第 23 号附录就是由 Keesom 和我完全以这种思想为指导撰写的)。[2]特别是对于氢气、氖气和氦气的状态方程的研究,我们近几年来倾注了大量的精力(为达到这个目的,我们掌握了对－210℃至－250℃区间的温度测量方法)。甚至关于氩气也已经有了许多材料,它们也将经受一番局部的再检查。我已经相信,对于氮气和氧气也不可忽视,单是为了更有把握地建立偏差函数,就不应忽视它们。这一切考虑其最终要旨就在于,借助综合法将最低临界温度对于物态方程的影响清清楚楚地纳入一幅经验的图像中。我当然坚信,不仅这些局部的工作具有持久的价值,而且它们一旦彼此联系起来,最终就会呈现出一幅美丽的全景。

这种工作肯定能够变得简化而轻松一些,要是我们不仅能纯经验地将此图景铺展出来,而且可以基于以下出发点:我们确定,如您所言,对于那些单原子气体而言,偏差函数可以毫无例外地用量子的影响加以解释。

可我不得不承认,我在进行上述研究时所持的观点却是:情况并非如此。我以量子为依归进行的研究所带给我的失望使我做出决定,我会继续采用更普遍的方法,即使量子真的来了。

至于轻微压缩后的气体情况如何,我们做过但尚未发表的有关研究结果表明,Säcker 宣称的那种带有零点能量的量子影响,应该是实验错误导致的结论。[3]从而给人的印象是,在密度不大的情况下,或许不存在什么量子影响和零点能量。

密度较大情况下的量子影响或许是可信的,我甚至相信应当探索冷却至沸点以下很低温度的氦气,因为据我推测,此时它特有的热量将会变得极其微弱。尽管如此我的印象是,对于物态方程偏离了材料的临界低温这一现象而言,除量子效应之外,应该还有一种尚未得到解释的效应。我这种印象依据的又是我的推测[--]情况表明——可我自己却很迷茫——就氖、氢、氦而言,偏差函数是按临界低温排列的,可对于氩气而言,如果偏差是基于量子的,则它必定会由于大的原子量(所以是小的量子效应)而被忽略不计。我正在期待有关的解释,以便确认我手头正在进行中的一些研究是否完全搞错了,这些研究旨在对比氖气和氢气的第二位力系数,而且尤其对氢气和氦做临界等温以上的测量,也就是在远远高于所设置的临界压力时进行测量。测量工作大概会在 11 月份进行。我已说过，促使我从事这一切研究的那种印象很可能是错误的。可是我对这个问题暂时还只能按照临界低温对状态方程的影响来处置，亦即作为这样一个问题：若不考虑对应态原理的运用，则一切仍然是经验性的。因为我当然十分期待能够获知，有哪些证据能支持我们假设如下说法是确定的：不考虑量子效应时各种单原子气体必定严格遵循对应态原则，或者，如果它们不能那么严格地遵循此原则，为什么那些偏差可以主要归因于量子效应，以至于不同材料的偏差函数能够按照一个特定的规则彼此发生关联呢？

我十分高兴地期待能在 11 月份跟您讨论所有这些问题。要是您能鼓励一位训练有素的实验员前往莱顿，到我这里来学会如何确定低温条件下的状态方程，然后作为合作者继续从事相关研究，那该有多好啊！如果此人能带着德国奖学金来，我就可以给他一份汇率价差补贴。这一切都有待安排。至于 Byk[4] 的那些论文，包括他给我的那封含有计算公式的来信，我都还没来得及研究。如果我看懂了您的来信，我肤浅的印象是，您觉得，这些论文没有什么真正的意义，其研究仅有的一份好处就是，它促使您形成了自己的思想。

我和我的妻子向您致以衷心的问候。

您的<br>H. Kamerlingh Onnes

ALS。[14 380]。

[1] Jenneke Kamerlingh Onnes 5 月与 Leopold A. Nypels 订婚（参阅年表和日程表 1921 年 5 月 31 日）。

[2] 出版为 *Kamerlingh Onnes and Keesom 1912*。关于状态方程和对应态原理在 Kamerlingh Onnes 的研究项目里所扮演的启发性作用，参阅 *Gavroglu and Goudaroulis 1989*。

[3] *Sackur 1914*。

[4] *Byk 1921a*，*1921b*。爱因斯坦在 1921 年 1 月 31 日写给 Max Born 的信里已经对 *Byk 1921a* 做了评价（参阅文件 37）。

## 206. 致 Elsa Einstein

[基尔，] 1921 年 8 月 14 日[1]

亲爱的 Else：

我的沉默是好意，没有任何坏心思。我非常期待我们的小木屋，[2] 无论如何，孩子们[3] 也很期待。空气对我们来说很好，正如其他的一切。也感谢

Katzenstein。[4]这儿真是太好了。技术性的事情进展非常好,成功可以保证,成功对我们也非常重要。[5]我也不知道我具体什么时候能够回家。Haldane 可能在德国。[6]如果必要,给他发个电报。Merkel 想跟他说说话;[7]也许你应该给他打个电话,说你可以做一个中间人。

忠心问候你的<br>阿耳伯特

我不能和孩子们待在一起太久,这样的话,黄昏什么时候来的我都不知道,特别是考虑到我们根本没有照明。[8]

AKS。[143 115]。明信片上的收信人及其地址是"Frau Elsa Einstein 柏林 哈伯兰街 5 号",邮戳为"基尔 1 13 8 21 12—1[下午]"。

[1] 正确的日期是 8 月 13 日。

[2] 施潘道的小木屋,在文件 207 里提到过。

[3] Hans Albert 和 Eduard Einstein。

[4] Moritz Katzenstein (1872—1932)是柏林大学的外科学教授、和平医院的院长,经常陪伴爱因斯坦去划船(参阅 Seelig 1956,第 46 页)。在爱因斯坦逗留波罗的海海滨期间,Katzenstein 可能帮忙为爱因斯坦租用了一艘帆船(参阅文件 153)。

[5] 他为 Hermann Anschütz-Kaempfe 研究回转罗盘的电磁阻尼的实验,关于他们现存的注释,参阅附录 A。

[6] Haldane 大概在 8 月底去格丁根拜访 Felix Klein 和其他数学家(参阅 Richard B. Haldane 1921 年 8 月 29 日写给 G. W. Cunningham 的信[NIC, G. W. Cunningham Papers 14/21/796])。1922 年 1 月,Haldane 表达了再去德国的愿望,如果可能,他还要去柏林(参阅 Richard B. Haldane 1922 年 1 月 9 日写给因斯坦的信[32 637])。

[7] 可能是 Hermann Merkel (1878—?),德国独立社会民主党(USPD)的国会议员。

[8] 可能仍在武斯特罗期间,爱因斯坦显然去看望了 Ilse 和 Margot,他们当时就在阿伦斯胡泊(Ahrenshoop)附近度假(参阅文件 214)。

# 207. 致 Elsa Einstein

[基尔,1921 年 8 月 14 日]

亲爱的 Else:

我星期二或星期三来。关于旅行的新闻报道都是假的。[1]我没有跟某个人单独协商过。除了意大利和荷兰,我哪里也没有去,包括到慕尼黑做短期旅行,对此我不能为自己辩护。[2]告诉你的那些朋友,不要再寄给你任何有关我的任何事情的新闻报道。那个法国人的事情太好笑了,就好像他想使他自己变得更滑稽可笑。我调侃记者的玩笑话适合放在那些以前总是刊登痛苦的日报上（美国）。[3] 不要总是那么心烦意乱，那么焦虑。一切都跟往常一样平静。我非常喜欢施潘道的小木屋。[4] 我们不会放弃任何房间。[5]

热心问候你的
阿尔伯特

我们将邀请 Haldane 和我们住在一起，如果他自己来的话。[6] 孩子们走了以后，我们能接纳更多的人。[7]

AKS。[143 116]。明信片上的收信人及其地址是"Elsa Einstein 女士，柏林 哈伯兰街5号"，邮戳为"基尔 1 14 8 21 8—9N[下午]"。

[1] 报纸很可能报道说爱因斯坦会去俄国，教育部长 Anatoly Lunacharsky 宣称他成功地说服爱因斯坦去俄国，并且免费在俄国发表相对论演讲（参阅"爱因斯坦将去俄国吗？"《福斯报》(*Vossische Zeitung*)，1921年8月2日和"爱因斯坦在苏联"，*Do'ar Ha-Yom*，1921年8月11日[希伯来文]）。

[2] 爱因斯坦计划10月下旬去博洛尼亚发表演讲（参阅文件175），然后于11月初去慕尼黑，并在那里发表数次演讲（参阅文件168和175）。回到柏林之前，爱因斯坦11月上旬与 Ehrenfest 一家住在莱顿（参阅文件163）。

[3] 指"关于采访记者"（第七卷，文件61），关于7月4日发表在《新鹿特丹报》上的爱因斯坦访谈录的反应非常激烈；"关于采访记者"就是爱因斯坦对这些反应的回应（参阅文件173）。关于美国媒体的反应，参阅《纽约时报》1921年7月8—9日。

[4] 显然是为了暑期（参阅文件218）。

[5] 可能是指因战后柏林严重的住房短缺而对住房采取的征用（参阅文件161）。

[6] Richard B. Haldane。

[7] Ilse 和 Margot 正在阿伦舒普的波罗的海海滨度假（参阅文件214）。

## 208. 致 Paul Epstein

[基尔，]1921年8月14日

亲爱的同事先生：

我很乐意把您期望的鉴定连同允许您自由使用的授权寄送给您。如果您出于某种原因觉得其中有不当之处，我愿随时准备为您做出您所期待的修订。但愿您的努力能获得成功！[1]

衷心问候您的
A. 爱因斯坦
1921年8月14日

在德语圈中，Epstein 教授博士先生肯定属于健在的理论物理学家中最杰出者之一。毫无疑问，他本该早就拥有一个德国教授的头衔，要是他的俄罗斯国籍不曾是一个障碍的话。[2]

Epstein 的大量具有原创性的科学研究中，有两样成果是杰出的，它们以具有决定意义的方式推动了现代量子理论。Sommerfeld 先生曾率先将量子理论基于特别的假定运用到一个特定的、具有一个以上自由度的力学系统，[3] 而 Epstein 先生则发现了量子规则的一个重要的普遍化，由此确定量子理论可应用于所有的准周期性力学系统。[4] 基于量子规则的那种普遍化，他借助电场给出了对光谱线分裂的分析（Stark 效应），其与实验结果的一致性构成了 Rutherford-Bohr 原子理论最坚实的支柱之一。[5]

请允许我补充说明，通过我跟 Epstein 先生的私人交往，我觉得他是一个值得尊重的人，并且我曾愉快地聆听过由他所作的几次学术报告，被他清晰的口头阐述能力所折服。

A. 爱因斯坦

ALS（CPIT Paul Epstein Papers, box 3, folder 34）。[10 560]，[10 561]。

[1] 这也许是加州大学、伯克利大学或加州理工学院需要的一封信。参阅下面的注释和文件 78，注释 3。

[2] 关于爱因斯坦以前推荐 Epstein 去苏黎世大学任教之事，参阅爱因斯坦 1920 年 2 月 2 日写给 Edgar Meyer 的信（第九卷，文件 296）；关于法兰克福的一个职位，参阅爱因斯坦 1920 年 7 月 29 日写给 Arthur Schoenflies 的信（第十卷，文件 89）。此处观点可能是要求在加州理工学院有一个职位（爱因斯坦 1921 年秋来到这里，做为期一年的访问教授），或者是要求在伯克利的一个职位，参阅文件 78 及注释 3。关于爱因斯坦建议为 Epstein 在美国寻找一个职位，参阅爱因斯坦 1920 年 3 月 1 日写给 Paul Ehrenfest 的信（第九卷，文件 335）。Epstein 生于华沙（华沙当时是沙皇俄国的一部分），后来去莫斯科大学学习。因为是外国犹太人，Epstein 作为法兰克福大学候选人的资格受到影响，关于这方面的证据，参阅 Max 和 Hedwig Born 1920 年 7 月 31 日写给爱因斯坦的信（第十卷，文件 95）。

[3] *Sommerfeld 1915a*，*1915b*，*1916*。

[4] *Epstein 1916a*；关于对 Sommerfeld-Epstein 量子条件的评论，参阅 *Einstein 1917d*（第六卷，文件 45）。

[5] *Epstein 1916b*，*1919*。

## 209. Arthur Holitscher 来信[1]

柏林 v.15. 路德维希教堂广场 12 号，1921 年 8 月 16 日

十分尊敬的教授先生：

随信所附的呼吁书针对所有的从业者，所有具有共产主义思想的党内和党外人士都已在它上面签署了自己的姓名。[2] 所有愿意通过签名来表示自己也想帮助苏维埃俄国的人士，他们帮助的不单是那个饥饿的民族。他们不想将此伟大的援助行动降格为一种敌视共产主义理念的行动——这正是其他许多援助组织目标明确而又遮遮掩掩的勾当。您已将您的姓名借给了红十字会的行动[3]——您是否也愿意用您的签名来帮助我们呢？Kollwitz，[4] Eltzbacher[5] 等其他许多人士就是以这种方式在帮助我们。我可否以委员会的名义请求您，给我们写一句话，表明您同意帮助我们？我们是从您可敬的夫人[6] 那里得到您的通讯地址的，她在跟我们的电话交谈中表了态，她会满足我们的请求。

真诚敬仰您的
Arthur Holitscher

ALS。[34 647]。

[1] Holitscher（1869—1941）是一个自由作家。

[2] 可能是关于苏联饥饿工人救助委员会 4 天前发表的一份呼吁书。在这份呼吁书上签字的人有 Fritz Ausländer，Hugo Eberlein，Eylenburg 博士，Otto Gäbel，Ludwig Hergenshausen，Joseph Herzfeld，Edwin Hörnle，Arthur Holitscher，Josef Meyer，Marianne Schulz 以及 Ernst Friesland（参阅"无论是城里的人还是农村的人，所有苏联人民都需要帮助！"*Rote Fahne*，1921 年 8 月 12 日。关于俄国发生的饥荒以及对饥荒最初采取的救助努力，参阅文件 222，注释 2）。

[3] 德国红十字会邀请著名科学家和企业界人士参加一次特别会议，讨论救济苏联的问题，爱因斯坦也在受邀之列。这次会议于 1921 年 8 月 3 日召开，会议发动人是 Walther Rathenau；会议决定只对苏联进行医疗援助，不提供任何食物帮助（参阅 *Riesenberger 2002*，第 188 页）。

[4] Käthe Kollwitz（1867—1945）是一个画家和雕刻家。

[5] Paul Eltzbacher（1868—1928）是柏林商学院的法学教授。

[6] Elsa Einstein。爱因斯坦正在武斯特罗度假。

## 210. Maurice Solovine 来信

维桑(加莱海峡),德班酒店,1921 年 8 月 17 日

亲爱的爱因斯坦：

我几天前到达这里的海边,我计划在这里住到 9 月 15 日。如果您已完成您在美国发表的演讲的一部分,我真诚地请您尽快寄给我,这样我可以尽快开始翻译,争取在出发之前完成翻译。[1] 我也想再次请您把 Untermeyer 夫人[2]的地址寄给我,这样我就可以写信给她,告诉她您建议我做什么。[3]

您还好吗？身体好吗？难道您不想出版您几个月前在伦敦国王学院的演讲吗？我非常想把它翻译成法语。[4]

我特别高兴地从报纸上了解到,您尊贵的妻子正在发动一场热情洋溢的反战宣传。[5] 我对于如此大规模的屠杀极其厌恶。那就是为什么对于那些有勇气站出来反对大屠杀的人士,我感到由衷的敬佩。

您关于狭义相对论和广义相对论的著作现在正在 Gauthier-Villars 出版社印刷出版。[6]

向您令人敬佩的妻子和 Ilse Einstein 小姐致以最友好的问候。

ALS。[21 149]。

[1] Solovine 正准备着去美国看望母亲(参阅文件 69)。
[2] Samuel Untermyer 夫人。
[3] 参阅文件 157。
[4] 6 月 13 日,爱因斯坦在国王学院发表演讲,讨论"相对论的发展及其在当前的地位"。
[5] 在 7 月 31 日柏林举行的群众游行示威中,Elsa Einstein 一直在推销"不再有战争"的反战小册子(参阅年表和日程表 1921 年 7 月 31 日)。
[6] *Einstein 1917a* 法文版(第六卷,文件 42)由 Jeanne Rouvière 翻译,出版为 *Einstein 1921m*。

## 211. 致 Max Born

[柏林,]1921 年 8 月 22 日

亲爱的 Born：

非常感谢那份详细报道和那封信。[1] 那个 K.W. I(威廉皇帝研究所)太懒散

了,因为我总是不得不跑来跑去为我亲爱的人儿……获得那份支持。你想要的那一份足以吞掉我们大部分的财产,但这完全是应当的,我也希望帮你办成。[2] 只是需要耐心一点。我最近想出了一个非常有趣而又十分简单的实验,是关于光发射的本质。我希望我能很快开始这个实验。[3] 我暂时又变成了那个该死的邮差的奴隶,他正毫不同情地压迫我。我花了一个月的时间跟孩子们住在湖边。[4] 衷心祝贺你和你的妻子[5]。

向你致以最美好的问候。

你的<br>A. 爱因斯坦

AKSX。*Einstein and Born 1969*,第 86 页。[8 161]。这张明信片的收信人及其地址:"Max Born 教授博士,格丁根大学物理研究院",邮戳为"柏林 W 30 22.8.21. 3—4[下午]"。

[1] 可能是文件 47 和 201。
[2] Born 要求 6 月 6 前得到威廉皇帝物理研究所的资金支持,为了购买 X 线设备(参阅 Keller 1921 年 6 月 6 日写给爱因斯坦的信[年表和日程表];亦见文件 278)。
[3] 可能指 *Einstein 1922a* 中所说的那个实验(第七卷,文件 68)。
[4] 在武斯特罗和基尔(参阅文件 189 和 207)。
[5] Hedwig Born。Born 在文件 201 和 212 中宣布他的儿子出生了。

## 212. James Franck 来信

格丁根,本生街 9 号,1921 年 8 月 24 日

亲爱的爱因斯坦教授:

我向来是尽可能地不提愚蠢的问题打扰您,但这一次我必须违背我的原则了。我希望您不要因为我如此缺乏原则而生我的气。在与 Bohr 的书信交流中(很不幸的是,我现在不能按计划去拜访他,[1] 因为他仍然非常忙),我们碰巧讨论了 Klein-Rossland 在《物理学杂志》(*Zeitschrift für Physik*)[2] 上所说的那种效应。您知道,这是您对原子辐射和动能之间平衡的思考的一个延伸。[3] Klein 和 Rosseland 说,低速运动的电子能够通过与受激电子的碰撞获得动能,实现的方式是,尽管受激原子没有发出辐射而回到其正常的量子态,那个电子也能获得如发生整个量子辐射一样的动能。现在,Bohr 认为这样的平移动能甚至在正常原子与受激原子碰撞时也可能产生,不过要以辐射能为代价;他认为共振荧光在更高气压下的消失可以通过这种方式得到解释。根据初步的实验,这样的解释

看起来好像不是不可能的。因此,我想到的一个问题是,这种代表辐射能向原子平移运动[4]的转移,是否不可能为避免有关针状辐射[5]的结论提供一个机会。Born[6]和 Bohr 表示怀疑的是,如果运动到低压区,辐射与平移能量之间的平衡是否能达到,那时,直接辐射过程与这种碰撞的数量的比率会变得非常小。但我觉得可以绕过这个问题,因为原子之间在低气压下的碰撞也极其罕见。在减少气压时,需要更长的时间周期来达到那样的平衡,不是吗?如果您能通过明信片的方式让我知道,这种考虑完全就是没有道理的胡说,我会感到非常开心。此外,我非常想问问您是 9 月底还是 10 月初在柏林,因为我想在那个时候去柏林,如果我能去,我就去看望您。请不要因为我的打扰而生我的气。

向您致以最热诚的问候。

您忠心的
J. Franck

TLS。[11 050]。信头写的寄信人地址是:"大学物理研究所第二实验分部"。

[1] 他计划 9 月去看望 Niels Bohr(文件 201)。
[2] *Klein, O. and Rosseland* 1921。
[3] *Einstein 1917c*(*Einstein 1916n* 的再版[第六卷,文件 38])。
[4] Franck 手书增加了"向原子……"这一段。
[5] 关于光的定向(针状)辐射,参阅 *Einstein 1916n*(第六卷,文件 38)。
[6] Max Born。

## 213. Jakob Grommer 来信

格丁根,普朗克街 18 号,1921 年 8 月 25 日

亲爱的教授:

您最近还好吗?我怀着极大的快乐阅读了您在"布吕特纳报告厅"的讲稿。[1]感谢上帝,今年夏天我在这里感觉要好一些了。我在这儿主要是研究相对论。我已开始撰写那本关于相对论的书。[2]Born 先生[3]给我极大的鼓励。我认为,他更看重的是数学的清晰性,而不是[看重物理]。此外,作为一个接受者,我还不太清楚您的物理学思想。我很难完全地理解。——

我还想对光不变量或者 Weyl 不变量做些补充。很容易说明,Weyl 阐明的张量 $H_{iklm}$ 是唯一的 Weyl 二阶张量(姑且总是忽略并不重要的 $\delta_{iklm}\sqrt{g}$)。[4]因为,首先,每一个二阶张量都可以借助黎曼张量和 $g_{ik}$ 予以表达,而这个结论可从

$ds^2$ 在正则坐标中的表达得出。其次，$R_{iklm}(\lambda g_{ik}) = \lambda R_{iklm} + g_{il}T_{km} + g_{km}T_{il} - g_{im}T_{kl} - g_{kl}T_{im} = \lambda R_{iklm} + C_{illm}, T_{km} = \frac{1}{2}\lambda_{km} - \frac{3}{4\lambda}\lambda_k\lambda_m + \frac{1}{8\lambda}g_{km}\lambda_\mu\lambda^\mu$（$\lambda_{km}$ 是 $\lambda$ 的二次扩展，$\lambda_i$ 是 $\lambda$ 的一次扩展）。$T_{km} = T_{mk}$，那 20 个量 $C_{iklm}$ 通过 10 个量 $T_{km}$ 获得表达。由此就为 $C_{iklm}$ 得出了 10 个方程。就是说，

$$g^{il}C_{iklm} = C_{km} = 2T_{km} + g_{km}T. C = C_{km}g^{km} = 6T, 2T_{km} = C_{km} - \frac{g_{km}}{6}C.$$

于是就有，

$$2C_{iklm} - g_{il}C_{km} - g_{km}C_{il} + g_{im}C_{kl} + g_{kl}C_{im} + \frac{1}{3}(g_{il}g_{km} - g_{im}g_{kl})C = 0.$$

此方程就是所求的 10 个方程。其数量只不过看似有 20 个，因为要去掉 10 个恒等式，[5] 所以真实的数量是 20−10=10。如果在这个方程里用 $R_{iklm}, R_{km}, R$ 取代 $C_{iklm}, C_{km}, C$，则左边会变为一个 Weyl 张量，[6] 因为此时没有了 $C_{\cdots}$。这个张量就是 Weyl 所规定的那个 $H_{iklm}$，且它是唯一的，因为 10 个量 $T_{km}$ 相互独立，这 10 个方程就是 $C_{iklm}$ 为之存在的绝无仅有的 10 个方程。$H_{iklm}$ 为零是（有悖于 H. Weyl 的一个临时性的规定）使这个流形相应地映射于一种欧氏流形的必要且充分的条件。因为 $H_{iklm}$ 可以写成如下形态：

$$H_{iklm} = R_{iklm} + g_{il}L_{km} + g_{km}L_{il} - g_{im}L_{kl} - g_{kl}L_{im}$$

$$L_{km} = -\frac{R_{km}}{2} + \frac{g_{km}R}{12}, L_{km} = L_{mk}$$

此时我们可以这样来规定 $T_{km}$，亦即要使 $\frac{T_{km}}{\lambda} = L_{km}$，甚至当 $L_{km}$ 为任意值时，亦然。然后将有 $M_{iklm} = R_{iklm} + \frac{C_{iklm}}{\lambda} = \frac{R_{iklm}(\lambda g_{ik})}{\lambda} = 0$，于是 $\lambda g_{ik}$ 与一个欧氏流形相一致。

我们已知，从 $H_{iklm}$ 和 $\delta_{iklm}\sqrt{g}$ 不可能产生出可被设置为常数的不变量。我现在是否应该去研究更高阶的 Weyl 不变量呢？要是我理解对了，那么方程 1）$I$ = const 中的 $I$ 就是一个 Weyl 不变量且 $I(\lambda g_{ik}) = \frac{1}{\lambda}I$——这个方程具有全然不同于场方程的作用。[7] 因为场方程只应取决于 $g_{ik}$ 的比率。而方程 1）却当然依赖于 $g_{ik}$ 本身。既然 $I(\lambda g_{ik})$ 的确不是常量，而是等于 $\frac{1}{\lambda}$·const，那么，假如 1）成了高阶的，或许也无大碍，因为毕竟它最终还是消去了。

接下来还有另一个问题。

如果我们假设流形嵌在一个 $m < 10$ 维欧氏流形中——这样的假定有意

义吗？

我试过 $m=5$ 的情况。此时黎曼张量可以表达为一个二阶张量。可是，将这个二阶张量等同于电磁张量 $T_{ik}$ 的假定，却没有达到目的。——

现在我想请教您。研究二阶导数平方的那些不变量之独立性，这在您的理论中有趣吗？

还有一个问题是，如果要证明，不可能有一条封闭的类时测地线，您认为这个证明会很艰难吗？[8] 这个问题对我有着巨大的吸引力。——

现在我有一点勇气为自己辩护了。您担心我不适合从事教学工作。[9] 我必须说，东方人非常理解我。[10] 我很确定我将会在这方面取得成功。可是我却由于不善于与人交往而显得有些拘谨。但这一点会很快得到克服。从事教学工作是我内心最大的向往。我希望自己经过短时间的努力之后甚至也能跟德国人亲密相处。我在奥地利更有把握，在布拉格甚至会做得更好。

您已经跟 Weizmann 教授说过为我在巴勒斯坦谋个职位的事吗？[11]

我想不久之后就来柏林，如果还能继续在您那里工作。[12]

请您原谅我搅扰您。

请您接受我最衷心的问候。

您的<br>Jakob Grommer

向您的妻子和女儿致以诚挚的敬礼，JG

请速回信。

从别人那里我有机会体会到，一个人万一不走运，也会被他人的偏见所苦恼。JG 又及。

ALS。[11 409]。

[1] 关于在柏林布吕特纳报告厅的讲座细节，参阅年表和日程表 1921 年 6 月 27 日。

[2] Grommer 已经提到他打算 3 月份撰写一本讨论相对论的书（参阅文件 80）。

[3] Max Born。

[4] 在文件 58 里，爱因斯坦暗示 Wirtinger，Weyl 已经证明，这种张量应是唯一确定的，如果二阶导数只是线性插入的话。

[5] 两行之间写有："10 个表达式"（10 Ausdrücke）。

[6] 应为"Weyl 张量"。

[7] 显然，Grommer 和爱因斯坦正想为 *Einstein 1921e* 中所设计的方法找到场方程式（第七卷，文件 54）。

[8] Grommer 已在 3 月份表示，他对此问题（可能关于封闭类时曲线）很感兴趣（参阅文件 80）。

[9] 在文件 176 里，爱因斯坦形容 Grommer"因为健康状况糟糕而无法胜任教学活动"。

[10] 指来自东欧的大学生。Grommer 也是地道的俄罗斯人。

[11] Chaim Weizmann。Grommer 计划首先取得大学执教资格（参阅文件 80），然后移居巴勒斯坦，到正在筹建的希伯来大学去谋一个教职。

[12] 关于 Grommer 与爱因斯坦以前的合作情况，可以参阅比如说爱因斯坦 1916 年 12 月 6 日写给 Michele Besso 的信（第八卷，文件 283a，载第十卷），以及 Grommer 1919 年 7 月 1 日写给爱因斯坦的信（第九卷，文件 67）。3 月，Grommer 获得威廉皇帝物理研究所支付的 2000 马克，作为他为相对论所做的计算工作的酬金（参阅年表和日程表 1921 年 3 月 7 日）。

## 214. 致 Margot Einstein

［柏林，］1921 年 8 月 26 日

亲爱的 Margot：

今天我回到家，收到你的信，好高兴。你信里的谦和和诚实都是我非常喜欢的。我要因此亲吻你，我在你身上看到一种东西，好像你就是我的亲生孩子。你注意到了，我对我在阿伦舒普行为[1]的解释不是因为 Anna[2]，而是因为我的如此快乐的男孩们有些痛苦地嫉妒你们两个，他们的这些感受我不得不理解。他们的感觉是我把你们当作他们了。如果他们在等我的时候，我跟你们俩待的时间更长，他们会很伤心的。你们对此或许可以一笑了之，可是他们幼年时的痛苦经历会影响他们，会把它人格化，于是你们俩就是那个人格化的结果。[3]（现在 Anna 走了，麻烦的源头也将消失。）[4]类似的事情也可能碰巧发生在你们身上，你们也可能遭遇他们现在所遭遇的事情。把你们放在他们的位置上，你们就理解了。从这封信里，我至少可以很安慰地相信，即使是在困难的处境里，我们也能彼此理解；这就是你的信告诉我的信息。如果以后有什么事情烦恼你，一定直接告诉我好了；这有时候需要情感的努力，但从长远来看，最好不让紧张状态出现，就像我最近发现自己所处的那样的状态。

希望你们一家过得愉快。

吻你们

阿耳伯特

ALS。［122 785］。

[1] Ilse 和 Margot 在波罗的海度假期间，爱因斯坦可能去看望过她们（参阅文件 206 和 207）。

[2] 爱因斯坦在柏林家里的保姆，爱因斯坦和两个儿子去度假期间，她可能也一同去了，主要是帮助他们料理家务（参阅文件 153）。

[3] 指的是爱因斯坦与 Mileva Einstein-Marić 无情的分居和离婚；以及爱因斯坦接下来与 Elsa Einstein 的结婚。关于爱因斯坦两个儿子与继母之间的敌对状态的更早暗示，参阅爱因斯坦 1917 年 7 月

13 日写给 Elsa Einstein 的信(第八卷,文件 361b,载第十卷)。

[4] 对她的雇佣明显因为她与 Elsa 及其女儿之间的冲突而终止(参阅文件 223)。

## 215. Hermann Weyl 来信

赖兴哈尔,1921 年 8 月 26 日

亲爱的同事:

Blumenthal 问我,是否同意他把我在《柏林会议记录》中的笔记"电磁和引力"[1]放进他的相对论论文集里。[2]我自然会同意,但科学院也必须同意才行。我不知道这个事情该怎么办,因此想问您可否帮忙处理一下;希望您不需为此做太多努力。提前谢谢了!

由于您没有在苏黎世的 Seldwyl 停下来看望我们,我几乎很少收到您的信。您 9 月来耶拿吗?[3]我有好多事情想跟您讨论,比如"物质问题";您在柏林科学院[4]的最后一份笔记(您知道吗? R. Bach 在《数学杂志》[Mathemat. Zeitschrift]上已经发表了同样的研究[5],讨论符合这一概念的场方程式。在我看来,实验方面并没有得出这样的结论);此外还有 Eddington 的那些尝试。[6]非常抱歉我现在不能在德国见到他;他直接去英国吗?[7]——祝贺您对红移的实验改进![8]如果我在耶拿见不到您,我会在以后写信详细告诉您。

向你们致以最美好的问候。

您永远的
H. Weyl

AKS。[24 060]。明信片上的收信人及其地址为"阿耳伯特·爱因斯坦教授博士先生,柏林哈伯兰街 5 号",寄信人"H. Weyl 教授先生,巴特赖兴哈尔 Villa Fredi 收转",邮戳为"Bad Reichenhall 2 20 Aug 21 8—9[下午]"。

[1] *Weyl 1918a*。

[2] Otto Blumenthal 是 *Lorentz et al. 1922* 的编辑。

[3] 德国物理学会的会议于 1921 年 9 月 24 日在耶拿召开(参阅文件 201)。

[4] *Einstein 1921e*(第七卷,文件 54)。

[5] *Bach 1921*。

[6] *Eddington 1921*。

[7] Arthur Eddington 作为天文学会的一个成员,参加了该学会 1921 年 8 月 24—27 日在波茨坦举行的会议(《天文学会季刊》56 [1921]: 143)。

[8] 关于爱因斯坦为何如此乐观,参阅文件 141。

## 216. 致天文学会

[柏林,1921 年 8 月 27 日之前][1]

各位签名人意欲向天文学会提示如下重要任务。

对各内行星尤其是水星的轨道运动进行研究,就是要为检验广义相对论的有效性提供一块十分关键的试金石。根据经典力学,在太阳引力的影响下,每颗行星的轨道表现为一个相对于恒星静止系的开普勒式椭圆,而广义相对论的轨道原理则要求近日点的一种缓慢进动,亦即每百年水星进动 42.″9,地球大约进动 4″,金星约 1″。

众所周知,Leverrier 和 Newcomb[2]对行星观测记录的讨论,事实上涉及的是所观察的水星近日点运动的一种剩余,并根据牛顿理论[水星轨道运动受到了太阳系内其余行星的摄动][3]产生了如下结果。也就是说,Newcomb 对观测记录的讨论,提供了很接近于相对论所要求的数值。Newcomb 给出的作为由此产生的残余部分的平均误差值是 ±2″;然而极有可能的是,他的结果的不确定性是一个远大于此的数值。因为对于内行星 100 年的变化的重新推导——E. Doolittle 就根据高斯理论的百年变化推导方法重新做过一次——提供了并非无关紧要的相对于 Leverrie-Newcomb 的偏差。[4]例如水星的近日点运动由于其他行星在为期 100 年的引力作用下的结果是:按高斯理论 $\frac{d\pi}{dt} = +529.″6$,如果将 Doolittle 的计算简化为最新的质量值系统,按 Newcomb 为:每百年 $\frac{d\pi}{dt} = +533.″1$。

相差的 3.″5 可能主要是由于行星质量的不确定性导致的,部分地也可能是由于忽视了干扰功能发展中的诸环节。

相对论所要求的水星近日点运动是否真以所要求的数值存在着——这个问题有着极其重要的意义,为此显得极其紧迫的任务就是重新处理内行星的观测数据并将结果与理论进行对比。这有望使我们在澄清所面临的那个问题的过程中迈出决定性的进步。因为自从 Newcomb 的研究结束以来,还有为期 30 年的行星观测数据未经处理。

我们请求天文学会,将其兴趣转向这一任务并讨论一下,看我们在多大程度上有必要联合若干天文学者,以期共同推进这项虽然面宽量大但却十分重要并且值得感谢的任务。过去几十年的天文学发展历程证明,借助这样一种由许多位于各地的天文学者和研究所共同合作的方式,解决天文学问题时必须经常面对的那些繁重的计算工作,就能在可以预见的时间内尽快完成;这种方式还有助于促使这些计算产生可靠的结论,如果能让有关研究的条条主线汇聚于一只手中。

也许应该成立一个由我们学会的圈内人士组成的委员会,让它来着手进行这一事业的准备工作。[5]

PD.《天文学会季刊》56(1921):第159—160页。还有一份稍为不同且有 Erwin Freundlich 手笔修订的 TDft(GyBAW,《天体物理天文台》,147, Bl. 36)。

[1] 1921年8月27日提交给天文学会理事会上讨论,即在波茨坦举行的第25届大会。

[2] 参阅 Le Verrier 1859;Newcomb 1895。关于水星近日点运动反常的发现和解释的一种具有历史意义的记录,参阅 Roseveare 1982;关于爱因斯坦的有关解释途径,参阅 Earman and Janssen 1993。

[3] 方括号内是原来的内容。

[4] Doolittle 1912。

[5] 在这个提议上签字的人有:斯德哥尔摩天文台台长 Karl Bohlin;爱因斯坦;Erwin Freundlich;柏林大学天文计算研究所教授 Friedrich Ginzel;基尔大学天文学教授 Hermann Kobold,以及 Walther Nernst。这次会议责成理事会成立一个委员会。

# 217. 致天文学会

[柏林,1921年8月27日之前][1]

1922年9月22日将发生持续时间约为4分钟的日全食,[2]在印度群岛的某个小岛上能够获得最佳观测效果。这就重新提供了一种可能性,让我们检验那个对于相对论来说至关重要的问题:光线在引力场内是否会发生偏折。

诸位署名人请求天文学会选出一个委员会来评估一下,看有无可能派遣一个专门研究这一问题的科学考察队,然后着手启动所需的相关准备工作。

作为补充,以下事宜应予以注意。组建那样一个科考队的前景触手可及,因为在荷属印度修建一座天文台的工作已经启动了,从而就有可能将为这座天文台定制的设备之一临时搭建在日全食观测区域,以便能够使用一部稳定的固定天体照相仪完成所需的观测。为此只能考虑组建一个德荷两国学者的联合科考队;荷兰方面的意愿是,他们不仅要能在热带地区掌控科考队的外部组织,而且在可能的情况下,还要为科考装备筹措资金。

为了及时安排好一切准备工作,德方已经由位于波茨坦的天体物理天文台向政府提交了申请,请求为本次科考活动提供财政支持。这些步骤的采取,是为了能使德方科考队员的爪哇之行往返都免费。[3]

PD.《天文学会季刊》56 (1921):第 160—161 页。

[1] 提交给天文学会的理事会,并于 1921 年 8 月 27 日在波茨坦天文学会举办的第二十五次大会上进行讨论。

[2] 这次日食其实应该发生在 1922 年 9 月 21 日。

[3] 这个提议的签署人有:Arthur Eddington;爱因斯坦;Erwin Freundlich;柏林大学天文学教授,柏林-巴伯尔斯贝格国家天文台台长 Paul Guthnick;格罗宁根大学天文学教授、莱顿天文台副台长 Jacobus Kapteyn;波茨坦天文台观测员 Arnold Kohlschütter;波茨坦天文台台长 Hans Ludendorff,以及哥本哈根大学教授和天文台台长、天文学会会长 Svante-Elis Strömgren。这次会议同意成立一个委员会,其成员包括爱因斯坦、Freundlich、Kapteyn、Ludendorff、Richard Schorr,汉堡大学天文台教授兼台长;以及巴伐利亚气象学和磁力学皇家观象台科学助手 Joan Voûte。

## 218. 致 Mileva Einstein-Marić

［柏林,］1921 年 8 月 28 日

亲爱的 Mileva:

我觉得有必要感谢你,容许我和我们亲爱的孩子们度过了这些美好的日子。[1]感谢你对他们的养育,感谢你教导他们以友好的心态和堪称模范的态度对待我。[2]我最特别满意的是,他们开朗而谦虚的行为,其次是他们的聪敏和智慧。你们将来的生活现在有了完全的保障,你们大家可以稳稳当当地得到 8000 法郎的进项。[3]与 Albert 讨论你们将来的住处吧,当然我不是在命令你们。[4]但我想说的是,无论如何我都不会拿走你们的钱;我愿意承担搬家费。如果 Albert 留下跟 Anschütz 保持联系的话,这对他来说非常重要。[5]因为 Anschütz 非常严肃地谈到,以后要把他的工厂转给 Albert。再说,我也不太喜欢苏黎世工学院。[6]也许 Albert 跟陌生人稍稍接触对他来说可能并不是坏事,虽然他真的不缺乏内在的独立意识。尽管如此,我想再强调一次,我只是把这一切摆在你面前,最后由你来做决定,没有想要向你施加任何压力的意思。因为你已经向我表明你想要做什么。——我现在在施潘道有一套带花园的小房子,靠近水边,天气暖和的时候,我可以带孩子们来这里住,家里不会有任何人跟着来这里。[7]在这一点上,我想评价一句,小女儿是一个非常好非常谦虚的女孩子,[8]她不应该为她的姐姐们的行为承担任何责任。[9]

10 月我来苏黎世,那时候我非常喜欢住在你楼上那间小屋里。在那里住上

几天后,我和 Albert 去意大利的博洛尼亚,大概需要 10 天[10]。你知道,我发现他很想跟我一起去。我非常想要孩子们的两张照片。其中一张是我们的女仆要求的。他为我们照管武斯特罗的房子,她非常喜欢这两个孩子。[11]她 9 月 1 日离开我们。

热情问候你们三个

阿耳伯特或爸爸

我会设法给 Tete 寄去《自然科学》和一本带有柏林幽默味儿的书。但要得到出口许可是一件困难事。[12]我已经在国家标准局(Bureau of Standards)里开始做我以前跟 Albert 说过的那个实验了。[13]

ALSX。[75 721]。

[1] 爱因斯坦与 Hans Albert 和 Eduard 去波罗的海武斯特罗海滨和基尔度假一个月,具体时间是 7 月中旬到 8 月中旬(参阅文件 211)。

[2] 爱因斯坦在与儿子一起度假期间曾有几次抱怨,他觉得 Mileva 在两个儿子对他的态度方面产生了负面影响(参阅爱因斯坦 1916 年 4 月 21 日写给 Elsa Einstein 的信[第八卷,文件 216]和爱因斯坦 1917 年 7 月 16 日写给 Elsa Einstein 的信[第八卷,文件 361c,载第十卷])。

[3] 根据他们离婚协议书上的第三条,爱因斯坦每年必须支付 Mileva 的赡养费(参阅他们的离婚判决书,1919 年 2 月 14 日[第九卷,文件 6])。爱因斯坦的家人可能于 1921 年 12 月收到这些资金,那是在 Eduard 承认来自卢塞恩市与荷兰的付款之后(参阅文件 349)。

[4] Mileva 和两个男孩是继续住在苏黎世,还是搬到德国南部,他们以前讨论这方面的书信,参阅文件 1 和 17。

[5] Hermann Anschütz-Kaempfe,爱因斯坦和两个儿子最近一直与他一起住在基尔(参阅文件 189)。

[6] 爱因斯坦的母校。

[7] 指爱因斯坦在柏林的家人。

[8] Margot Einstein。

[9] 极有可能指 Elsa Einstein 和爱因斯坦本人。

[10] 带上 Hans Albert 去博洛尼亚的想法是在文件 198 里出现的。

[11] 爱因斯坦在柏林的女佣 Anna(参阅文件 214)。

[12] 根据"12 月 20 日的出口控制条例",出口各种商品都必须得到帝国进出口委员会的许可(参阅 *Außenhandels-Kontrolle*(《外贸管理》) *1922*,第 16 页)。关于出口书籍的具体问题,参阅 Julius Burghold 1920 年 4 月 19 日写给爱因斯坦的信[第九卷,文件 381]。

[13] 可能是 *Einstein 1922a* 里描绘的光发射实验(第七卷,文件 68)。

## 219. 致 Paul Ehrenfest

[柏林,]1921 年 9 月 1 日

亲爱的 Ehrenfest:

我不打算去耶拿,因为德国物理学家去年在巴德瑙海姆如此粗暴地折磨我。[1] 我宁愿只在 11 月 6 日去莱顿,因为我现在有非常紧急的事情要在这里做(标准局[2]的实验和技术事情[制冷机])[3]。最后,我也必须完成我的普林斯顿演讲稿,这个我几乎还没有开头。[4] 如果你有时间,请务必来看我。我跟两个孩子在波罗的海过得非常好。[5] 他们进步很大,非常棒,我们三个可以说是心智相投。

热诚问候你们大家

爱因斯坦

关于氦中存在或没有零点能是否很关键这一问题,我们想验证这个问题基于现有的数据能否得以解决。[6]

Jenneke 的曲谱[7] 7 月已买,出口许可证也已申请,大约两周以前到了。但现在你应该收到曲谱了吧?

AKS。[9 564]。

[1] 关于德国物理学会 9 月 18—24 日在耶拿举办的那次会议,参阅文件 201;关于一年前德国自然科学家和医生协会的巴德瑙海姆会议,参阅文件 19;关于爱因斯坦对那次会议的回复,参阅爱因斯坦 1920 年 10 月 26 日写给 Max Born 的信(第十卷,文件 182)。

[2] 可能指 *Einstein 1922a* 中概括的一个实验(参阅第七卷,文件 68)。

[3] 爱因斯坦和 Walther Nernst 对制冷机的研究,参阅文件 195。

[4] 爱因斯坦 1921 年 5 月 9 至 13 日在普林斯顿大学发表相对论的演讲,参阅 *Einstein 1922c*(第七卷,文件 71)。

[5] 在武斯特罗和基尔(参阅文件 211)。

[6] 关于 Heike Kamerlingh Onnes 对这个问题的兴趣,参阅文件 205。

[7] 可能是作为 Jenneke Kamerlingh Onnes 的礼物,因为他 5 月底举行订婚仪式(参阅年表和日程表 1921 年 5 月 31 日)。

## 220. 致法国人权联盟

[柏林,1921年9月到1922年1月2日之间][1]

致巴黎人权联盟:

您发给 N.V. 同盟[2]的邀请,其中也提到了我本人,它在我们的圈内激起了最大的快乐。我肯定已经加入了我们的〈使团〉代表团,要不是我被一些无法推却的科研工作〈缠身〉,因而未能如愿。〈于是就缺席了〉我本来很渴望,到法兰西的土地上来参加两个民族具有民主[3]与和平思想的公民们的第一次聚会,〈出席。希望并祝愿〉我认为,两个民族在文化上的合作符合全人类的利益,而双方有识之士的第一个义务就是,消除各种妨碍合作的心理障碍。我希望在此意义上,巴黎的聚会意味着向此目标迈出了重要的第一步。[4]

阿耳伯特·爱因斯坦

Adft。[28 012]。

[1] 这个草稿信件的日期依据是,邀请函是在 Emil J. Gumbel 9 月访问巴黎之后,新祖国同盟代表团 1922 年 1 月访问巴黎之前(参阅[新祖国同盟]1922 年普通会员协议[Protokoll der ordentlichen Mitglieder-versammlung des Jahres 1922],1922 年 1 月 20 日[Gy-Ar, NL 199 Wehberg, Nr. 14, Bl. 255—256])。

[2] 新祖国同盟。

[3] 他的意思大概是要写"民主"一词。

[4] 一次见面会,1922 年 1 月 2 日到 10 日在巴黎举行,参会的双方分别是新祖国同盟的代表和法国人权联盟的代表们(参阅新祖国同盟 1922 年普通会员协议,1922 年 1 月 20 日[Gy-Ar, NL 199 Wehberg, Nr. 14, Bl. 255— 256]),以及 *Lehmann-Russbüldt 1922*,第 4 页)。

## 221. 致 Werner Richter [1]

[柏林,]1921年9月1日

十分尊敬的教授先生:

我收到了波茨坦天体物理台的两位观测员的一封言辞相当激动的来信,信中说道,关于那个研究所新聘人员的建议都不符合他们的人事考虑。[2]此前一直担任助理的那位 Hassenstein 博士先生[3]被认为完全无法胜任科学工作。而那位 Schnauder[4] 博士先生也被认为在学术上能力不够。还有一位 Pahlen[5] 男爵则只具有理论知识却未受过观测员的专门训练。

结果我现在就进退两难了,因为我跟研究所关系密切,但却没有能力去对应聘者进行单独的评判。我也不愿意依靠权威人士,因为我无法明了其动机。故此我的请求是,希望部里选聘空缺职位的人选时请几位与该所关系较远的专家进行评估,诸如柏林新巴伯尔斯贝格天文台 Guthnik[6] 台长先生和(波恩)的 Küstner[7] 台长先生。当然最重要的是,将最合适的人选聘任到德国为数不多的那几个设备精良的天文研究所去;那样的话人事上的顾忌就毫不重要了。而且我周围的人,当不会有谁为此事去部里提意见,否则我就真应该三缄其口了。

致以特别的敬意

A. 爱因斯坦教授

这些姓名我仅仅是举例而言。此外同样也可以问一下其他人,比如说哥本哈根的 Störmgren[8] 和格丁根的 Hartmann[9]。

ALS (GyBSA, I. HA, Rep. 76 Vc, Sekt. 1, Tit. 11, Teil 2, Nr. 6b, Bd. 8, Bl. 250R)。[83 212]。这封信的收信人及其地址是"文化部,枢密顾问 Richter 教授博士先生",信头和末尾的管理者注释省略了。

[1] Richter (1887—1960)是柏林大学的部长级顾问和德语语义学荣誉教授。
[2] 信息来源是 Erwin F. Freundlich(参阅年表和日程表 1921 年 8 月 31 日)。
[3] Walter G. Hassenstein (1883—1961)是一位副研究员。
[4] Gustav F. Schnauder (1893—1924) 是一个助手。
[5] Emanuel von der Pahlen (1882—1952)。
[6] Paul Guthnick。
[7] Friedrich Küstner (1856—1936)是波恩大学天文学教授和该大学天文台的台长。
[8] Svante E. Strömgren。
[9] Johannes F. Hartmann (1865—1936)是格丁根大学天文学教授和该大学天文台的台长。

# 222. Willi G. Münzenberg 来信[1]

柏林,1921 年 9 月 1 日

致俄罗斯饥饿工人救助委员会的海外委员会成员:[2]

8 月 31 日,各国救助委员会和工人党的若干代表在柏林举行了一次国际会谈,在认同此次会谈精神的前提下,本函落款的委员会办公室召集各国救助委员会的代表于 9 月 9 日在柏林开了会[3]。本办公室建议做以下安排:①提交一份关于无产阶级救助行动之现状的报告;②继续推进后续救助行动;③动用截至 9

月 9 日募集到的资金。

我们请求您,作为本函落款的委员会成员预留时间参加当天的会议和国际讨论。欲知会议地点和具体时间,请及时与我们取得联系。

向海外委员会致以最衷心的问候的秘书

W.Münzenberg

柏林,西北 87 区,维京岸 3 号[4]

受 L.Cahn 之委托[5]

TLS.［44 841］。信头写的寄信人地址是:"俄罗斯饥饿工人救助组织的海外委员会"。

[1] Münzenberg（1889—1940）是一位新闻记者,德国共产党党员。

[2] 1921 年夏,由于俄罗斯内战、强制集体化以及恶劣气候的影响,2500 万人遭受饥荒的痛苦,400 万—500 万人因饥荒而死。1921 年 7 月 23 日,Maxim Gorky 向全世界发出求救呼吁。救济行动几天后才开始,包括建立全俄饥荒救助委员会。美国救济管理委员会承担了大部分的救助工作。8 月初,Vladimir I. Lenin 再次发出求助呼吁,授权 Willi Münzenberg 在德国建立一个委员会,Münzenberg 按照这封信信头上的姓名建立了这个委员会。德国共产党 8 月 22—26 日在耶拿第一次会议上宣布对救助委员会给与官方支持（参阅 *Gross 1967*,第四章;*Koch 2004*,第 32—37 页;以及 *McMeekin 2003*,第六章）。

显然,当该委员会 8 月 12 日首次发出呼吁书的时候,爱因斯坦就在上面签了字（参阅文件 209 和 *Münzenberg 1931*,第 195—196 页）。Münzenberg 后来申明,那些在呼吁书上签字的人被认定为该委员会的创建者（*Münzenberg 1931*,第 196 页）。关于 Münzenberg 的生平及其对国际工人救助（IAH）的领导,更多信息请参阅 *Gruber 1966*,其中也把爱因斯坦作为"该组织在德国的发起人"（第 284—285 页）。关于马克思-列宁主义者对创建国际工人救助的解释,参阅 *Müller,H. 1962*,以及关于创建国际工人救助作为将来共产主义前沿组织的前景,其更宽泛的语境请参阅 *Morris 1956*,*Hunt 1960* 以及 *Palmier 1995*。

[3] 国际工人救助民族委员会第一次国际大会于 1921 年 9 月 12 日在柏林召开（参阅 *Fridman 1958*,第 673 页）。

[4] Münzenberg 的姓名和地址都盖有邮戳。

[5] Luise Cahn 把她的地址给了 Münzenberg 和国际共青团的成员们,目的是在这次呼吁期间成立一个临时办公室（*Gross 1967*,第 129 页）。

## 223. 致 Hans Albert 和 Eduard Einstein

[柏林,1921 年 9 月 1 日之后][1]

亲爱的孩子们:

非常高兴收到你们的来信和照片。[2]照片上的光线有点暗,但不管怎样还是很不错的。任何不可察觉的事物都可能充满新鲜的记忆。[3]因此我 10 月中旬要去你们那里;我甚至不会考虑让妈妈走开。[4]我已经很希望她也在那里。如果我会麻烦你们,我就住在奥古斯丁救济院。[5]顺便说一下,我不会待很久,因为我们不久就要出发去意大利。亲爱的Tete,你不要感到失望,因为你是家里最小的,就必须待在家里。[6]我这次带了我的银表回来,这只表我已经戴了28年,一直走得非常好,就跟第一天一样,走得非常棒。为了不让你把表摔坏了,妈妈得看着点[7](这对她来说可不是一件容易的事!)。但如果你真的弄坏了,我也会自我安慰说:"成为一个父亲不难;但做好一个父亲可就真难了。"我打算寄一张照片给Anna。[8]我在柏林的家人不喜欢她了。[9]我嗓子疼得厉害,但现在已经好多了。我正在为普林斯顿大学的演讲苦恼——把它们写出来对我简直是一次无情的折磨。[10]下次接这样的活儿时,我一定要三思而后行。现在寄印刷品很难;[11]等我身体好些了再处理这件事情。

我经常回忆我们在武斯特罗的日子,[12]真是太美了!我以后要尽可能地多多跟你们在一起。

亲爱的Albert,问问你们意大利的旅行签证。就说你爸爸接到博洛尼亚大学的邀请,想带你一起去。[13]快点去做,如果需要,我会给你寄去纸质材料。

亲吻你们的

爸爸

收到你们的信我真的很高兴!

ALSX。[75 720]。

[1] 日期依据是女佣Anna的离开(参阅文件218)和去武斯特罗度假。

[2] 爱因斯坦请Mileva给他寄两张儿子的照片,一张给Anna(参阅文件218)。

[3] 他们一起去波罗的海度假,然后去基尔度假,时间是7月中旬到8月中旬(参阅文件211)。

[4] 爱因斯坦去博洛尼亚发表演讲,要在苏黎世做短期停留,他想住在苏黎世的家中(参阅文件218)。

[5] 奥古斯丁救济院是位于苏黎世彼得大街8号的一家新教收容所,爱因斯坦1917年夏天在苏黎世时就住在那里(参阅爱因斯坦1917年7月9日写给Elsa Einstein的信[第八卷,文件360a,载第十卷])。

[6] Eduard Einstein。爱因斯坦计划只带Hans Albert去意大利(参阅文件211)。

[7] Mileva。

[8] 参阅注释2。

[9] 指爱因斯坦的柏林家人与Anna之间存在的明显冲突,关于结束对Anna的雇佣关系,参阅文件214。

[10] 出版为 *Einstein 1922c* (参阅第七卷,文件71)。

[11] 关于最近的出口限制,参阅文件218。

[12] 波罗的海的武斯特罗海滨度假村,爱因斯坦和两个儿子在那里过暑假(参阅文件211)。

[13] 爱因斯坦在文件218里宣布他想带Hans Albert一起去。

## 224. Hans Albert Einstein 来信

[苏黎世,1921 年 9 月 1 日][1]

亲爱的爸爸：

我很久没有给你写信了,因为我要举办音乐会,这件事我已经告诉过你了。你知道我是学生乐队演奏会主席,自然现在非常忙。等你来了以后,我给你看那个节目计划和评论文章。[2]

同样的原因,我也还没有去领事馆。我认为无论如何你给我寄一份声明,证明我想跟你去那里,这对领事馆可能更好些。[3]

此外,我放假的时候去可能会更好。校长[4]不会高兴我缺席的,尤其是六年级学生。再说,晚几天也不影响什么。

我很高兴我们又可以在一起了,关于六分仪,我想问你几件事情——那个镜子以及其他事情。

非常爱你的<br>Adn

附:我们放假时间是 10 月 8 日到 24 日。[5]

然后我想问你,你可以给一个朋友带一本书来吗？这里买不到。是 Laurids Bruun 的《不快乐的寡妇》(*The Unhappy Widow*),柏林 S. Fischer 出版社(Fischer 的当代小说图书馆,黄色封面)出版的。[6] 如果不麻烦的话,就请帮我带一本来吧。

ALS。[144 027]。

[1] 这封信的日期根据如下:应该是对文件 223 的一个回复,另外在文件 255 中,Eduard 说他们的秋假是 10 月 4 日后的星期天,那么就应该是 1921 年的 10 月 8 日(参阅其注释 6)。

[2] 爱因斯坦通知家人他将在 10 月中旬到苏黎世,然后计划带上 Hans Albert 去意大利(参阅文件 223)。

[3] 极有可能指驻苏黎世的意大利领事馆,因为 Hans Albert 申请去意大利的签证。

[4] Ernst Amberg (1871—1952)是苏黎世文理高级中学的校长。

[5] Hans Albert 和 Eduard 所读的苏黎世学校的秋假。

[6] *Bruun 1915*。

## 225. 致 Paul Ehrenfest

[柏林,] 1921 年 9 月 2 日

亲爱的 Ehrenfest:

你还记得我们关于超导体的讨论吗?[1] 现在我又回到这个问题上了。如果金属里面没有自由电子,当其中有电流通过就意味着电子的存在,它们井然有序的轨道从一个原子移动到另一个原子,亦即在超导状态下是以平稳的方式在移动。然而因为电的不可压缩性,不可能是单个的电子。因此它们必定是一种由类似于排成纵队的原子-电子形成的电子链。[2] 这些电子链在超导状态下是连续且不受干扰的。电流与这样的电子链之数量成正比,因此只可能具有离散值。电流水平的数量级是 $\nu e$(光频·电子电荷)。

如果这是对的,则一个超导线圈不会对任意小的电动势产生反应,从而也就不会屏蔽足够缓慢地靠近的磁场(这些磁场很微弱,以免干扰超导体)。从而"超导性"这个表达或许就具有误导性。

所以你们大家都要做一个实验(一个闭合的超导线圈对弱交变场的反应)。

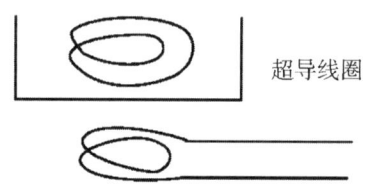
超导线圈

非超导线圈;测量后者在弱电流通过时明显的自感应。在电流低于 $10^{-4}$ 至 $10^{-5}$ A 时超导线圈可能无法承载。——更强的磁场会毁掉电子链。

热诚问候你们大家。

你的
爱因斯坦

此事你是怎么想的?

AKS。[73 255]。

[1] 可能是在"磁周"(Magnet-Woche)期间,一次专门讨论磁性方面的话题的会议,1920 年 11 月初在莱顿举行;参阅第十卷序言,第 46—47 页)。关于这封信的一次详细讨论和其中谈到的实验,参阅 Sauer 2007,尤其是其中第 195—202 页。

[2] 关于这种超导电荷传输模型的更详细的讨论,参阅 *Einstein 1922e*。

## 226. 致 Willi G. Münzenberg

柏林，1921 年 9 月 3 日

尊敬的先生：

爱因斯坦教授先生委托我通知您，他已获悉，俄罗斯饥饿工人救助委员会的海外委员会具有政治性质！[1]因此他以最友好的方式请求您，将他的姓名从海外委员会的成员名单上删除。[2]

致以特别的敬意。

秘书

TLC。[44 842]。这封信的收信人及其地址是"W. Münzenberg 先生，柏林"。

[1] 一位社会主义者朋友告诉了爱因斯坦这个委员会的政治本质（参阅文件 240）。

[2] 回复文件 222。

## 227. Otto Göbel 来信[1]

柏林，1921 年 9 月 3 日

尊敬的教授先生：

通过对苏维埃俄国的救助行动，为"红色救助"进行的募集活动可以说已经不那么重要了。[2]然而需要帮助的人数却如此庞大，以至于必须尝试一切办法，为"红色救助"募集资金。

从现在起我们的目的是，将随信附上的公开信[3]寄给所有的工人合作组织（工会、运动协会、政治组织等），请求他们，从道义和经济上支持"红色救助"。[4]因为所有具备阶级意识的无产者的、而不仅仅是共产主义者的使命乃是：进行一切与此相关的谈判，直接为"红色救助"赢得各种组织的支持，鉴于特别是在柏林遭到的那些失败，我们现在试图尝试，走中间路线去尽可能达成合作。为此目的，我们急切地请求您，在随信所附的公开信上签名。

倘若您能满足我们的愿望，我们打算邀请在此公开信上签名的人士参加一次座谈，以便他们对此事的运作有深入的了解并产生影响。我们随时准备着，现在就能让您获得预期的了解。

我们期待您能满足我们的愿望并再次恳请您,让我们尽快得到您的同意和签名。

向您致以共产主义的问候。

Otto Göbel<br>市议员

TLS。[44 794]。信头的寄信人是"'红色救助'中央委员会",收信人及其地址是"阿耳伯特·爱因斯坦教授博士先生,柏林,西 30 区,哈伯兰街 5 号",邮戳为"'红色救助'中央委员会",柏林 C.54 区,罗森塔尔街 38 号"。

[1] Göbel (1885—1953) 是一位出版商,也是德国共产党中央委员会委员。

[2] 关于俄国的饥荒危机,参阅文件 222,注释 2。

[3] 一份两页纸的传单"告德国全体工人书!"解释了"红色救助"的目的、行动以及结构;在这份传单上签名的人有 Ed. Fuchs、Klara Zetkin、Adolf Hoffmann、Otto Göbel、J. Schlör 以及 Wilhelm Herzog。[44 795]。

[4] "红色救助"是一个共产主义工人自助组织,代表德国政治因犯;关于这个组织的更多内容,参阅 Brauns 2003。

## 228.致 James Franck

[柏林,1921 年 9 月 4 日]

……我认为 Klein 和 Rosseland 的应用是对的,不管与一个受激原子碰撞的是电子还是原子。[1] 这只是其碰撞效应的逆过程。但涉及辐射动量特征的这些结果不能被这个情况修正,因为碰撞是绝对稀有的。辐射对自身的影响和原子自身的碰撞一样,产生同样的平均动能。否则,当两者同时作用时,热平衡就会遭到破坏……

AKS (Stargard 拍卖目录,1973 年 11 月 27—28 日,条目 362)。[76 542]。

[1] 参阅文件 212。

## 229. Ludwik Silberstein 来信

纽约州,罗切斯特,塞尼卡公园大道129号,1921年9月4日

亲爱的爱因斯坦教授:

两天前我再次到达这里,来到我永久的居住地——和工作地,(最后)和我的妻儿一起,在我9月1日结束了 Ryerson 实验室[1]的"课程"(43场关于相对论、引力以及电磁的讲座)之后。

您8月10日那封诚恳的来信在我离开芝加哥之前一天收到了,[2]这样我可以马上读给我在那里的朋友听,把您的信给 Millikan、Gale[3](他要把这封信一字不漏地传达给现在在威尔逊山上的 Michelson)[4]以及其他许多人,我要求他们所有人把这封信的内容告诉他们的同事和他们的妻子。

对于您的这封来信,我无法用语言形容,无论是在道德上还是在情感上,Gale 博士和 Millikan 博士有多么的高兴;因为他们从一开始就敬佩您深爱您。无论如何,他们只期望新闻记者的编造行为受到谴责——但他们非常高兴,因为他们看见了您对这件事情的关心,看见了您满怀感激地面对美国崇拜者的同情的最好证明。简言之,这件事情已经完全解决,芝加哥所有的教授对您的态度都很友好,实际上比在柏林出现这些"卑劣的"诽谤之前更加友好。

Millikan 和 Gale 甚至建议我在《科学》周刊上刊登您这封信的译文,假如您容许我这样做的话。(请来信告诉我,您希望这样吗?)但即使如此,您这封信的内容将在科学圈子里争相传阅,通过我让许多看过这封信的朋友之口。

这件事情既然已经搞定,现在我来说说另一件(正如我相信的那样)重要的事情:——

Millikan 教授(现在被任命为加州帕萨迪纳一个新研究所的所长)[5]不久前决定离开芝加哥;我们刚刚给他饯了行。他10月1日将要离开 Ryerson 实验室。与此同时,经过许多详细的讨论(与 Gale 博士这一面),9月1日,Gale 博士(全职教授,Millikan 在 Ryerson 实验室的工作搭档,芝加哥大学科学系系主任)紧急委派我"非正式地"推选您,问您是否愿意接受物理系的一个教授席位(设在 Ryerson 实验室),做理论物理领域研究的"带头人"(不一定要讲课,如果那不适合您的话),对此您有什么条件? 多少条件都无所谓。为了得到一个美好的答案(正如 Gale 博士告诉我的),Michelson 教授可能以 Ryerson 实验室官方领导的身份写信给您。

在 Ryerson 实验室,您可以接受每一笔可以得到的资金,完全自由地致力于研究,完全自由地与实验物理学家们进行合作。您只需花一些(或多或少)时间做您碰巧同意的讲座,为了协助您在美国的研究,这个系想为您聘请一位理论物理方面的助理教授,负责系统的授课——当然是在您的授意下,Gale 博士把这个位置提供给我,我告诉他我非常高兴在您手下做事。简言之,为了您自己的研究,您可以得到非常理想的条件。

从我这边来说,我非常希望您说"同意",而且因为我意识到,在芝加哥过去的这三个月里,知识氛围和社交氛围都好极了。没有嫉妒,没有憎恶,您在芝加哥看见的是最好的同情、尊敬和友谊——对于像您一样充满理想(充满爱心)的敏锐人士来说都是重要的动因。

爱因斯坦夫人确实告诉过我(在普林斯顿),[6]您有一种道义上的"责任"(在当前这种情形里,这是一个非常神秘的概念),您现在不可以抛弃德国人,"他们其实已经失去了一切。"[7]然而我深信,德国[我的意思是指德国的教授、枢密顾问和内廷参事们形成的那种氛围,因为德国工人阶级也脱离了容克精神和其他这般的腐烂]对您来说不是一个合适的地方。Lenard 们,Gehrcke 们,等等[8]——他们的姓名可以构成一个军团——都可能是(唯一除外的是 Planck 和已经去世的 Rudolph Virchow)[9]脾气暴躁同时又很残忍,他们是帝国的贵族同时又是可怜的奴隶。如果要罗列出我脑子里闪现的这许许多多的例子,可能会使我远远地偏离正路,再说也没有这个必要。不管上述性格特征是不是由教授和枢密顾问们所代表的那个德国的一种通病,或者说只是偶尔零星地出现,但可以确定的是,您在过去几年里身心都深深受到这些同胞们的伤害。另一方面,不管您是生活在德国还是美国,您创造性的劳动成果都将属于德国的一部分——而且您会对每个人做得更多,对整个人类做得更多;如果您生活在一种更加健康、安全、友好的氛围里,不仅作为一个主人受到每个人的尊敬,而且作为一个人得到每个人的爱戴。我想再补充一点,这对于您的孩子们来说也是一件幸运的事情(爱因斯坦夫人在普林斯顿提到他们),如果他们在美国成长,看见生活机会的所有大门都会向他们敞开。

请您考虑所有这些条件,然后尽快写信给我告诉我您的想法。Gale 博士和 Michelson 博士的下一步骤依赖于您的回答(我会把您的回答私下里秘密地传达给 Gale 博士)。

关于双星(与光行差的相对论理论有关),我已经在 7 月 30 日写信给您[10][显然您上次 8 月 10 日写信给我时还没有收到我的信],我已经找到解决这一明显问题的简单解,因此把稿件从《哲学杂志》(*Phil Mag.*)撤回来了。在上次那封信里我已做了详细说明,这里就不再赘述了——但只想在此催促您,快点回答上次那封信结束时所说的那个问题(关于与地球公转相联系的光行差问题的严格处理)。

最后,关于地球上的光学实验,Michelson 最近从帕萨迪纳写信给我们说他已经显著地扩大了(光)三角。[11] 为了很好地测量所考虑的那个效应,他希望三角区很快达到所需要的 500—750m 的尺度。

我会马上向您汇报他的实验结果,因为我经常可以跟 Michelson 和 Gale 博士接触。

我几乎不需要说我个人是多么的高兴,如果您能正面回答 Gale 博士上面提出的问题。

最热诚的问候。

十分尊敬您的<br>
Ludwig Silberstein

ALS。[21 046]。

[1] 芝加哥大学的 Ryerson 物理实验室(参阅文件 178)。

[2] 可能是"关于采访记者"(参阅第七卷,文件 61),与文件 198 一同寄给了 Elsa Einstein。

[3] Robert A. Millikan, Henry Gale (1874—1942)是芝加哥大学的物理学教授。

[4] Albert A. Michelson 正在做干涉测量实验,地点是加州帕萨迪纳附近的威尔逊山天文台(参阅文件 187)。

[5] 加州理工学院。

[6] Silberstein 参加了爱因斯坦 5 月在普林斯顿大学发表的系列演讲(参阅文件 136)。

[7] 爱因斯坦的几个德国同事恳求他不要在困难的战后时期离开德国,比如参阅 Arnold Sommerfeld 1920 年 9 月的两封来信(参阅第十卷,文件 131 和 147)。

[8] Philipp Lenard。1920 年,Ernst Gehrcke (1878—1960)是帝国物理技术研究所的政府高级评议员。两人公开攻击爱因斯坦,或者与爱因斯坦狡辩,反对相对论,相关讨论请参阅第十卷序言第二章。

[9] Rudolf Virchow (1821—1902)是柏林大学病理学学院教授和院长。

[10] 文件 197。

[11] 关于 Michelson 进行这次试验的原因,参阅文件 136。

## 230. 致 Hermann Weyl

[柏林,]1921 年 9 月 5 日

亲爱的 Weyl 先生:

科学院现在没有会议了。然而我要负责看到您获得出版许可;我也曾遇到同样的情况。[1]因此您不必等待。在相对论方面,我又抛弃了我本来一开始就很犹豫的那条路。Bach 的论文很好,但在物理学方面可能没有意义,同样,Eddington 的尝试也是如此,遇到不确定性的困难。[2]我还发现您对电场的解释不合适。[3]没有物理学基础,这样的一件事不可能做到。Eddington 是一位杰出的大人物。能够结识他是一种快乐。有时间去英国吧。Eddington 肯定会安排一次邀请。我在理论方面没有任何进展,但做了一个非常有趣的实验,关于进行中的光发射的基本过程,为了弄明白场概念是否对于量子是失效的。[4]我不打算去耶拿。[5]希望下一次我们能相见。

热诚问候你们,祝你们假期愉快,问候您的妻子。

您的
A. 爱因斯坦

AKS(SzZE,图书馆,Hs 91:551)。[24 091]。明信片上的收信人及其地址是"H. Weyl 教授博士先生,拜恩州巴特赖兴哈尔弗雷迪镇,邮戳为"柏林-维尔默斯多夫 5.9.21. 5—6[下午]"。

[1] Weyl 请求科学院同意,希望他的 *Weyl 1918a* 能在 *Lorentz et al. 1922* 上得到重印(参阅文件 215)。*Lorentz et al. 1920* 前已出过增订本,包括了 *Einstein 1916o*,*1917b* 和 *1919a*(第六卷,文件 41 和 43;第七卷,文件 17),所有这些文章最初都发表在普鲁士科学院的会议记录中。

[2] *Bach 1921* 和 *Eddington 1921*。

[3] 发表在 *Weyl 1918a* 和 *1919*,受到爱因斯坦在 *Einstein 1918g* 和 *1918h* 里的批评(第七卷,文件 8 和 10),还有文件 163。

[4] 发表为 *Einstein 1922a*(第七卷,文件 68)。

[5] 德国物理学会的会议于 1921 年 9 月 24 日在耶拿举行。

## 231. 致 Max Barthel[1]

柏林,1921 年 9 月 6 日

尊敬的先生:

爱因斯坦教授先生已收悉您本月 5 日[2]的来信并委托我向您告知:他是从一位谙熟政治生活的人士那里获得关于该委员之政治倾向的信息的。出于这一理由爱因斯坦教授认为,请该委员会的代表参加聚会是没有意义的。

致以特别崇高的敬意

秘书

TLC。[44 845]。这封信的收信人及其地址是"柏林,Max Barthel 先生收转俄国饥民救助组织海外委员会"。

[1] Barthel（1893—1975）是一位诗人和海外委员会委员。
[2] 参阅年表和日程表 1921 年 9 月 5 日。

## 232. 德奥救助社团中央委员会（全国委员会）来信

纽约，1921 年 9 月 9 日

两年以来，本函落款的委员会不辞劳苦地为缓解德国的困难尤其是为救助德国儿童而努力工作着。这项工作的必要性和受期待的程度究竟如何，可以从我们 1919 年至今收到的几乎每一封来信中看得一清二楚。

现在我们正竭尽全力，试图募集一笔高达 300 万美元的资金，以期能将目前由贵格会会员实施的为 50 万儿童提供食物的项目继续维持到 1922 年 7 月 1 日。[1]鉴于本国当前所处的糟糕的经济形势，这是一个十分勇敢的行动；因为不仅广大的德裔美国人已经变得无力捐助，而且许多勤劳的现有捐助者也正遭遇失业的威胁，即便他们目前还没有失业但面临一个前景堪忧的冬天。

从德国频频传来求助的愿望，这里成千上万的人们将支援德国视为自己的义务：即使自身匮乏，也要帮助自己的故乡，对于他们的义举的每一声谢谢而又会激励起另一批成千上万的人们伸出援手。

鉴于我们业已付出的特别巨大的艰苦努力，我们必定也需要一些不同寻常的帮助。因此我们想友好地请求您，挥笔给我们写几句与德国孩子们当前所处困难相关的话。我们打算把您的文字刊登在所有的德裔美国人的报纸上，并且如有可能，也译成英文发表到英文报纸上。

出自德国诗人之口的一篇那样的文字会在我们这里产生多大的影响，我们已经暗示过了。我们相信，由您撰写的那样一篇文字对于我们的募捐活动将起到极大的推动作用，我们希望，您出于对德国孩子们的爱，会尽快将您的文字寄给我们，以便我们能够胸有成竹地提前规划我们的战役。[2]

我们向您预致我们最热忱的谢意。

中央委员会，Inc.
A. B[usch]
新闻委员会主席

TLS。[43 438]。信头写的寄信人地址是："德奥救助社团中央委员会（全国委员会）"，收信人及其地址是"柏林阿耳伯特·爱因斯坦教授先生"。

[1] 关于贵格会会员为德国儿童提供食物的背景信息，参阅《德国争取外国救济中央委员会》(第七卷，文件40)，注释2。

[2] 关于爱因斯坦的贡献，参阅《关于儿童的悲惨境遇》(第七卷，文件65)。这项运动是10月6日发起的(《德国争取外国救济中央委员会通讯》，no.6，1921年10月17日，PPAF，对外服务1921——德国，委员会和组织：ARA，通信，纽约和费城)。

## 233. 致 Erwin F. Freundlich

[柏林，] 1921年9月10日

亲爱的 Freundlich 先生：

来信收悉后的24小时之内已寄出了给 Schorr 的信。也许那个小伙子忘了这件事。给他一个惊喜。同样，我马上也给该部门写了一封信，[1]写得非常小心，但要求在其他地方对候选人做进一步的调查，因为家庭方面的考虑也已经要求过了。[2]我不认为这有什么帮助——我们等着瞧吧。我很高兴我们现在能够得到如此多的理解(与1914年相比!)对于这些外部条件的大变化，我们要感谢英国人。[3]

祝您假期愉快！

您的
A. 爱因斯坦

AKS。明信片的收信人及其地址是"E. Freundlich 博士先生，Roch[us] Kühn Fischen (Allgöu)收转"，邮戳为"夏洛滕堡2 10 9 21 5—[———]。"[11 161]。

[1] 给 Werner Richter 的信(文件221)，Freundlich 1921年8月31日提出要求一天后寄出(年表和日程表)。

[2] 参阅 Freundlich 1921年8月31日的信(年表)。

[3] 显然指1914年德国进行日食考察的财政困难(参阅爱因斯坦1913年12月7日写给 Erwin Freundlich 的信[第五卷，文件492])与当下对广义相对论的观测验证的兴趣，正如爱因斯坦捐献基金的成功所暗示的那样，也因为英国1919年日食考察的积极结果。虽然协约国的科学机构联合抵制德国，Arthur Eddington 8月底还是参加了天文学会的会议(比如参阅 Science 54 [1921]：513)。

## 234. Käthe Kollwitz 来信

[柏林，]1921年9月11日

尊敬的爱因斯坦教授先生：

您会以某种方式参与这个救助俄罗斯饥民的行动吗？[1]

敬礼

Käthe Kollwitz

ALS。[34 653]。

[1] Kollwitz 可能指俄国饥饿艺术家救助委员会的呼吁书的一份草稿，1921年10月10日发表在左翼月刊 *Der Gegner* 上。Kollwitz 本人也是这份呼吁的共同签署人之一（参阅 *Der Gegner* 2 [1920/21]：415）。

该委员会是1921年9月中旬建立的，发起人是俄国饥饿工人救助组织的海外委员会。这一艺术家委员会的秘书是剧院领导 Erwin Piscator（参阅 *Münzenberg 1923*，第12页和 *Piscator 2005*，第136页）。

Kollwitzhad 在海外委员会的呼吁书1921年8月最初发表时就在上面签了字（参阅文件209；*Münzenberg 1931*，第196页；以及 *Kollwitz 2007*，第508和第871页）。

## 235. 致 Samuel Untermyer

[柏林，]1921年9月15日

亲爱的 Untermyer 先生：

出于一些可理解的原因，我不能使用邮政服务写信告诉您钱的金额和您善意做保管的证书。因此我擅自把这封信交给 Zeisler 带过去。[1] 我希望您已经按照当时的约定，把我们5月28日交给您的4300美元融入了美国资产[2]。只要我没有明确告诉您把其中一部分汇给我们，请按复利处理。在德国这些不稳定的条件下（在这里，也就是说，这笔钱是我在遇到紧急状况时唯一一笔安全的资产），这些资产对我来说非常重要。当我再次能在外币方面节约点什么的时候，我会容许自己把它寄给您，请求您善意地处理它，与余剩的一起。

至于我妹夫的有价证券，[3] 我妻子应该已经给了您，请留着它们，直到情况明朗了再说。如果票据到期，[4] 请卖掉它们，换成德国马克。

非常抱歉给您安排那么多事情做,真的感谢您能帮我们处理这些事情。希望您和您的妻子有一个平安满意的欧洲之行。我们非常好,在这里我们的老房子里的工作很顺利。我希望而且也相信,您的影响力对犹太复国主义运动的发展会是非常有利的,因为您特别适合促成不同集团之间的相互理解,帮助引导整个复国主义者事业走向健康的经济和政治之路。

热诚问候您和您的妻子。

您的
A. 爱因斯坦

Adft。[45 158]。

[1] Sigmund Zeisler 和妻子去欧洲旅行时拜访了爱因斯坦夫妇(参阅文件 272)。

[2] 爱因斯坦旅美行程结束的时候。

[3] 瑞士奥尔股份公司(SAG),爱因斯坦也是这家公司的股东。他的妹夫 Paul Winteler(1882—1952)是爱因斯坦在其董事会上的代表(参阅 Maja Winteler-Einstein 和 Paul Winteler 1919 年 8 月 29 日写给爱因斯坦的信[第九卷,文件 96a,载第十卷],注释 9)。

[4] SAG 是一家德国公司的外国分支机构。SAG 的红利根据《与敌贸易法》(*Trading with the Enemy Act*, 1917)(美国联邦法 12 U.S.C. §95a)被没收,直到美国参议院批准和平条约。亦见文件 272。

## 236. 致柏林犹太剧院的领导人[1]

柏林,1921 年 9 月 16 日

我迫不及待地想要感谢您,感谢您在"闹鬼的酒馆"(The Haunted Inn)[2]中精彩的表演,使我感到无比的快乐。我几乎很少见到人类激情和人的命运,通常而言,能够如此扣人心弦地表达,如此发自肺腑,可谓超凡绝伦。我尤其欣赏演员之间彼此完美的配合,欣赏所有演员为了展现剧本精神而甘愿服从的责任心。

TLC。[44 081]。这封信的收信人是"柏林犹太剧院的领导人"。

[1] 1921 年到 1922 年冬,来自维尔纳(现在的维尔纽斯)著名的意第绪语戏剧公司"Wilnaer Truppe",在指挥街剧院(以前熟知的名称是"菲尔德先生剧院")做了一场客场演出。David Herman 是这家戏剧公司的领导,Heinrich Galeen(Wiesenberg)和 John Gottowt 是剧院经理。该剧团 1921 年 9 月 1 日在柏林以犹太艺术家剧院为名进行了首场演出(*Riss 2000*,第 97—98 页)。

根据当代新闻媒体的报道,这是首次在柏林成立的"真正的东欧犹太剧院"[参阅《犹太评论》(*Jüdische Rundschau*),1921 年 10 月 7 日]。

[2] "闹鬼的酒馆"(Di Puste Kretshme)是意第绪语戏剧家和小说家 Peretz Hirschbein(1880—1948)1914 年创作的。1921 年到 1922 年冬天,剧团将他创作的两部戏剧搬上了舞台,这是其中的一部(参阅

《犹太评论》,1921年10月7日)。这部四幕剧是 Hirschbein 创作的第一部自然主义戏剧,描写的是东欧农村犹太人的生活。

## 237. 致 Hermann Anschütz-Kaempfe

[柏林,]1921年9月17日

亲爱的 Anschütz 先生:

我刚刚发现,在我为提升悬浮力而进行的那一番小型的计算里,含有一个致命的符号错误。[1]为了得到一条陡峭的力曲线,不能借助自感应而必须借助电容器去连接那两个感应线圈。[2]可惜这时候的效果却取决于频率。鉴于这个情况,那整个方法到底有没有价值,就是个问题了。可我相信,或许还是该试一试。我为自己所犯的错误深感羞愧,但您必须原谅我。

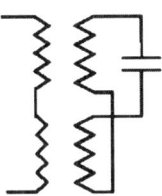

请您将地磁实验也告诉 Schuler 先生和 Glitscher 先生,以免它被人忘记了(短路的线圈取代巨大的圆盘)。[3]

在基尔度过的那些精彩的日子仍然时常令人愉快地浮现在我脑海里。期待我们11月初在慕尼黑快乐地重逢。衷心问候您和您的妻子。

您的
爱因斯坦

又及:要装上一个足够大的电容,这可真不容易呢。

ALS (GyMDM, 1955/4)。*Lohmeier and Schell 2005*,第140页。[74 263]。

[1] 关于磁场不够陡峭的斜率问题,参阅文件95。

[2] 这以前是 Anschütz 的想法和实践(参阅文件191)。关于对感应系数的设计和计算,参阅附录 A。

[3] Maximilian Schuler。Karl Glitscher (1886—1945)是基尔 Anschütz 有限公司的一位物理学家。

## 238. Arthur Holitscher 来信

柏林，v. 15. 路德维希教堂广场 12 号

亲爱的教授先生：

我是从卡尔斯巴德回家之后才收到您的来信的，我在那里参加了大会[1]的有关工作。

苏俄工人救助行动在公众当中变得更加政治化了，正如国际救助行动本身也日益明显地且愈发玩世不恭地蜕变为一种政治性的亦即仇视苏维埃的行动了。[2]我们的委员会[3]采取了一切可能的措施，致力于创建一个共同的平台，为饥民提供纯粹的救助——可是这些努力都因为那些党派的虚伪而失败了，我们向他们求助，而他们现在露出了自己的真面目。[4]请您相信我的话，亲爱的可敬的教授先生，我们不能将布尔什维克采用的恐怖手段归咎于布尔什维克的，尽管我们这些人多多少少具有和平主义思想，尽管我们反对任何主张暴力手段的思想，从而憎恶哪怕是关于暴力运用的一种纯粹的观念，对于我们来说，纵然是为了某种最崇高的目标而暴动的人，也必然是可恶的——因为那些手段是每一个想要且必须巩固自己的政权所做的坚定而严酷的必然选择。回绝他们（在这种情况下）就意味着，在为那个将会以最不负责任的方式采取这些手段的最残忍的敌人打开方便之门。对这种情况我在俄罗斯有过切身的体验，[5]当时我曾痛苦地并以具有决定意义的方式对此必要性表示赞成。而在卡尔斯巴德，在 Jabotinsky 与 Buber 之间发生的那场关于犹太军团的意味深长的争论中，[6]同一个问题犹如一道闪电遽然呈现于遥远的乌托邦之地平线。或许对于我们犹太人而言，我们不能要求什么强权，不是处在古老的世界，不是处在以色列国[7]——从而我才得以免却了因不得不采用他们那些手段而必定遭受的痛苦。我们可以一直做殉难者，我们就是殉难者……

我在卡尔斯巴德的逗留是为我即将进行的巴勒斯坦之行做准备。我受我的出版商[8]和几位朋友委托将于 11 月动身。

在卡尔斯巴德，无论在大会上还是私人交往中，人们都会谈到您。大家带着何等的爱意想念您，就无须我在此赘述了。

向您致以最衷心的问候。

真诚景仰您的
Arthur Holitscher

ALS。[34 649]。

[1] 第十二届犹太复国主义者大会将于1921年9月1至14日在卡尔斯巴德（卡罗维发利）举行。这是第一次世界大战结束后首次举行，会议上将宣布《贝尔福宣言》。Chaim Weizmann 其实问过 Kurt Blumenfeld，问他爱因斯坦是否被说服参加这次大会。关于这件事情，他显然给爱因斯坦写过一封已经遗失的信（参阅 Chaim Weizmann 1921年8月1日写给 Kurt Blumenfeld[IsJCZA, A222/45]）。

[2] Holitscher 大概也是国际工人救助会（IAH）的首次大会的与会者之一，这次大概于9月12日在柏林举行（参阅 *Münzenberg 1931*，第156页）。爱因斯坦在他那封已遗失的否定回复 Holitscher 的信中（文件209），大概重申了他在文件226中拒绝 Münzenberg 的邀请时同样的论点。关于 Münzenberg 的请求的政治方面，参阅文件226，注释1；*McMeekin 2003*，第六章。关于苏联的饥荒，亦参阅文件222，注释2。对苏联发生的饥荒所采取的国际援助，大多来自美国救济部管理处和设在荷兰的国际工会联合会，但被共产主义者和一些非共产主义者视为对苏联政权的敌视（参阅文件222，注释2和文件226，注释1）。

[3] 工人救助组织的海外委员会，Holitscher 是该组织的创建成员（参阅文件209，注释2。艺术家救助委员会在左翼月刊 *Der Gegner* 上发表了一份申明，号召艺术家和知识分子们起来救助苏联的饥饿者（海外委员会也为此遭受了痛苦）；Holitscher 也在这份申明上签了字。Köthe Kollwitz, George Grosz, Alfons Paquet, Arthur Holitscher, Max Barthel, "u.a."都是联合签名人（参阅 *Der Gegner* 2[1920/21] Heft 12，第415页）。

[4] Münzenberg 的 IAH 不仅发现，德国社会民主党和独立社会党反对苏联工人运动的统治地位，而且他甚至也发现，希望共产党对他的筹资努力做出贡献也非常难，因为这个党派自身都有政治和经济方面的诸多问题（*McMeekin 2003*，第109—113页）。

[5] Holitscher 1921年对苏俄进行了为期3个月的访问，关于他对这次访问的描述和他积极支持苏联的政治观点，参阅 *Holitscher 1921*。

[6] Vladimir Jabotinsky（1880—1940）是犹太复国主义运动领导人，也是犹太军团的创建者。犹太军团是第一次世界大战时期犹太自愿者创建的军事组织，与英军一起为了解放巴勒斯坦，使其脱离奥斯曼帝国的统治而战斗。Martin Buber（1878—1965）是一位犹太哲学家和神学家。自1920—1921年阿拉伯暴民对犹太人发动战争和攻击以来，Jabotinsky 就想重新恢复犹太军团的志愿者招募。然而在关于重新招募军团自愿者这一点上，Jabotinsky 与劳工犹太复国主义的领导人之间意见分歧很大，和平主义犹太复国主义运动者强烈反对他的这个想法，比如 Buber。关于在 Karlsbad 举行的第十二届犹太复国主义者大会上，其政治委员会的一次闭门会议对军团一事的辩论，参阅 *Katz 1996*，第744—745页。关于犹太移民如何与巴勒斯坦的阿拉伯人和平共处，Buber 和 Jabotinsky 存在意见分歧，参阅 *Luz 1987*，第64—74页。

[7] 希伯来语，意思是"以色列国"。

[8] 关于 Holitscher 巴勒斯坦之行的背景和费舍尔出版社（S. Fischer Verlag）的参与，参阅 *Holitscher 1928*，第230—231页和 *Seifert 1984*，第58—60页。

## 239. 致 Hermann Anschütz-Kaempfe

［柏林，］1921 年 9 月 18 日

亲爱的 Anschütz 先生：

进一步的思考使我再次完全放弃了双绕组。如果允许采用三个滑环，[1]并且您也不讨厌在液体外面使用电容器，或许您可以试一下如下连接方式：

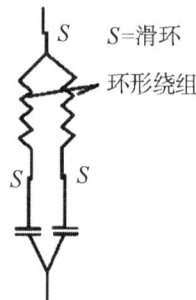

我的确相信，不应该放弃电容器，因为电容器可以增加曲线的斜率并由此具有节能效果。[2]

衷心问候您的
A. 爱因斯坦

AKS (GyKiRA)。Lohmeier and Schell 2005，第 140—141 页。[80 278]。这张明信片上的收信人及其地址是"Anschütz-Kömpfe 博士先生，基尔俾斯麦大道"，邮戳为"柏林 W 30 18.9.21. 2—3［下午］"。

[1] 显然 Anschütz 还没有想出办法去支持罗盘球内部的陀螺仪经过其所漂浮的水面。

[2] 关于如何确保垂直方向上"吹卷线圈"（blow coil）的磁场急剧增加这一问题，参阅文件 237。

## 240. 致 Käthe Kollwitz

柏林，1921 年 9 月 19 日

尊敬的 Kollwitz 夫人：

从一个能干的知情人（社会主义者）那里我听说这里正被讨论的那个运动具有党派性质[1]，可能对我们的援苏计划有害。（因而我非常抱歉不能接受您的邀请）我很难说拒绝的话，尤其对于像您这样如此受人称赞的艺术家和个人，要拒

绝就更难了；但这次不可能很难了。

Dft 为 Ilse Einstein 手笔。[34 654]。写在文件 234 的背面。

[1] 爱因斯坦在文件 226 中使用同样的语言声称自己决定不参加 Willi Münzenberg 为苏俄饥荒采取的救济行动是合理的。

## 241. Hermann Anschütz-Kaempfe 来信

基尔，1921 年 9 月 20 日

亲爱的令人崇敬的爱因斯坦教授：

十分感谢您的两封来信；[1]我们自己也曾发现您所指示的那条道路，设备电容量方面没问题，可是采用一组线圈的简单配置就已经很好并且效果不错，结果我对此已感到心满意足了。或许不那么容易做到的是，将其($40\mu F$)装配到液体中的设备本身上面。虽然借助了一只更宽的集电环我也没能习惯。两组线圈的功耗仅为 70W，这个数值比我此前估计的要小。

有一件事或许您已听说了：搞电报通信的人现在已经能够借助一个几乎完全没有迟滞的磁铁实现通信了。这对于环形磁铁可能有些意义，因为那样一来损耗就会小得多。

Schuler 说他自己在冬季学期很关心地磁试验。[2]可仍然令人疑虑的是，被短路的线圈是否能代替垫圈消除故障。我也担心，不管怎样都会令人难以判断的是可能出现的效应能否归因于涡流。Schuler 目前在考虑采用放大管和带电线的探测器。

我希望能在 11 月初向您详细汇报有关情况。

我们很期待，在我慕尼黑的家中欢迎您。[3]请别忘记我们的地址：慕尼黑列奥珀特街 6 号，并告知您的到达时间，请到达后及时联系我，以便我来接您。

您的两个孩子给我们写了一封很有意思的信，希望您明年能再一次带他们俩来我们家玩，[4]恐怕 Murnau 那边在夏季还不会有进展。[5]

我们俩都期待 11 月与您快乐的重逢并衷心祝您万事如意。

您的
Anschütz

ALS。*Lohmeier and Schell 2005*，第 141—142 页。[37 370]。

[1] 文件 237 和 239。

[2] Maximilian Schuler。爱因斯坦在文件 237 中就那个实验提醒 Anschütz。

[3] Arnold Sommerfeld 在文件 294 中邀请爱因斯坦。

[4] Hans Albert 和 Eudard Einstein，还有他们的父亲，8 月份在基尔过了一周。

[5] 上巴伐利亚是坐落在慕尼黑南部的一个小镇。Anschütz 可能想在那里买一栋房子（*Lohmeier and Schell 2005*，第 142—143 页）。

## 242. 致 Hugo Bergmann[1]

[柏林，]1921 年 9 月 22 日

亲爱的 Bergmann 先生：

我谨向您最诚挚地推荐 Holitscher 先生，[2]我已与他交往许多年，他会令您感到欣慰。

致以最美好的祝愿。

A. 爱因斯坦

但愿您收到了从美国寄给图书馆的东西。[3]

AKS。[120 780]。

[1] Bergmann（1883—1975）是耶路撒冷犹太民族图书馆的馆长。

[2] Arthur Holitscher。

[3] 爱因斯坦 5 月访问波士顿期间，犹太非复国主义者新世纪俱乐部为犹太民族图书馆筹资 25000 美元（参阅年表和日程表 1921 年 5 月 18 日）。因为爱因斯坦的造访，美国校际犹太复国主义者协会也愿意支持这家图书馆，并把对该图书馆的支持作为"它的一个主要目标"（参阅犹太复国主义者组织与巴勒斯坦建设基金宣传部"公告"No. 39，1921 年 6 月 14 日 [IsJeCZA, L12/66]）。

## 243. C. A. Schwetschke & Sohn 出版社来信

柏林 W. 30，1921 年 9 月 22 日

令人崇敬的先生：

我们正在准备出版一部专门的手册，书名是《和平运动》。[1]主编是两位青年学者（Walter Fabian 和 Kurt Lenz[2]）。到目前为止，构成该书外围内容的文章均已确定。[3]

我们将会非常欢迎，如果令人崇敬的教授先生您也有意为这本书贡献一篇

文章,尤其是因为我们预计此书将在国外产生广泛的影响,从而您的大名出现在书中将具有重要的意义,这一点我们毋庸赘言。[4]

我们相信我们可以期待,您会满足我们的恳求,因为我们设想,您不会拒绝将您宝贵的支持给予一项和平运动的事业,于是我们冒昧地请求您,在一份将于最近几天寄给您的宣传单上签署您的大名,好让我们将其作为您同意我们请求的表示。

所有的合作者都将提供一篇不超过两个印刷页面的文章,而我们期待您撰写的那篇文章的题目大致可以是"科学与和平主义",当然了,您也完全可以根据自己的考量选取别的任何题目。

我们将不胜感激,如果我们能很快就得到您的赞同,并且我们现有的全体合作者也会跟我们一样备受鼓舞地欢迎您的加入。我们盼望能在 10 月 15 日之前收到的您的手稿。

为此我们预致最诚挚的谢意,令人崇敬的教授先生。

向您致以崇高敬意的忠实的<br>C. A. Schwetschke & Sohn 出版社<br>Klebinder

TLS。[45 036]。信头写的寄信人地址是:"C. A. Schwetschke & Sohn 出版社",收信人及其地址是"阿耳伯特·爱因斯坦教授博士先生,柏林"。

[1] 发表为 *Fabian and Lenz 1985*。

[2] Walter Fabian (1902—1992)和 Kurt Lenz (1901—?)是柏林的记者和学生。Lenz 是德国和平主义者学生联盟的创建者(*Fabian and Lenz 1985*,第 8 页)。

[3] 捐献者名单和捐献者的文章标题附在这份文件里(参阅 [45 037])。

[4] 爱因斯坦发表的文章见 *Einstein 1922b*(第七卷,文件 69)。

# 244. Jun Ishiwara 来信[1]

仙台,1921 年 9 月 24 日

令人崇敬的教授先生:

您关于相对论的开拓性工作和您对于各种社会问题的睿智见解在公众当中引起了普遍的兴趣。请允许我十分荣幸地通知您以下事项,尽管 Murobushi[2] 先生此前可能已跟您商讨过:

(Sanehiko Yamamoto)先生是一份日本期刊《改造》(亦即[社会]重构)[3]的

所有人,他热切希望您能来到日本做几次公开演讲,行程计划大致如下:

在日本停留时间为 1 个月。

您每天作报告的时间为 2—3 小时,具体安排为

东京:5 天,

京都:5 天,

大阪:2 天,

福冈:2 天,

仙台:2 天。

期待的是一些通俗的科学、哲学或社会方面的演讲。

报酬约为 1 万(10000)日元(2 日元约合 1 美元);其中的 1/3 将会在日方得到您的同意之后预付给您。

如果您能屈尊同意上述安排,我们将十分欣喜。以上计划可以在您觉得适当的时候尽早实施。

Yamamoto 先生还希望您能随时赐稿给前面提到的那份刊物。稿酬约按每 4000 字 400 日元计算。

我期待能得到您肯定的答复。我常常回忆起在苏黎世的那些日子[4]并祝愿您健康无恙。

顺致崇高的敬意。

您忠实的
Jun Ishiwara

ALS。[36 409]。

[1] Ishiwara(1881—1947)是仙台东北大学的物理学教授。

[2] Kôshin(Takanobu)Murobuse(Murobushi)(1892—1970)是一位作家兼社会评论家。

[3] Yamamoto(1885—1952)。《改造》是一份社会主义杂志。

[4] Ishiwara 参加了爱因斯坦 1913 年在苏黎世大学举办的座谈会(参阅爱因斯坦 1912 年 7 月 23 日写给 Leonid Mandelshtam 的信[第五卷,文件 457])。

## 245. Kôshin Murobuse 来信

柏林 W 62 区,b/Döllen,路德街 12 号,[1921 年 9 月 27 日之前][1]

亲爱的先生:

我已经通过日本大使馆表达了我们真诚的想法。在此我代表《改造》,一本

发行量超过5万册的日本月刊,将会跟英国或美国《民族报》(*The Nation*)写信联系。为我们撰稿的人当中有 Bertrand Russell 教授先生、John Dewey 教授、H. G. Wells、Sidney Webb、Karl Kautsky 等。日本的供稿人有 Kuwaki 教授博士、[2] Ishiwara 教授博士[3]等。我们去年发表了 Ishiwara 教授关于相对论的一篇文章,自那以后,我们几乎每个月都会发表有关相对论的文章。如今,关于相对论的解释或讨论成了学术研究和兴趣的中心,甚至在我国变成了最热门的话题。

我们去年就想邀请您访问我们的国家。带着这个重大使命,我去年年底开始了我的世界之旅。我一个月前经过美国和英国来到这里。正如我通过日本大使馆已经对您发出的邀请,我们希望您能来日本做为期3个月的讲学,包括往返时间。我们为您的讲座提供2000英镑的报酬,包括旅费。我想,邀请您千里迢迢来我们这样遥远的国度对您来说肯定很辛苦,尤其是您刚刚从美国回来。然而,代表远东地区研究科学的学生们,为了科学的发展,我们如此急切地盼望着您能来。当您方便之时能否满足我们热切的愿望呢?我们日本在春天时非常美,樱花盛开了,莲花盛开了,其他漂亮的花儿也竞相开放了,一起期待着那个伟大时刻的到来,期待着它们可以迎接的那位伟大科学家兼音乐家的时刻。

此外,我们也希望可以发表您的论文,或者您为其他杂志和您的著作撰写的论文的复印本。Russell 教授建议我们恳请您能写一些讨论政治或社会问题的文章,任何问题都可以。我们提供的稿费是每3000字30英镑。这两件事情是我从东京来的主要任务,也是我这次世界旅行的主要任务。但愿我能荣幸地完成这项大使命。

您真诚的
Kôshin Murobuse
《改造》月刊编辑

TLS。[36 418]。

    [1] 日期根据的是,文件246是这封信的回复。

    [2] Ayao Kuwaki。

    [3] Jun Ishiwara 姓的另一种拼写。

## 246. 致 Kôshin Murobuse

柏林，1921 年 9 月 27 日

尊敬的先生：

关于您善意的来信，[1]我在此谨向您陈明：只要时间容许，我将尽快为您的报刊写一篇文章。

被您邀请去东京使我感到非常高兴，尤其考虑到我对东亚民族及其文化长久以来的兴趣。[2]我计划 1922 年秋开始这次旅行（大概是 8 月底 9 月初）。尽管如此，我恳求您不要把这件事情透露出去，因为如果这样，我可能被一大批记者淹没，被截然不同的领域发来的邀请信淹没。

我们昨天的聚会对我来说是一次美好而难以忘怀的经历。

向您致以最崇高的敬意。

TLC。[36 419]。这封信的收信人及其地址是"Koshin Murobuse 先生 z. Z.柏林"。

[1] 文件 245。

[2] 爱因斯坦与日本人和中国人的愉快经历，参阅他 1920 年 12 月 28 日写给 Ayao Kuwaki 的信（第十卷，文件 246）和 1919 年 12 月 24 日写给 Heinrich Zangger 的信（第九卷，文件 233）。

## 247. 致 Arnold Sommerfeld

[柏林，]1921 年 9 月 27 日

亲爱的 Sommerfeld：

我这次给您写信时心情格外沉重。对人说"不"，这绝不是我强硬，可是至少在必须违背一个已经作出的承诺时，只能那样。简言之：我不打算在慕尼黑举办已经宣布的那场讲座。[1]我早就有一种不祥的预感，因为我听到很多关于慕尼黑大学学生氛围的传言，那使我很不喜欢。也早就有朋友告诫我，要我远离这个反犹和反动分子的马蜂窝。[2]但我此前已经答应了并且认为我应信守承诺。可我现在了解了该校领导跟学生会代表在预感到可能出现某些困难的情况下举行的那次会谈。[3]人们觉得举行这类会谈是有必要的——单是这个情况就已经向我证明，目前对慕尼黑进行一次正式的访问是不合时宜的。那些学生代表对待

此事的方式方法已经从道义上解除了我的任何义务。[4]

在这件事情上,您站出来为我说话的那种美妙的方式,令我深感欣慰;[5]同时令我感到双倍遗憾的是,跟您和 Anschütz 先生[6]相会的事也就因此毫无结果了,这本来是我一直期盼的。但这个愿望将有机会在困难较小的前提下得到弥补。不管怎么说,我知道如何使自己摆脱某些情绪的影响;我会完全远离那些只会毫无目的地给人招致种种危难的事情。

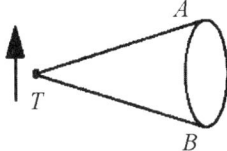

我和 Geiger[7]正在做一个有趣的实验,探究极隧射线粒子所发出的光。我们要解决的问题是:一个沿箭头方向运动的极隧射线粒子在一个基元过程发出的干涉场,在 A 处真的比在 B 处更蓝吗?如果是真的,那么光线必定受到了色散介质的弯曲。[8]

您不要满脸怨气,而是要善意地去理解一切。向您致以衷心问候的

A. 爱因斯坦

ALS (GyMDM, Archiv HS 1977—28/A, 78[19])。*Einstein and Sommerfeld 1968*,第 90—91 页;*Sommerfeld 2004*,第 103—104 页[21 400]。文档左边留有活页孔。

[1] 关于爱因斯坦在意大利之行结束后去慕尼黑发表演讲的计划,参阅文件 204 和 207。爱因斯坦取消 1921 年 1 月的演讲计划后,Sommerfeld 于 1920 年 12 月再次向他发出邀请,建议把那次的演讲日期改在 1921 年 11 月(参阅 Arnold Sommerfeld 1920 年 12 月 29 日写给爱因斯坦的信[第十卷,文件 252])。

[2] 前一年,德国右翼学生当中的反犹情绪被普遍激化:在 1920 年夏季学期的"大学生日"(Burschentag),"德国大学生联合会"(Die Deutsche Burschenschaft) 通过了一项决议。根据这项决议,只有"雅利安血统的德国学生"方可加入大学生联合会,已娶犹太女人或有色人种女人为妻的成员将被逐出德国大学生联合会(参阅 *Ströle-Bühler 1991*,第 84 页和 *Schindler 1988*,第 181 页)。关于大学生团体当中被激化的反犹情绪,以及 Gershom Scholem 对当时慕尼黑大学"极其野蛮的反犹情绪"的描写,参阅 *Specht 2006*,第 153 页和 *Shedletzky and Sparr 1989*,第 59 页。

[3] 极可能是一篇发表在 1921 年 9 月 15 日版《世界舞台》上的一篇未署名的文章。这篇文章报道了 1920 年圣诞节前不久发生的一次见面会。见面会的一方是 Reinhard Frank,慕尼黑大学的校长和法学教授,另一方是学生会主席(Asta)。双方讨论的话题是爱因斯坦即将来慕尼黑大学发表演讲一事。这次见面会原计划在 1921 年 1 月中旬举行。校方要求学生会代表保证不发生"不体面的事",诸如 1920 年 2 月发生在柏林的那类事情(《世界舞台》1921 年 9 月 15 日,第 275 页;*Einstein and Sommerfeld 1968*,第 89—90 页;关于柏林发生的那场骚乱的报道,参阅《讲堂里的鼓噪》*Einstein 1920a*,1920 年 2 月 13 日[第七卷,文件 33])。

[4] 学生会主席表示学生代表们将努力维持秩序,尽管他料想这将是非常困难的,因为"老实说,爱因斯坦教授——哼!哼!——尤其不讨学生团体大多数成员的喜欢"。然而"德意志民族街区"(Deutsch-

völkische Blocks)的学生代表虽然也答应做出那样的承诺,但条件是爱因斯坦必须保证只讲自己的题目,绝不在演讲中激起政治情绪(《世界舞台》,1921年9月15日)。Sommerfeld 当时也在场,他对这次见面会的叙述截然不同于《世界舞台》的描述。他向爱因斯坦报告说,学生欢迎原计划的演讲(参阅 Arnold Sommerfeld 1920年12月18日写给爱因斯坦的信[第十卷,文件 235])。爱因斯坦取消了他的这次演讲(参阅爱因斯坦 1920年12月18至28日写给 Arnold Sommerfeld 的信[第十卷,文件 236])。根据《世界舞台》的报道,这则消息得到了圣诞节后出席学生会第一次会议的大多数人的热烈欢迎,尽管有些人也感到很失望。

[5] 据报道,Sommerfeld 把爱因斯坦及其重要性向两个学生代表做了一次特别的说明,他的"声音颤抖,带着嘲讽的语调,然而内心充满了愤怒"。《世界舞台》,1921年9月15日])。

[6] Hermann Anschütz-Kaempfe。

[7] Hans Geiger。

[8] 关于这次试验的更多信息,参阅 *Einstein 1922a*(第七卷,文件 68)。

## 248. 致 Werner Richter

[柏林,]1921年9月29日

十分尊敬的教授先生:

您此前特意要求我,告诉您波茨坦天体物理台那两位曾向我求助的观测员的姓名。[1] 现在此事的进展是,有一位给我写了信[2] 且只是想保住自己的地位,另一位表达了同样的意思。前者度假不在,但是很快就会返回。可他现在还没有允许我向人提及他的姓名。但据我观察,我有理由觉得完全不言而喻的是,如果有人给他提供机会,在那件事情上站在一个举足轻重的位置去表达并论证自己的信念,他必定很高兴;故此我认为我有权利说出他的姓名:他是观测员 Freundlich 博士。

借此机会我想再次指出,我绝对没有盲目相信此人自己的言辞,并且我基于他的言辞认为,某些对此事没有兴趣同时又熟知有关情况的天文学家提供的信息是值得期待的。

顺致特别的敬意。

A. 爱因斯坦

又及:我之所以没有直接把信寄与那位给我发来调查信的先生,是因为他的签名难以辨认。[3]

ALS (GyBSA, I. HA, Rep. 76 Vc, Sekt. 1, Tit. 11, Teil 2, Nr. 6b, Bd. 8, Bl. 287)。[83 215]。这封信的收信人是"Richter 博士部长先生"。

[1] 参阅年表和日程表 1921 年 9 月 22 日。
[2] 参阅 Erwin Freundlich 1921 年 8 月 31 日写给爱因斯坦的信。
[3] 某个名叫 Jander 的人在调查信里签字(参阅年表和日程表 1921 年 9 月 22 日)。

## 249. 致 Heinrich Zangger

[柏林,]1921 年 9 月 29 日

亲爱的 Zangger:

我不能告诉你许多特别有价值的东西。我不知道执行调查社会风化的那个人的任何信息。[1]这些事情真的要如此严肃地对待吗?在大城市里,生活不稳定的人很容易败坏,但那些感觉健康的人会坚持正道。我不相信堕落。也许缺乏社会支撑的女人容易在贫穷时误入歧途。但为了有效地控制它,我们能做的就是放弃大城市生活,这当然是不可能的。铁拳国家也许能够做的很少。他最重要的任务是保护非婚生子和贫穷的母亲。那或许足以保护有才能的人,使他们免走下坡路。但条件比较好的人和法利赛人(伪君子)总是咆哮着要采取极端政策。然而对于所有这一切,你比我更了解,因为我对重要人物的关心很少。

我对放射研究所一点都不了解,我敢肯定,在这到处都是破产的情绪里,没有人会思考建立一个新研究所。你也许想到了那个以我的名义筹资建立的波茨坦天体物理研究所的塔式摄谱仪。[2]但那不是一个特殊研究所,只是一台设备,一个天文台。没有人应该听从建议离开现在的商业区,去从事科学事业,因为科学事业的前景是痛苦的,人们总是依赖第二收入才能谋生,而第二收入很难获得。

对于科学,我正在和 Geiger 教授一起做一个非常有趣的光发射实验。[3]我没有去耶拿,[4]因为那些大人物(大亨)去年在巴德瑙海姆把我折磨惨了。总之,我现在尽可能地使自己独立于人群,而且现在也起作用了。10 月中旬我要和 Hans Albert 一起去博洛尼亚,去那里发表几场演讲。[5]但我要经奥地利去那里,因为这样经济上更节省一些。我们打算在因斯布鲁克见面。我的孩子们带给我很多乐趣;这个夏天跟他们在一起带给我难以形容的快乐。[6]

现在我更乐观地看待政治。好像在经济的压力下,欧洲联合这样的事情确实需要发展。[7]Schrödinger 的任命对苏黎世大学来说是正确的。[8]

热诚问候你的
爱因斯坦

ALS (SzZ, Nachlass H. Zangger, box 1c). [86 470].

[1] 可能是瑞士的一份调查表，由某个名叫 Weissmann 的警察局长发起的（参阅文件 252）。

[2] 依靠爱因斯坦捐献基金（Einstein Spende；参阅文件 233）。

[3] Hans Geiger；关于他们的实验，参阅文件 247 和 *Einstein 1922a*（第七卷，文件 68）。

[4] 德国物理学会此次会议在耶拿召开，时间是 1921 年 9 月 18 日至 24 日。关于爱因斯坦以前在巴德瑙海姆的经历，参阅第十卷序言第二章和文件 219。

[5] 在文件 223 里，要求 Hans Albert Einstein 办理他的意大利签证。

[6] 他们在 7 月和 8 月期间在武斯特罗和基尔度过了 4 周。

[7] 一周后，他公开讲述了德国孩子们的贫穷生活，这方面信息可参阅《关于儿童的悲惨境遇》（第七卷，文件 65）。

[8] Erwin Schrödinger (1887—1961)。

## 250. 致 Eberhard Zschimmer[1]

柏林，1921 年 9 月 30 日

尊敬的同事先生：

首先我要向您保证，我跟 Norbert Einstein 先生未曾以任何方式发生过纠纷。[2]然后再说说相对性理论的名称。我承认，这个名称不走运并且导致了哲学上的种种误解。"不变性理论"（Invarianz-Therorie）这个叫法或许适合指称该理论的研究方法，但是可惜不能指称该理论的物质性内容（光速常量，惯性与质量的本质相同性）。尽管如此，您所建议的名称也许是要好些，但我相信，如果现在才改换那个已经广为接受的名称，恐怕会导致种种混乱。[3]您不必因您在您那本小书的第 134 页表达的担忧而不安。[4]时空连续统在相对性理论中具有客观性，类似于时间和空间（两者分别就自己而言）在经典理论中的客观性，只是这种四维连续统的那些度规属性相对于物理学上的规律性不具备独立的地位。用"观察者"取代"参照系"导致了令人遗憾的误解。我未能理解对"多元"的暗示[5]并且也绝不会就那样一个主要属于哲学上的问题公开发表［意见。致以特别的敬意。］[6]

TLC。[24 156]。

[1] 收件人的姓名出自 Helen Dukas 的手稿。Zschimmer(1873—1940)，冶金玻璃工程师，是耶拿 Glasswerk Schott & Gen. 玻璃厂的董事会成员。

[2] Norbert Einstein (1892—1980) 是法兰克福大学的社会学家。

[3] "不变量理论"最初是由 Felix Klein 于 1910 年提出的（参阅第二卷《〔编者按〕爱因斯坦论相对论》，第 254 页）。

[4] Zschimmer 的《致一位工人的哲学书信》(*Philosophical Letters to a Worker*) 最初连载于

《萨克森-魏玛-艾森纳赫国民报》(*Volkszeitung für Sachsen-Weimar-Eisenach*)，并集结成一本小册子(*Zschimmer 1920*)，Zschimmer 在其中认为爱因斯坦对时间和空间的"相对化"可能明显与绝对知识假设冲突(第 133—134 页)。

[5] 参阅 *Zschimmer 1920*，第 134 页。

[6] 方括号内的这一段来自 Helen Dukas 的抄本。

## 251. Paul G. Tomlinson 来信[1]

新泽西州，普林斯顿，1921 年 9 月 30 日

我亲爱的爱因斯坦教授——

我 7 月 6 日给您写过一封信，询问您我们大概什么时候可以收到您的演讲手稿，[2] 但我没有收到这封信的回复。许多人都在问这本书什么时候出版，这么久没有收到您的手稿，我们有些不安，因为我们一直相信您的演讲发表后一个月内我们就可以收到您的手稿。如果我们不能在合适的时间出版您的手稿，其重要性将会受到严重的影响。为此，我极力催促您能尽早在方便时把复印本寄给我们。如果能得到您的回复，告诉我们何时能收到您的手稿，我将不胜感激。

您真诚的
Paul G. Tomlinson
经理

TLS。[67 885]。信头写的寄信人地址是："普林斯顿大学出版社委员会"，收信人及其地址是"阿耳伯特·爱因斯坦教授，德国，柏林，哈伯兰街 5 号"。

[1] Tomlinson (1888—1977) 是普林斯顿大学出版社的社长。

[2] 爱因斯坦 5 月 9 日到 13 日在普林斯顿大学发表演讲，并就这些演讲的发表，5 月 9 日与普林斯顿大学出版社签订了合同。一个月前，他因自己进展缓慢而感到不快(参阅年表和日程表 1921 年 9 月 7 日)。

## 252. Heinrich Zangger 来信

苏黎世，1921 年 10 月 3 日

亲爱的朋友爱因斯坦：

我此时正在奥帕(Oppau)。[1] 因为奥帕位于巴伐利亚的普法尔茨地区，然后我就去慕尼黑的部里跟 Kölsch 商谈过了。[2] 局外人几乎难以明了，如今在德国

搞科学研究有多么艰难,因此我对您的来信更加理解了。[3]甚至位于我们之上的这种可怕的阻碍也愈发强大了。——

新的柏林放射学[专门]研究所将由Friedrich教授领导,他目前是弗莱堡妇科诊所的放射学家。[4]他以前的助手Gläser博士现在是巴登州的阿里林工厂[5]的物理助理,可是此人显然十分渴望回到科学界特别是从事X线方面的工作,因为他并没有发现什么工业上的问题值得研究。但我个人不得不说,要是我在类似巴登州的那样一个大型企业里待着,至少能待个几年时间吧,我会感到很舒服的。那里也会有很多事情可以做,特别是对于熟悉现代物理研究方法的人而言。一切研究都已经有了应用的领域,可是人们格外吝啬于购置各种设备,但我相信,或许可以轻而易举地说服那些主事的先生们认同那类采购的必要性。在科学研究领域厉行节俭的趋势是从美国传来的。您肯定听说过,有一些化工厂,它们关闭了那些大型的、部分修建于战争期间的实验室。有一个厂竟然一次就解聘了52名化工科学家。——

关于Weissmann(警察[老板等])我同样一无所知,在我看来事情无关乎科学研究而是涉及了道德问题;您知道,在事关保护非婚生子和无经济来源的孕妇时,在每一个具体情况下,我能做很多事。[6]如您所言:我们努力的目标,就是为了去保护那些禀性善良者免遭沉沦。所需的资金自从我来这里之后我们会逐步依法筹措。现在令我痛苦的,是以下事实:

有一大批人品和精神上颇具影响的艺术家,还有公职人员和演说家,已经习惯于遵照医嘱,一旦头疼就服用某种药粉,继而会再次服用,为的是确保他们在特定时段的工作能力。起初他们只是服用咖啡因和非那西丁,到后来就会服用一些叫不出名称的混合药物,他们被迫在特定的时刻服用最大剂量——无论是在训练过程中的艺术家,还是演说家,或者那些自称自由从业者的舞台艺术家,或是为了适应大学讲堂里的聚光灯的高热而在演讲前服用,或是为了在舞池里增强身体的笔挺度——到处都有人按照最安全的药物原则,亦即在某一特定时刻务必有效,去使用唯一能够确保这种效果的药物——可卡因。

如果您对具有这种心理状况的[大量]人士加以考察,然后再考量一下他们对于由许多医师慷慨提供给人们的那些所谓药物之无害性的信仰,您也会为了那些颇有影响的人士而注意到这种令人恐怖的危险发展势头。要是您继续观察就会得知,可卡因的消费量近年来成百倍地疯长,我所引用的是来自巴黎的数据,在那里有人让我看到了14000剂从瑞士进口的药物,我们从瑞士的报纸上就能获得多达50kg的可卡因供货信息。可卡因泛滥还显示了如下令人惊骇的发展趋势:化学家、医师、文学家们如今就靠秘密的可卡因贸易来养活自己。今天的可卡因瘾君子正在以比当年的黑死病人强得多的传染性感染着自己周围的人们。妓女自然会比前面提到的那些人群更无遮拦地使用可卡因。我见过一些16岁的小青年，他们第一次去嫖妓就品尝了可卡因。我也目睹过文理中学的男生们，他们为了刺激想象力和性快感而吸食可卡因，然后就走上了邪路。我还见过少量的教师吸食可卡因，还有一些可卡因贩子随时准备将某些警察机关拖进可卡因漩涡。这一切肯定发生在许多城市，我所知道的就有 4 个城市。在当今时代，那些自身有意并且也想促使家人坚持正直善良生活的人们已经被压迫到了喘不过气来的程度，他们完全没有能力应对这种可怕的瘟疫；对他们来说，即使全部的可卡因吸食者都毁灭了，［即使］其中也有十分宝贵的人物，那也是完全不足惜的。其后果［－－－］是更广泛的。

亲爱的朋友，这是一种毒品。我和一些专业同行从一些身体健壮的大学男生以及一名女助手的尿液里发现了其他兴奋剂组合的产物。

我们有一名青年医生，他的父亲还是一位检察官，可他却死于可卡因和吗啡中毒。这样一个不幸的人物的可怕影响在于，它恰好会让人觉得那种结局本来只应发生在一个品质卑劣者身上，——［现在］不仅如此，我还获知一系列的少女死亡案例，她们极有可能吸食了别人出于诱骗目的提供的可卡因和作为脯氨酸的其他类似物质。我们的工业界如今友好得足以轻易掌控所有嗜好这类东西的人，——恰如那些半无意识的中间商掌控着这种脯氨酸（和治鼻塞的鼻烟粉），利润高达百分之一千。

恰好有一种毒物——通过由砒霜导致的死亡案例——表明，有多少人在职业的表象之下求生存，理发师、门房、女服务员、美容业、按摩，他们的主要收入来源都出自于这些化工产品。——

真是太可惜了，您不能途经瑞士来我这里。我替 Albert 高兴，他可以跟您一道去博洛尼亚。[7] 请将我推荐给 Enriques[8] 教授吧。您说得有道理，从您的两个孩子身上，您可以获得许多快乐。对您而言，接下来的几年将会是一个最令人振奋的时期，如果您能回归静谧而富于创造力的安宁生活并且从政治和频繁旅行导致的纷扰状态抽身而出。

我现在常常有这么一种印象：我的思维难以拓展，它们就像光线一样透过，可是那个残忍的利己主义者却未能被引开——他一旦睁开眼睛，就要以某种方式为自己多多地捞钱，同时还让自己那掠过世界的思想无动于衷并且在一个阴暗的、能让它有利可图的角落里忙活着。

此时您又一次看到了一个厌弃人类的

                   Zangger

TLS。[40 017]。信头写的寄信人是"H. Zangger 教授博士"，回信地址是"苏黎世 7 区（Fluntern），贝格大街 25 号"。插入的一些难以辨认的文字是 Zangger 手书。

[1] 9 月 21 日,奥帕的巴登苯胺碱厂发生了一场严重的爆炸案,导致数百人死亡,几千人受伤。Zangger 可能被邀请作为工厂事故专家(参阅第五卷《人物志》,第 642—643 页)。Zangger 的说明可参阅下一份文件。关于这次灾难的一个报告,以及因此而进行的广泛的救助努力,参阅 *Rugel 1921*,尤其是其中的第 10—16 页。

[2] Franz Kälsch (1876—1970) 是巴伐利亚国家社会服务部的劳动医学专家,慕尼黑大学的工业卫生学的教授。

[3] 文件 249。

[4] Walter Friedrich (1883—1968) 是弗莱堡大学物理学特聘教授,也是这所大学妇产科临床实验室主任。

[5] Otto Glasser (1895—1964)。

[6] 回应爱因斯坦在文件 249 中的评论。

[7] 爱因斯坦认为经奥地利去意大利没有那么贵(参阅文件 249)。

[8] Federigo Enriques 1921 年 2 月 17 日邀请爱因斯坦去博洛尼亚(参阅年表和日程表)。

## 253. Heinrich Zangger 来信

苏黎世[1921 年 10 月 3—16 日之间][1]

亲爱的朋友爱因斯坦:

大约直到本月 16 日,我都会一直待在奥帕。我现在的通信地址是:莱茵河畔路德维希港/阿尼林街 4 号/布吕克纳博士先生(劳保医生)。

因技术导致的种种不幸事件中的最惨烈的这一次,[2] 它极大地吸引了我的兴趣并且使我无法摆脱,而您是第一个理解我的人。[3]

凭借我所具有的对于灾难性后果的十分特殊的经验,在许多个案中我也能够给予治疗上的建议。[我]有一些普通的线索,它们却令人吃惊地极少为人所知。可是有一种祸患却是心理学上的,一场那样的灾祸何以能够发生——作为时代症候并作为整个危险防范措施的表征。

在硝酸铵还有硫酸铵的混合物中都有能量蓄积,这是尽人皆知的,尤其是已经有大量的硝酸铵被用作炸药,并且早在 1918 年的慕尼黑就有一次由煤灰和硝酸铵的混合物引发的爆炸事件。所以几乎让人难以理解的是,板结得像大理石一样坚硬并通过非结晶方式[同时还给钻了孔]固化的材料,被人进行爆破性钻孔并用炸药加以爆破[被压碎并且]——能够引发大爆炸。——如果有了适宜的温度和压力,就是显而易见的了。这样的实验我们恰好不必小打小闹地去做,[或者说]而是要在一颗炸弹里面进行,那里面才有高压对物质产生作用。

其实这一切都不太重要,重要的是,正如您肯定已从帝国议会对于此案的决议中获知的,计件劳动方式也已经蔓延到了这类工作上,诸如快速清理库存之类的工作。[4]于是乎,该采用什么办法来处理这种已经板结得十分坚硬的材料,就完全变成了由某个工人自己做主的事,只要他根据计件取酬的规则认为合理的办法,他都可以采用。结果他把这种洁白的坚如磐石的物质,真的当作了岩石去处理。正如在奥尔滕(Olten)的一家水泥厂发生的惨案,工人把石灰跟沙相混合并加压,然后再跟加热后的沥青和煤灰混在一起,工人以为这只是把黑与白相混合;在这个过程中发生了剧烈的爆炸,导致多人死亡,40人受伤。[5]由于人们对有关情况缺乏足够深刻的全面了解,所以相比于人们对事故本身的思考,这类事故在经济上的后果更令人关注;既然人们如此的不重视,一旦灾难发生了,就显得特别可怕——然而人们却不愿意坦诚地,就像思考经济上的危险那样,去思考那类事故的危险之所在。

我本人迄今为止已经目睹了47次爆炸的后果,绝非偶然,而是说明有一大堆的各种危险存在着。对于这些危险,我是凭着个人兴趣在关注。

TLC (SzZ, Nachlass H. Zangger, box 323)。[87 602]。不完整,更正和行间注释见Zangger藏本。

[1] 确定这封信的日期依据是它可能写于文件252之后。

[2] 关于奥帕那次爆炸,参阅文件252,注释1。

[3] 自1905年结交以来(第五卷,《人物志》,第642—643页),爱因斯坦与Zangger之间就书信不断。他们在书信往来中所谈话题广泛,其中包括科学,比如可参阅爱因斯坦[1911年]11月20日写给Heinrich Zangger的信(第五卷,文件308)。

[4] 9月28日,德国国会多数人投票赞成成立一个调查委员会,该调查委员会可能与巴伐利亚议会一个类似的委员会合作(参阅《国会的谈判》[*Verhandlungen des Reichstages*],第351卷[1921年],第4616页)。1922年,该委员会对工厂的工人委员会举行听证会,并从中了解到许多工人跟工厂签订的是"计件合同",结果忽视了安全法规。1922年9月发表的一份中期报告否定了这一说法(同上,第380卷,第7679页)。1923年12月,委员会在路德维希港和柏林举行十三次会议后发布了一份最后报告。尽管经过了大量详细的科学研究和技术调查,对于此次事故的真正原因该委员会还是没有最终认定(同上,第380卷,第7673—7679页)。

[5] 1920年11月5日,阿尔高州奥尔滕的A.-G. Hunziker & Cie.工厂,这个每天生产350t木炭煤球作为机车燃料的工厂在一次碳尘爆炸中被毁(参阅*Rey 1937*,第184—185页)。

## 254. 致 Ludwik Silberstein[1]

柏林,1921 年 10 月 4 日

亲爱的同事先生:

我非常感谢您在那个讨厌的报纸事件上所作的友好的斡旋;[2]令我感到由衷的高兴的是,您消除了某些行事轻率的人们所造成的那场不幸的一部分。然而最重要的仍然是,有洞察力并且独立自持的人们之间的互相理解;多数人总是不可信赖的,他们像水一样不稳定。我那封信被人公开发表,对此我当然无可厚非。可是人们不断地回到那个事情上,从而使它获得了过分的重要性,这样做好不好,我很怀疑。[3]

然后说说我被任命到芝加哥的问题。[4]Gale 和 Michelson 这些同事准备把我安置到他们身边的一个如此美好的位置上,这令我非常感动。能与这些人并且首先也能跟您一起工作——这样的前景对我有着非同寻常的诱惑力。我也深信,这样的合作定会令人十分满意并将会硕果累累。然而我却不能响应这个美好的召唤。我与这里的同事和学生之间有过某些不愉快的经历,尽管这是事实,可是由于各种亲情和友情的关系,我已经牢牢地扎根于此,所以要是没有现实的困厄胁迫,我不可能做出决定,去选择一个完全陌生的、即使有着那种吸引力的新环境。人们在每一个自己生活过并且建立了人际关系的地方,都会产生一大段自我的经历;而且到了我这个年纪的人,若非遭遇了巨大的损害,根本没有足够的能力去彻底改变生活环境,然后重新开始一切。因此,请您向同事们转达我深深的感激之情;您肯定能看懂我内心的冲突,是它不容许我,做出一个那么极端的决定。

现在可以谈光行差了。[5]我此前的观点是完全正确的。[6]我们不妨这样来理解所有的问题:

设置一个惯性系统,光源 $L\ M\ N\cdots$ 的运动由该系统给定。再给定观察者在观测时所处的位置和速度。在哪些方向他会看见 $L\ M\cdots$?

(1)对于观察者而言,坐标系 $X_r(r)$ 中运动的光源 $L$ 在时间 $t_0$ 可以替换为一个相对于坐标系静止的光源 $E$,其坐标为 $X_r(t_0-\frac{r}{c})$,作为光源与观察者之距离的 $r$ 在惯性系统中的时间 $t_0$ 可以足够精确地被测出,倘若所有物体的速度与 $c$ 相比都很小。

(2)观察者运动对于被观察光源的位置所产生的影响在于,角度$\angle(OL',v) = \theta$[缩小了][7] $\Delta\theta = \dfrac{v}{c}\sin\theta$。[8]

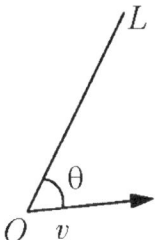

例如：

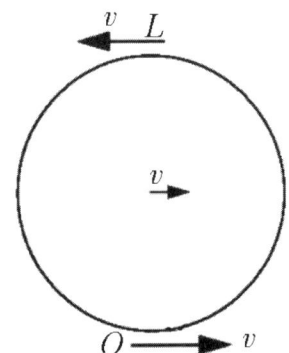

$\angle(OL,v)$相对于惯性系$= \dfrac{\pi}{2}$

相对于运动的观察者$O = \dfrac{\pi}{2} - \dfrac{v}{c}$

$\angle(OL,v)$相对于惯性系$= \dfrac{\pi}{2}$

相对于运动的观察者$O = \dfrac{\pi}{2} - \dfrac{2v}{c}$

TLC 和 Dft 均出于爱因斯坦之手。公式来自草稿。[21 048, 21 049]。

[1] 根据他的信确认收信人。

[2] Silberstein 报告了对爱因斯坦的一次采访所引发的骚动,参阅文件 178。

[3] 文件 229 建议出版爱因斯坦那封"坦诚的信"。

[4] 参阅 Silberstein 以前的信(文件 229)。

[5] 草稿的内容以这句话开始。

[6] 在文件 197 里,Silberstein 指出爱因斯坦在 Einstein 1905r 第 7 章对恒星光行差的处理(第二卷,文件 23)存在错误。

[7] 根据草稿增加的内容。

[8] TLC 的这一句在此结束。草稿里,这句话结尾的词是"变(小)"。

## 255. Eduard Einstein 来信

[苏黎世,][1921 年][1] 10 月 4 日

亲爱的爸爸：

我十分感谢你送给我的手表。[2] 它走得很准，现在我又得到了一条表链。送表来的那位先生告诉妈妈，[3] 他在路上遇到了袭击，那块手表差点就被偷走了。你不能来苏黎世真是太可惜了，我们本来都已经在高兴地期待着你来。[4] 而且我还专门为此练好了莫扎特的一首高难度的奏鸣曲，准备演奏给你听。此外我们还计算过，你途经因斯布鲁克的话其实也便宜不了多少钱。[5] 或者你可以先直接来苏黎世，然后再去蒂罗尔，这样你在瑞士境内的旅途就只有一小段了。要是我能有机会跟你在一起待一会儿，我会非常开心的。我今天拿到了成绩单，我得的是优秀；星期六我们就放假了。[6] 我真的希望能见到你并向你送上亲切的问候。

你的
Teddy

ALS。[144 463]。下面两个文件附在这封信之后。

[1] 年份的确定依据是爱因斯坦作为礼物送给儿子 Eduard 的一块手表和爱因斯坦取消去苏黎世的计划 (参阅文件 223)。

[2] 一块银表，爱因斯坦打算去苏黎世时送给儿子 Eduard (参阅文件 223)。

[3] Mileva Einstein-Marić。

[4] 爱因斯坦原计划去意大利的途中去苏黎世看望家人，然后带 Hans Albert 继续往意大利去 (参阅文件 223)。

[5] 早在几天前，爱因斯坦告诉 Zangger 他要经奥地利去意大利，因为这样旅费没那么昂贵 (参阅文件 249)。

[6] Eduard 在苏黎世霍赫街小学上五年级。

## 256. Hans Albert Einstein 来信

[苏黎世, 1921 年 10 月 4 日][1]

亲爱的爸爸：

我现在就要去办护照了。你的来信我收到了，可是那东西真的挺贵的，我很

怀疑我是否能够得到奥地利的签证。[2]要是我们另外写信给你,那我就是16日去因斯布鲁克,我们谁要是先到,谁就在那里等候另一个人的火车到站并到车上去找人。要是我们未能在火车上碰面,(我就到警察执勤点去说一个跟你碰头的地点)。如果你没有另外给我写信的话,那么我们就在二等车厢的候车室碰面。我好兴奋地期待着这次旅行,只是为了拿到签证就得花掉50法郎,还不算旅费,因为我得办两次签证。[3]

亲切问候你的<br>Adn.

ALS。[144 463.1]。附在前一封信之后。

[1] 日期确定的依据是这封信是附在前一封信之后。

[2] 如果Hans Albert要与爱因斯坦一同去意大利的话,他需要一份护照(参阅文件223)。他们改在因斯布鲁克见面(参阅以前的文件和文件249)。

[3] 奥地利和意大利。

## 257. Mileva Einstein-Marić来信

[苏黎世,1921年10月4日][1]

亲爱的阿耳伯特:

孩子们感到很遗憾,因为你不能照着你的许诺到这里来。[2]他们已经想好了一切可能的情形,你们一起做什么,你们一起聊什么,为的就是将你的到来变成一个节日来欢庆。我本来也很乐于将你作为我的客人来接待,这是我从来没有做过的,[3]因为知道你要来他们真的是太快乐了,所以我才想要在此请求你,还是到这里来吧,然后如有可能,就从这里取道蒂罗尔,这样可以避免穿过瑞士的漫长旅途。[4]并且或许肯定也有一次机会,跟你稍稍谈谈孩子们的事,我很有兴趣在某些事情上听取你的看法,可是仅凭写信做不到彼此沟通。

所以我请求你,过来吧,你的儿子们正怀着巨大的喜悦盼望着你。

致以友好的问候<br>M.

ALS。[144 463.2]。附在前一封信之后。

[1] 日期确定的依据是这封信是附在前两封信之后的。

[2] 爱因斯坦最初想去苏黎世看望家人(参阅文件223)。

[3] 其实爱因斯坦 1919 年 7 月就与 Hans Albert 住在他们苏黎世的家里了，当时 Mileva 和 Eduard 在莱茵费尔登进行盐水治疗（参阅爱因斯坦 1919 年 7 月 8 日写给 Elsa Einstein 的信[第九卷，文件 70d，载第十卷]）。

[4] 很明显，爱因斯坦不想经瑞士从北向南进行长途的旅行（经苏黎世），而宁愿绕过瑞士从德国经奥地利去意大利（亦参阅文件 249）。这可能是因为瑞士铁路旅行太贵，而且德国马克和瑞士法郎之间的兑换率很高，1 瑞士法郎兑换 21.55 德国马克（参阅《福斯报》，1921 年 10 月 4 日晚间版）。

## 258. 致 Friedrich Vieweg

柏林，1921 年 10 月 5 日

亲爱的先生：

随信附上国际"文艺复兴"出版社的一份调查表，是关于把相对论小册子翻译成希伯来语和意第绪语的版权问题。[1] 如果您同意不要求得到翻译方面的任何补偿，这对爱因斯坦教授来说是一份特殊的荣幸，他本人也打算放弃这份翻译补偿。那么当然出版商也将不可能拥有完全的翻译版权。如果您不赞同这个安排，请告知我们。

向您致以深深的敬意。

秘书

TLC。[42 108]。这封信的收信人地址是"Friedr. Vieweg & Sohn Braunschweig 出版社"。

[1] 关于"文艺复兴"出版社的那封信，参阅年表和日程表 1921 年 9 月 26 日。

## 259. Chaim Weizmann 来信

梅拉诺，斯特凡尼疗养院，1921 年 10 月 7 日

亲爱的教授：

非常感谢您的来信。很抱歉我不能非常肯定地回答您的问题。然而在我看来，现在似乎还没有到非去巴勒斯坦不可的状况。[1] 您也许听说了，Samuel 已经签了那份了不起的约旦特许书（Jordan concession）[2]。故此，如果我们能够开始那项工作，这将会给移民行动提供很多机会——因此，一个最紧迫的问题就是暂时能够找到一个可解燃眉之急的部分解决方案。[3] 同样的道理也适用于其他方

面。如果我们能够设法弄到 150 万的预算，我们也能开始移民行动。如果事情对我们来说变得更容易，Samuel 一定会很高兴。[4] 但如果我们没有钱，现在就去跟 Samuel 谈就显得很不成熟。因此我相信，首先在美国开始活动可能会更重要，以后再去巴勒斯坦更合适。

您能决定去美国访问 2 个月，我觉得这是最重要的事情。亲爱的教授，我恳求您写信到伦敦，告诉我您怎样看待此事。我明天离开这里，然后在巴黎待两天，然后是מוצאי יו"כ[5]，然后继续我去伦敦的行程。

向您致以最友好的问候。

祝您新年快乐！[6]

您忠心的
Ch. Weizmann

PLS。*Wasserstein 1977*，第 257 页[87 749]。

[1] 爱因斯坦可能暗示的是去巴勒斯坦的一次联合旅行。

[2] Herbert Louis Samuel 爵士(1870—1963)是英国驻巴勒斯坦托管政府的高级专员。1921 年，犹太复国主义行政官员 Pinchas Rutenberg 与殖民地的王室代理人在伦敦签署了一份协议。根据这份协议的规定，英国向 Rutenberg 做出让步，允许他们利用约旦河和耶尔穆克河的水能，为"整个巴勒斯坦和外约旦地区提供和分配电能"(参阅 *UNSCOP 1947*，第 16 页和 *Wasserstein 1977a*，第 255 页，文件 250，注释 1)。

[3] 1921 年 7 月，随着 5 月部分阿拉伯人当中出现的反犹暴动，英国驻巴勒斯坦托管政府对犹太移民颁布新的限制条例(参阅 *Wasserstein 1977*，220 页，注释 6)。

[4] Samuel 对犹太复国主义者组织的巴勒斯坦移民运动的态度，以及对犹太人与阿拉伯人之间冲突的态度，关于这方面的详细研究，参阅 *Mossek 1978*、*Wasserstein 1991* 以及 *Huneidi 2001*。

[5] 希伯来语表示"赎罪日之后的那个晚上"，即 1921 年 10 月 12 日。

[6] 1921 年 10 月 3—4 日是犹太人的新年。

## 260. 致 Mileva Einstein-Marić

[柏林，] 星期六 [1921 年 10 月 8 日][1]

亲爱的 Mileva：

我完全按着你的意愿来做，我也非常高兴这样做，因为我回来时在苏黎世停留，而苏黎世就在博洛尼亚与莱顿之间。[2]

我喜欢住在你家里，正如我先前安排的那样。[3] 但我不能那样做，因为那件舆论丑闻可能与它联系起来。我现在几乎处于谣言的中心。[4] 你知道我可以住在客房里，就在你们的隔壁。[5] 然后我们可以谈论所有的事情。主要问题是：Hans Albert 应该在哪里上学？[6] 我没有如此胆量再要求你们搬到德国。[7] 需要考虑的有两个方面。

我星期六早上(15 日)离开，晚上一点半到达因斯布鲁克。我将在"金色阳光"过夜。[8] 最好是我能在那里见到 Albert。但如果他不在那里，我星期天会在那里等他。然后我们可能穿过边界直接进入佛罗伦萨，住在维罗纳。我们将要去拜访的 Maja[9] 就在佛罗伦萨。她很久没有见到 Albert，这次见了，肯定很开心。我最迟必须在 20 日晚上到博洛尼亚。26 日我会在那里发表最后一次演讲，然后我们一起去苏黎世。11 月 5 日我必须在莱顿。我之所以那么期待去那里，更多是为了 Albert。我也期望见到我可爱的小 Tete，看着他炫耀我的表。[10] 别提我来苏黎世的事，这样我可以避开日内瓦的邀请，我很久以前答应过去那里做一场讲座。[11] 如果我必须去日内瓦，那么我就带上 Tete，如果可能的话。

亲吻我的孩子们，向你致以友好的问候。

你的

阿耳伯特

我将负担 Albert 的旅费(包括签证等)，这样你就不用为他的旅行欠下债务。[12]

ALSX。[75 722]。

[1] 日期依据是他计划启程去因斯布鲁克的日子，刚好是下星期六之后再过一周以后。

[2] Mileva 4 天前表达了她的家人的愿望(参阅文件 257)。

[3] 爱因斯坦 8 月下旬提过这个想法(参阅文件 218)。

[4] 可能是 1920 年夏因相对论引发的公开而专业的争议所带来的负面影响，也可能是 1921 年初 *Moszkowski 1921* 的出版带来的负面效应(参阅第十卷序言第二章)。

[5] 极有可能是施特恩瓦尔特宾馆，爱因斯坦 1919 年 1 月至 2 月和 1919 年夏天两次来苏黎世时就住在这家宾馆(参阅年表和日程表 1919 年 1 月 22 日和 Hans Albert Einstein 1919 年 8 月 15 日后写给爱因斯坦的信[第九卷，文件 87a，载第十卷])。

[6] 8 月下旬，爱因斯坦写信给 Mileva 说他对 Hans Albert 进入瑞士联邦工学院学习"并不那么热心"(参阅文件 218)。

[7] 8 月下旬，爱因斯坦最后表达了自己的观点，认为 Mileva 和两个孩子应该搬到德国居住(参阅文件 218)。

[8] "金色阳光"客栈。

[9] Maja Winteler-Einstein 和她的丈夫 Paul Winteler 1920 年 12 月下旬离开卢塞恩去意大利(参阅 *Rogger 2005*，第 66 页)。

[10] Eduard 感谢爱因斯坦送给他的银表，这只表是某个不知名的人带到苏黎世的(参阅文件 255)。

[11] 1920 年 1 月，爱因斯坦接受 Charles Guye 的邀请去日内瓦发表关于广义相对论的哲学基础的演讲(爱因斯坦 1920 年 1 月 12 日写给 Charles-Eugène Guye 的信[第九卷，文件 255])。

[12] Hans Albert 4 天前提到这次旅行的部分开销(参阅文件 256)。

## 261. 致 Alnold Sommerfeld

[柏林,]1921 年 10 月 9 日

亲爱的 Sommerfeld：

您对我总是那么友善——如果我可以这样说的话——在每件事情上都像一个骑士那样对待我,以至于坚持撤回[1]对我来说非常艰难,因为我拒绝的就是您。但确实没有别的办法,您必定也了解这一点。您非常正确地宣布,学生们必定因为沉重的心理原因而被激怒；他们错误地认为我是一个共产党员什么的；他们现在应该受到惩罚,最大的惩罚就是开除。[2]我对此得出的结论是,如果我真的要来,他们肯定对我的到来有几分惊讶。这一切我都可以理解和尊重,因为没有什么比得上从别人卧室的私密处窥视陌生灵魂的深处更让人满足的了。但我不想去深入经历它,特别是当我已经在类似场合里见证了足够多的类似事件以后。[3]如果这只是涉及一件具有客观重要性的事情,那我肯定坚持到底,继续履行我的职责。但问题不是那样。因为我目前也没有什么新鲜的高明的东西拿去给人家看,只是一些任何一个有好奇心的人都已经知道的事情。当一个人可以怀着自由而幸福的心态去做事的时候,他就会欣然地去做,但这不适合现在的情形。因此,如果这个事情不是直接指向您本人的话,我可以怀着毫无歉疚的满足宣布我的拒绝,但如果真的指向您,我也别无选择。——

我对我们的极隧射线实验[4]的结果充满了好奇。我对此一点把握也没有。我相信,除了定向的能量过程,也发射了一种球面波,因为可能存在对大孔径角的干涉。但既然发射时间比受相位差异影响的相干时间短,[5]我就不相信即刻发射的东西具有振荡特征。这个运作机制可能更间接,而且完全不同于我们习惯上假定的那样,特别是在量子论与波动论之间的激烈争论持续不减的时候。无论如何,实验的结果不可能根据现有的知识得到预测。甚至 Stark 演示过的多普勒效应的存在也无法提供这样的前景。关于这一点,我的这封短信是没法说清楚的。[6]

向您致以热诚的问候。

您的
A. 爱因斯坦

ALS (GyMDM, Archiv HS 1977—28/A, 78[20])。*Einstein and Sommerfeld 1968*,第 92—93 页;*Sommerfeld 2004*,第 105—106 页。[21 401]。

[1] 爱因斯坦在文件 247 中取消了去慕尼黑的一次讲座。

[2] 慕尼黑学生对爱因斯坦去那里发表演讲的态度可参阅文件 247,注释 3 和 4。

[3] 爱因斯坦与柏林学生之间的争吵,参阅《讲堂里的鼓噪》(第七卷,文件 33);关于柏林爱乐音乐厅出现的反相对论集会,参阅文件 28,注释 6,以及最近在德累斯顿发生的事情,参阅文件 24。

[4] 爱因斯坦正与 Hans Geiger 一起研究光量子的性质(参阅文件 247 和 *Einstein 1922a*[第七卷,文件 68])。

[5] 爱因斯坦 1922 年 4 月 29 日在阿姆斯特丹大学发表演讲时表明,经典的光发射模型使用正经受阻尼振荡的电子和给出量级 $10^{-8}$ 秒的发射时间,很好地解释了大光程差上的干涉现象。接着,爱因斯坦介绍了量子理论中光发射的两种时间尺度:一为发射时间 $U$,在此期间,电子从激发态衰变到非激发态;另一种为 $Z$ 时间,此期间原子处于激发态。$Z/U$ 的比例不知道,但极隧射线实验表明,$Z+U$ 是经典计算的发射时间的量级(*Wien 1919*,*1921*)。根据 James Franck 和 Gustav Hertz 的实验(*Franck and Hertz 1914*),爱因斯坦认为 $U$ 相对于 $Z$ 来说会非常小(*Einstein 1916n* 也提出这样的假设,第 51 页[第六卷,文件 38,第 386 页])。*Einstein 1922a* 中勾画(第七卷,文件 68)的实验意在阐明 $U$ 的大小(参阅"荷兰物理学会。1922 年 4 月 29 日周六在阿姆斯特丹大学自然科学实验室召开的会议"。《荷兰物理学》杂志 2 [1922]:第 158—159 页)。

[6] Johannes Stark;*Stark 1905*。爱因斯坦在 1922 年 1 月 19 日向普鲁士科学院展示的一份没有发表的手稿里解释说,多普勒效应的存在(对极隧射线光源)没有证明,同一个粒子同时在不同的方向发出不同频率的辐射,而只是证明这个粒子如果在一个方向发生辐射,那么它的频率必定符合多普勒原理。如果是在一个元发射过程里,这也可能发生,整个辐射能量按照单一的方向,比如以符合牛顿发射理论的方式发射出去([2 086])。

# 262. Keiichi Aichi 来信[1]

仙台,1921 年 10 月 10 日

尊敬的爱因斯坦教授:

我衷心感谢您在您家中给予我的友好而亲切的款待。我不久前回到了日本。

我已将我的研究寄给了您,[2] 可惜我早期的研究成果我手头已无副本:"椭圆柱体对电磁波的衍射"(《数学科学百科》,衍射,第 507 页)[3] 和"流体力学运动"(Rayleigh 爵士的文集,卷四,第 446 页)[4]。

Ishiwara 教授病了,[5] 目前正在静养。我在学校看相对论方面的文献(根据 Kopff 的概论)。[6]

日本的报纸上说,您将在春天来日本。这是真的吗?如果是,全日本的学者都会十分高兴。希望您能来信告诉我,您何时到来。到时候我或许可以陪同您周游日本。

　　顺致崇高的敬意。

K. Aichi<br>
日本仙台东北帝国大学

ALS。[36 437]。

　[1] Aichi(1880—1923)是物理学教授。
　[2] Aichi下面的论文可以在爱因斯坦的重印本收藏集中找到：*Aichi 1919a*，*1919b* 和 *1919c*。
　[3] *Epstein 1915*，发表于 *Encyklopödie Mathematischen Wissenschaften*，引自 *Aichi 1908*。
　[4] *Rayleigh 1916*，重印为他的 *Scientific Papers* 的第六卷，引自 *Aichi 1907*。
　[5] Jun Ishiwara。
　[6] *Kopff 1921*。

## 263. 致 Hermann Anschütz-Kaempfe

[柏林,]1921年10月11日

亲爱的 Anschütz 先生：

　　我的慕尼黑之行不会再有什么结果了。这是因为慕尼黑的某些学生协会，他们的态度和阵势使人极有可能得出这样的结论：我的慕尼黑之行最终不会顺利。[1]顺便说一下，Sommerfeld[2]在这件事情上表现得非常友好。对我来说更好更开心的是，能够再次到基尔去拜访您，然后一起重温我们美好的记忆。[3]您在那个技术问题上坚持最简单的解决方案，我觉得是完全正确的。如果通过改善钢材可以取得进展就更好了。钢材要是在市场上买不到，Count Arco[4]肯定可以给我们一些。

　　关于磁场实验，我确实考虑静态测量(解决方案)更可取；我相信使用一个短路线圈，涡电流不会再产生干扰。测量弱场的感应方法的最大劣势是地球磁场。无论如何，如果那些先生在实施项目之前就写信告诉我他们的项目，这样做可能更好，因为这样就可以尽可能地节省力气[5]。

　　我和儿子15日要去博洛尼亚，[6]目的是去那里演示我的德国酸菜味意大利语。但丁的孙辈们将会有大家感到惊讶的东西！然后我必须去荷兰几个星期，因此这里的实验和理论合作不得不再次停顿一个多月。[7]但莱顿也有一些有趣的事儿。[8]

　　热诚问候您的妻子。[9]

您的
A. 爱因斯坦

ALS (Maximilian Schuler Papers, Friedrich Schlögl, Aachen)。*Lohmeier and Schell 2005*,第 144 页。[81 204]。

［1］关于爱因斯坦取消慕尼黑之行这一计划的背景,参阅文件 247。

［2］Arnold Sommerfeld。

［3］8 月中旬,爱因斯坦和两个儿子与 Anschütz-Kaempfe 一起住在基尔(参阅文件 206 和 207)。

［4］关于德律风根公司的无磁滞钢,参阅文件 241；Georg Count von Arco (1869—1940)是这家公司的总工程师。

［5］指一个考察加热的旋转铜柱之磁性的实验,一个由爱因斯坦提出,由 Maximilian Schuler 和 Karl Glitscher 策划的实验(参阅文件 237 和 241)。

［6］关于爱因斯坦与 Hans Albert 一起去博洛尼亚的具体细节,参阅文件 249。

［7］关于爱因斯坦与 Hans Geiger 一起进行的光发射实验,参阅文件 261；关于他对 Kaluza 的理论的兴趣,参阅文件 270 和 283。

［8］关于他 11 月初去莱顿的计划,参阅文件 219。

［9］Reta Anschütz-Kaempfe-Stöve。

## 264. Erich Wende 来信[1]

柏林西 8 区菩提树下街 4 号文化部,1921 年 10 月 11 日

令人崇敬的教授先生:

我今天接待了阿根廷共和国的职业领事 Alberto Candioti 先生的来访,[2]他是罗沙里奥大学的 Wildermuth[3]教授(之前曾在法兰克福大学医学系供职)推荐给我的,是一位很有兴趣拓展我们与阿根廷的友好关系的人士。为此我个人的想法是,我们有理由希望,通过 Wildermuth 教授的中介形成与西班牙和阿根廷科学界更活跃的交流关系。为了实现这一追求,Candioti 先生跟我谈了他的设想:他希望能争取您去阿根廷做学术报告;至少我相信我在此意义上正确理解了他的用意。因为我从一条报纸新闻中推知,您即将动身前往意大利,[4]我不得不告诉 Candioti 先生,让他暂时以这种方式结识您并跟您建立联系,以便能够私下跟您进一步商讨这个计划。或许我可以预计,Candioti 先生将寻求适当的机会,亲自造访您;但我今天不得不局限于只是向您提出一个请求:请您以最友好的方式接待 Candioti 先生,如果这对您而言是可能的话。

顺致崇高的敬意。

> 您忠实的
> Wende
> 政府枢密顾问

TLS。[44 226]。这封信的收信人及其地址是"爱因斯坦教授博士先生,柏林西30区哈伯兰街5号"。

[1] Wende(1884—1966)是普鲁士教育部的一位资深官员。
[2] Alberto Maria Candioti(1888—1968)是一位外交官和作家。
[3] 可能是 Filipp Wildermuth(1881—?)。
[4] 去博洛尼亚发表演讲(参阅年表和日程表1921年10月3日)。

## 265. 致 Friedrich Vieweg

> 柏林,1921年10月12日

尊敬的先生:

受爱因斯坦教授先生之托,我谨通知您:他同意您与国际"文艺复兴"出版社之间的约定。[1]事后放弃获准的索赔可能不好,因此爱因斯坦教授决定,为了慈善目的而支付那笔费用。[2]

关于 Turner 所作的那幅蚀刻,我想告诉您,爱因斯坦教授先生觉得仰视的那个头像更好(我在它背面做了一个十字标记);[3]尽管如此,对于爱因斯坦教授先生本人而言,最好的选择是,再也不要继续往那本小书里放任何图片,倘若这样做不会给他造成任何损害。

顺致崇高的敬意。

> 秘书[4]

TLC。[42 111]。这封信的收信人及其地址是"Friedr. Vieweg & Sohn 布伦瑞克"。

[1] 关于 *Einstein 1917a* 的乌克兰语版、希伯来语版以及意地绪语版(第六卷,文件42),参阅年表和日程表1921年10月7日。
[2] 爱因斯坦提出放弃希伯来语版和意地绪语版 *Einstein 1917a* 的专利权(参阅文件258)。
[3] Vieweg 寄给爱因斯坦两幅由德国画家 Julius C. Turner 创作的爱因斯坦铜版画(参阅年表和日程表1921年10月7日)。
[4] Ilse Einstein。

## 266. Hans Reichenback 来信

斯图加特,诺斯普街 5 号,1921 年 10 月 12 日

亲爱的爱因斯坦先生:

对于如何借助光信号定义相互静止的点这个问题,我经过又一番思索,现在有了结果,[1]并且我很想把它告诉您。我此前给出的定义 4 不清晰;[2]我不小心犯了一个计算错误。但可以借助一个补充使该定义变得清晰起来。为此我很愿意写这封信给您。

给定一个点系统 $K$,该系统满足公理 I — V。[3]在原点 $A$ 引入函数 $\tau = f(t)$ 替代统一时间,根据定义 3 建立一个相关的点系统 $K'$。[4]然后恰如在 $K$ 中一样,要定义 $K'$ 中的周期和从 $A$ 出发的相同长度。如果公理Ⅲ在 $K'$ 中成立,[5]显然就足以表明,对于 $K'$ 中任意两点 $B', C'$ 之间的一个信号而言,时间 $\tau_2 - \tau_1$ 不依赖于 $\tau$。如果想象 $K'$ 的那些点从 $A$ 快速径向远离,这就够了,因为系统 $K'$ 在自身内部的缠绕不可能达到目的。就是说方位角 $\vartheta$ 的变换相同。于是,从 $K$ 到 $K'$ 对于半径($=$到 $A$ 的距离)和时间(设光速$=1$)的变换公式为:

$$\tau = \frac{1}{2}[f(t+r) + f(t-r)] \quad (1) \text{在 } K \text{ 中}; t, r$$

$$\rho = \frac{1}{2}[f(t+r) - f(t-r)] \quad (2) \text{在 } K' \text{ 中}; \tau, \rho$$

此时就可以要求,对于 $K'$ 中的两个点 $\rho_1 \vartheta_1$ 和 $\rho_2 \vartheta_2 (\vartheta_1 \neq \vartheta_2)$ 而言,信号时间 $\tau_2 - \tau_1$ 不依赖于 $\tau$,并为 $f(t)$ 得到以下条件。设 $t = \varphi(\tau)$ 是 $\tau = f(t)$ 的反函数,则 $\varphi(\tau)$ 必有如下特性:给定 3 个任意且有限的量 $\eta_1 < \eta_2 < \eta_3$,那么 $\delta_1 \delta_2 \delta_3$ 这 3 个量可由 $\varphi(\tau)$ 依如下方式确定:

| 幅角 | 函数 |
|---|---|
| $\tau$ | $t = \varphi(\tau)$ |
| $\tau + \eta_1$ | $t + \delta_1$ |
| $\tau + \eta_2$ | $t + \delta_2$ |
| $\tau + \eta_3$ | $t + \delta_3$ |

此时,如果在 $\eta_1\eta_2\eta_3$ 为常量时任意改变 $\tau$,则所产生的 $\delta$ 应满足以下关系:

$$\frac{\delta_1\delta_2+\delta_2\delta_3-2\delta_1\delta_3}{\delta_2(\delta_3-\delta_1)}=\text{const}=\alpha(\eta_1\eta_2\eta_3) \qquad (3)$$

$$-1<\alpha<+1$$

这不仅可通过直线来满足,而且也可通过 $t=e^{\tau}$ 来满足,从而对于 $f(t)$ 的选择,还有 $\tau=\log t$ 可选。这是唯一的可能性。如果将 $f(t)=\log t$ 代入(2),那么随着 $\rho=\text{const}$ 会得出 $K'$ 的点的运动方程,从 $K$ 来判断。这样就有

$$r=vt+vb$$

也就是说,$K'$ 的那些点分别以恒定的速度 $v$ 径向远离 $A$,但其速度并非一样大,而是在时间 $t=0$ 时与到 $A$ 的距离成比例。

经计算可知,即使在这样选定的 $K'$ 中,公理Ⅳ也是有效的,从而周期就成了过渡性的。[6] 与此相反,欧氏几何在 $K'$ 中不适用。因为若要适用就必须要求,当 $\rho_1$ 和 $\rho_2$ 的值倍增且两点之间方位角 $\vartheta$ 相同时,时间 $\tau_2-\tau_1$ 也必须同样倍增。这就会导致,在所选的 $\eta_1\eta_2\eta_3$ 值倍增的情况下,方程(3)里的 $\alpha$ 必须具有同样的值。可是这样一来,对数函数就不再可行,结果就只剩下了线性函数。

我现在可以对我那些定义做些修订,好让那些静止的点得到清晰的确定。所以公理Ⅴ现在的内容为:"这是可能的:根据公理Ⅲ在诸系统中选取一个,以便让几何变为欧氏的。"而定义 4 必须改为:"根据公理Ⅲ和Ⅴ,一个系统的诸点是相互静止的。"[7]

最重要的结论在于,完全无需刚性的量杆和物质性的时钟就可以对付一切。十分值得注意的是,在这种"光几何学"里,光的一个重要属性亦即光的频率压根儿就没有被派上用场。借助光频当然或许可以很容易地定义统一性;可那样做的话,电子就会作为物质性的时钟留存在定义里。

也可以在引力场中清晰地定义静止点。虽然那里的几何会变成非欧氏的;但是可以给公理Ⅲ增加一个补充条件:对于静态场,几何应该变为静态的,对于稳定场应该变为稳定的。也就是说,如有可能就应使几何成为静态的,由此并且也由于公理Ⅲ,那些静止的点就能得到清晰的定义了,等等。

另外,仅仅沿着一条直线去设置公理Ⅲ的条件,这是不够的。那样就完全不会产生任何对于 $f(t)$ 的限制了,确切地说,每一个任意的函数都满足那些条件。现在,凡是首先由几何达成了清晰性的地方,也都显得易于理解了。

向您致以衷心的问候。

您的
Hans Reichenbach

ALS。[20 077]。

[1] 9月18日至24日,德国物理协会在耶拿召开会议,Reichenbach在这次大会上做了一个报告,采用公理化方法研究了相对论;他此次报告出版为 *Reichenbach 1921a*。以下引用出自 *Gimbel and Walz 2006* 中的英语翻译,第46—49页。

[2] 定义4:"一个系统如能满足公理Ⅲ,可称之为'标准系统'";一只校准到该系统的时钟,就叫"标准时钟"。

[3] 前面5个公理(或称"光公理")旨在不借助物理量杆和时钟而建构"一个完整的时空理论"。

[4] Reichenbach的方案利用了一系列的定义。依据其发表版,定义3为:"在$A$选择一个任意时钟间隔作为时间度量单位。找到每个点$P$,对于所有这些点(在任意运动状态下),信号时间(相对于选定的单元测得)都具有恒定值$APA$,这个点系就叫作'与$A$相关的参考系'。"

[5] 依据其发表版,公理Ⅲ为:"有可能在$A$中选择一个时间间隔,使所产生的与$A$相关的点系成为一个跟其每个点都相关的参考系。"

[6] 依据其发表版,公理Ⅳ为:"如果从一个标准系统中的$A$点,有两个光信号沿闭合三角路径$ABCA$朝相反方向被同时发送,那么它们将同时返回。"在此语境中,请注意爱因斯坦对Ludwik Silberstein向他推荐的实验方案所产生的兴趣(参阅文件136)。在该实验中,两个光信号并未如预期的那样同时返回,因为地球未能成为一个惯性系。

[7] 在已发表的文档中,这个定义的编号是7,其内容为:"若一个系统满足公理Ⅲ,Ⅳ,Ⅴ,则被称为惯性系统;这样的系统里的诸点被称作'处于相互静止的关系',且相关的标准时间被称为统一时间。"

## 267. 致 Erich Wende

[柏林,]1921年10月13日

因为我星期六早上[1]必须动身前往意大利,所以我几乎不可能在我启程之前去跟Candioti先生谈话了。[2]在意大利完事之后,我还得直接从那里去荷兰,从而只有11月底才能回国。然后我将欣然去结识Candioti先生。

然而我必须同时说明,我几乎不可能在接下来的一年半里去南美洲。作为对一封我不久前收到的邀请函的回应,我已推荐了J. Laub教授博士先生前去作那一类的报告,[3]他出生在德国,现已加入阿根廷国籍(目前是阿根廷驻慕尼黑的领事),并且他完全具备举办那些讲座所必需的专业知识。

顺致崇高的敬意。

Dft为Ilse Einstein手笔。[44 227]。写在文件264的最下方。

[1] 10月15日。

[2] 关于Wende的要求,参阅文件264。

[3] Jakob Laub(1882—1962),爱因斯坦1908年在伯尔尼跟他有合作。

## 268. 致 P.R. Bennett

柏林,1921 年 10 月 14 日

十分尊敬的先生:

在您 1920 年 9 月 22 日的来信中,我注意到了以下情况。[1]

确实,每一种关于同时性的定义,只要它不含有物理学上的矛盾,那么它本身跟任何一个别种定义具有相同的权利。相对论在其定义中只使用了光,因为我们占有关于光的经验知识,这些知识似乎确保了定义的无矛盾性。

您的定义[2]其前提是,有两个相同的时钟,它们被直接相邻放置且同时对准,即使过了一段时间之后走时仍然显得相同——当它们被带回原处时,却未顾及它们此间做过什么样的运动。这个前提并不恰当,如果基于光的传播规律的相对论是合理的。倘若接受您的定义,那就意味着,得从其他一些物理前提而非相对论出发来看问题了——支持相对论的是我们关于光的传播规律的知识。

顺致崇高的敬意。

A. 爱因斯坦

TLS。[6 081]。这封信的收信人及其地址是"P. R. Bennett 博士先生,希思菲尔德"。有 Ilse Einstein 手书的一份 Dft,写在 Bennett 那封信的背面[6 082]。

[1] P. R. Bennett 1920 年 9 月 22 日写给爱因斯坦的信(第十卷年表和日程表)。这一句话为爱因斯坦手笔。

[2] Bennett 建议按照以下方法使用光信号来替代时钟的同步:让同一结构并在同一点上时间同步的两个时钟在同一参照系里运动一段距离。那么,如果时钟观察者测量他们各自地点发生的一件事情,然后回到他们的起始点,而他们钟的时间被证明是相同的话,就可以说这两个事件是同时发生的。

## 269. 致 Eduard Hartmann[1]

柏林,1921 年 10 月 14 日

尊敬的先生:

我现在才能回复您去年 9 月 26 日的来信。[2]

我们可以将世界上存在的一切遥远物质之总体相对于参照系的加速运动,

看作对于被制动的火车而言所存在的引力场之原因。所以这个问题就指向了所谓的宇宙学问题。可是呢,要是我们不想跑那么远,那我们也可以满足于这样一个情况,亦即:在一个眼睛可以把握的有限范围内,上面所说的引力场遵守引力场的微分方程。这样的话,根据因果律去理解对象就不太完备了,导致这种结果的原因在于,在一个有限的范围内借助微分方程确定各种过程的时候,必定总有一些边界条件。只有当我们把世界理解为空间上是闭合的,从因果律的立场出发来考察问题,所得的结果才可能是令人满意的,因为这样一来,空间上的闭合性条件就代替了空间上的边界条件。

您关于传播问题[3]的说明仅仅适用于采用伽利略坐标系的场合。在采用任意坐标系的时候,比如说,就我们刚刚讨论的那个问题而言,根本就谈不上什么引力场的传播速度。其原因在于,可能引力场的某些特性,而非引力场本身,要求一种不受坐标系制约的现实。

或许有必要将您那封表述精辟的来信和我对它的回复都发表出来,同时要顾及读者的兴趣。[4]我想请您告诉我,您对我的回答是否感到满意。当然只有在您对理论物理领域(微分方程)很在行的前提下,我才会期待您的回复。

顺致崇高的敬意。

TLC.[12 167]。这封信的收信人及其地址是"Hartmann 教授博士先生,富尔达"。有 Ilse Einstein 手书最前面两段的 A Dft,写在 Hartmann 那封信的背面[12 165.1]。

[1] Hartmann(1874—1952)是富尔达哲学和神学学院的哲学教授。

[2] Eduard Hartmann 1920 年 9 月 26 日写给爱因斯坦的信(参阅第十卷,文件 156)。在为格雷斯学会(Görres-Gessellschaft)所准备的演讲中,Hartmann 要求解释听众想要了解的两个问题。第一个问题是:匀速运动的火车上的观察者如何解释火车使用刹车时出现的引力场,这个引力场会使路基和整个地球减速。

[3] 他的第二个问题是:即使一个新的场应该以有限的速度传播,在此情形下,在使用刹车的那一刻这个场对路基、地球和宇宙的作用又该如何解释。

[4] Hartmann 所设置的这两个问题,正是 Philipp Lenard 及其圈子里的人批评广义相对论时的主要观点,有关情况可以参考比如说"德国自然科学家和医生协会"在巴德瑙海姆会议上的讨论(*Einstein et al*. 1920[第七卷,文件 46])。

## 270. 致 Theodor Kaluza[1]

[柏林，]1921 年 10 月 14 日

尊敬的 Kaluza 先生：

两年前我曾阻止您发表您关于引力与电磁之统一的论文，[2]现在我对自己的这个做法再次思考了一下，觉得您的思路无论如何都要比 H. Weyl 的更可取。[3]如果您愿意，而且也愿意把论文寄给我的话，我还是可以把它推荐给科学院的。不过这件事情要等到 11 月底才行，因为我要到那个时候才能离开柏林。[4]

A. 爱因斯坦

AKS（Ingola Kaluza，汉诺威）。*Sabbata and Schmutzer 1983*，第 454—455 页[65 729]。明信片上的收信人及其地址是"Kaluza 博士先生，斯泰因默茨街 34 号，柯尼斯堡（大学）"，邮戳为"柏林-W 15.10 21. 7—8[下午]"。

[1] Theodor Kaluza（1885—1954）是哥尼斯堡大学的编外数学讲师。

[2] Kaluza 通过引入第五维 $x^0$ 的概念提出了电磁与引力的统一理论。他的理论把广义相对论的结构扩展到五维，但所有与 $x^0$ 相关的导数都需设置为零，或者具有小的量级，以保证与可观察到的四维世界保持一致。Kaluza 的度规 $g_{0\kappa}$（希腊指标，表示通常的 4 个时空分量，加上 $x_4$ 类时坐标）的 4 个额外分量可以理解为与电磁势成正比；他发现 Christoffel 符号的分量可以被理解为电磁场：$\Gamma_{0\kappa\lambda} = \alpha F_{\kappa\lambda}$，加上常量 $\alpha$，$\Gamma_{\kappa\lambda\mu}$ 保持它们的引力解释（关于他的这一理论，参阅 *Kaluza 1921*）。

爱因斯坦起初表示愿意把 Kaluza 的这篇论文推荐给普鲁士科学院会议记录（参阅爱因斯坦 1919 年 4 月 21 日写给 Theodor Kaluza 的信[第九卷，文件 26]），但不久他撤回了自己的承诺，因为他发现度规的那个物理意义不清楚的 $g_{00}$ 分量引起的相互作用可能在五维时空里主导电子的测地线方程（爱因斯坦 1919 年 5 月 14 日和 29 日写给 Theodor Kaluza 的信[第九卷，文件 40 和 48]）。后来，Kaluza 根本没有发表他的理论。关于 Kaluza 和爱因斯坦对其论文的回应，参阅 *Pais 1982*，第 329—336 页；*O'Raifeartaigh and Straumann 2000*，第 8—11 页；*Dongen 2002*；*Goenner 2004*，第 4 章第 2 节和 *Wünsch 2005*。

[3] Hermann Weyl；关于他的理论请参阅 *Weyl 1918a*，关于爱因斯坦对 Weyl 理论的反对意见，参阅 *Einstein 1918g*（第七卷，文件 8）。在 1919 年 4 月 21 日写给 Kaluza 的信中，爱因斯坦也愉快地把 Kaluza 的理论与 Weyl 的理论做了比较（第九卷，文件 26）。

[4] 1921 年 10 月 15 日，爱因斯坦离开柏林去意大利、瑞士和荷兰（文件 260），并将在 1921 年 11 月 29 日或之前返回（文件 306）。

## 271. 致 Ralph de Laer Kronig[1]

柏林，1921年10月14日

尊敬的先生：

当我处理堆积如山的邮件时，我发现了您去年9月写给我的那封有趣的来信。[2]

我们知道，宇宙的半径必定大于 $10^7$ 光年。在自然界里必定有一个动因，它的作用是，使得发出的光线如同消失了一样，否则天空就肯定是明亮的。[3] 这其中就隐藏着许多未解的谜团之一。在我看来，借助您描述的那种办法去检验相对论，这是绝不可能的。请原谅我只能长话短说，太忙了！

顺致崇高的敬意。

A. 爱因斯坦

TLS。[71 571]。这封信的收信人及其地址是"Ralph de Laer Kronig 先生，纽约市"。

[1] De Laer Kronig（1904—1995）是纽约哥伦比亚大学的一个学生。

[2] 参阅 Ralph de Laer Kronig 1920 年 9 月 26 日写给爱因斯坦的信（参阅第十卷年表和日程表）。

[3] 这就是所谓的 Olbers 佯谬，后来通过去掉宇宙的静态模型得以解决。

## 272. Sigmund Zeisler 来信[1]

芝加哥，迪尔伯恩街127N，1921年10月15日

尊敬的教授先生：

我们在上船之前于阿姆斯特丹共同度过的那三天，真是令人感到无比的快乐。特别是，国家博物馆的艺术瑰宝给我们留下了美妙的印象。

我们在鹿特丹号上的越洋航行很惬意：晴好的天气，和睦的氛围。我们准点到达了纽约；我们，也就是我和我的妻子，[2] 在那里逗留了五天。我们的儿子们不得不马上继续旅行，以便开始他们在大学的学业。[3]

我在船上花了很多时间阅读关于您的书籍。比如说我读了 Alexander Moszkowski 谈您的书，我读得愉快、兴趣盎然而且颇有收获。[4]

我们回到芝加哥已有一星期，慢慢地习惯了本地的日常生活。迄今为止，我

们乐于享受的唯一能够散心的娱乐，就是偶尔开车去杰克逊公园里沿着湖岸转悠，这项活动曾令您大为赞叹。[5]我们的车子在我们出国期间送去大修了一次，也换上了新的凯利-斯普林菲尔德轮胎。柏林的人们也知道这个品牌吗？我们这里的人认为它是第一流的，我之所以对这事有兴趣，是因为我在欧洲旅行期间，我的银行家把一笔4300美元的存款和利息换成了生产这种轮胎的那家大工厂的债券，利息为8%。[6]

今天晚上，我们的28场系列交响音乐会就要进行首次表演。[7]我们兴奋地期待着。

您亲爱的妻子转交给我的那本书，连同那封书信，我已亲自送达了收件人。[8]

我们正在回味我们的欧洲之行留给我们的那些美妙的记忆，尤其是我们跟您和您亲爱的妻子一起度过的那些美好时光。Ernst正在研究巴赫的双小提琴曲。[9]下一次他会把他负责的那一部分拉得更好。

我差点儿忘了说，我在旅途中跟那位律师Untermyer先生谈过了。[10]他证实了我曾讲过的那个观点：在您内弟的股票被没收这件事情上，目前还没有任何办法，[11]只能等到国会颁布一项法令，然后才能通过该法令确定，如何处置在敌方的财产管理者手中的财物和证券。[12]

我殷切希望，您们夫妇俩和你们的孩子们[13]都能读到这封信，并且我不久就能收到您的来信。我们全家向你们全家致以最衷心的问候。

您友好而忠实的
Sigmund Zeisler 博士

向亲爱的 Moszkowski 夫妇[14]致以最美好的祝福。

ALS。[45 300]。

　[1] Zeisler（1860—1931）是一位出生于奥地利的美国律师。

　[2] Zeisler的妻子 Fannie Bloomfield（1863—1927）是一位国际知名的乐队钢琴师。

　[3] 他们的三个儿子分别是：律师 Leonard（1886—1966），Paul（1897—1971）以及当时在芝加哥大学数学专业读研究生的 Ernest（1899—1962）。

　[4] *Moszkowski 1921*。

　[5] 在旅美期间，爱因斯坦分别于1921年5月2日和8日访问了芝加哥，并在 Francis Neilson 做东的午餐会上与 Ernest Zeisler 见面（*Neilson 1952—1953*，第二卷，第141页）。

　[6] Elsa Einstein 与 Samuel Untermyer 1921年5月28日在纽约见面时，交给了后者4300美元，请他代表爱因斯坦去投资（参阅文件235）。Zeisler显然是在使用"暗语"（可能是想对德国税务机关隐瞒这笔投资）向爱因斯坦报告这笔钱的投资对象的情况和投资利率。

　[7] 可能指芝加哥交响乐团。

[8] 文件 235，爱因斯坦在一个月前把它交给了 Zeisler。
[9] 巴赫的 D 小调双小提琴协奏曲，BWV 1043。
[10] Samuel Untermyer(参阅注释 6)。
[11] Elsa 把 Paul Winteler 的股票交由 Untermyer 保管，直到他们的身份得到澄清(参阅文件 235)。
[12] 依照 1917 年的《与敌贸易法》(参阅文件 235，注释 4)。
[13] Ilse 和 Margot Einstein。
[14] Alexander 和 Bertha Moszkowski。

## 273. 致 Elsa，Ilse 和 Margot Einstein

博尔扎诺，[1921 年 10 月 16 日]晚上

亲爱的 Else 和孩子们：

经过有趣然而漫长的旅途(17 小时)之后，今天早上我终于见到了[Hans]Albert。[1]中午，我们在明媚的阳光下穿过了布伦纳[隘口]。晚上从 8 时到 2 时，我们一直坐车到维罗纳。明天正午我们要离开维罗纳。晚上 10 时到达博洛尼亚。[2]星期二早上就去佛罗伦萨。[3]

揪揪 Else 的耳朵，是她让我随身带那么点钱；Ilse，就是因为她的过错，我才不得不把钱换成里拉。

我们过得很愉快，看到很多风景。但意大利的东西贵得吓人。因此，恐怕没有什么可留下的了。意大利人将很难辨认我演讲中的但丁腔！

我在博洛尼亚时住博洛尼亚宾馆，万一你们大家想给我往那里发一封详细的电报。

温暖的问候。

阿耳伯特

AKS。[143 117]。这张明信片上的收信人及其地址是"Elsa Einstein 女士，柏林哈伯兰街 5 号"，邮戳为"Bolzano Ferr Bozen[2] 16.10.21"。

[1] 爱因斯坦安排先去因斯布鲁克见 Hans Albert，然后两人一起去博洛尼亚(参阅文件 260)。
[2] 在那里发表一次演讲(参阅文件 249)。
[3] 去拜访 Maja Winteler-Einstein 和 Paul Winteler(参阅文件 260)。

## 274. Arnold Sommerfeld 来信

慕尼黑,1921 年 10 月 17 日

亲爱的爱因斯坦:

真是太可惜了,您不想来而且居然还是出于这个理由!我相信,您一定是见鬼了![1] 可是在这样复杂的情况下,我怎么负得起这个责啊,哪怕只是将您置于一种想象出来的危险中?

我会到图书馆去找到那本叫《剧院》的刊物。[2] 我必须看看,究竟是哪些没天赋的家伙在舞文弄墨以及他们写的是不是事实。

由于上西里西亚的事我特别沮丧。我看出来了,英国人想要毁掉我们,而且我却看不出,我们怎样才能阻止他们![3] 令我感到羞耻且麻木的是,我们共同的出版商 Methuen 偏偏现在想到德国来。[4] 你正在殚精竭虑地思索光量子的基本问题。[5] 而我,因为我感觉我自身没有力量去进行您那样的探索,所以我就只能满足于追寻光谱中的量子魔法的种种细节。使我感兴趣的是"内量子数",虽然我不能把它们想象成任何东西。它们解释了复合三重态(和二重态)。

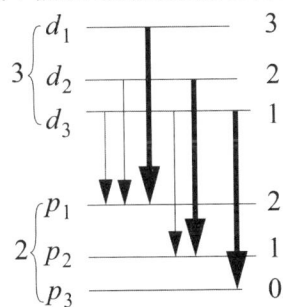

左边是 3 个 $d$ 能级和 3 个 $p$ 能级的角量子数;
右边是内量子数 $n_i$。后者的组合规则:

$$\Delta n_i = \begin{cases} -1 \\ 0 \\ +1 \end{cases}$$

强度规则:内量子数与外量子数之间等量的跃迁(此处是减少 1)产生大的强度;在跃迁中两者之间的差越大,强度会越小。从中就产生了如图所示的情形。该图对于 I. N. S.[6] 的那些完备的三重项而言,是典型的:3+2+1 个组分,其中每一个都有一条主线(强),其余的是辅线。

那 3 个被这条组合规则所禁戒的组分(未在图中显示),最近由 Paschen 通过磁法给弄出来了;在此过程中,受到双重禁戒的组分 3→0,相比于仅仅受到一重禁戒的和,2→0 和 3→1,更难获得。这难道不美妙吗?[7]

而下面的事则更美妙。也有 $d$-$d$ 组合或者 $p$-$p$ 组合。这里会产生完全不同的复合三重项类型,不过却恰好遵从同样的组合与强度规则。

所以此处我们就有了 2+3+2 个组分。在这里主线就是那些保持不变的跃迁。[8]只剩两个跃迁被禁戒。同样是 Paschen 给出了精确的证明！[9]也可以用这个模式去处理 Hg 的三重项与单项之间的组合；同样也可以这样去处理复合二重项。

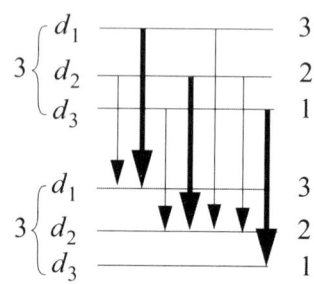

并且所有与之相关的反常塞曼效应现在都可以预先加以确定——基于这些内量子数以及初态和末态能级的某些已被永久确定的磁致移动。[10]

在光谱学的领域，光明或者更好的说法是黎明真的正在到来。

您的

A. Sommerfeld

ALS。*Einstein and Sommerfeld 1968*，第 93—94 页。[21 346]。

[1] 爱因斯坦取消了原定在慕尼黑举办的一次演讲，因为他预感到右翼学生可能发动骚乱（参阅文件 261）。

[2] 关于刊登在《世界舞台》上的那篇文章，参阅文件 247。

[3] 根据《凡尔赛条约》的规定，公民投票已于 1921 年 3 月 20 日在德国第二大工业区上西里西亚举行，以决定该地区是加入波兰还是继续留在德国。60% 的选民赞同继续留在德国。然而《凡尔赛条约》允许按照当地公民的投票结果将其分割。协约国把这个问题移交给国际联盟的委员会处理，该委员会建议把这个地区的 70% 留给德国，但是把工业和矿山交给波兰。1921 年 10 月 15 日，大使会议接受了国际联盟的这份报告。德国政府认为它有必要保留整个上西里西亚地区，因为该地区的经济形势很好，有助于他们偿还战争赔款（*Campbell 1970*）。

[4] 可能指 Algernon Methuen Marshall 爵士（1856—1924）的一次拜访，他是 *Einstein 1917a* 英文版的出版商（参阅第六卷，文件 42）。Methuen 进一步提出，愿意在英国出版爱因斯坦在普林斯顿大学所发表的相对论系列演讲（参阅 Methuen 1921 年 6 月 17 日和 22 日写给爱因斯坦的信[年表和日程表]），并且将出版 *Sommerfeld 1921b* 第三版的英译本。

[5] 关于爱因斯坦对光量子的最新思考，参阅文件 261。

[6] I. 次要系列（I. Nebenserie）（*Sommerfeld 1921b*，第 230）。

[7] 光谱中的三重（和二重）结构暗示 Sommerfeld，应该运用上述对角量子数比较熟悉的选择定则，从而也会熟悉带有未知的几何解释的内量子数。Sommerfeld 最初相信这个建议将得到实验结果的支持，如果能设法让被禁戒的谱线在强电场里变得可见（*Sommerfeld 1920*，第 230—234 页）。Friedrich Paschen 和 Ernst Back 一起观察了 Zn, Ca 和 Cd 光谱中的强磁场里被禁戒的三重线（*Paschen and Back*

1921,第 263—265 页)。

[8] Sommerfeld 的图示右边倒数第二个箭头应该指向第 1 级(level 1)。

[9] 参阅 *Götze 1921*,Richard Götze 是 Friedrich Paschen 在图宾根的一个学生。他的结果是通过分析 Johannes R. Rydberg 和 Sergius Popov 以前收集的那些数据得出的(也见 *Paschen and Götze 1922*,第 20—21 页和 *Sommerfeld and Heisenberg 1922*,第 149 页)。

[10] 1919 年,Teunis van Lohuizen 暗示过,多重谱线的反常塞曼效应的谱线分裂,其根源在于多重能级的相应分裂(*Lohuizen 1919*)。Paschen 和 Back 相信,他们的实验结果证实了 Alfred Landé 对反常塞曼效应的最新原则(*Paschen and Back 1921*,第 265 页;*Landé 1921*)。然而 Sommerfeld 并不情愿接受 Landé 的方法(*Forman 1970*,第 235—236 页)。

# 275. 致 Michele Besso

[佛罗伦萨] 1921 年 10 月 20 日

……[1]

要不是还有别的事,[2] 我们此时正相聚在佛罗伦萨。明天我就要带着 Albert 去博洛尼亚了,我得去那里用意大利语作报告,那些可怜的人们!然后我们前往苏黎世。我很想看见你;也许我会很快就到伯尔尼来,可我却只有很少的时间(28 日到 2 日)。关于光的发射的有趣的实验正在柏林等着我。[3]

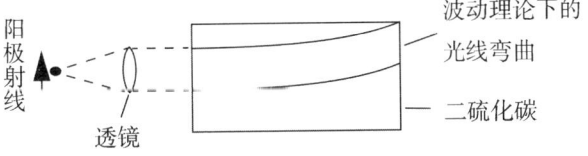

致以衷心的问候。

你的
阿耳伯特
[……][4]

AKS。*Einstein and Besso 1972*,第 170 页[75 030.1]。这张明信片的收信人及其地址是"Besso 工学硕士先生,瑞士伯尔尼齐格勒尔街 42 号",邮戳为"Firenze Ferrovia 20—21 20 X 1921"。明信片的背面重现了意大利维奇奥宫的柱子。

[1] Beatrice Rusconi-Besso 手书的问候语被省略了。

[2] 爱因斯坦在文件 260 里提到他去看 Maja Winteler-Einstein 一事。

[3] 关于这次实验,参阅文件 261。

[4] Paul Winteler 和 Maja Winteler-Einstein 的问候和签名都被省略了。

## 276. Shmarya Levin 来信（?）[1]

[伦敦，][1921]年10月20日[2]

亲爱的爱因斯坦博士：

我很高兴在此随信寄给您一本小册子，这是犹太复国主义者组织和巴勒斯坦建设基金联合宣传部发行的，以回答对这两个组织的指控。[3]

您将会看到，小册子的第一部分讨论的是世界犹太复国主义者组织与美国犹太复国主义者组织之间对巴勒斯坦建设基金存在的争议。第二部分是对重组委员会的回答，这个委员会去年冬天访问了巴勒斯坦。[4]

由于您已经收到一本 Brandeis 派的指控[5]，因此我们觉得只有把这本小册子寄给您才是合理的，这样您也许会知道如何代表世界犹太复国主义者组织做出回答。

您忠实的

---

TLC (IsJCZA, KH1/193)。[91 594]。这封信的收信人及其地址是"爱因斯坦教授，巴勒斯坦建国基金会转交，中欧部，柏林 W.15 撒克逊街 8 号"。

[1] Levin 可能是作家，因为他是伦敦巴勒斯坦建设基金总会的负责人，这份文件是在总会的文件里找到的。

[2] 1921 年的确定依据是关于巴勒斯坦建设基金所引起的分歧。

[3] Brandeis 派在犹太复国主义者组织的大学基金方面对犹太复国主义者组织和巴勒斯坦建设基金会的指控，参阅文件 128，注释 3。

[4] 1920 年末，伦敦犹太复国主义执行机构派遣重组委员会的 3 名成员去巴勒斯坦，调查那里的犹太复国主义活动，这 3 位成员分别是 Julius Simon、Nehemia de Lieme 以及 Robert Szold。他们的报告包括对巴勒斯坦的犹太复国主义委员会的工作的严厉指责（参阅 Report 1921；Panitz 1978，第 90—92 页和 Wasserstein 1977a，第 151 页）。

[5] 美国犹太复国主义者组织内部 Louis D. Brandeis 的支持者。

## 277. Svante Arrhenius 来信

Experimentalf[äs]tet,1921 年 10 月 21 日

十分尊敬的同事先生：

在我离开柏林之前,我收到了您寄来的 3 篇论文即《关于辐射的量子理论》《几何学和经验》《以太和相对论》,并怀着极大的兴趣阅读了。[1] 我被种种工作缠身,所以一直抽不出时间来向您表达我诚挚的谢意,因为您让我履行了一件十分令人愉快的义务。

此外,我前两次来柏林的时候跟 Hambuger[2] 女士和 Nernst 枢密顾问[3] 都愉快地相聚了,为此我也要特别感谢您! 跟您讨论科学上的事情使我觉得心情爽朗。

我希望您生活顺利,以便您有很好的机会继续进行您的研究工作,为此我向您表示最衷心的祝福。

至于我自己和我的家人都还过得如我所愿。

向您也向您的夫人致以最亲切的问候。

您十分忠实的
Svante Arrhenius

ALS。[6 352]。

[1] *Einstein 1916n*，*1921c* 以及 *1920j*（参阅第六卷,文件 38;第七卷,文件 52 和 38）。

[2] 可能是 Margarete Hamburger (1869—?)，哲学家(比如参阅 Hamburger 1918 年 4 月 16 日写给爱因斯坦的信[第八卷,文件 510])。

[3] 关于他 6 月与 Nernst 的见面,参阅文件 188。

## 278. Max Born 来信

格丁根,1921 年 10 月 21 日

亲爱的爱因斯坦：

今天写信给你——威廉皇帝物理研究所最强大的所长,具体来说,是关于我们申请的 X 线装置。[1] Franck 已经告诉你[2] 我们现在的问题在哪里;尽管如此,

现在又发生了别的事情。大约在 10 天前，Veifa 公司的一个代表来到这里，为我们提供了如下优惠：如果我们马上签单，他们公司仍然可以按照以前的有效价格给我们发货；但我们有权在 10 月 31 日之前取消订单（期限是 3 周），如果那时候我们得到了 K. W. Soc 的消息。如果以后再签单的话，价格就会受到很大的影响，因为货币贬值而引起的通货膨胀，价格可能会上调 50%（！！！）[3] 因此我们接受他们的优惠，也下单了，希望在这 3 周之内能接到 K. W. Soc 关于资金的同意通知。现在，最后期限（10 月 31 日）快到了，我们还在等待。Pohl 和 Franck 叫我[4]给你写信，问问你这个事情的真实状况，想知道我们是否应该在 10 月 31 日之前取消订单，或者我们在有限期内可以得到他们的同意，我们可以保持订单。如果我们最终确实得到了 10 万马克，但收到通知太晚了，那时候我们的设备就要花去 15 万马克，那就太遗憾了。也许这个决定可以加速一点做。——通过重新调整装置、设备、藏品以及厕所等的位置，经过一番复杂的转移，我们腾出了两间相邻的屋子，在这里应该可以进行 X 线的研究；每个系部一间屋子。同时，在急诊室那边还放着一台 Veifa 设备，Küstner 博士正在那里熟悉那台 Veifa 设备，条件非常艰苦。还会有许多问题等待着我们，我们盼望着收到那台设备。

　　说完这些商业方面的交易，现在来跟你谈谈几件私事儿。这个假期我的身体不太好；我得了黏膜炎，现在还没有完全好，尽管我在 Tyrol 的 Ehrwald 住了 3 周。黏膜炎当然不严重，但我同时又犯了哮喘，那样就使我更难受了。几个月以来，我几乎没有一个晚上不咳嗽的。但现在好多了，我希望几周以后能把它彻底摆脱。现在也正是时候，因为新学期快要开始了，好多重要的事情接踵而至。W. Pauli 现在是我的助手；他特别聪明，可以帮我做很多事。[5] 但同时他也是一个正常的人，一个有趣的孩子气的人，毕竟他才 21 岁。不幸的是，他今年夏天想离开这里，加入汉堡的 Lenz，因为他以前答应过 Lenz。[6] Brody 仍然和我在这里。他很聪敏也有灵气[7]。真应该给他一个职位，让他能够生活下去；我只能略微支持一下他（从 Franck、Courant[8] 和我筹集的资金里），Polányi 想跟你谈谈这件事情。[9] 科学方面我没有什么特别的要向你汇报。我写了一篇晶体热力学的论文准备发表，[10] 但我现在不想发表了，因为我觉得它的基础不太稳定。尽管如此，我觉得那个结果是正确的，而且很不同寻常：Grüneisen 关于能量与热膨胀之间的比例性定律不适合低温情况；后者不是满足 $T^4$ 定律，而是满足 $T^2$ 定律。这个应该通过实验来检验（Nernst?）。然后我还写了一篇关于晶格势的论文，准备发表，这篇论文从数学方面来讲非常好。[11] 我和 Pauli 一起正在研究原子的量子计算[12]，采用的是我和 Brody 最近在《物理杂志》中以振子系统为例找到的近似值方法。[13] 这方面也许会做出一点结果。此外我还在思考其他的事情,但大多都没有得到任何的结果。量子方面完全就是一个没有希望的烂摊子。

我的妻儿都很健康;[14] 格丁根特别适合他们。甚至我的小儿子也长结实了。

政治形势使我再次感到沮丧。尽管最良好的愿望就是保持客观,然而我对协约国的人的愤恨正在上升,因为他们太虚伪,虚伪得让人厌恶。虽然德国人也偷也抢——如果他们能够又偷又抢的话——但他们不会对"文明的拯救"夸夸其谈[15]。给你写到这些我就很伤心,还是不写了吧。

威尔逊山的人们现在已经证实了红移,这是真的吗?这个成果已经出版了吗?在哪里出版的呢?[16] 我收到(作为《物理杂志》的编辑)+++ Glaser 先生[17]的一封来信,要求我接受所附上的手稿。Debye 也建议我接受它。[18] 我读了以后,发现它是在庸俗地攻击 Grebe 和 Bachem,甚至也在攻击你。[19] 我把手稿寄回给他,要求他修改格式,然后容许我将它寄给 Grebe 仔细阅读。[20] 现在,如果《物理杂志》的同一期能够发表威尔逊山关于证实红移的一个交流就好了,因为 Glaser 主要是基于 St. John 的否定结果。[21] 你可以给那边写一封信,请他们写一篇相关的简短论文寄给我在《物理杂志》上发表。

就说到这里吧。热诚问候你的家人,也代我妻子问候你们(满怀谦卑和战兢地)。

你的
Born

ALS. *Einstein and Born 1969*,第 87—89 页[8 162]。

[1] 这份申请提交给威廉皇帝学会的理事会,1921 年 6 月 6 日转交给爱因斯坦。1921 年 7 月 16 日,爱因斯坦要求知道董事会决议的细节(参阅年表和日程表)。

[2] James Franck。

[3] 指德国马克的严重贬值,几乎"陷入了无底深渊"。10 月 17 日,德国马克与美元之间的兑换率为 193 比 1(参阅"美元涨到 193"[Der Dollar bis 193],《福斯报》,1921 年 10 月 17 日,晚间版)。

[4] Robert W. Pohl (1884—1976) 是格丁根大学实验物理学的编外教授。

[5] Wolfgang Pauli。

[6] Wilhelm Lenz。

[7] Imre Bródy。

[8] Richard Courant (1888—1972) 是格丁根大学的数学教授。

[9] Michael (Mihály) Polányi (1891—1976) 是柏林威廉皇帝研究院的化学纺织部主任。

[10] *Born 1921b*。

[11] *Born 1921c*。

[12] 他们的研究成果第二年发表为 *Born and Pauli 1922*。

[13] *Born and Bródy 1921b*。

[14] Hedwig Born；Hedwig；Gustav（﹡1921）；Irene（1914—2003），以及 Gritli Born（1915—2000）。

[15] 极有可能指 *Wells 1921* 的标题，H. G. Wells 在其中支持建立一个世界之国。

[16] 早些时候，卡内基研究所威尔逊山天文台的天文学家 Charles E. St. John 在其 *St. John 1917* 中报告了他的否定性发现。

[17] Ludwig C. Glaser（1889—?）是克虏伯工厂的工程师。他的论文第二年发表（*Glaser 1922*）。

[18] Peter Debye 是《物理杂志》副主编。

[19] *Grebe 1920*。

[20] Grebe 把他的简短回答写成 *Grebe 1922*，与 Glaser 的论文一起发表。

[21] *St. John 1917*。

# 279. Max Planck 来信

柏林，格鲁内瓦尔德，1921 年 10 月 22 日

亲爱的同事：

我今天去找您谈话的时候，才得知您已经离开这个小镇 5 个星期了。[1]我没有别的办法，只好写信联系您，故而使得您必须浏览的东西又多了一封信。请求您牺牲宝贵的时间对我来说不容易，但我的使命迫使我这样做，它给予我从未有过的勇气，使我为德国科学家和医学家协会明年的节日庆典再次搅扰您。[2]

我面前放着最近出版的巴德瑙海姆会议记录，其中包括主席 von Müller 先生[3]在会上发表的就职演讲。我想给您看看那个会议记录中的一篇文章，这篇文章一面探讨您的研究的普遍历史意义，一面大力谴责和拒斥其反对者的庸俗手段。这篇文章当时在那次大会上引起了热烈的掌声。[4]现在，您正琢磨着怎样使科学界因为那些不正当的诡计而遭受痛苦。[5]既然您深谙因果之道，那么容许一般情感倾向对专业思考施加决定性的影响可不是您的做法。那群人一直在您的周围徒劳地吵闹，谢天谢地，他们现在好像渐渐失望了，难道应该容许这些人最后真的可以自豪地迎接大成功吗？我不希望这样，我也不相信会这样。

眼下只有一个愿望您肯定能够满足我。不要写信回答我，不是现在，要口头告诉我，等我们以后见面的时候。您知道这个事情不急。但我必须对您一吐为快，为了恢复我们之间正常的情感关系。

衷心祝愿您旅途顺利。

您始终热心的
M. Planck

ALS。[19 291]。

[1] 10月15日，爱因斯坦离开柏林去意大利、瑞士和荷兰(参阅文件260)。

[2] 德国自然科学家和医生协会(GDNÄ)的第八十七次会议是为了纪念该协会成立一百周年，这次会议1922年9月17—24日在莱比锡召开。Max Planck是该董事会的成员，被推选为莱比锡会议的主席(参阅 Verhandlungen 1921)，爱因斯坦被推选为该协会科学委员会的委员(参阅德国自然科学家和医生协会1920年9月30日写给因斯坦的信[第十卷，文件158])。

[3] Friedrich von Müller(1858—1941)是慕尼黑大学的内科医学教授，参阅 Müller, F. 1921。关于GDNÄ 1920年9月19日至25日在巴德瑙海姆举行的第86届大会，参阅第十卷序言第二章。

[4] 在回应柏林爱乐音乐厅1920年8月24日出现的反相对论集会时，Müller首先把爱因斯坦的贡献与哥白尼的贡献相比，然后他说，像相对论这样复杂而重要的问题，不可能由"高喊蛊惑人心的口号的群众集会和政治新闻里充满仇恨的个人攻击"来决定(参阅 Müller, F. 1921，第17页)。关于 Müller 的公开致辞，亦见 Arnold Sommerfeld 1920年9月3日写给爱因斯坦的信(第十卷，文件131)，以及爱因斯坦1920年9月23日或之前写给 Ilse Einstein 的信(参阅第十卷，文件153，注释3)和第七卷编者按：《爱因斯坦同德国反相对论者的冲突》，第108页。

[5] 爱因斯坦已经决定不参加德国物理学学会将于1921年在耶拿举行的大会，因为他的同事在巴德瑙海姆那次会议上的强硬态度(参阅文件219和249)。

# 280. Elsa Einstein 来信

[柏林，1921年10月12日之后][1]

我亲爱的好丈夫：

　　Planck 这个人和他对你的感情，我真的很感动；他真的是一个好人。[2]当你谈到那个周年大庆时，我只想马上告诉你，你的那个宣告带给他多么痛苦的打击。[3]不要那么可怕地怨恨，那么刁难，不要总是对坏的方面耿耿于怀！因为太多的良善和美好反倒使你粗暴无礼地践踏他人的情感。难道你曾经不是挺温和的吗？这不是你啊！有价值的人们信任你，那就是你的尺度。Paul Habicht 也在这里。[4]因为你不在，他就来找我；我跟他的看法相同。我们在一起聊了几小时，这期间我跟他相处真的很愉快。否则，没有什么可说的了。我接待了 Anuschat 博士，她跟我们住在一起，一直等到她找到合适的住处再说。[5]我把她从租赁处领出来，她当时心烦意乱、疲倦不堪、饥饿难忍。我另外雇了一个女仆，从11月开始，[6]但那个孤独的女人还要住在这里，直到我能把她安置到别的一个合适的去处。她是一个[⋯]。

ALS。[19 292]。附在前面那份文件里，其中的表达句子破碎，语义模糊。

　　[1] 日期依据是 Max Planck 那封信的日期(参阅前面的文件)。

〔2〕参阅前面的文件。

〔3〕爱因斯坦显然已经决定不参加德国自然科学家和医生协会1920年在莱比锡举行的百年大会（参阅前述文件）。

〔4〕Habicht（1884—1948）是Schaffhausen的一位独立的技术设计师，是爱因斯坦在研究电压倍增器方面的长期合作人，参阅第五卷《〔编者按〕爱因斯坦测量微小电量的"小机器"》（第51—55页）。

〔5〕Elsa以前为帮助贫穷妇女参加了福利工程的活动（比如参阅爱因斯坦1915年7月7日写给Heinrich Zangger的信〔第八卷，文件94〕）。

〔6〕爱因斯坦在柏林以前的女佣Anna的雇佣期到9月1日截止（参阅文件218和223）。

## 281. Theodore Kaluza 来信

普鲁士，柯尼斯堡，斯坦因梅茨街34号，1921年10月24日

尊敬的教授：

我收到您善意的建议，我自然非常乐意而且非常高兴地听从。[1]虽然当地条件迫使我只能用教书[2]之外剩下的一点可怜的时间来思考纯数学方面的问题，虽然对于$g_{00}$那个问题，我还不能马上做出一个决定性的说明[3]，尽管如此，它现在看起来好像没有当时那么特别地不可逾越了。

现在我会尽快寄给您一份那个构想的框架，尊敬的教授，它参考了您指出的那个差异。

真诚地感谢您对我尚未熄灭的兴趣。

满心尊敬您的
Kaluza

ALS。[14 247]。

〔1〕在文件270里，爱因斯坦建议Kaluza提交一篇关于其理论的论文，发表于普鲁士科学院会议记录。

〔2〕Kaluza在各个中学里任教，为贴补他作为编外数学讲师收入的不足（参阅 Wünsch 2000，第154页）。

〔3〕关于所带来的问题，参阅文件270，注释2。

## 282. 致 Alfred 和 Clara Stern[1]

博洛尼亚,1921 年 10 月 25 日

亲爱的 Stern 先生和夫人：

两个阿耳伯特在这一次美妙的旅行中都常常想到你们,[2]尤其是当我们在"意大利之星"酒店晚餐的时候。我已经在这里用意大利语做了两个报告。[3]然后我们很快就要前往苏黎世。[4]

向您致以衷心问候的

阿耳伯特·爱因斯坦

和小阿耳伯特

AKSX。[39 437]。这张明信片的收信人及其地址是"A. Stern 教授博士先生,苏黎世(瑞士)英语区街 56（58?）号",邮戳为"博洛尼亚 Ferrovia 26. X 1921 11—12"。

[1] Alfred Stern (1846—1936),瑞士联邦工学院的历史教授,也是爱因斯坦的朋友和导师,他的妻子名叫 Clara Stern (1862—1933)。

[2] Hans Albert Einstein 跟随父亲爱因斯坦去了意大利。

[3] 关于两场狭义相对论和广义相对论的演讲报告,参阅 *Todesco 1922*,第 125—135,第 221—230 页;第三场演讲在该书第 231—236 页做了总结。

[4] 爱因斯坦送 Hans Albert 回苏黎世,见到 Mileva 和 Eduard（参阅文件 260）。

## 283. Jakob Grommer 来信

柏林,1921 年 10 月 25 日

亲爱的教授先生：

似乎行不通。[1]

在五维世界,在中心对称的情况下,作用量函数的内容是[2]

$$r^2 H = \frac{\lambda^2}{2} r^2 (g'_{44} g'_{55} - g'^2_{45}) + \frac{\gamma \lambda'^2 r^2}{2} + \lambda \lambda' \gamma' r^2 - \frac{2\lambda' r}{\lambda^2} - 2\lambda' \lambda \gamma r。$$

这就意味着 $\gamma = g_{44} g_{55} - g^2_{45}$, $g_{\alpha\beta} = \lambda \delta_{\alpha\beta} + \mu x_\alpha x_\beta$, $\alpha, \beta = 1, 2, 3$,计算值 $= \gamma \lambda^2 \kappa^2 = -1$, $\kappa^2 = \lambda + \mu r^2$（我上次在您那里的时候,无意间省略了 $r^2 H$ 的最后两

项）。[3] 通过与 $g_{44}=g_4$ 相关的变化可得
$$g_{55}=g_5$$
$$[(g_5\lambda^2)'r^2]'-g_5\lambda'^2r^2+4g_5\lambda'\lambda r=0,$$
相应地，在 $g_4$, $g_{45}$ 中，可得
$$\frac{[r^2\lambda^2(g_4g'_5-g'_4g_5)]'}{r^2\lambda^2(g_4g'_5-g'_4g_5)}=\frac{-\lambda^{2'}}{\lambda^2},$$
亦即
$$r^2\lambda^4(g_4g'_5-g'_4g_5)=常量=c,$$
可是 $c$ 必须为零，既然当 $r=0$ 时左边都为零了，
亦即
$$g_4g'_5-g'_4g_5=0,$$
同样地
$$g_4g'_{45}-g'_4g_{45}=0,$$
于是也必有
$$g_5=c_1g_4$$
$$g_{45}=c_2g_4,$$
可是由于 $g_{45}$ 会在无穷大时为零，故必有 $g_{45}=0$，而这是绝不可能的。[4]

我很期待您的进一步说明。

致以最衷心的问候，您忠实的

J. Grommer.

1921 年 11 月 1 日

汉堡附近的夏洛滕堡，丹克尔曼街 351 号。[5]

$$H_{\mu\nu\rho\sigma}=R_{\mu\nu\rho\sigma}+\frac{1}{2}(g_{\mu\rho}R_{\nu\sigma}-g_{\mu\sigma}R_{\nu\rho}+g_{\nu\rho}R_{\mu\sigma}-g_{\nu\sigma}R_{\mu\rho})-\frac{1}{6}(g_{\mu\rho}g_{\nu\sigma}-g_{\mu\sigma}g_{\nu\rho})R,$$
$$(R_{ik}=R_{i\mu k\nu}g^{\mu\nu})$$

在静态情况下。
$$\mathrm{d}s^2=g_{00}\mathrm{d}x_4^2-\mathrm{d}\sigma^2$$
$$R_{iklm}(\mathrm{d}s^2)=R_{iklm}(-\mathrm{d}\sigma^2)=-R_{iklm}(\mathrm{d}\sigma^2), i,k,l,m=1,2,3。$$
$$R_{0klm}=0, 仅 R_{0klm}\cdots$$

在中心对称的情况下
$$\mathrm{d}s^2=g_{00}\mathrm{d}x_4^2-(\mathrm{d}x_1^2+\mathrm{d}x_2^2+\mathrm{d}x_3^2)-l(x_1\mathrm{d}x_1+x_2\mathrm{d}x_2+x_3\mathrm{d}x_3)^2。$$

若 $x_1=r$ $x_2=x_3=0$ 则空间上只有 $R_{ikik}\neq 0$ 亦即
$$R_{1212}=R_{1313}, R_{2323}\neq 0, R_{0101}, R_{0202}=R_{0303}, R_{00}, R_{11}, R_{22}=R_{33}\neq 0$$
同样只有 $H_{1212}, H_{2323}, H_{0101}, H_{0202}\neq 0$
$$I=H_{\mu\nu\rho\sigma}H^{\mu\nu\rho\sigma}=4H_{ikik}H^{ikik}=$$

$$4[(g^{00}g^{11}H_{0101})^2+2(g^{00}H_{0202})^2+2(g^{11}H_{1212})^2+(H_{2323})^2],$$
$$(g^{22}=g^{33}=-1)x_1=r, x_2=x_3=0。$$

此时 $g^{00}g^{11}H_{0101}=2H_{0202}g^{00}=+2H_{12}=H_{2323}$〈正如之后计算的那样且由此就有 $I=12 \cdot (H_{2323})$〉。

Es ist $H_{0101} = R_{0101}+\frac{1}{2}(-g_{00}R_{11}-g_{11}R_{00})+\frac{1}{6}g_{00}g_{11}R$。

$H_{0202} = R_{0202}+\frac{1}{2}(-g_{00}R_{22}-g_{22}R_{00})+\frac{1}{6}g_{00}g_{22}R$。

$H_{1212} = R_{1212}+\frac{1}{2}(-g_{11}R_{22}-g_{22}R_{11})+\frac{1}{6}g_{11}g_{22}R$。

$H_{2323} = R_{2323}+\frac{1}{2}(-g_{22}R_{33}-g_{33}R_{22})+\frac{1}{6}g_{22}g_{33}R$。

Setzt man für $R_{ik}$, $R$ die Werte ein

$R_{00} = g^{11}R_{0101}+2g^{22}R_{0202}$

$R_{11} = 2g^{22}R_{1212}+R_{0101}g^{00}$

$R_{22} = R_{33} = g^{11}R_{1212}+g^{22}R_{2323}+R_{0202}g^{00}$

$R = R_{00}g^{00}+R_{11}g^{11}+2R^{22}g_{22} =$
$= 2R_{0101}g^{00}g^{11}+4R_{0202}g^{00}g^{22}+4R_{1212}g^{11}g^{22}+2R_{2323}g^{22}g^{33}$

因为

$H_{00}=g^{11}H_{0101}+2g^{22}H_{0202}=0$

$H_{11}=2g^{22}H_{1212}+H_{0101}g^{00}=0$

$H_{22}=g^{11}H_{1212}+g^{22}H_{2323}+H_{0202}g^{00}=0$

$g^{22}=1$。

于是有 $I=12(H_{2323})^2$,也就是说 $H_{2323}$=const.

$$H_{2323}=R_{2323}+\frac{1}{2}(-g_{22}R_{33}-g_{33}R_{22})+\frac{1}{6}g_{22}g_{33}R$$
$$=R_{2323}+R_{22}+\frac{R}{6}$$
$$=R_{1212}g^{11}+R_{0202}g^{00}+\frac{R}{6}。$$

$g_{22}=g_{33}=-1$

由引力方程可知,前两项彼此相同。

因 $R_{11}-\frac{g_{11}}{4}R=-\kappa T_{11}=+\kappa g^{00}\frac{\varphi^{12}}{2}$

$$R_{00} - \frac{g_{00}}{4}R = -\kappa T_{00} = +\kappa g^{11}\frac{\varphi^{12}}{2}$$

故 $R_{11}g^{11} = R_{00}g^{00}$ 或 $R_{1212}g^{11} = R_{0202}g^{00}$，这就使 $g_{00}g_{11} = \text{const.} = 1$。

于是就有 $H_{2323} = 2R_{0202}g^{00} + \frac{R}{6}$

在 $R_{22} = R_{1212}g^{11} + R_{2323}g^{33} + R_{0202}g^{00}$ 中，前两项是纯空间上的，反之，第三项仅含有带 $g'_{00}$ 的各项。另一方面 $R_{22}(\mathrm{d}s^2) = R_{22}(\mathrm{d}\sigma^2) + \frac{f_{22}}{f}$，此时 $f^2 = g_{00}$，$f_{ik}$ 代表第二次扩展。（参见 $Weyl$ 第 1 版，第 193 页）[6]

从而就有

$$R_{0202} = f_{22}f.$$

$$H_{2323} = \frac{R}{6} + 2\frac{f_{22}}{f}$$

$$f_{22} = \frac{\partial^2 f}{\partial x_2^2} - \left\{\begin{matrix}22\\1\end{matrix}\right\}f_1 = \frac{f'}{r} - \frac{lr}{h^2}f' = \frac{f'}{h^2 r} = \frac{f'f^2}{r},$$

$$g_{ik} = -\delta_{ik} - lx_ix_k$$

$h_2 = 1 + lr^2$，因为由 $g^{00}R_{00} = g^{11}R_{11}$ 可得

$$g_{00}h^2 = \text{const} = 1 = g_{00} = f^2f^2 = f^2h^2$$

$H_{2323} = \frac{R}{6} + \frac{2f'f}{r}$。设 $s = f^2 - 1$，

则有

$$R = -S'' - \frac{4s'}{r} - \frac{2s}{r^2}, \quad H_{2323} = \frac{-s''}{6} + \frac{s'}{3r} - \frac{s}{3r^2} = \text{const.}$$

$$\frac{S''}{[6?]} - \frac{s}{r^2} = \kappa\varphi^{12}$$

ALS。[11 411]。

[1] 下面的论证过程表明，$Kaluza\ 1921$ 的五维空间理论不容许解释为基本电荷（电子）的非奇异、空间球对称和静态真空的解。有关这个问题的进一步解释参见 $Einstein\ and\ Grommer\ 1923$，这一版本里的观点更为明确。行间写有"似乎"一词。关于爱因斯坦对 Kaluza 五维统一场理论的兴趣，亦可参阅文件 270。

[2] 以下方程跟 $Einstein\ and\ Grommer\ 1923$ 里的方程（4）相同。

[3] 爱因斯坦 10 月 15 日离开柏林前往意大利和荷兰，为此他只有等到 11 月底才能回来（参阅年表和日程表 1921 年 10 月 15 日），因此 Grommer 肯定在那天或那天之前见过爱因斯坦。就在一天前，也就是 10 月 14 日，爱因斯坦还寄给 Kaluza 一张明信片，催促他再次提交他早先关于五维理论的手稿，以供出版（文件 270）。

[4] 因为 Kaluza 理论中，$g_{45}$ 代表电势，可结果却表明不可能有空间上可变化的电势，因此也就不可

能存在电场（参阅 *Einstein and Grommer 1923*，第 5 页）。

［5］如下计算写在单独的 4 页纸上，这些计算处理的是四维空间里 Weyl 张量的属性问题，跟前面的论证没有直接关系。

［6］*Weyl 1918b*，第 193 页。Weyl 在该书的有关部分（§29）讨论了爱因斯坦描述静态球对称场的方程。

## 284. 致 Michele Besso

［博洛尼亚，］1921 年 10 月 26 日

亲爱的 Michele：

如果我们能再次相见，那真是太好了。星期六（29 日）我要来苏黎世，11 月 2 日我不得不离开，为了能在 4 日赶到莱顿。[1] 提个建议，告诉 Mizas[2] 我们应该怎样见面。我的孩子们不想我走；你可以来苏黎世吗？

热诚问候你的
阿耳伯特

AKSX。*Einstein and Besso 1972*，第 171 页［7 336］。明信片的收件人及其地址是"Michele Besso 先生 伯尔尼（瑞士）齐格勒街 42 号"，邮戳为"博洛尼亚 Ferrovia 11—12 26 X 1921"。明信片的背面是博洛尼亚的全景。

［1］爱因斯坦与 Ehrenfests 一家住在一起，并完成每年在莱顿演讲的任务（参阅文件 219）。

［2］Mileva Einstein-Marić 的昵称。

## 285. Kôshin Murobuse 来信

日本，东京都，大森入山津 471 号［1921 年 11 月］[1]

亲爱的先生：

容我再次衷心感谢我在德国时您对我善意的帮助。[2]

经过 40 天非常愉快的旅行之后，我现在刚刚从我的世界之旅中回到这里。

我们在改造社的同事们为能够邀请到世界上最著名的大人物而深感荣幸和自豪，他们非常开心地听取了我的报告。

我们现在给您寄去我们正式的方案，这是有关我们邀请您的合同证明。与

此同时,我们也可以寄去那份可以表明我国最古老、最有声望的学府——东京帝国大学支持这次邀请的证据。

您最忠实的<br>
Kôshin Murobuse<br>
改造社

TLS。[36 421]。这封信的收信人及其地址是"阿耳伯特·爱因斯坦教授博士先生,德国,柏林"。

[1] 这封信的日期推算的根据是 Murobuse 与爱因斯坦见面后不久就离开了马赛,还有他这次旅行是一个多月。

[2] 他们是 9 月 26 日见面的(参阅文件 246)。

## 286. Hedwig Born 来信

[格丁根,]1921 年 11 月 1 日

Gustav Born[1] 谨此恳请您①屈尊表示一份善意的好感;②不要记恨他的母亲,对于她他确实无能为力。[2]

XXX<br>
Gustav. 签名

AKS。[8 263]。*Einstein and Born 1969*,第 91 页。这张明信片的收信人及其地址是"爱因斯坦教授先生和夫人,柏林,维尔默斯多夫,哈伯兰街 5 号",邮戳为"格丁根 1 2.11.21. 10—11[下午]"。明信片背面是刚出生的 Gustav 躺在摇篮里的照片。

[1] Gustav 7 月 29 日出生在格丁根。

[2] 参考的是 Hedwig Born 与爱因斯坦夫妇关于 1920 年 10 月出版的 *Moszkowski 1921* 所发生的争执(参阅文件 37)。

## 287. Max Planck 来信

格鲁内瓦尔德,1921 年 11 月 2 日

亲爱的同事:

感谢您从苏黎世寄给我的明信片,[1] 我从中明白了您的观点,这使我感到特别高兴,同时也感到深刻而持久的歉意。我现在不能像我所喜欢的那样去表达,

因此暂时只有拿这些句子来应付一下。不管怎样,我希望我们很快能够私下里谈谈,顺便也谈谈您旅途上那些令人满意的见闻。

您真诚的<br>M. Planck

ALS. [19 295]。这张明信片的背面是空白的。

[1] 关于 Planck 那封爱因斯坦回复以一张明信片(已经遗失)的信,参阅文件 279。

## 288. 致 Ilse 和 Margot Einstein

[莱顿,] 1921 年 11 月 5 日[1]

我的亲人们:

我违反我的习惯以 Oppenheim 的风格[2]舒舒服服地旅行了一次。这会儿我已心情愉快地到达了。接下来会做些什么呢。我会读一些东西。也许还有科学上的合作事宜。

衷心问候你们的<br>阿耳伯特

在法兰克福我看了 Thoma 创作的三个独幕剧,[3]很精彩。

AKS. [122 742]。附在 Paul Ehrenfest 明信片所写话的后面,这些话被省略了。收信人及其地址是"Frln Il-Mar-go-tse Einstein 柏林哈伯兰街 5 号",是 Ehrenfest 的手笔,邮戳为"莱顿 5.11 21. 8—9N[amiddag]"。

[1] 为 Ehrenfest 的手书。

[2] Paul Oppenheim 显然为爱因斯坦买了一张卧铺票(参阅文件 296)。爱因斯坦可能经常坐三等舱旅行(参阅文件 153)。

[3] Ludwig Thoma (1867—1921),巴伐利亚作家和戏剧家。

## 289. Hans Geiger 来信

[柏林,]夏洛滕堡,马奇街 25 号,1921 年 11 月 7 日

尊敬的爱因斯坦教授先生:

您肯定会有兴趣听一听那些实验的进展情况。[1]自从有了新的泵,我取得了

很好的进展。极隧射线很强,而狭缝则可轻易观察到。那些极隧射线现在穿过一根内径 8mm 的金属管,管身设有两个相向的小窗。从而,除了借助极隧射线,还可以利用另一个较弱的光源从外面照射狭缝,这就使人很容易观察到可能出现的延迟现象。

假设极隧射线的频率变化为 1‰,这个是肯定达到了的,那么在 50cm 的二硫化碳中的偏差必定不到 1%。目镜的刻度线为 0.1mm,因此预期的效果必定要接近 50 条刻度线。虽然到目前为止,实验数据都是否定性的,但当然也还说不上有多大程度的把握。我最担忧的是,极隧射线中的那些速度之间的差异太大,这种差异会限制缝隙图像的传播,并最终使效果光线微弱难以观察到。所以我想首要的是对多普勒效应进行一些直接观察。

我仍然感到困难的是通过光学系统来设想辐射过程。我认为,只有光的波前在进入二硫化碳之前完全受到了干扰,频率才会像此处一样在光束截面上发生变化。当您回来之后,您肯定能够排除我的困难。[2]

致以最美好的问候。

您忠实的<br>H. Geiger

ALS。[11 347]。信头是"物理技术研究所"(Physikalisch-Technische Reichsanstalt)。

[1] Geiger 做了一个光发射实验。该实验是爱因斯坦提出的(参阅 Einstein 1922a [第七卷,文件 68])。

爱因斯坦预计他们的合作将不得不推迟一段时间,因为他当时不在柏林(参阅文件 263)。关于这次试验的概要和爱因斯坦的期望,参阅文件 261 和 275。

爱因斯坦档案中包括由 Geiger 和 Walther Bothe 设计的实验所需的极隧射线和光学方面的技术大纲[2088],作为一份手稿的实验部分,由爱因斯坦 1922 年 1 月 19 日提交给普鲁士科学院,标题是:《一个结果不符合波动理论的光学实验》[2 086]。

[2] 爱因斯坦 10 月 15 日离开柏林(文件 260)前往意大利、瑞士以及荷兰,并拟于 1921 年 11 月 29 日或之前返回柏林(文件 306)。

## 290. Max Schuler 来信

基尔附近的新米伦,1921 年 11 月 7 日

尊敬的教授先生:

Anschütz-Kaempfe 博士从慕尼黑告诉我,您又跟他通信谈了磁铁实验。[1]

可惜的是,当您在基尔逗留的期间,[2] 我没有时间来跟您谈这个事;而

Anschütz 博士先生给我的寥寥数语的提示，我还是不太明白。您似乎仍然更喜欢借助一根磁针进行的静态测量；可我还是难以清晰地想象出，您是如何考虑此事的，如果没有涡流导致旋转着的金属圆柱对磁针的反作用产生出来。[3]

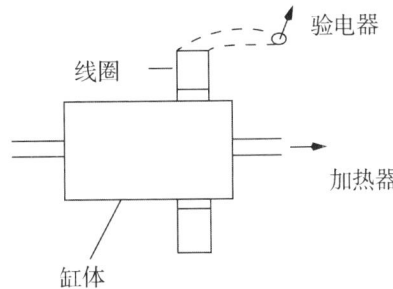

相反，我却认为感应方法要精确得多，因为那样的话我就绝对看不出有任何干扰源存在。我的实验设计如图所示。一个被固定的感应线圈的导线，通向一个十分灵敏的验电器。如果有人希望实验更加精确，那他只需在线路中间装上一些无线电报领域使用的那类放大器，就能轻而易举地获得上百倍的放大效果。然后可将由液体加热的旋转的圆柱推入线圈中间。要是没有极性，就不会产生力场变化，验电器的指针也就不会偏转。然而这样一种实验装置肯定可以捕捉到即使是很微弱的磁场。可以完全排除地球磁场的影响，因为它是持续不变的，不会引起任何验电指针的偏转。因此"只有磁暴"，亦即实验室附近的电流开关以及类似情况引起的磁场扰动，才有可能导致影响测量的电流出现。虽然测量线圈会因热圆柱的嵌入而发生温度波动，但这不可能导致测量误差。[4]

我个人相信，只有通过这样的实验装置才有可能获得真正高度的精确性。

向您致以最美好的问候。

你真诚的
Max Schuler

TLS。*Lohmeier and Schell 2005*，第 145—146 页[37 371]。信头为"基尔新米伦 Anschütz 罗经制造公司"。

[1] 例如可参阅文件 263。

[2] 爱因斯坦 8 月下旬访问基尔（参阅文件 189）。

[3] 关于使用磁针探测感生磁性的做法，Anschütz 表达了类似的疑惑（参阅他 1920 年 12 月 28 日写给爱因斯坦的信[第十卷，文件 247]）。

[4] 此句见 Schuler 藏本。

## 291. Société Française des Pays Danubiens (Marcle Schwob & Cie)来信

维也纳1区，斯图本2环比伯街24号，1921年11月7日

十分尊敬的教授先生：

我们感谢您对电子-航空方法所做的鉴定[1]并通知您，我们将汇给您5000马克。

您建议，将地面天线完全拿掉并且利用更灵敏的测量方法抵消距离的增大，[2]这对于我们具有极大的实践上的重要性，为此我们也特别感谢您。

我们恳请，您能继续对我们的企业保持您友好的兴趣，顺致崇高的敬意。

Société Française des Pays Danubiens

Marcel Schwob et Cie.

TLS。[35 380]。写在Société的信头上，收信人及其地址是"Hwg.阿耳伯特·爱因斯坦教授博士，柏林西30区，哈伯兰街5号"。

[1] 这里提到的过程就是 Heinrich Löwy 通过地面上空的飞船或飞机携带的一个开放或封闭的振荡电路来测量地球内部的过程。1921年11月2日提交给专利局，1924年9月4日被确定为德国专利 401448。

[2] 跟踪地面上作为高频电路一部分的一根天线，画出一个地区上空电容的变化，这是一个众所周知寻找导电物质，比如水和地下矿石的办法。Löwy 提出，跟踪天线不是用手，而是使用飞船或飞机，从而扩大其对更大地区和干旱地区的适用性，比如沙漠，并且可以短时间收集大量的的数据（参阅 Löwy 1920）。这个发明往前迈了一步，可以使天线保持在地面以上(50m高度)，这样就可以测量到更崎岖地区的数据，比如那些被树林覆盖的地区。爱因斯坦1921年10月12日提到的专家意见（CPIT, Theodore von Kármán Collection, folder 67.1)没有提到天线与地面保持的距离，也没有提到通过更敏感的测量手段来弥补更微弱的信号。然而其中一个专家 Richard von Mises 评价了这一发明，他的确提出升高天线的想法。Löwy 在1922年3月9日写给 Luftschiffbau Zeppelin G.m.b.H.的信中承认这个想法是 Mises 提出的（CPIT, Theodore von Kármán Collection, folder 67.1)。

## 292. 致 Ilse Einstein

[莱顿,1921 年 11 月 9 日]

亲爱的 Ilse：

妈妈[1]已经向我暗示了你遭遇的痛苦经历,这个可以用德国哲学行话"先验的分离"来形容。我其实相信你是犯了一个过错。不应该试图去把一只牡鹿变成一只雄山羊；因为一旦你把它安安全全地关在圈里,它是不会把那里当作自己的家的,也就是说,像 Steinthal 那样的小伙子是不会受约束的,他做不了一个规规矩矩的中产阶级的孩子。[2]如果你对孩子们要求不高,你就可以舒舒服服地享有一个年轻女士所有的乐趣。我在此把事情做一个澄清——假如除了我知道的原因,没有别的原因来阻挡的话。

意大利的日子很美好。甚至在苏黎世住着也令人很满意。[3]我住在酒店里,[4]但如果没有人邀请我的时候,我就去我前妻[5]那里吃饭。我跟孩子们弹了很多曲子。Mileva 很开心——当人们不被那么娇惯的时候真好！在 Ehrenfest 家也非常好,这是很开心的一家人,还有四个孩子[6]和两个寄宿生,其中一个你恰好也很喜欢。这里也有大量的科学工作要做,对于其成长,不幸的是我也必须贡献一份力量。

很抱歉妈妈也很麻烦你,各个方面都是如此。我感觉还好,我那个小胃瘤正在可怕地长大。能怎么办呢？昨天我被邀请去吃饭,那顿饭比美国的还难吃。

日本人是真正的骗子。我希望他们别再烦我就好了。但我不会在那样恶劣的条件下去那里的。[7]

衷心问候你们三个。

你的
阿耳伯特

ALS。[122 755]。信封上的收信人及其地址为" Ilse Einstein 夫人柏林,哈伯兰街 5 号",邮戳为"莱顿 9. XI. 21. 10—11V[oormiddag]"。

[1] Elsa Einstein。

[2] 极可能是 Walter Steinthal (1887—1951),《科隆日报》(*Kölner Tageblatt*)的作者和记者。1920 年 9 月,他为采访爱因斯坦来到爱因斯坦的家里(参阅"拜访爱因斯坦",《科隆日报》,Nr. 439,1920 年 9 月 2 日)。

[3] 10 月下旬,爱因斯坦在博洛尼亚和帕多瓦发表演讲(参阅年表和日程表 1921 年 10 月 21—27

日),然后去莱顿的途中在苏黎世做短暂停留(参阅文件260)。

[4] 一个月前,爱因斯坦决定住在Mileva公寓附近的一个膳宿公寓(坐落在格洛里亚街59号),而不是住在Mileva的家里,为了避免"舆论丑闻"(参阅文件260)。

[5] Mileva Einstein-Marić。

[6] Paul Ehrenfest 及其孩子 Tatiana、Anna、Paul Jr.以及 Wassily。

[7] Kôshin Murobuse 代表《改造》月刊邀请爱因斯坦去日本,做为期3个月的演讲,所给报酬是2000英镑,包括旅费(文件245)。同时,Jun Ishiwara 决定预付一个月的差旅费和10000日元,相当于1300英镑(文件244)。Murobuse 请求爱因斯坦写一些文章,题目自定,不过 Ishiwara 希望得到爱因斯坦每次演讲的文本(共计16次有余),准备发表在《改造》上。

## 293. Hermann Anschütz-Paempfe 来信

慕尼黑,列奥珀得街6号,1921年11月10日

尊敬的、亲爱的爱因斯坦教授:

真令人伤心,您居然不来了。[1] 刚刚调好了音的管风琴发出美妙的乐声。我们都在兴奋地期待着,想为您表演美好的音乐,并且也想聆听您的演奏。Sommerfeld 把您那封信转给了我。您在信中说明了您不能来的原因。[2] 我完全理解您,而且深知您不愿意置身于那些相互对立的观点之中心;可是倘若您什么时候再次南行,您可别又路过我们的家门而不入。对于您和我们以及您在这里所有的朋友们来说,或许更美好的情形是,您能够来,但却不是为了办什么要事才来。

Schuler 博士将会给您写信。[3] 我曾向他建议,干脆就用短路的线圈代替固定的圆柱,这样我们就能在其余配置完全相同的情况下,对冷的和热的线圈进行差分测量。[4] 要是产生的差值偏向+侧,那就很值得注意了;或许可以预期的是,铜在较高温度下的传导性极差,结果会使指针偏转程度有小幅的减弱。Schuler 想用感应方法尝试一下,可能会用到放大管。

新罗盘正在勤奋地工作着,我只期待它被组装起来,以便送到基尔去。最后,那神奇的液体,溴化甘油,又给我搞了一个真正的恶作剧,它在加热并通电的状态下老化得很快;可我现已用水达到了目的并且对于设计很满意。我的优势是,我现在不再需要鼓风机帮助散热了。[5] 眼下我正在考虑弄一个传输装置,它可以精确到1至2分钟。[6]

Sommerfeld 因为您在《费加罗报》上的访谈而怒气冲冲。[7] 我在想啊,您本人幸好没有亲眼看见那场面! 特别是"下士般的"(caporalisé)和"士官"(sous-officiers)之类的表述[8] 在慕尼黑引起了众怒——这里目前散发着一股君主制和

德意志至上军国主义的味道。Sommerfeld 打算给您写信,他想建议您修正法国人的那些表述,因为事情不能那样就算了。幸好我已让他打消了那个念头;于是 Sommerfeld 请我就此事写信给您。也许您会写几句平息情绪的话寄给我,这样就能让那些激动的人们重获安宁。

顺致真诚的问候!

永远忠于您的
Anschütz

ALS。*Lohmeier and Schell 2005*,第 146—148 页[37 372]。

[1] 参阅文件 263。

[2] 文件 261。

[3] 文件 290。

[4] 爱因斯坦在写给 Anschütz 的信中(文件 237)提出用线圈取代那个铜柱继续进行实验,旨在检查旋转的热物质是否会产生磁场。

[5] 关于使罗盘球漂浮的液体问题,参阅文件 191。

[6] 该传输装置用于将罗盘(不可见的)位置传输至外部(参阅文件 191)。

[7] Arnold Sommerfeld。10 月 13 日的《费加罗报》(*Le Figaro*)刊登了一篇 Raymond Recouly 9 月份在柏林对爱因斯坦的访谈[《在德国所做的一次调查:爱因斯坦访谈》(*Une enquête en Allemagne. Un entretien avec Einstein*)]。

[8] 访谈中,爱因斯坦指出军国主义者和周遭"下士般的"氛围是他在青年时代离开德国的原因。Recouly 援引 *Moszkowski 1921* 补充道,爱因斯坦在慕尼黑文理中学上学时,感觉他的教授们就像"士官一样"。

# 294. 致 Georg Jaffé[1]

莱顿,1921 年 11 月 11 日

亲爱的同事先生:

Ehrenfest 让我钻研一下您关于空间的研究成果,这使我感受到了一份真正的快乐。[2]要是能把那篇文章重印一次,并让自然科学家们都有机会看到它,那就好了。[3]可是很难相信,有视觉能力的生物会停留于他们对世界的二维把握,哪怕他们彼此无法借助语言交换它们的体验,也仍然难以相信。因为他们也许会在各不相同的时间明白"同一"对象这个概念,[4]然后将视角——在此视角下一个对象由于保持了形态而得以呈现出来——的变化诠释为"空间上的"变化,并且由此逐渐认识到三维空间——作为一种有利于定位和导向的东西。可是这没什么关系。您只选择了局限于二维的考量,是为了使读者在判断自身体验与几何之间的关系时不会受到来自习惯性思维的干扰。至于我那个小小的报告嘛,[5]因此就只能得到不温不火的评价了,因为它是在这样一种压力之下产生的:我得写一篇或多或少有点意思的、用于在科学院公开演讲的学术报告。所以呢,也就不能要求它有什么原创性了。充其量,它对于黎曼空间的直观化可能还算有点儿新意。

我特别喜欢您那篇论文的形式;您避免了对那些僵化的概念的使用,并且不辞劳苦地在必要的时候,给出了规范的定义。

……[6]

A. 爱因斯坦

TTrLC (John L. Jaffe, El Cerrito, CA)。[13 376]。

[1] Jaffé(1880—1965)是莱比锡大学的编外物理学教授。
[2] 极有可能是 *Jaffé 1910*。
[3] 此处手稿誊写人在括号里添加了"可能是自然科学?"几个字。
[4] 德语原文"den"应该是"zu dem"。
[5] *Einstein 1921c*(第七卷,文件52)。
[6] 手稿誊写人暗示此处有省略。

## 295. 致 Arthur S. Eddington

柏林,1921 年 11 月 12 日

亲爱的 Eddington 先生:

这次冒昧地打扰您是因为哈雷的 Buchholz 博士。[1]Buchholz 教授是一位研究 Boltzmann 的热情的学者,打算出版他尚未发表的一系列演讲。[2]但他遇到了困难,因为他的版面费需要 100 英镑。某个月前,为了上述目的,他非常自信地写信给 J. J. Thomson,希望从皇家学会得到这笔经费。但 J. J. Thomson 始终没有回答他。对此也没有什么好奇怪的,如果我没有弄错的话,J. J. Thomson 不仅作为物理学家很著名,而且做人也很出名,他从不给别人回信,不管对方是谁。

因此我恳求您能以人道主义的名义偶尔问问 J. J. Thomson,[3]然后写信告诉我实情;您可以写一张简单的明信片告知我就可以了,这样我就可以通知 Buchholz 先生,免得他下一次提心吊胆,不知是该恐惧还是该满怀希望。

致以衷心的问候。

附笔：我听说 St. John 通过考察金星表面反射的光，对日光谱线的红移做了决定性的测量。据说他的测量最后证明了红移的存在。但他的测量结果还没有出版。[4]

TLC。[9 279]。

[1] Hugo Ferdinand Buchholz(1866—1921)是哈雷大学的天文学和应用数学的挂职教授，本年 11 月 24 日去世。

[2] 参阅 *Buchholz 1908*。

[3] Joseph J. Thomson(1856—1940)是皇家学院的自然哲学教授。

[4] 在 *St. John and Nicholson 1921* 里，Charles E. St. John 和 Seth B. Nicholson 通过观察从金星上反射的太光中的谱线表明，John Evershed 关于径向多普勒频移也许可以解释太阳边缘的光谱线的红移（所谓地球的影响）这一假设站不住脚。Evershed 认为地球对太阳气体具有一种排斥力，他想通过观察金星来证明这一观点，证明在金星上观察到的光谱线红移的变化依赖于金星相对于地球和太阳的位置（*Evershed 1919*）。St. John 和 Nicholson 表明，那种相关性更多是因为金星在地球上空的高度，因而很可能是地球大气折射造成的结果。

既然 Evershed 的地球影响假设被排除，那么现在只有爱因斯坦的引力红移最有可能解释太阳边缘麻烦的红移问题。因为在 St. John 和 Nicholson 开列的 4 种现有可能性——其他 3 种分别是压力、反常色散以及径向对流——当中，只有爱因斯坦的引力红移还没有完全遭到太阳天文学家们的否定。

# 296. 致 Elsa Einstein

［莱顿，1921 年］11 月 12 日

亲爱的 Else：

你附在 Zeisler 信中的来信里的抱怨是正确的。你的那番抱怨写得太艺术了，都快把我的眼泪笑出来了。[1] 所以一切似乎都很好。我非常喜欢住在这里，这里不缺事情做。我在讨论会上发了一次言，又发表了 5 场演讲。[2] 如果不是这样，这里也有足够的事情做，还不算跟 Ehrenfest 那些乖巧的孩子们玩游戏的时间。[3] 现在我仍在期望寄照片的地址。[4] 日本人太不现实，等我再次回到柏林后，[5] 我会拒绝的。

意大利非常吸引我。[6] Paul 和 Maja[7] 非常好，我不能满足他们的愿望，他们也能理解，尤其是因为 K 现在的状况不确定。[8] Paul 的画画得非常美。他们现在安全地搬到菲耶索莱，这是附近的一个小村庄，从那里一直到佛罗伦萨，一路风景优美，这样的美景一直延伸到乡村深处。[9] 选择搬到那里是对的，因为那里

的生活费用比瑞士便宜得多。当然，我还是满心怀疑他们能否在那里找到正经职业，然而住在瑞士情形也差不多。[10] 在博洛尼亚和帕多瓦跟别人交流很辛苦，但这里的人际交往很愉快，尤其是与 Enriques 的交往。[11] 他们在博洛尼亚给了我一个位置——很遗憾的是一个人不能同时在多个地方！顺便说一下，如果不是对可行性另有怀疑的话，我可能眼睛都不用眨一下马上把柏林换成博洛尼亚。我在瑞士遇到 Michele，[12] 他专程从伯尔尼来到这里。我还见到 Paul 的弟弟，他住在东亚，我和他已经 20 年没有见过面了。[13] 他以前的生活充满了冒险，将来可能也会如此。在 Winteler 一家人当中，总会在某处有一颗松动的螺丝钉。[14] Miza 很高兴我没有避开她的家；[15] 这样很好。她对你完全不信任，这简直没有办法可以消除；我也尝试过。我在 Edith 的博士论文方面帮了她一把；可不幸的是她选择了一个糟糕透顶的专业。[16] 我去看望了 Karrs 一家，[17] 相信我算是彻底完成了我在苏黎世的义务。在 Oppenheimer 家舒服极了。[18] 他们让我享受了一张到莱顿的卧铺票。其实我早到了一天。我的孩子们现在总是黏着我。他们俩都很聪明，喜欢音乐，也还是那么孩子气。他们的孩子气可能是宜人的苏黎世天气造成的。他们三个都宣布想住在苏黎世，如果始终可能的话。不管哪一方面，我都没有什么要反对的。[19]

Ehrenfest 的家里充满了乐趣，都是因为那些孩子和两个在他家寄宿的学生。[20] 但我仍然盼望着回家。我只是有些害怕那如洪水般涌来的邮件。我希望 Ilse 再次理顺她与 Steinthal 博士的关系，或者等我回到柏林后，我自己可以试试。[21]

亲吻你们三个。

阿耳伯特

另一个漂亮的女仆！[22] 可怜而不幸的我。等我回到家，你们几个应该把她裹在面纱里。

ALS。[143 118]。

[1] 可能指暗语，Sigmund Zeisler 通过暗语告知爱因斯坦，他把从 Samuel Untermyer 那里收到的 4300 美元做了怎样的投资(参阅文件 272)。

[2] 爱因斯坦参加座谈会和发表演讲，这些都是他作为莱顿大学特别教授的部分职责(参阅第十卷序言，第 43—45 页)。

[3] Tatiana, Anna, 小 Paul 以及 Wassily。

[4] 可能指 Hans Albert 和 Eduard 的照片，爱因斯坦准备把这些照片寄给他们在柏林的女佣 Anna (参阅文件 218)。

[5] 关于两份来自日本的邀请函向爱因斯坦提供的条件，参阅文件 245 和 247。爱因斯坦通知室伏高信，他计划在 1922 年秋去日本(参阅文件 246)。

[6] 爱因斯坦在博洛尼亚的演讲(参阅文件 275)。

[7] Maja Winteler-Einstein 和 Paul Winteler,他们最近从卢塞恩搬到佛罗伦萨(参阅文件 260)。

[8] 可能指 Winteler 在瑞士奥尔股份公司(SAG)的股份,显然被美国没收了(参阅文件 272),还有这家公司最大的股东 Leopold Koppel,其利润由 Winteler 在该公司的 Verwaltungsrat 代表(参阅爱因斯坦 1919 年 2 月 28 日写给 Heinrich Zangger 的信[第九卷,文件 7]以及 Paul Winteler 1919 年 12 月 10 日写给爱因斯坦的信[第九卷,文件 206b,载第十卷])。

[9] 菲耶索莱(Fiesole)距离佛罗伦萨北部大约 8 km。

[10] 1920 年底,Winteler 从瑞士联邦铁路提前退休(参阅 Paul Winteler 1920 年 12 月 1 日写给爱因斯坦的信[第十卷,文件 218];*Rogger 2005*,第 64—67 页;把这次退休归于 Winteler 对自己的职位不满)。Maja 在阿劳教师研讨会接受教师培训,然而在她结婚之后,只是偶尔被雇为代课老师(参阅第一卷关于她的传记;Maja Winteler-Einstein 1918 年 6 月 10 日写给爱因斯坦的信[第八卷,文件 561a,载第十卷]和 *Rogger 2005*,第 58 页)。

[11] 爱因斯坦被 Federigo Enriques 邀请去博洛尼亚(参阅文件 152)。关于爱因斯坦在帕多瓦的演讲,参阅年表和日程表 1921 年 10 月 27 日。

[12] Michele Besso。

[13] Mathias Winteler 是驻上海的瑞士贸易代理,也曾做过短期的瑞士领事(参阅 *Rogger 2005*,第 33 页和第 196 页)。

[14] Winteler 的一个弟弟,名叫 Julius(为人熟知的 Jost Jr.),1906 年杀了他们的母亲,他们的姐夫 Pauline Winteler-Eckart,Ernst Bandi 以及他自己(参阅第一卷,Jost 和 Pauline Winteler 的传记和 *Rogger 2005*,第 33—38 页)。

[15] 爱因斯坦告诉 Mileva Einstein-Marić,他在苏黎世期间不能住在她的公寓里,因为可能引起"舆论丑闻"(参阅文件 260)。

[16] Edith Einstein 是爱因斯坦的表亲,爱因斯坦帮助她修改过论文(比如参考爱因斯坦 1919 年 7 月 8 日写给 Elsa Einstein 的信[第九卷,文件 70d,载第十卷])。

[17] Albert Karr 和他的妻子 Luise Karr-Krüsi(1873—1959)。

[18] Paul Oppenheimer 和他的妻子 Gabriella Oppenheimer-Errera(1892—1998ö),住在美因河畔法兰克福。

[19] 过去,爱因斯坦三番五次表达自己想要 Mileva 和两个儿子搬到德国南部去的想法(比如文件 218),但他最近告诉 Mileva,他改变主意了(参阅文件 260)。

[20] Paul Ehrenfest。其中一个学生叫 Gijsbert van Aardenne。

[21] Ilse 与 Walter Steinthal 的订婚显然最近解除了(参阅文件 292)。

[22] Elsa 在文件 280 中告诉他,她已经雇了一个新的女佣。

# 297. Paul Winteler 来信

[苏黎世,1921 年 11 月 12 日]

亲爱的阿耳伯特:

我刚从苏黎世的 C.博士[1]那里回来,他将立即安排给 Mileva 预支 1500 法郎。[2]这笔来自 SAG 的资金通常是要到每年 12 月份才能拿到手,因为公司的全体大会最早也得 11 月底才召开。我们以为你还在荷兰,否则早就给你写信来了。我们的日子过得还算很好,这期间我们的情况有了一定的变化,但愿它会朝好的方向发展。我会尽快来信再叙。[3]

Pauli

(Maja 认为她不得不假设,你的沉默表明你在生她的气,[4] 我们希望,事情不是那样的,或者说?)

AKS。[144 780]。明信片的收信人及其地址为"阿耳伯特·爱因斯坦教授博士先生,哈伯兰街 5 号",邮戳为"苏黎世 3 Bahnhof 12. XI. 21. 12"。

[1] Eugen Curti-Ferrer (1865—?)是委托经营瑞士奥尔股份公司(SAG)股份的律师,爱因斯坦也是这家股份公司的一个股东。

[2] 爱因斯坦定期寄给苏黎世家的部分资金出自他从 SAG 获得的红利。

[3] 可能是在佛罗伦萨附近购房的事情(参阅文件 167 和 *Rogger 2005*,第 69—70 页)。

[4] Winteler 一家人显然希望爱因斯坦喜欢他们(参阅文件 296)。

# 298. Hendrik A. Lorentz 来信

哈勒姆,1921 年 11 月 13 日

亲爱的同事:

在最近几天里,我一直在继续思考您用发光的极隧射线粒子所做的那个实验(光束的弯曲?)[1]以及它使您产生的那些想法。在考察您的这些想法时,我还是遇到了一个困难,尽管我对您的基本思想很满意。在此,请允许我,把情况向您简短地阐述一下。

基本思想。[2](我描述的也许跟您的设想不完全一致,其中包括被我不由自主地改变的内容,但我的话离 Ehrenfest 的评论肯定也不会太远。)在光发射时,有两种辐射产生。也就是:

1.干涉辐射,它的产生遵循通常的光学定律,但它并不传输任何能量。人们可以想象,比如说,这种辐射表现为常见的电磁振荡,但是其振幅微乎其微,以至于让人难以觉察其存在;它只为能量辐射铺平道路。它如同一个没有生命的模板,只有借助能量辐射才能获得生命。

2.能量辐射。这种辐射表现为不可分割的大小为 $h\nu$ 的量子。其路径是通过干涉辐射中(微乎其微)的能量流产生的,它们绝不可能抵达一个能量流为零

的位置（暗的干涉条纹）。

一次辐射行为就会产生一个完全的干涉辐射，但只有一个量子发射出来，从而这个量子也只能到达接受屏上的一个位置。但是这个基本行为会重复无数次，而且都伴随着完全等同的干涉辐射（相同的图样）。此时各种量子以一种具有统计学意义的方式自我分布到图样上：它们在接收屏每个点的平均数量跟到达相同位置的干涉辐射之强度成正比。通过这种方式就产生了我们观察到的、符合经典理论的干涉现象。[3]

---

我跟您的看法不同之处如下：

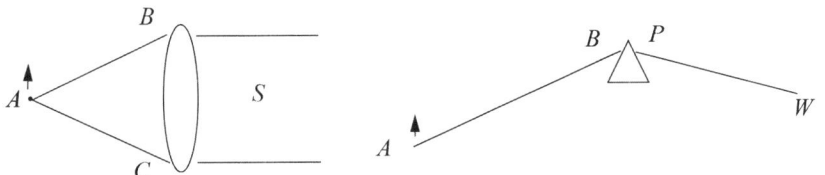

由极遂射线粒子 $A$ 发出的干涉辐射在 $AB$ 和 $AC$ 方向根本不会表现出多普勒效应——您对这种可能性未予处理。于是这个干涉辐射的轨道在 $S$ 柱里就不会是弯折的；结果跟该轨道重合的能量辐射路径——该路径我们能够观察到——也就不会是弯折的。

但我们现在基于 Stark 的观察[4]期待，在 $AB$ 方向或可观察到多普勒效应。如果我们能对实验加以改进，以便让光线在 $B$ 处被一面棱镜捕获，则偏转会由于 $A$ 的运动而被改变。因为此时路径 $W$ 被干涉辐射标记，所以在此辐射中，与上述的假定相反，必定会有多普勒效应产生。

这一想法或可让我期待，我们将会在您的实验中看见经典理论所要求的弯折。可是也许我仍旧误解了您。[5]

不管是哪种情况，我们或许都能坚持上述的基本思想，即使实验结果产生了弯折，也能够（或者说仍然要）坚持。至于说光量子嘛，接着我们可以建立能形成一个具有良好内在联系之整体的几个公式。以下论述的各点都跟 Emden 发表在《物理学杂志》（$Physikalische\ Zeitschrift$）[6]上的观点有联系。

1. 一个光量子总是跟一条具有特定频率 $\nu$ 的光束紧密联系在一起。其大小（能量）为 $\varepsilon_\nu = h\nu$；它沿能量流的方向运动。在以太中其速度为 $c$。

2. 光量子的动量为 $\dfrac{\varepsilon_\nu}{c}$。

3. 若由平行光线组成的一条均质光束每单位体积拥有的能量是 $E$。则坡印亭能流为 $(\alpha)cE$，每单位体积的动量也为 $(\beta)\dfrac{1}{c}E$；在一个垂直于传播方向的平面上存在麦克斯韦压力$(\delta)E$。这一切都来源于光量子。如果这些光量子(在较长周期内的平均值)每单位体积的数量为$N$,则$N=\dfrac{E}{\varepsilon_\nu}$。$(\alpha)$是由量子传输的能量,$(\delta)$是所传输的动量;$(\beta)$是每单位体积量子的动量。

4. 在一种可测量的透明介质里——亦即,为了随时观察最普遍的情形,在一种带有色散的双折射体中,量子以群速度$u$沿光线方向运动。由此,一个量子就总是停留在它所属的波列内。

一个量子的能量此时仍为$\varepsilon_\nu=h\nu$;但此时的动量则为

$$\frac{\varepsilon_\nu u}{c^2}。$$

5. 从狭义相对论的原理可以推知,当我们随着那个熟知的变换向一个新的坐标系$x',y',z',t'$过渡时,各种量是如何变化的。不依赖于此,也可以对干涉辐射进行变换。情况表明,在新的坐标系里,量子也会沿着坡印亭矢量方向运动(光线),并且跟干涉辐射的频率一样,新的能量也是按此比例发生变化,结果在新的坐标系里也是$\varepsilon_{\nu'}=h\nu'$。同样地可以得到量子的新的动量

$$\frac{\varepsilon_{\nu'} u'}{c^2}。$$

6. 一个量子仅在吸收时其本身才可能真正消失。如果一束光的强度在一个移动的镜面上反射时发生变化,则量子数量保持不变,但是各量子的能量大小会改变,并且其比例跟光线频率的变化完全一样(这跟上述第5点有内在联系)。可以根据量子的动量和能量在反射中所发生的变化计算出移动的镜面受到的压力和这种压力的作用。

7. 我以前曾一度对辐射能量聚集于量子内这一假定表达了我的担忧:我们难以理解一个大型透镜对于改善分辨率的用处,因为单个量子是不能填满透镜整个表面的。[7]这种担忧如今已不复存在了。大孔径的影响或许已经显现在干涉辐射中;孔径越大,发光点的图像就会显得越清晰。我们这里说的是那个还只是潜在的或者尚未发展出来的图像。能量辐射此时不能改变该图像的几何形状。对于那个潜在图像的"激活"或者"发展"完全可由"点状"量子很好地实现。

8. 我们此刻根本无需作出结论说,如果我们观察到了干涉现象,其相位差为$N$(比如说$10^6$),那么一个量子必定在传播方向上延展$N$倍波长。[8]仍可以是非常微小。

如果在一个辐射元过程(带有一个能量量子)中有一列$N$个波(干涉辐射)被发出,则会产生的问题是,该量子究竟位于列中的何处,是前面还是后面,或者可以是中间的全部位置,并且即使在频繁重复的情况下也真能如此?有关情况

可以从对不同路径下的干涉条纹之可见性的观察中大致推知。所以应注意以下方面。

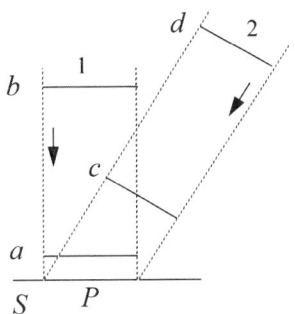

设定一块接收屏 $S$，它被（由相同发射过程产生的）1 和 2 两个波列以前波峰和后波峰 $a$ 和 $b$，以及 $c$ 和 $d$ 触及。只有当一个光量子抵达接收屏的那一刻，接收屏上已有干涉存在于干涉辐射中，亦即干涉辐射的两条光束彼此重合，一个光量子才可能使干涉变得可见。如果波列 2 比波列 1 稍晚到达接收屏，则那些处于 1 的前部或者 2 的后部的光量子，就不可能产生出清晰的条纹。[9]

9. 必须假定，在每一次反射和衍射时，每当一条入射光束被拆分为两条或者若干条光束时，一个光量子取这条或那条路径的概率，按照经典规则计算，会跟沿着这些不同路径的光线运动之强度成正比。

10. 当然存在相对于最大概率的强度分布的涨落和偏离。人们在黑体辐射理论中取得的、涉及此涨落的那个结论，此时或许也会变得清晰起来。因为这些涨落由两部分组成，一部分对应于不规则的干涉，另一部分可以解释为发生在微小粒子分布中的变化。[10]

可以想象，在干涉辐射里，也就是在我称之为图样的那个东西里面，就已经存在着涨落了；能量辐射分布的区域并不一直相同。此外，在一个给定区域的分布也会有涨落。

11. 当然还存在许多困难。比如说，现在该怎样来解释在 Sommerfeld 的理论（圆偏振光）中具有重要地位的"角动量"的发射问题？[11] 正如能量和动量，角动量也必定源出于量子。就只有一个量子参与的元过程而言，几乎很难获得所要求的角动量。很多量子平均就一定能行。

12. 其他的困难。在某种金属或者某种具有强烈吸收性的介质中（反常色散），传播速度以及在传播中的衰减取决于吸收。所以遵循那些最常见的光学定律的干涉辐射必定在其传播中受到吸收的影响，尽管这样一种吸收尚未实际发生过。

AL（NeL R，档案 H. A. Lorentz）。［16 544］。

［1］关于该实验，参阅 *Einstein 1922a*（第 7 卷，文件 68）。

［2］原文中关于这一点，Lorentz 提示参看他放在页脚的的一条注释："或许跟您对它的理解不完全一样；部分地被我不由自主地做了改动。我所说的跟 Ehrenfest 的表述相差不远。"

［3］Lorentz 在他 1922 年于加州理工学院所做的那些演讲中讨论了类似的观点，并再次将其归到爱因斯坦名下（参阅 *Lorentz 1927*，第 156—158 页）。有人讨论过这些观点跟 Max Born 对量子力学的统计学解释之间的关系，参阅 *Stachel 2002*，第 381—385 页。

［4］Johannes Stark；*Stark 1905*。

［5］爱因斯坦预期，在他的实验中没有观察到偏转这一情况，可被视为跟 Stark 从由极隧射线源发出的光线的多普勒效应的观察相一致；参阅文件 261，注释 6，和 *Einstein 1922a*（第 7 卷，文件 68），第 883 页。

［6］Robert Emden（1862—1940），慕尼黑理工大学的物理学编外教授，讨论过光量子的力学特性，参阅 *Emden 1921*。

［7］参阅 H. A. Lorentz 致爱因斯坦，1909 年 5 月 6 日（第 5 卷，文件 153）。

［8］这是 Hendrik A. Lorentz 在他 1909 年 5 月 6 日那封信中的建议（参阅注释 7）。

［9］关于 Lorentz 的建议与 *Einstein 1926a* 和 *Einstein 1926b* 中所描述的那些实验之间的关系问题，参阅 *Dongen 2007b*，第 122—126 页。

［10］关于黑体辐射中的能量和动量涨落，参阅 *Einstein 1909b*（第二卷，文件 56）。

［11］Arnold Sommerfeld；关于他的发射理论，参阅 *Sommerfeld 1921b*。

## 299. Ellen Siemens-Helmholtz 来信[1]

万湖，西门子别墅，1921 年 11 月 14 日

尊敬的大师：

当庆典的钟声 11 月 25 日在校园里渐然消逝之后，我将面对面地结识或者重逢所有在这几周以巨大的奉献精神服务于家父之纪念会的人们——对我来说，这是一种巨大的心灵需求。[2]我以我卑微的理智寻思并建议 11 月 27 日星期日，作为那个也许负担较少的时间点。再也没有一个更美好的时刻，我曾得以在 Warburg 家中[3]邂逅尘世的您，而您应我的希望允诺，您的步履终将会莅临我的屋舍。我可否如此勇敢地，在今天让您记起那一日并向您表达我的心愿：倘若您肯赏光来相聚，那将意味着无上的幸福，对于我和我的家人，还有大师和他的弟子们。为告知更确切的时间，我将冒昧地寄来一张小卡片，我只想告诉您，有一个时刻正在来临：届时您将把许多幸福赐给您真诚的

Ellen Siemens-Helmholtz

ALS。[44 900]。

[1] Siemens-Helmholtz(1864—1941)是柏林各种慈善社团的主席,也是 Hermann von Helmholtz 的女儿。

[2] Hermann von Helmholtz 生于 1821 年。其百年诞辰纪念活动于 1921 年 11 月 25 日在柏林大学举行。关于这些记载可参阅 1921 年 11 月 26 日《柏林日报》(*Berliner Tageblatt*)晨间版和《福斯报》(*Vossische Zeitung*)晚间版;以及 Warburg et al. 1922。

[3] 极有可能指 Emil Warburg 的住处。

## 300. Noémi Stricker 来信[1]

柏林,1921 年 11 月 15 日

令人崇敬的教授先生:

或许我可以恳请您,瞟一眼随信附上的那些材料? 您或许有意在那份呼吁书上签上您的姓名? 迄今已有的签名者包括:Fr. W. Förster 教授,Harry Kessler 伯爵,Köthe Kollwitz,René Schickelé,Helene Stöcker 博士,Kurt Hiller 博士,Paul Colin-Brüssel,Schücking 博士,Theodor Lessing。[2] Romain Rollan,Barbusse,Victor Margueritte,Selma Lagerlöf,Kayserling 伯爵等人尚未回复。[3]

当前的困难有多么巨大,无须我赘言——您是知道的——作为阿尔萨斯人的我——现在不是法国人——我尤其想要做的事情就是,促成一个国际的、纯人道性质的事业——我也深信,我们阿尔萨斯人被赋予这一天职,并且也许还特别适合去完成种种国际文化使命和人类和解事业。[4]

顺致最崇高的敬意

Noémi Stricker
医学博士(女)

ALS。[45 088]。回信地址是:"柏林西 15 区约阿希姆萨勒街 29I 号,电话:施泰因广场 1336"。

[1] Stricker(1879—?)是柏林一位医生和平主义者。

[2] Friedrich Wilhelm Förster(1869—1966),德国哲学家、教育家以及和平主义者;Kessler(1868—1937),新闻记者和外交家;Schickele(1883—1940),阿尔萨斯作家、散文家以及翻译家;Stöcker(1869—1943),几个和平组织的社会主义成员,包括新祖国同盟;Hiller(1885—1972),政评作家和德国和平协会会员;Colin(1890—1943),Clarté 运动的董事会成员及其在比利时的组织者;Walther Schücking(1875—1935),柏林商学院教授,新祖国同盟成员以及可持续和平中央组织国际执行委员会的德国代表;Lessing(1872—1933),德裔犹太作家、政评作家以及汉诺威-莱顿自由成人学院的创建者。

[3] Henri Barbusse（1873—1935），法国小说家和《光明》(*Clarté*)期刊的编辑；Margueritte（1866—1942），法国小说家；Lagerlöf（1858—1940），瑞典作家，1909年诺贝尔文学奖获得者；Hermann Keyserling（1880—1946），德国哲学家。

[4] 1870—1871年普法战争爆发之后，阿尔萨斯-洛林地区交由法、德两国轮流管理。根据1920年的《贡比涅停战协定》，德国把这个地区交还法国。1920年11月11日，阿尔萨斯-洛林独立共和国宣布成立，然而独立共和国仅存了11天就被法国军队推翻。

## 301. Henri Barbusse 来信

法国 Aumort par Senlis（Oise），1921年11月17日

亲爱的杰出的阁下：

这次写信给您是代表我自己，也是以我们的杂志《光明》(*Clarté*)[1]的编委同事的名义，想请求您为这份杂志的广泛普及写点文章。可以理解的是，我不是恳求您为我们提供一份重要的研究，或是一篇深刻的论文。我们只希望您能随意写上几页，抑或几句，能够使得我们开心而荣幸地看到您的姓名放在我们的提要里，就足够了。

我从德国的各位同志和朋友那里了解到，您对 Clarté 的运动[2]很感兴趣。我也了解到，自那以后的情形使您对这个运动疏远了。我认为像您这样拥有极高权威和声望的杰出人物，可以通过署名支持我们的知识运动，这对于我们就是一件功勋卓著的大事。

Clarté 不是一个政治党派。只是它的意义通过某些情况被错误地改变了，表现得像共产党的一个附属品。[3]然而事实上，Clarté 试图竖立起世界上最紧迫——从社会观点的角度来看——最重要的全部作品：它致力于国际各个中心所支撑的国际合作，目的是通过事件和现代思想激发宏大的普遍原则，使其成为文明人的心智和良知的基础。目前，这个世界充斥着太多世故和老练的宣传误导；公众的良知遭到大大的扭曲甚至瓦解，因为随时可能爆发激进的社会改革，强迫自己，自己挑起，最后自己承受。事情应该回到起初。回归常识判断和理性思维就应该打破愚民政策。这就是我们借助会议、出版以及文章所做的努力。我认为在德国发表观点需要采取一种严肃的方式。

因此，关于我们杂志的运动我向您说明了以上几点，以免您误解我们的杂志，认为我们已经堕落为党派政治，或是一个由一群没有聚合力的知识分子组成的团体。

亲爱的先生，我是衷心崇拜您的

Henri Barbusse

TLS。[34 514]。信头写的寄信人地址是:"Clarté"。

[1] *Clarté* 是该运动①的同名期刊。

[2] 关于爱因斯坦早期与这个运动的联系,参阅"致 Paul Colin 的欢迎词"(第七卷,文件 27)及其注释 1 和 4,以及 *Brett 1963*。

[3] 从 1920 年起,Clarté 越来越倾向法国共产党,其政治路线越来越强硬,并且发表对苏联革命不持批评态度的文章(参阅 *Fisher 1988*,尤其是第 87—90 页)。

# 302. Louis G. Du Pasquier 来信[1]

纳沙泰尔(瑞士),沙布伦斯街 33 号,1921 年 11 月 19 日

亲爱的朋友:

不是吗,你不会觉得我讨厌的,如果我请求你浏览一下随信附上的那几页文字?它们摘自我那本关于相对论的书的附录。[2]这几页摘引其内容涉及我们上次在柏林的谈话和著名的 Painlevé 先生最近在巴黎科学院所做的那个批判性的报告。[3]

我不希望我的书中存在不正确的内容;因此我还寄来了我对您的生平事迹的简述供你本人审定。我在报刊上读到了一些关于你生平的文字,它们与我自己的有关记忆完全不相符。[4]

Painlevé 先生提出的主要异议在于:无法从相对论明确地推导出 Schwarzschild 公式(6),从而根据我个人所能达到的理解,他的理由并不充分,因为如果以产生场的那个点在时间上不可改变的物质作为前提并且同时假设,该点在观察者所处的坐标系原点静止。你说是不是这样的呢? 你对 Painlevé 先生的公式(7)有何见解?[5]它难道不属于那类令人讨厌的东西吗?

由于我那本书即将付印,故我请你尽可能在本月 28 日回复我,我最迟必须在 12 月 1 日将附录寄往巴黎。

致以衷心的问候。

你的
L. G. Du Pasquier

附:希望你已经收到了我之前让人寄给您的我那本《数的概念的发展》[6]

---

① 1919—1921 年的 Clarté [光明]运动。——译者注

ALS。[19 029]。

[1] Du Pasquier（1876—1957）是纳沙泰尔大学的数学教授。他 1 月请爱因斯坦给他那本相对论著作写一篇前言，但爱因斯坦拒绝了（参阅年表和日程表 1921 年 1 月 28 日及之后）。

[2] Du Pasquier 1922，第 496—506 页（"对 Painlevé 在法国科学院的相对论演讲的批判性考察"），对 Painlevé 的演讲进行了批判性的讨论，出版为 Painlevé 1921a 和 1921b。

[3] Paul Painlevé（1863—1933）是巴黎大学的名誉数学教授，法国科学院的成员，法国前首相和军事部长。

[4] Du Pasquier 以前是爱因斯坦在瑞士联邦工学院的同学（参阅 Jérôme Franel 1898 年 10 月 21 日写给 Hermann Bleuler 的信[第一卷，文件 42]）。在其对爱因斯坦的简短生平的注释里，Du Pasquier 写道："1896 年，苏黎世联邦工学院向他敞开了大门，就是在那里，我们之间越来越熟悉，就好像我们对 Marcel Grossmann 一样，我们一起学习数学、物理、天文学以及哲学课程。阿耳伯特·爱因斯坦总是喜欢讨论；物理学和哲学是他最喜欢的话题。"（Du Pasquier 1922，第 11 页）

[5] Painlevé 1921b 里编号为 7 的方程是开普勒的谐和（或第三）定律，含有相对论的（一阶后牛顿）修正。

[6] Du Pasquier 1921。

## 303. 致 Elsa Einstein

[莱顿，]1921 年 11 月 20 日[1]

……[2]

亲爱的 Else：

多谢你和 Ilse 的来信。[3]一周以后我就能回到你们身边了。S.-H.是上帝创造的这个世界上最夸张、最令人恶心的轻浮女人。[4]我会给她写信的。现在我预计我随后会在柏林待很长时间，因为那些该死的日本人把我好好的计划搅得一团糟。[5]去不去杜塞尔多夫见那个人，我还不知道；到那里会有太多的事情。[6] Geiger 得了严重的胃溃疡，这是他妻子来信告诉我的。这对于我们的实验来说真是太倒霉了，并且其后果是灾难性的。[7]昨天我去了乌得勒支，跟 Ornstein 和 Julius 在一起。[8] Ornstein 一家让我转达他们对你友好的问候。[9]明天我去拜访 Lorentz。[10]可我已不能继续前往代尔夫特看望 De Haas 了。[11]我的时间都被占用了。我到哪儿都穿着那套灰色的衣服，这会儿穿的是那条有纹路的裤子，因为另一条裤子已经穿破了。所以就没有一丝优雅可言了。

衷心问候你们三位还有老人们。[12]

你的
阿耳伯特

AKS。[143 119.1]。明信片的收信人及其地址是"E. Einstein 女士,柏林哈伯兰街 5 号",为 Paul Ehrenfest 手笔,邮戳为"莱顿 21.11. 21 8-9V[oormiddag]"。

[1] Ehrenfest 的手笔。
[2] Ehrenfest 手书的第一段省略了。
[3] Elsa 的来信可能是文件 280。
[4] 6 天前,Ellen Siemens-Helmholtz 寄给爱因斯坦一份邀请函,邀请他参加在她家里举办的招待会(参阅文件 299)。
[5] 关于爱因斯坦接到的日本邀请函以及他对其中所提条件的不满,参阅文件 292。
[6] Ilse Einstein 通知城市管理学院政治经济学教授 Karl Kumpmann,爱因斯坦可能 11 月 26 日到达杜塞尔多夫(参阅年表和日程表 1921 年 10 月 13 日)。
[7] Hans Geiger。关于他们的实验的更多信息,参阅文件 247。
[8] Leonard S. Ornstein(1880—1941)是乌得勒支大学的理论物理学教授,还有 Willem Julius。
[9] Ornstein 的妻子是 Jeanette Hoofien-Ornstein(1886—1948)。
[10] 哈勒姆的 Hendrik A. Lorentz。
[11] Wander de Haas。
[12] Elsa 及其女儿 Ilse 和 Margot,还有她们的父母 Rudolf(1843—1928)和 Fanny(1852—1926)Einstein。

## 304. Heinrich Zangger 来信

苏黎世,1921 年 11 月 21 日

亲爱的朋友爱因斯坦:

你知不知道 Bleuler[1] 那本书(Springer 出版社出版):《意识的形成:灵魂的自然史》?[2] 里面写的处处都跟您的言论有点儿关系。[3] 意识的种种功能倒是出现了,可是却还不具备发挥领导作用所必要的那种强度。

我随信寄来一个副本,是关于该领域的一份报告,[4] 是我为 Bleuler 做的。[5] 恰好因为您认识 Bleuler,[6] 并且通过我认识了 Bleuler 的思维方式连同他以克制而谨慎的方式对自己观点所作的综合,所以这种[部分地]随您一起[完成的]对 Bleuler 的体验之普遍化必定为您带来一些思想丰富的时刻;或者说我们要一起将这本书读一遍吗?

致以最美好的问候。

Zangger

Besso 最近一直感到十分沮丧,您能否带他去柏林待几个星期?

过几天我又要去欧普奥,[7] 可是一星期之后又要返回苏黎世。我会寄给您关于中毒问题的单行本。[8]

TLS。[40 018]。信头写的寄信人及其地址是:"苏黎世大学医学研究所(所长:H. Zangger 教授博士)"。

[1] Zangger 亲笔在左侧添加了"1921"。

[2] *Bleuler 1921*。

[3] Bleuler 在该书几处都提到爱因斯坦,主要目的是突出如下概念的心理学定义与抽象数学角度的定义之间的差异,以及这些概念的作用,比如数字零(第 166 页);直线(第 168 页);以及作为第四维的时间(第 226 页)。

[4] Zangger 手写在"报告"之上。

[5] *Zangger 1924*。

[6] Eugen Bleuler(1857—1939)是苏黎世大学的心理学教授,苏黎世大学精神病医院(Burghölzli Asylum)的院长。1920 年,Epstein 感到困惑不解,他不知道为何偏偏精神病学家好像对相对论特别感兴趣,他评论说在这些人当中最有趣的就是 Bleuler。参阅 Paul Epstein 1920 年 5 月 30 日写给爱因斯坦的信(第十卷,文件 38)。

[7] 关于欧普奥的爆炸事故以及 Zangger 卷入事故的后果,参阅文件 253。

[8] 问候语和附言为 Zangger 手笔。

# 305. Theodor Kaluza 来信

普鲁士,柯尼斯堡,施泰因梅茨街 34 号,1921 年 11 月 28 日

十分尊敬的教授先生:

如您所愿,我概括了自己的想法并将它寄来了。我首先说明,在 $\frac{dx_0}{ds}$[1] 很小的情况下,一切是如何顺利进行的;然后我指出了,困难出现在电子运动的时候。[2]——

我新近注意到,对于 $\frac{dx_0}{ds}$ 的上限,仍然容许运动方程中带 $\left(\frac{dx_0}{ds}\right)^2$ 的附加项,这或许是能够达到的,如果让质量为 $\sim 10^{-6}$ g 的粒子负载几个基本量子。[3] 现在 Ehrenhaft 的不自洽性大概主要出现在粒子较小,从而比荷较大,亦即 $\frac{dx_v}{ds}$[4] 较大时(而 Millikan 的不自洽性可能还恰好就会这样发生)。[5] 我相信您能够更好地判断,如果设想其间存在某种内在联系,这种想法是否纯属愚蠢之举。在此情况下,那条具有暗示性的注释 8)或可就不再出现![6]——

为了消除那种首先是对电子运动方程而言的不自洽性,我曾权衡了种种可能,而所有这些可能性中最吸引我的,则是我在上数第二段概述过的:对于 $g_{ik} = -\delta_{ik} + \gamma_{ik}$($\gamma_{ik}$ 很小),能量张量的标量 $T$[7][因为物质的运动并非都那么剧烈]会

变为 $\sim -(T_{00}+T_{44})$,与此相应,对于第 1 类场方程则有: $R_{00} \sim -R_{44} \sim -\dfrac{\kappa}{2}$ $(T_{00}-T_{44})=-\dfrac{\kappa \mu_{0}}{2}\left[\left(\dfrac{\mathrm{d}x_{0}}{\mathrm{d}s}\right)^{2}-\left(\dfrac{\mathrm{d}x_{4}}{\mathrm{d}s}\right)^{2}\right]$,并且,如果把 $x_0$ 也解释为类时的($x_0=i\gamma\tau$,正如 $x_4=ict$),则右边就有真正的差异。在运动方程中,随着 $\gamma_{00}\sim-\gamma_{44}$ 会出现相应的东西。从而要是近似能得到严格的满足,则那个差异并且由此还有每一个引力效应都会随 $\dfrac{\mathrm{d}x_{0}}{\mathrm{d}s}=\dfrac{\mathrm{d}x_{4}}{\mathrm{d}s}=\dfrac{i}{\sqrt{2}}$ 而完全消失,而且是在 $\kappa$ 为任意值时!于是可以用一个足够大的因子代替 $\kappa$ 置于能量张量之前,大到可以在小 $\dfrac{\mathrm{d}x_{0}}{\mathrm{d}s}$(数量级为 1)的情况下仍然让电效应以正常的数量级呈现出来(于是 $\alpha$ 就会变成 $\sim\dfrac{e}{m}$,$\sim 10^7$),同时却不会连带产生巨大的引力效应。这样的话,引力就仅仅是作为差异效应而得以保留($g_{00}$ 对 $g_{44}$)。[8] 这听起来是很棒,但是当然也还很不成熟。我之所以朝这个方向努力,是因为有这样一种可能性在诱惑着我:我们有可能将这个令人惊骇的小小的——它如同 Weyl 所言,"根本就不宜被纳入其余自然常数的框架"[9]——理解为一个统计量,一个"剩余者"。假如最终的世界仅由电子组成,那么该思想或许是可以实施的;可是此时那些氢原子会以其更小的 $\dfrac{e}{m}\sim 10^4$ 在其间产生干扰。两种电的不对称性确实会处处导致种种困难并且据我所知,它确实也给 Weyl 造成了困难。[10]

令人崇敬的教授先生,如果您认为,我所说的这一切还只是虚无缥缈的东西或者完全是错误的,那么我愿意暂时删除与之相关的那个段落。但它或许能够指引某个比我时间更充裕并且更幸运的人产生一种更好的思想。——

十分尊敬的教授先生,请让我再次诚挚地感谢您对我说的事有兴趣,顺致崇高的敬意。

您最忠实的
Kaluza

ALS。[14 248]。

[1] 在 Kaluza 1921 中,所写的速度都带有标在上面的指数。在他的信中,上标和下标交替使用。

[2] 五维空间里的测地线方程($x^0$ 表示第五维,拉丁指标从 0—4,$\mathrm{d}s$ 代表五维线元,以及 $u^l=\dfrac{\mathrm{d}x^l}{\mathrm{d}s}$)

$$\dot{u}^l = \Gamma^l_{rs} u^r u^s \tag{1}$$

在 $u^0, u^1, u^2, u^3 \ll 1, u^4 \sim 1$ 近似下可以减化为一个带电粒子熟悉的运动方程:

$$\dot{\pi}^\lambda = \Gamma^\lambda_{\rho\sigma} T^{\rho\sigma} + F^\lambda_\kappa I^\kappa \tag{2}$$

$\pi^\lambda$ 是四维空间里粒子上的作用力,$T^{\rho\sigma}$ 是能量动量张量,$I^\kappa$ 是电流,$\Gamma^\lambda_{\rho\sigma}$ 和 $F^\lambda_\kappa$ 是通常的引力和电磁场项;希腊指标从 1—4。在这个近似里比荷很小,但电子的情况不是这样。对于真实的电子比荷值 $u^0$ 必须非常大,如此,与未知的 $g_{00}$ 场的相互作用会在粒子的运动方程中占主导地位(亦见文件 270 和 Kaluza 1921,第 969—971 页)。

[3] 使用上述近似(参考注释 2)和线性化度规,Kaluza 发现,对于电荷密度 $\rho_0$,
$$\rho_0 = 2\alpha\mu_0 u^0, \tag{3}$$
其中 $\mu_0$ 是质量密度,$\alpha = \sqrt{\kappa/2}$(其中 $\kappa$ 是引力常量)。当从方程(1)导出方程(2)时,Kaluza 得到了运动方程的如下表达式:$\frac{dv^\lambda}{ds} = \Gamma^\lambda_{\rho\sigma} v^\rho v^\sigma + 2\alpha F^\lambda_\kappa u^0 v^\kappa - \frac{1}{2} g_{00,\lambda}(u^0)^2$;$v^\lambda$ 和 $d\sigma$ 分别表示四维空间里的 4-速度和线元(参阅 Kaluza 1921,第 969—971 页)。电动力和 $g_{00}$ 力项的幅度比为 $2\alpha / \left(\frac{1}{2} u^0\right)$。对于电荷 $\rho_0 = ne$ ($n$ 示一个整数,$e$ 表示基本电荷),质量为 $10^{-6}$g 的粒子,运用(3)和几何单位,得到这个比率大致为 $54/n$。

[4] "$\frac{dx_v}{ds}$" 应该是 "$\frac{dx_0}{ds}$"。

[5] Felix Ehrenhaft 声称观察到半径小至 $10^{-6}$ cm 的汞滴上的电荷(Ehrenhaft 1914,1915),是基本电荷的一小部分(他观察的最小电荷是 $2 \cdot 10^{-11}$ 静电单位[esu],是基本电荷的 $\frac{1}{12}$。)。然而 Robert A. Millikan 在他的油滴实验中(油滴半径量级是 $10^{-4}$ cm)发现,总是会产生基本电荷的整倍数(Millikan 1913);对此具有历史意义的解释,参阅 Holton 1978。

[6] Kaluza 1921 里没有。

[7] 文本此处,Kaluza 暗示他在页脚附加了一个短语:"对于运动不是特别剧烈的物质"。

[8] 在 Kaluza 1921 的第 971—972 页提出了相似的观点。

[9] Weyl 声称:"爱因斯坦的引力方程从严格意义上讲绝不可能是正确的,因为这些方程中包含的引力常量与其他的自然常量极不协调,以致,比如说,电子的电荷及质量的引力半径相对于电子本身的半径是完全不同的数量级(也就是它的 $10^{20}$ 或 $10^{40}$ 倍那么小)"[Weyl 1918a,第 477 页])。

[10] Wolfgang Pauli 认为 Weyl 理论里静态场的微分方程 (Weyl 1918a) 在时间反演下是不变的。在这样的变换里,电场变号,但度规的引力分量保持不变。根据带正负电荷的基本粒子之间质量的不同,这样的对称是有问题的。(Pauli 1919,第 462 页、第 467 页;也见 Pauli 1921,sec. 67)

# 306. 致 David A. Lourie[1]

柏林,1921 年 11 月 29 日

亲爱的 Lurie 先生:

Ginzberg 先生[2]告诉我,你们俱乐部捐助那所大学的基金支付出现了困难,因为捐资者担心那些钱如果支付到犹太复国主义者的金库就可能转移目标,不再用于那所大学的建立。[3]

尽管这样的担心对我来说似乎毫无依据,但我相信,通过在美国任命一个专门的财务主管,这个困难应该可以解决。把资金交给这个财务主管,他可以管理这些资金,然后确保这些钱完全用到大学的某些开支上(您知道,我个人建议把这些钱用来建造大学图书馆,这是当下最紧迫的需要)。由于 Weizmann 博士马上要去美国,[4]我把这封信的副本寄给他一份,请求他和您一起来任命这样一个财务主管。在您和 Weizmann 博士就这个专门财务主管的人选取得一致之前,我首先表示赞同。[5]

您的
A. 爱因斯坦

TLS (NNAJHS,《阿耳伯特·爱因斯坦论文集》,Box 1, Folder 1)。[36 844]。这封信的收信人及其地址是"David Lurie 先生,(新世纪俱乐部),波士顿"。一份带德文评语的英文草稿也可获得[36 846]。

[1] Lourie (1878—1930) 是波士顿的一个律师,也是西区美国犹太委员会的成员。

[2] Solomon Ginzberg。

[3] 在 1921 年 5 月 18 日的宴会上,东欧血统的波士顿犹太人创建的新世纪俱乐部为大学基金筹集了 25000 美元(《华盛顿邮报》,1921 年 5 月 19 日)。关于美国犹太复国主义者组织中的 Brandeis 派指控犹太复国主义者组织挪用大学基金,将其用作一般犹太复国主义项目方面的内容,参阅文件 128,注释 3。

[4] 事实上,Weizmann 一直没有再去美国,直到 1923 年 3 月。(参阅 *Wasserstein 1977b*,第 268—269 页)。

[5] 在打印的草稿里包含下面这个句子:"我对 Weizmann 博士的选择充满信心,这个选择毫无疑问将会满足各方面的要求。"这个句子被划去了,爱因斯坦在相同的位置增加了一个句子,翻译过来就是寄出去的这封信的最后一句。草稿也包含下面在爱因斯坦手中被划去的附言:"附:我在想,要是人们认识到自己有义务,以后再次附和我的赞同,此事就不会被延误。如果 Weizmann 博士先生跟新世纪俱乐部在出纳员的人事问题上达成了一致,那么这个选择也可视为得到了我的同意。"

## 307. 致 Noémi Stricker

柏林,1921 年 11 月 29 日

尊敬的 Stricker 博士女士:

那些宝贵的脑力劳动者的困苦几乎每天都以令人害怕的形式呈现在我眼前;鉴于现今毫无慰藉的经济形势,仅有极少数情况下才可能对他们加以帮助。然而我还没有乐观到能为您的呼吁信签名。[1]诸如您所策划的那些行动,在我看来很难实现,除非它们只是局限于一个相对较小的圈子。每一个较大的欧洲国家都有成千上万的遭受困厄的脑力劳动者。在如此广袤的范围内,我看不出任何进行一种客观选择的可能性。我认为,仅仅对于那些由脑力劳动者组成的大型协会才能够真正地成功;对于它们来说,或许国际性的联合是一件有价值的目标,然而这种目标的对立面却是狭隘的民族主义,可惜这种东西在今天的脑力劳动者当中依然占据着主导地位。

  致以特别的敬意

TLC。[45 090]。这封信的收信人及其地址是"Noémi Stricker 博士夫人,柏林"。一份 Ilse Einstein 手书的草稿[45 089]也可以获得。Ilse Einstein 手书的草稿上方加了一条注释:"30 马克 10 马克已给"。

  [1] Stricker 两周前请求过爱因斯坦(参阅文件 300)。

## 308. Max Born 来信

格丁根,1921 年 11 月 29 日

亲爱的爱因斯坦:

  权威人士们不能一致确定,你这会儿是在意大利温暖的原野里逗留呢,还是已经回到了柏林。[1]但是人们大概有理由假定,在第一种情况下你即将归来。所以我给你写这封信并希望你很快就能收到它。

  首先我必须衷心感谢你慷慨地捐赠了一台 X 线设备。Franck,Pohl 和我为此都非常高兴,因为如今任何一个正规的研究所都理应拥有这种设备,而且我们常常会遇到只有借助 X 线设备才能回答的种种问题。[2] Pohl 或许会给你写一封正式的感谢信,而我则必须补充几句我个人的发自内心的感激之词。这一巨大的馈赠确实意味着,身在柏林的你们深信,我们或许能凭借这台设备搞出点什么名堂来;这令我们很欣慰。设备购置事宜是 Pohl 在经办,其间遇到过很多困难,还有场地缺乏以及那些公司对我们的不信任,等等。特别是那些 Veifa 工厂(Vereinigte Elektroinstitute Frankfurt-Aschaffenburg,法兰克福-阿莎芬堡电子研究所——译注)对待我们的那种方式,使我们有可能不会在他们那里采购了。[3]如果可能的话,我们不想购买任何现成的医疗设备,而是只想按照我们自己的精确考量,采用最好的现有零部件组装一台。

  此外就没什么令人开心的事报告给你了,因为我其实一直在生病。我夏天的蒂洛尔之行并没有多大的用处,因为从那里回来之后,我几乎每天夜里都会哮喘,而且是每况愈下。大约 3 个星期以前,我又患上了严重的支气管炎,并且不得不长时间卧床休息。然后我接受了我们这里的医学权威们(特别是 E. Meyer)[4]的治疗,他们替我祛除了哮喘。可我一直都还有严重的黏膜炎,使我无法授课。Pauli[5]在替我代课;他应该做得非常好,尽管他才 21 岁。真是可惜,我

的身体如此衰弱,因为这里的天气本来是那么美好。跟 Franck 共事简直就是一种享受;而且我们跟 Pohl 也相处得很好。年轻的 Pauli 十分用功;我可是再也找不到比他更好的助手了。可惜的是,他夏天要去汉堡看望 Lenz[6]了。我近期没有办法好好地工作;然而我现在对于微扰理论却有了更多的理解,并且对 Bohr[7] 正在进行的那种研究有了一种模糊的概念。我正在继续系统地研究晶体;我今夏撰写的几篇论文不久前已刊发于《物理学杂志》(*Zeitschrift für Physik*)[8]。——我想知道,你如何看待 Polanyi 关于反应速度的那些研究。[9] 他主张,这种反应速度是难以理解的,要是没有一种未知的能量传输(从一个分子到另一个分子的能量量子传输,此过程中没有发生力学上的交互作用,就只是那样蹦蹦跳跳地穿过一个空间)。对此,我和 Franck 都不相信。Langmuir[10] 最近也在这里。他也提出了类似的主张,但我们依然是完全不相信。尽管如此我们还是很喜欢 Langmuir 的,他很懂物理。Polanyi 关于抗拉强度的研究也很疯狂,[11] 并且其中会有些真东西的。要是我们能跟你讨论一下有关问题,那该多好啊!我有一个学生(他是 Minkowski 的侄儿并且跟他同名[12])目前在为气体里的慢速电子流(速度低于最小 $h\nu$)研究一种精准理论。其目的是要达成 Franck 的以下观点:在极度的真空里,电流作为电压函数的"空间电荷律"有效(我认为 $J \sim V^{\frac{3}{2}}$);如果此时加注一点气体,就会出现电子的往复反射,致使"空间电荷"在一定程度上增大且 $J$-$V$ 律被改变。从这一变化中,必定可以按现有理论计算出电子在气体中的自由路程长度;这可是令人感兴趣的事,因为 Ramsauer(在耶拿)曾极其疯狂地宣称,在氩气中电子的路程会随着速度递减而趋于无限大(原子会被慢速电子自由地穿越!)[13] 这种观点我们就是要反驳。以下是我所作的理论思考:我的出发点是麦克斯韦-玻尔兹曼碰撞方程[14]

$$\frac{\partial F}{\partial t} + \xi \frac{\partial F}{\partial x} + + + \frac{X \partial F}{m \partial \xi} + + = \iint 碰撞积分;$$

人们通常的积分做法是,在一级近似中将左侧设为零,并借助麦克斯韦分布函数使积分为零,然后将这个二级近似的分布放在左侧,如此等等。可我的做法却与之相反:一级近似,忽略所有的碰撞,也就是"空间电荷分布"(为此必须设 $X = -\varepsilon \frac{\partial \varphi}{\partial x}, \cdots$ 并且加上第2个方程 $\Delta \varphi = -e \int F d\zeta d\eta d\zeta$);二级近似则要顾及一次碰撞,等等。

事情看起来进展得很顺利。Minkowski 愿意跟 Sponer[15] 小姐一起做实验;然而这些实验肯定很难做。[16]

Lenard 那篇关于 Soldner 的文章读来让我们很开心。[17] 我不知道你是否看到了《法兰克福报》(*Frankfurter Zeitung*)上的有关报道[18]以及双方之间的论争——一方是 Laue，另一方是我和 Hilbert。[19]

我正在读 Laue 的第二卷[20]，我觉得它写得确实很棒。而 Pauli 的百科全书文章[21]则是一个更大的成就。

我妻子一切都好；她需要给小儿子喂奶，[22]而且两个孩子都得吃奶。这会儿她却躺在床上，怀着一腔痛苦的怒火。我的两个女儿也都很好。[23]

替我问候你的妻子和那些年轻的女士们以及在柏林的所有朋友和熟人。

向你致以最美好问候<br>M. Born

ALS。*Einstein and Born 1969*，第 92—94 页。[8 163]。

[1] 爱因斯坦从 1921 年 10 月 15 日到 11 月 29 日游历了意大利、瑞士和荷兰。

[2] James Franck；Robert Pohl。威廉皇帝物理研究所（KWIP）划拨了 10 万马克给格丁根大学物理系购置一台 X 线设备；这笔经费是 KWIP 在 1921 年 4 月到 1922 年 1 月期间为其他 11 个项目所拨经费总额的两倍多（参阅"1921/22 会计年度批准的经费"[GyBP, Abt. I, Rep. 34，Nr. 43]）。

[3] 关于同 Veifa 之间更早的安排，参阅文件 278。

[4] Erich Meyer（1874—1927）是格丁根大学的内科学教授。

[5] Wolfgang Pauli。

[6] Wilhelm Lenz。

[7] Niels Bohr。

[8] *Born and Bródy 1921a* 和 *1921b*；*Born 1921b* 和 *1921c*。

[9] Michael Polanyi 认为目前还没有任何一个化学反应模型能产生这样一种定律——它所支持的化学反应其速度符合热力学定律（*Polanyi 1920b*；亦见 *Polanyi 1920a*，*Polanyi 1920c*）。他试图弥补这一缺憾，于是假定化学反应是由"原子跃迁——类似于 Bohr 的电子跃迁"引发的（"类似于 Bohr 的电子跃迁——原子跃迁"[*Polanyi 1920d*，第 110 页]）；这些跃迁的能量来源既非机械能亦非热辐射（*Polanyi 1920e*）。

[10] Irving Langmuir（1881—1957）是位于美国纽约州斯克内克塔迪的通用电器公司的研究实验室的科学家和副主任。

[11] *Polanyi 1921*。

[12] Rudolf Minkowski（1895—1976）1921 年在布雷斯劳大学获得博士学位；他的叔叔 Hermann Minkowski（1864—1909）是瑞士联邦理工学院和格丁根大学的高等数学教授。

[13] Carl Ramsauer（1879—1955）是但泽理工大学的物理学教授；关于他在德国物理学会 1921 年 9 月 18 日到 24 日在耶拿举行的会议上的演讲，参阅 *Ramsauer 1921*。

[14] 在以下方程中，$F$ 是电子分布函数，$X$ 是力，$m$ 是电子质量，$\xi$ 是空间和时间坐标。

[15] Hertha Sponer（1895—1968）是格丁根大学的助教。

[16] 因为他们关于氩气等其他惰性气体的结论证实了 Ramsauer 的主张：慢电子的平均自由程增加了，有关情况参阅 *Minkowski and Sponer 1923*（类似结论也见 *Sponer 1923* 和 *Minkowski 1923*）。

[17] Philipp Lenard。Johann von Soldner（1777—1833）是位于伯根豪森的慕尼黑科学院天文台的前

任管理员。自 1917 年起，Lenard 就开始煽动反相对论情绪（参阅第七卷《〔编者按〕爱因斯坦同德国反相对论者的冲突》，第 101—113 页，以及爱因斯坦 1920 年 9 月 24 日写给 Ilse 和 Margot Einstein 的信〔第十卷，文件 154〕）。最近，他发表了 *Lenard 1921* 中的一部分 *Soldner 1801*。Soldner 在把光线处理为牛顿引力理论中的重物时，发现光线在路过太阳时发生了偏折。他的偏折值是 0.84 角秒，接近爱因斯坦在 *Einstein 1911h* 里的最初值 0.83 角秒（第三卷，文件 23），这完全是依靠等效原理得出的。

根据最近得到的(1.60±0.3)角秒的日食观测结果（关于这些观测，参考第九卷序言第 31—37 页），Lenard 指出，爱因斯坦 1915 年根据广义相对论预言的 1.7 角秒（参阅 *Einstein 1915h*〔第六卷，文件 24〕）可能是错误的，因为太阳大气里的折射仍然必须考虑；这就使得 Soldner 得出的值更可能是正确的。Lenard 进一步提出反对意见，说爱因斯坦 1911 年得出的结果可能与 Soldner 的相等，然而他还特别觉得，在这个推导过程中，相对论人为地与结果编织在一起，是为了面子好看"〔*Lenard 1921*，第 597 页〕）；关于 Soldner，参阅 *Jaki 1978* 和 *Eisenstaedt 1991*。

[18]《法兰克福报》在报告 Lenard 的论文（*Lenard 1921*）时，说爱因斯坦运气真好，活着看到他的预言被证实，因此"发现的所有光辉照耀着他〔爱因斯坦〕"，然而"Soldner 却只能湮没无闻"（*Baumgardt 1921*）。

[19] Max von Laue（*Laue 1921c*；亦见 *Laue 1921b*）认为爱因斯坦在波动理论语景下预言光的相对论偏折方面做出了独特的贡献；把 Soldner（曾使用光的发射理论）和爱因斯坦做比较是"非常不公平"的（*Laue 1921c*）。David Hilbert（1862—1942）是格丁根大学的数学教授，与 Born 一起写道，*Soldner 1801* 与 *Einstein 1911h* 包含同样的光偏折值（第三卷，文件 23），但爱因斯坦 1915 年提出的广义相对论给出了英国日食考察队观测到的值。Soldner 和爱因斯坦的贡献不可相比，这暗示了 Lenard 只关注 Soldner 的努力，为的是贬低爱因斯坦的成就（*Hilbert and Born 1921*）。

[20] *Laue 1921a*。

[21] *Pauli 1921*。

[22] Hedwig 和 Gustav Born。

[23] Irene 和 Gritli Born。

# 309. 致 Max Schuler

〔柏林，〕1921 年 12 月 1 日

亲爱的 Schuler 博士：

您真是太好了，愿意重新开始做那些电磁实验。[1]我认为，应该采用短路线圈代替庞大的圆柱；这种线圈的绕组应当很容易地（比如借助一个氧化层）彼此绝缘。我宁愿利用一块悬挂的磁铁而不是感应来表征磁场；因为要十分精准地确定一个感应线圈的起始和终点位置，以免地球磁场干扰变成灾难，这或许是很难做到的。只有在遇到交变场的情况下，使用放大管才有意义，而在我们所说的情形里之所以用不上放大管，是由于我们要做的是避免干扰，而不是为了获得高灵敏度。

我看到，您想把圆柱体塞进那个固定的感应线圈。这样做我觉得也是有问

题的,如果圆柱体很庞大。因为一个庞大的圆柱体在地球磁场里旋转会导致它里面产生感应电流,而这些电流本身(由于轻微的不对称)又会使线圈感应生电。

尽管如此,最终您还是按您认为最佳的方案去做吧。毕竟也有可能将感应法跟被分割后的圆柱体结合起来使用。我自己认为,静磁法更灵敏且更简单。

我对您将会发现的东西充满了好奇。虽说我现在还不能形成一幅足以让人期待肯定效果的清晰图像,但是对我而言唯一合理的办法就是,将热电流跟地球电流联系起来,因为前者只能通过一个不可逆的过程产生。

向您致以友好问候的<br>阿耳伯特·爱因斯坦(哈伯兰街5号)

又及:我引以为豪的是自己对线圈里电流分布的计算,可是其中也含有一个毁灭性的符号错误。没有电容就行不通。[2]

366　ALS (Friedrich Schlögl, Aachen, Maximilian Schuler Papers)。*Lohmeier and Schell 2005*,第149—150页[81 206]。

[1] 文件290。

[2] 此处计算的是回转罗盘的"吹卷线圈"(blow coils)中的电流分布(参阅文件237)。

## 310. Edith Einstein 来信

苏黎世,奥提克街27号,1921年12月4日

亲爱的阿耳伯特:

我的博士论文终于写完了![1]那个小的张量也被考虑进去了。[2]最后我还想提一下,促使我从事这项研究的那个——即常言所说的——"动力",是你给予我的。[3]因为我觉得,要是不提到你,就是不公平的:是你替我想出了解决问题的整个途径,而 Epstein 和 Ratnowsky 仅仅时不时检查了一下计算过程。[4]可是在我提交论文之前,我想询问一下,你是否同意我的说法,我准备这样来写:

"请允许我借此机会,向鼓励我从事这项研究的爱因斯坦教授先生,以及为我提供了许多支持的 Epstein 博士先生和 Ratnowsky 博士先生,表达我诚挚的谢意。"

我会非常感谢你,要是你能(尽快)回复我几句话,表明你是否同意以上表述。[5]还有,[我是真的!而非客套(!!!)]衷心感谢你的帮助:

亲切问候 Else 并且也——以陌生人的方式——问候"姑娘们"。祝你万事如意!

你的

Edith

ALS。[9 195]。

[1] Edith Einstein 1919 年春天开始撰写研究辐射计理论的博士论文(参阅 Edith Einstein 1919 年 4 月 29 日写给爱因斯坦的信[第九卷,文件 31])。

[2] 除了根据气体动理学推导辐射计侧翼表面上的气压张量,该博士论文的第六章通过张量分析的方法概括了一种更扩展更不均匀的气流的推导。

[3] 关于爱因斯坦对 Edith 的论文的评价以及在其写作过程中给予的帮助,参阅文件 296。

[4] Paul Epstein;Simon Ratnowsky(1884—1945)是苏黎世大学理论物理学的名誉教授。

[5] 论文的致谢词是这样写的:"请允许我借此机会,向鼓励我从事这项研究的爱因斯坦教授先生,以及为我提供了许多支持的 Epstein 博士先生和 Ratnowsky 博士先生,表达我诚挚的谢意。"(*Einstein*, *E*. *1922*)

## 311. Hans Albert Einstein 来信

[苏黎世,1921 年 12 月 5 日]

亲爱的爸爸:

我们都在担忧你,因为你不再来信了。出了什么事儿吗?但愿没有啊。你还是给我们写几句吧。我今天又在音乐会上演奏了,这已经是假期里的第二次。另外,Pauli 托人从卢塞恩寄来东西已经到了。[1]请写信告诉他,我们收到了。

希望很快就能得到你还健在的消息。我在学校里现在有相当多的事要做。[2]下周三会有件大事:我将(从乐队)得到我的第一份报酬,[3]那将会是一个重要的时刻。

致以亲切的问候。

Adn.

AKS。[144 033]。明信片的收信人及其地址写的是"阿耳伯特·爱因斯坦教授先生,柏林(维尔默斯多夫)哈伯兰街 5 号",邮戳为"苏黎世 8 (Fluntern) VIII 5. XII. 21. 19"。

[1] 最大的可能是一笔 1500 瑞士法郎的款项,这是 Paul Winteler 3 周前要 Eugen Curti-Ferrer 寄给 Mileva Einstein-Marić 的钱(参阅文件 297)。

[2] Hans Albert 正在上六年级,也是他在苏黎世州立文理学校学习的最后一年。

[3] 中部瑞士术语:报酬。Hans Albert 是学校管弦乐队的队长(参阅文件 224)。

## 312. 致 Jun Ishiwara

柏林，1921 年 12 月 6 日

十分尊敬的同事先生：

我正匆匆回复您 9 月 24 日的来信。[1]对于您的那些建议，我经过谨慎的权衡之后，现在觉得我有理由放弃原定于 1922 年实现的日本之行。我很抱歉，我此前已向 Murobushi 先生表示同意，现在却不得不食言，[2]同时我也必须抱歉地指出，您所说的那些条件跟 Murobushi 先生本人来信告诉我的条件不一致。[3]我聊以自慰的是，您和其他几位日本学者都是我的理论的优秀代表，由于精通日语并且熟悉日本青年们的思维方式，你们必将比我本人更加成功地传播那些理论。

致以友好的问候。

TLC。[36 411]。这封信的收信人及其地址写的是"Jun Ishiwara 教授博士先生，仙台"。
[1] 文件 244。
[2] 在文件 246 里。
[3] 关于相抵触的条件，参阅文件 244，注释 11。

## 313. 致 Johannes Staub

柏林，1921 年 12 月 6 日

尊敬的先生：

根据力学的世界观（世界在空间上是无限延伸的），轮回之所以绝不可能，是因为能量（和物质）必定会无穷地耗散、一去不返。[1]即使不考虑这种主要还属表面上的论据，也极其不可能在这样一个已经屈服于轮回的世界上——亦即在已经出现的热平衡视角下进行评估——遇到那样一种状态，正如我们事实上在世界上发现它的存在一样。无疑显得更加理智的做法是，借助不能进一步解析的时间上的初始条件去解释被我们发现的那种低熵状态。有人声称，照此观点世界最终只能持续到现在；我认为，这种说法基于人们对人类迄今为止所认识的那些自然规律之终极正确性所抱有的一种不合理的信赖。

顺致特别的敬意。

TLC.[25 287]。这封信的收信人及其地址写的是"stud. math. Johannes Staub 先生,耶拿"。Ilse Einstein 手书的草稿也可以获得。[25 285]。

[1] 关于 Staub 的质问,参阅他 1921 年 11 月 22 日写给爱因斯坦的信(年表和日程表)。

## 314. 致 Paul Painlevé

柏林,1921 年 12 月 7 日

十分尊敬的 Painlevé 先生:

您邀请我于年底前后访问巴黎的两封来信,同时也向我传递了您友好的问候。[1] 为此我要特别感谢您!可同样值得感谢的,是您带给我的快乐,当我得知,身为伟大学者和政治家的您,也是一位和平主义思想的热心促进者。[2] 可惜我还不能现在就接受您的邀请,但我想利用这个机会,简短地回应您在 10 月 24 日的科学院会议上对广义相对论的批评。[3]

如果在中心对称的静态解中将 $ds^2$ 中的 $r$ 替换为 $r$ 的某个函数,那么就绝不可能得到新的解——既然 $r$ 的值本身不具备任何物理意义,而得到的只有 $ds$ 的值本身,或者更准确地说,得到的是由所有的 $ds$ 组成的那个四维流形的网络。此时必须随时想到,那些坐标本身不具有物理意义,也就是说,它们不会产生测量结果。只有那些通过排除坐标而获得的结果才能要求客观意义。此外对于 $ds$ 值所作的度量上的诠释并非"纯属想象",而是整个理论最内在的核心。其推导过程如下:按狭义相对论,坐标 $x,y,z,t$ 借助相对于坐标系静止的时钟是直接可测量的,从而通过方程 $ds^2 = dt^2 - dx^2 - dy^2 - dz^2$ 定义的不变量也就具备了一种测量结果的意义。

广义相对论则完全基于这样一个前提:时空流形的每一个无穷小的元素其物理行为如同狭义相对论的四维流形。意思就是,存在无穷小的坐标系(惯性坐标系),借助它们可以从物理上定义 $ds$,如同根据狭义相对论一样。广义相对论成立与否,就取决于对 $ds$ 的这种诠释;后者对它而言是必须的,恰如高斯的无穷小面积几何学也有一个前提:一个无穷小的面积元在度量关系中犹如一个平面的行为——要是您能把这些论据考虑进去,或许您就会得出结论说,您的批评是站不住脚的。

顺致特别崇高的敬意。

您忠实的
爱因斯坦

TLC。[19 003]。收信人和地址是"M. le P. Painlevé 教授博士,巴黎"。

[1] 对于其中一份邀请,爱因斯坦在文件 220 中给予了否定的答复。另一份邀请是 Painlevé 请爱因斯坦参加 1921 年 12 月 28 日至 31 日举行的国际哲学大会(参阅 M. P. Drosue 1921 年 11 月 30 日致爱因斯坦的信,见年表和日程表)。

[2] 数学家 Paul Painlevé 是法国众议院的议长。第一次世界大战爆发之前,Painlevé 跟 Dreyfusard 的圈子联系紧密,并宣称自己是和平主义理念的支持者,并且他所属的社会共和党也赞成和平主义。1917 年 "巴黎危机"时期他担任法国政府总理。那场危机是由当年 4 月发生的一次灾难性军事行动导致的士兵叛乱引发的。他拒绝采取一切严厉措施对待法国的和平主义者。战争结束后他加入了共和党联盟,对于法国国家集团在战争赔偿问题上的讨论持批评态度,不久开始主持国际合作研究所的工作(有关他的政治履历细节,参阅 Anizan 2006)。

[3] 爱因斯坦可能已经从 Louis Du Pasquier (参阅文件 302)那里听说过 Painlevé 的批评意见。Painlevé 1921a 引入了一个坐标系统,当人接近现今被称作黑洞的事件视界时,该坐标系不会变得奇异。Painlevé 在其论文中没有对此加以评论,他只是说通过他的坐标系(今人称之为 Gullstrand-Painleva 坐标),物体接近太阳时形状不会被扭曲。这是因为在这些坐标中的观察者也同时在接近太阳。在 Schwarzschild 坐标系中所观察到的那些著名效应,其实就是某些与太阳保持了遥远距离的观察者所看到的现象。Painlevé 看见了两个坐标系在描述同一物理系统时所蕴含的测量上的差异,并想以此为依据来证明度规 $ds$ 不可能具有物理意义,正如爱因斯坦的理论所言:"我的结论就是:居然得出了这种结论——这纯属异想天开。"与此相关的更多讨论参阅 Eisenstaedt 1982,第 173—177 页。

# 315. Maja Winteler-Einstein 来信

菲耶索莱,威尔第 8 号收转,[1921 年]12 月 7 日

亲爱的阿耳伯特:

我们所担忧的那件事情,已于 11 月 28 日得到了解决。[1] 我之所以今天才告诉你这个消息,是因为 Pauli 自一个半星期以来都在忍受胸膜炎的折磨。他在发高烧,而且我有很多事情要考虑和处理。他可能是在从瑞士返回的途中得的病,因为那些意大利的车厢里没有暖气。

衷心问候大家,给你一个吻。

AKS。[144 804]。明信片的收信人及其地址是"阿耳伯特·爱因斯坦教授博士先生,柏林西 30 区哈伯兰街 5 号",邮戳盖的是 "Fiesole (Firenze)- 7. 12. 21"。文件背面描绘了阿尔诺堤与圣三一桥。

[1] 最大可能指 Paul Winteler 关于瑞士奥尔股份公司的股票去苏黎世和他们可能卖掉卢塞恩的房子(参阅 167 和 297)。

## 316. Walther Bothe 来信[1]

[柏林,]夏洛滕堡,魏尔纳-西门子街 8/12 号,1921 年 12 月 7 日

尊敬的教授先生：

我今天冒昧地通过电话跟您说起的事涉及以下问题。波法线的角偏差无疑是[2]

$$\alpha = \frac{\dfrac{dn}{n}}{\dfrac{dv}{v}} \cdot \frac{v}{c} \cdot \frac{l}{\Delta}。$$

对于确定设备尺寸而言需要考虑的另一个问题,就是波列的侧面边界的挪移情况;并且这种挪移量不是 $\alpha \cdot \dfrac{l}{2}$,而是它的 2 倍。因为如果将惠更斯原理设为对于衍射现象而言通常简化的形式,则结论是,对于 $A$ 处的总体上的积分

$$\int d\sigma \sin\left[\omega(1+b\eta)\left\{t - \frac{r}{q}(1+\beta\eta)\right\}\right]。$$

$$b = \frac{v}{c\Delta}; \qquad \beta = \frac{\dfrac{dn}{n}}{\dfrac{dv}{v}} \cdot \frac{v}{c\Delta}。$$

会高于光束的入射截面。随着普遍的趋近,这一积分采取的形式为：

$$\int d\eta \sin\Phi; \Phi = \omega(1+b\eta)\left\{t - \frac{l}{q}(1+\beta\eta) - \frac{\eta^2}{2ql}(1+\beta\eta)\right\}。$$

如果让 $\dfrac{\eta}{l}$ 的较高幂指数取到第二阶,则 $\Phi$ 为最大值时,

$$\eta_1 = \frac{bl(qt-l) - \beta l^2}{1 + 2b\beta l^2}。$$

只有处在 $\eta_1$ 的相邻区域的 $\eta$ 对于积分值有贡献,于是$-\eta_1$ 就是光束的侧面挪移值。分子的第一项是没有意义的,因为它只代表那个狭缝的投影,并且对于波列($l=qt$)的中心为零。从而就有

$$\eta_1 = \frac{\dfrac{dn}{n}}{\dfrac{d\nu}{\nu}} \cdot \frac{vl^2}{c\Delta} \cdot \frac{1}{1 + 2\dfrac{\dfrac{dn}{n}}{\dfrac{d\nu}{\nu}}\left(\dfrac{v}{c} \cdot \dfrac{l}{\Delta}\right)^2}$$

最后一个分母事实上与1相比仅仅差了一个涉及 $\dfrac{v}{c}$ 的 2 阶量,此外就都是

$$\eta_1 = \alpha l\text{。}$$

也可将其直接以下列方式表示:与光束的 $B$ 点相应的那个距离为 $l$ 的点是 $A$,当

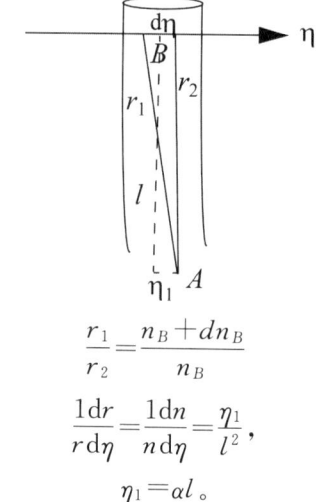

$$\frac{r_1}{r_2} = \frac{n_B + dn_B}{n_B}$$

或者:
$$\frac{1}{r}\frac{dr}{d\eta} = \frac{1}{n}\frac{dn}{d\eta} = \frac{\eta_1}{l^2},$$

从中又可得:
$$\eta_1 = \alpha l\text{。}$$

——技师 Görke 可能最迟会在后天重新开工,届时我就能立即前往抵近观察。在那之前,我还有几项迄今已耗费我许多时间的繁琐的检查需要完成。倘若您,教授先生,有意当面同我商讨有关问题,我很乐意在任意一个由您指定的地点等候您。请允许我冒昧地这样向您自荐。

你忠实的
W. Bothe

ALS。[6 159]。

[1] Bothe(1891—1957),柏林夏洛滕堡帝国物理技术研究所的行政专员。Bothe 当时正跟 Hans Geiger 合作进行爱因斯坦建议的光发射试验(参阅文件247)。

[2] 极遂射线光在色散介质中的偏转角度,在光的波动理论中,被爱因斯坦预言为 $\alpha = \frac{l}{\Delta}\frac{v}{c}\nu\frac{dn}{d\nu}$,其中 $l$ 是色散介质的厚度,$n$ 是其折射率,$v$ 是极遂射线粒子的速度,$\nu$ 是所发射的光的频率,$c$ 是它在真空中的速度,而 $\Delta$ 是焦距,如 Bothe 所附的示意图所示(参阅 Einstein 1922a,[第七卷,文件 68],方程 3)。Bothe 和爱因斯坦的偏移关系之间差一个因子 $\frac{1}{n}$,被爱因斯纳入波阵面离开色散介质时的衍射(参阅他的手稿《一个结果跟波动理论不一致的光学实验》第 5 页[2 086])。

## 317. 致 Henri Barbusse

[柏林,]1921 年 12 月 9 日

尊敬的 H. B. 先生:

满怀对您友好来信的谢意[1]我为您寄去一份给 Clarté 的备忘录,它是我不久前为一本德国和平主义手册撰写的。[2]如果您觉得这些文字合适的话,可以让人将其译成法文并刊登在您的杂志上。[3]

您尽可相信我的好意, 您的

Dft 为 Ilse Einstein 手笔。[34 515]。写在文件 301 的背面。

[1] 参阅文件 301。
[2] 在文件 243 中提出恳求,以 Einstein 1922b 为名出版(第七卷,文件 69)。
[3] 翻译成法语出版,稍作修改,冠名为 Einstein 1922d。

## 318. 致 Theodor Kaluza

[柏林,1921 年] 12 月 9 日

亲爱的同事先生:

昨天我给科学院递交了您的论文;[1]不久您将收到校样。请您不要修改太多,因为作者得为修改的稿件付费,如果修改的费用高于印刷费的 10% 的话。[2]您的思想真的很棒。其中肯定包含某种真理。其实没有必要借助物质的能量张量去解释电子。[3]人们可能认为这个电子必须仅仅通过场方程予以确定;因为在不涉及分子结构时,物质的能量张量 $\rho_0 u^\mu u^\nu$ 仅是现象描述里的一种权宜之计。最后,场与物质之间的二元性必然消失。[4]

顺致诚挚的问候。

您的
A. 爱因斯坦

AKS（Ingola Kaluza，汉诺威）。[71 203]。明信片的收信人及其地址是"Th. Kaluza 博士先生，柯尼斯堡，施泰因梅茨街"，邮戳为"柏林-威莫斯多夫 8 12 21 3—4[下午]"。

[1] *Kaluza 1921*；也见文件 305。

[2] 普鲁士科学院成员已经在 12 月 8 日的会议上初步决定，当交给科学院学报的手稿成本费超过 10% 的时候，因调整所引起的 50% 的费用应该由作者来支付，另外的 50% 由科学院来承担；如果成本费超过 30%，将全部由作者来承担（GyBAW：PAW [1812—1945]，Ⅱ V-97, Sitzung der Gesamt-Akademie vom 8. Dezember 1921, Bl. 74—81）。

[3] Kaluza 引入了一种应力能量张量，连同纯粹几何的场项来表现带电物质（*Kaluza 1921*，第 969 页）。

[4] 爱因斯坦和 Jakob Grommer 通过寻求 Kaluza 理论中真空场方程的非奇异电子解的可能性来处理这个问题（参阅文件 283 和 *Einstein and Grommer 1923*，1922 年 1 月 10 日提交；关于爱因斯坦希望在五维空间理论里找到这样的解，参阅 *Dongen 2002*）。

## 319. 致 Louis G. Du Pasquier

柏林，1921 年 12 月 10 日

亲爱的 Du Pasquier：

我对那些涉及我个人经历的文字做了几处改进，为此我特别请求你，删掉那些夸张之辞，因为它们无异于为预期的读者本身的政治弱点所准备的特权。[1] 我请求你，不要发表你跟我进行的那些谈话。我关于 Weyl 理论的评述，被别人不准确地转述了。[2] 真实情况是这样的：如果将偏移规律对于 ds 解释为量杆和时钟的度量行为，则会陷入与经验的矛盾之中。可要是不采取这样的诠释，那就得完全放弃对长度的物理学诠释。在此种情况下，理论首先得主张自己存在的权利，假如数值的独立性抑或原子的自身频率能够以某种方式得自于该理论，可是我并不相信这种可能性。如能以这种形式，你就可以发表我关于 Weyl 理论的观点，倘若你愿意的话。[3]

我不可能有时间详细谈论你就 Painlevé 那篇简讯所做的评价，为此我把我写给 Painlevé 的一封信的副本寄给你，[4] 但我得请你尽快将它返还我。

十分感谢你将你的书友好地寄赠给我。[5]

诚挚地问候你。

你的
爱因斯坦

又及:请原谅我这简短而又干巴巴的言辞,我正在绝望地处理堆积如山的信件。

TLC。[19 030]。

[1] Du Pasquier 给爱因斯坦寄去了他草拟的爱因斯坦传记的梗概,并将它收入了自己探讨相对论的那本书。参阅文件 302 和已发表的版本 *Pasquier 1922*,第 11—13 页。

[2] 他那本书有一个附录,其草稿曾被寄给爱因斯坦征求意见。在此附录中,他不仅讨论了最近发生在爱因斯坦跟 Weyl 之间的争论——关于 Weyl 的统一场理论,而且讨论了爱因斯坦与 Painlevé 之间的争论(参阅文件 302)。一年前,爱因斯坦曾试图阻止 *Moszkowski 1921* 的出版,该书内容基于其作者与爱因斯坦的谈话(有关情况可参阅爱因斯坦 1920 年 10 月 26 日写给 Max Born 的信[第十卷,文件 182])。

[3] 关于 Du Pasquier 对爱因斯坦的评论的采用情况,参阅文件 323。

[4] 文件 314。

[5] *Pasquier 1921*(参阅文件 302)。

# 320. Ludwik Silberstein 来信

纽约州,罗切斯特,塞尼卡公园大道 129 号,1921 年 12 月 11 日

亲爱的同事先生:

如果说我使用这个称谓——只是出于对神圣的平等和同志情谊之原则的热爱——是在模仿您的来信,[1] 那么此时我眼前浮现的却是一个"令人崇敬的大师"。

您 10 月 4 日的真诚来信感动了我。令我并且当然也令其他许多人感到遗憾的是,您不能下定决心迁来美国,并在这里发挥作用和执教——尽管这肯定是出于十分符合人之常情且极其令人产生同感的种种原因。我将您那封信中的有关内容以极其私密的方式如实(用德语)告知了系主任 Gale 博士[2]。我之所以收到您的来信后 6 周才回复,只不过是因为我两天前才得到了 Gale 的答复。从他的答复中我能推知,他收悉了您那些(被复制给他的)言词,并且感到很满意,[3] 尽管最终结果令我们大家感到伤心。其实我非常理解并且也完全同情您所附上的那些个原因,这几乎毋庸提及,尤其是因为我自身就是由 3/4 的情感和仅仅 1/4 的理智(知识)构成的。

然而我却希望,大西洋之鸿沟不会使我们永远地分离,并希望我们(您在这里有很多真正的崇拜者)仍然会有幸在这里见到您。此间我或可期盼,您会允许我,继续不时地以书信形式保持我们的交往?

非常感谢你关于恒星光行差的说明。[4] 尽管它仍然使我百思不得其解,但我现在不会再拿这个问题来折磨您了;也许将来还有机会跟您讨论这个

话题。

自从上次写信向您报告了关于地面光学实验的情况以来,我又收到了 Michelson 传给我的后续信息,其中有 3 条来自帕萨迪纳(加利福利亚),两条来自芝加哥;所以我想简短地说一说有关情况。[5] Michelson 在帕萨迪纳一直使用等边(光程)三角形在做实验,光程 $L$ 逐渐达到 1000,2000 甚至 4300(单位为英尺);尽管他是在室外做的,没有用上起初所计划的那些校准管,但是在每种情况下,他所获得的干涉图像都非常清晰,能够分辨 $\frac{1}{10}$ 的"条纹宽度"(Fransen Breite?) 在他取得 $L=4300$ 的结果时(当时已经是 9 月份了),他在给我的信末写道:在这些有利的条件下,我争取明年夏天在帕萨迪纳能把这一成绩提升至 $L=7000$ 左右,然后就直接进行测量。为此我们可能得等到 1922 年的 7 月 8 月左右。之后他又从芝加哥(他必须返回芝加哥)来信告诉我,说他在 Ryerson 实验室对最初由我建议的那个控制装置进行检验,该装置基于第二个实际上消失的三角形(如图所示)。

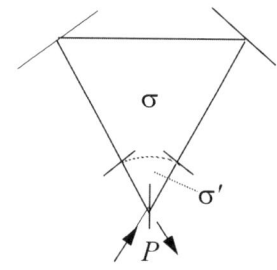

(既然所预期的效应与面积 σ 成比例,那么当 $\frac{\sigma'}{\sigma}$ 很小时对于图中的情况而言,较小的三角形实际上就会消失,等等。这应该作为辅助装置用于确定零点,因为此前 Michelson 已有一个天才的点子,亦即揭开或遮蔽板 $P$ 的一半。) Michelson 现在热情洋溢地来信说,事实证明这个辅助装置很好;当 σ, σ' 两者都足够小,两个条纹系统相互重叠的部分会远远小于条纹宽度的 $\frac{1}{10}$。因此 Michelson 决定在即将来临的夏天进行测量时利用这个很便利的辅助装置。[6] 后续进展的每一步,我都不会忘记向您通报。您大概收到了我那篇论文吧,它讨论的是光在旋转系统中的传播问题(《美国光学学会杂志》)。[7] 等 Michelson 的实验结束后,我会对某些细节问题再做考虑。

最后一件事就是,祝愿您和您的家人在即将来临的 1922 年在各个方面都顺遂如意,同时也预祝您的理论在九月份(圣诞岛)再一次得到光彩照人的确证。[8] 我从《科学》上发现,您可能会亲自参加 Germano-Danish 科考活动。[9]

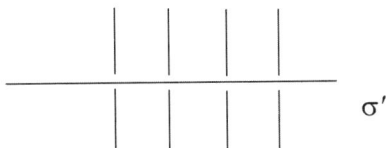

顺致最衷心的问候。

您忠实的
Ludwig Silberstein

ALS。[21 051]。

[1] 参阅文件 254。

[2] Henry Gale。

[3] Silberstein 在前一封信中(文件 229)向爱因斯坦转达了 Henry Gale 的一个请求,他想知道有无可能让爱因斯坦去美国继任 Robert Millikan 在芝加哥大学的位置。

[4] 在文件 254 里,爱因斯坦试图对 Silberstein 解释狭义相对论对恒星光行差问题的处理办法。几个月前,Silberstein 不得不撤回一篇有关该问题的论文,此事他已在文件 197 里告诉了爱因斯坦。

[5] 他一直在定期报告 Michelson 的实验进展,最近一次的报告参阅文件 229。

[6] 作为控制器使用的是一个小型电路,在该电路中,沿相反方向运动的光束之间的光程差在任何理论中都必定很小,参阅 *Michelson 1925*,第 139 页。

[7] 参阅 *Silberstein 1921*。

[8] 将于 1922 年 9 月 21 日沿着一条穿越印度洋和澳大利亚的轨迹发生的日全食,适合检验广义相对论对光线偏折所做的预言。

[9] 指的是一篇刊登于伦敦《泰晤士报》上的文章,《科学》杂志则给出了英国人旨在观测这次日全食所做的科考准备的有关细节,并提到由荷兰人和德国人组成的一个科考队也将前往。"有可能,"该杂志补充道,"爱因斯坦教授本人会亲自到场观测日全食"(《科学》[*Science* 54] [1921]: 513 [1921 年 11 月 25 日])。关于爱因斯坦和其他人士建议天文学会参加一个由荷兰人和德国人组成的科考队的事,参阅文件 217。

# 321. Theodor Von Kármán 来信[1]

亚琛,1921 年 12 月 12 日

亲爱的爱因斯坦先生:

我不知道您是否收到了我那封谈论亚琛中学的信。对于这件事情,我们想请求您的帮助。为此,我在亚琛的一个非常要好的朋友 W. Renner 先生[2]想见见您,我会很快再写信给您。您若能接待 Renner 先生,跟他友好地谈谈这件事情,我会非常感激。Renner 先生是我所知道的最有魅力的一个人,他充满了理想和真正的民主思想。我们格丁根圈子里以前的很多成员,比如 Courant[3] 和我,都有很多地方需要感谢他。他是一个很高尚的人。

简单来说这件事情是这样的:比利时的军事当局没收了亚琛唯一一所非天主教中学,连同中学的设备,目的是为了几个比利时军官的孩子。[4]由于这所学校是培养我们理工大学下一代的一个重要部分,如果他们的占用成为一个先例,其非法性显而易见而且非常危险。因此,我们想得到几位世界名人的支持,首先也是非德国学者的支持,然后联名将我们的呼吁提交比利时政府。我相信这个办法会很成功,因为民意并不赞成他们的做法,这只是一种霸道的军事行为。

我们可以请您联合署名吗?

热诚问候您。

满心尊敬您的<br/>Kármán

ALS。[44 094]。信头写的寄信人及其地址是:"德国,亚琛理工大学,力学和空气动力学教授 v. Kármán"。

[1] Kármán (1881—1963)冯卡门是亚琛理工大学的空气动力学和力学教授。
[2] Willy Renner (1855—1922)是一家纺织厂的老板。
[3] Richard Courant。
[4] 亚琛是比利时 1918 年 12 月 1 日占领的部分地区。

# 322. Stefan Zweig 来信[1]

萨尔茨堡,1921 年 12 月 12 日

尊敬的教授:

虽然我深感遗憾不能亲自与您见面,但恳求您允许我以最直接的方式与您交流。

我的一位朋友,也就是法国作家 Franöois Crucy[2],他陪同 Anatole France 一起去了斯德哥尔摩之后,[3]急切地写信给我说 Anatole France 一回到柏林就非常想见到您。[4]尊敬的教授,如果可能的话,他还希望能够与您在一个最私密的空间一起用餐。Crucy 希望我能设法把 Anatole France 的这个愿望传达给您。我觉得最好的办法就是直接联系您,于是就给您写信了。因为我考虑到,对于积极致力于国际合作的代表们,唯一行之有效的方法就是彼此见面,这也是一条最根本的途径。Anatole France 将于星期五晚上到达阿德隆酒店;[5]也许您

可以亲自写信(如果您可以满足他的愿望,这也正是我所希望的)告诉他您在柏林可以何时何地与他相见。

尊敬的教授,希望您不会认为我这样做唐突且自以为是,而只觉得是对您油然而生的敬佩。

您真诚而衷心的<br>Stefan Zweig

TLS。[34 309]。

[1] Zweig(1881—1942)是一位作家和戏剧家。
[2] François Crucy(Maurice Franöois M. Rousselot,1875—1958)是《小巴黎人报》(*Le Petit Parisien*)的一名记者,他也为《人道报》(*L'Humanité*)撰稿。
[3] France(1844—1924)是一位小说家和讽刺作家,1921年获诺贝尔文学奖。
[4] 此处的"回到柏林"是作者添加的。
[5] "星期五晚上"和"阿德隆酒店"下面有画线,可能是爱因斯坦画的。

## 323. Louis G. Du Pasquier 来信

纳沙泰尔,萨布隆,1921年12月13日

亲爱的爱因斯坦:

十分感谢你上个月10日的来信。[1]我也感谢你允许我,从随信附上的1921年12月7日的一封信件的副本获知有关信息。[2]

我上次把我的手稿的一部分寄给了你,[3]因为我本来就已说过,你也许不完全赞同我,并且我知道你是真诚的,从而我相信你会将你的观点告诉我。因此我现在对于我们那次交谈就不再做任何提示。[4]在对1921年柏林科学院会议简报上的文章"关于对……的基础的一个可想而知的补充"进行讨论之后,我有几点想说明的,现随信附上。[5]

你不必将它寄还给我。

致以最诚挚的问候。

您忠实的<br>L. G. Du Pasquier

上文提到的两个附件。

在讨论了1921年柏林科学院会议简报上"关于对广义相对论的基础的一个可想而知的补充"一文之后。[6]

……在读了这条注释之后，我们可能会认为，[7]爱因斯坦先生偏向于 Weyl 的观点，既然他也承认测量系统的不变性。但是随着问题的深入，爱因斯坦先生对 Weyl 理论却始终持怀疑态度，尽管该理论因其哲学上的统一性和数学上的深度而极具吸引力。我们不妨考虑一下 §30 定义的线段或间隔的理想移动过程。[8]如果我们把这个移动或平移法则[9]理解为支配刚体或者时钟实际运动的物理定律，就会得出不符合经验的结论。[10]

这就是 Weyl 先生放弃上述解释的原因之所在。但是与爱因斯坦的 ds 理论相反，在度量领域，不再由度量工具提供的数据进行直接的定义。[11]宇宙度量、电磁学跟时钟运行或者物体的物理运动方式之间的关系，已经变得抽象且完全有名无实，其间不再有物理上的直接联系。

在爱因斯坦先生看来，Weyl 理论已无存在的理由，倘若我们能通过任何方式推断出两个自然物体的对等理论，比如两个处在相同条件下并具有相同化学物质的原子，它们之间的严格对等不依赖于它们各自的状况。这种独立性是久经检验的实验事实之一。[12]而爱因斯坦先生不相信，能够基于 Weyl 理论目前的形式，借助逻辑或数学方法来证明这种独立性。

ALS。[19 032，19 033]。

[1] 文件 319。

[2] 爱因斯坦曾给 Du Pasquier 寄去了文件 314 的副本（参阅文件 319），Du Pasquier 现已将它寄回。

[3] Du Pasquier 曾给爱因斯坦寄去一份传记材料的梗概和他那本书的两个附录的草稿（参阅文件 302）。

[4] 爱因斯坦要求 Du Pasquier 不要引用他们之前私下的谈话（参阅文件 319）。

[5] 在附录里，Du Pasquier 讨论了爱因斯坦与 Weyl 之间的争议，并参考过 *Einstein 1921e*（第七卷，文件 54）。

[6] 以下材料连同部分修订内容一起出版，修订内容作为附录第三部分，即"爱因斯坦和 Weyl 的理论。相对性原理与电磁学"（第 494—495 页），参阅 *Pasquier 1922*。对与出版的版本不同之处有注释。

[7] 在发表的版本中是"注意"而非"注释"。

[8] 在发表的版本里，"慢速区域"（topochroniques）一词缺失了，在 §30 之后增加了"(v. n. 330 et 333)"。

[9] 在发表的版本中，"这种移动或法则"（cette transplantation ou loi）变作"这个过程或法则"（ce processus, ou cette loi）。

[10] 在发表的版本中，"我们得出的结论与经验不符"这一半句换成了"我们可以得出比如这样的结论：正好被置于相同的压力、温度、环境中的氢原子（或者所有的其他化学成分），严格意义上不能发射出同样的光谱，如果它们曾经拥有相同的状况。"

[11] 在发表的版本中，"所以"一词被换成"他由此就放弃了自己对宇宙的物理解释"。

[12] 在发表的版本中，增加了下面半句："établis, entre autres par l'existence de raies spectrales très nettes et toujours les mêmes pour une même substance."

## 324. Hermann Weyl 来信

苏黎世,托伯尔霍夫街 20 号,1921 年 12 月 13 日

亲爱的同事先生:

我想再次询问您,关于请科学院颁发许可同意我的学术著作《电磁与引力》再版一事,[1] 是我直接写信给学会呢,还是您愿意代劳,在以后某次会议上帮我促成此事?就在 Lenard 重新发现 Soldner[2] 的那个时机——关于这事 Koelsch 写了一篇傻乎乎的文章发表在本地的《新苏黎世报》上,[3] 我本人曾翻阅过牛顿的著作,因为我感觉很有可能的是,牛顿知道自己的引力和光学理论会产生这一结论。可是他的表述极其谨慎。他当然计算过一束路过地球的光线的偏折——这是我从他论光学[4]的一处文字里读到的,他的目的是,将计算结果跟光线在一种折射介质的边界发生的偏折进行对比,并由此推知,在后一情形中,必定有一种力在发挥作用,这个力居然是地球引力的 $10^{15}$ 倍;然而他却没有说光的偏折是由引力导致的,而是认为,偏折由某个以光速运动的物体飞过时引起。

向您致以衷心的问候(我的妻子也衷心问候您,可是令她深感遗憾的是,由于边境上通关困难,她错过了跟您见面的机会)。

您的
H. Weyl

AKS。[24 062]。明信片上的收信人及其地址是"阿耳伯特·爱因斯坦教授博士先生,西 30 区哈伯兰街 5 号"。邮戳为"苏黎世(Fluntern) 13.XⅡ.21—19",寄信人及其地址为" H. Weyl 苏黎世托伯尔霍夫街 20 号"。

[1] *Weyl 1918a*。

[2] 关于 Philipp Lenard "重新发现" Johann von Soldner 对太阳引起的光线偏折的计算结果一事,参阅文件 308,注释 17;有关历史的更多讨论,也见 *Hentschel 1990*,第 150—162 页。

[3] Adolf Koelsch (1879—1948) 是一位新闻记者。他的文章《太阳引力场中光的偏折》(*Die Lichtablenkung im Gravitationsfeld der Sonne*) 发表在 1921 年 11 月 14 日的《新苏黎世报上》(*Neue Züricher Zeitung*)。

[4] *Newton 1898*。

## 325. 致 Anatole France

[柏林，] 1921 年 12 月 16 日[1]

非常尊敬的 Anatole France：

当我收到 Stefan Zweig 先生的来信，信中说您希望我们彼此相识，我简直喜不自胜。[2]我想明天，也就是本周星期六，您如果方便的话，能否来我家一起共进晚餐，时间是晚上七点半；如果可以，也请携您的夫人一起来吧。[3]只是有一点比较麻烦，就是我家的中央供暖不能正常工作了，不过现在也还行，如果您能习惯，也有一点抵挡寒气的英雄气概，那也不是困难。但即使您真的很怕冷，那也不是问题。只要能与您握手，无论是到哪里去，我都愿意。只是时间最好是在星期六的晚上。[4]

致以真诚的敬意和热诚的问候。

您的
A. 爱因斯坦

382　ALS（Centre Georges Pompidou）。[34 087.1]。
　　[1] 时间依据是 Stefan Zweig 的那封联络信。
　　[2] 文件 322。
　　[3] Emma Laprévotte。
　　[4] 关于他们在柏林的见面，参阅年表和日程表 1921 年 12 月 17 日。

## 326. 致 Hermann Weyl

[柏林，] 1921 年 12 月 16 日

亲爱的 Weyl 先生：

您关于[巴德]瑙海姆的报道十分精彩而有趣。[1]可我这头蠢驴，居然又忘了向科学院呈上您的请求信。[2]但我刚刚已给 Planck 打了电话，他答应下星期四一定提醒我。毫无疑问，科学院将同意给您颁发许可。我要千万次地恳求您原谅我。要是我们真的啥都不说就让它再版了，那就不会有任何人去夸奖它了。

研究极隧射线的实验仍然没有做完，因为 Geiger 和那个技工都生病了。[3]

但我们希望,这个实验能在接下来的几个星期里完成。倘若结论是否定的,那么从原则上说,场理论就不成立了。

衷心问候您和您的妻子。

您的
A. 爱因斯坦

AKS (SzZE, Bibliothek, Hs. 91:552)。[24 065]。明信片上的收信人及其地址是"H. Weyl 教授博士先生,苏黎世(瑞士)托伯尔霍夫街 20 号",邮戳是"柏林- Wilmersdorf 1[7.][12.]21 2—3[下午]"。

［1］关于 1920 年的巴德瑙海姆会议,参阅第十卷序言第二节。Weyl 在来信中报告了两件事:Weyl 1920 和 1922。内容更为详尽的 Wely 1922 刊发于 1921 年 8 月 29 日的杂志上。

［2］关于出版 Weyl 1918a 的请求,参阅文件 324。

［3］Hans Geiger 患了胃溃疡(参阅文件 303)。此处所说的技工可能是 Görke(参阅文件 316)。关于这个实验及其解释,参阅 Einstein 1922a(第七卷,文件 68)和文件 261。

## 327. Hermann Anschütz-Kaempfe 来信

慕尼黑,列奥珀特街 6 号,1921 年 12 月 16 日

敬爱的教授先生:

您的来信产生了作用。[1]此前就已经由于意大利报纸上的一篇文章而产生了巨大的镇静效果,而您写给我的来信更是有效地将最轻微的波纹安抚得像油一样光滑了。可见您对那些被我称作"文学鬣狗"的人的拒绝真是很有道理,因为他们大都来历不明、使阴招、以垃圾为生。这里仍然有人希望,您能来做个讲座。[2]届时您无须担忧,当您住在我们家里,会有那样的一只"鬣狗"来偷偷地袭扰您,因为我会将所有那些您不喜欢的人的脖子捏住。

我们的泡泡球在水中现在之所以不再需要进行风冷,是因为设备的表面变得有 3 倍大了。从而在各种条件下只需标准照射就已足够了;而且根据计算在室温 50 度的时候都没问题。[3]

至于电磁实验的情况 Schuler 会继续直接向您报告。[4]

您已知道,我在离您的家乡最近的地方为这里的大学争取到了一个僻静的古老城堡,它将首先为哲学系的全体朋友开放。您自然也不可以缺席。我们想在明年夏天,尽可能在 8 月份吧,就第一次上那里去,一旦我的时间允许。那地方还没有被柏林人光顾过——这样的事只可能发生在巴伐利亚。那个古堡位于梅明根附近的劳特拉赫。您的两个儿子要是从林道出发的话,距离就会很近的。

我们希望你们无论如何都要来一次。[5]得让您的大儿子来帮帮我,我们要造一个用于洗浴的人工湖。我们要在一条溪流上筑起一道堤坝。这样也许顺便还可以获得做饭和取暖所需的电能。

我们夫妇俩一起向您和您的夫人致以最衷心的问候。

您的
H. Anschütz

ALS。*Lohmeier and Schell 2005*,第 150—151 页。[37 373]。

[1] 在这份无法获得的文件里,爱因斯坦可能满足了 Anschütz 的要求,平息 Sommerfeld 对《费伽罗报》发表的爱因斯坦访谈的怒气(参阅文件 293)。

[2] 爱因斯坦在文件 263 里拒绝了 Sommerfeld 的邀请。

[3] 关于更早的液体 α-溴化甘油(α-dibrominhydron)方面的困难,参阅文件 293。

[4] Max Schuler。关于地磁实验,参阅 290。

[5] 劳特拉赫,靠近梅明根,距离乌尔姆 65 km,距离巴伐利亚小镇林道 70 km,位于康斯坦茨湖岸。8月,Hans Albert 和 Aduard Einstein 与父亲一起在基尔的 Anschütz 家做客。

## 328. Count Harry Kessler 来信

[巴黎,]1921 年 12 月 17 日

尊敬的教授:

借此机会祝愿您来年一切皆好,昨天我拜访了 Painlevé[1](他是我的一个老朋友),我在此是代表他告诉您如下的事情。他很遗憾您现在不能来,[2]因为他抱着莫大的希望等候着您的到来。不过他发现,您没有与 Gerlach 和 Lehmann[3]同时来是完全正确的,因为这样可能给您的到来附加上政治色彩,从而可能使您的造访减少了意义。尽管如此,他最热切地盼望着您几个月以后能来。这自然不是出于他对 Gerlach 没有同情心(Painlevé 其实非常欣赏他),而是为了使您摆脱任何政治目的方面的错误。我还想主动地告诉您,在这里的公众舆论和普遍兴趣里,您都拥有非常独特的地位。有关您的著作(比如 Nordmann 撰写的那一本)[4]比大多数轰动一时的小说的销路都更好。您在这里绝对会受到隆重的款待。另外,我(请原谅,我在这里没有要比较的意思!)在政治和杂志圈子里也得到非常温暖的同情,这令我感到很惊讶。[5]总之,这里正在明显地形成一种非常重大的氛围变化。

尊敬的教授,请代我向您的妻子表达我谦卑的敬意。

您最忠实的
Kessler

ALS。[44 121]。信头写的寄信人地址是:"巴黎卡皮西纳环形大道12号大酒店"。

[1] Paul Painlevé。

[2] 10 天前,爱因斯坦通知 Painlevé,告诉他为何不能接受最近两次请他去法国的邀请(参阅文件 314)。

[3] 关于 Hellmut von Gerlach,Otto Lehmann-Russbüldt 以及新祖国同盟的其他代表的法国之行计划,参阅文件 220。

[4] 法语版的 *Nordmann 1921*;英语版的 *Nordmann 1922*。

[5] Kessler 作为新祖国同盟的代表,是法国人权联盟的客人。

## 329. Max Soloweitschik 来信[1]

科诺,1921年12月19日

十分尊敬的教授先生:

请允许我怀着最大的善意向您引荐 Berger 博士先生[2]——他是在我们立陶宛的国家缔造过程中于各领域都久经考验的工作者之一——并且向您提出最谦恭的请求:请您善意地关注 Berger 博士先生所代表的那些可贵的社会倡议[3]以及他本人作为科学家的追求。

令人崇敬的教授先生,请允许我向您表达我诚挚的敬意。

您最忠实的
Max Soloweitschik 博士
立陶宛犹太事务部部长
犹太复国执委会委员

TLS。[43 233]。信头写的寄信人是:"立陶宛犹太事务部部长 M. Soloweitschik 博士"。

[1] Soloweitschik(1883—1957)是立陶宛政府犹太事务部部长。

[2] Joseph Berger(1884—1962)是一位内科医师、教育工作者、圣经学者,以及立陶宛政府犹太事务部教育系主任。

[3] 可能是他率先发动建立立陶宛的犹太人历史和民族志协会,该协会创建于 1922 年(参阅 *Levin 1996*,第 537 页)。

## 330. 致 Erwin Freundlich

柏林，1921 年 12 月 20 日

亲爱的 Freundlich 先生：

我昨天跟 Müller 先生谈了，经过他的同意，我接受了我们董事会的一个任命。[1] 因此现在由我们两人把这件事情决定下来，特别是因为 Ludendorff 先生也已经表示同意了。[2]

考虑到我的手稿，[3] 我请求您马上想办法把它交还给我，不用我在此多费唇舌。我要求您在这个夏天寄给我。您在信中答应夏季旅行一回来就马上把它寄给我。但您没有履行承诺，我妻子又写信给您，您也没有回复。现在您反倒说是我主动把手稿给了您，这完全是强词夺理。而且，您好像觉得这还不够，又得寸进尺地背着我把我的手稿卖到国外，正如您自己告诉我的那样。我现在希望您履行您的职责，不用我再次警告您。

善意地祝愿您假期愉快。

您的

TLC。[11 314]。这封信的收信人及其地址是"E. Freundlich 博士先生，新巴贝尔斯贝格"。

[1] Gustav Müller（1851—1925）以前是爱因斯坦捐献基金的一位成员，11 月 20 日退出了这个基金，那是在他退休不再做天体物理研究所所长之后（参阅年表和日程表）。

[2] 作为天体物理研究所的新所长，Hans Ludendorff 是这个基金的非正式成员。爱因斯坦一天前跟他谈过（参阅文件 331）。

[3] 所讨论的那份文件是 *Einstein 1916e* 的手稿（第六卷，文件 30），现在是 Schwadron 收藏的一部分（IsJJNLS）；参阅 Paul Oppenheim 1922 年 4 月 9 日写给爱因斯坦的信[11 327]，爱因斯坦 1922 年 4 月 15 日写给 Paul Oppenheim 的信[11 323]，Heinrich Loewe 1923 年 7 月 30 日写给爱因斯坦的信[11 328]，以及 1921 年 3 月 19 日 Leo Kohn 代表希伯来大学主管委员会以大学图书馆的名义接受手稿时所发表的申明[11 330]。

## 331. 致 Hugo Andres Krüss[1]

柏林，1921 年 12 月 20 日

尊敬的教授：

按照 Freundlich 的建议，[2] 我几个月前给枢密院顾问 Richter[3] 写了一封信，是关于波茨坦的那个任命问题，但没有事先跟 Ludendorff 商量。[4] 昨天与 Ludendorff 特别讨论了这件事情之后，我现在才明白他对这个事情非常生气是理所当然的。因此考虑到这封信，我不得不请求马上采取行动，就当它没有写过一样。

向您致以最真挚的敬意。

您的
A. 爱因斯坦

TLS (GyBSA, I. HA, Rep. 76 Vc, Sekt. 1, Tit. 11, Teil 2, Nr. 6b, Bd. 8, Bl. 288)。[83 216]。这封信的收信人及其地址是"枢密顾问 Richter Krüss 教授博士先生，柏林科学艺术教育部"。Ilse Einstein 手书的一份草稿也可以获得[11 155]。

[1] Krüss (1879—1945)是普鲁士教育部学术事务的部级领导。
[2] 载文件 221。
[3] 文件 248。
[4] Hans Ludendorff。

## 332. Paul Painlevé 来信

巴黎，1921 年 12 月 20 日

尊敬的教授先生：

我非常遗憾地得知，您目前无法离开柏林到此地会见将于年底来到的那些哲学界人士。[1] 我们冒昧地希望，明年您能来。我们特别希望您还能产生更多新颖而奇妙的宝贵思想。物理学界对您的观点已经满怀感激。此外我们坚信，在未来很长一段时间里，相对论必将是取之不竭的新真理之源泉。我们非常高兴，能在我们力所能及的范围内促进科学的复兴，使法国的哲学家和学者都能从您的个人建议中获益。

实际上,我们感觉到,相对论的观念在各个方面都给我们澄清了一些问题,其结论迄今为止不仅在天文学领域,而且在天体物理、气象学等领域甚至在普通物理方面都没有受到质疑。然而令人遗憾地是,我们中间的很多人都缺乏足够的数学物理训练,这就导致了我们都没有能力向您提出问题,尽管我们对解决这些问题还是有一些管见,可是凭我们自己的努力确实没有能力去完全解决它们。

或许 1922 年我们在这些问题上会有些进展,届时我们将向您求教。

正是怀着这样的希冀我恳求您,教授先生,请您接受我最衷心的敬意!

Painlevé

TLS。[19 005]。这封信的收信人及其地址是"阿耳伯特·爱因斯坦教授先生,柏林"。

[1] 爱因斯坦在文件 314 中拒绝了那份邀请。

## 333. Michael Polányi 来信

柏林,达勒姆,法拉第路 4—6 号,1921 年 12 月 20 日

尊敬的教授先生:

谨遵您友好的敦请,我回到我们的话题来了。[1] 您说,被您认可为正确的公式

$$(1) \quad h\nu \cdot Ne^{\frac{-h\nu}{kT}} 10^8 \leqslant 8\pi S_\nu \Delta\nu \alpha_\nu,\text{[2]}$$

($\alpha_\nu$ 是单位为 mol/cm$^3$ 的吸收系数。$S_\nu \Delta\nu$ 是黑体在光谱 $\Delta\nu$ 区域的辐射强度)

必须得到 Füchtbauer[3] 的测量数据的验证(就这些测量涉及共振线而言),否则我所代表的那个论点就会得到证明。

Füchtbauer 和 Shell 只测量了钠元素的 $D$ 线,亦即共振线,取得的结果如下(《物理杂志》,1913 年第 14 期,第 1164 页)。[4]

|  | 若 $\lambda$=5890.2ÅE | 若 $\lambda$=5896.2ÅE |
|---|---|---|
| 半宽 $\nu'$ 以频率表示为 | =3.46·10$^{11}$ | $\nu'$=3.68·10$^{11}$ |
| 每一单位长度的最大消光 | $(NK)_m$=4.24·10$^{-7}$ | $(NK)_m$=2.09·10$^{-7}$ |

钠蒸气的密度此时对应于 10$^{-4}$ mm 的压力。对于 1 mol/cm$^3$,乘以 1.7·10$^{11}$ 的话,就会得到 8·10$^4$ 或 3.7·10$^4$ 的消光。此时假设,最大消光($\alpha_\nu$)在一个具有双倍半宽的光谱范围占主导地位,于是我就由此近似得到了吸收的钟形曲

线的积分(附上 Füchtbauer 的强度曲线,这一近似的合理性就清楚了)。[5] 此外我仅限于那条较强的线。

简化公式(1),可得$\quad N \cdot 10^8 \leqslant 8\pi \dfrac{\nu^2}{c^2} \Delta\nu \alpha_\nu$

且通过应用$\quad \nu = 1.5 \cdot 10^{15}; \Delta\nu = 7 \cdot 10^{11}$

$$\underline{\alpha_\nu \geqslant 2 \cdot 10^{13}}。$$

而测量得出的结果是 $8 \cdot 10^4$。[6]

特别感谢您告知您的观点。

顺致崇高的敬意。

您忠实的<br>M Polányi

TLS。[19 102]。信头是"威廉皇帝化纤研究所",收信人及其地址是"阿耳伯特·爱因斯坦教授博士先生,柏林哈伯兰街 5 号"。

[1] Born 在 10 月 21 日(文件 278)写给爱因斯坦的信中曾说 Polányi 想见爱因斯坦一面。

[2] Polányi 在此处增加了一条注解,它本来位于页脚:$a_\nu$ 是单位为 mol/cm³ 的吸收系数。$S_\nu \Delta\nu$ 是黑体在光谱区域 $\Delta\nu$ 的辐射强度。

[3] Christian Füchtbauer(1877—1959)是图宾根大学的编外物理教授。威廉皇帝物理研究所曾支持他 7000 马克做谱线强度测量的研究(参阅 1920 年 11 月和 1920 年 12 月的年表和日程表,第十卷;以及 1921 年 1 月 11 日的年表和日程表,本卷)。

[4] *Füchtbauer and Schell 1913*。

[5] 正文此处,Polányi 标示了他放在该页底部的一条注释:"附上 Füchtbauer 的强度曲线,这一近似的合理性就清楚了"参见 *Fuchtbauer and Schell 1913* 图 1。

[6] 在 1922 年 1 月 15 日给爱因斯坦的信中,Polányi 收回了他参照 *Füchtbauer and Schell 1913* 中的一个印刷错误得出的结论,从而使得这里给出的矛盾的推导无效。

## 334. Georg Schlesinger 来信[1]

[柏林,]夏洛滕堡 2 号,1921 年 12 月 20 日

十分尊敬的同事先生:

您友好地邀请我于 12 月 23 日星期五参加 Weizmann 教授先生的讲座,为此请您接受我最诚挚的谢意。[2]请您原谅,我不能参加该讲座。虽然我真心欢迎的是,一个民族在世界上创建一个新的场所,用以维护科学和研究;并且这样一种发生在国外的创举,无论是在巴勒斯坦、埃及、印度、中国或者别的什么地方实

现的,都会同等程度地感动我。可我作为一个德国人(我的犹太教信仰是我的私事),目前我的全部兴趣都在于建设我这个被打败的德意志祖国,我正试图竭尽我的绵薄之力投入建设。对于国外的,特别是对于犹太复国者和巴勒斯坦的各种活动,我既没有时间也没有资金。作为一个有民族情感的德意志人,我的心因为祖国被人毫无良知地毁坏而在滴血;尽管如此,我要由衷地祝愿,所有皈依那个犹太民族的国家的人们能够在巴勒斯坦如意地建成他们渴慕已久的犹太民族之家园。但愿您不会感到失望:

顺致崇高的敬意。

您忠实的<br>Schlesinger

TLS。[44 952]。信头上写着"柏林机床和制造工艺技术学院教席",地址是"阿耳伯特·爱因斯坦教授先生,柏林,西 30 区哈伯兰街 5 号"。

[1] Schlesinger(1874—1949)是柏林-夏洛滕堡技术大学的工业科学教授。

[2] Chaim Weizmann 去柏林会见德国主要的政客和德国犹太复国主义者联合会的领导人;德国政要人员包括主席 Friedrich Ebert 和财政大臣 Joseph Wirth(参阅《犹太评论》,1921 年 12 月 23 日)。

爱因斯坦邀请杰出的德裔犹太学者和学术要人,去他和 Weizmann 的公寓一起讨论创建希伯来大学的系列计划。讨论之后成立了委员会,专门负责收集这所大学既有院系和项目的资料[参阅《犹太评论》(*Jüdische Rundschau*),1921 年 12 月 30 日]。

## 335. 致《新自由报》

柏林,1921 年 12 月 21 日

尊敬的先生:

作为对您本月 16 日的电报[1]的回应,我随信寄来了几行文字。[2]编辑工作之所以很困难,是因为我不知道,我这些文字会在何种情况下使用。我在想,可以将它们嵌入一篇对所涉及的那些组织进行报道的文章里。我不让提及这事跟我的关系,是因为你们那里有更知情的人士,比如维也纳文化部的 Anton Lampa 教授博士先生。[3]如果您无法采用我这次寄来的材料,那我也就没有别的办法了;但您这次必须相信,我真的已为此事竭尽全力了。

顺致崇高敬意

TLC。[44 541]。这封信的地址是"新自由报,维也纳"。

[1] 参阅年表和日程表 1921 年 12 月 16 日。

[2] *Einstein 1921k* 的手稿(第七卷,文件 70)。

[3] Lampa (1868—1938)是奥地利教育部的公共教育顾问。

## 336. 致 Hermann Weyl

[柏林,]1921 年 12 月 22 日

亲爱的 Weyl:

我终于把您的申请书[1]交给了科学院,这才知道调查表甚至都是不必要的,因为这篇论文是两年多前发表的。而且即使拒绝了也不会产生任何影响,因为这篇论文已经出版了。[2]——

极隧射线实验的结果是否定的,这最终意味着是对电场理论的驳斥。[3]现在该怎么办呢?

祝愿您假期愉快。

您的
A. 爱因斯坦

AKS (SzZE, Bibliothek, Hs. 91;553)。[24 067]。这张明信片的收信人及其地址是:"H. Weyl 教授博士先生(苏黎世托伯尔霍夫街 20 号)(瑞士)Villa Anita Arosa"(另有人改动过),邮戳为"柏林-Wilmersdorf 23.12.21 5—6[下午]",次邮戳为"苏黎世[一] Brieftröger I. 26.XⅡ.21.—19",印有"无效"两字和"Arosa 29.XⅡ.21.—15"。

[1] 允许出版 *Weyl 1918a* 的要求;参阅文件 324。

[2] 同一天,普鲁士科学院同意了这个请求(*Kirsten and Treder 1979b*,第 246 页,No. 236)。

[3] 关于 247 文件里描述的光发射实验和 *Einstein 1922a*(第七卷,文件 68),由 Hans Geiger 和 Walther Bothe 来执行。

## 337. Arnold Berliner 来信

柏林西 9 区,林克街 23/24 号,1921 年 12 月 23 日

亲爱的爱因斯坦先生:

Freundlich 博士[1]要求我帮忙弄清楚手稿造成的处境。您 12 月 20 日那封信的内容[2]深深地伤害了他,因此关于这件事情,他不可能亲自跟您谈。我没有拒绝他,因为我从您把手稿交给他的那一天起,一直到最后几天的起起落落,我

都是一个知情者。此外,我也相信我本人非常了解您和 Freundlich 先生,因此我坚定地相信可以找到一个使大家都满意的解决办法。我只请求您假期暂且不管这件事情,然后我们再约个时间好好谈谈。因为今天我只想请求您好好回想一下(根据 Freundlich 先生在信中跟我交流的),您跟 Freundlich 先生最后一次见面时,您对他做出让步,毫无保留地公开对他说:"如果我把手稿给您,那么它就属于您了,您可以保留它。"因此 Freundlich 先生特别希望您能记得这一点,他这样做也可以理解,对此您肯定不会争吵,而且当他简单地向您暗示他打算把手稿作为研究用途的一个基础,您也不会说半个不字,对此他决定详细告诉您。

希望圣诞节后能够很快收到您的回复,告诉我什么时候我们能够就此好好谈谈,祝您假日愉快。

您十分谦卑的仆人<br>A. Berliner

TLS。[11 316]。信头写的寄信人地址是《自然科学》,收信人及其地址是"阿耳伯特·爱因斯坦教授博士先生,柏林-舍恩贝格"。

[1] Erwin Freundlich。

[2] 文件 330。

## 338. Michele Besso 来信

伯尔尼,齐格勒尔街 42 号,1921 年 12 月 23 日

亲爱的阿耳伯特:

圣诞节和新年到了,如果不是一个小小的私人不幸使我想起一项绝对有用的事业,我会情不自禁地想要正式告诉你,那些使我一想到你就感到特别温馨的事情。

然而,我无法找到你 1919 年前所有论文的完整的全集了。好像是我去罗马时或回来期间弄丢了。[1]

这对我来说尤其重要,这也是可以理解的,因为它可以使其他的言论都活过来了。

但为什么这么稀罕的全集不应该让每一个人都知道呢?它包含的那些洞察所提问题的历史发展的基本要素,还有你谈论形式或物质的原因时所说的那些富有洞见的话,甚至你以不同方式表达的新颖的话语。

许多人可能都想得到这套全集,无论价钱多高,尤其是带有很少注释的序言

的全集。只用相对轻微的努力（我不可以把它估计为很小的努力，因为这可能要求你认真的回顾，而这个回顾你也许不完全习惯去做），你就可能做出具有巨大的物质和知识价值的事情。

在序言里，我想你可以告诉我们，哪些作品在你一开始工作时就已经很熟悉了：Boltzmann，Lorentz（具体是他们的哪一本著作），还有 Planck（具体是哪一本著作）。[2] 对于那些已经过时的论文，你可能会说它们怎么样、为什么、谁写的；它们还包含哪些尚未被超越的东西，还有什么没有得到完全发展的东西。我不会让读者失去那些已出版的看似陷入僵局的作品，因为那样的作品尤其具有启发性。序言里还要包括你仍然认为有用的东西；包括在此背景下显然是可靠的〈经典的〉而且得出了最终结论的东西。对于广义相对论，我觉得你似乎可以谈谈你对能量的研究，谈谈 Hamilton 原理[3]，谈谈那些基本的不太深深交织于宇宙哲学的关联。

关于热理论，你以前写的论文的地位，在今天仍然不得不讲的，或者它们的〈正确观点〉作用可能以后在别的什么地方得到更好的表现。

这样的回顾——通过对单篇论文的重要性的介绍——和展望具有非常重大的价值——最初你可以做得非常简要，只是包含你现在很容易想到的东西——对于以后需要的修订和特殊处理的部分，你现在只是在脑子里简单地想想就可以了。

请不要对此〈马上〉做否定的处理。我已经对它抱着很大的热情，从一开始就非常自信！热诚地问候你们大家，祝你们大家一切好！

　　　　　　　　　　　　　　　　　　　　　　　　　Michele

听说你大概（或可能）[4] 要去多纳赫（Dornach）发表演讲。如果是那样的话，当地的自由学生协会也想邀请你来这里发表一次演讲。如果我们又可以聚在一起就好了。[5]

我本来已经把信都封好了，可现在我又把它打开了，就想再次表达我对你们一家人良好的祝愿。总之，一切尽在不言中！

ALS。*Einstein and Besso 1972*，第 172—173 页[7 077]。

　　[1] 从 1917 年末一直到 1919 年末，他都在罗马为叔叔 Marco Besso 的图书馆编目（参阅爱因斯坦 1917 年 12 月 9 日写给 Hans Albert Einstein 的信[第八卷，文件 406]，Walter Dällenbach 1919 年 10 月 9 日写给爱因斯坦的信[第九卷，文件 129]，注释 6）。

　　[2] 原文里括号中的文字放在第一次提及它们的那一行的下面，因此贝索使用同上符号暗示对它们的重复。

　　[3] 此处，Besso 在这句下面加了"Weltintegrale"一词。

　　[4] 显然指的是多纳赫的歌德堂（Goetheanum），人文协会的中心，其活动延伸到 1921—1922 年的科学

方面。

[5] 多纳赫现在是巴塞尔的郊区,距离伯尔尼和苏黎世同样远,大约 90 km。

## 339. 致 Arnold Berliner

柏林,1921 年 12 月 24 日

亲爱的 Berliner 先生:

我们电话聊了以后,[1]我必须再次告诉您,这一次我不能像上次那个事情一样再次原谅了,因为这里涉及最拙劣的欺骗。

去年夏天我要求他把手稿还给我。然后 Freundlich 写信说他答应还给我。[2]他想在夏季旅行一结束就把手稿还给我。对于他启动卖我手稿的洽谈,他只字未提。但手稿还是没有还回来。因此我叫我妻子写信再次提醒他;这个事情大概发生在一个月前。对于我妻子的提醒,Freundlich 先生根本不予回答。因此我在一周前打电话警告他,请他把手稿带到波茨坦。对此他再次许诺,现在好像不言自明了。但他曾经宣称他收到我的手稿作为一份礼物。我回答说:"如果我真把手稿给你,它将属于你。"这里涉及的背景让我坚信他的这种分辩没有事实根据。但即使不考虑这个问题,我发现 Freundlich 的行为使我不想再跟他打交道。我现在想郑重其事地放弃我与他之间任何专业的或个人的联系。现在我关心的不再是手稿的事情,而是这个人,这个人我不想再相信。

我很乐意地承认 Freundlich 在促进客观的科学分析方面做出了很大的成就,我不打算在他的道路上设置任何障碍。然而我本人打算完全放弃我们之间的一切合作。[3]对于这件事情,我和您之间也不必再做讨论。[在此我放弃手稿;享用它吧。][4]

热诚的问候。

您的

TLC。[11 318]。这封信的收信人及其地址是"Arnold Berliner 博士先生,柏林"。爱因斯坦手书的一份草稿[11 319]也可以获得。

[1] 收到 Berliner 的信之后(文件 337)。

[2] Erwin Freundlich。

[3] 第二天他从爱因斯坦捐献基金的董事会辞职(参阅文件 340,也见 *Hentschel 1997*,第 101—102 页)。

[4] 在草稿里,最后一句被划去,替换为现在的最后一段,如下:"在此我放弃手稿;享用它吧"。

## 340. 致 Hans Ludendorff

柏林，西 30 区，1921 年 12 月 25 日

十分尊敬的同事先生：

由于一次无法弥合的分歧，我今后再也不可能跟 Freundlich 博士先生进行任何合作。[1] 所以我声明，我退出"爱因斯坦捐赠基金"董事会。[2] 请您将这一变故以尽可能不起眼而又友好的方式扩散出去。

衷心祝愿节日快乐，顺致友好的问候。

您的

TLC。[11 321]。这封信的收信人及其地址是"Ludendorf 教授博士先生，波茨坦"。

[1] 关于爱因斯坦与 Freundlich 的争吵，参阅文件 339。
[2] 关于爱因斯坦捐献基金，参阅文件 249，注释 2。

## 341. 致 Gerhart Hauptmann[1]

柏林，1921 年 12 月 27 日

十分尊敬的 Gerhart Hauptmann 先生：

在为数不多的几个特别值得信赖的亚琛人当中，就有我非常了解的科学家 Kármán 教授；[2] 他请求我在下面这件事情上帮帮忙。这里有几封附函，您和我都被要求在上面签名，然后按照附函所给的地址把它们寄出去。这样做是为了帮助亚琛的高等教育董事会，因为他们遭到占领国下属机构的压制。[3] 具体细节您可以从附函中获悉。我现在把我已经签过名的这些信寄给您，恳求您的签名，然后尽快寄回。如果出于某种原因您不愿意答应这个要求，就请把它们寄还给我。

由衷地崇拜您的

TLC。[34 101]。这封信的收信人及其地址是"Gerhardt Hauptmann 博士先生，Agnetendorf"。

[1] Hauptmann (1862—1946) 是德国剧作家，1912 年诺贝尔文学奖获得者。
[2] Theodor von Kármán。

[3] Kármán 正在安排如何回应比利时军队为其军官的孩子的教育而对亚琛唯——一所非天主教派中学的占领（参阅文件 321）。

## 342. Claude August Crommelin 来信[1]

莱顿，1921 年 12 月 27 日

尊敬的爱因斯坦先生：

首先借此机会衷心感谢您的来信，[2] 它带给了我许多快乐。您的光线实验的否定性进展在我看来是极其有趣的。[3] 我会建议 Ehrenfest，在一个小型研讨晚会上对此事再次进行一番透彻的讨论，如他所理解的那样透彻。

Haber 那篇论文我（表面上）熟悉，在我于格罗林根所做的那次报告中（该报告将会刊发在《放射学和电学年鉴》上），我曾极其简略地谈过它。[4]

您需要我将手稿寄给您吗？或者您想写一份附言并让 Ehrenfest[5] 将它补进去吗？请给我写一张明信片即可，告诉我您希望怎么做。或许您也可以同时提及其他一些理论构想[Nernst，K. Onnes，Lindemann，J. J. Thomson，Lindemann（又来一个）Stark，Benedicks，Bridgman]？可要是您觉得这样做会太耗时间，如有必要，我也可以在关于超导体的实验文章里把这事做了。[6]

我诚挚地祝愿您和您的家人新年幸福。顺致衷心的问候。

您的
C. A. Crommelin

ALS。[8 421]。这封信的信头写的寄信人地址是"莱顿国立大学自然科学实验室"。

[1] Crommelin（1878—1965）是 Kamerlingh Onnes 的实验室的管理员。

[2] 爱因斯坦那封已经遗失的信的日期是 1921 年 12 月 25 日（参阅信头的文字："Antwoord op schrijvenvan：1921 年 12 月 25 日"）。

[3] 5 天前，在写给 Weyl 的一封信中，爱因斯坦首先提到那个实验的否定性结果；参阅文件 336。

[4] *Haber 1919a*，*1919b*。*Einstein 1922e* 的一篇附言中引用了这篇文章，第 435 页。爱因斯坦以此为例证明关于超导性解释的猜测不是原创的。关于 Haber 和爱因斯坦想法的历史性讨论，参阅 *Sauer 2007*，第 193—202 页。*Crommelin 1922a*，*1922b*。"Sie"应该作"sie"。

[5] Crommelin 在此暗示他在本页下方附加的一条注释："1 月 20 日左右从斯堪的纳维亚返回"。Crommelin 很可能指 *Einstein 1922f* 的手稿，该手稿出版时有一条附言，提到 *Haber 1919a* 和 Ehrenfest 向爱因斯坦报告的那次实验研究的结果。

[6] Walther Nernst，Heike Kamerlingh Onnes，Adolf F. Lindemann（1846—1931），Joseph J. Thomson，Frederick A. Lindemann（1886—1957），Johannes Stark（1874—1954），Carl Axel Benedicks

(1875—1958)，Percy Williams Bridgman（1882—1961）。这些作者提出的超导性理论在 *Crommelin 1922a* 中有讨论。有关历史的讨论，参阅 *Sauer 2007*，第 187—202 页。

## 343. Paul Ehrenfest 来信

哥本哈根，1921 年 12 月 27 日晚 10 时

亲爱的爱因斯坦：

　　我和 Tanitchka 还有 van Aardenne 在哥本哈根住了 3 周了（T 和我都住在 Bohr 家里）[1]——太棒了，一切都是那么美好！——他是一个了不起的物理学家——每次他在场的时候我一开口说话就会出错，我觉得我就是一个笑话。——他的一次发言很快就会在《物理杂志》(*Zeitschrift für Physik*)上发表（手稿明天寄出），他在其中描绘了他现在怎样解释所有原子的结构。这件事情无论是在方法上还是在其结果方面都是一项非常浩大的工程。——[2]哦，如果我能同时见到你们两个就好了（如果可能的话，还有那里的 Joffe！[3]）——我会写信告诉你更多[4] Bohr 的事情，还有他对你的光量子所持的立场，可能去了挪威再写（小 T 和 van Ardenne 去那里的山上看雪了）[我不打算去弗里西亚]。他对你的超导蛇（superconductive snakes）怀着极大的兴趣。‖[5] Bjerrum 是一个不错的小伙子！‖[6]——

　　我住在 Bohr 家的日子很开心，我已经好久没有那么开心过了——他有一个那么善良的妻子——她总是给人暖暖的感觉，使人如沐浴在明媚的阳光里。三个十分可爱的小男孩和一个十分特别的妈妈。[7]你知道他的数学家弟弟 Harald Bohr 吗？[8]他也是一个魅力十足的人；同样这两兄弟之间的关系也是如此！如果我可怜的妻子[9]没有如此不幸地陷入忧伤的话，我现在应该非常幸福，我现在最想做的就是 Bohr 的助手。‖——

　　我们有一天漫步在郁郁葱葱的卡拉姆彭堡（Klampenborg）绿地公园（哥本哈根之外 20km 处）时，Bohr 回想起他跟你去那里愉快地散步的情景。——

　　问候 Ilse 和 Margot，[10]还有你和你的妻子

你的<br>Ehrenfest

AKS。[9 569]。明信片上的收信人及其地址是"阿耳伯特·爱因斯坦教授，柏林 哈伯兰街 5 号"，邮戳为 "Kφbenhavn 28.12.21.6—78"。

　　[1] Ehrenfest 的大女儿 Tatiana 和 Gijsbert van Aardenne。Niels Bohr。

[2] Bohr关于原子结构和元素的物理及化学性质的论文,最初是一篇10月18日在哥本哈根的物理学会和化学学会的一次联合会议上发表的演讲,最初以丹麦语发表(《物理杂志》(*Fysisk Tidsskrift*),第4期,1921),1922年1月3日翻译成德语提交,最后发表为 *Bohr 1922*。

[3] Abram Ioffe。

[4] 沿着右边的此处,Ehrenfest 附加一条注释:"我不去荷兰。"

[5] 关于这一想法更多的细节,参阅文件225。

[6] Niels Bjerrum (1879—1958)是哥本哈根皇家兽医和农业学院的化学教授。

[7] Margrethe Bohr-Nørlund (1889—1984)。他们的儿子是 Christian (1916—1934)、Hans Henrik (*1918)以及 Erik (1920—1990)。Bohr 的母亲是 Ellen Bohr-Adler (1860—1930)。

[8] Harald Bohr (1887—1951)是哥本哈根理工学院的数学教授。

[9] Tatiana Ehrenfest-Afanassjewa (1876—1964)。

[10] Ilse 和 Margot Einstein。

## 344. Franz Selety 来信[1]

维也纳,1921年12月29日

尊敬的教授:

很久过去了,教授,我再次冒昧写信给您。[2] 1918年9月,我给您写了一封关于哲学的长信,此后一直等待着您的回复,如今三年多过去了,我的等待落了一场空。给您写信一年后,我收到过您寄来的(1919年8月23日)一张非常精美的明信片。这张明信片点燃了我渴望您回复的新希望,因为您在上面很幽默地这样写道:"等我有了喘息的机会,一定给您写信。"但自那以后到现在两年多过去了,仍然没有收到您的回复,因此我可能不得不放弃这方面的所有希望。

我现在在差不多已经完成了一本非常全面的有关哲学思想的著作,这些哲学思想我在与您的通信中已经讨论过,现在我考虑把它彻底完成,然后出版。因此教授,我今天写信给您是有一事相求。我记得您对我的一封信是这样回复的:"您给我的这份报告写得很流畅,因此,如果这份报告不出版,不让认识论方面的其他朋友看见,我觉得很遗憾。"现在,我想把我与您的讨论作为我作品的附录出版,因为这样特别有助于清晰地阐释我的想法;但这需要您的同意,因为这原本属于您,我最恳切地希望您一定答应我。同时,我也与许多不同思想流派的哲学家通过信,我相信我与他们的那些讨论对于解释我的思想也非常有益。然而对于我来说,比所有其他通信更重要的是与您的一次讨论,凭着您如此发人深省的反面意见,这次讨论可能会成为我的著作里最有趣的一部分,您的信将会使我的这本书蓬荜生辉。

我随信寄给您您的那些信件的摘录部分,我想出版这些内容,我还附上了(您给我)那封信的,就是您本人那时候鼓励我出版的那封信。您还在那封信的空白处添加了非常珍贵的注释。您在信里对我赞许有加,表达了您对我的欣赏,这些应该略去,因为我觉得对出版来说最重要的是,通过您的反面意见,我的思想得到更清楚的阐明。教授,如果您觉得哪些表述最好略去,您就直接划去,包括您想划去的其他表述和旁注。不管怎样,我都希望能够再次收到经由您"许可"的邮件。——

最后,我想告诉您我最近做的物理宇宙实验,我希望这个实验您不会完全没有兴趣。这与我 1917 年[3]给您的信中提到的想法有关,这些想法自那以后更加强烈地占据了我的心。我那个时候还不知道我的作品什么时候在什么地方可以发表,因为那确实是一篇长篇大论。

祝愿教授您新年快乐。

最尊敬您的<br>
Franz Selety 博士

ALS。[20 475]。

[1] Selety(1893—1933?),一个哲学家和自学成才的物理学家,从事私人研究。

[2] 关于从他们早期通信中可以获得的信件,参阅 1917 年 7 月 23 日和 10 月 29 日书信(第八卷,文件 364 和 395)。

[3] 关于他在 *Selety 1914* 中所阐发的宇宙哲学方面的思想的总结,参阅他 1917 年 7 月 23 日写给爱因斯坦的信(第八卷,文件 364),第 494 页。

# 345. 致 Hedwig 和 Max Born

[柏林,] 1921 年 12 月 30 日

亲爱的 Borns:

今天,热诚地祝你新年快乐!看到小 Born 的照片,我们全家都很开心。[1]没有人再去想那场亚马孙冲突了。[2]亲爱的 Born,你的健康经历了那么多痛苦,这让我感到很伤心。[3]我希望你们大家现在都健健康康的。Pauli 是一个不错的小伙子,他毕竟才 21 岁;他可能会对百科全书上[4]他的那篇文章感到自豪。Polányi 的想法使我感到有点震惊。但他已经碰到了困难,对于这些困难,我仍然找不到合理的解决办法。尤其是对辐射-分子平衡的数字方面的考虑使我特

别头疼。[5] Polányi 对晶体刚性的想法肯定很多是对的；[6]只是对气体的扩展对我来说似乎有些异常。你对电子流的研究好像很有意思。[7]关于《法兰克福报》(*Frankfurter Zeitung*)上的 Soldner，你的驳斥非常吸引我。[8]现在，多亏了与 Geiger 和 Bothe 的完美合作，我终于完成了光发射实验。[9]实验结果是：通过运动的极隧射线粒子的光发射严格来说是单色的，根据波动理论，基元发射的颜色在不同方向上应该是不同的。因此可以肯定地证明波动场没有真正存在，Bohrian 发射从真正的意义上讲是一个瞬间过程。[10]这次实验是近几年来我感受最深刻的科学经历。Ehrenfest 热情洋溢地写到 Bohr 的原子理论；他正在拜访他。[11]如果 Ehrenfest 相信的话，就会有好事儿了，因为他是一个爱怀疑的家伙。

问候那些小家伙，还有你们两个[12]，祝你们新年好运！

你诚实的
A. 爱因斯坦

ALS。*Einstein and Born 1969*，第 96—97 页[8 164]。

[1] Gustav Born；参阅文件 286。

[2] 关于 Hedwig Born 与 Elsa Einstein 之间的争吵，参阅文件 7。

[3] 关于 Born 的病痛，可参阅文件 308。

[4] Wolfgang Pauli；*Pauli 1921*。

[5] 在文件 308 中，Born 问爱因斯坦如何看待 Michael Polányi 研究反应速度的著作；关于爱因斯坦对分子辐射平衡的关注，参阅文件 333。

[6] 参阅 *Polányi 1921*。

[7] Born 关于气体中电子的平均自由程的思想，参阅文件 308

[8] *Hilbert and Born 1921*，这篇关于再版 *Lenard 1921* 中的 *Soldner 1801* 的文章，参阅文件 308，注释 18。

[9] Hans Geiger；Walther Bothe；这个实验在文件 247 里得到概括。

[10] 关于爱因斯坦对这个实验的解释，也见文件 261。

[11] 关于 Ehrenfest 来自哥本哈根的报道，参阅文件 343。

[12] Gustav, Irene, and Gritli Born；Hedwig 以及 Max Born。

## 346. 致 Richard Fleischer

[1921 年 12 月 30 日][1]

十分尊敬的 Fleischer 先生[2]——

要是您能亲眼看见，我几乎要被各种义务和工作埋掉了，您就会明白，我确实没有能力满足您那些友好的请求。我也必须承认，我不是科学论战文章的朋友，因为那类文章普遍习惯于凭脾气而非判断来发挥作用。有一位杰出的学者曾经说，谬论不会被驳倒，而是它们自己会死绝。[3]

致以最美好的新年祝福。

Dft 为 Ilse Einstein 手书。[43 694]。写在 Fleischer 1921 年 12 月 7 日那封来信的背面（年表和日程表）。L'Autographe S. A. Genève, Catalogue 25, lot no. 263, 引用了已寄出的那封信最后两句话的大部分内容。

[1] 日期根据拍卖目录里的信息。

[2] Fleischer（1849—1937）是月刊《德语杂志》(*Deutsche Revue*)很富有的创建人。他恳请爱因斯坦对于"知识分子与学派"(Intellect and School)写一篇小文章或一封公开信（参阅年表和日程表 1921 年 12 月 7 日）。

[3] 这句格言在科学界通常被认为是 Max Planck 创造的。在很久以后所写的自传里，他说："一种新的科学真理要取得胜利，不是通过说服它的反对者，让他们看见真理之光，而是等待它的反对者最后都一个个地死去，然后熟悉它的新一代人站起来"（参阅 *Planck 1948*，第 22 页）。

然而，爱因斯坦可能借用更世俗的知识。因为希伯来人总是不断拒绝接受上帝和上帝的律法，没有遵照他的命令进入应许之地，于是上帝命令他们在西乃旷野里漂流了 40 年。老一代人将会在旷野里死去，只有 20 岁以下的年轻人最终可以进入迦南地（《民数记》14：26—38）。Justus von Liebig 在科学的语境里使用了这个论据，他写道："一个人的影响非常有限，一个人总是不得不依靠新的一代人；老一代人不可能被转化；他们不得不先死去，至少他们中的代表们首先死去"（参阅 *Kahlbaum 1904*，第 338—339 页）。

## 347. 致 Richard B. Haldane

[柏林,] 1921 年 12 月 30 日

十分尊敬的 Haldane 爵士:

1921 年快要过去了,我的心使我回想起我的英国之行。对于这次伟大的经历,我要再次感谢您和您的姐姐(Mary 女士),热诚地谢谢你们允许我住在你们的近处,使我在那里度过了那些难以忘怀的日子。[1] 我与您的这次相识对我来说弥足珍贵,因为您极具智慧和友善。您如此关心的两国关系自那个夏天以来似乎没有太多实质性的改变;但是从心理上在我看来已经得到了极大的改善。自由思想的心灵再次发现了它们对英国以往的同情,他们尽管取得了巨大成功也没有变得骄傲自大,反而总是保持着一种值得敬佩的谦虚,这似乎是大陆国家和民族永远学不会的珍贵品行。[2]

我在这里经常谈到您怎样驱车到乡村,为那里的矿工们讲解政治经济学。总之,我在那些日子里看到了许多,也学到了许多;其中最了不起的是看到这样一个社会,它深深扎根于自己的历史,这样的历史对它自己来说就好像只是"一代人"。我经常浏览您的大作,而且乐在其中,尽管不幸的是我因知识的欠缺(天啦)还不能充分领会您丰富的语言。[3]

真诚地感谢你们,祝福 1922 年,紧握您的手。

您的
A. 爱因斯坦

ALS (UkE, Haldane of Cloan Papers, MS 5915)。[32 635]。Elsa Einstein 的信被附在这份文件的末尾,被省略。

[1] Elizabeth Sanderson Haldane。爱因斯坦 1921 年 6 月 8 日至 17 日访问英国(参阅文件 145 和 152)。

[2] 爱因斯坦回到德国不久,Haldane 表达了他的观点,说爱因斯坦的访问改善了他们两国之间的关系(参阅文件 159)。

[3] *Haldane 1921* 附有一段手写的献词,爱因斯坦到达英国后,Haldane 寄给了他(参阅文件 145)。

## 348. Federico Enriques，Paul Langevin，Pierre Weiss，[1] Paul Montel[2]和 Giovanni Malfitano[3]来信

[巴黎，1921 年 12 月 30 日]

我们在此汇聚一堂，[4]高兴地向您保证我们对您满怀由衷的敬佩之情。

F. Enriques

P Langevin

Pierre Weiss

Paul Montel

G. Malfitano

AKS。[9 233]。写在一张由 Laperouse 餐厅印制的名片上，收信人及其地址是"阿耳伯特·爱因斯坦教授先生，柏林科学院，"邮戳为"巴黎—[32] Tribunal de Comm[erce] 30 12 21。"名片背面写的是"西 30 区"和"哈伯兰街 5 号"。

[1] Weiss（1865—1940）是斯特拉斯堡大学的物理学教授兼物理学院院长。

[2] Montel（1876—1975）是巴黎大学的数学讲师。

[3] Malfitano（1872—1941）是巴黎 Pasteur 研究所化学实验室的主任。

[4] 爱因斯坦最近一次访问巴黎是在 8 年前，也就是 1913 年 3 月的最后一个星期（参阅爱因斯坦 1913 年 4 月 3 日写给 Marie Curie 的信[第五卷，文件 435]）。

## 349. Eduard 和 Hans Albert Einstein 来信

苏黎世，[1921 年]新年晚上[1]

亲爱的爸爸：

今天我可以熬夜到 12 点，为了庆祝新年，我现在正给你写信。我已经在圣诞节给你写过信了，但[Hans]Albert 偏偏在圣诞夜生病了。他嗓子疼痛，高烧 40℃。但无论怎样，我们还是愉快地度过了新年。我得到一个台式槌球，一个变形金刚，一些书，还有 Hurwitz[2]送给我的蒸汽机。我们有一棵非常漂亮的圣诞树。Albert 今天终于可以下床了。

从卢塞恩寄来的信已经安全到了这里。[3]还有荷兰寄来的什么东西。[4]我们

现在在放假,星期二我们又要回学校。[5]如果你也能来和我们一起过圣诞节那该多好啊。这样的事情在我的记忆里好像从不曾发生过。

非常爱你衷心祝愿你新年快乐的<br>Teddy

我大多时候困在床上,但现在已经好很多了。

非常爱你的<br>Adn.

ALS。[144 459]。

[1] 该文件的写作年份由 Eduard 的笔迹来确认,另一依据是从卢塞恩寄来的钱。

[2] Ida Hurwitz(1864—1951)和她的三个孩子 Lisbeth、Eva 以及 Otto Adolf,他们都是爱因斯坦和 Mileva Einstein-Marić最要好的朋友。

[3] Paul Winteler 安排的一次转账(参阅文件 311)。

[4] 可能是转给爱因斯坦一笔钱,即他作为莱顿大学特聘教授半年的薪水 1000 盾(荷兰货币),存入他和 Paul Ehrenfest 的一个共同账户里(参阅文件 21)。

[5] Eduard 正在苏黎世的高街小学上五年级。

# 正文字顺目录

在这份依照字母顺序排列的文本目录中,日期后面的数字是文件编号。爱因斯坦自己写的或托秘书写的文件,用字母"E"表示,年表和日程表中提取的文件用字母"C"表示。

Accademia Nazionale dei Lincei(林赛国家科学院)
1921年7月25日　　　　C

Accademia delle Scienze(博洛尼亚科学院)
1921年6月28日　　　　C E

Ahern, Michael J.
1921年4月30日　　　　C

Aichi, Keiichi(爱知庆一)
1921年10月10日　　　262

Alexandrow, Waldemar (Vladimir)
1921年8月13日　　　　C

Ansbacher, Luigi
1921年9月5日　　　　C

Anschütz-Kaempfe, Hermann
1921年3月10日　　　92
1921年3月13日　　　95 E
1921年7月22日　　　189 E
1921年7月23日　　　191
1921年7月28日　　　194 E
1921年9月17日　　　237 E
1921年9月18日　　　239 E
1921年9月20日　　　241

1921年10月11日　　　263 E
1921年11月10日　　　293
1921年12月16日　　　327

Arrhenius, Svante
1921年10月21日　　　277

Astronomical Society(天文学会)
1921年8月27日前　　　216 E
1921年8月27日前　　　217 E

Bachmann, J.
1921年12月9日　　　　C E

Bamberger, Curt
1921年8月17日　　　　C
1921年8月17日后　　　C E

Bantock, Granville
1921年7月11日　　　　C
1921年9月7日　　　　C E

Barbusse, Henri
1921年11月17日　　　301
1921年9月9日　　　　317 E

Barker, Ernest G.
1921年3月24日　　　　C

| | | | | |
|---|---|---|---|---|
| 1921年3月24日 | C E | | 办公室） | |
| 1921年4月12日 | 118 E | | 1921年5月10日 | C |
| 1921年4月20日 | C E | | 1921年5月20日 | C E |
| 1921年6月14日 | C | | 1921年6月2日 | C |
| 1921年10月7日 | C | | | |
| 1921年10月14日 | C E | | Berlin Peace Demonstration（柏林和平示威游行） | |

Barth publishing house（巴斯出版社）

| | | | | |
|---|---|---|---|---|
| 1921年9月21日 | C | | 1921年7月30日前 | 196 E |
| 1921年12月5日 | C | | | |
| 1921年12月30日 | C E | | Berlin Police（柏林警方） | |
| | | | 1921年1月25日 | E |
| | | | 1921年4月27日 | E |

Barthel, Max

Berliner, Arnold

| | | | | |
|---|---|---|---|---|
| 1921年9月5日 | C | | 1921年1月17日 | 19 |
| 1921年9月6日 | 231 E | | 1921年1月21日 | 28 |
| | | | 1921年3月11日 | C |

Baruch, Bernard M.

| | | | | |
|---|---|---|---|---|
| 1921年5月13日 | C | | 1921年3月12日 | 94 E |
| | | | 1921年12月23日 | 337 |

Baskerville, Charles, et. al.

| | | | | |
|---|---|---|---|---|
| 1921年4月23日 | C | | 1921年12月24日 | 339 E |

Berger, Alfred

Beck, Carl

| | | | | |
|---|---|---|---|---|
| 1921年2月23日 | 60 E | | 1921年11月1日 | C |
| 1921年4月8日 | 115 E | | | |
| 1921年4月15日 | 120 E | | Bergmann, Hugo | |
| | | | 1921年9月22日 | 242 E |

Benedigkt, Clothilde

Bernhard, Georg

| | | | | |
|---|---|---|---|---|
| 1921年1月10日 | C E | | 1921年7月9日 | 172 |

Bennett, P. R.

Berthoud, Alfred Louis

| | | | | |
|---|---|---|---|---|
| 1921年10月14日 | 268 E | | 1921年11月28日 | C |

Bentheim, Count zu

Besso, Michele

| | | | | |
|---|---|---|---|---|
| 1921年10月11日 | C | | 1921年12月11日,第八卷,164 | |
| 1921年11月4日 | C E | | 1921年5月30日 | 141 E |
| | | | 1921年6月10日 | 146 |

Berlin District Housing Office（柏林区住房

| | | | |
|---|---|---|---|
| | | 1921年6月26日 | 158 |

| | | | |
|---|---|---|---|
| 1921年8月2日 | 199 | Bothe, Walther | |
| 1921年10月20日 | 275 E | 1921年12月7日 | 316 |
| 1921年10月26日 | 284 E | | |
| 1921年12月23日 | 338 | Brandeis, Louis D. | |
| | | 1921年4月29日 | 128 |
| Bloch, Werner | | | |
| 1921年8月10日 | C | Brown, Elmer E. | |
| | | 1921年4月5日 | C |
| Boas, Franz | | 1921年4月22日 | C |
| 1921年4月7日 | 114 | 1921年4月23日 | C E |
| 1921年4月11日 | 116 E | 1921年5月9日 | C |
| Bohr, Niels | | Buchwald, Sam | |
| 1921年1月22日 | 28 | 1921年5月14日 | C |
| Bölsche, Wilhelm | | Budde, Arnold | 407 |
| 1921年10月4日 | C E | 1916年5月22日,第八卷,219a E | |
| Born, Hedwig | | Bund angestellter Chemiker und Ingenieure E.V.(化学家和工程师职业同盟) | |
| 1921年11月1日 | 286 | 1921年10月26日 | C |
| | | 1921年12月17日 | C |
| Born, Hedwig and Max | | | |
| 1921年12月30日 | 345 E | Cardozo, Benjamin N. | |
| | | 1921年5月13日 | 132 |
| Born, Max | | | |
| 1921年1月31日 | 37 E | Carvallo, Emmanuel | |
| | | 1921年3月21日 | 111 E |
| 1921年2月12日 | 47 | | |
| 1921年7月16日 | C E | Central Association of German Citizens of the Jewish Faith(信仰犹太教的德国公民中央协会) | |
| 1921年8月4日 | 201 | | |
| 1921年8月22日 | 211 E | | |
| 1921年10月21日 | 278 | 1921年2月27日 | 66 |
| 1921年11月29日 | 308 | | |
| | | Central Committee, Inc. for the Relief of Distress in Germany and Austria (National Committee)(德国和奥地利救济贫困中央委员会) | |
| Borosini, J. von | | | |
| 1921年10月6日 | C | | |
| 1921年10月14日 | C E | | |

1921年9月9日　　　　　232

Central Committee of the German Red Cross（德国红十字会中央委员会）
1921年6月30日　　　　164

Chulanovsky, Vladimir M.
1921年2月21日　　　　54

Clark, Chester E.
1921年5月25日　　　　C
1921年6月17日之后　　150 E

Classen, Johannes W.
1921年2月3日　　　　C
1921年2月17日　　　　50 E

Cohen, Morris R.
1921年6月6日　　　　144
1921年7月22日　　　　190

Commerzbank, Stuttgart（斯图加特德国商业银行）
1921年10月10日　　　C
1921年10月13日　　　C E

Compton, Arthur H.
1921年4月28日　　　　C

Conti, Gabriella
1921年10月22日　　　C E
1921年10月22日之后　C

Contu, Rafaele
1921年12月2日　　　　C

Cosentini, Francesco
1921年1月7日　　　　C

Davenport, W. S.
1921年9月29日　　　　C
1921年12月9日　　　　C E

De Sitter, Willem
1916年6月22日之后，第八卷，227a
1921年9月6日　　　　C

De Vos van Steenwijk, Jacobus E.
1921年10月6日　　　　C
1921年10月6日之后　　C E

Debye, Peter
1921年1月1日　　　　C

Dominicus, David & Co.（大卫多米尼克斯公司）
1921年9月30日　　　　C

Dresdner Bank（德累斯顿银行）
1921年1月29日　　　　C E

Drosue, P.
1921年11月30日　　　C
1921年12月6日　　　　C E

Drucker, Carl
1921年11月29日　　　C
1921年11月29日　　　C E

Du Pasquier, Louis G.
1921年1月28日　　　　C
1921年1月28日之后　　C E
1921年11月19日　　　302
1921年12月10日　　　319 E
1921年12月13日　　　323

| | | | |
|---|---|---|---|
| Eddington, Arthur S. | | Einstein Elsa, Ilse, and Margot | |
| 1921年6月12日 | 147 | 1921年10月16日 | 273 E |
| 1921年11月12日 | 295 E | | |
| | | Einstein, Edith | |
| Ehrenfest, Paul | | 1921年12月4日 | 310 |
| 1921年1月16日 | 16 E | | |
| 1921年1月18日 | 21 | Einstein, Eduard | |
| 1921年1月20日 | 24 E | 1921年3月21日之前 | 154 |
| 1921年1月21日 | 27 E | 1921年10月4日 | 255 |
| 1921年1月22日 | 30 | | |
| 1921年2月8日 | 42 | Einstein, Eduard and Hans Albert | |
| 1921年2月13日 | 48 E | 1921年12月31日 | 349 |
| 1921年2月21日 | 55 | | |
| 1921年2月28日 | 68 | Einstein, Hans Albert | |
| 1921年3月1日 | 71 E | 1920年7月23日至8月1日之间,第十卷82a | 408 |
| 1921年3月8日 | 83 E | | |
| 1921年3月17日 | 102 E | 1920年12月25日之后,第十卷232a | |
| 1921年3月24日 | 113 E | 1920年12月26日至1921年3月14日 | |
| 1921年6月14日 | 148 | 1921年3月21日之前 | 110 |
| 1921年6月18日 | 152 E | 1921年6月18日 | 153 E |
| 1921年9月1日 | 219 E | 1921年7月18日之前 | 186 |
| 1921年9月2日 | 225 E | 1921年9月1日之后 | 224 |
| 1921年9月10日 | C E | 1921年10月4日 | 256 |
| 1921年12月27日 | 343 | 1921年12月5日 | 311 |
| | | | |
| Ehrenhaft, Felix | | Einstein, Hans Albert and Eduard | |
| 1921年1月28日 | 36 | 1921年9月1日之后 | 223 E |
| | | | |
| Einstein, Elsa | | Einstein, Ilse | |
| 1921年1月7日 | 11 E | 1921年11月9日 | 292 E |
| 1921年1月8日 | 12 E | | |
| 1921年1月10日 | 13 E | Einstein, Ilse and Margot | |
| 1921年8月1日 | 198 E | 1921年11月5日 | 288 E |
| 1921年8月14日 | 206 E | | |
| 1921年8月14日 | 207 E | Einstein, Margot | |
| 1921年10月22日 | 280 | 1921年8月26日 | 214 E |
| 1921年11月12日 | 296 E | | |
| 1921年11月20日 | 303 E | | |

Einstein-Marić, Mileva
1921年8月28日　　　218 E
1921年10月4日　　　257
1921年10月8日　　　260 E

Elkus, Abram I.
1921年5月16日　　　C

Enriques, Federigo
1921年1月19日　　　C
1921年2月17日　　　C
1921年4月25日　　　C
1921年7月11日　　　C
1921年9月12日　　　C
1921年9月25日　　　C

Enriques, F., Langevin, P., Weiss, P., Montel, P., and Malfitano G.
1921年12月30日　　　348

Epstein, Paul
1921年3月4日　　　78
1921年8月14日　　　208 E

Fabre, Lucien
1921年2月23日　　　61

Faraday, Paul
1921年9月5日　　　C E

Fedorovsky, Nikolai M.
1921年1月27日之前　33 E

Fisher, Irving
1921年4月11日　　　C E
1921年4月12日　　　C

Fleischer, Richard
1921年12月7日　　　C
1921年12月30日　　　346 E

Foreign Office, Berlin(柏林,外交部)
1921年12月21日　　　C E
1921年3月18日　　　C E
1921年3月20日　　　C E
1921年3月21日　　　C
1921年8月3日　　　C

Försterling, Karl
1921年4月3日　　　C
1921年6月16日　　　C E

France, Anatole
1921年12月16日　　　325 E
1921年12月17日　　　C

Franck, James
1921年3月9日　　　C
1921年8月24日　　　212
1921年9月4日　　　228 E

Frankfurter, Felix
1921年4月28日　　　C E
1921年5月17日　　　134
1921年5月28日　　　139 E
1921年5月29日　　　140 E
1921年7月1日　　　166

Frankfurter Zeitung
1921年10月27日　　　C E

French League for Human Rights(法国人权同盟)
1921年9月到1922年1月　220 E

Freundlich, Erwin F.

1921年8月31日
1921年9月10日　　233 E
1921年12月20日　　330 E

Friedsam, M.
1921年5月13日　　C

Frischeisen-Köhler, Max
1921年6月24日　　C

Frost, Edwin B.
1921年5月30日　　142 E

Göbel, Otto
1921年9月3日　　227

Gauthier-Villars publishing house(戈捷-维拉出版社)
1921年3月11日　　C E
1921年11月3日　　C
1921年10月10日　　C E

Geiger, Hans
1921年11月7日　　289

Gerlach, Hellmut von
1921年6月17日之后　151

Gerlach, Walther
1921年10月22日　　C E
1921年11月5日　　C

German Consulate, Reval (Talinn)(塔林德国领事馆)
1921年3月8日　　E

German Consulate, Florence(佛罗伦萨德国领事馆)

1921年9月9日　　C E

German Society for Natural Sciences and Ethnology of East Asia, Tokyo(德国驻东京东亚自然科学和民族学协会)
1921年10月15日　　C

Ginzberg (Ginossar), Solomon
1921年6月23日　　C
1921年7月12日　　173
1921年7月13日　　177
1921年7月14日　　179 E
1921年7月14日　　180 E
1921年7月14日　　183
1921年7月15日　　C

Glum, Friedrich
1921年2月26日　　C
1921年3月3日　　C E
1921年4月26日　　C
1921年12月15日　　C
1921年12月23日　　C
1921年12月30日　　C E
1921年2月30日　　C

Goldman, Julius
1921年5月16日　　C

Goldscheid, Rudolf
1921年5月10日　　C

Goldschmidt, Rudolf
1921年3月7日　　82
1921年3月8日　　84 E

Goldstein, Abraham
1921年5月20日　　C

Gonzenbach, Wilhelm von
1921年3月14日      C

Graeber
1921年5月7日       C

Greenbaum, Lawrence
1921年5月16日      C

Grommer, Jakob
1921年3月5日       80
1921年8月25日      213
1921年10月25日     283

Guggenheim, Daniel
1921年5月14日      C

Guggenheim, Harry F.
1921年5月16日      C

Guillaume, Edouard
1921年1月4日       7
1921年1月20日      25 E
1921年1月24日      C
1921年1月27日      34 E
1921年2月3日       C

Haber, Fritz
1920年5月15日,第十卷,39c E
1921年3月9日       87
1921年3月9日       88 E
1921年6月28日      160

Hadley, Arthur T.
1921年2月2日       C
1921年2月22日      56 E
1921年3月21日      112

Haguenin, Emile
1921年12月22日     C

Hahnemann, Walter
1921年10月14日     C
1921年10月27日     C E

Haldane, Mary E.
1921年6月15日      149 E
1921年6月18日      C

Haldane, Richard B.
1921年5月5日       130
1921年5月9日       C
1921年5月20日      C
1921月6月6日       145
1921年6月21日      155 E
1921年6月26日      159
1921年12月30日     E

Halpern-Neuda, Lili
1921年2月5日之前    40
1921年2月5日       41 E

Harnack, Adolf von
1921年4月2日       C
1921年4月15日      C
1921年6月6日       C
1921年7月13日      C E

Hartmann, Eduard
1921年10月14日     269 E
1921年10月20日     C

Hasenclever, Walter
1921年1月20日      26
1921年1月27日      35 E

Haussmann, Conrad
1921年4月14日　　C

Heinrichsdorff, Carl
1921年7月9日　　C

Hibben, John G.
1921年2月21日　　53 E

Himes, Norman E.
1921年4月30日　　C

Hippel, Walter
1921年2月8日　　C

Hirschfeld, Curt
1921年11月28日　　C E

Hocking, William E.
1921年5月4日　　C E
1921年5月10日　　C

Hoepli, Ulrico
1921年10月24日　　C
1921年11月29日　　C E

Hoffmann, Camill
1921年2月22日　　C

Holitscher, Arthur
1921年8月16日　　209
1921年12月17日　　238

Hönn, Karl
1921年2月5日　　C
1921年2月23日　　C E

Huber, Frieda
1920年3月14日第九卷352a E
1921年5月2日第十卷 4a E
1920年5月13日第十卷39a　　411
1921年初　　4 E
1921年7月13日　　174 E

Internal Revenue, Berlin-Schöneberg
1921年10月8日　　C
1921年10月11日　　C E

Isaacs, Stanley M.
1921年5月9日　　C E
1921年5月12日　　C

Ishiwara, Jun
1921年9月24日　　244
1921年12月6日　　312 E

Jaffé, Georg
1921年11月11日　　294 E

Jander（教育部）
1921年9月22日　　C

Jeffery, George B.
1921年1月23日　　31
1921年3月18日　　104 E

Jewish Community of Berlin（柏林犹太人社团）
1921年1月5日　　8 E
1921年4月4日　　C E

Jewish Theater, Berlin, The Directors（柏林犹太剧院）
1921年9月16日　　236 E

Joel, Joel

| | | | |
|---|---|---|---|
| 1921年6月28日 | 161 | Kraft, Ludwig | |
| Joöl, Kurt | | 1921年2月12日 | C |
| 1921年7月13日 | C | Krass, Nathan | |
| Johannsen, N. | | 1921年5月12日 | C |
| 1921年10月8日 | C E | Kritzinger, Hans-Hermann | |
| Jokor, J. | | 1921年5月10日 | C |
| 1921年3月8日 | C E | 1921年10月14日 | E |
| Kaluza, Theodor | | Kuhn, Loeb & Co., New York | |
| 1921年10月14日 | 270 E | 1921年5月12日 | C |
| 1921年10月24日 | 281 | Kumpmann, Karl | |
| 1921年11月28日 | 305 | 1921年9月21日 | C |
| 1921年12月9日 | 318 E | 1921年10月4日 | C |
| | | 1921年10月5日 | C E |
| Kamerlingh Onnes, Heike | | 1921年10月13日 | C E |
| 1921年3月27日 第五卷 259a E | | | |
| 1921年5月31日 | C | Kuwaki, Ayao | |
| 1921年8月13日 | 205 | 1921年10月25日 | C |
| | | 1921年12月1日 | C E |
| Kármán, Theodor von | | | |
| 1921年12月12日 | 321 | Lachman | |
| | | 1921年5月14日 | C |
| Kerr, Alfred | | | |
| 1921年3月7日 | 81 E | Laer Kronig, Ralph de | |
| | | 1921年10月14日 | 271 E |
| Kessler, Harry | | | |
| 1921年12月17日 | 328 | Lömmel, Rudolf | |
| | | 1921年12月16日 | C |
| Koenigsberger, Johann | | | |
| 1921年11月2日 | C | Lamport, Arthur M. | |
| | | 1921年5月16日 | C |
| Kollwitz, Köthe | | | |
| 1921年9月11日 | 234 | Lann, D. D. | |
| 1921年9月19日 | 240 E | 1921年4月10日 | C |
| | | 1921年4月20日 | C E |

Lasker-Schüler, Else
1921 年 7 月 15 日之前　　C
1921 年 7 月 15 日　　　　184

Lawson, Robert W.
1921 年 2 月 8 日　　　　C

Lazansky, Edward
1921 年 5 月 17 日　　　　C

Lehman, Herbert J.
1921 年 5 月 12 日　　　　C

Lehman, Irving
1921 年 5 月 13 日　　　　C

Lehmann-Russbüldt, Otto
1921 年 1 月 18 日　　　　C
1921 年 2 月　　　　　　　C

Lepper, George H.
1921 年 7 月 6 日　　　　C

Levin, Shmarya
1921 年 10 月 20 日　　　276

Levy, Jefferson M.
1921 年 5 月 18 日　　　　C

Lévy-Bruhl, Lucien
1921 年 1 月 5 日　　　　C E
1921 年 12 月 23 日　　　C

Lewis, Gilbert N.
1921 年 2 月 23 日　　　　62
1921 年 3 月 10 日　　　　C
1921 年 4 月　　　　　　　C E

Lewisohn, Sam A.
1921 年 5 月 13 日　　　　C　　　412

Lindemann, Frederick A.
1921 年 1 月 23 日　　　　C
1921 年 5 月 4 日　　　　C

Loeb, Jacques
1921 年 5 月 9 日　　　　131 E
1921 年 5 月 12 日　　　　C
1921 年 5 月 13 日　　　　C
1921 年 7 月 20 日　　　　188
1921 年 12 月 24 日　　　　C

Lorentz, Hendrik A.
1921 年 1 月 1 日　　　　3 E
1921 年 1 月 6 日　　　　C
1921 年 2 月 22 日　　　　57 E
1921 年 3 月 19 日　　　　107
1921 年 6 月 30 日　　　　163 E
1921 年 11 月 13 日　　　298

Lorenz, Martha
1921 年 1 月 26 日　　　　C

Losada y Puga, Cristóbal de
1921 年 12 月 9 日　　　　C

Lourie, David A.
1921 年 11 月 29 日　　　306 E

Löwe, Heinrich
1921 年 3 月 20 日　　　　C

Lowell, A. Lawrence
1921 年 5 月 11 日　　　　C

Ludwig, Emil

| | | | |
|---|---|---|---|
| 1921年6月8日 | C | 1921年6月22日 | C E |
| | | 1921年6月22日 | C |
| Lyman, Theodore | | 1921年6月30日 | C |
| 1921年4月15日 | C | 1921年7月5日 | C |
| 1921年4月29日 | C | 1921年7月9日 | C E |
| 1921年5月4日 | 129 E | 1921年7月29日 | C |
| 1921年5月6日 | C | 1921年8月12日 | C |
| | | 1921年9月7日 | C |
| Mack, Julian W. | | 1921年9月12日 | C E |
| 1921年5月24日 | 137 | 1921年9月17日 | C |
| | | 1921年9月21日 | C |
| Magnes, Judah L. | | 1921年10月4日 | C E |
| 1921年4月18日 | 122 E | 1921年10月11日 | C |
| 1921年4月19日 | 124 | 1921年11月16日 | C |
| | | 1921年11月18日 | C |
| Marx, Erich | | 1921年11月30日 | C |
| 1921年3月2日 | 73 | 1921年12月7日 | C |
| 1921年3月3日 | 75 E | 1921年12月16日 | C E |
| 1921年3月16日 | C | 1921年12月22日 | C |
| | | 1921年12月29日 | C E |
| Meitner, Lise | | | |
| 1921年7月18日 | 185 E | Michael, Friedrich | |
| 1921年7月24日 | 192 | 1921年1月4日 | C |
| 1921年7月27日 | 193 E | 1921年1月17日 | 18 E |
| | | | |
| Mendelssohn & Co.(门德尔松公司) | | Michaud, Félix | |
| 1921年1月24日 | C E | 1921年4月25日 | 126 |
| 1921年1月27日 | C | 1921年7月1日 | 165 E |
| 1921年4月1日 | C | | |
| 1921年5月12日 | C E | Miers, Henry A. | |
| 1921年9月12日 | C E | 1921年3月19日 | C |
| 1921年12月19日 | C | 1921年4月20日 | 125 E |
| 1921年12月20日 | C E | 1921年4月21日 | C |
| | | 1921年5月2日 | C |
| Methuen publishing house(梅休因出版社) | | 1921年5月5日 | C |
| 1921年5—6月 | C | | |
| 1921年6月16日 | C | Miller, Oskar von | |
| 1921年6月17日 | C | 1921年9月6日 | C E |

Moch, Gaston
1921年11月22日 C
1921年12月6日 C E

Moore, George F.
1921年6月6日 C

Mosse, Emilie
1921年11月29日 C E

Muller, Aristiole
1921年10月23日 C

Münchner Neueste Nachrichten(《慕尼黑最新消息》)
1921年1月3日 C
1921年1月3日之后 C E
1921年2月8日 C

Münzenberg, Willi G.
1921年9月1日 222
1921年9月3日 226 E
1921年9月7日 C

Murobuse, Kôshin(室伏高信)
1921年9月27日之前 245
1921年9月27日 246 E
1921年11月 285

Namm, A. I.
1921年5月13日 C

Nature
1921年5月23日 C
1921年6月22日 C E
1921年11月22日 C

Neder, Ludwig
1921年4月5日 C

Nernst, Walther
1921年7月29日 195

Neue Freie Presse(新自由报)
1921年2月16日 C
1921年12月21日 335 E

Neurath, Otto
1921年1月12日 14
1921年1月17日 20 E
1921年2月22日 59
1921年3月3日 76 E
1921年3月3日 77 E

Nobel Committee of the Norwegian Parliament(挪威议会诺贝尔委员会)
1921年1月19日 22 E

Oppenheim, Franz
1921年3月15日 99 E

Oppenheim, Paul
1921年2月25日 65

Otto, Wolfgang
1921年12月22日 C

Painlevé, Paul
1921年12月7日 314 E
1921年12月20日 332

Payot publishing house(帕约出版社)
1921年3月16日 C E
1921年3月24日 C

Pflüger, Alexander

| | | | |
|---|---|---|---|
| 1921 年 11 月 14 日 | C | Reissner, Hans | |
| 1921 年 12 月 4 日 | C E | 1921 年 3 月 9 日 | 90 |

Pickworth Farrow, E.
1921 年 1 月 18 日　　C

Renaissance publishing house(文艺复兴出版社)
1921 年 8 月 8 日　　C
1921 年 9 月 15 日　　C E
1921 年 9 月 26 日　　C

Planck, Max
1921 年 10 月 22 日　　279
1921 年 11 月 2 日　　287

Richter, Werner
1921 年 1 月 22 日　　C
1921 年 1 月 26 日　　C E
1921 年 7 月 28 日　　C
1921 年 8 月 2 日　　C E
1921 年 9 月 1 日　　221 E
1921 年 9 月 29 日　　248 E

Proskauer, [Joseph?]
1921 年 5 月 12 日　　C

Prussian Academy of Sciences(俄罗斯科学院)
1921 年 3 月 17 日　　103 E

Pupin, Michael I.
1921 年 5 月 27 日　　138

Roediger, C.
1921 年 3 月 26 日　　C
1921 年 5 月 2 日　　C
1921 年 6 月 16 日　　C
1921 年 6 月 21 日　　C E

Radtke, Otto
1921 年 1 月 3 日　　C
1921 年 1 月 3 日　　C E
1921 年 1 月 12 日　　C

Rolland, Romain
1921 年 3 月 1 日　　72 E

Ratnoff, Nathan
1921 年 2 月 27 日　　67

Rosenbaum, S. G.
1921 年 5 月 12 日　　C

Rebholz, Ludwig
1921 年 1 月 10 日　　C

Rosenbloom, Solomon
1921 年 4 月 27 日　　127 E
1921 年 5 月 18 日　　135

Reichenbach, Hans
1921 年 3 月 20 日　　C E
1921 年 10 月 12 日　　266

Rubner, Max
1921 年 2 月 16 日　　C

Reichinstein, David
1921 年 1 月 31 日　　C E

Rusch, Franz
1921 年 3 月 18 日　　105 E

| | | | |
|---|---|---|---|
| 1921年8月30日 | C | Schmidt-Ott, Friedrich | |
| 1921年12月18日 | C | 1921年1月11日 | C |
| | | 1921年1月19日 | C |
| Sadler, Michael E. | | 1921年1月19日之后 | C E |
| 1921年4月30日 | C | 1921年1月25日 | C |
| 1921年5月12日 | C | 1921年1月28日 | C E |
| | | 1921年2月11日 | C |
| Saha, Megh Nad | | 1921年4月5日 | C |
| 1921年8月26日 | C | 1921年4月29日 | C |
| | | 1921年11月5日 | C |
| Samsioe, Axel Frey | | 1921年12月2日 | C |
| 1921年2月4日 | C | 1921年12月12日 | C |
| 1921年2月4日之后 | 39 E | | |
| | | Scholz, Heinrich | |
| Schaefer, Clemens | | 1921年3月9日 | C |
| 1921年1月9日 | C | 1921年3月13日 | 96 E |
| 1921年7月16日 | C E | 1921年3月19日 | C |
| 1921年8月11日 | C | 1921年3月20日 | 108 E |
| | | 1921年6月2日 | 143 |
| Schamberg, Jay | | | |
| 1921年4月30日 | C | Schorr, Robert | |
| | | 1921年2月6日 | C |
| Scherk, L. | | 1921年2月9日 | C E |
| 1921年6月28日 | C | | |
| 1921年7月3日 | C E | Schuler, Max | |
| 1921年7月6日 | C | 1921年11月7日 | 290 |
| | | 1921年12月1日 | 309 E |
| Schlick, Moritz | | | |
| 1921年8月10日 | 202 E | Schweigler, Eduard | |
| | | 1921年2月11日 | 46 |
| Schmidt, Gerhard | | 1921年2月17日 | 51 E |
| 1921年5月14日 | C | | |
| 1921年12月9日 | C | Schweitzer, Peter J. | |
| | | 1921年5月9日 | C E |
| Schmidt, Harry | | | |
| 1921年6月21日 | C | Schwetschke, C. A. & Sohn 出版社 | |
| 1921年6月23日 | C E | 1921年9月22日 | 243 |
| 1921年11月28日 | C | | |

Scott, William B.
1921年4月4日     C
1921年4月8日     C E
1921年4月9日     C

Seligman, J.
1921年5月17日    C

Siemens, Friedrich Carl von
1921年2月10日    44
1921年2月11日    45 E

Siemens-Helmholtz, Ellen
1921年11月14日   299

Silberstein, Ludwik
1921年5月21日    136 E
1921年7月13日    178
1921年7月18日    187
1921年7月30日    197
1921年9月4日     229
1921年10月4日    254 E
1921年12月11日   320

Silverman, Alexander
1921年4月8日     C
1921年4月18日    C E

Simon, Robert
1921年5月12日    C

Sitter, Willem de
1916年6月22日之后第八卷227a
1921年9月6日     C

Slowo publishing house
1921年1月24日    C
1921年3月4日     C

1921年3月10日    C
1921年3月13日    C E
1921年3月21日    C
1921年5月       C
1921年5月       C E

Société Française des Pays Danubiens (Marcel Schwob & Cie)
1921年11月7日    291

Solovine, Maurice
1921年1月15日    C E
1921年1月17日    C
1921年2月5日     C
1921年2月10日    C E
1921年2月28日    69
1921年3月8日     85 E
1921年3月11日    93
1921年3月16日    100 E
1921年3月16日    101
1921年3月19日    106 E
1921年6月20日    154
1921年6月25日    157 E
1921年6月28日    162
1921年8月17日    210
1921年9月7日     C E
1921年9月21日    C
1921年12月6日    C

Soloweitschik, Max
1921年12月19日   329

Sommerfeld, Arnold
1921年1月4日     6 E
1921年3月9日     89 E
1921年3月14日    98
1921年7月4日     168
1921年7月13日    175 E

| | | | |
|---|---|---|---|
| 1921年8月2日 | 200 | 1921年5月16日 | C |
| 1921年8月10日 | 204 | | |
| 1921年9月27日 | 247 E | Straus, Percy S. | |
| 1921年10月9日 | 261 E | 1921年5月12日 | C |
| 1921年10月17日 | 274 | | |

Stricker, Noémi

| | | | |
|---|---|---|---|
| Sorge, Ernst | | 1921年11月15日 | 300 |
| 1921年2月20日 | C | 1921年11月29日 | 307 E |
| 1921年2月26日 | C | 1921年12月2日 | C |
| | | 1921年12月8日 | C |

Springer publishing house(斯普林格出版社)

Ströbel, Heinrich

| | | | |
|---|---|---|---|
| 1921年1月4日 | C | 1921年11月26日 | C |
| 1921年1月15日 | C E | | |
| 1921年2月9日 | C | Stroock, M. J. | |
| 1921年3月7日 | C | 1921年5月12日 | C |
| 1921年3月8日 | C E | | |
| 1921年8月26日 | C | Sulzberger | |
| | | 1921年5月13日 | C |

Starkenstein, Emil

| | | | |
|---|---|---|---|
| 1921年7月14日 | 181 E | Szende, Paul | |
| | | 1921年11月15日 | C |

Staub, Johannes

| | | | |
|---|---|---|---|
| 1921年11月22日 | C | Terradas é Illa, Esteban | |
| 1921年12月6日 | 313 E | 1921年7月11日 | C |
| | | 1921年7月16日 | C E |

Stern, Alfred

1911年2月16日　第五卷　254a E

Teubner publishing house(图依布纳出版社)

| | | | |
|---|---|---|---|
| Stern, Alfred and Clara | | 1921年12月21日 | C |
| 1921年10月25日 | 282 E | 1921年12月29日 | C E |

Störmer, Carl

Tomlinson, Paul G.

| | | | |
|---|---|---|---|
| 1921年8月27日 | C | 1921年9月30日 | 251 |

Straus, Nathan Jr.

Trautz, Max

| | | | |
|---|---|---|---|
| 1921年5月12日 | C | 1921年3月25日 | C |
| | | 1921年7月16日 | C E |
| Straus, Oscar S. | | 1921年12月5日 | C |

Unknown
1921年7月4日 170

Unknown worker
1921年10月26日 C

Untermyer, Samuel
1921年9月15日 235 E

Urania (Vienna)
1920年9月23日 C E
1920年9月29日 C
1920年10月3日 C E
1920年10月11日 C E
1920年11月29日 C E
1920年11月30日 C
1920年12月4日之前 C
1920年12月4日 C
1920年12月11日 C
1920年12月17日 C
1920年12月29日 C E
1920年12月31日 C
1921年1月5日 9 E
1921年1月15日 15 E

Vaihinger, Hans
1921年6月14日 C
1921年6月30日 C E

Vámos, Franz (Ferenc)
1921年7月12日 C
1921年11月28日 C
1921年12月31日 C E

Vieweg, Friedrich
1921年10月5日 258 E
1921年10月12日 265 E

Vieweg publishing house
1921年1月5日 C E
1921年1月19日 C
1921年1月23日 C E
1921年1月25日 C
1921年3月22日 C
1921年4月5日 C
1921年4月8日 C E
1921年6月6日 C
1921年6月20日 C
1921年6月27日 C
1921年6月28日 C E
1921年7月4日 C
1921年7月17日 C
1921年7月21日 C
1921年7月26日 C E
1921年7月27日 C
1921年9月14日 C
1921年9月15日 C E
1921年9月17日 C
1921年10月7日 C
1921年10月28日 C
1921年11月5日 C
1921年11月10日 C
1921年12月13日 C E
1921年12月20日 C
1921年12月22日 C
1921年12月25日 C E

Waard, R. de
1921年1月5日 C
1921年1月29日 C E

Wagner, Ernst
1921年10月22日 C

Wagner, Evelyn N.

| | | | | |
|---|---|---|---|---|
| 1921年1月29日 | C | | 1921年3月9日 | 91 |
| 1921年1月31日 | 38 E | | 1921年10月7日 | 259 |

Walcott, Charles D.
1921年4月18日　　123

Wertheim, Maurice
1921年5月13日　　C

Warburg, Max M.
1921年2月8日　　43
1921年2月18日　　52

Weyl, Hermann
1921年8月26日　　215
1921年9月5日　　230 E
1921年12月13日　　324
1921年12月16日　　326 E
1921年12月22日　　336 E

Warburg, Paul M.
1921年4月12日　　119
1921年5月13日　　133

Winteler, Paul
1921年11月12日　　297

Warschauer, Malwin
1921年3月2日　　74
1921年3月8日　　86 E

Winteler-Einstein, Maja
1921年7月31日　　167
1921年9月6日　　C E
1921年12月7日　　315
1921年12月14日　　C E

Webster, Arthur G.
1921年4月11日　　117
1921年4月18日　　C E

Weigert, Charlotte
1920年3月8日　　第九卷　　343a E

Winterfeldt-Menkin, Joachim von
1921年6月22日　　156
1921年7月4日　　169
1921年7月13日　　176 E
1921年8月10日之后　　203 E
1921年12月14日　　C

Wende, Erich
1921年10月11日　　264
1921年10月13日　　267 E

Weiss, Otto
1921年1月26日　　C
1921年1月29日　　C E

Wirtinger, Wilhelm
1921年2月15日　　49
1921年2月22日　　58 E
1921年3月4日　　79

Weizmann, Chaim
1921年2月23日　　63
1921年2月26日　　C
1921年2月28日　　70
1921年2月28日　　C

Wolff, Rudolf
1921年12月6日之前　　C
1921年12月6日　　C E
1921年12月12日　　C

418

Wolff, Theodor
1921年7月14日　　182 E

Wulf, Theodor
1921年2月9日　　C
1921年2月25日　　64 E

Wulford, Max
1921年　　C E

Zacharias, Paul
1921年1月6日　　10
1921年1月19日　　23 E
1921年1月23日　　32

Zangger, Heinrich
1920年12月24日至1921年1月初之间　2
1921年初　　5 E
1921年3月14日　　97 E

1921年7月7日　　171
1921年9月29日　　249 E
1921年10月3日　　252
1921年10月3—16日　　253 E
1921年11月21日　　304

Zeisler, Sigmund
1921年10月15日　　272

Zschimmer, Eberhard
1921年9月30日　　250 E
1921年12月30日　　C

Zürcher, Emil and Johanna
1921年1月16日　　17

Zweig, Stefan
1921年12月12日　　322

# 年表和日程表

## 1921年

本表展示的是所有书信和文件内容的摘要,共由六部分组成。

(1)爱因斯坦所写或所收到的所有已知信件(或者其秘书 Ilse Einstein 所写或所收到的信件)。这些信件由于编辑方法里已经说明的那些原因而未入选本卷的正文部分。作为正文出现的文件,其不同版本没有收入本表,与已入选文件的定稿没有显著差别的草稿,也没有收入本表。

(2)爱因斯坦写给威廉皇帝物理研究所(KWIP)理事会、监事会和威廉皇帝物理学会(KWG)管理部门的信件,爱因斯坦任 KWIP 所长时的第三方记录,关于爱因斯坦参与公共活动的参考资料,爱因斯坦所参加的普鲁士科学院(PAW)的工作。但本表没有试图记录爱因斯坦单纯出席科学院部分会议或全体会议的情况(关于爱因斯坦的出席记录,参阅 *Kirsten and Treder 1979*,第207—286页),也没有记录他对普鲁士科学院其他成员活动的认可。本表没有收录更重要的管理事务的初期阶段的记录,也没有收录不需要反馈信息的后续工作记录。

(3)对该版《爱因斯坦论全集》中出现的爱因斯坦的文章的参考。论文发表的日期皆指杂志接受论文的日期,除非另有说明,比如明示为提交给普鲁士科学院的日期。

(4)对爱因斯坦的采访。然而本卷没有收录包含了已再版的早期采访的摘要和重要引文的报纸文章,也不包括后来经过扩充和整理而成为专著的采访资料。

(5)爱因斯坦生活中的重大事件以及有关重大政治事件的参考资料。

(6)爱因斯坦的名言和亲笔题词,或者某些文章和著作的作者写给爱因斯坦的题词。

如果方括号内的档案编目在一个词条的末尾给出,就表明该文献来自耶路撒冷希伯来大学的阿耳伯特·爱因斯坦档案馆。否则,原始文献的位置都放在每一词条的后面。如果文献的出处不可知,给出的则是所使用的影印本或抄本的来源。文献库的标志符号遵循《美国国会图书馆全国联合目录》相关规范。未标明日期的报刊文章其出版时间为当期报刊文章的发行时间。

本表采用了以下缩略语：

AE　阿耳伯特·爱因斯坦

IE Ilse Einstein(阿耳伯特·爱因斯坦的秘书)

BNV　新祖国同盟(Band "Neues Vaterland")

CCNY　纽约城市学院（New York City College）

DPG　德国物理学会(Deutsche Physikalische Gesellschaft)

EE　晚间版

ETH　瑞士联邦工学院(Eidgenössische Technische Hochschule)

GDNÄ　德国自然科学家和医生协会(Gesellschaft Deutscher Naturforscher und Ärzte)

KWG　威廉皇帝学会(Kaiser-Wilhelm-Gesellschaft)

KWIP　威廉皇帝物理研究所(Kaiser-Wilhelm-Institut für Physik)

M　德国马克(German Marks)

M & Co　门德尔松银行( Bankhaus Mendelssohn & Co.)

ME　晨版

PAW　普鲁士科学院(Preussische Akademie der Wissenschaften)

PTR　帝国物理技术研究所(Physikalisch-Technische Reichsanstalt)

以下出版社只按其主要名称辨识：Barth，Gauthier-Villars，Methuen，Renaissance，Slowo，Springer，Vieweg。

如未注明出处，这表示有关文献来源信息可直接从正文或标准的参考文献中获知。

以下文件是在第十卷出版以后才被找到的：

1920 年 4 月 3 日　　寄给信仰犹太教的德国公民中央联合会的 ALS[87 954]。*Dirks and Simon 2005*，第 23 页。

　　　5—6 月(?)　　寄给"P. P."的 TDft。耶路撒冷希伯来大学筹备委员会的呼吁书草稿，内容是呼吁德国犹太人捐献书籍和资金，帮助创建希伯来大学图书馆。在此呼吁书上签名的人有 Heinrich Löwe，AE 和 Leopold Landau。[120 992]。

　　　9—10 月　　K. C. Blätter 第十卷，No. 9/10 (9—10 月)中的"爱因斯坦书信"，第 103—106 页。包括爱因斯坦 1920 年 4 月 5 日写给信仰犹太教的德国公民中央联合会的一封书信及对方回复的一封公函。

| | | |
|---|---|---|
| 9月23日 | IE 发给维也纳乌拉尼亚天文台的 Tgm:"爱因斯坦不可能在荷兰" AVöVa,维也纳乌拉尼亚档案,Box 14,文件袋"本人的报告,阿耳伯特·爱因斯坦"。[91 789]。 |
| 9月29日 | 来自 Ludwig Koessler(维也纳乌拉尼亚天文台台长)的 TLSC。通知乌拉尼亚天文台的 AE 理事会全体成员决定,邀请他去维也纳做讲座。AVöVa,维也纳乌拉尼亚档案,Box 14,文件袋"本人的报告,阿耳伯特·爱因斯坦"。 |
| 10月3日 | IE 寄给 Ludwig Koessler 的 TLS。她把他 9 月 29 日的一封信(上面)转交给在德国南部的 AE。AVöVa,维也纳乌拉尼亚档案,Box 14,文件袋"本人的报告,阿耳伯特·爱因斯坦"。[91 788]。 |
| 10月11日 | 寄给 Ludwig Koessler 的 ALS。回答他 9 月 29 日的来信(上面),告诉他 11 月 6 日不能在维也纳做讲座。建议 1920 年 12 月或者 1921 年 1 月做讲座,建议报告厅不要太大,否则他的嗓子受不了。AVöVa,维也纳乌拉尼亚档案,Box 14,文件袋"本人的报告,阿耳伯特·爱因斯坦"。[91 787]。 |
| 11月28日前 | 接受 1 月上旬去维也纳做讲座的邀请。然后他希望"忽略任何有可能将公众的兴趣转移到他身上的那些活动"《新维也纳日报》(*Neues Wiener Tagblatt*),11 月 28 日。 |
| 11月29日 | 给 Ludwig Koessler 的 TLS。他将在 1 月 13 日做讲座,要求报告厅的座位不超过 2000 人。要求 2500 马克的讲座报酬和差旅费。AVöVa,维也纳乌拉尼亚档案,Box 14,文件袋"本人的报告,阿耳伯特·爱因斯坦"。[91 786]。 |
| 11月30日 | 来自 Ludwig Koessler 的 TLS。回复 AE 10 月 11 日的来信,建议使用 600 座的乌拉尼亚天文台报告厅,而非那个 2000 座的音乐厅。为满足听众广泛的热情,要求增加两场讲座,每场报酬 5000 马克。要求提供报告题目和摘要。AVöVa,维也纳乌拉尼亚档案,Box 14,文件袋"本人的报告,阿耳伯特·爱因斯坦"。[91 790]。 |
| 12月4日之前 | 来自 Ludwig Koessler 的 Tgm。对 AE 的来信表示感谢。他们租了一个 2000 座的大厅。要求在乌拉尼亚天文台报告厅增加两场讲座。[91 800]。 |

| | | |
|---|---|---|
| 422 | 12月4日 | 来自 Ludwig Koessler 的 TLS。他们将租用音乐厅。要求第二场或第三场讲座在乌拉尼亚天文台报告厅举行，并为增加的每一场报告提供 5000 克朗的报酬。AVöVa，维也纳乌拉尼亚档案，Box 14，文件袋"本人的报告，阿耳伯特·爱因斯坦"。[91 803]。 |
| | 12月11日 | 来自 Ludwig Koessler 的 TLS。确定议程中不增加额外的讲座，讲座题目定为"相对论"，并附上进入奥地利的入境许可证。入场费收入将作为增建一个新的天文台分部的基金。希望讲座摘要可以出版。[10 370]。 |
| | 12月15日 | Dft 宣布 AE 将于 1 月 13 日在维也纳做讲座。讲座入场券票价(20—200 克朗)收入将作为乌拉尼亚天文台分部的建设基金。AVöVa，维也纳乌拉尼亚档案，Box 14，文件袋"本人的报告，阿耳伯特·爱因斯坦"。[91 801]；《新维也纳日报》(*Neues Wiener Tagblatt*)，1920 年 12 月 15 日。 |
| | 12月17日 | 来自 Ludwig Koessler 的 TLS。乌拉尼亚天文台的每周信息册上载有阿耳伯特·爱因斯坦将要发表演讲的公告。要求参观研究机构的设施建设。AVöVa，维也纳乌拉尼亚档案，Box 14，文件袋"本人的报告，阿耳伯特·爱因斯坦"。[91 798]。 |
| | 12月29日 | IE 发给 Ludwig Koessler 的 TK。感谢他们提供的报酬和签证。阿耳伯特·爱因斯坦将很高兴去参观乌拉尼亚天文台。AVöVa，维也纳乌拉尼亚档案，Box 14，文件袋"本人的报告，阿耳伯特·爱因斯坦"。[91 783]。 |
| | 12月31日 | 来自 Ludwig Koessler 的 TLS。2000 个座位的入场券几天就卖光了。要求增加讲座的场数，因为还有许多乌拉尼亚天文台的人想买票。他们邀请了首相、教育部长、科学院院长等，前往听取爱因斯坦的这次讲座。AVöVa，维也纳乌拉尼亚档案，Box 14，文件袋"本人的报告，阿耳伯特·爱因斯坦"。[91 797]。 |
| | 1921 年 | Robert Büchler 制作的小册子。《爱因斯坦教授发表在亚琛的一封公开信证明了空间理论》(致爱因斯坦教授的一封关于宇宙学原理及其证明的公开信)。补充了 1921 年 9 月和 1922 年 1 月出版的两页陈述。 |
| 423 | | Wulford 为 Max Wulford 写在一幅肖像上的题词的 TTr："在短时间就已内画得很好，模型令人满意。"[31 021]。 |

| | |
|---|---|
| 1月3日 | 来自《慕尼黑最新消息》(*Münchner Neueste Nachrichten*)的 TLS。顾问 Laub 向 AE 为他们新发行的西班牙语周刊杂志征求一篇相对论文章。AE 拒绝了他们的要求,于是他们又为出版有删节的 *Einstein 1920j* 而征求他的同意。[44 505]。|
| | 来自 Otto Radtke 的 ALS。请求支付 200 马克,准备 KWIP 1919 年 4 月到 1920 年 3 月的预算。[77 582]。|
| 1月3日之后 | 给《慕尼黑最新消息》的 Dft,IE 手笔:"关于报酬的建议。编辑权未因一次出版而被触及"[44 505]。|
| | 给 Otto Radtke 的 Dft,IE 手笔:询问为何 Radtke 现在要求用现金支付报酬,而不是像以前那样通过门德尔松银行转账。[77 582.1]。|
| 1月4日 | 来自 Friedrich Michael 的 TLS。为德国社会党的外国图书贸易新杂志《德国图书》(*Das deutsche Buch*)征稿,要求一份内容详尽的关于相对论的参考文献,或者一篇通俗文章,抑或一份尚未发表的手稿片段。[43 394]。|
| | 来自 Springer 的 TLC。询问他们能否出版 AE 将于 1 月 24 日(最后定为 1 月 27 日)举行的讲座讲稿(*Einstein 1921c*)。同时也请爱因斯坦重新考虑巴德瑙海姆会议上的建议,即爱因斯坦应该勇敢面对一本小册子里那些反对相对论的人的攻击。[71 437]。|
| 1月4日之后 | AD。"挪威议会的诺贝尔委员会,19 Drammensvei,Christiana,捷克议会的申请"[30 044]。|
| 1月5日 | 给 Lucien Lévy-Bruhl 的 TLC。他讨厌撰写关于相对论的通俗论文,因为这方面已浪费了太多的言语,还因为其他人可以比他做得更好。[44 295]。|
| | IE 给 Vieweg 的 TLC。为收到一张 14400 马克的支票和一份 890.50 马克的转账单据而表示感谢。关于翻译 *Einstein 1917a* 附上的三条要求,其中一条来自 Huber(波兰)。[42 081]。|
| | 来自 R. de Waard 的 TLS。乌得勒支大学学生会的哲学部要求下学期举办一场关于相对论的通俗讲座。[45 168]。|

| | |
|---|---|
| 1月6日 | 到了布拉格，住在 Philipp Frank 的家里。|
| | 来自 H. A. Lorentz 的 TL/DftS。邀请参加荷兰科学协会 4 月召开的一次会议。附上初始计划，要求评论。建议讲座的时间为 1 小时。预计 2 月 15 日左右分发讲座文本。[82 642]。|
| 1月7日 | 在布拉格的乌拉尼亚发表演讲，随后是招待会。《波西米亚》(*Bohemia*) 1 月 9 日，增订版 1。|
| | 来自 Francesco Cosentini 的 ALS。国际社会研究所(都灵)邀请爱因斯坦参加该所举办的关于相对论及其在社会科学中的应用的讨论会。提供的报酬是 500 多里拉。[43 493]。|
| 1月8日 | 在布拉格的乌拉尼亚与 Oskar Kraus 举行讨论之夜，《波希米亚》，1 月 11 日，增订版 1。|
| 1月9日 | 离开布拉格，到达维也纳。住在 Felix Ehrenhaft 的家里，地址是维也纳 XIX，格林津格街 70 号 8 公寓。|
| | Rudolf Lebius 要求谋杀爱因斯坦和其他新祖国同盟的成员，《公民报》(*Staatsbürger Zeitung*)。|
| | 来自 Clemens Schaefer 的 TLS。为硅酸盐的红外线特征振动研究请求 KWIP 的支持。总结了过去关于三氧化硅的研究情况。感谢继续支持该项目的研究。[77 598]。|
| 1月10日 | 作为奥地利化学与物理学会的客人，第一次在维也纳大学的化学学院做讲座谈狭义相对论。《新维也纳日报》(*Neues Wiener Tagblatt*)，1 月 11 日；《新自由报》(*Neue Freie Presse*)，1 月 11 日。|
| | 给维也纳 Clothilde Benedigkt 的 AKS(摘要)："……因为有人下来对我说，我在为我自己和我的理论做报刊广告。我住在 Ehrenhaft 教授家中(大学的物理学家)……" Dorotheum 艺术厅，维也纳拍卖目录，No. 483 (1986)，第 10 页。[81 631]。|
| | 来自 Ludwig Rebholz 的 TLS。根据房屋租赁协会的命令，将爱因斯坦 1920 年 1 月到 9 月租的公寓租金 2540 马克提高 20%。[44 719]。|
| 1月11日 | 在维也纳大学所做的第二场关于广义相对论的讲座。《新自由报》(*Neue Freie Presse*, ME)，1 月 12 日；《新维也纳日报》，12 月 12 日。|

跟 Otto Neurath 讨论，与 Philipp Frank 和 Heinrich Löwy 一起为工人合作出版一套科普读物。

来自 Friedrich Schmidt-Ott 的 TLCS。KWIP 监理会同意为 Otto von Baeyer 提供 5000 马克，Christian Füchtbauer 7000 马克，Hedwig Kohn 10000 马克，Robert Pohl 8000 马克，Ernst Wagner 1500 马克，Paul Knipping 10000 马克，Heinrich Rubens 1000 马克的支持。附函补充说，接受者已被告知这些资金，并询问他们如何将这些钱转给他们。[77 330]。

1月12日　在维也纳拜访 Josef Popper-Lynkeus。*Popper Lynkeus 1925*，第 26 页。

Otto Radtke 发给 IE 的 ALS。他谈到对 KWG 的[Machule]的要求，后者考虑让财务部给他提供现金支付。[77 583]。

1月13日　在大音乐厅为维也纳的乌拉尼亚天文台发表通俗演讲。《新自由报》(*Neue Freie Presse*，ME)，《新维也纳杂志》(*Neues Wiener Journal*)，1月14日；《帝国邮电》(*Reichspost*)，1月14日；《工人报》(*Arbeiter-Zeitung*)，1月15日。

1月14日　关于理论物理研究现状的一次记录片，现藏奥地利科学院影像档案馆；*Herneck 1966*，第 133 页。[74 024]。

1月15日　IE 代表爱因斯坦发给 Maurice Solovine 的 TLS。要求尽快答复，Solovine 是否想把 *Einstein 1920j* 翻译成法语，因为巴黎的某个姓 Lang 的人已经在询问翻译权利的问题，TxU。[80 889]。

IE 代表爱因斯坦发给 Springer 的 TLC。感谢 Springer 1920 年 12 月 24 日寄来的 3000 马克，并感谢 Springer 告知工程师 Lang 打算把 *Einstein 1920j* 翻译成法语这个消息；已经联系上 Lang。[41 1063]。

1月16日　离开维也纳，抵达德累斯顿，住在那里的 Bellevue 宾馆。

1月17日　为德累斯顿理工大学的学生代表普通协会做讲座。

来自 Maurice Solovine 的 ALS。准备把 *Einstein 1917a* 译成法语。提醒爱因斯坦曾答应由他全权负责把他的作品译成法语。[21 127]。

| | | |
|---|---|---|
| | 1月18日 | 来自 E. Pickworth Farrow 的 ALS。回复爱因斯坦1920年12月28日的来信（第十卷，文件245），听说爱因斯坦在柏林过得还好而感到高兴。并向他保证，英国人民只对德国的军事制度持敌对态度，而非对德国人。[43 664]。 |
| | | 来自 Otto Lehmann-Russbüldt 的 TLC。他在一份通函中征求爱因斯坦和其他人的同意，希望将他们的姓名写进新祖国同盟的成员和支持者名单当中。[44 306]。 |
| | 1月19日 | 来自 Federigo Enriques 的 TLS。博洛尼亚大学最近成立了一个委员会，该委员会计划组织召开年度讨论会，使国外顶尖的科学家们可以在讨论会上展示他们的研究成果。他们打算以爱因斯坦的一系列相对论讲座开始。提供3000里拉的差旅费和生活费。建议爱因斯坦的讲座用意大利语或法语，但是如果需要的话，可以为他提供一名翻译。[9 227]。 |
| | | 来自 Friedrich Schmidt-Ott 的 TLS。在纽约 Hugo Lieber 的发动下，德国科学应急组织将成立一个荣誉委员会，以加强在美国的宣传力度，爱因斯坦被邀请加入这个委员会。[44 601]。 |
| | | 来自 Vieweg 的 TLS。*Einstein 1917a* 的波兰语译者 Huber，在伦贝格找到一个出版商，只愿意提供500马克作为统一费用。Vieweg 提出与爱因斯坦共同分享这笔钱，依据他们此前达成的协议。[42 083]。 |
| | | Solomon Ginzberg 致函柏林巴勒斯坦建设基金。建议他们联系一名叫 Bishkovitch 的先生，他建议 Chaim Weizmann，应该邀请爱因斯坦"定居巴勒斯坦，联系我们将要创建的大学"，他还为此准备"发起一个特别的'爱因斯坦基金'"。IsJCZA，KH1/193。[91 552]。 |
| 427 | 1月18日或19日 | 从德累斯顿回到柏林。 |
| | 1月19日之后 | IE 手书致函 Friedrich Schmidt-Ott 的 Dft。愿意成为德国科学应急组织荣誉委员会的成员。[44 602]。 |
| | 1月21日 | von Maltzen（外事办）的 TLC。代表莱顿大学的物理学教授们，要求为圣彼得堡光学所所长 Dmitry S. Rozhdestvensky 办理一张过境签证。[43 126]。 |

| | |
|---|---|
| 1月22日 | 来自教育部 Richter 的 TLS。征求对物理学家 Frank 的论文的鉴定意见。[43 716]。 |
| 1月23日 | IE 代表爱因斯坦发给 Vieweg 的 TLS。关于把 *Einstein 1917a* 翻译成波兰语出版的版权问题,爱因斯坦坚持要求得到书价的 15%。至于翻译收入所得,根据他 1920 年 7 月 1 日的来信,Vieweg 得到其中的 1/3,爱因斯坦得到 2/3。[42 084]。 |
| | 来自 Frederick A. Lindemann 的 ALS。大英百科全书的编辑请他为爱因斯坦写一份简历。他答应写这份简历,但要求征得爱因斯坦的同意,而且发给他必要的材料。[16 333]。 |
| 1月24日 | 发给门德尔松银行的 TLC。寄去 1920 年 9 月 15 日到 1921 年 1 月 15 日的资产负债表,要求 1000 马克支付 KWIP 的后续费用。GyBP, I. Abt., Rep. 34, Nr. 8,文件袋 Mendelssohn。[77 894]。 |
| | 来自 Edouard Guillaume 的 TLS。试图在狭义相对论中速度相加的表达式里引入一个新坐标时间变量 $T$,以证明 AE 在文件 25 中提出的一个表达式,但这个努力只能是错误的。[551 11]。 |
| | 来自 Slowo 的 TLS。为把 *Eddington 1920* 翻译成俄语征求意见,恳求得到爱因斯坦的一份引言。[9 275]。 |
| 1月25日 | 发给警察委员会的 TLC。俄罗斯物理学家 Abram Ioffe, A. Krylov, M. Kirpicheva, A. Feringer 以及 Petr Kapitsa 得到莱顿大学的邀请。请求为他们办理过境签证。保证他们的目的是为了纯粹的科学研究,如果可以经过德国的话,将会有助于恢复俄罗斯与德国之间的良好关系。[44 671]。 |
| | 来自 Friedrich Schmidt-Ott 的 TLS。咨询 1918 年拨给 Peter Debye 用来购买设备、金额为 16030 马克的一笔款项。询问 Debye 的报告是否可用,设备的所有权是否已经按照协议要求转给了 KWIP(所有人)[77 331]。 |
| | 来自 Vieweg 的 TLS。接受爱因斯坦要求波兰出版社付给他 15% 的要求,也接受以 1/3 和 2/3 的方式分享统一费用。爱因斯坦觉得他们早些时候建议是 5-5 成分享翻译费,爱因斯坦的这个印象是基于一个误解。[42 086]。 |

| | |
|---|---|
| 1月26日 | 发给教育部 Richter 的 Adft。对他来说,Frank 的想法不太清晰;使用晶体光学似乎无助于理解眼睛里发生的过程。[43 717]。 |
| | 来自 Martha Lorenz 的 ALS。感谢爱因斯坦答应2月28日在勋贝格市政厅为"我们那些正在遭受困苦的有教养的阶层"(老人慰藉周)做一个通俗讲座。按照爱因斯坦的愿望,他们将不会对外宣传此事,也不会公开售票。[43 040]。 |
| | 来自 Otto Weiss 的 TLS。柯尼斯堡的物理-经济学会的董事会一致通过决议,同意让他享有相应的成员资格。他唯一的"职责"就是每年接受一次他们的文学作品。[30 132]。 |
| 1月27日 | 向 PAW 的一次公开会议展示《几何学和经验》(第七卷,文件52),以纪念普鲁士皇帝腓特烈大帝二世的诞辰。 |
| | 来自门德尔松银行的 TLS。KWIP 支付的1000.15马克转给爱因斯坦。[77 895]。 |
| 1月28日 | 发给 Friedrich Schmidt-Ott 的 TLS。Peter Debye 从西门子订购了高压变压器,价格是16030马克,1920年秋天就准备好了,但最后的花费比原始金额多了数倍。Debye 当时已经搬到苏黎世,他同意为那里的 ETH 购买这套设备,同意补偿 KWIP 的消费,包括利息。[77 332]。 |
| | 来自 Louis G. Du Pasquier 的 ALS。恳求为他的相对论著作写一篇前言。[19 026]。 |
| | 《柏林日报》(The Berliner Tageblatt)不合时宜地宣布,爱因斯坦即将去巴黎发表演讲。英国援助俄罗斯文学及科学委员会由如下成员组成:Montague of Beaulieu, Ernest Barker, E. P. Cathcart, A. S. Eddington, I. Gollancz, R. A. Gregory, P. Chalmers Mitchell, Bernard Pares, Arthur Schuster, C. S. Sherrington, A. E. Shipley, H. G. Wells, A. Smith Woodward,以及 C. Hagberg Wright。该委员会呼吁捐款,帮助寄书给莫斯科的科学部和文学艺术部,考虑到当时北俄罗斯的科学家(以及所有居民)遭受的"巨大的损失"、"消耗"以及"剥夺"。《科学》,新系列,第53卷,No. 1361(1921年1月28日):第93—94页。 |

| | |
|---|---|
| 1月28日之后 | 致函 Louis G. Du Pasquie 的 Dft,为 IE 手书。拒绝写一篇前言,为了与前几年他给其他人的回复保持一致(前几年他给其他人的答复也是这样的)。[19 027]。 |
| 1月29日 | 发给德累斯顿银行的 TLC。请求把那笔 50000 马克的款项从他的账户上转给他的岳父 Rudolf Einstein。[43 570]。 |
| | 给 R. de Waard (乌得勒支学生会)的 Dft,为 IE 手书。拒绝他们的邀请,仅仅是发表一次大众演讲的念头就使他感到满心恐惧。[45 169]。 |
| | 给 Otto Weiss 的 Adft。同意成为物理-经济学会的荣誉成员。[30 133]。 |
| | 来自伦敦《观察家报》驻柏林记者 Evelyn N. Wagner 的 TLS,要求一次采访。对爱因斯坦的和平努力特别感兴趣,提到他与《编年史》(*Chronicle*) 的 Dombrowski 和 Kenwick 的谈话。[45 192]。 |
| | 《柏林日报》,ME 发表了一份来自爱因斯坦的更正通知,即他既不接受巴黎的邀请,也不愿意在巴黎发表演讲。 |
| 1月31日 | 律师 Halpert 发给新祖国同盟的 Otto Lehmann-Russbüldt 的 TL,提出 2 月 5 日与爱因斯坦和 Hellmut von Gerlach 见面,讨论对 Rudolf Lebius 的诽谤指控,因为他 1 月 9 日在《公民报》上宣称要谋杀新祖国同盟的成员,比如爱因斯坦和 Gerlach。[44 307]。 |
| | 发给 David Reichinstein 的 AKS。感谢他的来信,盼望他的来访,对他的新定律感到非常好奇。*Einstein 1917a* 将由 Gregorius Itelson 翻译成俄语。[24 058],[71 573]。 |
| | 在柏林关于"神秘的无线电"的访谈。"有充分的理由相信火星和其他星球上有人居住……但如果聪明的生物真的在宇宙中别的地方存在的话,正如我们可能假设他们存在的那样,我不希望他们试图通过无线电与地球取得联系。光线的方向更容易控制得多,这可能是第一个被尝试的方法。"《每日邮报》(*Daily Mail*)。 |

| | | |
|---|---|---|
| | 2月 | 在一幅［为 Hermann Struck 所作的？］钢笔肖像画上的题词："向 Frichmann 博士致以美好的问候。阿耳伯特·爱因斯坦 1921 年 2 月。$E = Mc^2$。"历史中的概况。J. M. Maddalena 目录(4/90)，lot 160。［76 543］。<br>来自 Otto Lehmann-Russbüldt 的 TL。附信请求爱因斯坦和其他人，同意把爱因斯坦等人的姓名纳入支持者之列，支持由新祖国同盟(BNV)向国际工会联盟(IFTU)发出的呼吁。呼吁书由 Heinrich Ströbel 起草，声称担心协约国施加给德国的赔款和重建负担可能有引发一场大战的危险，而且坚信只有 IFTU 作为强大的非政治力量进行干预，这样的危险处境才能避免。［44 308］。"Skizze des Telegramms nach Amsterdam。"附件。［44 309］。 |
| | 2月1日 | 来自 Peter Debye 的 TLS。给 KWIP 汇去 16030 马克和 1053.95 马克的利息，为那些资金表示感谢。［77 996］。 |
| | 2月2日 | 来自 Arthur Hadley 的 TLS。邀请爱因斯坦做耶鲁大学的 Silliman 基金会的演讲人。为 8—12 场讲座及其讲稿提供 2500 美元，这些讲稿将由耶鲁大学出版。1921 年秋季可能是更好的日子，但 1922 年春也可以。包括以前的演讲清单，他们还欢迎爱因斯坦到美国其他地方发表演讲。尽管在耶鲁，他却应该首先在纽黑文发表演讲。［36 265］。 |
| 431 | 2月3日 | 来自 Johannes Classen 的 ALS。他发现，当寻找特硬钢中的安培分子电流时，其结果受到磁滞回线的清晰度的影响。通过固定线圈，其旋转变得无限小，从小磁铁到线圈铁芯的脉冲，必须通过铁块对小磁铁的回转运动产生的电阻来传输，也就是，磁化逆转的电阻(滞后)是引起这一脉冲传输的原因。<br>来自 Edouard Guillaume 的 TLS。他再次努力说服爱因斯坦相信他的空间坐标系和 Willigens 的时间坐标。［11 554］。<br>参加新祖国同盟的全体大会，决定由爱因斯坦、Harry Kessler 和 Otto Lehmann Russbüldt 去阿姆斯特丹，向国际工会联盟透露新祖国同盟的一个信息。《新祖国同盟报告 1921》(*BNV Report 1921*)。 |

| | |
|---|---|
| 2月4日 | 和与 Hugo von Hofmannstahl 合作创作这一情景剧的 Harry Kessler 一起去观看 Richard Strauss 的芭蕾舞剧《约瑟夫传奇》(*Josephslegende*),*Kessler 1961*,第240—241页。<br>来自 A. Frey Samsioe 的 ALS。请问,当我们依靠傅科摆来确定地球的自转时,自转是否与太阳、星体或别的什么相关联。[246 25]。 |
| 2月5日 | 来自 K[arl] Hönn 的 TLS。为《瑞士》月刊的复活节话题征稿。为每一份打印稿件提供最高 200 法郎的报酬。[43 929]。<br>Maurice Solovine 发给 IE 的 ALS。显然他写给爱因斯坦的那封信丢失了,他在那封信里给了一个肯定的回答。他已经得到一本 *Einstein 1920j*,已经把它翻译成法语。要求与 Springer 做出安排,获得后续手稿。[21 129]。 |
| 2月6日 | 来自 Robert Schorr 的 TLS。为选举 Johannes Classen 做汉堡大学理论物理学教授候选人征求意见。[8 403]。 |
| 2月7日 | 1921 年的国家预算里,200000 马克拨给塔式望远镜,另外18000 马克用作维持经费。*Kirsten and Treder 1979b*, No. 366。 |
| 2月8日 | 来自 Walter Hippel 的 ALS。请求用一两小时为爱因斯坦画一幅肖像,以备名人肖像画册之用,这本书将由 Westermann 出版。提到 Liebermann 为爱因斯坦创作的肖像画,他在 Liebermann 的画室里见过。[43 900]。<br>来自《慕尼黑最新消息》的 TLS。回复 IE 1 月 19 日的来信。地址好像不对,因此问,她在通信里提到的那个报刊记者是谁。[44 508]。<br>来自 Robert W. Lawson 的 ALS。归还 *Einstein 1921d* 手稿。他也将在《自然》的特刊发表 *Weyl 1921b*。英语版的 *Einstein 1917a* 已经卖出 2000 册。[44 279]。 |
| 2月9日 | IE 发给 Robert Schorr 的 Dft。由于理论物理方面的出版物很缺乏,他不能评价 Johannes Classen 是否有资格得到那个教授职位。但他坚信,要得到那样的任命,候选人在理论物理方面的成果是应当考虑的一个前提条件。[8 404]。 |

|  |  |
|---|---|
|  | 来自 Springer 的 TLS。很高兴出版增订版的《几何学和经验》。建议平均分配纯利润。[41 1066]。 |
|  | 来自 Theodor Wulf 的 ALS。作为从总体上而非某个具体陈述方面怀疑 AE 理论的人；他提出马赫的水桶实验，并询问是否可以设置一个实验，通过测试汞表面反射的一束光线的漂移，来测量包含在旋转铅环里的一个容器里的旋转汞的离心率。[23 526]。 |
| 2月10日 | IE 发给 Maurice Solovine 的 TLCX，在与 *Einstein 1920j* 的法国出版商洽谈的时候，建议把书价的 20% 给爱因斯坦，10% 给 Solovine。同意把《几何学和经验》翻译成法语，但必须再增加一个附录，且德语版出版之后。[21 131]。 |
| 2月11日 | 来自 Friedrich Schmidt-Ott 的 TLS。附上一封信{77 333}，确认收到 17083.95 马克（16030 马克加利息来自 Peter Debye）。[77 997]。 |
| 2月12日 | 来自 Ludwig Kraft 的 ALS。Elsa Einstein 的一个老朋友邀请爱因斯坦去拜访他，一起讨论几件非个人性质的事情。[44 203]。 |
| 2月13日 | 离开柏林去阿姆斯特丹。 |
| 2月14—15日 | 在阿姆斯特丹，与 Harry Kessler 和 Otto Lehmann-Russbüldt 一起，将新祖国同盟的一份呼吁交给国际工会联盟，要求新祖国同盟应该代表德国跟参加巴黎赔款大会的协约国代表进行交涉。他们敦促德国赔款问题应该放在国际经济关系的恢复而不是德法关系的框架下来解决。*Kessler 1961*，第 241—245 页；《新祖国同盟报道》（*BNV Report 1921*），第 1 页。 |
| 2月15日之前 | 在给德国科学家的呼吁书上签名，号召大家在庆祝 Zeeman 发现"塞曼效应"25 周年之际为 Pieter Zeeman 的研究基金捐款。[75 419]。 |
| 2月15日 | 与 Harry Kessler 一起参观阿姆斯特丹国立博物馆，*Kessler 1961*，第 244 页。 |
| 2月16日 | 回到柏林。Max Rubner 来信。PAW 不反对重印 *Einstein 1921b*（*Einstein 1921c*）。*Kirsten and Treder 197b*，第 49 页，No. 147。 |

| | |
|---|---|
| 2月17日 | 为选举波茨坦天体物理台的一位主管而参加 PAW 选举委员会的一次会议。*Kirsten and Treder 1979a*，No. 104，Ⅱ，No. 136. |
| | 来自 Federigo Enriques 的 TLS。收到爱因斯坦 2 月 2 日的来信。鼓励他去意大利发表演讲。建议其 10 月下旬或 6 月的前几周访问意大利。[9 228]。 |
| 2月10日 | 来自 Ernst Sorge 的 TLC。爱因斯坦题为"几何学和经验"的演讲计划 2 月 23 日在柏林大学数学物理协会的一次会议上发表。[78 500]。 |
| 2月22日 | 来自 Camill Hoffmann 的 TLS。为新发行的《布拉格日报》(*Prager Presse*)征求一篇文章；如果可能的话，3 月之前或爱因斯坦宣布访问美国之前交稿，建议题目："我们能够想象宇宙是无限的吗？"[44 680]。 |
| 2月23日 | 在柏林大学数学物理学会举行的一次会议上发表题为"几何学和经验"的演讲。GyBHU，ASTA，Bd. 129，Bl. 85—92。 |
| | 接受 Chaim Weizmann 的邀请，愿意为了犹太复国主义任务访问美国。 |
| | IE 发给 K. Hönn 的 TLC。爱因斯坦抱歉不能寄一篇小文章给他，因为马上要去美国。[43 930]。 |
| 2月26日 | 来自 Friedrich Glum 的 TLS。通知爱因斯坦和其他人，《自然科学》将发行一期特别版，以庆祝 KWG 的十周年纪念日及其主席 Adolf von Harnack 的 70 岁寿辰。请学者们为 KWG 撰稿，提供工作和研究方面的文章，截稿时间为 4 月 7 日，并请为此保密，因为计划给主席 Harnack 一个惊喜。[77 093—1]—[77 093—3]。 |
| | 来自 Friedrich Glum 的 TLC。Adolf von Harnack 邀请 KW 研究所的相关人士参加 KWG 将在凯撒霍夫酒店举行的十周年庆祝活动。[78 112]。 |
| | 来自 Ernst Sorge 的 TL。感谢爱因斯坦发表题为"几何与经验"的演讲，并告知听众人数为 900。[78 501]。 |
| 2月26日 | 来自 Chaim Weizmann 的 Tgm，告诉爱因斯坦，根据"我们的美国朋友"的建议，他们出发去美国的最佳时间是 3 月 24 日。Weizmann 将为爱因斯坦安排好所有签证方面的事情。IsJCZA，KH2/36Ⅲ. [89 007]。 |

| | |
|---|---|
| 2月28日 | 来自 Chaim Weizmann 的 Tgm。告诉爱因斯坦他们将于 3 月 24 日出发去美国,他会为爱因斯坦办好签证。IsJC-ZA,KH1/193。[70 957]。 |
| 3月3日 | 提交论文《论广义相对论的基础的一个自然补充》(第七卷,文件 54)给 PAW 的物理数学一类。 |
| | 参加 PAW 委员会的第二次会议,主要关于波茨坦天体物理台台长的任命问题。 |
| | 寄给 Friedrich Glum 的 TLS。KWIP 没有副教授和助手可以参加庆祝活动。爱因斯坦自己也不能参加,因为他当时不在,也不能为《自然科学》的特刊撰稿,因为他完全忙不过来。[77 040]。 |
| | ALS。推荐 Juda Lehmann 进入柏林理工大学。夸奖他对科学的特别兴趣,而且能力强。他曾经在亚琛理工大学的 Oscar Starke 实验室工作过,尽管他没有被那所大学录用。[44 281]。 |
| 3月4日 | 来自 Slowo 的 TLS。"一家布尔什维克出版社的一位 Seizew (Zajtsev)小姐请求 Slowo 同意,用新的俄语正字法出版 *Einstein 1917a* 的新译本。尽管她也恳求爱因斯坦的同意和授权,但 Slowo 还是不能答应她的请求。"[41 1031]。 |
| 3月4—7日 | 与 Walther Nernst 一起推荐 Max von Laue 和 Hans Ludendorff 担任波茨坦天体物理台的主管。GyBAW,I-XIII uu,Bd. 2,Bl. 7a—7c。 |
| 3月7日 | 发给 KWIP 董事会的 TLS。KWIP 董事会提议拨给 Reinhold Fürth 2000 马克,用于解决基本量子的测量问题;拨给 Clemens Schaefer 10000 马克,为硅酸盐在红外光谱范围内的研究购买一个 Panzer 静电计;拨款 5000 马克给 Eugen Jahnke,出版《物理学报告》(*Physikalische Berichte*);2000 马克给 Jakob Grommer 用于相对论的计算工作;1000 马克给 Heinrich Rubens 用于辐射测量。提议推选 Max von Laue 为董事会成员。通知 Peter Debye 必须按照常规在《物理杂志》(*Physikalische Zeitschrift*)上刊登董事会的决议。GyMerSa,Rep. 76 Vc,Sekt. 2,Tit. 23,Litt. A,Nr. 116,Bl. 71—71v。[77 334]。 |

| | |
|---|---|
| | 来自 Springer 的 TLS。*Einstein 1921c* 第一次印刷 3000 册，但需求量会提高。询问爱因斯坦需要多少册免费书，他是愿意接受书价的 20%，还是愿意接受整个收入的 50%。同时询问爱因斯坦对 *Einstein 1920j* 的需求。[41 1067]。|
| 3月8日 | 发给德国驻 Reval 领事馆的 TL。他已经收到入境许可证，同意几位苏联学者进入德国。由于不知道他们什么时候过境，他请德国领事馆把苏联学者的名单和负责机构的许可证发过来。[43 128]。|
| | IE 手书发给 J. Jokor 的 Dft。爱因斯坦不能影响大学入学考试，把 Jokor 推荐给 Otto Warburg，后者他随后会通知。[44 030]。|
| | 发给 Springer 的 TLS。关于 *Einstein 1920j*，按照当初协商好的结果，他要求书价的 50%；对于 *Einstein 1921c*，他接受 Springer 提供的第二个选择，要 30 册免费书。他 3 月 7 日为 *Einstein 1921c* 寄了一个增补部分。[41 1068]。|
| 3月9日 | 参加 PTR 董事会第一次会议，一起讨论文职人员获得专利权的问题。GyBPTB, Nr. 240.1, Bd. 2, Bl. 170—173。|
| | 来自 Heinrich Scholz 的 ALS。请爱因斯坦为 Moritz Schlick 写一封推荐信，帮他获得基尔大学哲学系的一个可能的职位。要求详细介绍 Schlick 的物理学知识、认识立场的哲学基础，以及他的演讲能力。索要一本 *Einstein 1921c*。[21 532]。|
| | 来自 James Franck 的 TD/LS。要求 KWIP 拨款 20000 马克，以便可以继续研究电子碰撞和荧光。他搬到了格丁根大学，不得不留下他的仪器设备。此外，这些测量必须通过光学研究来完成。[40 137]。|
| | Arthur H. Compton 发给圣路易斯华盛顿大学顾问 Frederic A. Hall 的 TLS。附上普林斯顿大学物理系主任 Magie 的一封已遗失的信。相信"那封信破坏了我们原本想邀请爱因斯坦来华盛顿大学发表几次演讲的兴趣"，MoSW, Arthur Compton Papers。[85 017]。|

| | | |
|---|---|---|
| | 3月10日 | 参加 PTR 董事会的第二次会议。GyBPTB, Nr. 240.1, Bd. 2, Bl. 173v—175v。 |
| | | 来自 Gilbert N. Lewis 的 TLS。他不确定爱因斯坦是否已经离开了欧洲，因此他附上他 1921 年 2 月 23 日写的一封信（文件 62）的副本，把它们寄到美国犹太复国主义者组织的地址。[15 113]。 |
| | | 来自 Slowo 的 TLS。Gregorius Itelson 正在翻译演讲稿 *Einstein 1920j* 和 *1921c*。要求获得两份讲稿的翻译权，条件与 Vieweg 出版 *Einstein 1917a* 时相同。[41 1032]。 |
| | 3月11日 | 发给 Gauthier-Villars 的 TLS。Maurice Solovine 应该是 *Einstein 1920j* 的译者之一。[67 878]。 |
| | | 与 Gauthier-Villars 签订法语版 *Einstein 1921c* 和 *1920j* 的合同。爱因斯坦应该得到 20%的版税。[73 597]，[73 597.1]。 |
| | | 来自 Arnold Berliner 的 TLS。要求回答 Peter 关于时间有限或无限的问题。认为通过书信方式处理这个问题更好，而不是依靠《自然科学》的几页纸内容来处理。[7 010]。 |
| | 3月13日 | 发给 Slowo 的 Adft。他再也没有兴趣与他一起工作。[41 1033]。 |
| | 3月14日 | 来自 Wilhelm von Gonzenbach 的 ALS。从爱因斯坦的儿子处得知波茨坦天体物理台需要一名助手，而且爱因斯坦正拟聘一名秘书。推荐他的弟妹去担任其中一个职位。她就在美国生活，请求爱因斯坦去那里见她。[43 784]。 |
| | 3月15日 | TDS。宣誓忠于普鲁士宪法，宣誓之前先先读了一个说明，即文职人员作为国家公仆而非任何党派的成员须遵守宪法，但他们作为个人可以加入政治党派或政治协会，这是宪法赋予他们的自由。[79 326]。 |
| | 3月16日 | 为"我的辩护"（第七卷，文件 55）签字。 |
| | | 发给 Payot 出版社的 TLC。Lucien Fabre 在他的书里冒用爱因斯坦之名发表了一篇序言。AE 宣称他没有给那本书写序言，期望充分的公开对策。[11 006]。 |

|  |  |
|---|---|
|  | 来自 Erich Marx 的 TLS。继续上周六与爱因斯坦"在 Blumenfeld 先生家里的谈话",从语言的重要性角度思考了犹太人民的生存问题。[44 388]。 |
|  | Kurt Blumenfeld 发给 Chaim Weizmann 的 TLS。位于柏林的德国犹太人组织下属的工人关怀局要求爱因斯坦在美国为东欧犹太人的福利筹款 20000 美元。过去没有对 AE 提过类似的要求。不相信这个具体的任务会损害代表巴勒斯坦建设基金的那些努力。IsReY。[89 017]。 |
| 3月17日 | 参加 PAW 委员会的第三次会议,任命 Max von Laue 担任波茨坦天体物理台台长,Hans Ludendorff 担任天文台总管。*Kirsten and Treder 1979b*,第 47 页,No. 139。 |
| 3月18日 | 发给外事办公室的 TLC 片段。为 Dmitry S. Rozhdestvensky 办理的过境签证发错了地址。Von Maltzen 已经纠正了这个错误,但爱因斯坦要求发电报通知德国驻威瑞尔领事馆,Rozhdestvensky 正在那里等签证。[43 130]。 |
| 3月19日 | 来自 Henry A. Miers 的 TLS,邀请爱因斯坦到曼彻斯特大学做亚当森讲座(Adamson Lecture)。[44 374]。 |
|  | 来自 H. Scholz 的 AKS,因收到 *Einstein 1921c* 表示感谢。希望为 M. Schlick 赢得那场"战斗",既然爱因斯坦和 M. Planck 都如此有帮助。他们在研讨会上讨论康德和牛顿把直觉(直观)的、正式的先验空间认同为欧氏物理空间的错误。[21 536]。 |
| 3月20日 | 给 Edgar von Haniel 的(外事办公室)。感谢他为其 3 天后将开始的美国之行推荐的边境旅途。Stargardt 目录,1999 年 3 月,批次号 474。[84 590]。 |
|  | 来自 Heinrich Löwe 的 TLC。号召大家重视一家大型学术图书馆对计划创建的希伯来大学的关键性作用。现在为这个图书馆的创建所筹集的资金已达 5000 美元,但还不够,可能需要 200 万马克。请求爱因斯坦为这一事业好好发挥他的影响力。[120 991]。 |
|  | IE 发给 Hans Reichenbach 的 AKS。把 Reichenbach 的手稿寄回,并告诉他爱因斯坦已经读了他的手稿,但还不能详细回复他,由于迫在眉睫的旅行而抽不出时间。Maria Reichenbach。[87 943]。 |

| | |
|---|---|
| 3月21日 | 离开柏林去鹿特丹。 |
| | 来自Hoffmann(外事办公室)的TLS。德国驻威瑞尔领事馆已经授权为Dmitri S. Rozhdestvensky办好了过境签证。[43 132]。 |
| | 来自Slowo的TLS。Gregorius Itelson通知他们,爱因斯坦答应出版俄语版的 Einstein 1920j 和 1921c。他们同意获得市价的20%。Itelson可以得到5%和一笔固定金额。[41 1034]。 |
| 3月21日之后 | KWIP在1920—1921年的预算报告。这笔资金被证明太少。奖金用于购买设备,但仍属于研究所的资产。研究所只有一个同事Erwin Freundlich继续研究他在上一财政年度报告中提出的论题。1920年底,他离开了研究所,去波茨坦天体物理台任职,在那里继续他作为一个观测员的研究。 |
| 3月22日 | 到达鹿特丹。 |
| | 来自Vieweg的TLS。Einstein 1917a 第11版已经卖完,他们准备出版第12版,提供的酬金是7200马克。[42 087]。 |
| 3月23日 | Gustav Roethe(PAW)发给普鲁士教育部的TDftLS。要求爱因斯坦和Burdach作为柏林大学的全职教授应该得到同样的薪水。GyBAW, PAW(1812—1945),Ⅱ-ⅩⅤⅡ, Bd. 42, Bl. 264.[87 685]。 |
| | 从鹿特丹出发,从荷兰乘船到美国。 |
| 3月24日 | 来自Ernest Barker的TLS。伦敦大学国王学院邀请爱因斯坦从美国返回途中顺便去那里发表演讲。要求给出演讲报酬的建议。[44 133]。 |
| | Solomon Ginzberg手书发给Ernest Barker的Dft。接受5月份的邀请。[44 134]。 |
| | 来自Payot的TLS。他们没有理由怀疑Fabre声称在自己的书中使用了爱因斯坦的序言。他们将联系Fabre,并且告知爱因斯坦他们讨论的结果。[11 007]。 |
| 3月25日 | 来自Max Trautz的TLS。提供来自KWIP的6000马克,用于研究气体比热的测量。[77 644]。 |

| | |
|---|---|
| 3月26日 | 来自 C. Roediger 的 TLS。给 Ernest Barker 3月24日来信的附信。Mar. Barker 向 Roediger 提议,5月9日后的那个星期三爱因斯坦方便发表演讲。[44 135]。 |
| 3月27日 | 归途中把有 Chaim Weizmann 共同签名的电报发给犹太复国主义者组织的柏林办公室,问候"所有柏林朋友们"。《犹太评论》(*Jüdische Rundschau*),3月30日。 |
| 3月30日 | 对爱因斯坦的采访发表在《犹太评论》上,题目是"爱因斯坦教授谈耶路撒冷大学。他对巴勒斯坦和巴勒斯坦建设基金的看法"。英文版题为:"耶路撒冷大学:爱因斯坦的观点",《犹太复国主义者评论》(*Zionist Review*),1921年4月。 |
| 4月 | 发给 Gilbert N. Lewis 的 TLS。感谢被邀请,但他的时间完全用在了促进希伯来大学的创建方面了。[15 114]。<br>PD。"爱因斯坦教授论计划中的耶路撒冷希伯来大学"可能发表于爱因斯坦到达美国的那天晚上。[91 278]。 |
| 4月1日 | 发表"我的辩护"(第七卷,文件55)。<br>门德尔松银行发给 KWIP 董事会的 AD,报告1月1日到3月31日期间的费用是138794.83马克。GyBP, I. Abt., Rep. 34, Nr. 8,文件袋 Mendelssohn。[77 898]。<br>Chaim Weizmann 在鹿特丹号游轮上的陈述,告知犹太复国代表团即将抵达美国。并且说"很荣幸在爱因斯坦教授的陪同之下来到美国,为了耶路撒冷希伯来大学的创建……爱因斯坦教授极其重视耶路撒冷大学的早期建设,并且准备亲自参与创建耶路撒冷大学的各项活动;希望在自己的带领之下,有更多具有世界名望的犹太学者和科学家参与其中。"IsReY。[70 970]。<br>Julian Mack 发给 Chaim Weizmann 的电报:"爱因斯坦的情况极为困难,你全面解释了他确切的谈判,我也正在等待,你答应发电报,不管他是否接受你的建议,免费去几所大学发表演讲。"IsReY.[70 971]。 |

| | | |
|---|---|---|
| 441 | 4月2日 | 到达 Pier 7 in Hoboken, N.J.。与犹太复国主义者组织代表团的其他成员等到犹太人的安息日结束之后才下船。他们受到了纽约市长 Hylan 在位于纽约市巴特里公园办公室的欢迎。代表团成员们在途经下东区去曼哈顿康莫多酒店的路上，受到人们热烈的欢迎。《纽约美国人》，4月3日；《纽约时报》4月2日和3日；《意地绪日报-每日犹太新闻》(*Yidishes Tageblatt-Jewish Daily News*)，1921年4月3日；*Weizmann 1949*，第266页。 |

联合 Chaim Weizmann、Menachem Ussishkin 以及 Ben-Zion Mossinson 在发给意第绪报纸 *Der Tog* 的电报上签名，并在其中代表"犹太复国主义者组织和巴勒斯坦犹太人向美国犹太人表示问候"。提到以希伯来大学为象征的"精神复兴"，实现"精神复兴"的保障在于"巴勒斯坦建设基金的全心参与"。(Weizmann 的档案，Yad Chaim Weizmann)；*Wasserstein 1977a*，第176页。

来自 Adolf von Harnack 的 TLC。要求 KWIP 1921—1922 财政年度的预算与 1920—1921 财政年的预算数字相同。[77 962]。

| | 4月3日 | 来自 Karl Försterling 的 ALS。他对红外区域中金属常数对温度的依赖性的研究自1918年夏(正确的年份应该是1919年)以来得到了 KWIP 2000 马克的支持。因为他不能在耶拿继续研究这个题目，他从但泽搬到耶拿去疗养，他建议研究另外两个题目：氢的帕邢-巴克效应和钠离子及类似晶体在低温下的热膨胀。要求可以用这些钱继续做这两个被 KWIP 接受的题目中的任何一个的研究。[78 013]。 |
|---|---|---|
| | 4月4日 | 来自 William B. Scott 的 TLS。邀请在美国哲学协会4月23—25日举行的会议上发表演讲。[36 231]。 |
| | | IE 发给柏林犹太共同体的 TL。参考文件8，坚持认为那件事已结束。[35 104]。 |
| | 4月5日 | John F. Hylan 市长在纽约市政厅欢迎犹太复国主义者组织代表团一行。《纽约晚间邮报》。 |
| | | 拒绝授予 Chaim Weizmann 和 AE 纽约荣誉市民称号。《纽约呼声》，《纽约时报》4月6日。 |

| | |
|---|---|
| | 来自 Elmer E. Brown 的 TLC。邀请到纽约大学发表一次演讲，提供的报酬是 100 美元，NNU。[84 914]。 |
| | 来自 Ludwig Neder 的 ALS。声明 *Einstein 1917a* 的 §17 关于一个三维连续区的定义可能存在一个混乱部分。[18 387]。 |
| | Vieweg 发给 IE 的 TLS。告知 *Einstein 1917a* 的第 11 版和第 12 版同时发行了，因此不会对第 12 版再做改动。对于用支票方式寄给爱因斯坦版税的做法持保留意见，宁愿通过银行转到爱因斯坦的账户上。[42 090]。 |
| | 来自 Friedrich Schmidt-Ott 的 TLC。KWIP 董事会同意申请人 3 月 7 日提交的资金。[77 706]。 |
| | 在 Oscar Straus 家里宴请 Chaim Weizmann 和爱因斯坦（Julian Mack 1921 年 4 月 1 日写给 Chaim Weizmann 的信。IsReY。[70 971]）。这次宴会原计划 4 月 6 日在阿斯托酒店举办。《犹太人的主张》，1921 年 3 月 31 日。[91 576]。 |
| 4 月 8 日或之前 | 纽约州立法机关将州荣誉公民称号授予 Chaim Weizmann 和爱因斯坦。《意第绪日报-每日犹太新闻》，4 月 8 日。 |
| 4 月 8 日 | 纽约市市议会把纽约市的荣誉市民称号授予 Chaim Weizmann 和爱因斯坦。《纽约呼声》，《纽约美国人》，《纽约时报》4 月 9 日。[70 972]。 |
| | 发给 William B. Scott 的 TLS。不能出席美国哲学协会举行的会议。希望在 4 月 25—26 日于华盛顿举行的国家科学院大会上见到美国哲学协会的成员们。PPAPS。[84 919]。 |
| | 来自 Alexander Silverman 的 TLS。邀请到匹兹堡大学发表演讲。[36 235]。 |
| | IE 发给 Vieweg 的 TLC。寄去修订本。爱因斯坦的酬金可以直接存入其账户或者用支票方式。告知已经收到免费书。[42 091]。 |
| | Chaim Weizmann 发给波士顿"巴勒斯坦的美国水果种植者"的 TLS。以他自己和爱因斯坦的名义感谢在他们计划访问波士顿期间，"重申你们的良好意愿，感谢你们慷慨让出自己的办公室供我们使用"。IsJCZA，Z4/303/1。 |
| 4 月 9 日 | 来自 William B. Scott 的 TLS。期望在国家科学院的全体会议上见到爱因斯坦。[36 232]。 |

| | |
|---|---|
| 4月10日 | 在纽约大都会歌剧院以官方形式接待美国犹太复国主义者组织成员，欢迎 Chaim Weizmann 和爱因斯坦访问美国。《纽约时报》，4月11日；《新巴勒斯坦》，4月15日；《意地绪日报-每日犹太新闻》，4月12日。
一篇题为"爱因斯坦被污名为科学的巴纳姆，明尼苏达人称相对论是'胡说八道'"(Einstein Branded Barnum of Science, Minnesota Man Calls Relativity "Bunk")的文章出现在《明尼阿波利斯星期日论坛报》(*Minneapolis Sunday Tribune*)上。在这篇文章里，圣保罗的圣托马斯学院工程与建筑系的系主任 Arvid Reuterdahl 挑战爱因斯坦，与他辩论，说相对论是一种神秘理论，早在1866年，一位以"Kinertia"为笔名的作家就已这样说了。
来自 D. D. Lann 的 TLS。他听说爱因斯坦为一篇演讲提出的经济要求遭到威斯康星大学物理系的拒绝。提出以行政手段从中干预，重新考虑这些要求。也为希伯来大学的筹资努力提供帮助。[36 262]。 |
| 4月11日 | 关于 Arvid Reuterdahl 对相对论的攻击被采访。不愿意为相对论辩解；他来美国只为促进希伯来大学的建立。不知道"Kinertia"。《纽约美国人》，4月12日。
发给 Irving Fisher 的 TLS。当 Fisher 到康莫多酒店拜访他，邀请他去耶鲁大学做客的时候，因不能去而表示遗憾。如果与他的使命相联系的时间限制许可的话，他会接受邀请。[80 439]。 |
| 4月12日 | 在纽约市第69兵团军械库接待 Chaim Weizmann、爱因斯坦以及犹太复国主义者组织代表团的其他成员。2万人"把军械库变成了一个近似于暴乱的场景"。人们欢呼着，挥舞着"犹太人的和美国的旗帜"，"冲击警察设置的警戒线"。"游行队伍"是"800多个犹太人组织"组织起来的。"这是人们对他们领袖的欢迎"。Weizmann 发表讲话之后，爱因斯坦做了"那天晚上最简短的发言。他说：'你们的领袖 Weizmann 博士已经讲过了，他讲得非常好，你们按照他所说的去做，就可以做得很好。这就是我必须要说的。'"《纽约时报》，4月13日。 |

|  |  |
|---|---|
|  | 来自 Irving Fisher 的 TLS。也代表物理系成员,再次邀请爱因斯坦访问耶鲁大学,不管能否做一次正式的演讲。[36 269]。 |
| 4月14日 | 来自代表某个委员会的 Conrad Haussmann 的 ALS。值此 Rabindranath Tagore 60 岁寿辰之日,准备出版一系列德语图书,作为一份礼物献给 Shantiniketan 图书馆。爱因斯坦被请求献书。[45 096]。 |
|  | 爱因斯坦第一次在 CCNY 举办的一次科学集会之前露面。倾听哥伦比亚大学 Edward Kasner 关于爱因斯坦引力理论的演讲,然后就"促使他放弃牛顿引力定律的动力"谈了"二十分钟左右"。《校园报》(纽约城市学院),4月29日,第3页。 |
| 4月15日 | 为哥伦比亚大学科学系的师生讲狭义相对论。出席哥伦比亚大学职工俱乐部的午餐会。哥伦比亚大学的 C. A. Stewart 4 月 6 日写给 Chaim Weizmann 的信;Chaim Weizmann 4 月 8 日写给 C. A. Stewart 的信。IsRWW;《纽约时报》,4月16。 |
|  | 来自 Adolf von Harnack 的 TLS。通知 KWG 研究院的领导人,关于计划要出版的那卷书的内容,献给 KWG 十周年纪念日,本卷也包括 Einstein 1921f。[77 042]。 |
|  | 来自 Theodore Lyman 的 TLS。邀请参加美国物理学会 4月22—23日在华盛顿举行的会议并恳求在大会上做一次演讲。[36 234]。 |
| 4月16日到8月15日 | 在柏林大学为进入第三学期的物理和数学专业学生举办一次物理学研讨会,时间是星期四下午 2:30—4:00。《柏林概要》(Berlin Verzeichnis) 1921a。 |
| 4月17日 | 被选为博洛尼亚科学院物理科学部的通信院士。[65 013],[120 598]。 |
| 4月18日 | 在纽约城市大学的第一次演讲,关于狭义相对论,《纽约时报》,4月19日;《校园报(纽约城市学院)》,4月29日。 |
|  | 寄给 Alexander Silverman 的 TLC。他 5 月 7 日可能在匹兹堡停留半天,但没时间准备一场演讲。[36 236]。 |
|  | 寄给 Arthur G. Webster 的 TLC。不能接受他的邀请去访问克拉克大学。[36 208]。 |

| | |
|---|---|
| 4月19日 | 第二次在纽约城市学院演讲,谈狭义相对论的发展状况。《校园报[纽约城市学院]》,4月29日。 |
| 4月20日之前 | 在犹太复国主义者组织代表团访问之际,美国犹太医生委员会成立。决定为希伯来大学筹资100万美元。《犹太评论》,4月20日。 |
| 4月20日 | 在纽约城市学院的第三次演讲,关于相对论与引力。《纽约时报》,4月21日;《校园报[纽约城市学院]》,4月29日。 |
| | 寄给Ernest G. Barker的TL。通知可能离开纽约的时间。他将第一次去曼彻斯特大学演讲,然后去伦敦,到国王学院发表演讲。不能给出具体的日期。[44 137]。 |
| | 寄给D. D. Lann的TLC。由于日程安排太紧,他只能下次去美国时再到威斯康星大学发表演讲。附上希伯来大学的信息资料。[36 263]。 |
| 4月21日 | 在纽约城市学院的第四次演讲,关于以太和辐射,对学生会发表演讲。《纽约时报》,4月22日;《校园报》,4月26日和29日。 |
| | Elsa Einstein参加Hadassah组织的在纽约为她和Vera Weizmann举办的招待会。Elsa致Mrs. Rosenbloom, n. d. IsJRWW. [120 955];《新巴勒斯坦》,4月29日。 |
| | Henry A. Miers寄来的TLS。重复5月19日发出的邀请,希望那些演讲至少部分地使用英语。[44 377]。 |
| 4月22日 | Elmer E. Brown寄来的TLC。很高兴知道爱因斯坦准备4月28日下午发表演讲。地点将选在俄亥俄州的大学城(University Heights)。NNU. [84 915]。 |
| | J. Stanley Durkee寄给美国犹太复国主义者组织的TLS。邀请爱因斯坦去霍华德大学,华盛顿D.C.发表演讲,这是最能"打动美国这1200万伟大的黑人"的地方。[36 218]。 |
| | George F. Moore寄给Felix Frankfurter的。邀请爱因斯坦在访问波士顿时出席美国科学艺术学院的一次特别会议。[36 202]。 |

| | |
|---|---|
| 4月23日 | 访问位于新泽西州新不伦瑞克的美国无线电公司驻地。《纽约时报》,4月24日。 |
| | Charles Baskerville 等人寄来的 TLS。感谢爱因斯坦在纽约城市学院所发表的系列演讲,建议出版他最后一次发表的关于辐射和量子理论的演讲。[36 205]。 |
| | 寄给 Elmer E. Brown 的 Tgm 和 ALS。由于计划有变,他不能信守承诺去纽约大学发表演讲。NNU。[84 916]。 |
| 4月25日 | 与国家科学院的一位代表一起去华盛顿拜访美国总统 Warren G. Harding。《纽约时报》,4月26日和27日。 |
| | 经过 Chaim Weizmann,Isaac J. Stauder 邀请爱因斯坦给纽约的犹太复国主义工程师和农学家协会做两场演讲。IsReY。[89 032]。 |
| | 建议成为伦敦皇家学会的外籍会员。RS, Cert. XIII. 194. [76 427]。 |
| | Federigo Enriques 寄来的 TLS。根据爱因斯坦5月17日那封已经遗失的信,他预计爱因斯坦10月下旬可能访问博洛尼亚。他们将提供一位译员。博洛尼亚科学院推选爱因斯坦为其通信院士。[9 229]。 |
| | Solomon Ginzberg 寄给普林斯顿大学研究生院院长 Andrew F. West 的 ALS。提供爱因斯坦的简历。[91 982]。 |
| 4月26日 | 在华盛顿国家科学院的日间会议上发表讲话,《纽约时报》和《华盛顿邮报》,4月27日。 |
| | 在华盛顿会见 Louis D. Brandeis 和 Emile Berliner。他们讨论 Brandeis 与 Weizmann 之间的冲突,讨论希伯来大学项目的现状。参阅 L. D. Brandeis 1921年4月27日写给 Alice G. Brandeis 的信;Brandeis 1975,第554页;L. D. Brandeis 1921年4月26日写给 S. S. Wise 的信。MwalB,美国犹太历史协会,S. S. Wise 的收藏。 |
| | F. Glum 寄来的 TLS。通知说门德尔松银行。已被要求按照新税收规定把64马克和100马克的两笔款项分别转到爱因斯坦两个不同的账户上。[40 138]。 |

| | |
|---|---|
| 4月27日 | 出席由 Oscar S. Straus 主持的在纽约城市学院报告厅举行的犹太学生协会委员会的大会。在会上，爱因斯坦和 Weizmann 都谈到希伯来大学计划。《纽约时报》，4月28日；校际烛台协会（Intercollegiate Menorah Association）的 Henry Hurwitz 1921年5月2日写给 Julian Mack 的信。IsJCZA，A405/123.［91 377］。<br>IE 代表爱因斯坦寄给柏林警察局的 TLC。要求为 Paul Ehrenfest 办理签证。Paul Ehrenfest 打算访问德国各高等院校、实验室以及图书馆，并且在布拉格德语大学发表演讲。［9 557］。 |
| 4月28日 | 寄给［Felix Frankfurter?］的 Dft，由 Solomon Ginzberg 手书，写在 Moore 1921年4月22日给 Frankfurter 的那封信的背面。"没有确定的时间（不知道什么时候，也不知道谁会来组织），将其转给了［Harris?］，4月28日答复。"［36 202.1］。<br>Arthur H. Compton 寄来的 TLS。邀请到圣路易斯的华盛顿大学演讲。［36 254］。 |
| 4月29日 | 对犹太复国主义工程师和农学家协会发表第一场演讲，题目为"相对论的核心原理和方法"。《纽约呼声》，4月28日。<br>来自 Theodore Lyman 的 TLC。代表主席 Abbott L. Lowell 询问爱因斯坦访问波士顿的事情，目的是邀请他去哈佛大学。MH，物理系，box 118。［85 222］。<br>来自 Friedrich Schmidt-Ott 的 TLS，附信叙述 1920年4月1日到 1920年12月31日以及 1921年1月1日到 1921年3月31日的会计财务报表。［77 708］。 |
| 4月30日 | 对犹太复国主义工程师和农学家协会发表第二次演讲；《纽约呼声》，4月28日。600多封邀请函发给各高等院校的校长，邀请他们出席爱因斯坦在普林斯顿大学的一系列演讲。《纽约呼声》，5月1日。<br>Michael J. Ahern 寄来的 TLS。邀请到布法罗的凯尼休斯学院发表演讲。［36 204］。<br>Norman E. Himes 寄来的 Tgm。邀请去哈佛大学的学生自由俱乐部发表关于国际和解的演讲。［36 223］。 |

| | |
|---|---|
| | Jay Schamberg 寄来的 TLS。建议爱因斯坦 5 月 29 日访问费城。提供可以被联系为希伯来大学项目捐款的著名人士的名单（已不可得）。［86 015］。 |
| | 利兹大学副校长 Michael Sadler 发给 Chaim Weizmann 的电报。邀请爱因斯坦去利兹大学发表演讲，并恳请 Weizmann 施加影响，"劝说爱因斯坦接受邀请"。IsReY。［89 034］。 |
| 5 月 | Slowo 寄来的 TLS。与 Gregorius Itelson 商定一份高于书价 3% 的酬金，但最后期限是 7 月 1 日。要求一份陈述，Vieweg 有权与 Slowo 签订一份协议，协议内容是把爱因斯坦的论文翻译成俄语出版（*Einstein 1920j* 或 *1921c*）。［41 1035］。 |
| | IE 寄给 Slowo 的 Dft。同意用俄语出版他的小册子（*Einstein 1917a*）。［41 1037］。 |
| 5—6 月 | Methuen 寄来的 AD。他们已把英文版 *Einstein 1917a* 的版税 121 英镑 15 先令（到 1920 年 12 月 31 日）寄给了 Paul Ehrenfest。［67 842］。 |
| 5 月 2 日 | 到达芝加哥。Max Epstein 在 Kenwood 自己的家里为他安排了晚宴。《芝加哥每日论坛报》，5 月 2 日；*Good speed 1953*，第 260 页。 |
| | Henry A. Miers 寄来的 TLS。担心他 4 月 21 日写的那封信已经遗失了。［44 378］。 |
| | C. Roediger 寄来的 TLS。伦敦大学校长建议爱因斯坦 6 月 8 日用德语演讲。一份书面摘要将会有助于译者的翻译。［44 138］。 |
| 5 月 2—7 日 | 在芝加哥会见 R. A. Millikan、Carl Beck、Ernest Zeisler、Horace Lewinson 以及 Francis Neilson（*Neilson 1952—1953*，第二卷，第 141—142 页）。犹太复国主义者组织代表团受到市长 William H. Thompson 和伊利诺伊州长 Lennington Small 的欢迎，邀请他们访问芝加哥（*Roth 2002*，第 141 页）。 |

| | | |
|---|---|---|
| 449 | 5月3日 | 在芝加哥发表第一次演讲。与芝加哥大学校长及其同仁,还有各兄弟院校同仁在方庭俱乐部共进午餐。《孤岛日报》(*Daily Maroon*)(芝加哥大学校报),5月4日;《亨利船员的日记》(*Henry Crew's diary*),IENU;《芝加哥论坛报》,5月3日。 |
| | 5月4日 | 在芝加哥发表第二次演讲。 |
| | | 寄给 William E. Hocking 的 ALS,为 Solomon Ginzberg 手书。期望5月17日或18日亲自与他见面。MH。[89 873]。 |
| | | 拍卖亲笔签名的明信片,以帮助近东国家的人民度过饥荒。《孤岛日报》(芝加哥大学校报),5月5日。 |
| | | Frederick A. Lindemann 寄来的 ALS。希望在伦敦见到爱因斯坦;邀请爱因斯坦与他一起到牛津大学,然后去位于锡德茅斯的他父母的家中。已经写了一份简短的个人简历,将寄出一份以供修订。[16 335]。 |
| | 5月5日 | 在芝加哥大学发表第三次演讲。 |
| | | 在芝加哥弗朗西斯帕克学校做"科学研究"系列演讲。 |
| | | Henry A. Miers 寄来的 TLS。建议说6月6日是爱因斯坦在曼彻斯特大学发表演讲的最好日期。伦敦犹太复国主义者联合会希望爱因斯坦5月28日离开纽约,然后6月6日或7日到达曼彻斯特。[44 379]。 |
| | | 获得伦敦皇家学会的外籍会员资格,UkLRS, EC/1921/03。[76 427]。证书[65 014]。 |
| | 5月6日 | 参观威斯康星的叶凯士天文台(参阅 Edwin B. Frost 1921年5月20日写给 Max Epstein 的信。[83 528]。ICU-Y)。参阅插图说明6。 |
| | | Theodore Lyman 寄来的 TL。担心前面4月29日写的那封信已经遗失,再次邀请爱因斯坦访问哈佛大学。MH,物理系,box 118.[85 220]。 |
| | 5月7日 | Graeber 寄来的 ALS。科学考试委员会发给110马克,作为参加考试事务的酬劳。[44 690]。 |

|  |  |
|---|---|
|  | 新泽西州纽瓦克市长 Charles P. Gillen 号召"所有热心支持以色列儿女的民族志向的人们,用美国国旗和锡安旗帜装饰他们的房屋",热烈欢迎"由犹太复国主义运动主席 Chaim Weizmann 和阿耳伯特·爱因斯坦教授率领的代表世界犹太复国主义者组织的使命团"访问纽瓦克市。IsJCZA,Z4/ 303/3A。 |
| 5月9日 | 受到普林斯顿大学校长 John G. Hibben 的欢迎,用德语发表演讲。接受荣誉博士学位,授予日为 5 月 7 日。[65 015]。接下来,发表题为"相对论漫谈"(Generalities on the Theory of Relativity)的斯坦福小型系列演讲的第一场,《普林斯顿日报》(Daily Princetonian),《纽约时报》;《纽约晚间邮报》(New York Evening Post)以及《费城晚报》(Evening Bulletin-Philadelphia),5 月 10 日;《普林斯顿校友周刊》(Princeton Alumni Weekly),5 月 11 日。TDC。与普林斯顿大学商定出版他的普林斯顿大学系列演讲。[67 886]。
在普林斯顿时,爱因斯坦了解到克利夫兰的凯斯学院(Case Institute)的 Dayton C. Miller 于 4 月 8 日到 21 日期间在威尔逊山天文台所做的最初实验中发现了非零以太漂移。他清楚地回答道:"上帝作为奇妙,但他不怀恶意",被 Oswald Veblen 听到了;参阅 Dukas 备忘录,1966 年 6 月 21 日。[23 154]。
哈特福德市议会同意爱因斯坦、Chaim Weizmann 以及其他计划访问哈特福德的犹太复国主义者组织领袖享受哈特福德市的荣誉市民。《哈特福德每日新闻》(Hartford Daily Courant),5 月 12 日。
寄出通函,邀请著名犹太人士参加 5 月 19 日在康莫多酒店举行的支持希伯来大学项目的讨论会(参阅寄给 Peter J. Schweitzer 的 TLS。[IsJCZA,L12/111];[85 961]和寄给 Stanley M. Isaacs 的 TLS。[NN,手稿和档案分部,Stanley M. Isaacs 的论文][89 812])。
Elmer E. Brown 寄来的 TLC。很遗憾爱因斯坦取消了在纽约大学发表演讲的计划,希望爱因斯坦离开美国之前能见到他。NNU。[36 230]。 |

| | | |
|---|---|---|
| | | Richard B. Haldane 寄来的 Tgm,重申前一天发出的邮件里与他同住的邀请。|
| | 5月10日 | 在普林斯顿大学发表第二次演讲,讨论"相对论漫谈",《普林斯顿日报》,《纽约晚间邮报》;《纽约时报》,5月11日。 |
| | | Rudolf Goldscheid 寄来的 ALS。因一张有题词的肖像画表示感谢。记得他们在维也纳的见面情形。[43 768]。 |
| | | William E. Hocking 寄来的 TLC。希望在马萨诸塞州的剑桥城与爱因斯坦相见,正如爱因斯坦 5 月 4 日所暗示的那样。补充说,1902 到 1903 年在德国期间,出席过 Wilhelm Dilthey, Kuno Fischer, Edmund Husserl, Friedrich Paulsen, Georg Simmel 以及 Wilhelm Windelband 的演讲会。MH。[89 874]。 |
| | | Hans-Hermann Kritzinger 寄来的 TLS。附上国际业余天文学家协会(International Society of Hobby Astronomers)荣誉会员资格证书。[30 136]。 |
| | | 柏林地区租房办公室寄来的 TLS。4 个人住爱因斯坦家里的七间屋子。由于租房缺乏,要求其中两间屋子腾出来,留给租房办公室指定的转租者,共用厨房、卫生间和浴室。[44 998]。 |
| | 5月11日 | 在普林斯顿大学对专家们发表题为"狭义相对论"的讲座,讲座之后是一场研讨会。Ludwik Silberstein 担任翻译,讨论的主要话题是旋转盘。《纽约晚间邮报》,5月12日。 |
| | | A. Lawrence Lowell 寄来的 TLS。邀请爱因斯坦 5 月 18 日 9 时到 12 时之间访问哈佛大学。[36 222]。 |
| | 5月12日 | 在普林斯顿大学发表题为"广义相对论与引力场"的演讲,《纽约晚间邮报》,5月13日。 |

|  |  |
|---|---|
|  | 除了其他人，Stanley M. Isaacs［85 997］，［Kuhn, Loeb & Co.］［85 994］、Herbert J. Lehman［85 993］，Nathan Krass［85 990］，XY（Rockefeller）［85 989］，S. G. Rosenbaum［85 995］，Robert Simon［85 998］，Percy S. Straus［85 986］，M. J. Stroock［85 996］，［?］以及 ley（NYT）［85 988］因不能参加 5 月 9 日通函邀请他们参加的那次会议而表示遗憾。［Joseph?］Proskauer［85 992］，Jacques Loeb［85 987］以及 Nathan Straus Jr.［85 991］接受 5 月 9 日通函发出的参会邀请。 |
|  | 来自 Michael E. Sadler,利兹大学副校长的 Tgm。邀请爱因斯坦在曼彻斯特大学做完演讲后的那天晚上去那里发表演讲。"Brodetsky 敦促接受"。［44 280］。 |
|  | IE 代表爱因斯坦寄给门德尔松银行的 TLC。提交 KWIP 1921 年 1 月 15 日到 4 月 1 日的管理费用。［77 703］，［77 897］。 |
| 5 月 12 日之后 | Solomon Ginzberg 手书的 Dft，在利兹大学的邀请函的最下方写有："被拒绝"一词。 |
| 5 月 13 日 | 在普林斯顿大学发表第五场演讲，讨论"关于宇宙的猜想"，接着是讨论会。《普林斯顿日报》，5 月 13 日和 14 日；《纽约时报》，5 月 14 日。 |
|  | Sulzberger［85 975］，Edwin［?］（哥伦比亚）［85 977］，Irving Lehman［85 985］，A. I. Namm［85 984］，Bernard M. Baruch［85 982］，M. Friedsam［85 981］，Sam A. Lewisohn［85 979］，Maurice Wertheim［85 976］以及其他一些人［85 980］因不能参加 5 月 9 日通函邀请他们参加的会议而表示遗憾。Rockefeller Med 接受 5 月 9 日通函中发出的邀请。［85 978］。 |
|  | 来自 Jacques Loeb 的 TLS。告知 *Buisson and Fabry 1921* 已出版,该书确证了爱因斯坦的"太阳光谱中的谱线位移预言"，并会寄一份给他。［15 185］。 |
|  | Jahnke 代表教育部长发来的 TLS。任命爱因斯坦为科学考察委员会 1921 年财政年度的物理学考试办公室委员。［44 003］。 |

| | | |
|---|---|---|
| | 5月14日 | 来自 Gerhard Schmidt 的 ALS。关于 Ludwig Hopf 作为明斯特大学理论物理学教授席位之准候选人征求意见。[44 962]。 |
| | | Daniel Guggenheim [85 973] 和 Lachman [85 971] 都表示很遗憾,因为他们不能参加5月9日通函邀请他们参加的会议。Sam B[uchwald] 接受5月9日通函对他发出的邀请。[85 972]。 |
| 453 | 5月16日 | Abram I. Elkus [85 966], Julius Goldman [85 968], Lawrence S. Greenbaum [85 970], Harry F. Guggenheim [85 969], Arthur M. Lamport [85 967] 以及 Oscar S. Straus [85 965] 都表示很遗憾,因为他们不能参加5月9日通函邀请他们参加的会议。 |
| | 5月17日 | 犹太复国主义者组织代表团受到波士顿市长 Andrew Peters 和马萨诸塞州州长 Channing H. Cox 的欢迎。爱因斯坦出席犹太人学校的一次有5000多名学生参加的集会,参加 Adath Jeshurun 会堂的一次午祷会;参加美国众议院举行的宴会。《波士顿环球报》(*Boston Globe*),《波士顿晚报》(*Boston Evening Transcript*),5月17日;《纽约时报》、《波士顿先驱报》(*Boston Herald*)、《波士顿每日环球报》(*Boston Daily Globe*),5月18日。 |
| | | Edward Lazansky 表示遗憾,因为不能参加5月9日通函邀请他参加的会议。[85 963]。J. Seligman 拒绝了5月9日通函对他的邀请,因为他"对在耶路撒冷创建希伯来大学没什么兴趣"。[85 964]。 |
| | 5月18日 | 访问哈佛大学。校长 Lowell 在大学堂招待他。会见哈佛大学的教师们,参观"学校教学楼、博物馆、教室以及实验室,没有举行正规仪式,也未发表演讲。"《波士顿晚报》,5月18日。 |
| | | 与州长 Cox 在都兰酒店共进午餐。在美国艺术科学院发表关于相对论的演讲。参加在新世纪俱乐部举办的一次晚宴,为希伯来大学筹资25000美元。晚上在波士顿大剧院和机械楼的大集会上发表演讲。保证为巴勒斯坦建设基金筹款150000美元。《波士顿晚报》,5月18日和19日;《波士顿先驱报》,《波士顿邮报》,5月19日。 |

| | |
|---|---|
| | Jefferson M. Levy 因不能参加 5 月 9 日通函邀请他参加的会议而表示遗憾。[85 962]。 |
| 5月19日 | 计划在康莫多酒店举行小型聚会,为支持希伯来大学而"思考组织的方式和手段"(参阅文件 131)。 |
| 5月20日 | 纽黑文的市议员欢迎爱因斯坦和 Chaim Weizmann,并且宣布他们为该市荣誉市民。《纽黑文信使报》(*New Haven Journal-Courier*),5 月 21 日。 |
| | 来自 Richard B. Haldane 的 Tgm,邀请爱因斯坦 6 月 28 日到"安妮女王门 28 号就餐,会见几个名人。"[32 626]。 |
| | IE 发给地区住房办公室的 TLC。在回答他们 5 月 10 日的来信(年表和日程表)中,爱因斯坦家人不能放弃两间屋子,交给转租人,因为爱因斯坦是大学教授,有权享受单间待遇,再说他也是 KWIP 的董事,也应该有他自己的单独公寓。附上柏林大学教务长和国务大臣 Friedrich Schmidt-Ott 的证明信。[44 999]。 |
| | 康涅狄格州犹太复国主义者地区联盟的领袖 Abraham Goldstein 发给 Chaim Weizmann 的 Tgm。恳求 Weizmann 说服爱因斯坦访问哈特福德,因为"如果爱因斯坦让哈特福德失望的话,会不利于康涅狄格州的巴勒斯坦建设基金。"IsJCZA, Z4/303.[89 053]。 |
| 5月21日 | 出席"由美国犹太医生委员会"为 Chaim Weizmann、爱因斯坦、Shmarya Levin 以及 Ben-Zion Mossinson 在纽约华尔道夫酒店精心准备的招待会和宴会。出席宴会的犹太物理学家有 800 人,在宴会上发表演讲。在这次宴会上,为建立希伯来大学医学院锁定的筹资目标是 100 万美元,但实际所得的捐款是 25 万美元。DLC 中关于参加招待会和宴会的邀请函,Jacques Loeb 的论文,mm 73030429, Container 4 [87 484];《纽约时报》,5 月 22 日;《犹太评论》,7 月 1 日以及 *Ratnoff 1921*,第 7 页。 |
| 5月22日 | 与 Chaim Weizmann, Shmarya Levin 以及 Solomon Ginzberg 访问哈特福德。在哈特福德剧院做简短发言,探讨巴勒斯坦对于犹太人的重要性。《哈特福德日报》,《哈特福德每日新闻》(*Hartford Daily Courant*),5 月 23 日。 |

| | | |
|---|---|---|
| | | 晚上访问纽黑文。《纽黑文日报-快递》,5月23日。 |
| | 5月23日 | 参观纽约大学的校园,种了一棵树。NNU。 |
| | | 《自然》的编辑要求发表爱因斯坦在国王学院的演讲。[44 521]。 |
| | 5月24日 | 访问新泽西州纽瓦克。 |
| | 5月25日 | 访问克利夫兰。犹太复国主义者组织代表团受到市长W. S. FitzGerald的欢迎。宴会之后,参加在共济会会堂举行的大聚会。爱因斯坦在凯斯西部大学(Case Western University)与Dayton C. Miller就以太漂移实验进行了一个半小时的讨论。《克利夫兰日报》(*Cleveland Press*),5月25日;《犹太独立报》(*Jewish Independent*),5月27日;Miller 6月2日写给T. C. Mendenhall的信,AIP档案。[70 984]。 |
| | | 来自Chester E. Clark的TLS。"作为具有国际声誉的发明家",爱因斯坦被推选为纽约国家发明家研究所的荣誉研究员。[30 139]。 |
| | 5月25—27日 | 在通用电气公司的克利夫兰国家电灯协会公园实验室会见Ernest F. Nichols(参阅插图说明8)。 |
| | 5月26日 | 与Chaim Weizmann会见俄亥俄州犹太复国主义者组织的代表们。《克利夫兰日报》,5月26日。 |
| | 5月26—27日 | 可能参观了尼亚加拉瀑布。参阅文件167和年表和日程表5月30日。 |
| | 5月27日 | 在纽约市Max Talmey家里拜访Max Talmey及其家人,并在给Talmey的照片上题词:"送给我的老朋友Max Talmey,阿耳伯特·爱因斯坦,1921年5月"。*Talmey 1932*,第176—177页。 |
| | 5月29日 | 爱因斯坦支持巴勒斯坦建设基金的一封信在美国的匈牙利裔犹太人联合会的年会上被选读。*Doár Ha-yom*,6月27日。 |
| | 5月30日 | 乘凯尔特人号邮轮离开纽约前往利物浦。 |
| | 5月31日 | 来自Heike Kamerlingh Onnes及其妻子的PL。宣布他们的女儿Jenneke Kamerlingh Onnes与Leopold A. Nypels订婚。[14 379]。 |
| | 6月 | A. Mayer创作的诗(Jun)。[31 485]。 |

| | |
|---|---|
| 6月2日 | 地区住房办公室寄来的TLS。在回复IE 5月20日来信中，它撤回那份没收两间屋子的决定。[44 1001]。 |
| 6月6日 | Adolf von Harnack寄给KWG主管的TLS。KWG评议院已推选Correns为评议员。另一个空缺的席位，爱因斯坦和Franz Fischer得到的票数相同。要求把选票结果邮寄给两者。[77 054]。
Keller代表Adolf von Harnack寄发的TLS。将Max Born要求KWIP经费支持的申请书转交给KWG。[77 337]。
George F. Moore寄来的ALS。因为爱因斯坦在美国艺术与科学学院发表的演讲而表示感谢。[36 203]。
Vieweg寄来的TKS。法文版和俄文版Einstein 1917a的稿酬已到。请求汇寄说明。[42 094]。 |
| 6月8日 | 到达利物浦。伦敦时间是6月9日。
Emil Ludwig寄来的ALS。寄来厚厚的两卷（很可能是Ludwig 1920的第二卷和第三卷）。他没有收到去年秋寄给他的Einstein 1917a。[34 149]。 |
| 6月9日 | 对曼彻斯特大学的犹太学生协会发表演讲，谈创建希伯来大学的问题。《曼彻斯特卫报》(Manchester Guardian)，6月10日；《犹太编年史》(Jewish Chronicle)，6月17日。
被授予曼彻斯特大学荣誉博士学位，为此，爱因斯坦在Whitworth大厅用德语对1000多位听众做了一场关于相对论的Adamson讲座。《曼彻斯特卫报》，6月10日；《犹太编年史》，6月3日；《自然》107 (1921)：504。 |
| 6月10日 | 参加伦敦皇家天文学会的一次会议，在这次大会上，Arthur S. Eddington汇报了那些为证明广义相对论而进行的科学考察活动。
作为Richard Haldane的客人与坎特伯雷大主教Randall Thomas Davidson、皇家学会主席Charles Sherrington、皇家天文学家Frank W. Dyson，Arthur S. Eddington，Joseph J. Thomson，Alfred N. Whitehead以及其他一些人出席一次重要的晚宴。除了其他人，乔治·萧伯纳(George B. Shaw)也出席了晚宴后的招待会。伦敦时间6月11日。 |

|        |         |                                                                                                                                                                                                                      |
|--------|---------|----------------------------------------------------------------------------------------------------------------------------------------------------------------------------------------------------------------------|
|        |         | 伦敦犹太复国主义者组织将不会为爱因斯坦举办任何犹太复国主义招待会或会议,"以遵照他的愿望",因为"完成艰辛的美国之行后,他感到非常疲惫"(《爱因斯坦教授今天在伦敦》,J. C. B. Service)。[85 114]。 |
| 457    | 6月12日 | 与 Rothschild 一起出席晚宴,宴会上他还见到 John Rayleigh(Clark 1971,第 276 页)。Dorothy de Rothschild 在 6月 23 日写给 Vera Weizmann 的信中说她见到爱因斯坦夫妇俩,并且听说他们在波士顿为"巴勒斯坦的女子宿舍"的筹款很成功。[89 049]。 |
|        |         | 参加 John Horner 的家宴会,弹奏巴赫、莫扎特以及舒曼的作品。《犹太编年史》,6月17日。 |
|        |         | 那位作家在 Achad Ha'am 1913—1916 的题词是:"献给 A. 爱因斯坦教授博士先生——他的时代最伟大的犹太人——以兹纪念,作者 1921 年 6月 12 日于伦敦。" |
|        | 6月13日 | 为威斯敏斯特大教堂的牛顿墓敬献花圈。在国王学院发表演讲,题目为"相对论的发展与现状",Richard Haldane 主持;德国大使出席演讲。伦敦《泰晤士报》,1921 年 6 月 13 和 14 日;《自然》107(1921):504。 |
|        |         | 国王学院校长 Ernest Barker 邀请爱因斯坦和 Haldane,Lindemann,Richardson,Eddington,Whitehead 及其他人共进晚餐。伦敦《泰晤士报》,1921 年 6月 17 日,早版;《自然》107(1921):504。 |
|        |         | 与英国卫生部长和著名的犹太复国主义者 Alfred Mond 会面。参阅 Joseph Cowen 6月 10 日写给 Chaim Weizmann 的信。IsJCZA, Z4/305/9。[89 051]。 |
|        | 6月14日 | 作为 Lindemann 的客人私下访问牛津。参观主要教学楼,晚上回到伦敦,见《泰晤士报》(伦敦),6月 15 日。 |
|        |         | 来自 Ernest G. Barker 的 ALS,感谢前一天在国王学院的演讲。附上一张 50 英镑的支票。余下的 40 英镑门票收入将捐给"中欧学生救济会"。[44 139]。 |
|        |         | 来自 Hans Vaihinger 的 TLS。寄来的附件是他最近撰写的一篇关于"好似"哲学的论文。Max Frischeisen-Köhler 期望出版爱因斯坦与 Oskar Kraus 在《康德研究》里从哲学角度对相对论的阐释。[23 134]。 |

| | |
|---|---|
| 6月16日 | 来自Muller(Methuen)的TLS。已经邮寄出爱因斯坦给他的8本书。非常高兴见到他,期待很快能够一起讨论普林斯顿大学演讲稿的出版问题及其他事宜。[42 197]。<br>来自C. Roediger的TLS。附上爱因斯坦在英、美两国访问的剪报。[43 527]。 |
| 6月17日 | 从英国回到柏林。<br>"犹太民族主义和反犹太主义,他们的相对论",即"我怎样成为一个犹太复国主义者"的一种变体,发表在《犹太编年史》上。这令爱因斯坦感到不悦,因为这份出版物把原因归咎于他,而不是具体讨论对他的采访,关于这方面的内容,请参阅[Otto?] W.[arburg?] 1921年6月28日写给犹太通信局的信(IsJCZA, KH1/193)。[91 593]。<br>来自Muller(Methuen)的TLS。提到6月14日与爱因斯坦的一次谈话,愿意帮助在英国出版他的普林斯顿大学演讲稿。由于Elsa Einstein的询问,告知把 *Einstein 1917a* 翻译成英语出版的条件由Robert Lawson来解决。直到1920年底,给Paul Ehrenfest已转款212英镑,按照爱因斯坦在他1月6日那封(已找不到的)信中给出的说明。[67 843]。 |
| 6月17日 | 门德尔松银行5月23日写给爱因斯坦捐献基金的一张字条背面的计算。[120 395.1]。 |
| 6月18日 | 来自Mary E. Haldane的ALS。很高兴看到爱因斯坦对她的孩子们的印象很好,而且爱因斯坦很欣赏英国的科学发展。为那幅肖像及其上面的题词表示感谢。[32 632]。<br>在一次采访中,Elsa Einstein讲述了他们访问美国和英国的诸多细节。引用她的话来说,在两国的官方宴会上,两国东道主都暗示说,爱因斯坦的旅行是德国与英、美两国科学家之间关系的一次"官方复苏"。她说与总统Harding的短暂会晤就像一出"哑剧",由于语言障碍,两个人之间几乎没有直接交流,会面只局限于握手和合影留念。《8时晚报》(*8-Uhr-Abendblatt*), Nr. 141。 |

| | | |
|---|---|---|
| 459 | 6月20日 | 来自Vieweg的TLS。因俄文版 *Einstein 1917a* 从Slowo转款2440马克，因法文版 *Einstein 1917a* 从Gauthier-Villars转款14824马克。对把爱因斯坦在英、美两国发表的演讲在德国出版很感兴趣。[42 095]。 |
| | 6月21日 | 发表《我怎样变成一个犹太复国主义者》(第七卷，文件57)发给C. Roediger的TLC。为剪报和住英国期间得到的友好帮助表示感谢。[43 528]。 |
| | | 来自Harry Schmidt的TLS。要求同意把 *Schmidt 1920* 的英语译本献给爱因斯坦。在理解如何实现 *Einstein 1905r* 中麦克斯韦方程的变换方面请求帮助。[44 972]。 |
| | 6月22日 | IE代表爱因斯坦发给Methuen的TLC。他的普林斯顿大学演讲稿的出版权只属于美国的普林斯顿大学出版社，而不属于英国；英国相关方面的版权留给Methuen。由于他发表演讲时没有做笔记，因此需要时间把这些演讲记录下来。普林斯顿大学的一位同事主动提出，为英译工作提供帮助。爱因斯坦要求15%的版税；对于在美国出版的普林斯顿大学演讲，他跟普林斯顿大学出版社协商好的版税也是15%。[67 985]。 |
| | | 来自Muller (Methuen)的TLS。在英国，可以自由地把爱因斯坦在普林斯顿大学的演讲译成英语。愿意按照卖出1本提供2先令，13本算12先令，出版前付50英镑。[67 986]。 |
| | | IE代表爱因斯坦发给《自然》编辑的TLC。爱因斯坦在国王学院所做的演讲没有笔记，爱因斯坦将它发表在《自然》杂志上不太具有原创性，因为那上面已经刊登了一些讨论相对论的精彩论文。[44 523]。 |
| | 6月23日 | 参加PAW的会议。会议纪要上的话题10是AE从美国回来，GyBAW，Ⅱ—Ⅲ，Bd. 39，Bl. 26。 |
| | | IE发给Harry Schmidt的TLC。由于时间紧迫，爱因斯坦不能再现Schmidt要求的计算。他满怀感谢地接受题词。[44 975]。 |
| | | 来自Solomon Ginzberg的TLS，随信寄去一张金额为2570马克的支票，相当于10英镑，除了爱因斯坦已经收到的5英镑。[36 838]。 |

| | |
|---|---|
| 6月24日 | 来自 Max Frischeisen-Köhler 的 TLS。Oskar Kraus 为《Kant 研究》准备了一篇论文，讨论相对论的哲学方面。为了做到客观，他还希望爱因斯坦在同一期上发表一篇论文。[23 135]。 |
| 6月27日 | 在柏林 Blüthner-Saal 的一次"大集会"上发表"关于犹太人的巴勒斯坦"的演讲，口号是"把发展巴勒斯坦作为犹太人的一项任务"(第七卷，文件 59 和 60，《犹太评论》，1921 年 6 月 24 日；《柏林早报》，1921 年 6 月 25 日；以及《法兰克福报》，7 月 1 日)。演讲吸引了大批听众，听众如此之多，以至于警察不得不出面维持街上的交通秩序。AE 赢得了听众"热烈的掌声"。《维也纳早报》，7 月 1—7 日。 |
| | 来自 Vieweg 的 TLS。转款 17264 马克。考虑发行新版 *Einstein 1917a* 3000 册左右。问是否把他在英、美国家的演讲稿作为该书的附录出版。寄去两份来源可贵的修订，可考虑用作勘误表的参考。Methuen 把 7000 多册 Vieweg 所得的份额汇出；询问爱因斯坦是否已经收到他应得的份额。[42 096]。 |
| 6月28日 | 致博洛尼亚林赛科学院的 ALS，非常感激被推选为通迅院士。他 10 月要访问意大利，这是他青年时代就非常喜欢的地方，相信这将成为他一生中最美好的经历。[78 660]。 |
| | IE 代表爱因斯坦致函 Vieweg。爱因斯坦在英、美两国发表的演讲不适合附加在 *Einstein 1917a* 里。爱因斯坦不反对再版，认为除了排版方面需要纠正，没有必要做任何的修改。确认收到 17264 马克。[42 097]。 |
| | 来自 L. Scherk 的 TLS。资助医药专业的一位名叫 Schegin 的学生，为他提供生活和学习费用，主要因为 Schegin 请求爱因斯坦写推荐信；Schegin 还告诉他，他正在爱因斯坦的帮助下把爱因斯坦的著作译成俄语。L. Scherk 最近还是怀疑 Schegin 的可靠性，向爱因斯坦询问更多信息。[44 942]。 |
| 6月29日 | 共同签署一封信，解释一本数学杂志最近几期延期出版的原因。《美国图书价格 1929—1980》，亲笔签名和手稿。[76 831]。 |

| | |
|---|---|
| 6月30日 | 发给 Hans Vaihinger 的 TLS。没有时间与 Oskar Kraus 进行讨论。不过他准备回答另一位哲学家精心设置的问题。[72 144]。 |
| | 来自 Methuen 的 ALS。寄给 Paul Ehrenfest 93 英镑 13 先令 8 便士,作为 *Einstein 1917a* 第五版英语版截止到 1921 年 6 月 30 日所得的版税。[69 006]。 |
| 7月1日 | 成为德国红十字协会主席 Joachim von Winterfeldt-Menkin 举办的晚宴上的宾客,出席晚宴的客人有德国总统 Friedrich Ebert 及其内阁成员,还有普鲁士政府的各位官员和柏林市长。首先谈到他在波士顿、华盛顿以及普林斯顿所受到的热烈欢迎,然后报告他的美国之行,告知美国对德国的敌意情绪在慢慢减少。他在访问英国时也支持学者之间的国际合作。《法兰克福报》,6 月 30 日;《纽约时报》,7 月 2 日。 |
| | 来自 Esteban Terradas é Illa 的 TLS。邀请爱因斯坦冬季学期或者明天春天去巴塞罗那大学讲学。认为 Hermann Weyl, Arnold Sommerfeld, 以及 Kasimir Fajans 也会在那里做讲座。提供的讲座报酬为 3000 比塞塔。[43 170]。 |
| 7月3日 | 爱因斯坦在德国犹太复国主义者协会为他的归来在柏林宫廷酒店举办的聚会上发表讲话。他宣布支持犹太复国主义运动,他认为首先是促进和平,因为犹太复国主义者必须完善和改革犹太教,给世界朋友新的信心。"爱因斯坦谈犹太复国主义运动的和平使命"《福斯报》(*Vossische Zeitung*),7 月 5 日,ME。 |
| | 给 L. Scherk 的 TLC。抱歉因自己的轻信和 Schegin 误用他的推荐信所造成的麻烦。[44 943]。 |
| 7月4日 | 发表"对阿耳伯特·爱因斯坦教授的采访"(第七卷附录 D)。 |
| | 来自 Vieweg 的 TLS。收到爱因斯坦的来信和一张他转寄的明信片,要求同意把 *Einstein 1917a* 翻译成罗马尼亚语。Vieweg 担心一个出版商可能做不了成功的翻译。感谢爱因斯坦同意出版德文新版。再次询问爱因斯坦是否同意把 *Einstein 1920j and 1921c* 分开出版,就像 Niels Bohr 的演讲稿的出版方式。[42 098]。 |

| | |
|---|---|
| 7月5日 | Muller (Methuen)的TLS。谢谢6月22日寄来的明信片。附上一份关于出版普林斯顿大学演讲稿的协议。要求介绍德国最杰出的教授,因为他打算去德国,目的是寻找一些在英国畅销的科学书籍。[67 987]。 |
| 7月6日 | 来自 George H. Lepper 的 TLC。要求爱因斯坦公布那10个爱因斯坦声称懂得相对论的人的姓名。为驳斥相对论而提出以下几点声明,包括问爱因斯坦作为近日处星光偏折的贡献者,为何"忽略"日冕中的折射和单纯的牛顿万有引力。声称当爱因斯坦对水星反常的近日点进动的解释应用到太阳系中其他行星时就会失败;声称对恒星的多普勒效应的观察表明狭义相对论是错误的;声称Michelson-Morley实验没有得出结果,是因为不能合理地解释地球通过空间的运动。<br>L. Scherk 寄来的 TLS。把他的一封信的复印件寄给警察八分局。希望看完后寄回。离开柏林,但回来之后会强调这个问题。[44 945]。 |
| 7月7日 | KWIP 董事会议。<br>写给爱因斯坦的信封上的回信接收人及其地址是"Mrs. Nell Boni, Genthinertsr. 13 Villa G. 柏林W.",邮戳为"柏林W. 7.7.21. 3—4 N.",打印名称"印刷品"。[43 245]。<br>"一次访谈……"的德文摘要版发表在《柏林日报》。它的英译本没有描述对英国的印象,刊登于7月8日的《纽约时报》(第七卷,附录D)。 |
| 7月9日 | ALS to [?]. "Il remercie son correspondant d'un cadeau qui lui a fait un plaisir immense et s'excuse de ce que le surcroît de travail qui l'attendait à son retour l'ait empêché de répon dre plus tôt." Nicholas Rauch S. A. Catalogue de vente No. 13 de la nouvelle série, lot no. 74. [76 910]。<br>给 Muller (Methuen)的 TLS。签订合同。不能确定那本关于普林斯顿大学演讲的书的篇幅,但不会超过100页,因为他抱怨的不是他的出版物的长短,而是这些出版物是否简洁。愿意向德国教授写推荐信,但要求知道候选人的姓名,因为他不知道谁的著作已经翻译成了英语。[67 988]。 |

|         |                                                                 |
|---------|-----------------------------------------------------------------|
|         | 来自 Carl Heinrichsdorff 的 ALS。按照爱因斯坦对所需医生的姓名的要求,列出了两个援助组织,分属于德国医生协会和医师公会。[43 882]。 |
| 7月10日  | 发表《美国印象》(第七卷附录 E)。翻译版发表在《纽约晚报》上,8月1日。 |
| 7月11日  | 来自 Granville Bantock 的 TLS。表示遗憾,因为按照他1月30日的来信,爱因斯坦不能接受伯明翰大学的邀请去那里演讲。在 Huxley 讲席的赞助下,再次邀请爱因斯坦秋季去那里讲学。[43 270]。 |
|         | 来自 Federigo Enriques 的 ALS。博洛尼亚大学为接待爱因斯坦成立了一个特别委员会。Bianchi 担任译员。要求把德语文本翻译成意大利语,提前发给听众。访问时间将于 10 月底,稍后会有一个详细的计划项目。[9 230]。 |
| 7月12日  | 来自 Franz (Ferenc) Vámos 的 ALS。寄去匈牙利语版的 *Einstein 1917a*。推荐 Marcel Grossmann 做翻译的审稿员,因为他是土生土长的匈牙利人。恳求许可发行第二版。要求一篇前言和一张照片。对把 *Einstein 1920j and 1921c* 翻译成匈牙利语感兴趣。[45 172]。 |
| 7月13日  | 发给 Adolf von Harnack 的 TLC。附上 KWIP 1920—1921 财政年度的预报、进展报告以及下一个财政年度的预算。去年留下的 141295.83 马克将为更大规模的事业储备起来。[77 709]。 |
|         | 来自 Kurt Joël 的 TLS。要求爱因斯坦对两篇批评广义相对论的经验基础的文章发表看法,他将就这个话题为《福斯报》写一篇评论文章。第一篇文章是卡内基研究所的年度报告,这篇文章声称爱因斯坦预言的太阳红移没有被发现。第二篇文章是 Johannes K. Riem 写的,发表于《环视》;该文引用卡内基研究所的报告,坚持认为对水星近日点异常的相对论解释可以通过一个由于其他行星产生"错误值"的公式做到,也可以通过其他的方法获得。[44 012]。 |

| | |
|---|---|
| 7月14日 | PAW全体会议讨论爱因斯坦的美国之行。W. Schulze反对把爱因斯坦的这次旅行报告收入会议纪要。Planck认为各位成员会对这个报告感兴趣；*Kirsten and Treder 1979a*，第128—129页；*Kirsten and Treder 1979b*，第244页，No. 228。 |
| 7月15日之前 | 来自Else Lasker-Schüler的ALS。自我介绍并请求允许拜访爱因斯坦夫妇，就半小时，足以让她展示她的*Lasker-Schüler 1921*即可。[34 119]。 |
| 7月15日 | 根据Poslednie novosti的说法，受苏联政府教育部长A. V. Lunarcharsky的邀请，爱因斯坦同意访问苏联，并且在那里去讲相对论。《犹太通信局》(*Jewish Correspondence Bureau*)，7月15日；《福斯报》，8月2日。 |
| | Elsa Lasker-Schüle给爱因斯坦展示她的*Lasker-Schüler 1921*，题词是"献给令人崇敬而钦佩的神奇教授阿耳伯特·爱因斯坦"（只是"教授"二字听起来令人不快并且太学究气——书中的暗兰[Amram]于1921年7月15日）。 |
| | 来自Solomon Ginzberg的Tgm。感谢在文件179和180中告诉他已转寄到美国。(IsJCZA, Z4/40205)。[90 290]。 |
| 7月16日 | IE致函Max Born。KWIP董事会要求已计划好的研究信息，同时还要求所需仪器的造价信息。[77 981]。 |
| | IE致函Karl Försterling。KWIP董事会同意改变研究题目。[78 014]。 |
| | IE致函Clemens Schaefer。KWIP董事会决定坚持关于购买一个Panzer电压表最初谈好的条件。如果价格超过已拨款金额，就需要为增加的经费提交新的申请。[77 601]。 |
| | 发给Esteban Terradas é Illa的ALS。抱歉不能接受7月1日的再次邀请。因为有重要的工作要做，他还要在柏林待一段时间。希望可以答应1922—1923学术年度的邀请。[43 172.1]。 |
| | IE致函Max Trautz。关于所提到的研究的方法，KWIP董事会要求获得进一步的信息。[77 646]。 |

| | |
|---|---|
| 7月17日 | 来自 Vieweg 的 TLS。感谢爱因斯坦7月7日在那张已经遗失的明信片上的文字表达,感谢他愿意把他的普林斯顿演讲稿的德语版权交给出版商。关于把这些演讲的英语翻译权交给 Methuen 一事征求爱因斯坦的意见。[42 100]。 |
| 7月18日 | 开始与儿子在武斯特罗/阿伦硕普度假(参阅文件174和 Schulz and Schwarz 1995)。 |
| 7月21日 | 来自 Vieweg 的 TLS。将从 Pantheon 出版社转出匈牙利语版 Einstein 1917a 的2819.84马克翻译版权费的一半。[42 101]。 |
| 7月25日 | 来自林赛国家科学院(Accademia Nazionale dei Lincei)院长的 TLS。爱因斯坦得到物理、数学以及自然科学的3a级推选,成为1类外籍院士(数学、力学及其应用)。[30 142]。 |
| 7月26日 | IE 发给 Vieweg 的 TLC。回复 Vieweg 7月21日的来信(年表和日程表),提醒他爱因斯坦的分成不是1/2,而是2/3,这是1月25日就以及协商好了的事情(年表和日程表)。请 Vieweg 不要把2819.84马克的2/3转到爱因斯坦的银行账户上,而是转到他的私人地址。[42 102]。 |
| 7月27日 | 来自 Vieweg 的 TLS。Vieweg 抱歉把翻译稿酬寄少了,因为一个员工弄错了。470马克的差额已随邮件补上。[42 103]。 |
| 7月28日 | 来自 Werner Richter 的 TLC。Max von Laue 将留在柏林。不可能为他在天文台专门增加一个职位,因为空缺的只是台长一职。提议成立一个由爱因斯坦和 Laue 组成的董事会,只负责科学上的专家鉴定工作。[83 208]。 |
| 7月29日 | 来自 Muller(Methuen)的 TLS。提醒说早在几周前他们就要求爱因斯坦谈谈他对把他那两本翻译成法语出版的书(Einstein 1920j and 1921c)翻译成英语的看法。爱因斯坦最初用英语写成的论文集也将做成一本精美的小册子。[67 971]。<br>对发表在《新鹿特丹报》上那次被声称的采访发表声明,澄清他对美国和美国人民的立场。《犹太评论》。 |
| 7月30日前后 | 发电报给柏林7月31日的和平示威游行,文件196。 |

| | |
|---|---|
| 7月31日 | Elsa Einstein 报告说参加柏林鲁斯特花园为纪念第一次世界大战爆发七周年举行的反战大集会，并且将"推销"一本纪念小册子。这本小册子将于8月1日发行，标题是"不要再有战争"。爱因斯坦当时"刚从国外旅行回来，疲倦至极，正在波罗的海海滨度假。他发了一封热情洋溢的长电报，表示支持这次有千余人参加的和平示威游行。《12时晚报》(*12-Uhr Abendblatt*)，8月1日；《柏林日报》《福斯报》，8月1日。 |
| 8月 | 在一份给天文学会董事会的申请书上联合签名，呼吁成立一个委员会，引导那些重新考察水星近日点的天文学家之间的合作。*Kirsten and Treder 1979a*，No. 103；*Kirsten and Treder 1979b*，No. 337。 |
| 8月1日 | Chaim Weizmann 询问 Kurt Blumenfeld，爱因斯坦是否被说服参加在卡尔斯巴德举行的第十二届犹太复国主义者大会。他在给爱因斯坦的一封信里谈到这一点，但那封信已经佚失（参阅 Chaim Weizmann 1921年8月1日写给 Kurt Blumenfeld 的信；*Wasserstein 1977a*，第239页；IsJCZA，Kurt Blumenfeld 论文集）。 |
| 8月2日 | 发给 Werner Richter 的 ALS。接受邀请，同意加入天文学学会理事会。如果这个行动能够激发该学会成员的同情心的话。[83 209]。 |
| 8月3日 | 来自外事办的 TLS。阿根廷对相对论的权威演讲感兴趣，正如《艾森汇报》(*Essener Allgemeine Zeitung*)上一条评论所说的那样。外事办愿意帮忙达成他们的邀请，因此询问爱因斯坦是否可以推荐几个懂西班牙语的人，或者，如果他自己能够访问南美的话，外事办会觉得这是最满意的解决办法。[43 133]。 |
| 8月8日 | 来自 Davis Erdtracht 的 ALS。Renaissance 出版社请求许可他们用波兰语出版 *Einstein 1917a* 和 *1920j*。署名下方有 IE 手书的注："售价的15%"。[41 1013]。 |
| 8月10日之前 | 在去基尔的途中拜访罗斯托克的 Moritz Schlick。 |
| 8月10日 | 住在基尔，完成《关于采访记者》(第七卷，文件61)。来自 Werner Bloch 的 TLS。请求推荐发表相对论的演讲。也提供私人教学、英语翻译和法语翻译、速记以及打字等。[43 285]。 |

| | |
|---|---|
| 8月11日 | 来自 Clemens Schaefer 的 TLS。在爱因斯坦 7 月 16 日的来信里，KWIP 奖励的 10000 马克只限于购买一台 Panzer 电流计。在 Friedrich Schmidt Ott 4 月 5 日的来信里没有提到这个限制。请求允许用这 10000 马克购买一台 Paschen 电流计，余下的钱用来购买增补的设备。签名下方有爱因斯坦手书的一注释："已批准。爱因斯坦通过 8 月 22 日的明信片批复"。[77 602]。 |
| 8月12日 | 来自 Muller 的 TLS。代表 Algernon Methuen 提醒说，出版社已经就 Methuen 想在英国出版爱因斯坦系列著作一事跟爱因斯坦取得了联系。假如爱因斯坦因为在度假还没有回复的话。[67 972]。 |
| 8月13日 | 来自 Waldemar（Vladimir）Alexandrow 的 ALS。提醒爱因斯坦，他出席了爱因斯坦在苏黎世大学所做的系列讲座。请求帮忙获得一个学术职位，因为要得到这个职位，对于他这个外国人来说很困难。提供了一份相对论和数学方面的论著清单，并附上了 Hermann Weyl 的一封推荐信。[43 031]，[43 031.1]。 |
| 8月17日 | 来自 Curt Bamberger 的 ALS。提议建造分子只能从同一方向穿透的隔膜，作用如一个阀门。布朗运动的分子可能在一边堆积，并施加一个起作用的压力，如此构建一个第二类永动机。给爱因斯坦提供这个办法，用以推动科学发展和帮助犹太人民。[25 007]。 |
| 8月17日之后 | IE 手书致 Curt Bamberger 的 Dft。这个想法无法实现，因为由气态和非气态两种成分组成的一个系统的动态平衡独立于这个系统非气态部分的结构。[25 008]。 |
| 8月18日 | 来自德国领事[Stiller?]的 TLS。爱因斯坦的姐姐的一个名叫 Baronin Jahn Rusconi 的亲戚通知说，爱因斯坦计划冬天去博洛尼亚大学讲学。也接到邀请去德国在佛罗伦萨的殖民地做一次讲座。[43 538]。 |
| 8月20日 | 被邀请去俄罗斯。《柏林日报》晚间版，增补版 1。 |
| 8月22日之前 | 从武斯特罗或基尔回到柏林。他的儿子回到他们的母亲那里，当时她正在维克度假。Mileva Einstein-Marić 1921 年 8 月末到 9 月初写给 Helene Savic 的信。 |

| | |
|---|---|
| 8月24—27日 | 出席天文学会在波茨坦召开的会议,正值爱因斯坦塔的落成典礼。被委任进行远征科考,观察1922年9月22日的日全食现象。《每日评论》,8月26日;《自然科学》(1921),839ff;《天文学新闻》214 (1922): col. 99。 |
| 8月26日 | 发表《关于创办耶路撒冷希伯来大学》(第七卷,文件62)。<br>来自 Megh Nad Saha 的 ALS。从德国回到印度后,继续进行高温物理学研究,恳求写一封推荐信给一家印度公司,申请给予经济援助。[44 866]。<br>来自 Julius Springer 的 TLS。附上来自 Renaissance 出版社的一封信,要求得到出版 *Einstein 1920j* 的波兰语版的许可权。即使爱因斯坦保留商谈经济条件的权利,他也愿意做一个中间人。[41 1012]。 |
| 8月27日 | 在波茨坦的天文学家日与 Arthur Eddington 一起讨论 Hugo von Zeipel 关于他决定星团中恒星分布的报告,《柏林日报》,EE。<br>来自"Christiania"(奥斯陆)的 Carl Störmer 教授的 TD,作者身份不明的文章的勘误页面,法语版。[45 077],[45 079]。 |
| 8月30日 | 来自 Franz Rusch 的 TLS。回忆爱因斯坦在萨尔茨堡召开的第85届 GDNÄ 会议上的讲座(*Einstein 1909c*)。在天津缺乏专家文献。努力引导中国学生学习现代物理理论。相比于中国人,更喜欢日本人。对美国高等教育评价低。恳求爱因斯坦的论文。[44 829]。 |
| 8月31日 | 来自 Erwin Freundlich 的 TLS。对于3个未定职位,天文观测台的新任台长想要提名 Walter G. Hassenstein、Gustav F. Schnauder 和 Baron Emanuel von der Pahlen。前两人是因为他们的家庭关系而不是他们的能力,第三位是俄罗斯人——他很可能得到这个职位,而不是一个德国候选人。友好地要求爱因斯坦提请教育部注意这个计划。[11 160]。 |
| 9月2日之前 | Victor Moritz Goldschmidt 和妻子 Amelia 拜访住在柏林的爱因斯坦夫妇。参阅 Amelia 1921年9月2日写给 Elsa Einstein 的信。[120 475]。 |

| | | |
|---|---|---|
| | 9月5日 | 给 Paul Faraday 的[PD]。问他要 Michael Faraday 的一份签名。明确地说他最喜欢的作曲家是巴赫和莫扎特，他还喜欢孩子。美国图书价格趋势 1983—1984。签名或手稿 [76 670]。 |
| | | 来自 Ansbacher 的 TLS，谈一篇发表在《晚邮报》(*Corriere della sera*)上讨论爱因斯坦理论的文章。[43 056]。 |
| | | 来自 Max Barthel 的 TLS。世界各国工人救济俄国饥民组织委员会的一个代表要求会见爱因斯坦。[44 844]。 |
| | 9月6日 | Tr，出自 Pierre Speziali 手笔的一封写给 Maja Winteler-Einstein 的信："亲爱的 Maja！我收到 K. Paulis 的信了。"[81 470]。 |
| | | 来自 Willem de Sitter 的 ALS，爱因斯坦答应 Paul Ehrenfest 11 月 6 日去莱顿，Arthur S. Eddington 和 James Jeans 也得到邀请，他们将于 11 月 10 日去那里。[20 577]。 |
| | | IE 发给 Oskar von Miller 的 TLC。爱因斯坦不能出席德国慕尼黑博物馆 8 月 23 日的年会，但提议 11 月初去那里做短暂停留，为了录制"声音的肖像"(Stimmportröt)。[43 547]。 |
| 470 | 9月7日 | 出自 IE 手笔发给 Granville Bantock 的 Dft。他 10 月将到意大利演讲，11 月去莱顿。他也必须在柏林待一段时间。一旦有机会，他会接受伯明翰大学的邀请。[43 271]。 |
| | | 出自 IE 之手发给 Maurice Solovine 的 Dft。正在为 *Einstein 1922c* 而努力工作。怀疑 Solovine 处理不了翻译中的数学问题。不期望 Solovine 去美国之前完成手稿。[21 151]。 |
| | | 来自 Muller (Methuen) 的 TLS。希望自己 7 月 29 日的信得到回复。附上 *Manning 1921* 和 *Schmidt 1921* 的赠书。[67 973]。 |
| | | 来自 Willi Münzenberg 的 TLS。接受爱因斯坦的辞职申请，答应在以后的出版物中不再使用爱因斯坦的姓名。[44 847]。 |

| | |
|---|---|
| 9月9日 | 出自 IE 之手发给德国领事馆[Stiller?]的 Dft,。很难有时间在佛罗伦萨做讲座,只希望在那里待几小时看看风景。[43 539]。 |
| 9月10日 | 给 Paul Ehrenfest 的 Tgm:"地方够了,我们在等您"[9 568]。 |
| 9月10日之后 | Paul Ehrenfest 在柏林访问。 |
| 9月12日 | IE 发给门德尔松银行的 TLC。附信是 4 月 1 日到 7 月 31 日消费账目。要求转款 1000 马克到 KWIP 的现金办公室。除了纸张和邮件方面的小型消费之外,账目上唯一的开支是 IE 每月薪水 250 马克。[77 899],[77 712]。 |
| | IE 代表爱因斯坦发给 Muller(Methuen)的 TLC。抱歉回信晚了。把英语版的 *Einstein 1920j and 1921c* 交给 Methuen,要求书价的 15% 作为版税。[67 973.1]。 |
| | 来自 Federigo Enriques 的 TLS。要求告知爱因斯坦到达的具体时间和爱因斯坦在博洛尼亚的演讲题目,以便他更好地安排会场,确定邀请的客人名单。Enriques 作为意大利数学家协会主席参加 10 月 13—16 日在那不勒斯举行的大会期间,爱因斯坦的讲稿摘要可以被翻译成意大利语。[9 231]。 |
| 9月14日 | 来自 Vieweg 的 TLC。匈牙利出版商 Pantheon 为匈牙利语第 2 版 *Einstein 1917a* 转账 2357.64 马克。询问爱因斯坦他的 1571.78 马克应该寄到何处。他 7 月 7 日和 8 月 5 日写信给爱因斯坦,谈到出版爱因斯坦新作的事情,但那两封信都不可得,因此在此重新提到那两封信里的要求。[42 105]。 |
| | Ben-Zion Mossinson 向在卡尔斯巴德举行的第十二届犹太复国主义者大会展示了文化委员会的一份决议,大会"对此表示满意,因为阿耳伯特·爱因斯坦教授和美国犹太医生委员会的贡献,希伯来大学医学院的第一部分机构才有机会得以建立。"《犹太评论》,9 月 23 日。 |
| 9月15日 | IE 致信文艺复兴出版社。爱因斯坦不反对出版波兰语版的 *Einstein 1920j*,他要求所得收入的 15% 作为版税。关于 *Einstein 1917a* 的波兰语版本,他建议出版商找 Vieweg 负责翻译。[41 1015]。 |

| | |
|---|---|
| | IE 致信 Vieweg。要求把匈牙利语第 2 版的 *Einstein 1917a* 的稿酬转到爱因斯坦的私人账户上。普林斯顿大学的演讲稿还没有完成,因为爱因斯坦太劳累了。[42 104]。 |
| 9 月 16 日 | 来自 Rudolf Lämmel 的 TLS,请求帮忙谋一个职位。作为一个"名不副实的瑞士人",一个犹太人,一个社会主义者,他遭到最严酷的反对,在苏黎世谋生非常艰难。他想成立一个成人教育中心,结果被"教授"和布尔什维克党人撞得"船毁人亡"。现在他的计划是研究自然哲学和教学法。[15 011]。 |
| 9 月 17 日 | IE 发给 Muller (Methuen) 的 TLS。提议出一本更厚的书,包括 *Einstein 1920j and 1921c*、爱因斯坦在国王学院的演讲以及其他演讲。[69 004]。 |
| | 来自 Vieweg 的 TLS。匈牙利语第 2 版的 *Einstein 1917a* 的稿酬已转到爱因斯坦的私人账户上。期待出版爱因斯坦在普林斯顿大学的演讲稿。[42 107]。 |
| 9 月 21 日 | 来自 Barth 的 TLS。猜想爱因斯坦会同意,他们已经把 *Einstein 1916e* 又复印了 2000 本。900 马克的稿酬已转。[41 1000]。 |
| | 来自 Karl Kumpmann 的 TLS。邀请去杜塞尔多夫为持续的普通教育和经济科学方面的学术课程发表演讲。[43 595]。 |
| | Methuen 发给 IE 的 TLS。打算发行英语版的 *Lorentz et al. 1920*,请求许可出版其中爱因斯坦的论文。[67 974]。 |
| | 来自 Maurice Solovine 的 ALS。由于缺钱,他不得不推迟他的美国之行。至于把爱因斯坦在普林斯顿大学的演讲内容译成法语一事,需要的时候他可以向数学家请教。答应把译稿寄给爱因斯坦,以便爱因斯坦指正。[21 153]。 |
| 9 月 22 日 | 来自教育部的 Jander。要求知道那两位观测员的姓名,他们曾向爱因斯坦抱怨波茨坦天体物理台已计划的人事任命(参阅文件 221)。 |

| | |
|---|---|
| 9月25日 | 来自 Federigo Enriques 的 TLS。感谢爱因斯坦的来信（已佚失），爱因斯坦在信中说他将于10月20日到达。讲座将在10月22日、24日以及26日举行。他建议讲座结束后组织一个小规模的专家讨论。10月28日，爱因斯坦将去佛罗伦萨，10月29和30日待在那里。邀请爱因斯坦10月20日晚上住到他的家里。[9 232]。 |
| 9月26日 | 来自 Davis Erdtracht 的 ALS。感谢爱因斯坦授权给 Renaissance 出版社，同意让他们出版波兰语版的 *Einstein 1920j*。要求爱因斯坦同意授权 Springer 出版社把 *Einstein 1921c* 翻译成波兰语，并通知爱因斯坦，Vieveg 已得到授权，可以把 *Einstein 1917a* 译成希伯来语和意第绪语，而且支付15％的版税。[41 1017]。<br>在家里会见室伏高信，与他讨论去日本的事情。 |
| 9月29日 | 来自 W. S. Davenport 的 TLS。旋转的实心圆盘的圆周不会大于静止的圆盘，因为这个圆周和量杆都会以同样的方式变短，因此 π 值不会改变。然而，假如 π 值改变了，也能测量到的话，那么圆盘的圆周不是变大，正如 AE 坚持认为的那样，而是变小，看起来就像一个圆屋顶形状。[25 046]。 |
| 9月30日 | 来自位于 Remscheid 的一家生产和出口锯片、剪刀、文件夹等物品的 David Dominicus 公司的 TLS。一笔金额为1115.56马克的款项已经转到 AE 在德累斯顿储蓄银行（凯撒大道190号）的账户上。这笔钱是7月25日贷给这家公司的50000马克的12％的利息。[43 562]。 |
| 10月1日 | 在德国博物馆的董事会议上被选为其成员，GyBP, I. Abt., Rep. 1A, Nr. 933。 |
| 10月4日 | 发给 Wilhelm Bölsche 的 TLS。建议 Rudolf Lämmel 作为他们的合作人。[83 835]。<br>IE 代表爱因斯坦发给 Muller (Methuen) 的 TLC，没有时间再准备一场要发表的演讲。*Lorentz et al. 1920* 的英语版肯定已经由 George B. Jeffery 译成了英语（参阅第十卷，文件230），然而长期以来不为人知，建议他们向 Jeffery 询问情形。[69 005]。 |

|  |  |  |
|---|---|---|
|  |  | 来自 Karl Kumpmann 的 TLS。对于爱因斯坦在杜塞尔多夫发表演讲的日期，提议定在 1921 年 12 月 4 日和 1922 年 2 月 12 日，或者 11 月到 2 月的任何一个星期天。计划安排在城市音乐中心，上午 10 时。[43 596]。|
|  | 10 月 5 日 | IE 手书发给 Karl Kumpmann 的 Dft。可以安排的演讲日期只能是 11 月 26 日或 27 日，因为他当时会住在杜塞尔多夫附近。至于演讲题目，他定为"物理学在最近 20 年内的新发展"。[43 597]。|
|  | 10 月 6 日 | 来自 [J.] von Borosini（德国驻罗马大使馆）的 TLS，罗马报纸 *Epoca* 请求一篇用意大利语写成的通俗文章，并且要发表于爱因斯坦在博洛尼亚发表的 3 场演讲之前。[43 530]。|
|  |  | 来自 Jacobus E. de Vos van Steenwijk 的 ALS。给出发表在 1823—1825 年的布里斯班星表里的 139 次金星和 9 次水星观测归算。只能呈现赤纬。[20 579]。|
|  | 10 月 6 日之后 | IE 手书发给 Jacobus E. de Vos van Steenwijk 的 Dft；建议他把数据寄给从事相对论天文计算的著名专家 Willem de Sitter。[20 580]。|
| 474 | 10 月 7 日 | 发表《关于儿童的悲惨境遇》（第七卷，文件 65）。|
|  |  | 来自 Ernest Barker 的 TLS。为国王学院图书馆要求 AE 的著作，以纪念爱因斯坦在那里发表的演讲。[44 140]。|
|  |  | 来自 Vieweg 的 TLS。Renaissance 出版社愿意为乌克兰语、意第绪语以及希伯来语版本的 *Einstein 1917a* 支付 15％的版税。问爱因斯坦是否仍然坚持不要酬金的决定。他们还询问爱因斯坦，是否为新德语版的正面插图选择 Julius C. Turner 的那两幅蚀刻版画。[42 110]。|
|  | 10 月 8 日 | 发给 N. Johannsen 的 AKS。忙碌于书信交流，拒绝继续为自己已经陈述过的观点交换意见，斯旺画廊，包括汽车图画。1987 年 10 月 22 日，lot 89。|
|  |  | 来自柏林-舍嫩贝格国内税务局的 ALS。9 月 1 日，邮政主管当局将 Paul Winteler 8 月 27 日写的一封信的部分复印件转给国内税务局，谈及存在于卢塞恩的一笔 12750 法郎的余额。这就是为什么他们要在 10 月 4 日请求爱因斯坦给予一个答复。签字人 Heinrich Kassel 答应星期一打电话给 AE 讨论这个回复。[43 675]。|

| | |
|---|---|
| 10月10日 | 来自商业银行斯图加特分行的 ALS。要求汇款14543.50马克,这是银行向爱因斯坦售出股票而要求他支付的金额。[43 482]。 |
| 10月11日 | 发给柏林-舍嫩贝格国内税务局的 ALS。卢塞恩那里的12750 法郎属于第三个人,这个人因为政治原因不能作为它的拥有者。爱因斯坦作为瑞士公民代表他收取这笔钱,然后把这笔钱转给其合适的拥有者。他自己在瑞士没有任何可用的账户。[43 676]。 |
| | 来自"关怀海外德国人联合会"(Count zu Bentheim)的 TLS。代表 Joachim von Winterfeldt-Menkin 邀请爱因斯坦加入勃兰登堡省委员会,目的是把爱因斯坦的姓名增加到正在准备的一份申明里。也欢迎为他们的基金捐款。[43 122]。 |
| | 来自 Muller (Methuen)的 TLS。与 George B. Jeffery 谈话时,他了解到,在加尔各答,一部分的 *Lorentz et al. 1920* 已经翻译成英语。请问爱因斯坦是否同意他这样做。期待去柏林拜访,请求在那里见到物理学教授和数学教授。[67 975]。 |
| 10月13日 | 发给商业银行斯图加特分行的 TLC。寄去银行 5000 马克股票的汇款 14643.50 马克。[43 483]。 |
| | IE 发给 Karl Kumpmann(通识教育和经济科学方面的学术课程)。爱因斯坦将于 11 月 26 日到达杜塞尔多夫。请订旅馆房间。[43 591]。 |
| | 《费伽罗报》发表 Raymond Recouly 的采访:"爱因斯坦访谈",日期为"9 月"。 |
| 10月14日 | 发给 Ernest Barker 的 TLS。他没有较重要的论文的副本,也没有写一本书。几篇最重要的论文已经在合集中发表了。一等到新版发行,他就会把这个合集寄去,同时寄出抽印本。回忆在伦敦时 Barker 对他的热情款待。[44 142]。 |
| | IE 手书发给 J. von Borosini 的 Dft。不能答应他的要求,因为博洛尼亚演讲的题目不适合报纸的要求。[43 531]。 |
| | 发给 Walter Hahnemann 的 TLS。要求见面讨论他的一个想法,即 AE 的引力理论能够解释为纵向波辐射引起的一种现象。[43 830]。 |

|  |  |
|---|---|
|  | IE 手书发给 Hans H. Kritzinger 的 Dft。感谢被选为荣誉成员。欣赏这个组织在其命运遭受打击时所保持的国际特色。[30 137]。|
| 10 月 15 日 | 计划早晨出发往意大利去。|
|  | 普鲁士教育部长 Carl H. Becker 通知 PAW,1922 年预算将注意,爱因斯坦和 Burdach 得到全职大学教授待遇:年薪是 19000 马克,一份城市津贴 5000 马克;以及当时的生活标准调整。批准 PAW 安排支付这些薪水,从 1921 年 4 月 1 日算起。GyBAW,Ⅱ－Ⅲ,Bd. 39,Bl. 36。|
|  | 来自德国驻东京的东亚自然科学和民族学学会的 TLS。考虑到爱因斯坦计划明年访问日本,他们愿意提供帮助,并且邀请爱因斯坦去他们在东京的总部。[36 438]。|
| 10 月 16 日 | 到达因斯布鲁克,在那里见到 Hans Albert Einstein。他们一起前往维罗纳。|
| 10 月 16 日到次年 3 月 15 日 | 与 Max von Laue 和 Wilhelm Westphal 为柏林大学第三学期的物理学和数学系学生举办物理学研讨课,时间是星期四下午 2:30—4:00。《柏林目录》(1921b)。|
| 10 月 17 日 | 与 Hans Albert Einstein 一起去博洛尼亚旅行。|
| 10 月 18 日 | 与儿子一起去佛罗伦萨看望姐姐 Maja 和姐夫 Paul Winteler。|
| 10 月 20 日 | 发给 KWIP 董事会的 TLS。在 10 月 12 日举行的大会上,KWIP 董事会拨款 10000 马克给 Walther Gerlach,支持他研究单原子金属蒸汽的带光谱,每月拨款 400 马克给 KWIP 的秘书。提醒他们,董事会提议 Max von Laue 做董事会的成员(参阅 3 月 7 日的词条),正等待他们的回复。GyMerSa, Rep. 76 Vc, Sekt. 2, Tit. 23, Litt. A, Nr. 116, Bl. 75v. [77 340]。|
|  | 来自 Eduard Hartmann 的 ALS。对于爱因斯坦在文件 269 中的解释,理解起来有问题。同意出版他们的往来信函。[12 168]。|
|  | 来自 Roethe 的 TLS。爱因斯坦的年薪增长到 19000 马克,从 1921 年 4 月 1 日起开始发放,城市津贴 5000 马克,还有某些更小的补贴,以抵消通货膨胀。[79 331]。|
| 10 月 21 日 | 回到博洛尼亚。《晚邮报》,10 月 22 日。|

| | |
|---|---|
| 10月22日左右 | 给 Adriane Enriques 的题词:"学习和对美与真的普遍追求,这是一块我们可以在其中终生保持为孩童的领地。赠 Adriane Enriques 以纪念1921年10月的相识——阿耳伯特·爱因斯坦。"[36 588]。 |
| 10月22日 | 博洛尼亚的第一场演讲是在阿奇吉纳西欧宫讨论狭义相对论。《晚邮报》,1921年10月2[3]日;*Todesco 1922*,第125—135页。 |
| | IE 致信 Gabriella Conti。爱因斯坦可以在理论物理领域提供合作。他与波茨坦天体物理研究所没有联系,尽管他的兴趣领域涉及天文。塔式望远镜大约半年之内准备好。建议她打电话给在博洛尼亚的他,讨论一些细节问题。[43 489]。 |
| | IE 致信 Walther Gerlach。监理会还没有批准 KWIP 董事会给他拨款10000马克,用于购买一台光谱仪和辅助设备。[78 046]。 |
| | 来自 Ernst Wagner 的 ALS。向 KWIP 申请2500马克建一个金属柯立芝 X 线管,用以研究 X 线发射与电势和阳极材料的关系。[77 662]。 |
| 10月22日之后 | 来自 Gabriella Conti 的 ALS。很高兴能抓住这个机会去 AE 的研究所和 AE 一起工作。预计在柏林1920年11月或1922年的消费。[43 487]。 |
| 10月23日 | 来自 Aristiole Muller 和家人的 AKS。祝贺爱因斯坦取得成功。[44 478]。 |
| 10月24日 | 博洛尼亚的第二次演讲,关于广义相对论。*Il Secolo*,1921年10月25日;*Todesco 1922*,第22—231页。 |
| | 参加博洛尼亚科学院举行的一次讨论相对论的特别会议。《第二世纪》(*Il Secolo*),10月25日。 |
| | 来自 Ulrico Hoepli 的 ALS。除了他10月22日的信,还告知 *Schmidt 1920* 的译者是 Rafaele Contu,他10月22日在《休息的狮子》(*Resto del Carlino*)上发表了一篇社论,还在《科学大全》(*Scienza per tutti*)上发表了一篇关于相对论的文章,用到 AE 的简历。请求给意大利语版的 *Schmidt 1920* 写前言。[43 932]。 |

| | |
|---|---|
| 10月25日 | 来自 Ayao Kuwaki(桑木或雄)的 TLS。由他和 Ikeda(池田)翻译的日语版 *Einstein 1917a* 已经出版,Nagaoka(长冈)写了前言。要求同意翻译 AE 发表在 *Lorentz et al. 1920* 上的论文。告知 AE 计划访问日本之事。[44 242]。 |
| 10月26日 | 博洛尼亚的第三次演讲,关于广义相对论的宇宙学后果。《晚邮报》,1921年10月27日;*Todesco 1922*,第231—236页。 |
| | 来自 Pincass(化学家和工程师联盟)的 TLS。请求发表一次关于相对论的基础和成就的演讲。[43 453]。 |
| | 来自一个不知名的工人的 AL 片段,感谢 AE 对他的帮助。他被 AEG 的领导 Loewe 采访,但没有成功。 |
| 10月27日 | 在帕多瓦大学发表一次演讲。*Il Veneto*(帕多瓦),11月1—2日。 |
| | 根据内阁命令,普鲁士全职教授的最高薪水可以授予 K. Burdach 和 AE。*Kirsten and Treder 1979b*,第245页,No. 230。 |
| | IE 致函《法兰克福报》。为了回答10月24日关于题为"科学家歌德"的演讲的要求,建议以"AE 的名义"改邀 Ernst Cassirer。[43 724]。 |
| | 致函 Walter Hahnemann 的 Dft。邀请他去他的公寓讨论 Hahnemann 在10月14日来信中提出的问题(年表和日程表)。[41 831]。 |
| 10月28日 | 来自 Vieweg 的 TLS。第13版 *Einstein 1917a* 印发5000册,酬金10000马克(单价10马克的20%)。从意大利语版所得的8562.95马克版权收入当中,取2/3作为爱因斯坦应得的份额,合计5708.64马克。[67 889]。 |
| 10月29日 | 与 Hans Albert 从意大利回来,在苏黎世与 Eduard 和 Mileva 在一起。 |
| 11月1日 | 来自 Alfred Berger(德国犹太人组织的工人福利办公室)的 TLS。为巴勒斯坦的 J. Buchmann 寻求帮助,支持他在柏林找到一种高温电炉,用以产生一种碳化物熔体。[43 408]。 |

| | |
|---|---|
| 11月2日 | 来自 Johann Koenigsberger 的 TLS。要求 KWIP 为他的研究提供经济支持,其研究部分带有地球物理学的性质。他以前从美国得到的支持已经结束。海德堡的 Philipp Lenard 拒绝给他提供任何帮助,很明显是因为政治方面的原因。等得到肯定答复后会提供详细的研究计划。[77 790]。<br>离开苏黎世前往莱顿,最后到达法兰克福。 |
| 11月3日 | 来自 Gauthier-Villars 的 TLS。寄出一份科学院报告,一同寄出的还有爱因斯坦可能感兴趣的 Paul Painlevé 和 Emile Picard 的论文(*Painlevé 1921a and 1921b*, and *Picard 1921*)。[43 737]。<br>德国驻巴黎大使馆的报告,在推选法国科学院的通信院士过程中,爱因斯坦获得 8 票。*Kirsten and Treder 1979b*,第 171 页,No. 699。<br>到达莱顿后与 Ehrenfests 在一起,然后发表他的年度演讲。 |
| 11月4日 | IE 致函 Count zu Bentheim(关怀海外德国人联合会)。以爱因斯坦的名义接受省委员会荣誉成员称号,并为该组织寄出一份捐款。[43 124]。 |
| 11月5日 | 来自 Walther Gerlach 的 ALS。感谢 KWIP 提供资金。[78 047]。<br>来自 Friedrich Schmidt-Ott 的 TLS。KWIP 为 Walther Gerlach 提供的资金和任命 Max von Laue 为 KWIP 董事成员的决议开始生效。不反对给 KWIP 的秘书每月支付 400 马克的酬金。[77 341.1]。<br>来自 Vieweg 的 TLS。为第 13 版的 *Einstein 1917a* 汇款 10000 马克;出售意大利语版版权收入 5708.64 马克;法语版版权收入 36801.16 马克。[42 113]。 |
| 11月10日 | 来自 Vieweg 的 TLS。11 月 5 日来信里提到的 52509.80 马克不能通过支票转出,因为最多只能转 10000 马克。波兰语版的版税所得的 3500 马克刚刚到账,爱因斯坦从中可获得 2333.35 马克。要求说明怎样将这笔金额为 54843.15 马克的钱转出去。[42 114]。 |

| | | |
|---|---|---|
| | 11月14日 | 来自 Alexander Pflüger 的 TLS。邀请在波恩举行的数学和科学教育促进协会第 25 届年会上发表演讲,致力于与教育有关的宇宙哲学问题。[44 656]。 |
| | 11月15日 | 来自 Paul Szende 的 ALS。描述他计划的那本书的主要内容;该书从社会学的角度理解相对论,附上他的论文 *Szende 1921* 的重印版,上面的题词是:"献给阿耳伯特·爱因斯坦教授博士先生以表我深深的崇敬之情——Paul Szende Wien 博士,于 1921 年 11 月 10 日"。[74 370]。 |
| | 11月16日 | 来自 Muller (Methuen) 的 TLS。为英语版的 *Lorentz et al. 1920* 提供书价的 12.5% 作为版税。[67 976]。 |
| | 11月18日 | 来自 Muller (Methuen) 的 TLS。寄出英语版的 *Einstein 1920j and 1921c* 的合同。[67 977]。 |
| | 11月19日 | 拜访乌得勒支的 Leonard Ornstein 和 Willem Julius。 |
| | 11月20日 | 回到莱顿。 |
| | | Gustav Müller 发给"爱因斯坦捐献基金委员会"的 ALS。因为他已退休,不再做天文台台长,按照基金会的规定,他也会退出基金委员会。[11 249]。 |
| 480 | 11月21日 | 拜访在哈勒姆的 Hendrik A. Lorentz。 |
| | 11月22日 | 来自 Gaston Moch 的 TLS。将寄出他的 *Moch 1921*,并且开列了一份他在法语版 *Einstein 1917a* 中发现的翻译错误。[44 471]。 |
| | | 来自《自然》编辑的 TL。Oliver Lodge 爵士建议 *Einstein 1920j* 发表在《自然》上。请求同意将 *Einstein 1920j* 译成英语。[44 525]。 |
| | | 来自 Johannes Staub 的 ALS。他一直在思考"'永恒回归'的问题",还没有找到办法避开从原子因果论这条线索来思考。在阅读 *Moszkowski 1921* 的过程中,他明白了爱因斯坦没有必要得出这个结论,催他寄一份回复,因为他的快乐有赖于此。[25 284]。 |
| | 11月26日 | 在杜塞尔多夫歌剧院发表题为"最近 20 年物理学的变化和基础"的系列演讲,作为"杜塞尔多夫的通识教育和经济科学方面的学术课程"。*Generalanzeiger*,1921 年 11 月 28 日。 |

|  |  |
|---|---|
|  | 来自 Heinrich Ströbel 的 TLS。为《和平运动》小册子征稿。提议以"科学的国际特点"为题。提供稿酬 1000 马克,最后期限 1922 年 1 月 1 日[44 118]。 |
| 11月27日 | 回到柏林。 |
| 11月28日 | 发给 Curt Hirschfeld 的 TLC。一份关于爱因斯坦父亲的一项专利的专家意见手稿出现在一份拍卖目录里。这份手稿肯定与爱因斯坦借给 Hirschfeld 的那一份是相同的。他请求马上还回,否则将对他采取法律手段。[43 904]。 |
|  | 来自 Alfred Louis Berthoud 的 ALS。给出电场里一个运动电子的质量增加的两个表达式:一个从能量表达式演化而来;另一个是电磁表达式,请问哪一个是正确的。[25 023]。 |
|  | 来自 Harry Schmidt 的 ALS。准备美国讲学之行,要求在那里取得联系,已得到建议。附上一份意大利语版的 *Schmidt 1920*,问是否已经寄出一份 *Schmidt 1921*。[44 976]。 |
|  | 来自 Franz (Ferenc) Vámos 的 ALS。要求回复他 7 月 12 日的信,附上匈牙利作曲家 Zoltán Kodály 的一首弦乐四重奏的曲谱。[45 173]。 |
| 11月29日 | 发给 Ulrico Hoepli 的 TLC。为了保持公正,他多年来都没有推荐相对论方面的任何出版物,希望这一次也不例外。[43 934]。 |
|  | 发给 Emilie Mosse 的 TLS。由于长时间的缺席,他现在只能回复她 11 月 14 日的来信。因委托的任务很重,不能接受邀请为"女性之家协会"(Verein Mödchenhort)发表一次演讲。GyBLA, E Rep. 061 - 16, Nr. 590。[85 454]。 |
|  | 来自 Carl Drucker 的 ALS。要求为第 100 卷《物理化学杂志》提供论文。[43 585]。 |
| 11月29日或以后 | 发给 CarlDrucker 的 Dft。不能满足上面所提的要求,因为他抽不开身,正忙着别的事情。[43 586]。 |
| 11月30 | 来自 M. P. Drosue 的 ALS。11 月底去柏林,请一位听众把逻辑学部主席 Paul Painlevé 的邀请函呈给将于 12 月 28—31 日在巴黎举行的国际哲学大会。Emile Haguenin 将为法国相对论方面的科学家提供详细介绍。总结相对论在法国"古典派"与"现代派"之间辩论中的重要性。[43 583]。 |

|  |  |
|---|---|
|  | 来自 Muller（Methuen）的 TLS。发现发行英语版 *Einstein 1920j and 1921c* 的协议里有一个错误。寄出一份新合同，要求寄回早先那一份。[69 007]。 |
| 12月1日 | 发给桑木或雄的 TLC。同意把自己的论文翻译成日语。要求书价的 12% 作为版税，与对英语版所要的一样。访问日本的计划落空。[44 243]。 |
|  | 寄给 PAW 物理-数学类秘书处的审稿人报告。作者通过南半球相对于北半球沿地球自转的方向旋转，来解释地球表面的形成过程。AE 发现该作者基于大陆板块的不均匀分布的力学的解释是错误的构想，这种方法也可以形成高山。他建议请教一位地理学家。GyBAW，II-VIb，Bd. 43，Bl. 57. *Kirsten and Treder 1979a*，第 143 页，No. 62。 |
| 12月2日 | 来自 Rafaele Contu 的 ALS。已寄出一本关于讨论相对论和爱因斯坦生平的小册子。询问爱因斯坦父母的姓名，以及爱因斯坦对 *Fabre 1921* 的贡献，因为他没有能成功地从 Lucien Fabre 那里获得。[42 308]。 |
|  | 来自律师 Meinhardt，Danziger 和 Nünninghoff 的 TLS。附上法官 Lindhorst 的三份要求的德国专利书，还有一份寄给法庭以及在图集制作公司与信号公司诉讼事件的反对方的短信。[81 802.1]。 |
|  | 来自 Friedrich Schmidt-Ott 的 TLS。KWIP 同意 Max von Laue 入选董事会成员，同意拨 10000 马克给 Walther Gerlach。[77 343.1]。 |
|  | 来自 Noémi Stricker 的 ALS。重复文件 300 和 307 中的呼吁。[45 091]。 |
| 12月3日 | 寄给 Landgericht I，16. Zivilkammer，柏林的 TLC。附信就图集制作公司与信号公司诉讼案征求专家意见。（第七卷，文件 66）。要求 4000 马克的酬金。[35 332]。 |
| 12月4日 | 寄给 Alexander Pflüger 的 Dft。厌倦了旅行和演讲，不能接受这份邀请。[44 657]。 |

| | |
|---|---|
| 12月5日 | Barth. M. Réfik 寄来的 TLS，想把 *Einstein 1916f* 翻译成法语，Barth 提出，2000 册内 50 法郎的版税，每多印刷 1000 册，增加 25 法郎，与爱因斯坦平均分配。[41 1002]。<br>Max Trautz 寄来的 TLS。附信详细描述他确定恒定体积气体比热的计划。向德国科学院的物理学部申请经费（显然来自 KWIP）。也申请允许继续他的研究工作，因为他负担不起一台在从室温到 800℃ 高温下工作的仪器的费用[77 647]。 |
| 12月6日之前 | 一位雕刻家 Rudolf Wolff 寄来的 ALS。请 AE 为他寻找资助，这样他就能继续从事他的研究和艺术工作。[45 276]。 |
| 12月6日 | 寄给 M. P. Drosue 的 TLC。感谢邀请他参加在法国举行的哲学会议。然而由于旅行期间积压了太多科学工作要做，因此不能接受他的邀请。建议 Paul Langevin 参加这次会议，因为他是相对论及其与哲学的关系方面的专家。[43 584]。<br>寄给 Gaston Moch 的 TLC。为 *Moch 1921* 和法语版 *Einstein 1917a* 的勘误表表示感谢。推荐 Maurice Solovine 作为一位可信任的助手。[44 472]。<br>寄给 Rudolf Wolff 的 TLC。在回答请求经济资助时，需要更充分的信息，并且暗示自己会提供帮助。[45 277]。<br>Maurice Solovine 寄来的 ALS。有兴趣把 AE 在普林斯顿大学的演讲翻译成法语。Gauthier-Villars 准备出版这些演讲。现在正忙着编辑一本选集，征求 AE 的一本著作。咨询 AE 是否在柏林大学发表了能够被出版的通俗演讲。拟定题目为"19 世纪物理理论的批判性思考"。还没有与 Untermyer 夫人接洽，因为他还不知道什么时候离开法国，也不知道用什么语言可以赢得她的好感。[21 155]。<br>在 KWG 第八次全体会议上，首席财务主管 Franz von Mendelssohn 汇报了 1920—1921 财政年度的预算，报告 100000 马克作为 KWIP 的费用。[77 128]。 |

| | | |
|---|---|---|
| | 12月7日 | Richard Fleischer 寄来的 TLS。请求爱因斯坦为他的《德语杂志》(*Deutsche Revue*)写一篇论文,讨论僵化教育令人窒息的影响,这种教育方式是科学创新和进步的阻碍。[43 693]。 |
| | | Muller (Methuen) 寄来的 TLS,附寄关于英语版 *Einstein 1921c* 和 *Lorentz et al. 1920* 的协议书。[69 008]。 |
| | 12月8日 | 提交"关于光发射基本过程的实验"(第七卷,文件 68),跟 PAW 交流 *Kaluza 1921*。 |
| | | Noémi Stricker 寄来的 ALS。重复文件 300 和 307 中提出的要求。[45 092]。 |
| | 12月9日 | IE 致函 J. Bachmann。Fritz Haber 的研究所有一个熔炉,最高温度可达 2000℃。AE 邀请他讨论一些细节问题。[43 409]。 |
| | | 寄给 W. S. Davenport 的 TLC。这个旋转盘不是一个欧氏刚体,因为它不能被设置为旋转模式。这篇博士论文里最重要的不是圆盘,而是量杆;这些量杆相对于彼此是静止的,相对于一个惯性系则是一个旋转的整体。[25 048]。没标日期的 Dft [25 047]。 |
| | | 来自 Cristóbal de Losada y Puga 的 TLS。附上一期刊载了他的 3 篇相对论演讲的 *Informaciones y Memorias de la Sociedad de Ingenieros del Perú*。答应将他的一篇讨论一个相对论公式的论文提交给 *Archivos de la Asociación Peruana para el Progreso de la Ciencia* 发表。[44 359]。 |
| | | Gerhard Schmidt 寄来的 ALS。Peter P. Ewald 决定不离开斯图加特,因而不得不为明斯特大学理论物理那个席位提交一份新的建议。维也纳的同事已经建议推选 Poppert。征求对他的意见,以及对 Erich Kretschmann 工作的简评。[44 963]。 |
| | 12月10日 | IE 致函 Gauthier-Villars 出版社。转寄 Gaston Moch 的关于法语版 *Einstein 1917a* 的勘误表的来信,要求在以后出版的法语版 *Einstein 1917a* 里予以考虑。[43 738]。 |

| | |
|---|---|
| 12月12日 | 被选为哥德堡瑞典科学艺术协会的外籍会员。[65 016]。<br>Friedrich Schmidt-Ott 寄来的 TLS。附在他写给门德尔松银行的那封信的副本上，要求银行每个季度寄给爱因斯坦 2250 马克，250 马克转到 KWIP 的减税账户，从 1922 年 1 月 1 日开始。[40 139]。<br>Rudolf Wolff 寄来的 ALS。提供他的教育和背景证明人和额外信息，以支持他提出的经费资助要求。[45 278]。 |
| 12月13日 | IE 致函 Vieweg。爱因斯坦建议通过 Vieweg 的一个雇员转款 54843.15 马克。[42 115]。 |
| 12月14日 | Tr，来自一封写给 Maja Winteler-Einstein 的信，Pierre Speziali 手书："亲爱的姐姐，你使我感到很伤心……"[81 471]。<br>来自"关怀海外德国人联合会"的 TLS。代表 Joachim von Winterfeldt 通知爱因斯坦被选为省委员会的荣誉委员。为 100 马克捐款表示感谢。[43 125]。 |
| 12月15日 | 在给 PAW 的建议书上签字，这份建议以减少天文学家名额为代价要求更多的物理学家成为其通信院士。GyBAW，Ⅱ-Ia，Bd 8，Bl. 184. *Kirsten and Treder 1979a*，第 39 页，No. 100. [87 655]。<br>Friedrich Glum 寄来的 TLS。爱因斯坦最后一笔寄给门德尔松银行的汇款转寄给 KWG 办公室，因为只有 KWG 办公室才有资格处理汇款。要求以后的汇款都寄到办公室。[77 346]。 |
| 12月16日 | IE 致函 Methuen。爱因斯坦认为美国市场销售 *Einstein 1920j and 1921c* 和 *Lorentz et al. 1920* 的版税太低；他要求得到的金额与更早协议里商定的一样。英语版所给的 15% 也是不够的。[69 009]。<br>《新自由报》寄来的 Tgm。为他们的圣诞节期征集稿件，关于德国与奥地利在努力使其科学走出困窘状态方面的合作。[144 540]。 |

| | |
|---|---|
| 12月17日 | 与 Georg F. Nicolai 一起在柏林阿德隆宾馆会见 Anatole France,当时正值 France 从斯德哥尔摩回来,在柏林小住,他是去斯德哥尔摩接受诺贝尔文学奖的(参阅文件 325)。《小巴黎人报》(Le Petit Parisien),12月27日,很显然这是 France 在一张未标明日期的剪报上题词:"致阿耳伯特·爱因斯坦教授——满含同情和敬佩之情的 Anatole France"时的情景,这张剪报转载他 12月10日在斯德哥尔摩举办的诺贝尔颁奖晚宴上的获奖感言。[34 085]。 |
| | 来自化学家和工程师联盟的 TLS,感谢爱因斯坦接受邀请,愿意发表一次演讲。按照与 IE 商量的结果,日期定在 1922 年 1 月 5 日的晚上。[43 454]。 |
| 12月18日 | 来自 Franz Rusch 的 TLS。回忆爱因斯坦邀请苏黎世大学年轻的助教同事吃晚饭的往事,尽管爱因斯坦自己的日子并不比他们好过。看见爱因斯坦一边给儿子做风筝,一边在思考光量子理论。抱歉没有抓住爱因斯坦当时提供给他的合作机会,但他害怕爱因斯坦了解他。在天津时,他想有一个好图书馆,再次要求复印爱因斯坦的论文。[44 830]。 |
| 12月19日 | 来自门德尔松银行的 TLS。寄来 KWIP 董事会支付的 1000 马克。GyBP, I. Abt., Rep. 34, Nr. 8, 文件袋 Mendelssohn。[77 900]。 |
| 12月20日 | 发给门德尔松银行的 TLC。感谢 1000 马克的汇款,另外再需要 1000 马克,因 KWIP 同意支付 2000 马克作为启动资金。[77 901]。 |
| | 来自 Vieweg 的 TLS。他们不能派遣一个雇员,而将寄去一份挂号信核查单。[42 116]。 |
| 12月21日 | 签名"德国科学的困境,国家的危险"(第七卷,文件 70) |
| | 来自 Teubner 的 TLS。为第四版 Lorentz et al. 1920 汇款 1931.25 马克。要求把 Lorentz et al. 1920 翻译成任何语言的权利;稿酬可以按五五分成。[41 1091]。 |
| 12月22日 | 来自 Emile Haguenin 的 TLS。再次邀请爱因斯坦参加在巴黎举行的哲学大会。万一拒绝的话,希望给出理由,这样也可以把他缺席的原因解释给记者们听,Anatole France 期望见到爱因斯坦。[43 829]。 |

|  |  |
|---|---|
| | 来自 Muller (Methuen) 的 TLS。他们担心两本新书(一本由 *Einstein 1920j and 1921c* 构成,另一本是 *Lorentz et al. 1920*)的版税没有 *Einstein 1917a* 的高。如果这两本新书在美国出版没有版权的话,那么美国出版商就只可能购买活页订版。Methuen 准备照着这样的销售要求增加版税,分别增加到 20% 和 15%。[69 010]。|
| | 来自 Wolfgang Otto 的 TLS。参照爱因斯坦与 Hermann Anschütz-Kaempfe 的讨论,一家荷兰银行被要求给 Mileva 寄去一张金额为 2000 法郎的支票。[144 366]。|
| | 来自 Vieweg 的 TLS。附上一张金额为 54843.15 马克的支票。[42 117]。|
| | 爱因斯坦邀请参加"内部聚会",这个聚会在德国犹太复国主义者组织主席 Felix Rosenblüth 的家里举行,约有 150 位柏林最著名的犹太人参加。在聚会上,Chaim Weizmann 报告了巴勒斯坦的政治形势和殖民努力。《犹太评论》,1921 年 12 月 30 日。|
| 12 月 23 日 | 来自 Friedrich Glum 的 TLS。要求把 1922 年 1 月前将要寄给 KWIP 的税务卡和税务册转寄给他。税钱将由 KWG 的秘书办公室用税签来支付。爱因斯坦将被告知每一项所消费的税签。[40 142]。|
| | 来自 Lucien Lévy-Bruhl 的 ALS。为《哲学杂志》征稿,用来抵制相对论在法国的庸俗化情形,提供每页 5 法郎的稿酬。[44 293]。|
| | 来自 Rudolf Schneider 的 TLS。邀请爱因斯坦参加爱因斯坦捐赠基金董事会会议,时间 1922 年 1 月 4 日,地点在他自己的家里。[11 252]。|
| | 在他自己的公寓里,爱因斯坦接待了德国犹太学界的一小部分学者和 Chaim Weizmann,与他们讨论筹建希伯来大学的相关事宜。《犹太评论》,1921 年 12 月 30 日,第 740 页。|
| 12 月 23 日之后 | 发给 Rudolf Schneider 的 Dft。某些特殊原因使得他不得不离开爱因斯坦捐赠董事会,因此不应参会。[11 253]。|

| | |
|---|---|
| 12月24日 | 来自 Jacques Loeb 的 ALS。完成了一本讨论胶体的著作的手稿。他的观点将被英、美国家接受，慢慢地也会得到德国的认可。对照佛教的行为方式与军国主义基督文明的狂妄自大和残酷无情。[15 187]。 |
| | 来自 Martin Nordegg 的 TLS。为 Thomas D. Mulvey 求爱因斯坦的一张照片，附带题词和爱因斯坦新近发表的英语版著作的文献目录；Thomas D. Mulvey 是加拿大的副国务卿，喜欢数学，爱因斯坦访问美国时通过 Martin Nordegg 引荐与他认识。[44 594]。 |
| 12月25日 | 发表《德国科学的困境，国家的危险》(第七卷，文件 70)。 |
| | IE 发给 Vieweg 的 TLC。表示收到 Vieweg 12 月 22 日寄来的一张金额为 54843.15 马克的支票(年表和日程表)。[42 118]。 |
| 12月29日 | IE 寄给 Methuen 的信，爱因斯坦接受这个建议。[69 011]。 |
| | IE 寄给 Teubner 的信。表示收到一笔为 *Lorentz et al 1922* 支付的版税 1931.25 马克。爱因斯坦没有答应让 Teubner 来翻译他本书里的论文，因为德语版所给的版税太低。[41 1092]。 |
| | 与 Methuen 的协议。对于在英国销售出去的，Methuen 支付给 *Lorentz et al. 1920* 的版税是 12.5%，为 *Einstein 1920j and 1921c* 支付 20%；对于美国市场，他所支付的百分比分别是 15% 和 20%。[69 978]，[67 979]。 |
| 12月30日 | 发给 M. Réfik (Barth) 的 TLC。不答应单独在国外出版 *Einstein 1916f*，不可以撇开他关于同一话题的其他论文。因此他不同意把 *Einstein 1916f* 翻译成法语。[41 1003]。 |
| | 发给 Friedrich Glum 的 TLC。同时附上税务册。[40 143]。 |
| | 发给哥德堡瑞典皇家科学院的 TLC，因入选为其外籍院士而表示感谢。[30 145]。 |
| | 来自 Friedrich Glum 的 TLS。在他 12 月 15 日的信中补充说，门德尔松银行要求 KWIP 把启动费用提高到 2000 马克。[82 743]。 |

|  |  |
|---|---|
|  | 来自 Eberhard Zschimmer 的 TLS。他在操作 *Einstein 1917a* 第六版第 57 页描述的那个思想实验,也就是说,他给一块玻璃片的中心加热,然后跟踪其压力现象。他将继续更加精确地做这个实验。建议爱因斯坦构思一本小书,以说明性的测量结果为基础来阐释相对论。[24 158]。 |
| 12 月 31 日 | IE 寄给 Franz Vámos 的信。爱因斯坦同意将他的 *Einstein 1920j and 1921c* 翻译成匈牙利语,版税为 15%;感谢 Zoltán Kodály 的一首弦乐四重奏的曲谱。[45 174]。 |

# 附　录

## 附录 A

**关于回转罗盘磁系统的草图和计算**

下列草图和计算保存在德国基尔的 Schleswig-HolsteinischeLandesbibliothek,(GyKSHL)。它们由大小为 17cm×13cm 的 6 张纸组成。这 6 张纸对折成 24 页,后来在左和右下角用铅笔标上了页码。

第 1 页为 Reta Anschütz-Kaempfe 笔迹,说明计算日期为 1921 年 8 月,那时爱因斯坦访问基尔同 Hermann Anschütz-Kaempfe 一起就环形电磁铁的截面和线路、涡流和后续系统开展工作。

[2],[4],[8],[11],[12],[17],[21]－[24] 各页为空白页,没有再复印。[p.16] 上半部为 Hans Albert Einstein 手迹;[p.18] 为 Hermann Anschütz-Kaempfe 手迹,旋转 180°后复制在这里。[3],[6/19],[7][15],[20]页和[p.16]下半部笔迹未知。其他各页均为爱因斯坦手迹。包含[6/19]两页那张纸显示了涉及韧致辐射物理过程和实验装置的草图,与回转罗盘没有明显联系。

AD (GyKSHL。Zg.-Nr.: 57/1992). *Lohmeier and Schell 2005*, pp. 133—139。[87 550]。

Hamann
&
Einstein
Aug. 21.

$$\operatorname{rot} f = \frac{\dot{v}}{c} + \frac{1}{c}\frac{\partial n}{\partial t}$$

$$\operatorname{rot} n = -\frac{1}{c}\frac{\partial f}{\partial t}$$

$$\frac{1}{\sigma}\operatorname{rot} i = -\frac{1}{c}\frac{\partial f}{\partial t}$$

$$\frac{1}{\sigma}\operatorname{rot}\operatorname{rot} i = -\frac{\sigma}{c^2}\frac{\partial i}{\partial t}$$

$\dot{v} = \sigma n$

$j_x = \dfrac{\partial i_z}{\partial y} - \dfrac{\partial i_y}{\partial z}$

$\dfrac{\partial j_z}{\partial y} - \dfrac{\partial j_y}{\partial z} \qquad -\dfrac{\partial}{\partial z}\left(\dfrac{\partial i_x}{\partial z} - \dfrac{\partial i_z}{\partial x}\right)$

$\dfrac{\partial j_x}{\partial z} - \dfrac{\partial j_z}{\partial x} \qquad -\dfrac{\partial}{\partial z}\left(\dfrac{\partial i_x}{\partial y} - \dfrac{\partial i_y}{\partial z}\right)$

$\dfrac{\partial j_y}{\partial x} - \dfrac{\partial j_x}{\partial y}$

$\dfrac{\partial^2 i_x}{\partial z^2} = \dfrac{\sigma}{c^2}\dfrac{\partial i_x}{\partial t} \qquad e^{-\frac{z}{\delta}}\sin 2\pi\nu t$

$\dfrac{1}{\delta^2} = 2\pi\nu\dfrac{\sigma}{c^2} \qquad \sigma = \dfrac{i_{st.}}{n_{st.}} = \dfrac{\overset{300.}{3\cdot 10^9\,i\,amp.}}{n_{\text{vek}}}$

$\delta = \dfrac{c}{\sqrt{2\pi\nu\sigma}} \qquad = c^2\cdot 10^{-9}\sigma_{pr.}$

$\delta = \dfrac{1}{\sqrt{2\pi\nu\cdot\sigma_{pr.}\cdot 10^{-9}}} \qquad \overset{10^4}{= \dfrac{}{}\sqrt{\dfrac{1}{2}} \sim 0.6 \quad \begin{array}{l}3\cdot 6\cdot 10^2\\ 2\cdot 10^3\\ 2\cdot 10^8\end{array}}$

$600\cdot 6\cdot 10^5$

$6\cdot 600\cdot 6\cdot 10^5\cdot 10^{-9}$

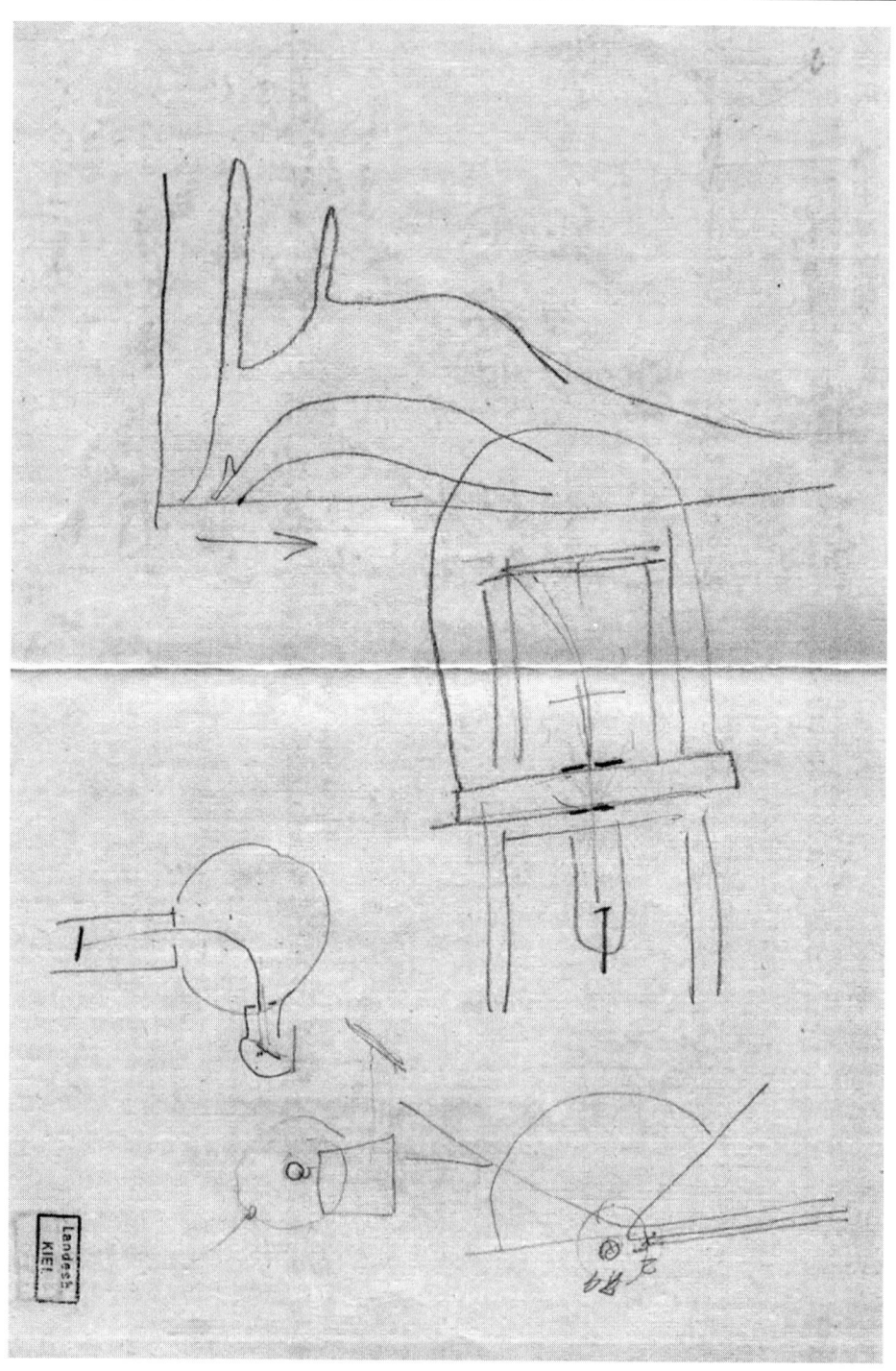

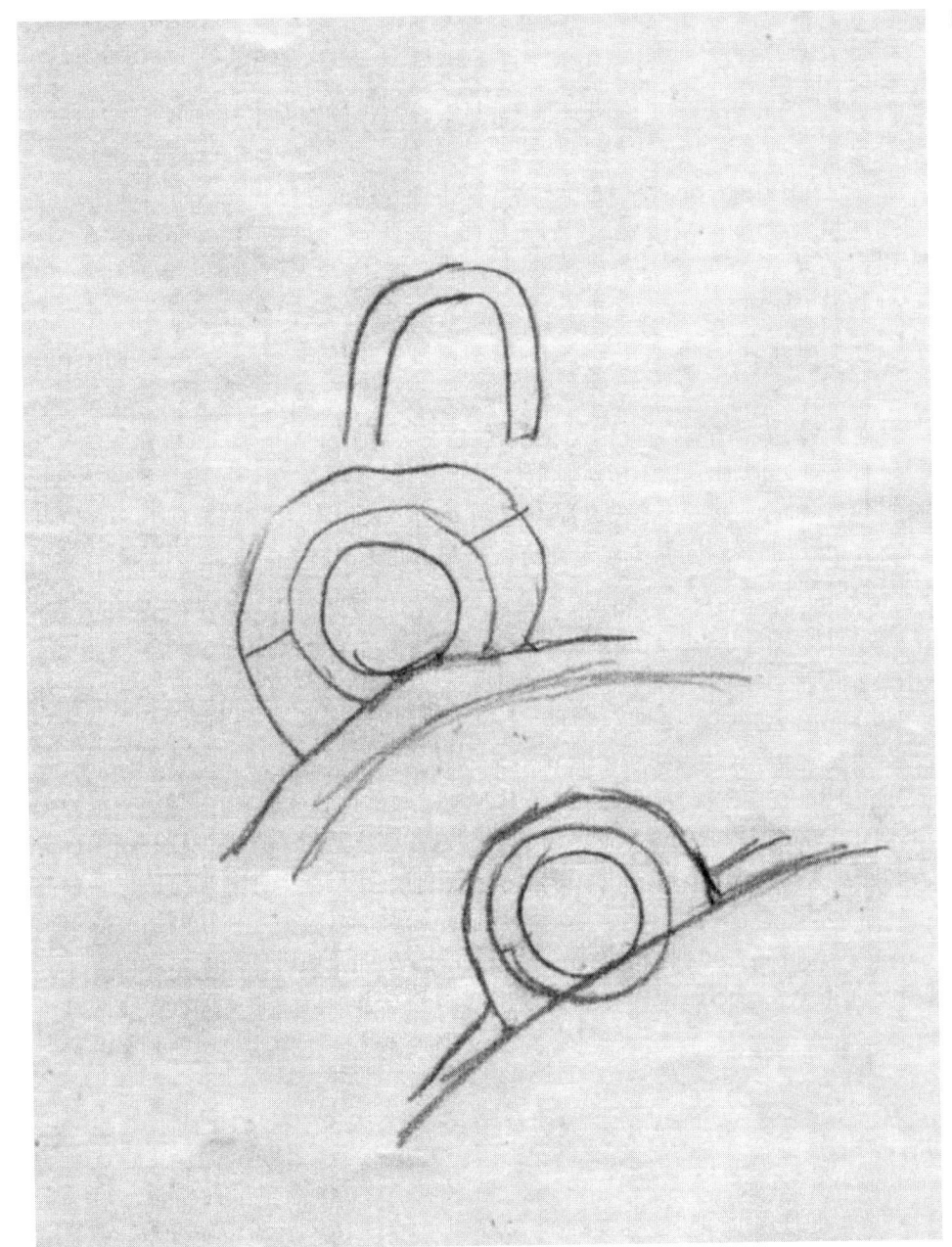

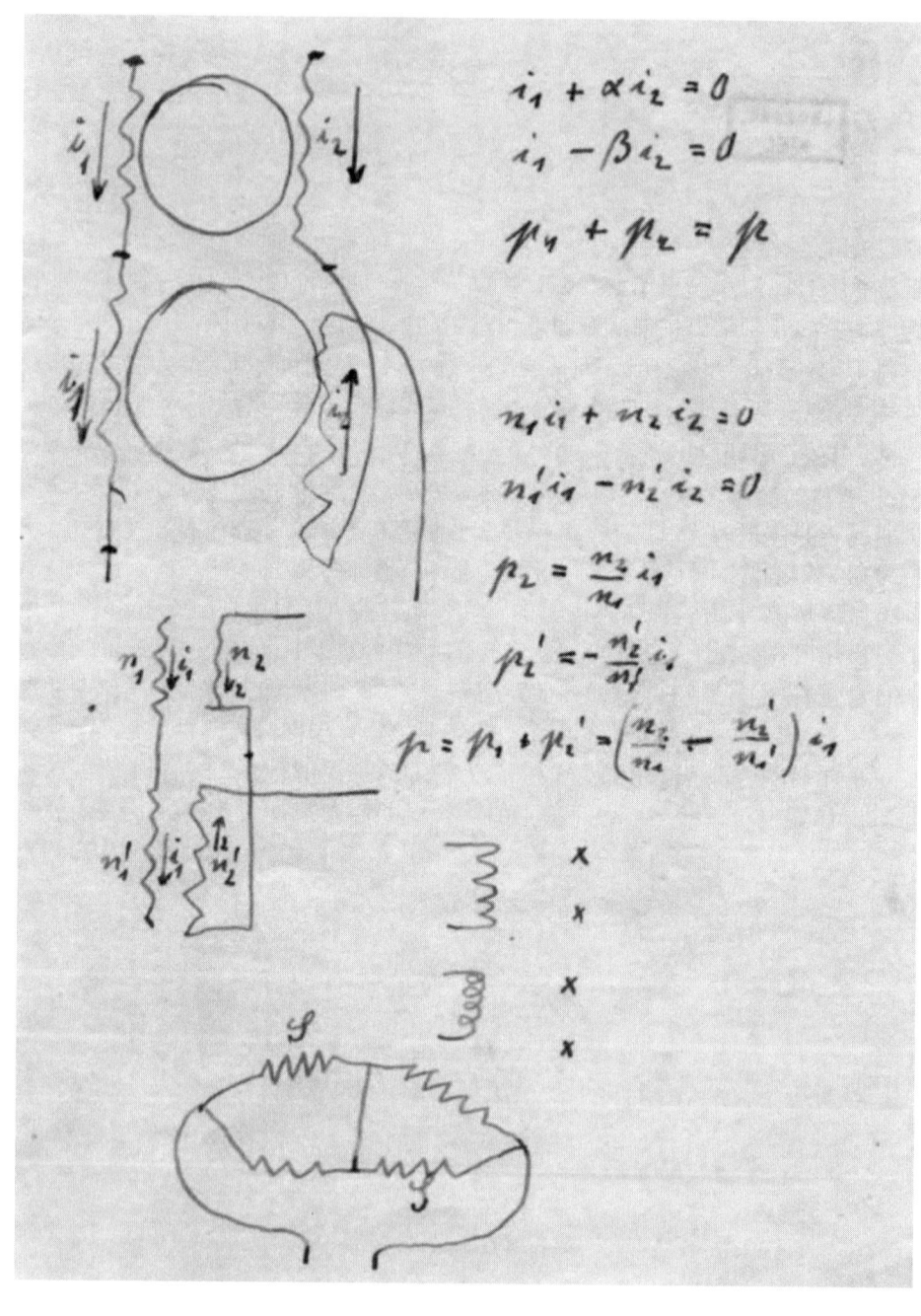

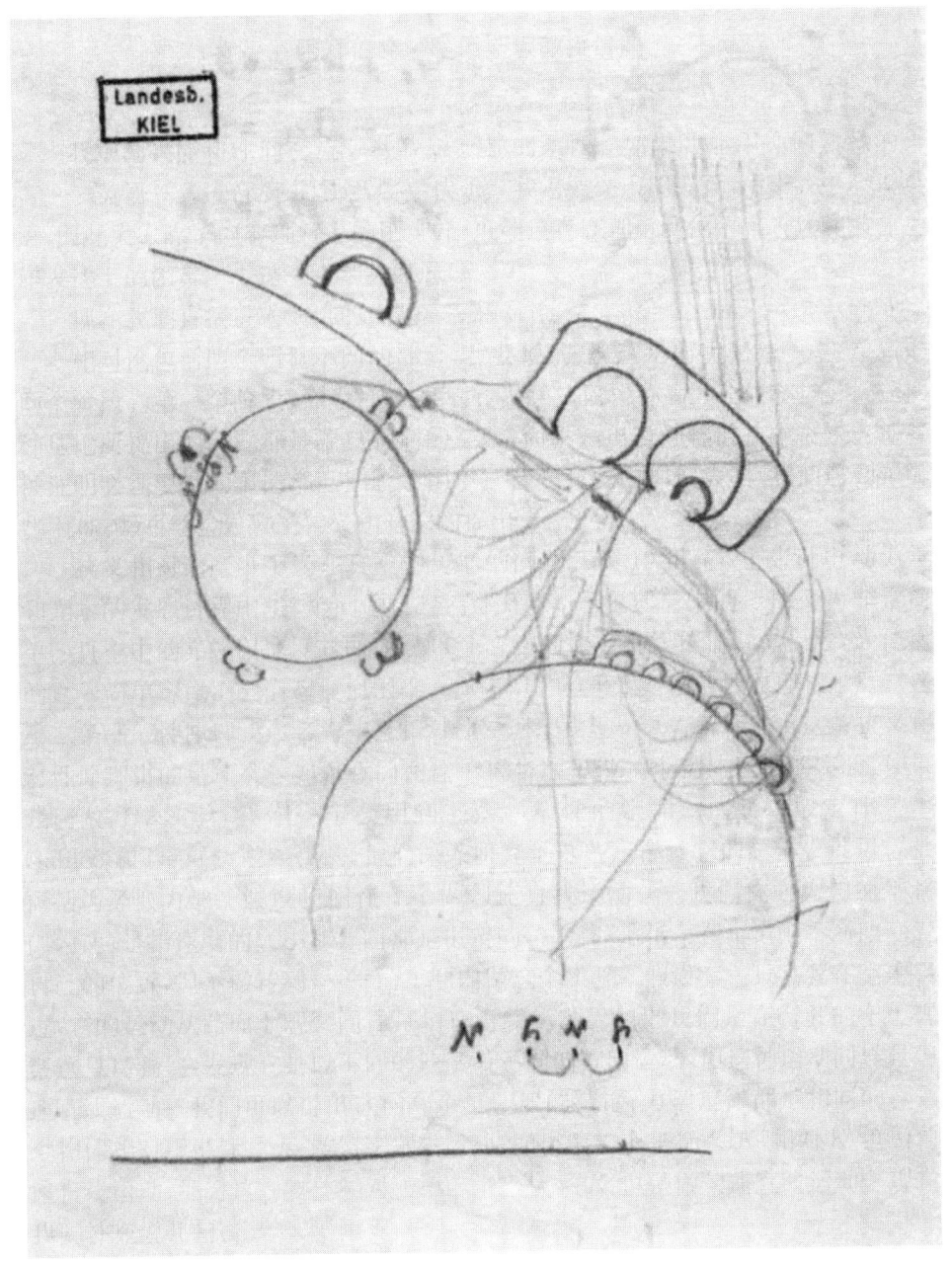

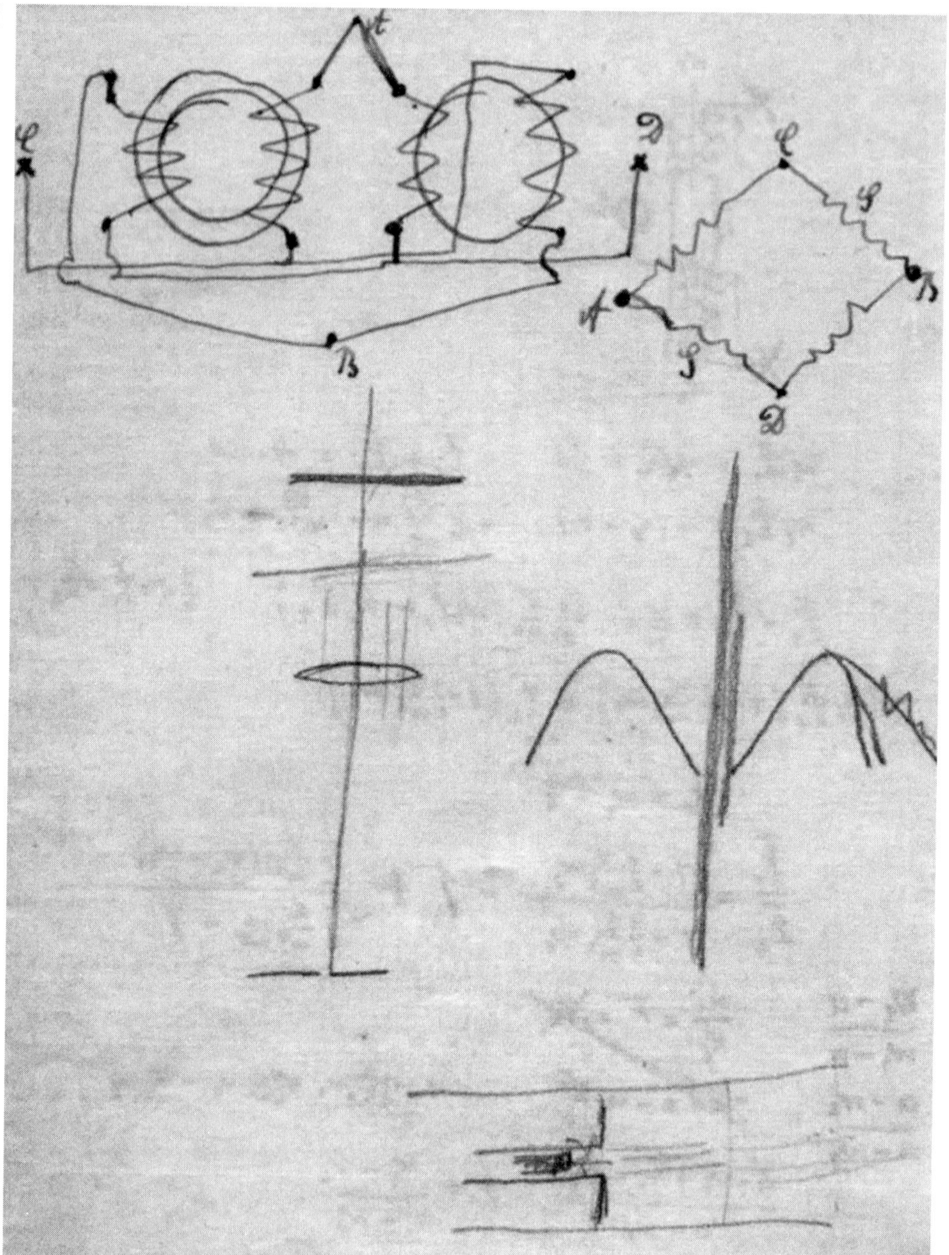

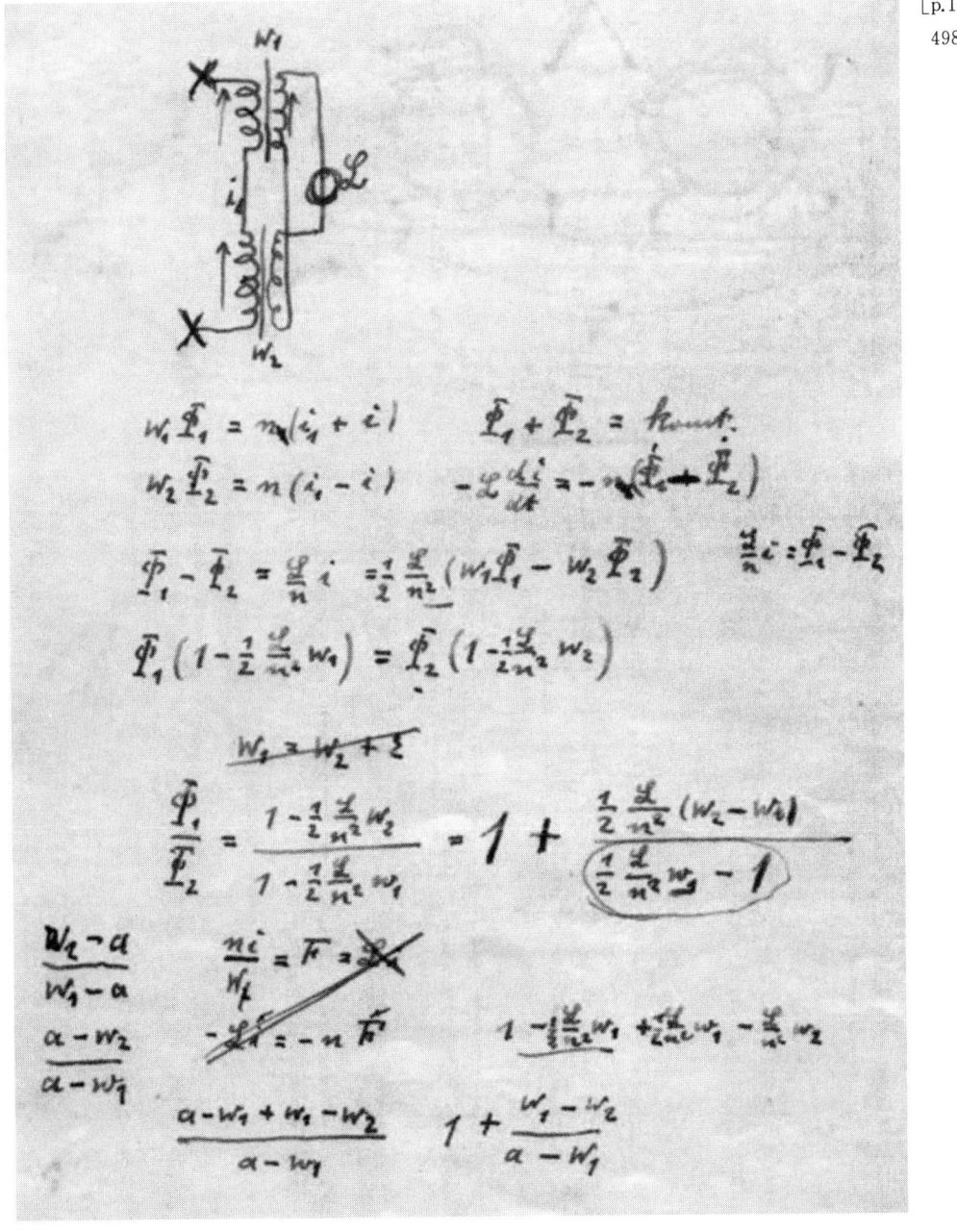

$$W_1 \bar{\Phi}_1 = n(i_1 + i) \qquad \bar{\Phi}_1 + \bar{\Phi}_2 = \text{konst.}$$

$$W_2 \bar{\Phi}_2 = n(i_1 - i) \qquad -\mathscr{L}\frac{di}{dt} = -n(\dot{\bar{\Phi}}_1 + \dot{\bar{\Phi}}_2)$$

$$\bar{\Phi}_1 - \bar{\Phi}_2 = \frac{\mathscr{L}}{n}i = \frac{1}{2}\frac{\mathscr{L}}{n^2}(W_1\bar{\Phi}_1 - W_2\bar{\Phi}_2) \qquad \frac{\mathscr{L}}{n}i = \bar{\Phi}_1 - \bar{\Phi}_2$$

$$\bar{\Phi}_1\left(1 - \frac{1}{2}\frac{\mathscr{L}}{n^2}W_1\right) = \bar{\Phi}_2\left(1 - \frac{1}{2}\frac{\mathscr{L}}{n^2}W_2\right)$$

$$\underline{W_1 = W_2 + \xi}$$

$$\frac{\bar{\Phi}_1}{\bar{\Phi}_2} = \frac{1 - \frac{1}{2}\frac{\mathscr{L}}{n^2}W_2}{1 - \frac{1}{2}\frac{\mathscr{L}}{n^2}W_1} = 1 + \frac{\frac{1}{2}\frac{\mathscr{L}}{n^2}(W_2 - W_1)}{\boxed{\frac{1}{2}\frac{\mathscr{L}}{n^2}W_1 - 1}}$$

$$\frac{W_2 - a}{W_1 - a} \qquad \frac{ni}{W_1} = \bar{F} = \cancel{\times}$$

$$\frac{a - W_2}{a - W_1} \qquad -\mathscr{L}\dot{i} = -n\dot{\bar{F}} \qquad 1 - \frac{1}{2}\frac{\mathscr{L}}{n^2}W_1 + \frac{\mathscr{L}}{2n^2}W_1 - \frac{\mathscr{L}}{n^2}W_2$$

$$\frac{a - W_1 + W_1 - W_2}{a - W_1} \qquad 1 + \frac{W_1 - W_2}{a - W_1}$$

Einstein
c. Friede, Feldstr.
Wyk a. Föhr

Ankunft Dienstag Wyk

Albert

170 gr ... 150 gr.
22 W.       85 W.

5 m ... 84 gr.
37 m ... 0 gr.
0 m ... 170 gr.

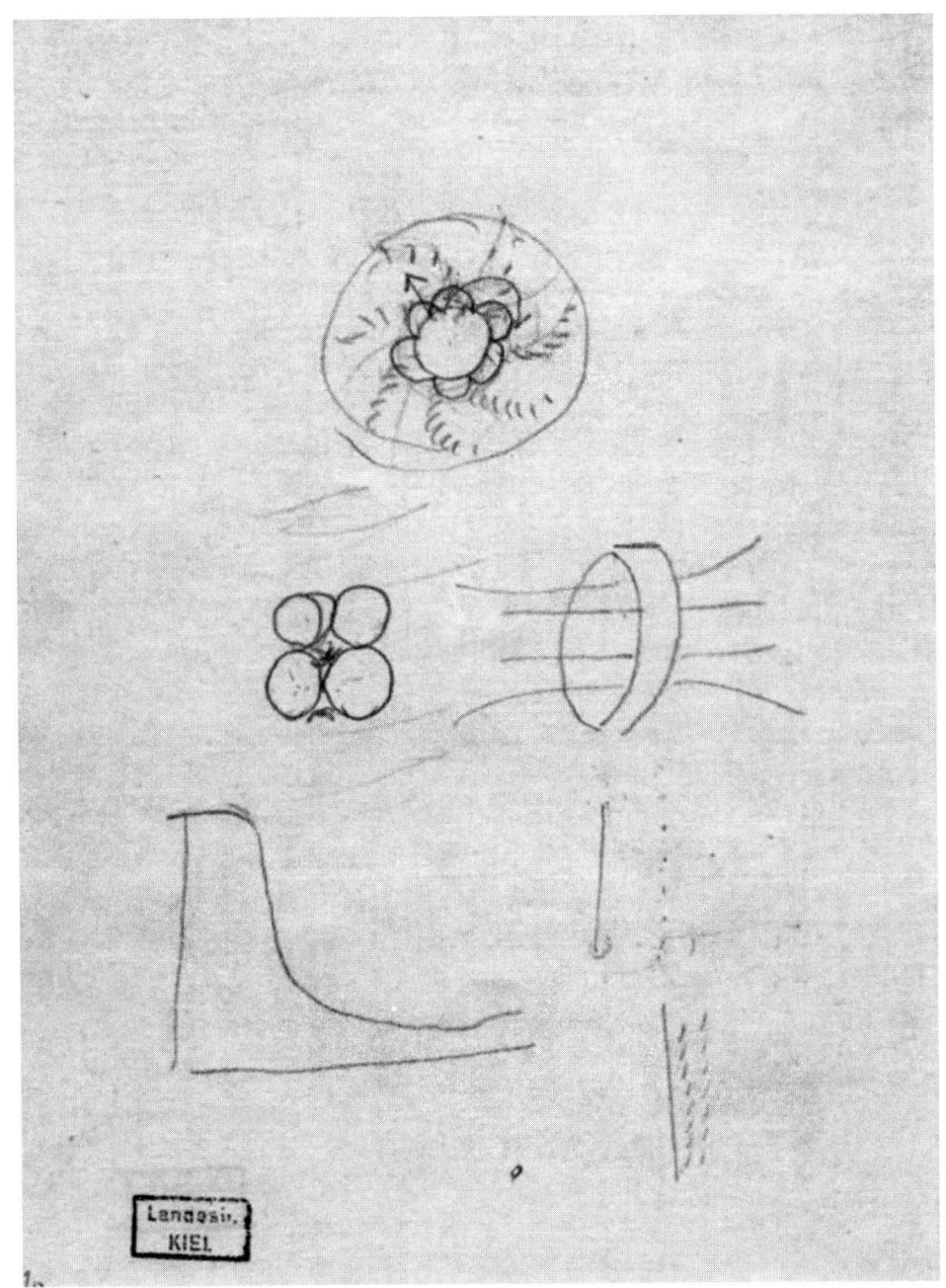

# 附录 B

## KARL GLITSCHER 和 MAX SCHULER
## 致 HERMANN ANSCHÜTZ-KAEMPFE

1921 年 3 月 7 日于基尔诺伊米伦

尊敬的博士：

这份报告让您等得相对来说有点久了，因为我们在制作新线圈时遇到了不少麻烦。首先，我们试着寻找一种合用的黏合剂，可到现在为止没能成功。要么是黏合剂不牢靠，要么是黏合剂牢靠了但受潮后漏电。但是为了能够研究这种新线圈的特性，我们暂且将黏合材料的问题作为次要问题放一边，先这样来制作这个线圈：将各金属片之间的空隙用油纸和虫胶填满，并将它整个嵌入一个木质环里。这样我们很容易就得到了一个合适的线圈。它相当于在其内部用 1,3 m/m 的漆包线绕 75 匝做成的一个螺线管线圈。这个线圈的自感非常弱。因此要实现 500Hz 的振荡频率，我们需要相当大的电容，例如 30～40mF 的电容。我们将铝质的球挂在天平的一端[1]。当它完全位于新线圈的上方时，要调谐到共振是不可能的。这可能是缺少必要数量的电容所致。但还有别的原因，一会儿我会解释。另一方面，如果让球距离铁芯 10mm（铁芯用 3 个插入块将其固定），并采用 32～42mF 的电容，那么就能够实现谐振，这时相应的周期数为 533 [？]—466。整个系统的功率损耗约为 70W，其中涡流损耗为 44～47W。

当然，共振频率越高，耗能也越高。电流读数基本上取整数 1A，每匝线圈约为 7A，因此通过全部 75 匝线圈的总电流为 525A。在距离线圈 10mm 远处，牵引力为 95～100g（1g＝9.8×10$^{-3}$N），虽然相比较高的谐振频率而言，较低的频率产生的相互作用力较弱。这样，这种线圈似乎实现了我们所有的预期。但事实上不是这么回事儿。我们可以从天平上观察到一种现象，以前我们还从未注意到这种现象。它显示出，线圈的行为存在某种程度的不稳定性，而且这种不稳定性在最后一个线圈上表现得最明显。当我通过调整天平的砝码使球保持基本平衡后，我移除支撑块（它用于保持球与线圈的距离为 10mm），这时可以发现，悬垂的球无法维持与线圈保持一定距离，而是向下倾斜但仍维持上下摆动。这表明存在不稳定性。同时 Schuler 博士已经建议，利用一组铝质套圈（来模拟），这个场分布应能够确定。为此目的，我们制作了一组铝制套圈。第一个的直径比最小的铁圈的内径还要小，以便能装进后者之内。第二个套圈的直径比铁圈内径稍大，使得它可以置于铁圈之上。第三个同这个铁圈。如果我们用 3 根线固定好第一个(最小的)套圈,让它保持在铁圈的上方,那么可以看出,它受到排斥,而且明显偏心到一定距离,正如我们所预料的那样。但如果我们让铁圈(同心地)趋近这个铝圈,那么在铁圈上升到最高平面,两者相距 6~10mm 的距离上,铁圈的中心能感受到很强的张力。因此这个圈被同心到线圈的内部,测得的力大约为 5g,对于铝套圈这个力已非常可观。中等大小的第二个圈被吸引到一定距离上,其行为非常类似于第一个。另一方面,位于线圈外的第三个圈总是受到强烈排斥。你已经在小线圈情形下见识了这种情形。在那种情形下,我们是将铝圈套在线圈的外面。从这个实验我们得出一个结论:一个其有效区域可想象用一系列同心薄铝圈组成的球,有时会受到线圈的吸引,有时受到排斥;既可以偏心,也可以同心。最终观察到的东西是不同的。因此,铁圈的效率永远不可能特别出色。Schuler 博士认为,上述铝圈的行为必须有个解释,这在我看来是合理的。这些圈有向低场密度偏移的倾向性。但现在,从力线的走势来看,我们假定它按照如图的方式,那么很容易看出,较小的圈既可以向上也可以向下运动,在它们之间存在一个中性区域,但这个区域并不能提供圈的稳定平衡。对于球这也是对的。我还用铝圈检验了所有旧的铁圈,发现它们有着与新铁圈非常类似的行为,但总体上没这么显著。即使是铁圈,它中心还有个大质量铁芯,也吸引线圈。这可能是因为在存在铁芯时,力线同样是先从中心轴通过,然后向外弯曲形成一个中性的或不稳定的区域。但由于力线向中心汇聚的趋势对于集中是绝对必然的,因此我们从不考虑这个不稳定区域。现在我认为这可能不是坏事,相反,如果这个不稳定区离铁圈相对较远,还可以有好处。我们可以在铁圈和铝圈之间插入容器的玻璃器壁,这样我们甚至可以将整个线圈放在液体外。但 Schuler 博士考虑后认为,这好到让人不敢相信,因为在不稳定区附近场的变化很小。结果对于一定的重量,球总有一个可能的平衡位置。无论怎样,重量的微小变化将导致很大的偏移,而很强的重量变化则仅产生些微的偏移,但这只在场快速变化时才是可能的。例如,在单个磁体情形下,确实是后者这种情况,因为球的重量和磁体的励磁给出清楚的平衡位置,重量的些许变化几乎不产生偏移,这是因为磁体变化引起额外的排斥力的缘故。而我们的电流圈不是这种情形。在这里,不稳定区上方的场变化很小,因此 Hopsen 也提到过这一点。但如果球被移到场变化剧烈的距离上,这个距离是如此之大以至于圈产生的力非常非常之小。在早先的圈的情形下,不稳定区总是非常接近于铁圈处,因此在某个距离下,球无需这种效应没变得过弱就会落入好区域。我们的尝试现在将形成这样一种形式的线圈,坏区域尽可能封闭,而且这样有比以前的旧线圈更好的效果。你可能就会注意到这一点。球的内部几乎填满。

祝好！

Schuler，你的 K. Glitscher

L. H.！[2]

一个简单的考虑是这样的：线圈的直径越大，那么球的给定的偏移就越小。例如球随斥力变化的尺寸范围差不多1cm。但是，只有这种变化令我们感兴趣，对我们有利。因此我们必须将一极分成尽可能多的单个小电极。因此，我们回到我们的带有多个单个电极的旧线圈，并作为首选！但也许我们仍需找到一条出路来摆脱这些困难。

祝好！

Max

又及：[3]

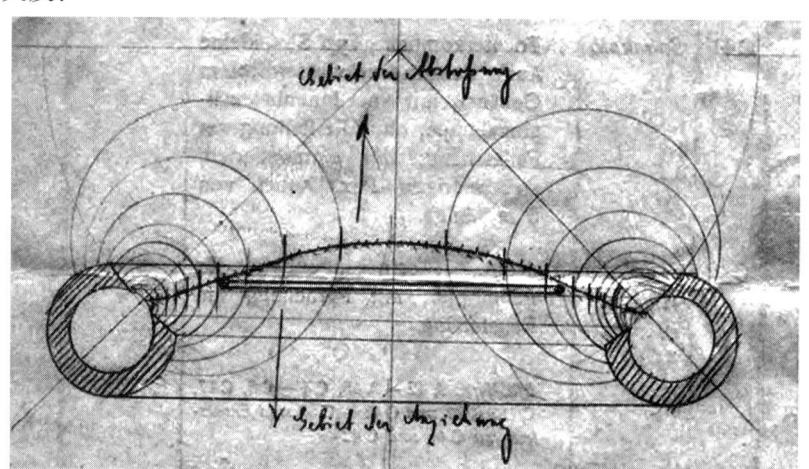

在我看来，中性的不稳定区似乎是作为力线的垂直切线的接触点给出的。这导致曲线的延展。薄的铝圈，如图所示，位于其下，被画在这个线圈内，位于接缝处之上。我们还可以看出，在垂直方向上，场的变化在不稳定区最小。因为如果你从不稳定区的一个点沿垂直方向走，你会沿同一条力线走很长距离。

Gl.

TLS。*Lohmeier and Schell* 2005，pp. 122—126。[37 362]，[37 363]，[37 365]。

[1] 如右图（由作者所画）所示，铝球挂在左端。
[2] 接下来的附注是 Schuler 的笔迹。
[3] 这里插入的是 Glitscher 的手迹。

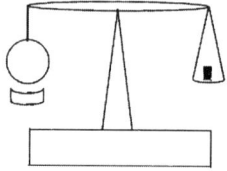

# 附录 C

## 纽约城市学院讲座

下面这篇文章的作者是纽约城市学院的哲学教授 Morris R. Cohen(1880—1947)和他的一位研究生。文章发表在纽约城市学院的报纸《校园》1921 年 4 月 29 日这一期上(第 3—4 页)。

### 城市学院爱因斯坦讲座述评

阿耳伯特·爱因斯坦教授在 4 月 14 日星期四举行的科学聚会前第一次在这个国家露面。他是来这所学院听 Edward Kasner 对他的引力理论的解释的。爱因斯坦教授对 Kasner 的清晰和优雅的陈述给予高度赞赏,然后就导致他放弃 Newton 引力定律并代之以他自己的更一般的理论的动机谈了 20 多分钟。他的更一般的理论虽然更复杂,但具有解释那些 Newton 理论无法圆满解释的现象的优势。因此,能够聆听爱因斯坦亲自介绍这些内在动机对于数学系和物理系的教员和其他对此感兴趣的人来说是一个难得的机会。这些动机实际导致了世界科学史上最伟大成就之一的理论的建立。特别应指出并富于启发的是爱因斯坦教授阐明这一科学上伟大成就的方式。这一伟大的基础理论不是通过在细节上调整和做些影响不大的改进来实现的,而是通过对基本思想作彻底的重新审视,并在发展和开拓新思路时充分发挥科学想象力来实现的。

1.狭义相对论

爱因斯坦教授 4 次公开讲座的第一讲于 4 月 18 日星期一举行。来自全国各地的众多杰出的物理学家、数学家和哲学教师聚集一堂,很高兴主办方向他们发出了邀请,整个多雷米演讲厅爆满。爱因斯坦教授受到了最热情的接待,Mezes 校长在致辞时恰如其分地称他为一位与 Newton 和 Darwin 比肩的科学家。

爱因斯坦教授很快以真正天才的简洁性开始对他原创的狭义相对论的基本原理作直接阐述。当然,相对性原理本身,即所有的静止或运动都是相对于某个作为参考系或坐标系的中心的物体,是 Galileo 和 Newton 经典力学的既定结果。爱因斯坦理论的新颖之处在于引入了新的时间和空间概念,它们将力学的相对性原理与光速恒定性原理结合起来,构成现代电磁学科学的基础。

光速在空间各个方向上绝对不变的原理先前一直与固定以太的观念相联系,因此,这种恒定性只对以太中的固定点才成立。但美国物理学家 Michelson

和 Morley 的实验确凿地表明,光速在各个方向上的恒定性在我们这个移动的地球上也成立。因此这个实验表明相对性原理在光学和力学中都是正确的。因此我们以往的时间和空间概念——它告诉我们,对于两个彼此间有相对运动的不同观察者来说,光不可能以相同的速度运动——必须放弃。如果我们接受这些事实,即上述实验结果和科学上关于时间、空间和速度测量的可行的约定,那么我们就必须将时间和空间的单位以及事件的同时性看成是在彼此有相对运动的不同系统中是不同的。但是,这些差异与自然界存在统一的规律之间并不矛盾,这一点已经由 Lorentz 方程给予证明。这个公式使我们能够计算运动系统的时间和空间,如果我们知道它们在静止参考系中的大小的话。

2. 狭义相对论的发展

第二讲论述了原初相对论的数学发展。爱因斯坦教授从 Lorentz 方程出发,接着说明了这些方程如何使我们能够研究自然界的所有规律,并判断它们是否与相对性原理和光速不变原理相一致。他首先讨论了由 Maxwell 和 Lorentz 提出的电场和磁场的定律,并证明了这些定律在所有相互间具有匀速相对运动的参考系里是如何保持一致的。他还展示了如何借助于 Lorentz 方程来看清楚电场和磁场之间在新条件下的关系,以及如何能够证明电能具有惯性。

接下来他讨论了能量守恒定律,说明如果我们假定物体的能量独立于我们的测量系统,那么如何导出所有能量都具有惯性的结果,从这一点出发我们可以证明,物体可以通过辐射出热、光或其他辐射能量来损失能量,从而也失去了质量和惯性。

演讲的第三段或结论部分主要阐述伟大的德国数学家 Minkowski 提出的关于处理相对论性问题的优雅且卓有成效的数学方法。爱因斯坦教授在讲述中幽默地提到流传甚广的一种误解,即认为相对论发现了空间的第四维,这在听众中引起了一阵哄笑。他继续解释说,相对论的信徒充分认识到,时间只能用时钟来测量,空间只能用尺子来测量,因此这两种测量不可能等价。但由于相对论表明,时钟测量的时间快慢取决于其具体[空间]运动的速度,因此将时间测量和空间测量放在一起处理有很大的好处。这样,物理事件的世界就可以被看作是一个四维流形。这意味着有必要进行四项测量——三个空间维的测量和一个时间维的测量——才能确定一个事件的位置。如果我们理解了这一点,我们就能够理解 Lorentz 方程是如何能够用来表示在四维空间中由参考轴旋转所产生的相同的数学性质。

演讲前,爱因斯坦教授请听众提问和评论。他很耐心地回答了许多问题。在回答一个问题时他指出,长度的缩短和时钟的变慢只有在认可光速不变原理的条件下才是真的,而这些缩短也只有当我们将我们在某个参考系下的测量中心取为相对于我们正在运动的那个参考系时才是真的。有一位提问者提出了这样一个问题:他想知道爱因斯坦的哲学与 Vaihinger 的仿佛哲学(Die Philosophie des Als Ob)的关系。爱因斯坦教授回答道,他认为所有真正的哲学系统都能够与真正的自然科学相统一。在回答另一个问询时他指出,虽然速度大于光速是可以想象的,但在物理上是不可能实现的,因为这需要无限大的能量。

3. 广义相对论和引力理论

在他的第三次演讲中,爱因斯坦教授以广义相对论为主题。他首先对所要用到的高深的数学方法做了预备性的介绍。但此后,他几乎是用大白话进行演讲,并在黑板上画了几幅几何示意图以配合要说明的内容。相对论的一般原理意味着,探测运动或描述其定律应该与我们开始测量时所选取的参考物无关。但如果是这样的话,我们就有理由问:为什么我们要止步于狭义相对论?这个理论只是断言,自然定律只是在所有相互间呈匀速运动的参考系中才是相同的。为什么我们不能说,无论不同的观察者之间有着什么样的相对运动,自然规律都必然是相同的?通常的反对意见是,人们在 Newton 力学中发现,一个不受外力作用的物体做匀速直线运动,但是如果受到外力作用的话,它就会做加速运动。现在,如果两个观察者之间的相对运动不是匀速的,那么同一个物体,在一个观察者看来是在做直线运动,而在另一个观察者看来却是在做曲线运动,后者涉及加速运动。于是,这两个观察者似乎无法找到相同的自然法则来描述他们观察到的物体运动。爱因斯坦教授证明了,如果我们认识到质量或惯性与引力或重量之间的等效性——实验已经以相当好的精度确认了这种等效性——那么这个问题就将迎刃而解。关于引力我们所知道的是,在某些空间场合,物体以均匀加速度下落或运动。因此,对于落向地面的电梯里的观测者来说,在某个很短的时间间隔里是没有重力的。自由落体并不落向电梯地板,因为地板本身也在做同样的自由落体运动。但对于地面上的观察者来说,这个自由落体受引力的影响正在做加速度运动。因此,如果我们知道事件在一个没有重力的参考系中是如何表现的,那么我们总有可能计算出同一事件在有重力影响的系统中是如何呈现的。这种将在一个系统中行为的表述转换到另一个系统中表述的可能性证明两者都是基于相同的自然规律认知。然而,要定量表述这一点在数学上相当困难。但如果我们放弃 Euclid 几何,而改用 Descartes 发明的通常所用的坐标系,那么这些困难就能够被克服。这种坐标系最先为 Gauss 所采用,并由 Riemann,Christophel,Rici 和 Levi Civita 发展应用于绝对微分运算。根据这一广义相对论原理,如果我们对引力问题再做详细考查,我们便得到一个比 Newton 万有引力理论远更广泛(虽然也更复杂)的理论。而 Newton 理论则可看成是这一新理论在仅限于普通物体且其速度远小于光速条件下的一种近似。

如果新的引力理论是正确的,那么将有这三个事实可以用新理论来解释,但在 Newton 理论下则无法解释:第一,火星(应为水星!)运动的某种异常;第二,光线在经过太阳表面附近时的弯曲;第三,太阳光谱谱线位置的一些位移。这里最后一项尚未得到圆满的确定。爱因斯坦教授在此大方地引用了英国科学家的实例来说明,这位科学家不顾战争的危险,两次斥巨资率探险队进行天文观测,以检验他的理论的真实性,对此听众们多次报以热烈的掌声。

在他的演讲的最后一部分,爱因斯坦教授简要地谈到了他的一些考虑。这些考虑导致他否定了无限大空间中包含有限数量物质的宇宙概念。但无限量的物质概念似乎又与已知天体的行为不相容。因此,我们被迫得出这样的结论:空间是有限的。

他认为,相对论的普遍意义在于它向我们展示了,一开始就用 Euclid 空间来考虑问题,然后问重力如何作用于这样一个世界,这是行不通的。相反,我们应该首先研究物体的实际行为方式,然后再来对相应的空间性质进行探讨。

4. 以太与辐射

第四讲的内容是以太和辐射理论。

现代电学理论的进步使我们能够利用真空下的某些场的方程来解释电磁场和光学现象,这些场不需要任何物质载体。由此产生的定律所具有的确定性和简单性与各种不同的力学模型(或以太解释)的复杂性之间的对比,导致物理学家们放弃了以太的所有力学性质。在最新的理论——Lorentz 理论——中,以太所剩下的唯一的力学性质就是固定不动这样一种消极性质。但是在相对论的限制下,固定不动的以太的概念必须去除。因为如果以太相对于某个坐标系是静止的,那么相对于所有其他参考系,以太都表现为匀速运动。然而,这并不一定否认以太的所有存在。它只是否定了我们可以归因于以太的那样一种静止或运动的力学性质。但是在广义相对论看来,空间本身在不同区域就具有确定的度规性质,它决定了力学和电磁现象。因此,空间不完全是空洞的,我们可以称它为以太,只要我们不追究其力学性质并认识到其性质取决于它的物质存在。因此在一定程度上说,爱因斯坦回到了 Newton 的用绝对空间来界定旋转物理实在(如对著名的旋转水桶的实验所做的解释)的思路。按照这种观点,空间,或曰引力以太,要比电磁力更基本。然而,爱因斯坦教授倾向于回避讨论以太与物质结构之间的关系问题。与那些(比如 Weyl)试图将引力场方程与电动力学方程做不成熟结合的人不同,爱因斯坦断言辐射现象可能被证明是一道不可逾越的障碍。

在他演讲的第二部分,爱因斯坦教授转向辐射现象。他幽默地说:事实上,在这一领域,物理学家一方面采用离散的脉冲能量"丸"的概念,另一方面又将辐射看成是连续的,"像一锅汤"。物理学家这是不让右手知道左手在做什么。它们不仅不一致,而且不能解释事实。因此,如果根据光化学作用的经典观点,光的辐射能应能够分解物质分子。然而事实是,只要光的频率合适,无论光有多弱,都能起作用;反之,只要光的频率不对,无论光有多强,都不起作用。

爱因斯坦教授接着勾画了 Planck 的量子理论。根据这一理论,能量只能以离散的脉冲方式辐射出去。(其他人通常将这一理论称为普朗克-爱因斯坦理论)这种理论避免了逻辑上的不一致,而且更符合事实。它涉及概率定律在物理系统中的应用;爱因斯坦教授勾画了这一领域的一些主要概念,使我们能够确定平衡的条件和现象发生的方向。

爱因斯坦教授对相对论的处理与他对量子论的处理很不一样,这非常有趣而且极富教益。对于前者,我们看到的是一种对理论的基本原理的非常合乎逻辑的阐述,其主干在爱因斯坦自己的头脑里是那么简单、明确。然而,在处理量子论时,我们看到的是这颗伟大的头脑在对付尚未解决的问题时的态度,它决心对最有前途的理论尝试做某种方式的攻击。顺便说一句,这也展示了两种物理学之间的差异:一种是采取从经验出发进行推广的方法,即 Rankine 所称的抽象方法;另一种则是采取从物理假设——如根据"振子"、"谐振腔"之类的概念来给出未知的物质结构——出发来处理的方法。许多人争论这两种方法的相对优点。但是像爱因斯坦这样聪明的人是两者并用。

伟人在数学、物理等专门领域的工作中所取得的成就只有专家才能予以充分的评估。但伟人的人格魅力能够立即被所有人感知到。爱因斯坦教授的人格魅力就给大家留下了深刻印象。他的坦诚、善良、耐心、谦逊、诚恳和天真的幽默让我们真正见识到了什么是超越的精神力量。

我们要真诚感谢物理系的 Wetzel 先生,是他为爱因斯坦教授到访纽约城市学院做了精心的安排。我们希望爱因斯坦教授能够出版他的这次演讲的文稿,从而在学院的历史上留下一个永久性的纪念。

# 附录 D

1921年5月3日至5日在芝加哥大学的演讲,1921年5月4日在芝加哥弗朗西斯·帕克学校的演讲。

下文给出的在芝加哥大学的三次演讲(90 542,90 544 和 90 545),和在芝加哥弗朗西斯·帕克学校的演讲(90 543)的文字稿是基于速记笔记的打印件整理而成的。该打印件现存于威斯康星州麦迪逊市的威斯康星史学学会(WiMaHS) Anita McCormick Blaine 论文档案室。序列号 1E,档案编号 237。打印稿由 Zimmerman 女士代表 Emmons Blaine née McCormick 女士整理完成。[参见 Edgar J.Good Spedd 1921 年 5 月 12 日致 Emmons Blaine 的信。WiMaHS, Anita McCormick Blaine Papers,Box 273,(90 631)]

根据多家日报的报道(例如《芝加哥论坛报》5 月 2 日、3 日和 4 日;《芝加哥每日新闻》5 月 4 日;《逃奴日报》(*Daily Maroon*)5 月 3 日和 4 日以及《检察官报》(*Examiner*)5 月 4 日等),在芝加哥大学的这三次演讲分别于 1921 年 5 月 3 日、4 日和 5 日进行。5 月 4 日的《芝加哥论坛报》和《检察官报》都提到了当日在弗朗西斯·帕克学校的演讲。但与这些报纸提供的日期相矛盾的是,这份打印稿显然错误地将演讲日期记录为 5 月 4 日、5 日和 6 日。

四次演讲的 28 页打印稿编有页码,置于上边页的中心。每份稿件的第 1 页没有标页码。在下文中,原始稿件的页码标注在页边。原始稿件中没有出现的页码以方括号加注。

# 阿耳伯特·爱因斯坦教授讲座

芝加哥，1921年5月4日，曼德尔报告厅

我很高兴能和你们交流一些我感兴趣的东西。如果我能用你们熟悉的语言——英语——进行演讲，那我将更快乐。我需要先声明一下，由于我不会说英语，因此大家除了内容理解上的困难外，可能还存在理解我的语言表述和肢体动作表达上的困难——这一点请大家原谅。

现在我们直接进入演讲的主题——相对论。

相对论包括两个明显不同的部分，我要说的是，这是前后相差10年左右的两个阶段。第一个阶段，称为"狭义相对论"，第二阶段称为"广义相对论"。这两种理论所提出的问题都是源自我们的经验，而不是出自纯粹的技术需求。那些被证明必须要做的事情都已摆脱了困境。首先我要向你们表明，我们遇到了哪些困难、哪些经验导致了狭义相对论的提出。

狭义相对论产生于光在真空中传播的问题。在19世纪①上半叶电动力学和光学的发展过程中，这个问题已经有了答案，光在真空中的传播行为非常简单。真空中的光线以速度 $c$ 即 300000 km/s 的速度直线传播。乍一看，光传播的这一简单定律不会引起任何困难。但它似乎与第二条一般性原理相矛盾。这第二条一般性原理我命名为狭义相对性原理。我想先试着解释一下这条狭义相对性原理讲的是什么。如果我们在这个报告厅里做一个物体运动的实验，如果我们做力学实验，我们一定会用到一些一般性的定律。这些一般定律是由 Galileo 和 Newton 总结出的，他们深入研究了这些定律。它的总体发展可以被概括为经典力学。假设我们在一个做匀速直线运动——我们称之为匀速平移（"匀速"是指速度的大小和方向都是恒定的，"平移"是指车在车道上不断改变着自己的位置，但不做转动）——的车厢内做这个实验。假设有一只乌鸦在空中飞过，它的运动从路面上观察同样是匀速直线运动。如果我们是在行驶的车上观察这只乌鸦，会发现它是以不同的速度沿不同的方向运动，但这种运动同样是匀速直线运动。我们可以得出这样一个更一般的结论：力学定律都是相同的。一个物体相对于坐标系 $K$ 做匀速直线运动，如果第二个坐标系 $K'$ 相对 $K$ 也做匀速直线运动，那么这一物体相对于第二个坐标系 $K'$ 也是做匀速直线运动。现在我要补充说几句：

如果我们想要描述一个运动或者其他过程，比如，要描述一辆车的行走路线，那么我们就要给出这辆车行走的轨迹。这就是说，我们要以地面为参照物给

---

① 原打印稿误为10世纪。——中译者注

出地上的一些点。在日常生活中我们知道,不借助参照物而要对空间的操作进行描述是不可能的,在物理学中也是如此。现在我要给出一个要点,来说明力学建立在什么之上,我们在物理学里是用什么来描述世界。具体说来我们要谈的是惯性参考系。它的作用如下:整个力学所基于的最高原理是惯性原理。这条原理可以概括为:一个离其他物体足够远的物体将保持静止或匀速直线运动状态。这一表述不仅谈到了物体的运动,而且还包括力学里的参照物或坐标系,后者被用来描述力学。如果我们取肉眼可见的天体作为参照物,那么在由此得到的参考系上,惯性定律可以在很高的近似程度上满足。而如果我们采用与地球固连的坐标系,那么每一颗恒星在一天当中就要划过一个半径极其大的圆,这与惯性定律的陈述是矛盾的。因此,要遵从这个定律,我们就只能选取这样的参考系——使恒星在其中保持不动——来建立坐标系考察物体的运动。一个能使惯性定律在其中成立的坐标系称为"Galileo 坐标系"。

现在,当你打算深入下去时,困难来了。如果这个问题讲清楚了,你们会发现,力学定律是相对论原理在特定条件下的一种表现。现在的问题是,这条狭义的相对性原理是否也适用于光,与光的传播定律不矛盾?将这条简单的定律应用到前述的光的传播上可以看出,光传播的光速不变定律似乎与相对性原理是矛盾的。也就是说,一般的运动坐标系与相对性原理是相互抵触的。为了看清楚这一点,我们不妨取大厅的地面作为坐标系 $K$,并认为光速不变定律在 $K$ 系中成立。按照这条定律的说法,光线在任何方向上,相对于任何物体,其传播的速度都是 $c=300000$ km/s。如果光速不变定理成立,那么就意味着这条定律不仅适用于静止的大厅,而且也适用于做匀速运动的汽车上,而正是在这地方包含了一个矛盾。假设我们从这里沿向大厅的另一侧的方向发射一道光线并让它持续 1s 钟。在此情形下,光传播的速度是 $c$。现在我让一辆汽车以小的速度 $v$ 沿与光线同方向行驶。当然,车速要比光速慢得多。这时这束光相对于车的速度是多大?光相对于地面的速度是 $c$。但考虑到车相对于地面的速度 $v$,因此光线相对于车的速度显然小于 $c$。①

根据相对性原理,以太中光的传播定律应当像其他普适的自然定律一样,不论是以车作为参照物还是以地面作为参照物,都是一样的。但根据我们上述分析,这是不可能的。如果每一道光线相对于地面的传播速度都是 $c$,那么基于光

---

① 原文在这里隐含了一条重要的力学定理——惯性系下的速度叠加定理。它说的是:对于两个有相对运动的惯性参考系,物体相对于第二个参考系的速度等于它相对于第一个参考系的速度与第一个参考系相对于第二个参考系的速度的相加。通常这一定理是包含在相对性原理中的。在本例中,光相对于地面的速度是 $c$,地面相对于车在光传播方向上有速度 $-v$,故光相对于车的速度为 $c-v$,所以说小于 $c$。正是在这个意义上,下文说光速不变定律与相对性原理有矛盾。——中译者注

速不变定律,光相对于车的传播速度也应该是 $c$,这就必然与相对性原理(其中的速度叠加定理——中译者补注)相矛盾。

问题似乎很难协调:我们要么放弃相对性原理,要么放弃光传播定律。但经过仔细权衡,我们认为相对性原理应该保留,因为它不仅自然而且简单。这样,光传播定律就必须由一条较复杂的、能够与相对性原理相协调的定律来取代。但理论物理学的发展告诉我们还有更合适的途径。H. A. Lorentz 关于运动物体的电动力学和光学的开拓性的理论研究结果表明,他在这些领域中取得的经验使他得到了一种关于电磁现象的理论,在其中,以太中光速不变定律是必然的结果。因此,一些权威的理论家倾向于放弃相对性原理,尽管我们不曾收集到与这一原理相矛盾的实验证据。 [p.6]

现在我们遇到了一个逻辑上十分严酷的问题:光传播定律能不能同时应用到 K 和 K′ 上? 狭义相对论正是从这里起步的。事实上,光传播的方向在此可以是任意的。这里我们关心的要点是关于时间的理论。它在此可以表现为:如果两个相邻的事件发生在同一地方,那么毫无疑问,不论我们怎么说,在他的时间里这两个事件发生的时序都不存在问题。但如果这两个事件是发生在相隔遥远的两地,那就不那么容易说清楚了。我们有一种错觉,自以为有直观的把握知道我们说下面这句话时是什么意思:在相距遥远的地方发生的两个事件是同时的。通常,我们感兴趣的空间非常小,以至于当我们通过光来获知某些事件时,当事情发生时我们是同时看到它们的。例如,如果我在这个空间中的两个点分别点燃一盏灯,我同时看到它们,我会说,这些事件是同时发生的。我这样说是有道理的,因为我们根本无法考虑光使我们获知两个事件所需的时间。但当空间距离变得非常大以后情况便有所不同了。想象有两颗相距很远的星星突然发光,我们设想自己是坐在不同星星上的两位天文学家。一个人说这两个天体事件是同时发生的,另一个则说不是同时的。那到底孰是孰非? 很显然,只有当你有一种能够确切判断两个事件是否同时发生的方法,你才能够知道两个事件是否同时发生。所以你看,对事情的判断与你采用什么方法是紧密相连的。如果明白了这一点,我们就必须尽量给出一种判断同时性的方法。这个方法将帮助我们解决各有各的说辞的困难。于是我们看到,整个发展使我们不得不相信,光的传播速度必须由 $c$ 给出,我们可以用这句话来定义时间。 517 [p.7]

光的传播定律与相对性原理的表观不一致性是根据经典力学的考虑导出的,这种考虑借用了下述两个假设:

1. 两个事件之间的时间间隔与参照物的运动状态无关。

2. 刚体上两点间的空间距离与参照物的运动状态无关。

如果我们放弃这些假设,那么我们就能摆脱上述困境。我们面前就有这样的机会:光在以太中的传播与相对性原理是可以相容的。

如果一个事件在 $K$ 系下的空间位置和时间已由 $x$, $y$, $z$, $t$ 给定,我们要问这个事件在 $K'$ 系下的 $x'$, $y'$, $z'$, $t'$ 的值是多少。两者间关系的选取应当满足下述条件:对于同一条光线,而且对于每一条光线,光的传播定律应当在 $K$ 和 $K'$ 系下均成立。这样的一组方程称为"Lorentz 变换"。①

如果我们不根据光的传播定律,而是根据旧力学中所隐含的具有绝对性的时间和长度的假定,那么我们将得到如下的变换方程组②:

$$x'=x-vt$$
$$y'=y$$
$$z'=z$$
$$t'=t$$

这个方程组通常称为"Galileo 变换"。Galileo 变换是将 Lorentz 变换中的光速 $c$ 取无穷大值得到的结果。

我沿 $K'$ 系的 $x'$ 轴放置一根米尺,令其始端与点 $x'=0$ 重合,末端与点 $x'=1$ 重合。为了得到这根相对 $K$ 系以速度 $v$ 运动的米尺在 $K$ 系中的长度,我们只需求出在 $K$ 系的某个特定时刻 $t$,该米尺的始端和末端相对于 $K$ 的位置即可。由此可得,一根沿长度方向以速度 $v$ 运动的刚性米尺在 $K$ 系下的长度值为 $\sqrt{1-\frac{v^2}{c^2}}$。③ 因此刚性的杆在运动时比在静止时短,而且运动得越快,缩短得就越厉害。由此我们可以得出结论:在相对论中,速度 $c$ 起着速度极限的作用,任何真实物体不可能达到或超越这个速度。

---

① 原文中没给出 Lorentz 变换的具体形式,估计是记录者对当时黑板上的公式没记全,因为后文中不时用到这组公式。为了方便读者阅读理解,现将该方程组补录如下:

取静止坐标系为 $K$ 系,随物体运动的坐标系为 $K'$ 系,并取物体运动方向为 $x'$ 方向,两坐标系的 $x$ 轴与 $x'$ 轴平行,则从 $K$ 系到 $K'$ 系的 Lorentz 变换为

$$x'=\frac{x-ct}{\sqrt{1-\frac{v^2}{c^2}}};$$
$$y'=y;$$
$$z'=z;$$
$$t'=\frac{t-\frac{vx}{c^2}}{\sqrt{1-\frac{v^2}{c^2}}}。$$

② 这里的等号在原文中均为减号。今据文义改之。——中译者注

③ 原文错为 $1-v^2-c^2$,且后文中凡遇带根号的表达式均有此类错误,故这里一并指出,后文遇到径改之不赘述。——中译者注

反过来,如果米尺相对于 $K$ 系沿 $x$ 轴静止,那么我们将发现,它在 $K'$ 系下的长度为 $\sqrt{1-\dfrac{v^2}{c^2}}$。这与我们用作观察基础的相对性原理完全相合。

先验地看,我们能够通过变换方程对量尺和时钟的物理行为有所了解,因为 $x,y,z$ 各量不过是我们借助于量尺和时钟获得的测量结果。如果我们采用 Galileo 变换进行考察,我们就不会得到量尺因运动而收缩的结果。

我们来考虑一只静止在 $K'$ 系原点($x'=0$)上的秒表。$t'=0$ 和 $t'=1$①是这块表接连的两声滴答。相对于 $K$ 系,这块表在做速度为 $v$ 的运动。因此 $K$ 系下的秒表测得的这两声滴答的时长不是 1 秒,而是要比 1 秒稍长。也就是说,这块秒表因为运动而要比静止时走得慢。速度 $c$ 在这里也起着一种不可逾越的极限速度的作用。

本讲就讲到这里,截至目前我们还没有涉及物理,谈的只是关于静止和时间的学问。我们可以从狭义相对论与关于自然的其他经典学问的关系中学到什么呢?为此,我认为它具有如下的作用:

相对性原理要求能量守恒定律不仅在坐标系 $K$ 中成立,而且要求在所有相对于 $K$ 做匀速平移运动的坐标系 $K'$ 中成立。对于这样的两个坐标系之间的变换,与经典力学不同,相对论采用的是 Lorentz 变换。[p.10]

Faraday-Maxwell 通过有限速度传递的媒介作用成功地对电磁现象做出了解释。这意味着物理学家打破了 Newton 的万有引力的那种突然的、瞬间起效的即时超距作用的垄断地位。在相对论取代距离的即时超距作用的过程中,光速取代无限大速度成为新的速度极限。这一变革还取决于这一点——光速 $c$ 在这个理论中的原理性基础作用。

第 1 讲结束。

---

① 此处原文错为 $t-0$ 和 $l-1$。——中译者注

## 阿耳伯特·爱因斯坦教授讲座

[p.11]

芝加哥，1921年5月5日，弗朗西斯·帕克学校

女士们，先生们！

我很高兴你们给我机会让我能站在这里与你们做交流。我知道你们几乎都是老师，都有自己的工作，在新一代人心中都是好样的。

我想谈一下关于科学发展和我是如何开始进行科学研究的，最后再谈点我内心觉得很重要的一些事情。现在我先聊聊我的科学研究的发展历程：

作为一个年轻人，作为一个物理学家，我很早就对有关光的性质的问题感兴趣，特别是对光是什么的问题感兴趣。也就是说，我从小就被告知光是光以太的振动。如果是这样的话，我们就必须记住，所以当时我想到，是否有可能通过实验来观察地球在光以太中的运动。但是当我上学以后，我得知这种实验已经有人做过了，特别是你们的同胞 Michelson。这个实验证明了，在地球上我们根本观测不到相对于以太的任何运动，而且在地球上，一切事情都像是地球处于静止状态一样。

[p.12] 这以后我做出了我人生中的第二个发现，就是对惯性和重力的发现。

关于我的发现就谈这么多。现在让我来谈谈科学工作在我们这个时代的一般状况。

你们都知道，刚过去的这个时期是一段困难而悲伤的时期。令人悲哀的是各国的科学家在此期间相互为敌。科学机构就像政治家和实际生活中的人那样互相攻击。要改善这种局面我们能做些什么呢？我认为有一个非常简单的方法：

我们必须记住，有这么一些人类财富是独立于任何国家的，如果我们教育年轻的一代，让他们知道科学和艺术是不分国籍的，那么我们将会看到，在今天导致诸多苦难的幽灵就会消失。反对国家间的偏见就不是难事。

\* \* \* \*

本讲座由 K.Beck 博士翻译。

\* \* \* \*

提问问题：

## 第2讲

1921年5月5日

女士们,先生们!

昨天我们已经谈了有关狭义相对论的内容。今天我们谈广义相对论,明天专门谈与之有关的数学方法和一些问题。如果我们对昨天讲的内容做一个简明的总结的话,可以归结为:狭义相对论说的是在物理关系里不存在一种优先的运动状态。

就自然过程的物理描述而言,两个参照物 $K$ 和 $K'$ 之间不存在一个比另一个更容易辨认。这个陈述并不先验地具有必然性,它并不包含在诸如"运动"和"参照物"这样的语词中,也不能由它们推导出来,唯有经验能够决定其正确与否。

我们从前面关于时间与空间的关系的总体概述中已经了解了一些自然规律。如果我们现在用总的一般性观点来看问题,那么我们就能看出一些东西。如果能这么说无疑是令人满意的:

一个远离所有其他质点且不受外界作用的质点,做匀速直线运动。参照物体 $K$ 来表述的自然定律应当是最简单的。但除了 $K$ 以外,所有参照物体 $K'$ 所表述的自然定律也应当是最简单的,条件是这些参照物 $K'$ 相对于 $K$ 处于无转动的匀速直线运动状态。而且参照 $K'$ 所表述的自然定律应该与参照 $K$ 所表述的完全等效。相对性原理只是对于这些参照物才是有效的,而对于其他参照物就无效了。也正是在这个意义上,我们称它为狭义相对性原理或狭义相对论。

从纯粹运动学的观点看,当系统 $K'$ 相对于 $K$ 的运动不仅有相同的运动状态,而且都是直线运动时,这种运动满足前述的相对性原理。但 $K'$ 相对于 $K$ 的运动不限于这种情形,它还可以有其他的不同类型。让我们想象 $K$ 和 $K'$ 之间是这样一种相对运动的情形:两者有相同的起点,但第二个坐标系 $K'$ 绕着第一个坐标系 $K$ 以某个角速度转动。在此情形下,从上述观点看,这种运动纯粹是相对的。

这时惯性定律在 $K'$ 中不成立。因为根据我们之前对惯性定律的一般性叙述,以及我们的经验所证明的,在物理运动里,转动并不具有我们之前定义的那种纯粹相对的性质。

因此我们有必要先采取一种与广义相对性原理相反的做法,即赋予非匀速运动一种绝对的物理实在性。

我们容易看出,对 $K$ 成立的惯性原理对 $K'$ 不成立。一种运动,相对于 $K$ 是匀速直线运动，但从 $K'$ 来看则是曲线运动。因此，要想将相对性原理推广到对非匀速运动也成立，我们就必须对力学做深刻的改造。这样，力学就必须不是建立在惯性原理的基础之上。

[p.15]　我们现在就想将相对论思想推向深入可能希望渺茫。然而，我们有一条根本性的重要经验，它使我们有勇气继续这项研究。尽管这条经验广为人知，但迄今为止我们尚未给出它的物理解释。这是一个我们在学校里就学到了的事实，一个从 Galileo 时代以来就已经知道，并得到精确修正了的事实。那就是，具有不同重量的物体，例如铁和铅，都以相同的加速度向地面下落。不同物体的下落加速度的等值性还可以表现为其他形式。

我们有两种根本不同的质量定义，一种是对物体的惯性的量度，我们称之为惯性质量；另一种刻画的是物体的重量，我们称其为引力质量。我们很快就会看到这里的区别。假设我们有两个物体。我们对每一个物体施加同样大小的力。假设一个物体获得的速度是另一个的两倍。那么我们判断前一个物体的质量是后者的一半。物体的这种阻碍加速的特性称为惯性。这种惯性质量的概念是力学即 Newton 运动定律的基础，而经典力学就是基于这个运动定律建立起来的。这个运动定律是说力等于惯性质量乘以加速度，其中惯性质量是被加速物体的一个特征常数。另一方面，如果提供加速的力是引力，那么这个力等于引力质量乘以引力加速度，这里引力质量也是物体的一个特征常数。

如经验所示，在给定的引力场下，无论物体的性质和状态如何，加速度都是一样的。对所有物体，其引力质量与惯性质量的比值也必然是一样的。通过适
[p.16]　当选取物理量的单位，我们可以将这个比值定为 1。于是有下述定理成立：物体的引力质量与其惯性质量相等。

以前的力学已经记载了这一重要陈述，但没有对它进行解释。要想得到令人满意的解释，唯有采取这样一种方式：承认物体的这一性质依情形而定，或表现为"惯性"，或表现为"重力"。

522　　一种简单的几何图像可概述如下：同一个物体，相对于 $K$ 做没有加速度的匀速运动，而相对于 $K'$ 做加速运动。如果系统 $K'$ 相对于 $K$ 加速向上运动，那么这将导致物体相对于 $K'$ 有一个沿 $K'$ 的 $x$ 方向的加速度。相对于 $K'$，$K$ 以同样的加速度向下运动。

现在，如果我们说，我们可以像处理系统 $K$ 一样将系统 $K'$ 作为静系来处理，那么对于加速运动我们也可以像相对论处理那样来对待。也就是说，它代表了这样一种观点，根据这种观点，系统 $K$ 和 $K'$ 之间不仅是纯粹的运动学关系，而且也是一种物理关系。就是说，当我们说 $K'$ 在做加速运动时，我们不能简单地将系统 $K$ 和 $K'$ 看成是物理上等效的。但我们可以采取这么一种观点：就是将 $K'$

当作 $K$ 来看待,同时将 $K$ 相对于 $K'$ 的加速运动看成是引力场作用的结果。我们将这种观点称为等效原理,而这个等效原理是广义相对论的第一步。你可以这样来看:如果这个概念是正确的,那么从这个系统的角度来看,空间可以存在也可以不存在。 [p.17]

让我们看看这里发生的物理过程是什么:如果我们要评估一个物理过程,我们必须在某个坐标系下来评估它。我们首先从坐标系 $K$ 出发,然后按如下方式转换到 $K'$ 上来:$K'$ 系固着在一个加速向上运动的大箱子上,箱子顶部悬挂着一个质量为 $M$ 的重物。这种加速运动必然通过"引力"传递到质量 $M$ 上。从 $K'$ 系的角度看,该物体具有由 $M$ 表示的惯性力,因此吊线将产生张力。现在,根据上述简单的考虑,我们可以看到这个理论如何能够进一步发展,这一理论付出的代价是什么。这些你从这个简单的例子就可以看出。在这种(等效原理的)观点下,吊线所承受的重量不是由惯性质量决定的,而是由引力质量决定的。如果我们从 $K'$ 的角度来判断整个过程并假设等效原理成立,那么物体的属性是一样的,只不过在第一种情形下,它表现为惯性质量;在第二种情形下,它表现为引力质量,即等效原理将惯性原理和引力质量统一为一条原理。因此,当相对性原理被推广后,这句令人称奇的陈述就成了一句自明的陈述。狭义相对论是基于一条基本定律,即光传播定律。因此,从坐标系 $K$ 到坐标系 $K'$ 的转换可以通过简单的直观考虑来实现,如果我们采用等效原理,我们就可以纯粹通过系统地学习来了解引力场的属性。如果我们对这个想法稍加深究,我们就会看到,按这个思路探索下去并不那么简单,而且完全不像看起来的那么容易。

根据光速恒定原理,我们不可能得出光线在虚空空间沿直线传播的结论。我不会这样做。我们已经说过系统 $K$ 是一个惯性系,我们必须假设光线相对于 $K$ 沿直线传播。 523 [p.18]

同样,在经典力学或狭义相对论中,我找不到某种实在的东西用以说明为什么物体会在参考系 $K$ 和 $K'$ 中表现出不同的行为。Newton 看出了这种不一致性,并试图消除它,但失败了。而 E.Mach 清楚地认识到了这个问题,并要求将力学置于一个新的基础上。这种不一致性只能通过与广义相对性原理相一致的物理学来消除。因为这种理论下的方程,对于一切参照物,不论其运动状态如何,都是成立的。

然而,当我们将相应的考虑运用到光线上时,我们便获得了一个具有根本重要性的结果。相对于 Galileo 参照物 $K$,光线以速度 $c$ 沿直线传播。而相对于参照物 $K'$,光线的路径不再是直的,这很容易推断。由此我们得出结论,引力场中的光线通常以曲线方式传播。这个结果具有两方面的重要性。

首先,它可以与实在相比较。虽然对这个问题的详细研究表明,按照广义相

对论,光线穿过我们在经验中可利用的重力场时的弯曲很小,但对于经过太阳附
[p.19] 近的光线,这个弯曲可达 1.7″。这一点必然会通过以下事实反映出来:出现在太阳附近的恒星——我们能够在发生日全食时观察到它——在日全食期间的位置与太阳在天空中其他地方时的位置相比,必然存在偏移。对这一推断是否正确进行检验是一项极为重要的任务,希望天文学家能够早日实现。

其次,这个结果表明,根据广义相对论,我们经常提到的、作为狭义相对论的两个基本假设之一的真空中光速不变原理不能要求具有无限的有效性。光线的弯曲仅当光的传播速度随着位置变化时才会发生。我们可能会认为,由于这个结果,狭义相对论,从而整个相对论,都会变得无效。但实际上并非如此。我们
524 只能得出这样的结论:狭义相对论不具有无限范围的有效性;其结果只有在引力场对现象的影响可忽略的情况下才有效。

在上述光传播的例子中我们看到,广义相对性原理使我们能够运用某种理论方法来导出引力场对这样一些物理过程的进程的影响,这些过程在没有引力场时的运动定律是已知的。

我们取两个全同的时钟,一个置于圆盘的中心,另一个置于圆盘的边缘,因
[p.20] 此它们相对于圆盘静止。首先我们想知道,从非旋转的 Galileo 参照物 $K$ 的角度看,这两个时钟是否同步。从这个参照物的角度来看,处在中心的时钟没有速度,而位于边缘的时钟相对于 $K$ 是转动的。按照上一讲所述的结果可知,从 $K$ 的立场判断,位于边缘的时钟永远比位于圆盘中心的时钟慢。如果我们设想圆盘中心的时钟边上坐有人,那么他看到的也一定是同样的结果。在我们的圆盘上,或者推而广之在任何引力场中,时钟是走得快些还是慢些将取决于其位置。

因此,我们迄今为止根据广义相对论得出的所有结果似乎都值得怀疑。事实上,我们确实需要一点微妙的变化才能精确应用广义相对论的公设。

现在,我们设想桌面上有一大堆细小的火柴棒。其长度与桌面的尺寸相比非常短,而且长度都相等,就是说它们中任意两根叠合起来两端都重合。现在我们取四根火柴棒放在桌面上,使它们首尾相接构成一个正方形,其对角线具有相同的长度。为了保证对角线相等,我们使用一根小尺。在这个正方形旁边我们再搭一个这样的正方形,并不断重复直到最后桌面完全被这些小正方形覆盖。这里每个正方形的一根棒都由两个正方形共享,每一个交角都分属四个正方形。如果在一个角落有三个正方形已经拼接好,那么第四个正方形的两条边就已经
[p.21] 形成。因此这个正方形的另外两条边的摆放位置就已经确定。然而现在,这个四边形就再也不能被拉直,使其对角线变得相等了。如果这两条对角线因为自身的原因而相等,那么这是桌面和火柴棒的特别恩惠,我只能心怀感激。

如果一切都进行得顺利,那么我就称这个桌面上的点对于所用的火柴棒而

言形成了一个 Euclid 连续区。如果我将某个正方形的一个角取作原点,那么我就可以用两个数字来表示任何其他的正方形相对于原点的位置。我需要说明的只是,我从原点出发向"右"走然后向"上"走,必须经过多少根火柴棒就可以到达某个指定正方形的顶端。这两个数字就是这个顶角相对于火柴棒的排列所确定的"Descartes 坐标系"的"Descartes 坐标"。

然而,如果我们将各种材料制作的小棒置于受热不均匀的台面上,它们对温度的敏感性都相同,而且除了小棒的几何尺寸,我们没有其他方法来测知温度的影响,那么在类似于上述实验的实验中,我们最好的办法可能是将小棒的两端与桌面上的两个点对齐,并规定这两点间的距离为 1。否则我们该如何在不犯大错的情形下来定义距离呢?但这样做,我们就必须放弃 Descartes 坐标的方法,并代之以无需要求刚体的 Euclid 几何的方法。

第 2 讲结束

[p.22]

# 第 3 讲

1921 年 5 月 6 日

女士们先生们！

现在,我们继续昨天的讨论。我们已经看到,如果我们要继续坚持相对论的思想,我们就会遇到某些困难。我们已经看到,Euclid 几何定律不适用于刚体坐标系。我们已经通过一些例子看清了这一点。另一方面,我们看到,在广义相对论中,我们可以利用狭义相对论的结果,因为在每个点附近,我们可以引入一种相对于无限大空间没有引力场的所谓坐标系统。我已经以一个接近地表的坐标系为例说明了这一点。现在我向你们多谈点这种方法。Gauss 曾就平面的情形进行过这种类比。简言之,我将向你们展示这种在几何问题上的类比。Gauss 当时要处理的是平面几何问题,因而未使用平面之外的任何空间术语。这种方法描述如下。但 Gauss 方法到底意味着什么呢？

Gauss 发明了一种处理任意一个连续区的数学方法,并在其中对相邻点之间的距离关系做出定义。连续区的每个点都配有一些数字作为 Gauss 坐标,所配数字的个数(坐标数)等于连续区的维数。这些数字的配给这样来进行：每个

[p.23]

点上所分配的数始终是唯一的,相邻的点所分配的数之间相差一个无穷小数。Gauss 坐标系是 Descartes 坐标系的逻辑推广。它也适用于非欧几何连续区,但条件是：相对于已定义的距离大小,所考虑的连续区的各个小部分取得越小,就越逼近 Euclid 连续区。

该系统可以像用于平面那样用于弯曲的曲面。我们任意画一条曲线,并称之为 $u$ 曲线,而且对每一根 $u$ 曲线我们总能给它配一个号码。现在如果我们有若干个点,那么就会有以下问题：当我们考虑曲面上相邻的两个点时,我们用一个数字 $n$ 标记一个点,用 $n'$ 标记另一个点,位置不同的两个点对应于两个小数字。这些数字在一定程度上是任意的,我们称之为 Gauss 坐标。Gauss 坐标只不过是将两个数字分配给所考虑区域的每一个点。而对于相邻的点,这样分配的两个数字之间相差就很小。这些考虑对于二维连续区是有效的。

根据狭义相对论,有个坐标系对于描述时空——四维连续区——特别受青睐,我们称之为 Galileo 坐标系。在这种坐标系下,决定一个事件(或者说,四维连续区的一个点)的 4 个坐标 1, 2, 3, 4 物理上可以有简单的定义。作为导出狭义相对论结果的基础,Lorentz 变换方程可将一个 Galileo 参考系变换到相对

[p.24]

于前者做匀速运动的另一个 Galileo 参考系。这个变换方程本身就是光传播规律在所有 Galileo 参考系中普遍有效的表示。

我要特别指出以下几点：

狭义相对论要求旧的定律是不变的。Lorentz 变换满足简单条件。

综合上面的考虑，我们得出这样的信念：根据广义相对性原理，时空连续区不能看成是 Euclid 连续区，但在这里，我们可以将具有局部温度变化的桌面作为二维连续体的一般情形来理解。正如我们不可能用相同的刚性杆来建立 Descartes 坐标系一样，我们也不可能用刚体和时钟来构建这样一个系统：将尺寸固定的量尺和时钟直接置于彼此的关系中。这就是我们所遇到的困难的实质。

现在我们回到物理上来。我们在上一讲已经看到，当我们从 Galileo 坐标系出发，引入任意运动的坐标系后，就意味着存在一个引力场。我们也已看到，这种引力场是一种特殊的引力场，但我们可以充分研究它的规律。

然而，在引力场中，不存在具有 Euclid 性质的刚体；因此虚设的刚性参考物在广义相对论中是失效的。时钟的过程也受到引力场的影响，因此，借助于时钟直接定义的物理时间不像狭义相对论情形下那么清晰明白。 [p.25]

我们从考察 Galileo 区域开始。所谓 Galileo 区域是指相对于 Galileo 参考物 $K$ 其中没有引力场的区域。我们已经从狭义相对论了解了量尺和时钟相对于 $K$ 的行为，也了解了"孤立"质点的行为。后者做匀速直线运动。

现在我们将这个区域看作参考物 $K'$ 的一个任意 Gauss 坐标系或是一个"软体动物"。因此相对于 $K'$，存在一个引力场 $G$。我们仅利用数学变换来考察量尺和时钟在引力场 $G$ 的作用下的行为。

引力场 $G$ 的时空行为曾通过坐标变换在 Galileo 惯性系的特殊情形下导出过。这种行为被表述成一条定律，而且不论用于描述的参照物如何选取，这条定律总是有效的。

但这条定律还不是引力场的一般定律，因为所研究的引力场 $G$ 是一种特殊的引力场。为了找出引力场的一般规律，我们有必要将用这种方法得到的定律加以推广，然而，我们可以发现它。

引力理论的特点不仅在于其优美，不仅在于它消除了经典力学所带的缺陷，也不仅在于它对惯性质量与引力质量相等这一经验法则的解释，而且还在于它对经典力学无法解释的两项天文学上不同的观察结果的解释。这两项结果的第二项，即太阳引力场对光线的弯曲，我们已经在前面提及，第一项则是水星轨道的问题。 [p.26]

根据 Newton 的理论，一颗绕着太阳沿椭圆轨道运行的行星，如果其他行星对它的影响以及各恒星的运动对它的影响可以忽略不计的话，那么其轨道相对于这些恒星的位置将永远保持固定不变。因此，如果 Newton 理论完全正确的话,那么我们观测到的行星的运动,行星的椭圆轨道相对于这些恒星的变化,就只与这两种影响相关。对于所有的行星,除了水星——它最接近太阳——之外,这个判断都以最高的精度——我们今天的观测能够达到的精度——得到了证实。然而对于水星,自 Leverrier 以来我们就知道,其椭圆轨道在做了上述意义上的修正后,它相对于恒星群仍不是不变的,而是存在旋转,尽管转动的速度非常缓慢。这种转动是指轨道平面(在近日点)存在周期性变动。经观察,这个椭圆轨道的转动为每百年 $43''$,其误差肯定不超过几个角秒。

除了上述困难外,经典天体力学还存在第二大难题。如果我们考虑这样一个问题:世界在总体上是怎样的? 那么接下来答案很可能是:世界是空的,是无限的。到处都有恒星,而且物质的密度变化很大,但在大尺度上看,它们是处处一样的。换言之,无论我们在外太空走得有多远,都会看到种类和密度基本相同的、呈稀疏分布的恒星群。

这种观点与 Newton 理论是格格不入的。后者要求世界有一个中心。在中心处,恒星的密度最大,然后从中心向外递减,直到无限远处成为虚空。但是这个想法并不令人满意。

关于宇宙结构的猜测还存在朝另一个完全不同的方向的发展。非欧几何的发展使我们认识到,我们可以对这种空间的无限性提出质疑,而且这并不与思维规律或经验发生冲突。Helmholtz 和 Poincare 已经以无与伦比的明晰性详细阐明了这些观点。

这个世界有无限大的面积①,它可与正方形的面积相比较。这一思考的极大魅力在于它反映了这样一个事实:这些生物所在的世界是有限的,但无界。

根据广义相对论,空间的几何性质并不是独立的,而是由物质决定的。因此,我们只能以物质的状态作为观察基础来对世界的几何结构作出判断。我们从经验中知道,从适当选定的坐标系来看,恒星的速度与光的传播速度相比是非常小的。因此如果将物质看成是静止不动的,我们就可以大致判断出这个世界的性质。

现在我将简要地谈及另一个问题。根据到目前为止所述的理论,我们几乎不怀疑我们的空间应看成是无限的,因为我们没有理由怀疑它。如果我们认为运动定律依赖于物体,根据一般理论,对这些方面我们可以做如下的考虑。当某个人在地球上奔跑时,他发现前路没有尽头,就像一个球。但如果我们在地上培上土或在地上插上标杆,那么我们就有了终点。如果这个世界处处充满了物质,那么上述图像就是真的:地球是无限的,但是有界的,我们必定能到达

---

① 疑为"有限大的面积"之误。——中译者注

终点。

到底是不是这样,我们只能留待未来的天文学研究来回答,这一天我们等不到了。

结束

# 附录 E

## 普林斯顿大学的三次讲座,1921 年 5 月 11—13 日

以下 10 页的打字稿现存于普林斯顿大学图书馆(NJPPUL),Call nr. Oversize 82223.321.1921q.

### 三次相对论讲座的摘要

阿耳伯特·爱因斯坦在普林斯顿大学发表

1921 年 5 月 11—13 日

由 Almar Naess 和 Philipp Franklin 总结和翻译

这些笔记是非正式的,是译者为私下交流准备的,不用于向公众发售。

新泽西州,普林斯顿

1921 年 5 月

### 阿尔伯特·爱因斯坦的三次讲座

于普林斯顿大学,1921 年 5 月 11—13 日

摘要由 Almar Naess 和 Philipp Franklin 撰写

#### 1. 狭义相对论的建立

我们的数学问题是要找出什么类型的数学方程在 Lorentz 变换下是不变的。Lorentz 变换是线性的,并且由于它们允许光速是不变量,因此它们将一个球面波前变换成另一个。从而我们有:

$$R^2 = x^2 + y^2 + z^2 \tag{1}$$

$$R = c\Delta t \tag{2}$$

$$dx^2 + dy^2 + dz^2 - c^2 dt^2 = 0 \tag{3}$$

由于这些变换独立于坐标系,因此在带撇的坐标系下我们有:

$$dx'^2 + dy'^2 + dz'^2 - c^2 dt'^2 = 0 \tag{4}$$

其中一个成立就意味着另一个也成立。

为了简化,我们引入 Minkowski 量 $\sqrt{-1}\, dt = dx_4$。于是,

$$\sum d x_\nu^2 = 0 \tag{5}$$

$$\sum d x_\nu'^2 = 0 \quad (x_1, x_2, x_3) = (x, y, z) \tag{6}$$

这些是彼此关联的,如果有下式成立的话:

$$\sum_\nu \mathrm{d}x_\nu^2 = \sum \mathrm{d}x_\nu'^2 \tag{7}$$

上式做了忽略常数因子的专门处理。

满足式(7)的两个坐标系之间的关系类似于三维空间下关于刚体位移的变换。那么在这种变换下保持不变的方程是怎样的？

我们记

$$x'_\mu = \sum \alpha_{\mu\nu} x_\nu \quad \alpha_{\mu\nu} = 常数 \tag{8}$$

并将其代入式(7)。(以后凡一个下标出现两次都作对其求和来理解)

我们容易找出下列条件：

$$\alpha_{\mu\sigma}\alpha_{\mu\tau} = \delta_{\sigma\tau} \quad \begin{pmatrix} \delta_{\sigma\tau} = 1 & 对于 & \sigma = \tau \\ = 0 & & \sigma \neq \tau \end{pmatrix} \quad |\alpha_{\mu\nu}| = 1 \tag{9}$$
$$= \alpha_{\sigma\nu}\alpha_{\tau\mu}$$

如果这些方程都满足，那么我们就有一种正交变换，它给出著名的 Lorentz 方程：

$$x' = \frac{x - \nu t}{\sqrt{1 - \frac{\nu^2}{c^2}}} \quad t' = \frac{t - \frac{\nu}{c^2}x}{\sqrt{1 - \frac{\nu^2}{c^2}}} \quad y' = y \quad z' = z \tag{10}$$

图1

在式(7)里出现不等于1的因子λ与相对性原理矛盾，因为第二个系统与第一个系统的关系也必须是这种形式。否则第一个就没法完全覆盖第二个(对于λ＜1)；而由相对性原理，第二个也没法完全覆盖第一个，若令λ＞1，矛盾。 [p.3]

现在我们引入独立于坐标系的量，具体说就是**矢量**。它们的主要性质是：如果其在一个坐标系下的各分量全为零，那么它们在其他坐标系下也全为零。由上述方程变换后的每一个量：

$$\mathrm{d}x'_\mu = \alpha_{\mu\nu}\mathrm{d}x_\nu \tag{11}$$

为矢量。一个由4个数 $a_1, a_2, a_3, a_4$ 给定的量是一个矢量，如果它们都被上述方程变换为

$$a'_\mu = \alpha_{\mu\nu}a_\nu \tag{12}$$

这种量的下一类型是**张量**。从两个给定的矢量(其分量分别为 $a_\mu$ 和 $b_\mu$)我们构成积：$t_{\mu\nu} = a_\mu b_\nu$ 这些量 $t$ 有非常明确的变换律：

$$t'_{\mu\nu} = \alpha_{\mu\sigma}\alpha_{\nu\tau}t_{\sigma\tau} \tag{13}$$

它们都是线性变换。如果所有的 $t'$ 均为零,那么所有的 $t$ 为零,反之亦然。

我们如何对张量进行微分或其他运算?

我们如何由给定的张量得到新的张量?

我们可以有加法法则和乘法法则。显然,两个同阶张量相加得到一个张量。如果两个张量的各分量分别为 $a_{\sigma\tau}$ 和 $b_{\lambda\mu\varepsilon}$,我们构成所有的积 $t_{\sigma\tau\lambda\mu\varepsilon}=a_{\sigma\tau}b_{\lambda\mu\varepsilon}$。分量为 $t_{\sigma\tau\lambda\mu\varepsilon}$ 的量 $T$ 具有张量的特性,当 $a_{\sigma\tau}$ 和 $b_{\lambda\mu\varepsilon}$ 分别为张量的话。

另一种运算是**缩并**。如果 $t_{\lambda\mu\nu}$ 是一个给定的张量,我们令 $\mu=\nu$ 并对 $\mu$ 求和,那么所得结果 $t_\lambda$ 是一个一阶张量。这种通过令两个下标相等并求和来得到一个其阶数比给定张量少两阶的张量的运算称为缩并。

下面我们给出与求导有关的变换律,对于第一个坐标系为 $\partial/\partial x_\mu$,对于第二个坐标系为 $\partial/\partial x'_\nu$。如果 $A_{\mu\nu}$ 给定,则 $\partial A_{\mu\nu}/\partial x_i$ 也是一个张量。

在上述中,零阶张量是标量。

[p.4] 狭义相对论给出了自然定律必须满足的特定条件。在无物质的空间中,磁场强度 $H$ 满足 Maxwell-Lorentz 方程(其中 $\rho$ 是电荷密度,$I$ 是电流密度):

$$\text{rot } H - \frac{\partial E}{\partial t} = I \tag{14}$$

$$\text{div } E = \rho$$

$$\text{rot } E + \frac{\partial H}{\partial t} = 0 \tag{15}$$

$$\text{div } H = \rho$$

(光速 $c$ 取为 1)

我们来证明,通过将其写成张量形式,这些方程是 Lorentz 变换下的不变量。为此,我们记 $\sqrt{-1}\rho=y_4$,$y_1, y_2, y_3$ 是 $I$ 的各分量。为了代换掉 $H_x, H_y, H_z, -iE_x, -iE_y, -iE_z$,我们记

$$\varphi_{23}, \varphi_{31}, \varphi_{12}, \varphi_{14}, \varphi_{24}, \varphi_{34}$$

由这些元素组成的 $\varphi_y$ 的斜对称集合像二阶张量的各分量一样变换,由此式(14)和(15)变为:

$$\frac{\partial \varphi_{\mu\nu}}{\partial x_\nu} = y_\mu \tag{16}$$

$$\frac{\partial \varphi_{\rho\sigma}}{\partial x_\tau} + \frac{\partial \varphi_{\sigma\tau}}{\partial x_\rho} + \frac{\partial \varphi_{\tau\rho}}{\partial x_\sigma} = 0 \tag{17}$$

在式(16)中,$y$ 像矢量系数一样变换,左边的导数是由缩并 3 去 1 后得到的一阶张量的各分量。

表达式(17)是秩为 3 的张量,有 4 个这样的表达式。它们形式上非常简单,但不具直接的物理意义,因为时间分量在物理上不同于其他 3 个分量。因此 $\varphi_{ij}$

不具有齐次性质。

第二个观察者看到的各分量由如下的 Lorentz 变换得到：
$$E'_x = E_x$$
$$E'_y = \frac{E_y - \nu H_y}{\sqrt{1-\nu^2}} \tag{18}$$
$$E'_z = \frac{E_z - \nu H_z}{\sqrt{1-\nu^2}}$$

Lorentz 力 $(k)$ 是最有意思的，它的 4 个分量由下式给出：
$$\varphi_{\mu\nu} y_\nu = k_\mu \tag{19}$$

我们有关系：
$$H_z y_2 - H_y y_3 + E_x \rho = P_x \quad (P[?])$$
$$H_x y_3 - H_z y_1 + E_y \rho = P_y \tag{20}$$
$$H_y y_1 - H_x y_2 + E_z \rho = P_z$$

对于所做的功，表达式为：
$$\lambda(E_x y_1 + E_y y_2 + E_z y_3) = P_1 \tag{21}$$

前三个 $P$ 分量给出力的空间各分量，

我们定义不变量： [p.5]
$$d\tau = (dx_1, dx_2, dx_3, dx_4)$$

我们发现 $\int P d\tau$ 是一个四维矢量。

在包含电性力的区域内考虑这个积分，被积函数先对体积积分：
$$\int dt \int P dV \tag{23}$$

$K_\mu = \int P dV$ 是在给定瞬间对区域内所有基本力求和。这是动量的变化，有分量 $\Delta Y_x, \Delta Y_y, \Delta Y_z$。这些分量与作为第四分量的能量变化 $i\Delta\varepsilon$ 一起构成一个四维矢量。我们可以证明，当这些增量构成一个四维矢量，该量本身为 1，我们由积分得到一个四维矢量的各分量：
$$Y_x, Y_y, Y_z, i\varepsilon$$

我们有不变量：
$$-\sum dx_\nu^2 = -dx_1^2 - dx_2^2 - dx_3^2 + dt^2 = d\sigma^2 \tag{24}$$

$d\sigma$ 根据速度 $q$ 给出
$$d\sigma = dt\sqrt{1-q^2} \tag{25}$$

$Q_\nu = dx_\nu / d\sigma$ 有矢量性质。

能量由速度分量和质量形成的矢量 $m dx_\mu / d\sigma$ 给出。这些分量可写成：

$$\frac{mQ_x}{\sqrt{1-q^2}}, \frac{mQ_y}{\sqrt{1-q^2}}, \frac{mQ_z}{\sqrt{1-q^2}}, \frac{im}{\sqrt{1-q^2}} \tag{26}$$

由于对于慢的运动，$d\sigma$ 约等于 $dt$，第四个分量是质量，由此给出质量与能量的关系。更严格地，

$$\varepsilon = \frac{m}{\sqrt{1-q^2}} = m + \frac{m}{2}q^2 \cdots \tag{27}$$

力 $P_\mu$ 可表示为 Maxwell 应力张量的散度：

$$P_\mu = -\frac{\partial T_{\mu\nu}}{\partial x_\nu} \tag{28}$$

在自由空间里，这个力为零，由此得到：

$$\frac{\partial T_{\mu\nu}}{\partial x_\nu} = 0 \tag{29}$$

或者说，能量张量的散度为零。

这些式子都可以从 Maxwell 方程导出。

[p.6]  2. 广义相对论的建立

什么样的方程在引力场下是完全协变的？为了回答这个问题，我们必须引入 Gauss 坐标系。这些坐标系是对曲面理论中的坐标系的推广。Euclid 几何在"Klein 意义下"成立，给出

$$ds^2 = dx_1'^2 + dx_2'^2 = g_{11}dx_1^2 + (g_{12}+g_{21})dx_1dx_2 + g_{22}dx_2^2 \tag{30}$$

相应地，在四维情形下，我们可以在某个小邻域内运用狭义相对论公式：

$$ds^2 = -(dx^2 + dy^2 + dz^2) + dt^2 \tag{31}$$

这个距离 $ds$ 是用时钟和量尺直接可测量的，因此有直接的物理意义。我们总是对于特定的邻域引入特定的惯性系，使得在该系下不存在引力场。

广义 Gauss 坐标系 $x_1, x_2, x_3, x_4$ 没有直接的物理意义。在这一坐标系下，线元的表达式为：

$$ds^2 = g_{\mu\nu} dx_\mu dx_\nu \tag{32}$$

这里 $g_{ij}$ 是这个四维空间下的位置函数。这是对狭义相对论如下表达式的推广：

$$g_{11} = g_{22} = g_{33} = -g_{44} = -1;$$
$$g_{ij} = 0 \quad (i \neq j) \tag{33}$$

我们如何构建方程组使得它们在任意 Gauss 坐标系下成立？首先，我们必须定义这样一个矢量概念。对于给定的坐标系，该矢量由其协变分量 $a^\alpha$ 来定义，后者满足下述方程的变换：

$$a^{\mu'} = \frac{\partial x'_\mu}{\partial x_\alpha} a^\alpha \tag{34}$$

它类似于

$$\mathrm{d}x'_\mu = \frac{\partial x'_\mu}{\partial x_a}\mathrm{d}x_a \tag{35}$$

我们仍有协变的四维矢量。$b_\mu$ 是协变的四维矢量，只要 $b_\mu \mathrm{d}x_\mu$ 是不变量。变换法则为

$$b'_\mu = \frac{\partial x_a}{\partial x'_\mu}b_a$$

**张量**的变换类似于几个矢量乘积的变换。例如，$T_{\mu\nu}$ 的性态类似于乘积 $a_\mu b_\nu$；$T^\nu_\mu$ 的性态类似于乘积 $a_\mu b^\nu$。类似地，我们可以构成任意高阶张量。

两个张量的乘积还是一个张量。例如，容易证明，由两个张量 $t^\nu_\mu$ 和 $u_{\alpha\beta}$ 的乘积构成的 $T^\nu_{\mu\alpha\beta} = t^\nu_\mu u_{\alpha\beta}$ 满足固有的变换方程。

**缩并**的推广是令反变指标（上标）与协变指标（下标）相等并对该指标求和。例如，

$$T_{\mu\alpha} = T^\beta_{\mu\alpha\beta} \tag{36}$$

如果 $a_\mu$ 是一个张量，则 $\partial \alpha_\mu/\partial x_\sigma$ 是一个二阶张量。

在 Euclid 流形下存在平行的概念。但这种平行在曲面流形下不存在。但在邻域内我们可以解析地表示平行移动。如果平移矢量的各分量与原矢量之间相差 $\delta a^\nu$，则这个 $\delta a^\nu$ 由下式给出：

$$\delta a^\nu = -\Gamma^\nu_{\alpha\beta} a^\alpha \delta x_\beta \tag{37}$$

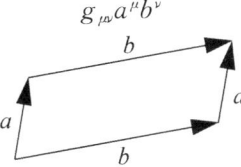

做平移的矢量的各分量是连续点的函数。差分 $\delta a^\nu$ 本身是一个矢量的各分量。张量 $\Gamma^\nu_{\alpha\beta}$ 定义了一个平移变换。

为了得到小的平移可交换量的相加，即使小平移量"合在一起"，$\Gamma^\nu_{\alpha\beta}$ 必须是对称的。同样，如果 $a$ 和 $b$ 是这样的平移量，则

$$g_{\mu\nu} a^\mu b^\nu$$

必须是不变量。或者

$$\delta(g_{\mu\nu} a^\mu b^\nu) = 0 \tag{38}$$

在 Euclid 几何下，如果我们沿闭曲线平移一个矢量，我们必然回到同一个

[p.7]

矢量,但在非欧几何里这一点不成立。两个矢量之间的差是一个矢量,由下式给出:

$$\Delta a^\nu = R^\nu_{\sigma\alpha\beta} f^{\alpha\beta} a^\sigma \tag{39}$$

其中 $f^{\alpha\beta}$ 是一个二阶张量,$R^\nu_{\sigma\alpha\beta}$ 是一个包含 $g_{\mu\nu}$ 的二阶导数的表达式。

由此我们得到著名的 Riemann 张量 $R_{iklm}$。如果这个张量为零,则一个矢量在小的闭曲线上平移将被变换回到其自身。这样我们就能构建一个欧氏坐标系,其中将不存在引力场。Newton 曾用单个势函数 $\varphi$ 来刻画引力场,这里 $\varphi$ 满足包含 $\varphi$ 的二阶导数的 Laplace 方程 $\Delta\varphi^{ab}$。那么在相对论下定义引力场的那些量必须满足的类似方程是什么样子的呢?我们必须从 $R$ 得到一个二阶张量,它线性地包含 $g$ 的二阶导数。它等于零就是我们要求的条件。从 $R$ 得到一个二阶张量的唯一方法是通过下述方程:

$$R_{im} = g^{kl} R_{iklm} \tag{40}$$

它必定是要求的张量。

$$R_{im} = 0 \tag{41}$$

[p.8] 给出引力场的 10 个微分方程,假设其中不存在物质。那么当存在物质时这些方程将是怎样的呢?在 Newton 理论里,我们有

$$\Delta\varphi = -4k\rho \tag{42}$$

其中 $\rho$ 是物质密度。这里我们必须能得到类似的方程。物质密度的类比是能量密度,它具有张量性质而不是标量性质。按照 Maxwell 方程组,静电场下能量动量的守恒方程为

$$\frac{\partial T_{\mu\nu}}{\partial x_\nu} = \frac{\partial T_{\mu 1}}{\partial x_1} + \frac{\partial T_{\mu 2}}{\partial x_2} + \frac{\partial T_{\mu 3}}{\partial x_3} + \frac{\partial T_{\mu 4}}{\partial x_4} = 0 \tag{43}$$

除非这个式子满足,否则能量守恒不成立。我们取它的体积分,并注意到这个量

$$\int \left( \frac{\partial T_{\mu 1}}{\partial x_1} + \frac{\partial T_{\mu 2}}{\partial x_2} + \frac{\partial T_{\mu 3}}{\partial x_3} + \frac{\partial T_{\mu 4}}{\partial x_4} \right) dV \tag{44}$$

在边界上等于零。在静态场情形下,空间积分的时间导数为零,由此给出 4 个守恒定律(对 $\mu = 1, 2, 3, 4$):

$$\frac{d}{dx_4} \left( \int T_{\mu 4} dV \right) = 0 \tag{45}$$

式(43)仅在无引力场的情形下才有意义。因此在一般理论里我们一定可以找到这样一个能量张量,其散度在无引力存在时为零。我们得到,

$$\frac{\partial T^\sigma_\mu}{\partial x_\sigma} - \Gamma^\beta_\mu \alpha \Gamma^\alpha_\beta = 0 \tag{46}$$

当 $\Gamma$ 等于零时上式约化到式(43)。这使得我们可以一般化。$\Gamma^\beta_{\mu\alpha}$ 给出引力场的影响。张量 $R_{im}$ 满足如下方程:

$$R_{im} - \frac{1}{2} g_{im} R = 0 \tag{47}$$

其中
$$R = g^{im} R_{im} \tag{48}$$

如同式(43),这个方程只在无引力场时成立。在引力场中,我们必有:
$$R_{im} - \frac{1}{2} g_{im} R = -kT_{im} \tag{48}$$

它是个守恒方程,类似于 Poisson 方程(42),后者在有引力的情形下成立。

我们如何得到一个自由运动的粒子在这种场中的路径?在狭义相对论里,或者在 Galileo 系统里,它走过的是一条直线。而在广义相对论里,它走过的是一条测地线。它定义为
$$\delta\{ds\} = 0 \tag{49}$$

由此给出
$$\frac{d^2 x_\nu}{ds^2} + \Gamma^\nu_{\alpha\beta} \frac{dx_\alpha}{ds} \cdot \frac{dx_\beta}{ds} = 0 \tag{50}$$

在狭义相对论里,
$$ds^2 = dx^2 + dy^2 + dz^2 - dt^2 = d\sigma^2 - dt^2 \tag{51}$$

和 $ds = 0$ 意味着 $d\sigma/dt = 1$,它对应于光速。

## 3. 宇宙学问题 [p.9]

在经典力学中,空间是先验给定的,但在广义相对论里不是这样。空间本身取决于其中的物质。这是 Mach 预见的。惯性有点麻烦。考虑两个旋转天体。其中一个可能因离心力的作用而变得扁平。那么离心力为什么不对另一个采取行动,既然没有什么能够区别彼此? Mach 的观点是,这是由于惯性引起的阻力对于自身的加速不是绝对的阻力(这是不可捉摸的),而是阻碍相对于另一物体的加速。物质的插入将引起空间什么性质变化?

一个非常大的球体有一定的平均密度。现在让我们想象这个球体表面(世界)很大一个部分。进入这部分的力线的数量正比于其所包含的质量,或正比于 $R^3$。球面正比于 $R^2$。球面上的场强正比于单位面积上力线的数目,或 $R$。因此当球体的半径增大时,场强将无限增大。但这是不可能的,因为这样的话恒星就必须拥有无限大的速度才能阻止自身落入场的中心。这就要求假设物体的密度随着离场的中心的距离的增加而减小。这是一个丑陋的概念。

我们怎样才能有一个物质平均密度不为零的世界? Seeliger 认为,空的空间就像负物质。但是其吸引力定律将不是 Newton 型的。在广义相对论里这将如何处理? 我们必须考虑空间的曲率关系。惯性是质量之间的相互作用吗? 如

[537]

果是的话,那么在大质量物体附近它必须增强。球壳上的运动必然使其内部的质量加速。如果物体转动,那么引力方程将显示其内部的质量将随之旋转。引力场从何而来？这是一个解：

$$R_{ik} - \frac{1}{2} g_{ik} R = -k T_{ik} \tag{52}$$

当 $g$ 为常数时,左边,从而右边皆为零。对于空的空间,我们有

$$T = 0 \tag{53}$$

实际上,物质分布是不均匀的,但其速度与光速相比非常小,因此 $T^{44}$ 实际上为零。我们还可以假定,整个宇宙的物质密度实际上为常数。我们必须得到一个静态解。通过考虑这样一个系统, $g$ 在里面等于 Galileo 情形下的值加一个小量 $g_{\mu\nu}$,我们就可以得到 $g$ 的一个简单的物理意义的概念。我们有

$$\bar{g}_{ik} = \frac{1}{2\pi} \int \frac{\left(T_{ik} - \frac{1}{2} g_{ik} T\right)}{r} dV \tag{54}$$

其中

$$T^{ik} = \rho \frac{dx_i}{ds} \frac{dx_k}{ds} \tag{55}$$

由于 $dx_i/ds$ 和 $dx_k/ds$ 都是小量,考虑到各项的阶数,我们发现唯有 $T_{44}$ 是必须考虑的。将类似的论证运用到协变张量 $T_{44}$,给出：

$$\frac{d^2 x_i}{dt^2} + \frac{1}{2} \frac{dg_{44}}{dx_i} = 0 \tag{56}$$

这与我们从 Newton 理论得到的是相同的方程。$T_{44}$ 是 Newton 势函数。如果物质相对于坐标系是静止的,如同静态问题的情形,我们有

$$ds^2 = g_{\mu\nu} dx_\mu dx_\nu = f^2 dt^2 - y_{ik} dx_i dx_k \tag{57}$$

$y_{ik}$ 决定了三维空间的几何性质,$f$ 决定了引力场。

在式(55)中,取指标 44,则右边是物质密度,相应的方程要成立唯有这个物质密度取零值。由 Newton 理论就可以得到这一点。

现在我们在广义相对论下考虑基本引力方程,方程数总计有 10 个。

$$R_{ik} - \frac{1}{2} g_{ik} R = -k T_{ik} \tag{58}$$

由此,利用下式

$$R = kT \tag{59}$$

我们有

$$R_{ik} - \frac{1}{4} g_{ik} R = -k \left( T_{ik} - \frac{1}{4} g_{ik} T \right) \tag{60}$$

这个方程包含的条件比式(58)少一个。

存在非零的物质密度与这些方程相容吗？我们来证明这一点。它们成立的前提是下式成立：

$$P_{ik}=y_{ik}k\rho, R=\sqrt{\frac{2}{k\rho}} \quad (61)$$

如果物质处于平衡态且均匀分布，这些方程是成立的。在这种情形下，空间必定有常曲率。它必然是封闭的。其类比到二维是球面。基于平面上可能的几何性质，我们可以得到这个球面的平面图。该区域的结构和度规可以从投影得到。因此我们有在平面上投影为圆的球面几何。我们可以去除这个球面。

类似地，我们可以不取平面而是取一个三维空间，并替换掉球面投影得到的圆。借助于射影度量容易看出，如果这些球面都等间距，那么只能有有限数目的球面可插入。

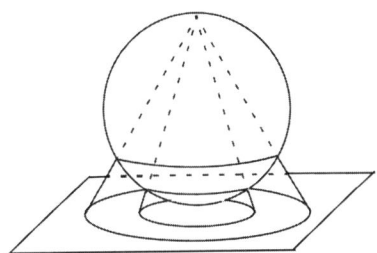

当所有物质都带电时，我们如何解这些方程？Poincaré 已经用压强 $p\delta_\mu^\nu$ 解释了这种世界的平衡。我们可以在方程中引入一个压强项 $-g_{ik}p$。

我们也可以从这些方程中去掉压强项吗？

宇宙的半径为

$$R=\sqrt{\frac{2}{k\rho}} \quad (62)$$

当我们知道了物质的平均密度 $\rho$ 后，半径即告确定。我们也可以有另一种可能：

$$R_{ik}-\frac{1}{4}g_{ik}R=0 \quad (63)$$

$$\frac{\partial R}{\partial x_1}=0 \quad (64)$$

这些式子表明，四维曲率标量 $R$ 与空间和时间无关。

我们还可以问包含给定质量 $m$ 的宇宙的大小。当质量为零时这个空间收缩到一个点，表明空间是依赖于物质的。

# 附录 F

**"与爱因斯坦的对话"，访谈，1921 年 6 月 30 日。**

包括本访谈在内，发表于 1921 年 6 月 30 日柏林报纸《前进报》(Vorwärts)晨间版的全部文字再现如下。这份访谈展现了爱因斯坦将在同一天稍晚时候在由德国红十字会主席组织的晚宴上发表的评论

## 与爱因斯坦的对话

即将踏上美国的土地，接受纽约荣誉市民称号，并接受英国最高科学荣誉，成为英国皇家学会会员的阿耳伯特·爱因斯坦教授，通过回答我们代表提出的一些问题，给了我们一个"进一步"了解他对北美和英国读者印象的机会。对话的过程如下：

代表：您是否有过这样的想法，真诚地希望恢复国际科学合作？

爱因斯坦：在美国，绝大多数科学工作者需要恢复正常的国际合作。那些袖手旁观的人之所以这么做，是因为他们已经在激烈的战时公开声明持相反观点。我在华盛顿对美国院校有过一个小范围的演讲，所有国家的科学家在过去几年的态度，是我们这一代人的耻辱。尽可能弥补这些损失是我们所有人的职责。我不会在这里或在媒体上反驳。几天前，波士顿院校的秘书在我去做客时也强调了维持国际科学合作的必要性。并且，在各个职业院校和科研院所，我都受到最大善意的款待。

英国也许在更大程度上表现出了和解的意愿，或者已经这样（表达）了。英国人没必要以德国大使馆为中介邀请我，因为我是瑞士人。我相信，我的存在可以宣扬和推进创立国际科学合作这种关系的美好愿望。此外，不论是学界的私交还是公共场合，很多人都向我表示了相互理解和信任的态度。尤其是伦敦国王学院的校长，在我报告结束后的正式晚宴中，明确宣示了对德国学者的理解和信任。这是他在谈话中仅有的谈及德国的内容。

代表：您是否觉得我们可以期待这种合作带来的实际影响？

爱因斯坦：一定可以！我相信希望医治伤口的美好愿望普遍存在，尽管立刻就纠正不愉快时期犯下的错误比较勉强，但在可预见的未来，这些都会恢复到正常状态。

代表：您对美国和英国在政治和社会方面有什么印象？

爱因斯坦：我需要知道和看很多种计时单位。我听说当美国的危机不像英

国那么严重时,很多人抱怨美国商界拥有很多财富。在英国工业家和大商人不会倒霉地遇上大罢工,因为他可以在大库存时自行中断生产。

代表:大众舆论仍然仇视德国还是已经改变了?

爱因斯坦:美国大众(对德国)的普遍看法依然远比战争文学中(对德国)的印象温和。以我为例,我第一个冒风险,不是应德国企业之邀而来,说着德语,人们甚至对我的良知持有疑虑,不过(我)依然顺利融入。总的来说舆论变得好多了。在英格兰也一样。在盎格鲁-撒克逊国家,去军事化的力度长期存在,但很少被注意到,今天的德国正在接受军事管制。如果德国没有犯下错误,很快就不会再有针对我们的仇恨。这不是我的事情,但要注意,众所周知,英国已经放弃了战争准备。

代表:你在整个出访旅程中也会努力宣扬在巴勒斯坦建立犹太人的国家吗?

爱因斯坦:我的美国之行的目的是唯一的和单纯的,那就是为在耶路撒冷建立大学创造纯粹的物质基础,至少医学院已经成功了。我毫不怀疑这将让其他人也行动起来。

代表:这所大学会只接受犹太人吗?

爱因斯坦:据我所知,没有这样的计划。但按照以希伯来语为教学语言的设想,并考虑到创始人国家的趋势,实际上这是一个犹太学校。

## 附录 G

### 对阿耳伯特·爱因斯坦的采访

下述采访的原文（意大利文）和英语译文均由 Aldo Sorani 执笔，发表于 1921 年 10 月 26 日的罗马报纸《信使报》(*Il Messagero*)上。

高大、健壮，有着类似巴尔扎克那样的体质，一张有着最清纯、甜美的东方人的那种白皙的脸上嵌着两颗深邃、沉思且忧郁的眼睛，他的目光中似乎有一种几代犹太人在过去的殉难和焦虑的煎熬中存活下来所留下的精神上的失落和气质，阿耳伯特·爱因斯坦，在古老的博洛尼亚演讲厅给出他的相对论讲座第一讲之前，以略带疲倦但充满善意的神情接受了我的采访。

我们继续昨晚在一家非常好客的顾客之家开始的谈话。今天上午，教授交谈起来要放开得多，他已经从周围长时间的羡慕和好奇的氛围中解脱出来。他操着现学的意大利语缓缓道来，用不熟练的语词慢慢地展现他的思想，几乎是一边琢磨品味一边吐露。交谈一直不是爱因斯坦的强项——他承认这一点——即使是在德国也是如此。他痛惜自己没有表达的天赋。他将世界上所发生的，包括仍在发生的，对自己的理论的很多误解都归咎于自己缺乏沟通。但是另一方面，他不承认他的理论比其他科学理论更深奥。

我答应他不涉及严格的科学和技术领域，这样我也无需冒误解他的风险。但至少对于他是怎么看待他的理论所产生的神秘魅力，他对挑剔的科学界以外的大众的反应的看法，他认为该如何解释他身边蜂拥而起的、几乎让他成为新的流行偶像的公众热情的现象等问题，我必须了解清楚。

——两个主要动机——他告诉我——推动着产生所有这些关于我的理论的国际喧嚣。首先，在相对论中，人们看到了某种能将他们带离人类生活——尤其是当今人类生活——的东西。今天人类生活是如此混乱，问题一大堆，充满了无数危机。人类正面临着社会转型和意想不到的道德困境。我们需要以某种方式走出战争留下的混乱和到处弥漫着的困惑，脱去我们发现自己还穿着的泥泞的、沾着血腥的衣服，解脱自己。这第二个动机，在我看来是思想上的重要进化。那些被看作伟大的创新和精神上的进步，几乎总是会在政治上和社会上最激动人心的时刻奇迹般地出现。

——你认为你的理论，在被引入到哲学、道德、政治和现实事务中之后，能够而且应该对我们今天面临的最紧迫的问题产生影响吗？它能够促进我们很不看好的这个世界的转型吗？根据一些人的看法，我们甚至已经在衰退；它可以摆脱或解决我们的文明的危机吗？

——我的理论——爱因斯坦回答道——无意于此，至少在我心里不是干这个的。我与那些将它修饰来做各种应用的人完全没有关系，与他们从中导出的各种幻想不沾边，在意大利也是如此。他们说，我的信条是反理性主义的，虽然我认为我是一个完美的理性主义者。我一直是直接按照理性主义的路线在走；我没有像有些人说的那样打破它。我是学 Newton 理论长大的，我不会废除它。因此，只是由于错误的解读，我的理论才能生出诗一般的意义，导致围绕这一理论出现各种各样的误解，而且还迫使它承认，这都不是我的意图，也不是我授权发布的。让我们别再谈论这些政治问题或原则，虽然某些人希望看到它们之间有联系。因为众所周知，我是一个和平主义者，一个国际主义者，一个犹太人，有人曾说过，而且现在仍有人认为，我的信条本质上是革命性的和危害社会的。但我坚持认为，既然我在科学领域都谈不上什么革命，因为我的理论都是自洽地从过去已有的理论得出的，那么我在社会政治领域就更谈不上是一个革命者，我甚至不参与政治。虽然我会对我的研究所产生的合理的疑问和严格的科学问题做出回应，但我拒绝谈论我的所谓现实革命的信条。

既然提到了德国的论战和和平主义，那我就与爱因斯坦谈点关于战争与和平的话题。

——我相信和平——爱因斯坦说道，他语调平缓，但他那疲惫但充满梦想的大眼睛闪着光辉——因为和平必然而且终将到来。不会因为技术的发现——它比以往任何时候都更可怕——就将使它变得不可能。从这个观点看，我们已经能够证明，尽管有这么多的希望和幻想，但战争将永远是可能的。世界似乎并没有被甚至最极端的和灾难性的战争的残暴和屠戮所吓倒。相反，我们必须说服自己，我们将比以往任何时候都更确信，战争在经济上不是有利可图的，因此经济上看是不可能的。我们终将明白，我们所有人都对战争不再感兴趣。在这方面，我们甚至需要更紧密地相互依赖，而战争，不是造福于一方或另一方，只会使每个人以同样的方式陷入可怕的痛苦。战争（在过去）之所以有利可图，战争之所以可能，并且奴隶制政权之所以能够强制推行，就是因为胜利者可以有效占领敌人的土地，并真正摧毁人口。随着奴隶制的废除，战争已经变得毫无用处，因此不仅应该变得不可能而且似乎是不可思议的。至于经济上的灾难，我的一位荷兰朋友告诉我，荷兰殖民地生产了并且还在生产那种曾是世界上最畅销的茶叶。今天，由于汇率的巨大灾难性驱动，荷兰人再也卖不出这种茶叶，只能将它用作肥料。像这样的例子可谓成千上万，战争带给我们的只能是一幅无法解决的可怕前景。

——那么在德国他们开始明白了吗？

——是的，他们开始明白这一点。德国现在开始研究经济和政治。在政治上，它就像一个年轻的女孩，正敞开自己去理解生活和爱。但如果德国的某些阶级和等级仍坚持，且不说旧的泛日耳曼主义，而是令人愤怒和悲伤的民族主义，事情就不好说了。民族主义尚未褪去，这首先是因为《凡尔赛条约》，其次是协约国通过该条约多次施加的一系列最后通牒、法令、判决，它们刺激战争留下的伤口，重新点燃起民族主义情绪。《凡尔赛条约》可能是残酷的，而且……达到某种程度。我相信它至少可以不那么残忍。你可以给病人动手术，但你必须只做一次手术，然后你得让他独自待着疗伤，否则他会再次恶化。在德国，和平之所以受到威胁，就是因为协约国随时都可以施加"持续侮辱"。领土的分割，特别是在东普鲁士，就是这些持续侮辱的例证之一，对此我予以最严厉的谴责，因为我相信这是对和平事业的最大伤害。

　　——在德国国内和平的情形怎样？有人认为，经济和货币危机将导致一场新的革命。

　　——我不相信这是可能的。国家已尽其所能，在协约国允许的条件下尽可能地行使其职能。工人阶级正处在一个非常困难的时期，但还算平静。例如，我认为进行布尔什维克实验的想法应该被排除。在进行过布尔什维克实验的地方，例如巴伐利亚，愚蠢的反政府的野心再次变得流行。如果说国内运动是可能的，那我可能更倾向于接受像卡普政变①这样的反政府运动，而不是布尔什维克运动。请记住，现在德国已经意识到了各种可能性，现在已明白了什么是可以实现的，什么不是。我再次重申，还是从国际的角度来看，德国人将逐渐朝向一种绝对的和必要的和平理念，如果协约国的法令不是几乎每天都将他们推向对他们被冒犯的民族主义绝路的话。《条约》充斥着制裁和压迫，正像出席协约国的国际会议的某人甚至在私下里告知的那样，这个《条约》最终将要不就是不适用、要不就是损害到协约国自身而告吹。政治领导人和全体公众需要更深刻地认识到这种不可能性和某些规定的不适用性，应当利用一切手段在全世界范围广泛传播这方面的认识。

　　——你支持它，不是吗，国际联盟协会？

　　——我完全支持它，但没参加任何组织。在这件事上我不隐瞒我的想法。有必要为立即和解和最终的和平进行宣传。我不想谈论以备万一而设计的计划；我是瑞士国民，应当保持一些……中立，但是，例如，我认为，对和平的最大贡献可以由新闻界做出。新闻界，相反，往往更多的却是助长战争，助长挑起政治动乱。如果各国的新闻界在一个和平的计划中联合起来，那么我们就将迈出决

---

　　① 指1920年3月13日，沃尔夫冈·卡普在吕特维兹将军的支持下组建新政府，意图取代新成立的魏玛共和国。但这一政变遭到全国的反对，仅仅过了4天便不得不宣告解散。——中译者注

定性的一步,以实现我们和谐的、兄弟般和普遍共享世界的理想。

最后,我问阿耳伯特·爱因斯坦,不论是继续他的旅行还是回到他安静的研究,随后他都将面临这样一个显然非常接近他内心深处的问题:犹太复国主义。

——你知道,关于第一个问题,我进行这些旅行,尤其是我的美国之旅,不是为了去解释我的相对论,而是为犹太复国主义运动做些有益的事情。我是一个犹太复国主义者,我想做些工作,最重要的是,为建设耶路撒冷的希伯来大学寻找资金和支持。犹太复国主义是一项伟大的事业,而且可以是——按我的乐观主义观点来看——一种伟大的精神运动,如果不说是人民的运动的话。犹太移民的人潮很可能在巴勒斯坦找到一个稳定的家园,繁荣而宁静,尽管很明显,巴勒斯坦人将不欢迎每一个人。但对我来说,更重要的是,巴勒斯坦将成为一个文化中心和理想所在,而不是一个国家中心。

犹太人需要有一个可以将他们联系在一起的文化中心,在那里他们可以提升他们独特的精神和信仰。不,我不认为犹太人在一个确实不符合最简单和最谦逊的人类尊严的地方实行同化是可能的或崇高的。我们可以在平等条件下同化,在那里犹太人的要素受到尊重,犹太人的智慧能够不受侮辱或约束地蓬勃发展,独特的民族精神不因多民族的自由和谐共处而受到禁止;但如果那个地方由反犹太主义者统治,那么同化就意味着羞辱和毁灭、邪恶的认可和丧失。我不相信"被选中",不相信犹太人的优越性,但我觉得犹太人必须有自己的尊严,有自己的良心,必须参与到生活和文化条件的诚实平等上来。犹太复国主义是为犹太人提供一种意识形态和尊严,它以一种不卑不亢的方式进行。犹太人不应当有优越感,但他们必须有尊严。

这使我再次对爱因斯坦赞道,他是这个民族中最高端、最精致的智慧之花;但他用他那最亲切的微笑和最孩子气的手势谢绝了这种恭维:

——我所做的和想到的这一切非常简单,这没什么……

他站起来,再次显出大男孩般的神态,梦幻而遥远,几乎停在原处,摇曳在他的梦想之中。

# 引 用 文 献

对于本卷时期内出版的爱因斯坦的文章，其著者-出版年短标题适用于后续各卷；但是对于那些在后续各卷涵盖的时期内才出版的文章，本卷中的短标题就不一定适用了。

*Achad Ha'am 1913–1916*　Achad Ha'am. *Am Scheidewege*. Berlin: Jüdischer Verlag, 1913–1916.

*Adams and Kohlschütter 1912*　Adams, Walter S., and Kohlschütter, Arnold. "Observations of the Spectrum of Nova Geminorum No. 2." *Astrophysical Journal* 36 (1912): 293–321.

*Adelson 1978*　Adelson, Howard L. "Ideology and Practice in American Zionism." In *Essays in American Zionism*. Melvin I. Urofsky, ed. New York: Herzl Press, 1978, pp.1–17.

*Aichi 1907*　Aichi, Keiichi. "Note on Vibrations of a Liquid Contained in a Cylindrical Vessel." *Mathematico-Physical Society of Japan. Proceedings* 4 (1907): 220–223.

*Aichi 1908*　———. "Scattering of Electromagnetic Waves by a Small Elliptic Cylinder." *Mathematico-Physical Society of Japan. Proceedings* 4 (1908): 266–278.

*Aichi 1919a*　———. "On the New Method of Reduction of Observations of Underground Temperature." *Mathematico-Physical Society of Japan. Proceedings* 1 (1919): 2–7.

*Aichi 1919b*　———. "On the Forced Vibration of a Circular Plate." *Physico-Mathematical Society of Japan. Proceedings* 1 (1919): 365–377.

*Aichi 1919c*　———. "Heat Distribution on a Radiating Plane, and Especially When the Boundary Is Circular." *Physico-Mathematical Society of Japan. Proceedings* 2 (1919): 20–26.

*Alexander 1920*　Alexander, Samuel. *Space, Time and Deity. The Gifford Lectures at Glasgow 1916–1918*. New York: Macmillan, 1920.

*Anizan 2006*　Anizan, Anne-Laure. "Paul Painlevé (1863–1933), un scientifique en politique." Doctorat, Ecole doctorale des Sciences Politique, Paris, 2006.

*Außenhandels-Kontrolle 1922*　Bokies, Julius et al. *Die Außenhandels-Kontrolle. Kommentar zu den Ein- und Ausfuhrbestimmungen nebst statistischem Warensverzeichnis. Band I. Die Ein- und Ausfuhrverordnungen nebst Kommentar*. Berlin: Industrieverlag Spaeth & Linde, 1922.

*Bach 1921*　Bach, R. "Zur Weylschen Relativitätstheorie und der Weylschen Erweiterung des Krümmungstensorbegriffs." *Mathematische Zeitschrift* 9 (1921): 110–135.

*Back 1921*　Back, Ernst E. "Ein weiteres Zahlenmysterium in der Theorie des Zeemaneffektes." *Die Naturwissenschaften* 9 (1921): 199–204.

*Badash 1969*　Badash, Lawrence. *Rutherford and Boltwood: Letters on Radioactivity*. New Haven: Yale University Press, 1969.

*Baer 1998*　Baer, Josette. *Politik als praktizierte Sittlichkeit*. Sinzheim: Pro Universitate Verlag, 1998.

*Barnard 1974*　Barnard, Harry. *The Forging of an American Jew: The Life and Times of Judge Julian W. Mack*. New York: Herzl Press, 1974.

*Baumgardt 1921*　Baumgardt, Ludwig. "Ruhm. Soldner und Einstein." *Frankfurter Zeitung*, 6 November 1921, Morning Edition.

*Beck 1919*　Beck, Emil. "Zum experimentellen Nachweis der Ampèreschen Molekularströme." *Annalen der Physik* 60 (1919): 109–148.

*Berlin 1970*　Berlin, George L. "The Brandeis-Weizmann Dispute." *American Jewish Historical Quarterly* 60 (1970): 37–68.

*Berlin Verzeichnis 1920*　Friedrich-Wilhelms-Universität zu Berlin. *Verzeichnis der Vorlesungen, Winter-Semester 1920–21*. Berlin: Norddeutsche Buchdruckerei und Verlagsanstalt, 1920.

*Berlin Verzeichnis 1921a* Friedrich-Wilhelms-Universität zu Berlin. *Verzeichnis der Vorlesungen, Sommer-Semester 1921*. Berlin: Norddeutsche Buchdruckerei und Verlagsanstalt, 1921.

*Berlin Verzeichnis 1921b* Friedrich-Wilhelms-Universität zu Berlin. *Verzeichnis der Vorlesungen, Winter-Semester 1921–22*. Berlin: Norddeutsche Buchdruckerei und Verlagsanstalt, 1921.

*Biale 1987* Biale, David. "The Idea of a Jewish University." In *Like All the Nations? The Life and Legacy of Judah L. Magnes*, pp. 127–138. William M. Brinner and Moses Rischin, eds. Albany: State University of New York Press, 1987.

*Biezunski 1987* Biezunski, Michel. "Einstein's Reception in Paris in 1922." In *The Comparative Reception of Relativity*, pp. 169–188. Thomas F. Glick, ed. Dordrecht: Reidel, 1987.

*Bisceglia 1972* Bisceglia, Louis. "The Politics of a Peace Prize." *Journal of Contemporary History* 7, no. 3/4 (Jul.–Oct. 1972): 263–273.

*Bleuler 1921* Bleuler, Eugen. *Naturgeschichte der Seele und ihres Bewusstwerdens. Eine Elementarpsychologie*. Berlin: Springer, 1921.

*Bloch 1918* Bloch, Werner. *Einführung in die Relativitätstheorie*. Leipzig: Teubner, 1918.

*Bloch 1920* ———. *Einführung in die Relativitätstheorie*. 2d ed. Leipzig: Teubner, 1920.

*Blumenfeld 1976* Blumenfeld, Kurt. *Im Kampf um den Zionismus. Briefe aus fünf Jahrzehnten*. Miriam Sambursky and Jochanan Ginat, eds. Stuttgart: Deutsche Verlags-Anstalt, 1976.

*BNV Report 1921* Bund Neues Vaterland. *Bericht über die ordentliche Hauptversammlung vom 3. Februar 1921*. Berlin: Bund Neues Vaterland, 1921.

*Boas 2004* Boas, Norman Francis. *Franz Boas, 1858–1942: An Illustrated Biography*. Mystic, Conn.: Seaport Autographs, 2004.

*Bohr 1922* Bohr, Niels. "Der Bau der Atome und die physikalischen und chemischen Eigenschaften der Elemente." *Zeitschrift für Physik* 9 (1922): 1–67.

*Bohr 1923* ———. "Théorie des quanta aux problèmes atomiques." In *Atomes et Electrons. Rapports et discussions du Conseil de Physique tenu a Bruxelles du 1$^{er}$ au 6 Avril 1921*, pp. 228–247. Paris: Gauthier-Villars, 1923.

*Bohr 1977* ———. *Collected Works*. Leon Rosenberg, ed. Vol. 4, pp. 341–419. Amsterdam: North Holland, 1977.

*Born 1915* Born, Max. *Atomtheorie des festen Zustandes (Dynamik der Kristallgitter)*. Fortschritte der mathematischen Wissenschaften in Monographien 4. Leipzig: Teubner, 1915.

*Born 1920* ———. *Die Relativitätstheorie Einsteins und ihre physikalischen Grundlagen, gemeinverständlich dargestellt*. Berlin: Springer, 1920.

*Born 1921a* ———. "Kritische Betrachtungen zur traditionellen Darstellung der Thermodynamik." *Physikalische Zeitschrift* 22 (1921): 218–224, 249–254, 282–286.

*Born 1921b* ———. "Zur Thermodynamik der Kristallgitter." *Zeitschrift für Physik* 7 (1921): 217–248.

*Born 1921c* ———. "Über elektrostatische Gitterpotentiale." *Zeitschrift für Physik* 7 (1921): 124–140.

*Born 1923a* ———. *Atomtheorie des festen Zustandes (Dynamik der Kristallgitter)*. 2d ed. Fortschritte der mathematischen Wissenschaften in Monographien 4. Leipzig and Berlin: Teubner, 1923.

*Born 1923b* ———. "Atomtheorie des festen Zustandes (Dynamik der Kristallgitter)." In *Encyklopädie der mathematischen Wissenschaften mit Einschluss ihrer Anwendungen*. Vol. 5, *Physik*, Part 3, pp. 527–781. Arnold Sommerfeld, ed. Leipzig: Teubner, 1909–1926. Issued 24 October 1923, completed 7 September 1922.

*Born and Bródy 1921a* Born, Max, and Bródy, Emmerich (Imre). "Über die spezifische Wärme fester Körper bei hohen Temperaturen." *Zeitschrift für Physik* 6 (1921): 132–139.

*Born and Bródy 1921b* ———. "Über die Schwingungen eines mechanischen Systems mit endlicher Amplitude und ihre Quantelung." *Zeitschrift für Physik* 6 (1921): 140–152.

*Born and Bródy 1922* ———. "Zur Thermodynamik der Kristallgitter II." *Zeitschrift für Physik* 11 (1922): 327–352.

*Born and Pauli 1922* Born, Max, and Pauli, Wolfgang. "Über die Quantelung gestörter mechanischer Systeme." *Zeitschrift für Physik* 10 (1922): 137–158.

*Brandeis 1975* Brandeis, Louis D. *Letters of Louis D. Brandeis*. Vol. 4, *(1916–1921): Mr. Justice Brandeis*. Melvin I. Urovsky and

David W. Levy, eds. Albany: State University of New York Press, 1975.
*Braunbeck 2003* Braunbeck, Joseph. *Der andere Physiker: Das Leben von Felix Ehrenhaft*. Graz: Leykam, 2003.
*Brauns 2003* Brauns, Nikolaus. *Schafft Rote Hilfe! Geschichte und Aktivitäten der proletarischen Hilfsorganisation für politische Gefangene in Deutschland (1919–1938)*. Bonn: Pahl-Rugenstein, 2003.
*Brenner 2001* Brenner, Arthur D. *Emil J. Gumbel: Weimar German Pacifist and Professor*. Boston and Leiden: Brill, 2001.
*Brett 1963* Brett, Vladimir. *Henri Barbusse, sa march vers la clarté, son mouvement Clarté*. Prague: Editions de l'Academie Tchecoslovaque des Sciences, 1963.
*Brod 1969* Brod, Max. *Streitbares Leben, 1884–1968*. Munich: Herbig, 1969.
*Broda 1980* Broda, Engelbert. *Einstein und Österreich*. Vienna: Verlag der österreichischen Akademie der Wissenschaften, 1980.
*Bródy 1921* Bródy, Emmerich (Imre). "Integralinvarianten und Quantentheorie." *Zeitschrift für Physik* 6 (1921): 224–228.
*Broelmann 2002* ———. *Intuition und Wissenschaft in der Kreiseltechnik*. Munich: Deutsches Museum, 2002.
*Bruun 1915* Bruun, Laurids, ed. *Die freudlose Witwe: Aus van Zantens hinterlassenen Papieren: Opus III*. Berlin: Fischer, [1915].
*Buchholz 1908* Buchholz, Hugo Ferdinand. *Das mechanische Potential nach Vorlesungen von L. Boltzmann bearbeitet und die Theorie der Figur der Erde. Zur Einführung in die höhere Geodäsie (angewandte Mathematik)*. Leipzig: Barth, 1908.
*Buisson and Fabry 1921* Buisson, Henri, and Fabry, Charles E. "Le déplacement des raies solaires sous l'action du champ de gravitation." *Académie des sciences* (Paris). *Comptes rendus* 172 (1921): 1020–1022.
*Byk 1921a* Byk, Alfred. "Das Theorem der übereinstimmenden Zustände und die Quantentheorie der Gase und Flüssigkeiten." *Physikalische Zeitschrift* 22 (1921): 15–20.
*Byk 1921b* Byk, Alfred. "Das Theorem der übereinstimmenden Zustände und die Quantentheorie der Gase und Flüssigkeiten." *Annalen der Physik* 66 (1921): 157–205
*Campbell 1970* Campbell, F. Gregory. "The Struggle for Upper Silesia, 1919–1922." *Journal of Modern History* 42 (1970): 361–385.

*Carathéodory 1909* Carathéodory, Constantin. "Untersuchungen über die Grundlagen der Thermodynamik." *Mathematische Annalen* 61 (1909): 355–386.
*Carr 1920* Carr, Herbert W. *The General Principle of Relativity in Its Philosophical and Historical Aspect*. New York: Macmillan, 1920.
*Chernow 1993* Chernow, Ron. *The Warburgs: The Twentieth-Century Odyssey of a Remarkable Jewish Family*. New York: Random House, 1993.
*Clark 1971* Clark, Ronald W. *Einstein: The Life and Times*. New York: World Publishing, 1971.
*Cohen 1918* Cohen, Morris. "Mechanism and Causality in Physics." *Journal of Philosophy* 15 (1918): 365–386.
*Cohen 1921a* ———. "A Review of the Einstein Lectures at City College." *The Campus* (CCNY), 29 April 1921, 3, 4.
*Cohen 1921b* ———. "Roads to Einstein." *New Republic* 27 (1921): 172–174.
*Cohen 1949* Cohen, Morris R. *A Dreamer's Journey: The Autobiography of Morris Raphael Cohen*. Boston: Beacon Press, 1949.
*Cohen, N. 1969* Cohen, Naomi W. *A Dual Heritage: The Public Career of Oscar S. Straus*. Philadelphia: Jewish Publication Society of America, 1969.
*Cohen, N. 1978* ———. "The Specter of Zionism: American Opinions, 1917–1922." In *Essays in American Zionism 1917–1948*. New York: Herzl Press, 1978, pp. 95–116.
*Crawford 1987* Crawford, Elisabeth T. *The Beginnings of the Nobel Institution: The Science Prizes, 1901–1915*. Cambridge: Cambridge University Press, 1987.
*Crawford 1996* ———. *Arrhenius: From Iconic Theory to the Greenhouse Effect*. Canton, Mass.: Science History Publication, 1996.
*Crommelin 1922a* Crommelin, Claude A. "De suprageleidende toestand van metalen." In *Gedenkboek 1922*, pp. 401–428.
*Crommelin 1922b* ———. "Die Bedeutung physikalischer Untersuchungen bei sehr tiefen Temperaturen." *Jahrbuch für Radioaktivität und Elektronik* 19 (1922): 38–70.
*Crowther 1910* Crowther, James A. "On the Scattering of Homogeneous β-Rays and the Number of Electrons in the Atom." *Royal Society of London. Proceedings A* 84 (1910): 226–247.

*Cunningham 1914* Cunningham, Ebenezer. *The Principle of Relativity* Cambridge: University Press, 1914.

*Dahms 2005* Dahms, Hans-Joachim. "Die „Encyclopedia of Unified Science" (IEUS). Ihre Vorgeschichte und ihre Bedeutung für den logischen Empirismus." In *Paris-Wien. Enzyklopädien im Vergleich*, pp. 105–120. Elisabeth Nemeth and Nicolas Roudet, eds. Vienna: Springer, 2005.

*Delft 2007* Delft, Dirk van. "Een onbekende brief van Einstein." *Nederlands Tijdschrift voor Natuurkunde* 73 (2007): 296–298.

*Desmet 2008* Desmet, Ronny. "Did Whitehead and Einstein Actually Meet?" In *Researching with Whitehead: System and Adventure*, pp. 127–155. Franz Riffert and Sander, Hans-Joachim, eds. Freiburg: Alber, 2008.

*Dirks and Simon 2005* Dirks, Christian, and Simon, Hermann, eds. *Relativ jüdisch. Albert Einstein: Jude, Zionist, Nonkonformist*. Berlin: text.verlag, 2005.

*Dongen 2002* Dongen, Jeroen van. "Einstein and the Kaluza-Klein Particle." *Studies in History and Philosophy of Modern Physics* 33 (2002): 185–210.

*Dongen 2007a* ———. "Reactionaries and Einstein's Fame: 'German Scientists for the Preservation of Pure Science,' Relativity, and the Bad Nauheim Meeting." *Physics in Perspective* 9 (2007): 212–230.

*Dongen 2007b* ———. "The Interpretation of the Einstein-Rupp Experiments and Their Influence on the History of Quantum Mechanics." *Historical Studies in the Physical and Biological Sciences* 37 (Supplement) (2007): 121–131.

*Doolittle 1912* Doolittle, Eric. "Secular Variation of the Elements of the Orbits of the Four Inner Planets." *American Philosophical Society. Transactions* 22 (1912–13): 39–189.

*Du Pasquier 1921* Du Pasquier, Louis-Gustave. *Le développement de la notion de nombre*. Paris: Attinger Frères, 1921.

*Du Pasquier 1922* ———. *Le principe de la rélativité et les théories d'Einstein*. Paris: Librairie Octave Doin, 1922.

*Duerbeck 2008* Duerbeck, Hilmar W. "Novae—An Historical Perspective." In *Classical Novae*, pp. 1–15. M. F. Bode and A. Evans, eds. 2d ed. Cambridge: Cambridge University Press, 2008.

*Dunker 1977* Dunker, Ulrich. *Der Reichsbund jüdischer Frontsoldaten 1919–1938. Geschichte eines jüdischen Abwehrvereins*. Düsseldorf: Droste Verlag, 1977.

*Earman and Janssen 1993* Earman, John, and Janssen, Michel. "Einstein's Explanation of the Motion of Mercury's Perihelion." In *The Attraction of Gravitation: New Studies in the History of General Relativity*, pp. 129–172. John Earman, Michel Janssen, and John D. Norton, eds. Boston: Birkhäuser, 1993.

*Eddington 1918* Eddington, Arthur S. "On the Conditions in the Interior of a Star." *Astrophysical Journal* 48 (1918): 205–213.

*Eddington 1920* ———. *Space, Time and Gravitation: An Outline of the General Relativity Theory*. Cambridge: Cambridge University Press, 1920.

*Eddington 1921* ———. "A Generalisation of Weyl's Theory of the Electromagnetic and Gravitational Fields." *Royal Society of London. Proceedings A* 99 (1921): 104–122.

*Eggert and Noddack 1921* Eggert, John, and Noddack, Walter. "Prüfung der photochemischen Äquivalentgesetzes an der photographischen Trockenplatte." *Preußische Akademie der Wissenschaften* (Berlin). *Sitzungsberichte* (1921): 631–635.

*Ehrenfest 1921* Ehrenfest, Paul. "Bemerkung über den Paramagnetismus von festen Körpern." *Zeitschrift für Physik* 5 (1921): 35–38.

*Ehrenfest and Ioffe 1990* Ehrenfest, Paul, and Ioffe, Abram F. *Ehrenfest-Ioffe. Nauchnaya perepiska 1907–1933 gg*. 2d exp. ed. N. Ya. Moskovchenko and V. Ya. Frenkel', eds. Leningrad: Nauka, 1990.

*Ehrenhaft 1914* Ehrenhaft, Felix. "Über die Quanten der Elektrizität." *Kaiserliche Akademie der Wissenschaften* (Vienna). *Mathematisch-naturwissenschaftliche Klasse. Sitzungsberichte* 103 (1914): 53–155.

*Ehrenhaft 1915* ———. "Über kleinste Quecksilberkugeln. (Deren Mechanik, Optik und elektrische Ladung.)" *Physikalische Zeitschrift* 16 (1915): 227–237.

*Ehrenhaft 1920* ———. "Über die Atomistik der Elektrizität und die Erscheinungen an einzelnen radioaktiven Probekörpern der Größenordnung $10^{-5}$ cm." *Physikalische Zeitschrift* 21 (1920): 675–683.

*Einstein 1905r* ———. "Zur Elektrodynamik bewegter Körper." *Annalen der Physik* 17 (1905): 891–921.

*Einstein 1906a* ———. "Eine neue Bestimmung der Moleküldimensionen." *Annalen der Physik* 19 (1906): 289–305.

*Einstein 1908a* ———. "Eine neue elektrostatische Methode zur Messung kleiner Elektrizitätsmengen." *Physikalische Zeitschrift* 9 (1908): 216–217.

*Einstein 1909b* ———. "Zum gegenwärtigen Stand des Strahlungsproblems." *Physikalische Zeitschrift* 10 (1909): 185–193.

*Einstein 1909c* ———. "Über die Entwickelung unserer Anschauungen über das Wesen und die Konstitution der Strahlung." *Deutsche Physikalische Gesellschaft. Verhandlungen* 7 (1909): 482–500.

*Einstein 1910d* ———. "Theorie der Opaleszenz von homogenen Flüssigkeiten und Flüssigkeitsgemischen in der Nähe des kritischen Zustandes." *Annalen der Physik* 33 (1910): 1275–1298.

*Einstein 1911h* ———. "Über den Einfluß der Schwerkraft auf die Ausbreitung des Lichtes." *Annalen der Physik* 35 (1911): 898–908.

*Einstein 1912b* ———. "Thermodynamische Begründung des photochemischen Äquivalenzgesetzes." *Annalen der Physik* 37 (1912): 832–838.

*Einstein 1914o* ———. "Die formale Grundlage der allgemeinen Relativitätstheorie." *Königlich Preußische Akademie der Wissenschaften* (Berlin). *Sitzungsberichte* (1914): 1030–1085.

*Einstein 1915h* ———. "Erklärung der Perihelbewegung des Merkur aus der allgemeinen Relativitätstheorie." *Königlich Preußische Akademie der Wissenschaften* (Berlin). *Sitzungsberichte* (1915): 831–839.

*Einstein 1916e* ———. "Die Grundlage der allgemeinen Relativitätstheorie." *Annalen der Physik* 49 (1916): 769–822.

*Einstein 1916f* ———. *Die Grundlage der allgemeinen Relativitätstheorie.* Leipzig: Barth, 1916.

*Einstein 1916g* ———. "Näherungsweise Integration der Feldgleichungen der Gravitation." *Königlich Preußische Akademie der Wissenschaften* (Berlin). *Sitzungsberichte* (1916): 688–696.

*Einstein 1916j* ———. "Strahlungs-Emission und -Absorption nach der Quantentheorie." *Deutsche Physikalische Gesellschaft. Verhandlungen* 18 (1916): 318–323.

*Einstein 1916m* ———. "Elementare Theorie der Wasserwellen und des Fluges." *Die Naturwissenschaften* 4 (1916): 509–510.

*Einstein 1916n* ———. "Zur Quantentheorie der Strahlung." *Physikalische Gesellschaft Zürich. Mitteilungen* 18 (1916): 47–62.

*Einstein 1916o* ———. "Hamiltonsches Prinzip und allgemeine Relativitätstheorie." *Königlich Preußische Akademie der Wissenschaften* (Berlin). *Sitzungsberichte* (1916): 1111–1116.

*Einstein 1917a* ———. *Über die spezielle und allgemeine Relativitätstheorie. (Gemeinverständlich.)* Braunschweig: Vieweg, 1917.

*Einstein 1917b* ———. "Kosmologische Betrachtungen zur allgemeinen Relativitätstheorie." *Königlich Preußische Akademie der Wissenschaften* (Berlin). *Sitzungsberichte* (1917): 142–152.

*Einstein 1917c* ———. ""Zur Quantentheorie der Strahlung." *Physikalische Zeitschrift* 18 (1917): 121–128.

*Einstein 1917d* ———. "Zum Quantensatz von Sommerfeld und Epstein." *Deutsche Physikalische Gesellschaft. Verhandlugen* 19 (1917): 82–92.

*Einstein 1918a* ———. "Über Gravitationswellen." *Königlich Preußische Akademie der Wissenschaften* (Berlin). *Sitzungsberichte* (1918): 154–167.

*Einstein 1918g* ———. "Nachtrag." *Königlich Preußische Akademie der Wissenschaften* (Berlin). *Sitzungsberichte* (1918): 478.

*Einstein 1918h* ———. Review of Hermann Weyl, *Raum-Zeit-Materie. Vorlesungen über allgemeine Relativitätstheorie.* Berlin: Springer, 1918. *Die Naturwissenschaften* 6 (1918): 373.

*Einstein 1919a* ———. "Spielen Gravitationsfelder im Aufbau der materiellen Elementarteilchen eine wesentliche Rolle?" *Preußische Akademie der Wissenschaften* (Berlin). *Sitzungsberichte* (1919): 349–356.

*Einstein 1920a* ———. [Uproar in the Lecture Hall.] *8-Uhr/Abendblatt* (Berlin), 13 February 1920, pp. 2–3.

*Einstein 1920c* ———. "Schallausbreitung in teilweise dissoziierten Gasen." *Preußische Akademie der Wissenschaften* (Berlin). *Sitzungsberichte* (1920): 380–385.

*Einstein 1920i* ———. [On the Contribution of Intellectuals to International Reconciliation.] In *Thoughts on Reconciliation*, pp. 10–11. New York: Deutscher Gesellig-Wissenschaftlicher Verein von New York, 1920.

Einstein 1920j ———. *Äther und Relativitätstheorie*. Berlin: Springer, 1920.

Einstein 1921a ———. "Das Gemeinsame am künstlerischen und wissenschaftlichen Erleben." *Menschen. Zeitschrift neuer Kunst* 4 (1921): 19.

Einstein 1921c ———. *Geometrie und Erfahrung*. Berlin: Springer, 1921.

Einstein 1921d ———. "A Brief Outline of the Development of the Theory of Relativity." *Nature* 106 (1920–1921): 782–784.

Einstein 1921e ———. "Über eine naheliegende Ergänzung des Fundamentes der allgemeinen Relativitätstheorie." *Preußische Akademie der Wissenschaften* (Berlin). *Sitzungsberichte* (1921): 261–264.

Einstein 1921f ———. "Eine einfache Anwendung des Newtonschen Gravitationsgesetzes auf die kugelförmigen Sternhaufen." In *Festschrift der Kaiser-Wilhelm-Gesellschaft zur Förderung der Wissenschaften zu ihrem zehnjährigen Jubiläum dargebracht von ihren Instituten*, pp. 50–52. Berlin: Springer, 1921.

Einstein 1921g ———. "Zur Abwehr." *Die Naturwissenschaften* 9 (1921): 219.

Einstein 1921k ———. "Die Not der deutschen Wissenschaft. Eine Gefahr für die Nation." *Neue Freie Presse*, Morgen Ausgabe, 25 December 1921, p. [1].

Einstein 1921l ———. *L'éther et la théorie de la relativité*. Maurice Solovine, trans. Paris: Gauthier-Villars, 1921.

Einstein 1921m ———. *La théorie de la relativité restreinte et généralisée*. Jeanne Rouvière, trans. Paris: Gauthier-Villars, 1921.

Einstein 1921n ———. [A Statement on Theoretical Physics.] In *Tondokumente aus dem Phonogrammarchiv der Österreichischen Akademie der Wissenschaften. Gesamtausgabe der Historischen Bestände 1899–1950. Serie 2, Stimmporträts*. Dietrich Schiller, ed. Vienna: Österreichische Akademie der Wissenschaften, 1999.

Einstein 1922a ———. "Über ein den Elementarprozeß der Lichtemission betreffendes Experiment." *Preußische Akademie der Wissenschaften* (Berlin). *Sitzungsberichte* (1921): 882–883.

Einstein 1922b ———. [Impact of Science on the Development of Pacifism.] In *Die Friedensbewegung. Ein Handbuch der Weltfriedensströmungen der Gegenwart*, pp. 78–79. Kurt Lenz and Walter Fabian, eds. Berlin: Schwetschke, 1922.

Einstein 1922c ———. *Vier Vorlesungen über Relativitätstheorie gehalten im Mai 1921 an der Universität Princeton*. Braunschweig: Vieweg, 1922.

Einstein 1922d ———. "La science et le pacifisme." *Clarté* 1 (1921–1922): 118.

Einstein 1922e ———. "Zur Theorie der Lichtfortpflanzung in dispergierenden Medien." *Königlich Preußische Akademie der Wissenschaften* (Berlin). *Sitzungsberichte* (1922): 18–22.

Einstein 1922f ———. "Theoretische Bemerkungen zur Supraleitung der Metalle." In *Gedenkboek 1922*, pp. 429–435.

Einstein 1926a ———. "Vorschlag zu einem die Natur des elementaren Strahlungs-Emissionsprozesses betreffenden Experiment." *Die Naturwissenschaften* 14 (1926): 300–301.

Einstein 1926b ———. "Über die Interferenzeigenschaften des durch Kanalstrahlen emittierten Lichtes." *Preußische Akademie der Wissenschaften* (Berlin). *Sitzungsberichte* (1926): 334–340.

Einstein and Besso 1972 Einstein, Albert, and Besso, Michele. *Correspondance, 1903–1955*. Pierre Speziali, trans. and ed. Paris: Hermann, 1972.

Einstein and Born 1969 Einstein, Albert, and Born, Max. *Albert Einstein/Hedwig und Max Born. Briefwechsel 1916–1955*. Max Born, ed. Munich: Nymphenburger, 1969.

Einstein and Born 2005 ———. *The Born-Einstein Letters 1915–1955: Friendship, Politics and Physics in Uncertain Times*. Max Born, ed. Houndmills: Macmillan, 2005.

Einstein and De Haas 1915a Einstein, Albert, and Haas, Wander J. de. "Experimenteller Nachweis der Ampèreschen Molekularströme." *Deutsche Physikalische Gesellschaft. Verhandlungen* 17 (1915): 152–170.

Einstein and De Haas 1915c ———. "Experimental Proof of the Existence of Ampère's Molecular Currents." *Koninklijke Akademie van Wetenschappen te Amsterdam. Section of Sciences. Proceedings* 18 (1915–16): 696–711.

Einstein and De Haas 1915d ———. "Notiz zu unserer Arbeit 'Experimenteller Nachweis der Ampèreschen Molekularströme.'" *Deutsche Physikalische Gesellschaft. Verhandlungen* 17 (1915): 420.

*Einstein and Grommer 1923* Einstein, Albert, and Grommer, Jakob. "Beweis der Nichtexistenz eines überall regulären zentrisch symmetrischen Feldes nach der Feld-Theorie von Th. Kaluza." *Scripta Universitatis atque Bibliothecae Hierosolymitanarum: Mathematica et Physica* 1 (1923): 1–5.

*Einstein and Grossmann 1913* Einstein, Albert, and Grossmann, Marcel. *Entwurf einer verallgemeinerten Relativitätstheorie und einer Theorie der Gravitation.* Leipzig: Teubner, 1913.

*Einstein and Solovine 1956* Einstein, Albert, and Solovine, Maurice. *Briefe an Maurice Solovine/Lettres à Maurice Solovine.* Paris: Gauthier-Villars, 1956.

*Einstein and Sommerfeld 1968* Einstein, Albert, and Sommerfeld, Arnold. *Briefwechsel. Sechzig Briefe aus dem goldenen Zeitalter der modernen Physik.* Armin Hermann, ed. Basel: Schwabe, 1968.

*Einstein et al.* ———. [Discussions of Lectures in Bad Nauheim.] *Physikalische Zeitschrift* 21 (1920): 650–651, 662, 666–668.

*Einstein, E. 1922* Einstein, Edith. "Zur Theorie des Radiometers." *Annalen der Physik* 69 (1922): 241–254.

*Eisenstaedt 1982* Eisenstaedt, Jean. "Histoire et singularités de la solution de Schwarzschild (1915–1923)." *Archive for History of Exact Sciences* 27 (1982): 157–198.

*Eisenstaedt 1991* ———. "De l'influence de la gravitation sur la propagation de la lumière en théorie newtonienne. L'archéologie des trous noirs." *Archive for History of Exact Sciences* 42 (1991): 315–386.

*Eliasberg 1951* Eliasberg, Wladimir. "Corruption and Bribery." *Journal of Criminal Law, Criminology, and Police Science* 42 (1951): 317–331.

*Emden 1921* Emden, Robert. "Über Lichtquanten." *Physikalische Zeitschrift* 22 (1921): 513–517.

*Epstein 1915* Epstein, Paul S. "Spezielle Beugungsprobleme." In *Encyclopädie der mathematischen Wissenschaften, mit Einschluß ihrer Anwendungen.* Vol. 5, *Physik*, part 3, pp. 488–525. Arnold Sommerfeld, ed. Leipzig: Teubner, 1903–1921. Issued 12 October 1915.

*Epstein 1916b* ———. "Zur Quantentheorie." *Annalen der Physik* 51 (1916): 168–188.

*Epstein 1916b* ———. "Zur Theorie des Starkeffektes." *Annalen der Physik* 50 (1916): 489–520.

*Epstein 1919* ———. "Theoretisches über den Starkeffekt in der Fowlerschen Heliumserie." *Annalen der Physik* 58 (1919): 553–576.

*Epstein 1921* ———. "Beschouwingen op het gebied van de theorie der quanta." *Koninklijke Akademie van Wetenschappen te Amsterdam. Wis- en Natuurkundige Afdeeling. Verslagen van de Gewone Vergaderingen* 29 (1920–21): 965–979. Reprinted in translation as "On the Principles of the Theory of Quanta." *Koninklijke Akademie van Wetenschappen te Amsterdam. Section of Sciences. Proceedings* 23 (1920–21): 1193–1205.

*Evershed 1919* Evershed, John. "The Displacement of the Solar Lines Reflected by Venus." *The Observatory* 42 (1919): 51–52.

*Eyck 1967* Eyck, Erich. *A History of the Weimar Republic.* Harlan P. Hanson and Robert G. L. Waite, trans. Cambridge, Mass.: Harvard University Press, 1967.

*Fabian and Lenz 1985* Fabian, Walter, and Lenz, Kurt, eds. *Die Friedensbewegung: Ein Handbuch der Weltfriedensströmungen der Gegenwart.* Reprint des 1922 in Berlin erschienenen Handbuchs mit einem aktuellen Vorwort von Walter Fabian. Cologne: Bund-Verlag, 1985.

*Fabre 1920* Fabre, Lucien. "Les rayons Dia font voir à travers les murs. Une nouvelle découverte d'Einstein." *L'Intransigéant*, 31 August 1920, 3d ed.

*Fabre 1921* ———. *Les théories d'Einstein. Une nouvelle figure du monde.* Paris: Payot, 1921.

*Fairchild 1924* Fairchild, Henry Pratt. "The Immigration Law of 1924," *Quarterly Journal of Economics*, 38 (1924): 653–665.

*Feldman 1997* Feldman, Gerald D. *The Great Disorder: Politics, Economics, and Society in the German Inflation, 1914–1924.* New York: Oxford University Press, 1997.

*Fenster 2003* Fenster, Julie M. *Mavericks, Miracles, and Medicine: The Pioneers Who Risked Their Lives to Bring Medicine into the Modern Age.* New York: Carroll and Graf, 2003.

*Ferrari 2003* Ferrari, Massimo. *Ernst Cassirer: Stationen einer philosophischen Biographie: Von der Marburger Schule zur Kulturphilosophie.* Hamburg: F. Meiner, 2003.

*Finkel 1937* Finkel, Samuel B. "American Jews and the Hebrew University." In *The American Jewish Year Book 5698*, pp. 193–

201. Philadelphia: Jewish Publication Society of America, 1937.

*Fischer-Petersen 1912*  Fischer-Petersen, J. "Über die Lichtkurve der Nova (18.1912) Geminorum 2." *Astronomische Nachrichten* 192 (1912): 117–124.

*Fisher 1988*  Fisher, David J. *Romain Rolland and the Politics of Intellectual Engagement.* Berkeley: University of California Press, 1988.

*Forman 1970*  Forman, Paul. "Alfred Landé and the Anomalous Zeeman Effect, 1919–1921." *Historical Studies in the Physical Sciences* 2 (1970): 153–261.

*Franck and Hertz 1914*  Franck, James, and Hertz, Gustav. "Über die Erregung der Quecksilberresonanzlinie 253.6 μμ durch Elektronenstösse." *Deutsche Physikalische Gesellschaft. Verhandlungen* 16 (1914): 512–517.

*Frank 1949*  Frank, Philipp. *Einstein—Sein Leben und seine Zeit.* Munich: List, [1949].

*Frank 1953*  ———. *Einstein: His Life and Times.* New York: Da Capo Press, 1953.

*Frei and Stammbach 1992*  Frei, Günther, and Stammbach, Urs, eds. *Hermann Weyl und die Mathematik an der ETH Zürich, 1913–1930.* Basel: Birkhäuser, 1992.

*Frenkel' 1976*  Frenkel', Viktor Ya. "Eynshteyn i sovietskiye fiziki." *Voprosy istorii estestvoznaniya i tekhniki* 52 (1976): 25–30.

*Freundlich 1920*  Freundlich Erwin. *The Foundations of Einstein's Theory of Gravitation.* New York: Cambridge University Press, 1920.

*Fricke 1920*  Fricke, Hermann. *Der Fehler in Einsteins Relativitätstheorie.* Wolfenbüttel: Heckner, 1920.

*Fridman 1958*  Fridman, J. A. "Solidaritätsbewegung des internationalen Proletariats für Sowjetrußland (1921–1922)." *Gesellschaftswissenschaftliche Beiträge* 6 (Juni 1958): 664–683.

*Füchtbauer and Schell 1913*  Füchtbauer, Christian, and Schell, Curt. "Methoden der quantitativen Untersuchung von Absorptionslinien, speziell der Natriumlinien." *Physikalische Zeitschrift* 14 (1913): 1164–1168.

*Gavroglu and Goudaroulis 1989*  Gavroglu, Kostas, and Goudaroulis, Yorgos. *Methodological Aspects of the Development of Low Temperature Physics, 1881–1956: Concepts out of Context.* Dordrecht: Kluwer, 1989.

*Gedenkboek 1922*  Het natuurkundig laboratorium der rijksuniversiteit te Leiden in de jaren 1904–1922. Gedenkboek aangeboden aan H. Kamerlingh Onnes directeur van het laboratorium bij gelegenheid van zijn veertigjarig professoraat op 11 November 1922. Leiden: Eduard IJdo, 1920.

*Gehrcke 1920*  Gehrcke, Ernst. *Die Relativitätstheorie, eine wissenschaftliche Massensuggestion.* Schriften aus dem Verlage der Arbeitsgemeinschaft deutscher Naturforscher zur Erhaltung reiner Wissenschaft e.V. Heft 1. Berlin: Arbeitsgemeinschaft deutscher Naturforscher zur Erhaltung reiner Wissenschaft e.V., 1920.

*Geiger, M. 1921*  Geiger, Moritz. *Die philosophische Bedeutung der Relativitätstheorie.* Halle: Niemeyer, 1921.

*Geiger and Bothe 1921a*  Geiger, Hans, and Bothe, Walther. "Die Zerstreuung von β-Strahlen." *Zeitschrift für Physik* 6 (1921): 204–212.

*Geiger and Bothe 1921b*  ———. "Über Zerstreuung von β-Strahlen in dünnen Metallfolien." *Physikalsche Zeitschrift* 22 (1921): 585–587.

*Genovesi 2000*  Genovesi, Angelo. *Il carteggio tra Albert Einstein ed Edouard Guillaume.* Milan: Angeli, 2000.

*Gimbel and Walz 2006*  Gimbel, Steven, and Walz, Anke, eds. *Defending Einstein: Hans Reichenbach's Writings on Space, Time and Motion.* Cambridge: Cambridge University Press, 2006.

*Ginossar 1950*  Ginossar (Ginzberg), S[olomon]. "Early Days." In *The Hebrew University of Jerusalem. Semi-Jubilee Volume*, pp. 71–74. Jerusalem: Hebrew University of Jerusalem, 1950.

*Glaser 1922*  Glaser, Ludwig C. "Über die Gravitationsverschiebung der Fraunhoferschen Linien. (Bemerkungen zu einer gleichnamigen Arbeit von L. Grebe.)" *Physikalische Zeitschrift* 23 (1922): 100–102.

*Goenner 1993*  Goenner, Hubert. "The Reaction to Relativity Theory I: The Anti-Einstein Campaign in Germany in 1920." *Science in Context* 6 (1993): 107–133.

*Goenner 2004*  ———. "On the History of Unified Field Theories." *Living Reviews in Relativity* 7 (2004), no. 2. [Online article]: cited 14 December 2006, http://www.livingreviews.org/lrr-2004-2.

*Goethe 1994*  Goethe, Johann Wolfgang von. *Faust I & II.* Trans. by Stuart Atkins. Princeton, N. J.: Princeton University Press, 1994.

*Goodspeed 1953* Goodspeed, Edgar J. *As I Remember*. New York: Harper, 1953.

*Goren 2000* Goren, Arthur Aryeh. "Mabat Mi-Har ha-tsofim: J. L. Magnes ve-ha-Shanim ha-Rishonot shel ha-Universita ha-Ivrit." In *Toldot ha-Universita ha-Ivrit bi-Yerushalayim. Shorashim ve-Hathalot*, pp. 363–386. Shaul Katz and Michael Heyd, eds. Jerusalem: Hebrew University Magnes Press, 2000.

*Götze 1921* Götze, Richard. "Liniengruppen und innere Quanten." *Annalen der Physik* 66 (1921): 285–292.

*Graff 2004* Graff, Karl Wolfgang. "Albert Einstein als Erfinder in den Jahren 1907 bis 1933." Diss., University of Stuttgart, 2004.

*Grassmann 1862* Grassmann, Hermann. *Die Ausdehnungslehre*. Berlin: Enslin, 1862.

*Grau 2000* Grau, Conrad. "Die Preußische Akademie und die Wiederanknüpfung internationaler Wissenschaftskontakte nach 1918." In *Die Preußische Akademie der Wissenschaften zu Berlin 1914–1945*, pp. 279–315. Wolfram Fischer, ed. Berlin: Akademie Verlag, 2000.

*Grebe 1920* Grebe, Leonhard. "Über die Gravitationsverschiebung der Fraunhoferschen Linien." *Physikalische Zeitschrift* 21 (1920): 662–666.

*Grebe 1922* ———. "Über die Gravitationsverschiebung der Fraunhoferschen Linien. (Bemerkung zur vorstehenden Notiz des Herrn Dr.-Ing. L. C. Glaser)." *Physikalische Zeitschrift* 23 (1922): 102.

*Grebe and Bachem 1920a* Grebe, Leonhard, and Bachem, Albert. "Über den Einsteineffekt im Gravitationsfeld der Sonne." *Deutsche Physikalische Gesellschaft. Verhandlungen* 21 (1920): 51–54.

*Grebe and Bachem 1920b* ———. "Die Einsteinsche Gravitationsverschiebung im Sonnenspektrum der Stickstoffbande λ=3883 AE." *Zeitschrift für Physik* 2 (1920): 415–422.

*Gross 1967* Gross, Babette. *Willi Münzenberg: Eine politische Biographie*. Stuttgart: Deutsche Verlags-Anstalt, 1967.

*Gruber 1966* Gruber, Helmut. "Willi Münzenberg's German Communist Propaganda Empire, 1921–1933." *Journal of Modern History* 38 (1966): 278–297.

*Grundmann 1998* Grundmann, Siegfried. *Einsteins Akte*. Berlin: Springer, 1998.

*Haas 1929* Haas, Jacob de. *Louis D. Brandeis: A Biographical Sketch*. New York: Bloch, 1929.

*Haber 1919a* Haber, Fritz. "Beitrag zur Kenntnis der Metall." *Preußische Akademie der Wissenschaften* (Berlin). *Sitzungsberichte* (1919): 506–518.

*Haber 1919b* ———. "Zweiter Beitrag zur Kenntnis der Metall." *Preußische Akademie der Wissenschaften* (Berlin). *Sitzungsberichte* (1919): 990–1007.

*Haldane 1921* Haldane, Richard Burdon. *The Reign of Relativity*. London: Murray, 1921.

*Hale 1921* Hale, George Ellery. "Mount Wilson Observatory." In *Year Book—Carnegie Institute of Washington* 19 (1921): 209–265.

*Halpern 1987* Halpern, Ben. *A Clash of Heroes: Brandeis, Weizmann and American Zionism*, pp. 221-232. New York: Oxford University Press, 1987.

*Harrow 1920* Harrow, Benjamin. *From Newton to Einstein: Changing Conceptions of the Universe*. New York: Van Nostrand, 1920.

*Harvard 1936* Harvard University. *Harvard University Handbook: An Official Guide*. Cambridge, Mass.: Harvard University Press, 1936.

*Havas 1999* Havas, Peter. "Einstein, Relativity, and Gravitation Research in Vienna before 1938." In *The Expanding Worlds of General Relativity*, pp. 161–206. Hubert Goenner, Jürgen Renn, Jim Ritter, and Tilman Sauer, eds. Boston: Birkhäuser, 1999.

*Hebrew University 1924* The Hebrew University. *The Proposed Hebrew University on Mount Scopus Jerusalem Palestine*. [Jerusalem/London ?]: Zionist Organisation, [1924 ?].

*Hebrew University 1948* ———. *The Hebrew University Jerusalem: Its History and Development*. Jerusalem: Azriel Printing Works, 1948.

*Heine 1890* Heine, Heinrich. *Heinrich Heines Sämtliche Werke*. Ernst Elster, ed. 1. Bd. Leipzig and Vienna: Bibliographisches Institut, 1890.

*Hentschel 1990* Hentschel, Klaus. *Interpretationen und Fehlinterpretationen der speziellen und der allgemeinen Relativitätstheorie durch Zeitgenossen Albert Einsteins*. Basel: Birkhäuser, 1990.

*Hentschel 1993* ———. "The Conversion of St. John: A Case Study on the Interplay of Theory and Experiment." *Science in Context* 6 (1993): 137–194.

*Hentschel 1997* ———. *The Einstein Tower: An Intertexture of Dynamic Construction,*

*Relativity Theory, and Astronomy.* Stanford: Stanford University Press, 1990.

*Herglotz 1916*  Herglotz, Gustav. "Zur Einsteinschen Gravitationstheorie." *Königlich Sächsische Gesellschaft der Wissenschaften zu Leipzig. Berichte über die Verhandlungen* 68 (1916): 199–203.

*Hermann 1994*  Hermann, Armin. *Einstein. Der Weltweise und sein Jahrhundert. Eine Biographie.* Munich: Piper, 1994,

*Hermann 1995*  ———. "Die Deutsche Physikalische Gesellschaft 1899–1945." In *Festschrift. 150 Jahre Deutsche Physikalische Gesellschaft. Sonderteil der Zeitschrift Physikalische Blätter* 51 (1995): F-61–F-105.

*Herneck 1966*  Herneck, Friedrich. "Zwei Tondokumente Einsteins zur Relativitätstheorie." *Forschungen und Fortschritte* 40 (1966): 133–135.

*Hilbert 1915*  Hilbert, David. "Die Grundlagen der Physik. (Erste Mitteilung.)" *Königliche Gesellschaft der Wissenschaften zu Göttingen. Mathematisch-naturwissenschaftliche Klasse. Nachrichten* (1915): 395–407.

*Hilbert and Born 1921*  Hilbert, David, and Born, Max. "Einstein und Soldner." *Frankfurter Zeitung*, 18 November 1915, 1st Morning Edition, p. 1.

*Holitscher 1921*  Holitscher, Arthur. *Drei Monate in Sowjet-Rußland.* Berlin: Fischer, 1921.

*Holitscher 1928*  ———. *Mein Leben in dieser Zeit. Der "Lebensgeschichte eines Rebellen." Zweiter Band (1907–1925).* Potsdam: Kiepenheuer, 1928.

*Holst 1919*  Holst, Helge. *Die kausale Relativitätsforderung und Einsteins Relativitätstheorie.* Kongelige Danske Videnskabernes Selskab. Mathematisk-fysiske Meddeleser 2, no. 11 (1919).

*Holton 1969*  Holton, Gerald. "Einstein, Michelson, and the 'Crucial' Experiment." *Isis* 60 (1969): 133–197.

*Holton 1978*  ———. "Subelectrons, Presuppositions, and the Millikan-Ehrenhaft Dispute." *Historical Studies in the Physical Sciences* 10 (1978): 161–224.

*Holton 1993*  ———. *Science and Anti-Science.* Cambridge, MA: Harvard University Press, 1993.

*Huneidi 2001*  Huneidi, Sahar. *A Broken Trust. Herbert Samuel, Zionism and the Palestinians, 1920–1925.* London: Tauris, 2001.

*Hunt 1960*  Hunt, R. N. Carew. "Willi Muenzenberg." *St. Anthony's Papers* 9 (1960): 72–87.

*Ibald 1919*  Ibald. "En Revolution i Videnskaben. Professor Einsteins epokeg ørende Teorier bekræftet. Newtons Tyngdelov omstødt." *Politiken*, 18 November 1919.

*Illy 2006*  Illy, József, ed. *Albert Meets America: How Journalists Treated Genius during Einstein's 1921 Travels.* Baltimore: Johns Hopkins University Press, 2006.

*Ioffe 1923*  Ioffe, Abram F. "Elektrizitätsdurchgang durch Kristalle. Zum Teil in Gemeinschaft mit W. C. Röntgen." *Annalen der Physik* 72 (1923): 461–500.

*Ioffe and Kirpicheva 1922*  Ioffe, Abram F., and Kirpicheva, Melitina V. "Röntgenograms of Strained Crystals." *Philosophical Magazine* 43 (1922): 204–206.

*Isaacson 2007*  Isaacson, Walter. *Einstein: His Life and Universe.* New York: Simon & Schuster, 2007.

*Jaki 1978*  Jaki, Stanley L. "Johann Georg von Soldner and the Gravitational Bending of Light, with an English Translation of His Essay on It Published in 1801." *Foundations of Physics* 8 (1978): 927–950.

*Janssen 1999*  Janssen, Michel. "Rotation as the Nemesis of Einstein's *Entwurf* Theory." In *The Expanding Worlds of General Relativity*, pp. 127–157. Hubert Goenner et al., eds. Boston: Birkhäuser, 1999.

*Jeffery 1921*  Jeffery, George B. "The Field of an Electron in Einstein's Theory of Gravitation." *Royal Society of London. Proceedings* A 99 (1921): 123–134.

*Joël-Adler-Carlebach 1996*  *The Joël-Adler-Carlebach Families. Articles, Portraits and Documents; Genealogical Tables and Biographical Index of the Descendants of Rabbi Ephraim Fischel Joel & Esther Joel.* Jerusalem: Published by the Families, 1996.

*Jonas 1984*  Jonas, Manfred. *The United States and Germany: A Diplomatic History.* Ithaca, N.Y.: Cornell University Press, 1984.

*Kahlbaum 1904*  Kahlbaum, Georg W. A. *Justus von Liebig und Friedrich Mohr in ihren Briefen.* Leipzig: Barth, 1904.

*Kaliski 1925*  Kaliski, David J. "The Physicians Committee: Its Efforts and Achievements." *New Palestine* 8, no. 13 (27 March 1925): 345–346.

*Kaluza 1921*  Kaluza, Theodor. "Zum Unitätsproblem der Physik." *Preußische Akademie*

*der Wissenschaften* (Berlin). *Sitzungsberichte* (1921): 966–972.

*Kamerlingh Onnes and Keesom 1908* Kamerlingh Onnes, Heike, and Keesom, Willem H. "Over de toestandsvergelijking van eene stof in de nabijheid van het kritisch punt vloeistofgas. I. De storingsfunctie in de nabijheid van den kritischen toestand." *Koninklijke Akademie van Wetenschapen te Amsterdam. Wis- en Natuurkundige Afdeeling. Verslagen van de Gewone Vergaderingen* 16 (1907–1908): 659–666. Reprinted in translation as "On the Equation of State of a Substance in the Neighbourhood of the Critical Point Liquid-Gas. I. The Disturbance Function in the Neighbourhood of the Critical State." *Koninklijke Akademie van Wetenschapen te Amsterdam. Section of Sciences. Proceedings* 10 (1907–1908): 603–610.

*Kamerlingh Onnes and Keesom 1912* ———. "Die Zustandsgleichung." In *Encyclopädie der mathematischen Wissenschaften, mit Einschluß ihrer Anwendungen.* Vol. 5, *Physik,* part 1, pp. 615–945. Arnold Sommerfeld, ed. Leipzig: Teubner, 1903–1921. Issued 12 September 1912.

*Karabel 2005* Karabel, Jerome. *The Chosen: The Hidden History of Admission and Exclusion at Harvard, Yale, and Princeton.* Boston: Houghton Mifflin, 2005.

*Katz 1996* Katz, Shmuel. *Lone Wolf: A Biography of Vladimir (Ze'ev) Jabotinsky.* New York: Barricade Books, 1996.

*Kaufman 1998* Kaufman, Andrew L. *Cardozo.* Cambridge, Mass.: Harvard University Press, 1998.

*Keesom 1911* Keesom, Willem K. "Spektrophotometrische Untersuchung der Opaleszenz eines einkomponentigen Stoffes in der Nähe des kritischen Zustandes." *Annalen der Physik* 35 (1911): 591–598.

*Kerr 1920* Kerr, Alfred. *Gesammelte Schriften in zwei Reihen.* Berlin: Fischer, 1920.

*Kessler 1961* Kessler, Harry Count. *Tagebücher 1918–1937.* Wolfgang Pfeiffer-Belli, ed. Frankfurt am Main: Insel, 1961.

*Kirsten and Treder 1979a* Kirsten, Christa, and Treder, Hans-Jürgen, eds. *Albert Einstein in Berlin 1913–1933.* Part 1, *Darstellung und Dokumente.* Berlin: Akademie-Verlag, 1979.

*Kirsten and Treder 1979b* ———. *Albert Einstein in Berlin 1913–1933.* Part 2, *Spezialinventar.* Berlin: Akademie-Verlag, 1979.

*Klein, M. 1970a* Klein, Martin J. *Paul Ehrenfest.* Vol. 1, *The Making of a Theoretical Physicist.* Amsterdam: North-Holland, 1970.

*Klein, M. 1970b* ———. "The First Phase of the Bohr-Einstein Dialogue." *Historical Studies in the Physical Sciences* 2 (1970): 1–39.

*Klein, O. and Rosseland 1921* Klein, Oskar, and Rosseland, Svein. "Zusammenstöße zwischen Atomen und freie Elektronen." *Zeitschrift für Physik* 4 (1921): 46–51.

*Koch 2004* Koch, Stephen. *Double Lives: Stalin, Willi Münzenberg, and the Seduction of the Intellectuals.* Rev. ed. New York: Enigma Books, 2004.

*Kolatt 2000* Kolatt, Israel. "Raiyon ha-Universita ha-Ivrit be-Tnua ha-Leumit ha-Yehudit." In *Toldot ha-Universita ha-Ivrit bi-Yerushalayim. Shorashim ve-Hatḥalot,* pp. 3–74. Shaul Katz and Michael Heyd, eds. Jerusalem: Hebrew University Magnes Press, 2000.

*Kollwitz 2007* Kollwitz, Käthe. *Die Tagebücher 1908–1943.* Jutta Bohnke-Kollwitz, ed. Munich: btb Verlag, 2007.

*Kopff 1921* Kopff, August. *Grundzüge der einsteinschen Relativitätstheorie.* Leipzig: Hirzel, 1921.

*Kowalewski 1950* Kowalewski, Gerhard. *Bestand und Wandel. Meine Lebenserinnerungen zugleich ein Beitrag zur neueren Geschichte der Mathematik.* Munich: Oldenbourg, 1950.

*Kox 1993* Kox, Anne J. "Einstein and Lorentz. More Than Just Good Colleagues." *Science in Context* 6 (1993): 43–56.

*Landé 1921* Landé, Alfred. "Über den anomalen Zeemaneffekt (Teil I)." *Zeitschrift für Physik* 5 (1921): 231–241.

*Laqueur 1972* Laqueur, Walter. *A History of Zionism: From the French Revolution to the Establishment of the State of Israel.* New York: MJF Books, 1972.

*Lasker-Schüler 1921* Lasker-Schüler, Else. *Der Wunderrabinner von Barcelona.* Berlin: Cassirer, 1921.

*Laue 1920a* Laue, Max von. "Zur Erörterung über die Relativitätstheorie. Entgegnung an Herrn Paul Weyland." *Tägliche Rundschau* 11 August 1920, Evening Edition. Republished in *Weyland 1920,* pp. 25–27.

*Laue 1920b* ———. "Historisch-Kritisches über die Perihelbewegung des Merkur." *Die Naturwissenschaften* 8 (1920): 735–736.

*Laue 1921a* ———. *Die Relativitätstheorie.* Vol. 2, *Die allgemeine Relativitätstheorie und Einsteins Lehre von der Schwerkraft.* Braunschweig: Vieweg, 1921.

*Laue 1921b* ———. "Erwiderung auf Hrn. Lenards Vorbemerkungen zur Soldnerschen Arbeit von 1801." *Annalen der Physik* 66 (1921): 283–284.

*Laue 1921c* ———. "Soldner und Einstein. Die Entdeckung der Ablenkung des Lichts durch die Schwere." *Frankfurter Zeitung,* 18 November 1921, Morning Edition.

*Lavsky 1996* Lavsky, Hagit. *Before Catastrophe*: *The Distinctive Path of German Zionism.* Detroit and Jerusalem: Wayne State University Press, The Magnes Press, The Hebrew University, and Leo Baeck Institute, 1996.

*Lavsky 2000* ———. "Beyn Hanaḥat Even ha-Pina li-F'tiḥa: Yesud ha-Universita ha-Ivrit, 1918–1925." In *Toldot ha-Universita ha-Ivrit bi-Yerushalayim. Shorashim ve-Hathalot,* pp. 120–159. Shaul Katz and Michael Heyd, eds. Jerusalem: Hebrew University Magnes Press, 2000.

*League of Nations 1926* League of Nations. *International Statistical Yearbook.* Geneva: League of Nations, Economic and Financial Section, 1926.

*Lehmann-Russbüldt 1922* Lehmann-Russbüldt, Otto. *"Die Brücke über den Abgrund"*: *Für die Verständigung zwischen Deutschland und Frankreich.* Berlin: Neues Vaterland [1922?].

*Lenard 1921* Lenard, Philipp. "Über die Ablenkung eines Lichtstrahls von seiner geradlinigen Bewegung, durch die Attraktion eines Weltkörpers, an welchem er nahe vorbeigeht; von J. Soldner, 1801. Mit einer Vorbemerkung von P. Lenard." *Annalen der Physik* 65 (1921): 593–604.

*Le Verrier 1859* Le Verrier, Urbain J. J. "Théorie du mouvement de Mercure." *Annales de l'Observatoire impérial de Paris* 5 (1859): 1–196.

*Levy and Murphy 1980* Levy, David W., and Murphy, Bruce Allen. "Preserving the Progressive Spirit in a Conservative Time: The Joint Reform Efforts of Justice Brandeis and Professor Frankfurter, 1916–1933." *Michigan Law Review* 78 (1980): 1252–1304.

*Lewis 1919* Lewis, William C. "Radiation, the Fundamental Factor in All Chemical Change." *Scientia* 23 (1919): 450–459.

*Lewis 1920* ———. "An Unsolved Problem in the Application of the Quantum Theory to Chemical Reactions." *Philosophical Magazine* 39 (1920): 26–31.

*Lipstadt 1978* Lipstadt, Deborah E. "Louis Lipsky and the Emergence of Opposition to Brandeis, 1917–1920." In *Essays in American Zionism, 1917–1948,* pp. 37–60. Melvin I. Urofsky, ed. New York: Herzl Press, 1978.

*Loeb 1924* Loeb, Jacques. *Proteins and the Theory of Colloidal Behavior.* 2d ed. New York: McGraw-Hill, 1924.

*Loewe 1921* Loewe, Heinrich. *Die jüdische National-Bibliothek.* Berlin: [s.n.], 1921.

*Lohmeier and Schell 2005* Lohmeier, Dieter, and Schell, Bernhardt, eds. *Einstein, Anschütz und der Kieler Kreiselkompaß. Der Briefwechsel zwischen Albert Einstein und Hermann Anschütz-Kaempfe und andere Dokumente. Einstein, Anschütz and the Kiel Gyro Compass: The Correspondence between Albert Einstein and Hermann Anschütz-Kaempfe as Well as Other Documents.* 2d ed. Kiel: Raytheon Marine GmbH, 2005.

*Lohuizen 1919* Lohuizen, Teunis van. "Het anomale Zeeman-effect." *Koninklijke Akademie van Wetenschappen te Amsterdam. Wisen Natuurkundige Afdeeling. Verslag van de Gewone Vergaderingen* 28 (1919): 53–63. Reprinted in translation as "The Anomalous Zeeman-effect." *Koninklijke Akademie van Wetenschappen te Amsterdam. Section of Sciences. Proceedings* 22 (1919–20): 190–199.

*Lorentz 1920* Lorentz, Hendrik A. *The Einstein Theory of Relativity*: *A Concise Statement.* New York: Brentano's, 1920.

*Lorentz 1927* ———. *Problems of Modern Physics.* Boston: Ginn and Company, 1927.

*Lorentz et al. 1920* ———. *Das Relativitätsprinzip. Eine Sammlung von Abhandlungen mit Anmerkungen von A. Sommerfeld und Vorwort von O. Blumenthal.* 3d exp. ed. Leipzig: Teubner, 1920.

*Lorentz et al. 1922* Lorentz, Hendrik A.; Einstein, Albert; Minkowski, Hermann; and Weyl, Hermann. *Das Relativitätsprinzip. Eine Sammlung von Abhandlungen mit einem Beitrag von H. Weyl und Anmerkungen von A. Sommerfeld. Vorwort von O. Blumenthal.* 4th exp. ed. Leipzig: Teubner, 1922.

*Lorentz et al. 1923* ———. *The Principle of Relativity*: *A Collection of Original Memoirs on the Special and General Theory of Relativity with notes by A. Sommerfeld.* W. Perrett, and George B. Jeffery, trans. New York: Dover, [1923].

*Löwy 1920* Löwy, Heinrich. *Elektrodynamische Erforschung des Erdinneren und Luftschifffahrt*. Vienna: Manz, 1920.

*Ludwig 1920* Ludwig, Emil. *Goethe. Geschichte eines Menschen*. 3 vols. Stuttgart: Cotta, 1920.

*Luther 1913* *Die Bibel oder die ganze Heilige Schrift des Alten und Neuen Testaments. Nach der deutschen Übersetzung D. Martin Luthers. Durchgesehene Ausgabe mit dem von der deutschen evangelischen Kirchenkonferenz genehmigten Text*. Berlin: Britische und Ausländische Bibelgesellschaft, 1913.

*Luz 1987* Luz, Ehud. "The Moral Price of Sovereignty: The Dispute about the Use of Military Power within Zionism." *Modern Judaism* 7 (1987) 51–98.

*Mach 1921* Mach, Ernst. *Die Prinzipien der physikalischen Optik. Historisch und erkenntnispsychologisch entwickelt*. Leipzig: Teubner, 1921.

*Manning 1921* Manning, Henry, ed. *The Fourth Dimension Simply Explained*: *A Collection of Essays Selected from Those Submitted in the Scientific American*. London: Methuen, 1921.

*McMeekin 2003* McMeekin, Sean. *The Red Millionaire: A Political Biography of Willi Münzenberg, Moscow's Secret Propaganda Tsar in the West*. New Haven and London: Yale University Press, 2003.

*Mehra and Rechenberg 1982* Mehra, Jagdish, and Rechenberg, Helmut. *The Historical Development of Quantum Theory*. Vol. 1, part 1. *The QuantumTheory of Planck, Einstein, Bohr and Sommerfeld: Its Foundation and the Rise of Its Difficulties 1900–1925*. New York: Springer. 1982.

*Meyers Konversationslexikon 1892* *Meyers Konversationslexikon*. 4th ed. Leipzig: Bibliographisches Institut, 1885–1892.

*Michaud 1921* Michaud, Félix. *Énergetique générale*, Paris: Gauthier-Villars, 1921.

*Michelson 1904* Michelson, Albert A. "Relative Motion of Earth and Aether." *Philosophical Magazine* 8 (1904): 716–719.

*Michelson 1925* ———. "The Effect of the Earth's Rotation on the Velocity of Light. Part I." *Astrophysical Journal* 61 (1925): 137–139.

*Millikan 1913* Millikan, Robert A. "On the Elementary Electrical Charge and the Avogadro Constant." *Physical Review* 2 (1913): 109–143.

*Millman 2000* Millman, Brock. *Managing Domestic Dissent in First World War Britain*. London: Frank Cass, 2000.

*Minkowski 1923* Minkowski, Rudolf. "Über die freie Weglänge langsamer Elektronen in Hg- und Cd-Dampf." *Zeitschrift für Physik* 18 (1923): 258–262.

*Minkowski and Sponer 1923* Minkowski, Rudolf, and Sponer, Hertha. "Über die freie Weglänge langsamer Elektronen in Gasen." *Zeitschrift für Physik* 15 (1923): 399–408.

*Moch 1921* Moch, Gaston. *La relativité des phénomènes*. Paris: Flammarion, 1921.

*Mommsen 1996* Mommsen, Hans. *The Rise and Fall of Weimar Democracy*. Chapel Hill and London: University of North Carolina Press, 1996.

*Morris 1956* Morris, Bernhard S. "Communist International Front Organizations: Their Nature and Function." *World Politics* 9 (October 1956): 76–87.

*Mossek 1978* Mossek, Moshe. *Palestine Immigration Policy under Sir Herbert Samuel: British, Zionist, and Arab Attitudes*. London: Cass, 1978.

*Moszkowski 1920* Moszkowski, Alexander. "Mein neues Buch. „Einblicke in Einsteins Gedankenwelt."" *Feuilletonkorrespondenz Gustav Hochstetter*, 1 December 1920.

*Moszkowski 1921* ———. *Einstein: Einblicke in seine Gedankenwelt. Gemeinverständliche Betrachtungen über die Relativitätstheorie und ein neues Weltsystem. Entwickelt aus Gesprächen mit Einstein*. Hamburg: Hoffmann und Campe, 1921.

*Müller, F. 1921* Müller, Friedrich von. "Eröffnungsrede." In *Verhandlungen 1921*, pp. 15–24.

*Müller, H. 1962* Müller, Hermann. "Die Bedeutung der Gründung der IAH im Jahre 1921 für die Entwicklung der Solidarität der deutschen Arbeiterklasse mit Sowjetrußland." *Beiträge zur Geschichte der deutschen Arbeiterbewegung* 3 (1962): 642–656.

*Münzenberg 1923* Münzenberg, Willi. *Brot und Maschinen für Sowjet-Rußland. Ein Jahr proletarischer Hilfsarbeit*. Berlin: Auslandskomitee der internationalen Arbeiterhilfe für Sowjet-Rußland, 1923.

*Münzenberg 1931* ———. *Solidarität: Zehn Jahre Internationale Arbeiterhilfe 1921–1931*. Berlin: Neuer Deutscher Verlag, 1931.

*Nathan and Norden 1960*   Nathan, Otto, and Norden, Heinz. *Einstein on Peace*. New York: Schocken Books, 1960.

*Neilson 1952–1953*   Neilson, Francis. *My Life in Two Worlds*. 2 vols. Appleton, Wis.: Dutton, 1952–1953.

*Nernst 1921b*   Nernst, Walther. *Das Weltgebäude im Lichte der neueren Forschung*. Berlin: Springer, 1921.

*Newcomb 1895*   Newcomb, Simon. "Secular Variations of the Orbits of the Four Inner Planets." *Astronomical Papers Prepared for the Use of the American Ephemeris and Nautical Almanac* 5 (1895): 301–378.

*Newton 1898*   Newton, Isaac. *Optik oder Abhandlung über Spiegelungen, Brechungen und Farben des Lichtes*. Übersetzt und herausgegeben von William Abendroth. Leipzig: Engelmann, 1898.

*Niewyk 2001*   Niewyk, Donald. *The Jews in Weimar Germany*. 2d ed. New Brunswick, N.J.: Transaction Publishers, 2001.

*Nordmann 1921*   Nordmann, Charles. *Einstein et l'univers, une lueur dans le mystère des choses*. [Paris:] Hachette, [1921].

*Nordmann 1922*   ———. *Einstein and the Universe: A Popular Exposition of the Famous Theory*. Joseph McCabe, trans. Preface by Richard Haldane. London: Unwin, [1922].

*Nordström 1918*   Nordström, Gunnar. "Een en ander over de energie van het zwaartekrachtsveld volgens de theorie van Einstein." *Koninklijke Akademie van Wetenschappen te Amsterdam. Wis- en Natuurkundige Afdeeling. Verslagen van de Gewone Vergaderingen* 26 (1917–18): 1201–1208. Reprinted in translation as "On the Energy of the Gravitation Field in Einstein's Theory." *Koninklijke Akademie van Wetenschappen te Amsterdam. Section of Sciences. Proceedings* 20 (1917–18): 1354–1369.

*Olivová 1972*   Olivová, Vera. *The Doomed Democracy: Czechoslovakia in a Disrupted Europe, 1914–38*. George Theiner, trans. Montreal: McGill-Queen's University Press, 1972.

*O'Raifeartaigh and Straumann 2000*   O'Raifeartaigh, Lochlainn, and Straumann, Norbert. "Gauge Theory: Historical Origins and Some Modern Developments." *Reviews of Modern Physics* 72 (2000): 1–23.

*Painlevé 1921a*   Painlevé, Paul. "La mécanique classique et la théorie de la relativité." *Comptes rendus* 173 (1921): 677–680.

*Painlevé 1921b*   ———. "La gravitation dans la mécanique de Newton et dans la mécanique d'Einstein." *Comptes rendus* 173 (1921): 870–887.

*Pais 1982*   Pais, Abraham. *'Subtle is the Lord…': The Science and the Life of Albert Einstein*. Oxford: Clarendon Press; New York: Oxford University Press, 1982.

*Palmier 1995*   Palmier, Jean-Michel. "Einige Bemerkungen zu den Propagandamethoden Willi Münzenbergs." In *Willi Münzenber (1889–1940). Ein deutscher Kommunist im Spannungsfeld zwischen Stalinismus und Antifaschismus*, pp. 35–58. Tania Schlie and Simone Roche, eds. Frankfurt am Main: Lang, 1995.

*Panitz 1978*   Panitz, Esther L." 'Washington versus Pinsk': The Brandeis-Weizmann Dispute." In *Essays in American Zionism 1917–1948. The Herzl Year Book*, Vol. 8, pp. 77–94. Melvin I. Urofsky, ed. New York: Herzl Press, 1978.

*Paschen and Back 1921*   Paschen, Friedrich, and Back, Ernst. "Liniengruppen magnetisch vervollständigt." *Physica. Nederlandsch Tijdschrift voor Natuurkunde* 1 (1921): 261–273.

*Paschen and Götze 1922*   Paschen, Friedrich, and Götze, Richard. *Seriengesetze der Linienspektren*. Berlin: Julius Springer, 1922.

*Pauli 1919*   Pauli, Wolfgang. "Zur Theorie der Gravitation und der Elektrizität von Hermann Weyl." *Physikalische Zeitschrift* 20 (1919): 457–467.

*Pauli 1921*   ———. "Relativitätstheorie." In *Encyklopädie der mathematischen Wissenschaften mit Einschluß ihrer Anwendungen*. Vol. 5, *Physik*, part 2, pp. 539–775. Arnold Sommerfeld, ed. Leipzig, Teubner, 1904–1922. Issued 15 November 1921.

*Pérot 1921*   Pérot, Alfred. "Mesure de la pressure de l'atmosphère solaire dans la couche du Mg et vérification du principe de relativité." *Comptes rendus* 172 (1921): 578–581.

*Perrin 1919*   Perrin, Jean. "Matière et lumière." *Annals de chimie et de physique* 11 (1919): 1–108.

*Picard 1921*   Picard, Emile. "Quelques rémarques sur la théorie de la relativité." *Comptes rendus* 173 (1921): 680–682.

*Piscator 2005*   Piscator, Erwin. *Die Briefe*. Vol. 1, *Berlin-Moskau (1909–1936)*. Peter Diezel, ed.. Berlin: Bostelmann & Siebenhaar, 2005.

*Planck 1919*  Planck, Max. "Das Wesen des Lichts." *Die Naturwissenschaften* 7 (1919): 903–909.

*Planck 1948*  ———. *Wissenschaftliche Selbstbiographie. Mit einem Bildnis und der von Max von Laue gehaltenen Trauersprache*. Leipzig: Barth, 1948.

*Poincaré 1908*  Poincaré, Henri. *Science et méthode*. Paris: Flammarion, 1908.

*Polányi 1920a*  Polányi, Michael. "Reaktionsisochore und Reaktionsgeschwindigkeit vom Standpunkte der Statistik." *Zeitschrift für Elektrochemie und angewandte physikalische Chemie* 26 (1920): 49–54.

*Polányi 1920b*  ———. "Zum Problem der Reaktionsgeschwindigkeit." *Zeitschrift für Elektrochemie und angewandte physikalische Chemie* 26 (1920): 228–231.

*Polányi 1920c*  ———. "Über die nichtmechanische Natur der chemischen Vorgänge." *Zeitschrift für Physik* 1 (1920): 337–344.

*Polányi 1920d*  ———. "Zur Theorie der Reaktionsgeschwindigkeit." *Zeitschrift für Physik* 2 (1920): 90–110.

*Polányi 1920e*  ———. "Zum Ursprung der chemischen Energie." *Zeitschrift für Physik* 3 (1920): 31–35.

*Polányi 1921*  ———. "Über die Natur des Zerreißvorganges." *Zeitschrift für Physik* 7 (1921): 323–327.

*Popper-Lynkeus 1925*  Popper-Lynkeus, Josef. *Gespräche*. Margit Ornstein and Heinrich Löwy, eds. Vienna: Löwit, 1925.

*Quinquennial 1927*  Student Liberal Club of Harvard University. *Quinquennial Report 1921–1926*. Cambridge, Mass.: Student Liberal Club of Harvard University, 1927.

*Ramsauer 1921*  Ramsauer, Carl. "Über den Wirkungsquerschnitt der Edelgase gegenüber langsamen Elektronen." *Physikalische Zeitschrift* 22 (1921): 613–615.

*Rapports 1923*  Verschaffelt, Jules-Emile; de Broglie, Maurice; Bragg, William; and Brillouin, Léon, eds. *Atomes et électrons. Rapports et discussions du Conseil de Physique tenu à Bruxelles du 1$^{er}$ au 6 avril 1921 sous les auspices de l'Institut international de Physique Solvay*. Paris: Gauthier-Villars, 1923.

*Ratnoff 1921*  Ratnoff, Nathan. "What We Have Accomplished." *New Palestine* 1, no. 50 (30 December 1921): 6–7.

*Rayleigh 1916*  Lord Rayleigh (John William Strutt). "On Convection Currents in a Horizontal Layer of Fluid, When the Higher Temperature Is on the Under Side." *Philosophical Magazine* 32 (1916): 529–546. Reprinted in *Scientific Papers*, Vol. 6: *1911–1919*, pp. 443–446. Cambridge: Cambridge University Press, 1920.

*Reichenbach 1921a*  Reichenbach, Hans. "Bericht über eine Axiomatik der Einsteinschen Raum-Zeit-Lehre." *Physikalische Zeitschrift* 22 (1921): 683–687.

*Reichenbach 1921b*  ———. "Erwiderung auf Herrn Th. Wulfs Einwände gegen die allgemeine Relativitätstheorie." *Astronomische Nachrichten* 213 (1921): 307–310.

*Reichinstein 1935*  Reichinstein, David. *Albert Einstein: Sein Lebensbild und seine Weltanschauung*. Prague: Published by the author, 1935.

*Reinharz 1985*  Reinharz, Jehuda. *Chaim Weizmann: The Making of a Zionist Leader*. New York: Oxford University Press, 1985.

*Reinharz 1993*  ———. *Chaim Weizmann: The Making of a Statesman*. New York: Oxford University Press, 1993.

*Reissner 1920*  Reissner, Hans. "Die allgemeine Relativitätstheorie und die Weyl'sche Erweiterung." *Berliner Mathematische Gesellschaft. Sitzungsberichte* 19 (1920): 47–64.

*Renn and Sauer 2003*  Renn, Jürgen, and Sauer, Tilman. "Eclipses of the Stars: Mandl, Einstein, and the Early History of Gravitational Lensing." In *Revisiting the Foundations of Relativistic Physics*, pp. 69–92. A. Ashtekar et al., eds. Dordrecht: Kluwer, 2003.

*Renn et al. 1997*  Renn, Jürgen; Sauer, Tilman; and Stachel, John. "The Origin of Gravitational Lensing: A Postscript to Einstein's 1936 *Science* Paper." *Science* 275 (1997): 184–186.

*Report 1921*  *Report of the Reorganisation Commission of the Executive of the Zionist Organization on the Work of the Zionist Organization in Palestine*. New York: Zionist Organisation Executive, 1921.

*Rey 1937*  Rey, Adolf. "Die Entwicklung der Industrie im Kanton Aargau." Ph.D. diss. Aarau: E. Keller, 1937.

*Riesenberger 2002*  Riesenberger, Dieter. *Das Deutsche Rote Kreuz. Eine Geschichte 1864–1990*. Paderborn: Ferdinand Schöningh, 2002.

*Ringer 1969*  Ringer, Fritz K. *The Decline of the German Mandarins: The German Academic*

*Community, 1890–1933*. Cambridge, Mass.: Harvard University Press, 1969.

*Riss 2000* Riss, Heidelore. *Ansätze zu einer Geschichte des jüdischen Theaters in Berlin 1889–1936*. Frankfurt am Main: Lang, 2000.

*Rogger 2005* Rogger, Franziska. *Einsteins Schwester: Maja Einstein—ihr Leben und ihr Bruder Albert*. Zurich: Neue Zürcher Zeitung, 2005.

*Rolland 1920* Rolland, Romain. *Clerambault: Histoire d'une conscience libre pendant la guerre*. Paris: Ollendorff, 1920.

*Röntgen 1913* Röntgen, Wilhelm C. "Über die Elektrizitätsleitung in einigen Kristallen und über den Einfluß der Bestrahlung darauf. Zum Teil in Gemeinschaft mit A. Joffé. Erster Teil." *Annalen der Physik* 41 (1913): 449–498.

*Röntgen 1921* ———. "Über die Elektrizitätsleitung in einigen Kristallen und über den Einfluß der Bestrahlung darauf. Zum Teil in Gemeinschaft mit A. Joffé. Zweiter Teil." *Annalen der Physik* 64 (1921): 1–195.

*Rose 1986* Rose, Norman. *Chaim Weizmann: A Biography*. New York: Elisabeth Sifton Books—Viking, 1986.

*Rosenbloom 1921* Rosenbloom, Sol. "The Chief Function of the Hebrew University as a Layman Sees It." *Menorah Journal* 7 (1921): 36–40.

*Roseveare 1982* Roseveare, N. T. *Mercury's Perihelion from Le Verrier to Einstein*. Oxford: Clarendon, 1982.

*Roth 2002* Roth, Walter. *Looking Backward: True Stories from Chicago's Jewish Past*. Chicago: Academy Chicago Publishers, 2002.

*Rowe 2006* "Einstein's Allies and Enemies: Debating Relativity in Germany, 1916–1920." In *Interactions: Mathematics, Physics and Philosophy, 1860–1930*, pp. 231–279. Vincent F. Hendricks et al., eds. Dordrecht: Springer, 2006.

*Rugel 1921* Rugel, Eugen. *Die Katastrophe von Oppau: Schlaglichter auf Zeit und Menschen*. Mannheim: Bensheimer, 1921.

*Sabbata and Schmutzer 1983* Sabbata, Venzo de, and Schmutzer, Ernst, eds. *Unified Field Theories of More than 4 Dimensions Including Exact Solutions*. Singapore: World Scientific, 1983.

*Sackur 1914* Sackur, Otto. "Die spezifische Wärme der Gase und die Nullpunktsenergie." *Deutsche Physikalische Gesellschaft. Verhandlungen* 16 (1914): 728–734.

*Sauer 2007* Sauer, Tilman. "Einstein and the Early Theory of Superconductivity, 1919–1922." *Archive for History of Exact Sciences* 61 (2007): 159–211.

*Sauer 2008* ———. "Nova Geminorum 1912 and the Origin of the Idea of Gravitational Lensing." *Archive for History of Exact Sciences* 62 (2008): 1–22.

*Schidorsky 1999* Schidorsky, Dov. "Germany in the Holy Land: Its Involvement and Impact on Library Development in Palestine and Israel." *Libri* 49 (1999): 26–42.

*Schindler 1988* Schindler, Thomas. *Studentischer Antisemitismus und jüdische Studentenverbindungen 1880–1933*. Gießen: Selbstverlag der Studentengeschichtlichen Vereinigung des CC, 1988.

*Schlick 1918* Schlick, Moritz. *Allgemeine Erkenntnislehre*. Berlin: Springer, 1918.

*Schlick 1920* ———. *Space and Time in Contemporary Physics: An Introduction to the Theory of Relativity and Gravitation*. New York: Oxford University Press, 1920.

*Schlick 1921* ———. "Kritizistische oder empiristische Deutung der neuen Physik? Bemerkungen zu Ernst Cassirers Buch 'Zur Einsteinschen Relativitätstheorie.'" *Kant-Studien* 26 (1921): 96–111.

*Schmidt 1920* Schmidt, Harry. *Das Weltbild der Relativitätstheorie. Allgemeinverständliche Einführung in die Einsteinsche Lehre von Raum und Zeit*. Hamburg: Hartung, 1920.

*Schmidt 1921* ———. *Relativity and the Universe: A Popular Introduction into Einstein's Theory of Space and Time*. London: Methuen, 1921.

*Schulz and Schwarz 1995* Schulz, Friedrich, and Schwarz, Erhard. *"Entzückt von der herben Schönheit des Fischlandes ..."*. *Albert Einsteins Aufenthalte in der Ostseeregion*. Kückenshagen: Scheunen, 1995.

*Seelig 1956* Seelig, Carl. *Albert Einstein: A Documentary Biography*. London: Staples, 1956.

*Seifert 1984* Seifert, Heribert. "'Ein weises Kind geht durch die Welt.' Die Reisen des Arthur Holitscher." *Neue deutsche Hefte* 31 (1984): 48–61.

*Selety 1914* Selety, Franz. "Über die Wiederholung des Gleichen im kosmischen Geschehen, infolge des psychologischen Gesetzes der Schwelle." *Zeitschrift für Philosophie und philosophische Kritik* 155 (1914): 185–205.

Shara 1989   Shara, Michael M. "Recent Progress in Understanding the Eruptions of Classical Novae." *Publications of the Astronomical Society of the Pacific* 101 (1989): 5–31.

Silberstein 1914   Silberstein, Ludwik. *The Theory of Relativity* London: Macmillan, 1914.

Silberstein 1921   ———. "Propagation of Light in Rotating System." *Journal of the Optical Society of America* 5 (1921): 291–307.

Slosson 1920   Slosson, Edwin. *Easy Lessons in Einstein: A Discussion of the More Intelligible Features of the Theory of Relativity.* New York: Harcourt, 1920.

Soldner 1801   Soldner, Johann G. "Ueber die Ablenkung eines Lichtstrahls von seiner geradlinigen Bewegung, durch die Attraktion eines Weltkörpers, an welchem er nahe vorbei geht." *Astronomisches Jahrbuch für das Jahr 1804* (1801): 161–172.

Sommerfeld 1915a   Sommerfeld, Arnold. "Zur Theorie der Balmerschen Serie." *Königlich Bayerische Akademie der Wissenschaften zu München. Mathematisch-physikalische Klasse. Sitzungsberichte* (1915): 425–458.

Sommerfeld 1915b   ———. "Die Feinstruktur der Wasserstoff- und der Wasserstoff-ähnlichen Linien." *Königlich Bayerische Akademie der Wissenschaften zu München. Mathematisch-physikalische Klasse. Sitzungsberichte* (1915): 459–500.

Sommerfeld 1916   ———. "Zur Quantentheorie der Spektrallinien." *Annalen der Physik* 51 (1916): 1–94, 125–167.

Sommerfeld 1920   ———. "Allgemeine spektroskopische Gesetze, insbesondere ein magnetooptischer Zerlegungssatz." *Annalen der Physik* 63 (1920): 221–263.

Sommerfeld 1921a   ———. "Kurzer Bericht über die allgemeine Relativitätstheorie und ihre Prüfung an der Erfahrung." *Archiv für Elektrotechnik* 9 (1921): 391–398.

Sommerfeld 1921b   ———. *Atombau und Spektrallinien.* 2d ed. Braunschweig: Vieweg, 1921.

Sommerfeld. 1921c   ———. "Über den Starkeffekt zweiter Ordnung." *Annalen der Physik* 65 (1921): 36–40.

Sommerfeld 1921d   ———. "Zur Theorie der Schmiermittelreibung." *Zeitschrift für technische Physik* 2 (1921): 58–63, 89–93.

Sommerfeld 1921e   ———. "Zur Kritik der Bohrschen Theorie der Lichtemission." *Jahrbuch der Radioaktivität und Elektronik* 17 (1921): 417–419.

Sommerfeld 2004   ———. *Wissenschaftlicher Briefwechsel.* Band 2: *1919–1951.* Michael Eckert and Karl Märker, eds. Berlin, Diepholz, München: Deutsches Museum/Verlag für Geschichte der Naturwissenschaften und der Technik, 2004.

Sommerfeld and Heisenberg 1922   Sommerfeld, Arnold, and Heisenberg, Werner. "Die Intensität der Mehrfachlinien und ihrer Zeemankomponenten." *Zeitschrift für Physik* 11 (1922): 131–154.

Sponer 1923   Sponer, Hertha. "Über freie Weglängen langsamer Elektronen in Edelgasen." *Zeitschrift für Physik* 18 (1923): 258–262.

Stachel 2002   Stachel, John. *Einstein from "B" to "Z."* Boston: Birkhäuser, 2002.

Stark 1905   Stark, Johannes. "Der Doppler-Effekt bei den Kanalstrahlen und die Spektra der positiven Atomionen." *Physikalische Zeitschrift* 6 (1905): 892–897.

Stark 1921   ———. "Zur Kritik der Bohrschen Theorie der Lichtemission." *Jahrbuch der Radioaktivität und Elektronik* 17 (1921): 161–173.

Stern 1999   Stern, Fritz. *Einstein's German World.* Princeton, N. J.: Princeton University Press, 1999.

Stifter 2006   Stifter, Christian H. *"Sehr geehrter Herr Kollege!" Albert Einstein und die (Wiener) Volksbildung.* Vienna: Die Österreichische Volkshochschule 220 (Juni 2006).

St. John 1917   St. John, Charles E. "A Search for an Einstein Relativity Gravitational Effect in the Sun." *National Academy of Sciences. Proceedings* 3 (1917): 450–452.

St. John and Nicholson 1921   St. John, Charles E. and Nicholson, Seth B. "On Systematic Displacements of Lines in Spectra of Venus." *Astrophysical Journal* 53 (1921): 380–392.

Ströle-Bühler 1991   Ströle-Bühler, Heike. *Studentischer Antisemitismus in der Weimarer Republik. Eine Analyse der Burschenschaflichen Blätter 1918 bis 1933.* Frankfurt am Main: Lang, 1991.

Swinton 1911   Swinton, Ernest D. *The Defense of Duffer's Drift: A Few Experiences in Field Defense for Detached Posts Which May Prove Useful in Our Next War.* London: Clowes, 1911.

*Szende 1921* Szende, Paul (Pál). "Soziologische Gedanken zur Relativitätstheorie." *Neue Rundschau* 31 (1921): 1086–1095.

*Szporluk 1981* Szporluk, Roman. *The Political Thought of Thomas G. Masaryk.* New York: Columbia University Press, 1981.

*Takamine and Kokubu 1919* Takamine, Toshio, and Kokubu, N. "The Effect of an Electric Field on the Spectrum Lines of Hydrogen. Part III." *Memoirs of the College of Science, Kyoto Imperial University* 3 (1919): 275–280.

*Talmey 1932* Talmey, Max. *The Relativity Theory Simplified and the Formative Period of Its Inventor.* New York: Falcon, 1932.

*Tauschinsky and Dongen 2008* Tauschinsky, Atreju, and Dongen, Jeroen van. "Over lichtemissie: Albert Einstein en de vroege geschiedenis van de Nederlandse Natuurkundige Vereniging." *Nederlands Tijdschrift voor Natuurkunde* 74 (2008): 138–141.

*Teichova 1988* Teichova, Alice. *The Czechoslovak Economy, 1918–1980.* London: Routledge, 1988.

*Todesco 1922* Todesco, Giorgio. "Sulla teoria della relatività." *Periodico di matematiche* 2 (1922): 125–135, 221–236.

*Ulitzur 1946* Ulitzur, A. *Foundations: A Survey of 25 Years of Activity of the Palestine Foundation Fund Keren Hayesod. Facts and Figures, 1921–1946.* Jerusalem: Jerusalem Press, 1946.

*UNSCOP 1947* United Nations Special Committee on Palestine. *Report to the General Assembly.* Vol. II *Annexes, Appendix and Maps. Official Records of the Second Session of the General Assembly.* Supplement No. 11. Lake Success, N.Y.: United Nations, 1947.

*Urofsky 1974* Urofsky, Melvin I. "Zionism: An American Experience." *American Jewish Historical Quarterly* 63 (1974): 211–221.

*Urofsky and Levy 1991* Urofsky, Melvin I., and David W. Levy, eds. *'Half Brother, Half Son'. The Letters of Louis D. Brandeis to Felix Frankfurter.* Norman and London: University of Oklahoma Press, 1991.

*Verhey 2000* Verhey, Jeffrey. *The Spirit of 1914: Militarism, Myth, and Mobilization in Germany.* Cambridge: Cambridge University Press, 2000.

*Verhandlungen 1921* Verhandlungen der Gesellschaft Deutscher Naturforscher und Ärzte. 86. Versammlung zu Bad Nauheim vom 19. bis 25. September 1920. Alexander Witting, ed. Leipzig: Vogel, 1921.

*Verordnung 1920* Verordnung betreffend Bekämpfung der Miet- und Wohnungsnot. (*Vom 11. November 1920*). Amtsblatt des Kantons Zürich, 1921, pp. 1225–1251.

*Vietor-Engländer 1994* Vietor-Engländer, Deborah. "'Ihr wißt, wenn Deutschlands Lob erklingt Nicht nur, was ihr von ihm empfingt Auch was ihr ihm gegeben habt.' Alfred Kerrs Einstellung zum Judentum vor und im Exil." In *Deutsch-jüdisches Exil: Das Ende der Assimilation?* pp. 67–77. Berlin: Metropol, 1994.

*Wagner 1920* Wagner, Ernst. "Bericht über das kontinuierliche Röntgenspektrum." *Jahrbuch der Radioaktivität und Elektronik* 16 (1920): 190–230.

*Warburg et al. 1922* Warburg, Emil; Rubner, M.; and Schlick, Moritz. *Helmholtz als Physiker, Physiologe und Philosoph. Drei Vorträge gehalten zur Feier seines 100. Geburtstags in Auftrage der Physikalischen, der Physiologischen und der Philosophischen Gesellschaft zu Berlin.* Karlsruhe i. B.: Müller, 1922.

*Warschauer 1995* Warschauer, Malwin. *Im jüdischen Leben. Erinnerungen des Berliner Rabbiners Malwin Warschauer.* Berlin: Transit, 1995.

*Wasserstein 1977a* Wasserstein, Bernard, ed. *The Letters and Papers of Chaim Weizmann.* Vol. 10, Series A, *July 1920–December 1921.* New Brunswick, N.J.: Transaction Books, Rutgers University, 1977.

*Wasserstein 1977b* ———. *The Letters and Papers of Chaim Weizmann.* Vol. 11, Series A, *January 1922–July 1923.* New Brunswick, N.J.: Transaction Books, Rutgers University, 1977.

*Wasserstein 1978* ———. *The British in Palestine: The Mandatory Government and the Arab-Jewish Conflict, 1917–1929.* London: Royal Historical Society, 1978.

*Wasserstein 1991* ———. *Herbert Samuel: A Political Life.* Oxford: Clarendon Press, 1991.

*Wazeck 2005a* Wazeck, Milena. "Einstein in the Daily Press: A Glimpse into the Gehrcke Papers." In *The Universe of General Relativity.* A. J. Kox and Jean Eisenstaedt, eds. Einstein Studies, Vol. 11, pp. 339–356. Boston: Birkhäuser, 2005.

*Wazeck 2005b* ———. "Wer waren Einsteins Gegner?" *Aus Politik und Zeitgeschichte. Beilage zur Wochenzeitung Das Parlament* 25–26 (2005): 17–23.

*Webster 1919* [Webster, Arthur G.] [Untitled popular article on general relativity.] *Weekly Review* 1 (1919): 573.

*Webster 1920* ———. "Einstein and the Man in the Street." *Weekly Review* 2 (1920): 114–116.

*Weitzenböck 1920a* Weitzenböck, Roland. "Ueber die Wirkungsfunktion in der Weylschen Physik (I. Mitteilung)." *Akademie der Wissenschaften* (Vienna). *Mathematisch-naturwissenschaftliche Klasse. Sitzungsberichte, Abteilung 2a* 129 (1920): 683–696.

*Weitzenböck 1920b* ———. "Ueber die Wirkungsfunktion in der Weylschen Physik (II. Mitteilung)." *Akademie der Wissenschaften* (Vienna). *Mathematisch-naturwissenschaftliche Klasse. Sitzungsberichte, Abteilung 2a* 129 (1920): 697–708.

*Weitzenböck 1921* ———. "Ueber die Wirkungsfunktion in der Weylschen Physik (II. Mitteilung)." *Akademie der Wissenschaften* (Vienna). *Mathematisch-naturwissenschaftliche Klasse. Sitzungsberichte, Abteilung 2a* 130 (1921): 15–23.

*Weizmann 1949* Weizmann, Chaim. *Trial and Error: The Autobiography of Chaim Weizmann.* New York: Harper and Brothers, 1949.

*Wells 1921* Wells, Herbert G. *The Salvaging of Civilization. The Probable Future of Mankind.* New York: The Macmillan Company, 1921.

*Weyl 1918a* Weyl, Hermann. "Gravitation und Elektrizität." *Königlich Preußische Akademie der Wissenschaften* (Berlin). *Sitzungsberichte* (1918): 465–478, 478–480.

*Weyl 1918b* ———. *Raum-Zeit-Materie: Vorlesungen über allgemeine Relativitätstheorie.* Berlin: Springer, 1918.

*Weyl 1918c* ———. "Reine Infinitesimalgeometrie." *Mathematische Zeitschrift* 2 (1918): 384–411.

*Weyl 1919* ———. *Raum-Zeit-Materie: Vorlesungen über allgemeine Relativitätstheorie.* 3d rev. ed. Berlin: Springer, 1919.

*Weyl 1920* ———. "Die Diskussion über die Relativitätstheorie auf der Naturforscherversammlung." *Die Umschau. Wochenschrift über die Fortschritte in Wissenschaft und Technik* 24 (1920): 609–611.

*Weyl 1921a* ———. *Raum-Zeit-Materie: Vorlesungen über allgemeine Relativitätstheorie.* 4th exp. ed. Berlin: Springer, 1921.

*Weyl 1921b* ———. "Electricity and Gravitation." *Nature* 106 (1921): 800–802.

*Weyl 1922* ———. "Die Relativitätstheorie auf der Naturforscherversammlung in Bad Nauheim." *Deutsche Mathematiker-Vereinigung. Jahresbericht* 31 (1922): 51–63.

*Weyland 1920* Weyland, Paul. *Betrachtungen über Einsteins Relativitätstheorie und die Art ihrer Einführung. Vortrag gehalten am 24. August 1920 im großen Saal der Philharmonie zu Berlin.* Schriften aus dem Verlage der Arbeitsgemeinschaft deutscher Naturforscher zur Erhaltung reiner Wissenschaft e.V. Heft 2. Berlin: Arbeitsgemeinschaft deutscher Naturforscher zur Erhaltung reiner Wissenschaft e.V., 1920.

*Whitehead 1919* Whitehead, Alfred North. *An Enquiry Concerning the Principles of Natural Knowledge.* Cambridge: Cambridge University Press, 1919.

*Whitehead 1920* ———. *The Concept of Nature: Tarrner Lectures Delivered in Trinity College, November 1919.* Cambridge: Cambridge University Press, 1920.

*Wiedenhoeft 1985* Wiedenhoeft, Ronald. *Berlin's Housing Revolution: German Reform in the 1920s.* Ann Arbor, Mich.: UMI Research Press, 1985.

*Wien 1909* Wien, Wilhelm. "Über positive Strahlen." *Annalen der Physik* 30 (1909): 349–368.

*Wien 1919* ———. "Über Messungen der Leuchtdauer der Atome und der Dämpfung der Spektrallinien. I." *Annalen der Physik* 60 (1919): 597–637.

*Wien 1921* ———. "Über Messungen der Leuchtdauer der Atome und der Dämpfung der Spektrallinien. II." *Annalen der Physik* 66 (1921): 229–236.

*Wien 1927* ———. "Kanalstrahlen." In *Handbuch der Experimentalphysik.* Vol. 14, pp. 433–788. Leipzig: Akademischer Verlagsgesellschaft, 1927.

*Wills 1935* Wills, A. P. "Michael Idvorsky Pupin. Obituary." *Science* 81 (1935): 475–479.

*Wilson 1910* Wilson, William. "The Decrease of Velocity of the β-Particles on Passing through Matter." *Royal Society of London. Proceedings* A 84 (1910): 141–150.

*Wirtinger 1922*   Wirtinger, Wilhelm. "On a General Infinitesimal Geometry, in Reference to the Theory of Relativity." *Transactions of the Cambridge Philosophical Society* 22 (1922): 439–448.

*Wolters 1987*   Wolters, Gereon. *Mach I, Mach II, Einstein und die Relativitätstheorie: Eine Falschung und ihre Folgen.* Berlin: De Gruyter, 1987.

*Wulf 1921*   Wulf, Theodor. "Tatsachen der allgemeinen Relativitätstheorie." *Astronomische Nachrichten* 212 (1921): 379–381.

*Wünsch 2005*   Wünsch, Daniela. "Einstein, Kaluza and the Fifth Dimension." In *The Universe of General Relativity*, pp. 277–302. A. J. Kox, and Jean Eisenstaedt, eds. Boston: Birkhäuser, 2005.

*Yerkes 1920*   Yerkes, Robert M., ed. *The New World of Science: Its Development during the War.* New York: Century, 1920.

*Zangger 1920*   Zangger, Heinrich. *Medizin und Recht. Die Beziehungen der Medizin zum Recht, die Kausalität in Medizin und Recht und die Aufgaben des gerichtlich-medizinischen Unterrichtes. Eine Orientierung für Studierende, Juristen, Aertze, Techniker, Experten und speziell Behörden.* Zurich: Füssli, 1920.

*Zierold 1968*   Zierold, Kurt. *Forschungsförderung in drei Epochen.* Wiesbaden: Franz Heiner Verlag, 1968.

*Zschimmer 1920*   Zschimmer, Eberhard. *Philosophische Briefe an einen Arbeiter.* Part 1. 2d ed. Jena: Jenaer Volksbuchhandlung, 1920.

# 名词索引

索引中的页码为德文原版书页码，即本书的边码。罗马数字页码参阅卷序；页码后面接小写"n"为尾注；页码后接小写"a"为附录；页码后接小写"c"为年表和日程表。参考资料收录于各英文标题下方。某些没有标准英语翻译的机构、组织和概念列在德文名称下。"Albert Einstein"在小条目中缩写为"AE"。其他在索引中用到的缩写："BNV"为"Bund Neues Vaterland（新祖国同盟）"，"DPG"为"Deutsche Physikalische Gesellschaft（德国物理学会）"，"ETH"为"Eidgenössische Technische Hochschule（瑞士联邦工学院）"，"GDNÄ"为"Gesellschaft deutscher Naturforscher und Ärzte"，"KWIP"为"Kaiser-Wilhelm-Institut für Physik（威廉皇帝物理研究所）"，"KWG"为"Kaiser-Wilhelm-Gesellschaft（威廉皇帝学会）"，"PAW"为"Preußische Akademie der Wissenschaften（普鲁士科学院）"，"ZOA"为"Zionist Organization of America（美国犹太复国主义者组织）"，"US"为"United States of America（美利坚合众国）"。人名及引文索引跟随在名词索引之后。名词索引按汉语拼音字母顺序排列，人名及引文索引按拉丁字母顺序排列。单独的引文索引在名词索引和人名索引之后。

## A

**Ampère 分子电流**（Ampère's molecular currents），Classen on，87，96，431c

**阿耳伯特·爱因斯坦捐款**（Albert-Einstein-Spende），liii，279n，294n，458c，487c
  AE 从董事会卸任，394n，394，487c
  Gustav Müller 是董事会成员，385，479c

**阿耳伯特·爱因斯坦捐助基金**（Albert Einstein Donation Fund）参阅，Albert Einstein Spende

**阿劳中学**（Aargau Kantonsschule），14n

**阿姆斯特丹大学**（University of Amsterdam），AE 演讲，307n

**阿姆斯特丹学会**（Amsterdam Academy）.见荷兰皇家学会

**爱因斯坦塔式望远镜**，liii

**爱因斯坦相对论的基础**（The Foundations of Einstein's Theory of Relativity）（电影），32n

**奥地利科学院**（Austrian Academy of Sciences），118

## B

**β 射线散射**（Beta-radiation scattering），

Meitner 的评论,233—234

**Brandeis 派**(Brandeis group),112n,174n,209n,与 Weizmann 之间的意见分歧,323 与 Weizmann 争吵,176n,181n,182,446c

巴德瑙海姆(Bad Nauheim),GDNÄ 的会议。参阅德国自然科学家和医生协会:巴德瑙海姆会议

巴伐利亚,～苏维埃共和国(Bavaria, soviet republic of),547a

巴勒斯坦(Palestine),209,540a,548a AE 计划前往,304 反犹太暴动,305n 犹太人移民于此,304

巴勒斯坦的美国水果种植者,波士顿,442c

巴勒斯坦基金会(Palestine Foundation Fund). 参阅 Keren Hayesod

巴黎赔偿会议(Paris reparations conference),xlv,68n,84n

柏林(Berlin),13,AE 谈论柏林战后情形,32 AE 根植于此,300 Ehrenfest 的拜访,190 犹太社区,xxxiv,奥拉宁堡大街(Oranienburger Straße)的新犹太会堂,113n

柏林爱乐音乐厅(Philharmonic Hall, Berlin),反相对论会议,307n,328n

柏林大学(University of Berlin),351;学生在 AE 演讲期间骚动,307n

柏林大学数学物理协会(Mathematisch-Physikalische Arbeitsgemeinschaft at University of Berlin),AE 去做演讲,433c,434c

柏林德国犹太人组织(Arbeiterfürsorge-Amt der jüdischen Organisationen Deutschlands, Berlin),要求 AE 在美国募捐,437c

柏林日报(*Berliner Tageblatt*),AE 要求在《鹿特丹信使报》的采访中有最终话语权,223—224

柏林指挥街剧院(Theater der Kommandantenstrae, Berlin),281n

贝尔福宣言(Balfour Declaration),283n

波茨坦(Potsdam).参阅波茨坦天体物理天文台,波茨坦

波茨坦天体物理天文台(Astrophysical Observatory, Potsdam),liv,262,437c,438c,439c;AE 是其成员,465c,466c;AE 关于新职位的候选人,266,279,292,386;天文台领导人选的提议 147—148

波士顿(Boston),AE 计划访问～,170

伯明翰大学(University of Birmingham),AE 被邀请演讲,463c,470c

博洛尼亚(Bologna),155n;AE 在此处的演讲,xxxv,217,218,322

博洛尼亚大学(University of Bologna),AE 被邀请演讲,463c,470c,472c,473c,475c,476c,477c

博洛尼亚科学院(Bologna Academy of Sciences),xxxix AE 作为通信院士,444c,460c AE 参与会议 477c

布拉格(Prague),AE 关于布拉格战后状况,32 AE 在乌拉尼亚天文台,32,424c

布尔什维克实验(Bolshevik experiment),547a

# C

场与物质的二元论(Dualism of field and matter),xlviii;AE 的反对,373

超导性(Superconductivity),270—271,396 磁效应的实验研究 li,23—24 量子解释,

396n

《晨报》(Le Matin)

出版商(Publishers)

巴特出版社,471c,482c,488c

戈捷-维拉出版社(Gauthier-Villars),106,107,135,144,204,253,432c,437c,478c,483c,484c

梅休因出版社(Methuen),47,84n,92,448c,458c,459c,460c,461c,465c,472c,473c,474c,479c,480c,481c,483c,485c,486c,488c 关于英译版 Einstein 1920j and Einstein 1921c,466c,467c,470c,479c,481c 关于英译版 Einstein 1920j, Einstein 1921c, Lorentz et al. 1920,486c,488c 关于英译版 Einstein 1922c,462c,463c 建议出版包含多部 AE 著作的集子,471c

万神殿出版社(Pantheon),465c,471c

佩特出版社(Payot),136,437c,439c

普林斯顿大学出版社(Princeton),xxxviii,295n;将会出版 AE 在普林斯顿的演讲,450c

文艺复兴出版社(Renaissance),425c,471c,472c,474c;关于 Einstein 1917a 与 1920j 修订版,467c,468c,471c

Slowo 出版社,427c,435c,437c,439c,448c,459c,478c,483c,484c

斯普林格出版社(Springer),50,423c,431c,432c,435c,436c,468c,472c

托依布纳出版社(Teubner),486c,488c

菲韦格出版社(Vieweg),xxxviii,304,311,423c,426c,427c,428c,439c,442c,456c,459c,460c,461c,465c,471c,472c,474c,478c,479c,484c,486c,487c,488c

"磁周",li

D

Donnan 的膜平衡理论(Donnan's theory of membrane equilibria),230n

DPG.,见德国物理学会

大都会歌剧院,纽约,xxxii

大英百科全书(Encyclopaedia Britannica),关于 AE 的条目,427c

德奥科学艺术紧急救助协会(Emergency Society in Aid of German and Austrian Science and Art),xlvi,157—158,160

德奥中央救济委员会(Central Committee for the Relief of Distress in Germany and Austria)(国家委员会),278

德国(German),AE 的评论,24 AE 关于其严峻的经济形势,361 AE 关于改善德国与英国的关系,401 AE 关于政治的看法,13 示威,141n 英国对德国的制裁,125 出口限制,264 德国与美国之间缺乏和平,193 Born 论其第一次世界大战的恶行,326 德国与美国的关系,125 救济儿童,对 AE 的要求,278 Silberstein 关于德国的局势,275 僵持不下,13

德国玻璃冶炼有限公司(Deutsche Glasglühlicht Aktiengesellschaft),寄给 Einstein-Marić的红利,17

德国博物馆(Deutsches Museum),469c

德国共产党(German Communist Party),283n

德国和平协会(Deutsche Friedensgesellschaft),193n

德国和平主义学生联盟(German Pacifist Student League),287n

德国红十字会(German Red Cross),xlv AE 晚宴上的评论,539a 中央委员会要求 AE

发布对于美国的印象的新闻稿，207 苏俄饥荒救济，252

**德国科学应急协会**（Notgemeinschaft der deutschen Wissenschaft），邀请 AE 加入协会，426c，427c

**德国社会民主党**（German Social Democratic Party），283n

**德国数学学会**（Deutsche Mathematiker vereinigung），244n

**德国天文学会**（German Astronomical Society），liv；请求探讨内行星近日点移动问题，260—261

**德国物理学会**（Deutsche Physikalische Gesellschaft，DPG），耶拿会议，244，313n，328n；AE 没有参会，264，293

**德国犹太复国主义联合会**（Zionistische Vereinigung für Deutschland），xlv，216n；AE 在会议上发言，461c

**德国犹太生物学家**（German Jewish biologists），来自洛克菲勒研究所的帮助，229

**德国自然科学家和医生协会**（Gesellschaft Deutscher Naturforscher und Ärzte）(GDNÄ)，244n

**德国驻东京东亚自然科学与民族学会**（German Society for Natural Sciences and Ethnology of East Asia，Tokyo），476c

**德累斯顿**（Dresden），47n，307n，426c；AE 面对反犹主义 xliii

**德累斯顿理工大学**，AE 做演讲，426c

**德累斯顿理工大学学生会**（Allgemeine Studenten-Vertretung of the Technical University of Dresden），AE 给全体师生做讲座，47n

**等效原理**（Equivalence principle），294，519a

**地磁实验**（Geomagnetic experiment），282，309，337—338，341，365，383

**帝国物理技术研究所**（Physikalisch-Technische Reichsanstalt），lv；AE 的实验 264

**第三届索尔维大会**（Solvay Congress，Third），xxix，43，44n，47，50，56，84，95，96，109，124，129，228n AE 不能参加会议，129，206 de Haas 计划在大会上发表演讲，54 Ehrenfest 在大会上支持 Bohr，56，84

**第十二届犹太复国主义者大会**（Zionist Congress，twelfth），AE 对其赞扬，283 Holitscher 参与其中，282 Jabotinsky - Buber 论战，283

**第十一届犹太复国主义者大会**（Zionist Congress，eleventh），165n

**第五维**，通过引入～的统一，317n

**电磁势**（Electromagnetic potentials），AE 关于电磁势的物理意义，97，118 相对论中的电磁势，130

**电子**（Electron），相对论中作为时钟的电子，313 Kaluza 理论中的电磁势，330—331，357—358，373，373n 稳定性，xlix

**电子与受激原子的碰撞**（Electron collision with excited atom），Bohr 的评论，254 Born 的评论，254 AE 关于电磁势中能量的变化，AE 的评论 273；Franck 的评论，254—255

**东京帝国大学**（Imperial University of Tokyo），335

**动能**（Kinetic energy），来自辐射的能量，254—255，273

**都灵国际社会学研究所**（Torino，International Institute of Sociology），邀请 AE 参加相对论会议 424c

**独立社会民主党**（Independent Social Democratic Party），283n

对称性（Symmetry），正负电荷之间缺乏对称，358

多纳哈（Dornach），393

多瑙河法国协会（Société Fran aise des Pays Danubiens），338

多普勒效应（Doppler effect），极隧射线中的～，lv，307

## E

ETH（瑞士联邦工学院），Du Pasquier 作为 AE 的同学，355n

Euclid 几何（Euclidean geometry），510a，525a，533a

俄国（Russia），参阅苏俄

俄国饥饿艺术家援助联合会（Komitee Künstlerhilfe für die Hungernden in Russland），279，285

俄国饥民救助组织海外委员会（Auslandskomitee zur Organisierung der Arbeiterhilfe für die Hungernden in Russland），AE 论其政治性，xlvi，277

## F

Foucault 摆（pendulum），广义相对论中的，69，431c

Francis W. Parker 学校，xxxv，xxxvii，449c，513a，519a

法国科学院（French Academy of Sciences），参阅 Académie des Sciences

法国人权联盟（French League for Human Rights），384n；邀请 BNV 代表团，265

《法兰克福报》（Frankfurter Zeitung），关于 Soldner，363

法兰克福大学（University of Frankfurt），251n

法兰西学院（Collège de France），xxxix

凡尔赛和约（Versailles Peace Treaty），547a

反常塞曼效应（Zeeman effect, anomalous），142，246，321

反对比利时军队强占亚琛中学的呼吁书（Appeal against confiscation of Aachen high school by Belgian military authorities），AE 请求 Hauptmann 在呼吁书上签名，395 AE 的签名，395 Von Kármán 的看法，377—378，395

反相对论者（Anti-relativists），Berliner 谈～，51—52

反犹主义（Anti-Semitism），AE 收到恐吓信，xlii 在德国学生中，291n 在整个常春藤学校中，174n 在慕尼黑大学，290

菲韦格出版社（Vieweg Publishing House），参阅出版商

菲耶索莱（Fiesole），344

《费加罗报》（Le Figaro），AE 的采访，xliv，341，Sommerfeld 的评论

辐射理论（Radiation theory），510a；Boguslavsky 的评论，80

《福斯报》（Vossische Zeitung），224n

辐照晶体的电导率（Conductivity of irradiated crystals），Ioffe 的评论 190 相对论中的共形不变性，97n

## G

Gauss 坐标（Gaussian coordinates），533a

《改造》杂志（Kaizo），xxxviii，287，289

哥本哈根（Copenhagen），47，53

哥伦比亚大学（Columbia University），444c；授予 AE 巴纳奖章，15

哥尼斯堡经济社会化组织（Physikalisch-ökonomische Gesellschaft in Königsberg），

AE 通信成员，428c，429c

格丁根（Gttingen），Bohr 计划去那里发表演讲，141 Born 一家在那里很好，325

格丁根大学（University of Göttingen），119n

格雷斯学会（Görres Gessellschaft），316n

戈捷-维拉出版社（Gauthier-Villars）. 参阅出版商

《工人报》（Arbeiter-Zeitung），64

固体物质的状态方程（Solids, equation of state of），244

关怀海外德国人联合会（Vereinigte Fürsorge für das Auslanddeutschtum），邀请 AE 加入委员会，474c，478c，485c 请求 AE 捐款，474c，478c

《观测者》（伦敦）[Observer (London)]，请求采访 AE，xlv，429c 449c

观测者（Observer），与相对论中的参照系混淆，295

光被太阳偏转（Light deflection by sun），观测建议 262

光传播（Light propagation），在均匀的旋转框架里，177，228，275

光发射（Light emission），AE 的文章提交给普鲁士学院，337n AE 的评论，277，291，307，399 AE 的演讲，307n AE 的手稿，308n 关于实验，294，322

光发射的极隧射线实验（Canal ray experiment on light emission），264，291，307，322，355，382，390，399 AE 的评论 253，277 Bothe 的评论，370—372 Crommelin 在莱顿座谈会的讨论，395 Geiger 的评论 336—337 Lorentz 的评论，347—351

光化作用（Photochemical action），511a

光量子（Light quantum），277 光量子的折射和反射，350 Sommerfeld 的评论，320

光明运动（Clarté movement），Barbusse 的评论，353—354

光速（Light, speed of），294，508a 和长度收缩，AE 的评论，48；Guillaume 的评论，29

广义相对论（Relativity, general theory of），考虑，520a 边界条件，315 火车制动例子，315—316 中心对称静态解，369 其中的封闭类时曲线，119n，257 共形不变性，97n 协变条件 $\sqrt{-g}=1$，9—10 De Sitter 的评论，8—10 日食观测，Lenard 的评论，364n 没有电磁势，130 AE 关于其中的傅科摆的评论，69 关于 Grommer 的著作的评论，119，255 Gullstrand-Painlevé 坐标，370n 谐和坐标，10n 对此感兴趣，279 不变量，116—118，118—119 Kronig 的检验测试，317 作为理论核心线元的度规解释，369 与分子物理学，95—96 Painlevé 的目标，354，387；AE 的评论 368—369，374 与度规张量的比率，85—86，97，110 Reichenbach 关于广义相对论的公理化方法，311—313 Silberstein 关于广义相对论的演讲 273 与狭义相对论的比较，514a 广义相对论的检验测试：1922 年日食期间，376；光偏转，262；内行星近日点移动，260 单模坐标，11n 广义相对论中的 Weyl 张量，255—257，331—333 Zangger 关于广义相对论的接受，21

贵格会（Quakers），xliii，150n，278

国际工会联合会（International Federation of Trade Unions），84n，283n，431c

国际工人救助协会（Internationale Arbeiterhilfe），283n

国际联盟（League of Nations），547a

国际天文爱好者协会，向 AE 授予名誉会

员，451c，475c

国际哲学大会(International Congress of Philosophy)，369n，481c，483c，486c

国家发明家协会(National Institute of Inventors)，向AE颁发名誉会员证，455c

国家科学院(National Academy of Sciences)，xl，89，94，230n；AE的演讲，446c

国家研究理事会(National Research Council)，229

国王学院(King's College)，439c，445c

## H

Hall效应(effect)，AE的评论，54 低温下的Hall效应，li，23—24，46

Huygens原理(Principle)，371

哈佛大学，170，181n，182n 邀请AE，447c，449c，451c AE的访问，174，453c

哈佛学生自由俱乐部(Student Liberal Club, Harvard University)，邀请AE做演讲，448c

哈佛自由俱乐部(Harvard Liberal Club)，xxxiii

氦(Helium)，状态方程，247 氦在低温下的比热，247

汉堡(Hamburg)，325

和平主义(Pacifism)，xliii，546a

荷兰-德国日食考察队(Dutch-German eclipse expedition)(1922)，262，376

荷兰东印度群岛的日食考察队(Eclipse expedition to Dutch East Indies)(1922)，262，376

荷兰皇家科学院(Royal Dutch Academy of Sciences)，10

荷兰科学协会(Dutch Society of Sciences)，AE被邀请参加会议，424c 希伯来大学图书馆中的荷兰科学协会的出版物，153n，206

荷兰科学院(Dutch Academy of Sciences)，参阅荷兰皇家科学院

荷兰东印度群岛，建立观测站(Dutch East Indies, construction of observatory)，262

黑洞，l；事件视界，370n

黑体辐射(Black-body radiation)，~的涨落，350

红移(Redshift)，参阅引力红移

华盛顿大学(Washington University)，在圣路易斯，xxxv

化学家和工程师联盟(Bund angestellter Chemiker und Ingenieure)，邀请AE演讲，477c，485c

化学物理学会(Chemisch-physikalische Gesellschaft)，维也纳，30n，424c

皇家天文学会(Royal Astronomical Society)，AE出席会议，456c

回转罗盘(Gyrocompass)，309，341，383，489a—506a AE的评论，249，281—282，284 Anschütz-Kaempfe的评论，285 环形磁铁在其中的使用，232，133—134，138

火星，参阅火星近日点移动

霍华德大学(Howard University)，xxxv，445c

## J

基本电荷(Elementary charge)，Kaluza理论中的基本电荷，357

极隧射线，li，235，336—337；多普勒效应，307

加州大学伯克利分校(University of California, Berkeley)，115，251n

名词索引

加州理工学院(California Institute of Technology)，116n，251n；Lorentz 的演讲，351n；Millikan 被任命为大学领导人，274

加州理工学院诺曼桥物理实验室(Norman Bridge Laboratory of Physics, California Institute of Technology)，xxxviii

检验广义相对论的日食考察队(Solar eclipse expeditions to test general relativity)，376，510a

金星(Venus)，引力红移，343

紧急移民限制法案(Emergency Immigration Restriction Bill,)，174n

近东中国饥荒(Near East-Chinese Famine Drive)，AE 帮助，449c

近日点运动(Perihelion motion)，行星，260—261，473c 火星，510a 水星，260—261；AE 的评论，8，9；AE 在向天文学会联名呼吁书上签名，466c

经典力学，508a

晶格势(Lattice potentials)，Born 的评论，325

晶体(Crystals)，Born 的评论，325，362

K

Kantonal 银行(bank)，17

喀琅施塔得(Kronstadt)，水手起义，xlvi，141n

凯尼修斯学院(Canisius College)，布法罗，邀请 AE 发表演讲，xxxv，448c

坎特伯雷大主教，xliv

康德的先验论(Apriorism, of Kant)，212

科学(Science)，274

科学审查委员会(Scientific Examination Board)，AE 作为成员之一，452c 审查的酬金，449c 科学院（巴黎）(Académie des Sciences, Paris)，xxxix，354；开除德国院士，123n

科学政策(Science policy)，德国、法国以及美国的，Loeb 的评论，229

克拉克大学(Clark University)，160，445c

克劳修斯不等式(Clausius inequality)，广义相对论的解释，167，208

克利夫兰(Cleveland)，AE 访问，455c

空间(Space)，有限性，510a Kant 的先验空间，153 ～和物质，536a

L

Laplace 方程(equation)，535a

Lorentz 变换(transformation)，508a，529a，532a

拉兹堡湖(Lake Ratzeburg)，203

莱顿(Leyden)，157 关于 AE 的访问，47 AE 计划访问，121，194 AE 访问莱顿，264 也可参阅莱顿大学

莱顿大学(University of Leyden)，115 AE 的演讲，14n AE 的演讲，3n，92—93

莱顿大学学生联盟(Student Association of the University of Leyden)，AE 做演讲，3n

立陶宛，立陶宛的犹太人，384

利物浦(Liverpool)，455c，456c

利兹大学(University of Leeds)，xxxv；AE 被邀请去做演讲，452c

联邦工学院(Eidgenössische Technische Hochschule)，参阅 ETH

联合占领西部德国(Allied occupation in West Germany)，156n

量子化方法(Quantization method)，Bródy 的评论，81

量子理论(Quantum theory)，AE 的评论，150 Born 的评论，325 Sommerfeld 的评

论,251 引力理论,Jeffery 的评论,58—59

**林琴科学院**(Reale Accademia Nazionale dei Lincei),AE 作为国外成员 465c

**零点能量**(Zero-point Energy),lii,247,265

**卢西塔尼亚奖章**(Lusitania medal),243

**鹿特丹**(Rotterdam),438c;AE 到达,439c

**《鹿特丹报》**,(Rotterdam,TSS),109n,111

**伦敦大学**(University of London),439c,445c

**伦敦国王学院**(King's College, London),xxxv,183n,457c,540a;AE 被邀请讲学,166

**伦敦皇家学会**(Royal Society of London),xxxix,343;AE 作为外籍成员,446c,539a

**洛克菲勒研究所**(Rockefeller Institute),对德国犹太生物学家的帮助,229

## M

**Mach 原理**(Mach's principle),69n

**Marcel Schwob & 有限公司**(Marcel Schwob & Cie). 参阅 Société Française des Pays Danubiens

**Maxwell-Lorentz 方程**(equations),531a

**Maxwell 应力张量**(stress tensor),533a

**Mach 原理**(Mach's principle),69n

**曼彻斯特**(Manchester),AE 关于去那里的计划,166

**曼彻斯特大学**(University of Manchester),xxxv,183n,445c AE 被邀请去做演讲,128,166 AE 演讲,449c,456c 授予 AE 荣誉博士,456c

**梅休因出版社**(Methuen publishing house),见出版商

**煤**(Coal),AE 关于煤的经济地位,77—78

**每日孤岛**(*Daily Maroon*),513a

**美国**(United States of America),与德国的关系,125,193

**美国大学犹太复国主义协会**(Inter Collegiate Zionist Association of America),286n

**美国救济署**(American Relief Administration),283n

**美国科学与艺术学院**(American Academy of Arts and Sciences),446c;AE 去那里演讲,453c

**美国物理学会**(American Physical Society),xl,444c

**美国犹太复国主义者组织**(Zionist Organization of America,ZOA),90n,132,216,224,参阅美国犹太复国主义者组织的 Brandeis 派

**美国犹太医生基金会**(American Jewish Physicians Foundation),183n

**美国犹太医生委员会**(American Jewish Physicians Committee),xxxiii,112n,183n,195n,225 筹款晚宴,454c 邀请 AE 去美国,104 为希伯来大学筹建微生物学研究院,105n 为希伯来大学募捐,445c

**美国哲学学会**(American Philosophical Society),xl

**门德尔松银行**(Mendelssohn & Co.),427c;行政公文 486c

**莫斯科大学**,251n

**莫斯科科学院与文学艺术学院**(House of Science and the House of Literature and Art in Moscow),429c

**慕尼黑**(Munich),参阅慕尼黑大学 Zangger 对 1918 年爆炸的评论,299

**慕尼黑大学**(University of Munich),xliv

AE 取消了演讲,290—291,306—307,320 AE 被邀请演讲,243 AE 答应演讲,130 AE 计划去演讲,141—142 反犹情绪,290 学生,290

《慕尼黑最新消息》(*Münchner Neueste Nachrichten*),423c,432c

## N

**Newton 极限**(Newtonian limit),537a

**Newton 引力理论**(Newtonian theory of gravitation),507a 光线偏转,381 水星移动,260

**Nordström 度规**(metric),Jeffery 的评论,58,AE 的评论,149

钠 D 线(Sodium D lines),388

氖(Neon),状态方程,247

内部量子数(Quantum numbers, internal),Sommerfeld 的评论,320—321

尼亚加拉瀑布(Niagara Falls),455c

纽黑文(New Haven),AE 访问,454c 授予 AE 荣誉市民,453c

纽瓦克(Newark),AE 拜访,455c

纽约(New York),授予 AE 和 Weizmann 荣誉市民 163,539a 争议,164n

纽约城市学院(College of the City of New York,CCNY),xxxv,446c;AE 演讲,444c,445c,507a

纽约大学(New York University),AE 拜访,454c

《纽约时报》(*New York Times*),报道关于《新鹿特丹报》采访 AE,216

纽约犹太复国主义者工程与农业学会(Zionist Society of Engineers and Agriculturists, New York),xxxv

挪威议会的诺贝尔委员会(Nobel Committee of the Norwegian Parliament),44

诺贝尔和平奖(Nobel Peace Prize),45;AE 被提名,44,423c

诺维萨德(Novi Sad),18n

## O

**Oppenheim 家族**(faminy),344

欧几里得几何(Euclidean geometry),510a,525a,533a

## P

**Pincass**(化学家和工程师联盟),?,477c

**Poincaré 压力**(presure),538a

**Poisson 方程**(equation),536a

帕多瓦(Padova),Einstein 的演讲,xxxv

帕多瓦大学(University of Padova),AE 演讲,477c

帕萨迪纳(Pasadena),375

佩特出版社(Payot publishing house)参阅出版商

普利茅斯(Plymouth),108

普林斯顿大学(Princeton University),xxxii,73n,94,99n,275,446c AE 的评论,199,450c,451c,452c,529a 授予 AE 荣誉学位,450c

普林斯顿大学出版社(Princeton University Press),参阅出版商

普林斯顿讲座(Princeton lectures),AE 撰写讲稿,264 AE 的英国出版商,321n 法语版,472c 手稿的评论,295

普鲁士科学院 (Preußische Akademie der Wissenschaften)(PAW),98n AE 发表关于光发射的论文,308n,337n 法国院士,123n

## Q

《前进报》(*Vorwärts*), 539a

强硬派(l'Intransigeant), Fabre 关于 AE 成就的文章, 145, 146

氢(Hydrogen), 状态方程, 247

去美国的犹太复国主义者使命(Zionist Mission to US), 216

## R

Ricci 张量, 五维世界, xlviii

Rubens 物理研讨会(Physics colloquium of Rubens), 41

热辐射场能量分布(Energy distribution in thermal radiation field), AE 的评论, 23, 27, 46, 67 Ehrenfest 的评论, 54

人智学学会(Anthroposophical Society), 393n

韧致辐射(Bremsstrahlung), 489a

日食(1922 年)(Solar eclipse of 1922), 262, 468c

日食观测, xxxvii; Lenard 的评论, 364n

乳光(Opalescence), AE 的评论, 4 Keesom 的评论, 4

瑞典科学艺术学院(Swedish Society of Sciences and Arts), AE 作为外籍院士, xxxix, 484c, 488c

瑞尔森实验室(Ryerson Laboratory), 274, 375

瑞士奥尔股份公司, 分红, 346

瑞士联邦工学院, 参阅 ETH

瑞士, 生活费用指数, 18n 汇率, 24

润滑磨损(Lubricant wear), Sommerfeld 的评论, 142

## S

Schloss Lautrach, Anschütz-Kaempfe 为慕尼黑大学置得城堡, 383

Schwarzschild 几何学(geometry), 111n

Schwarzschild 解(solution), 354, 369

Slowo, 参阅出版商

Stafford 小讲座(Little Lectures), xxxv

Stark 效应(effect), li, 141, 142, 251; 受热辐射电场的感应, 23, 46, 54, 67, 80

栅极电位, 静电的(Grid potential, electrostatic), Born 的评论 81

色散(Dispersion), 反常～, 344n; Julius 的理论, 195n

上西里西亚(Upper Silesia), 公民投票, 320

圣托马斯学院(College of St. Thomas), 443c

数学和科学教育促进协会(Association for the Promotion of Mathematical and Scientific Education), 邀请 AE 发表演讲, 479c, 482c

双星(Double stars), 相对论中的～, 227, 239—240, 275, 300—301, 375

水星(Mercury), 近日点运动, 参阅水星近日点运动

施潘道(Spandau), 参阅阿耳伯特・爱因斯坦个人: 施潘道的小木屋

苏俄(Soviet Russia), AE 否认去苏俄访问的报道, 249 为饥荒呼吁求助, 251—252 关于 AE 对喀琅施塔得兵变的评论 141

苏俄饥民救助组织海外委员会(Auslandskomitee zur Organisierung der Arbeiterhilfe für Sowjetrußland), 252, 282

苏黎世布尔戈霍尔茨利精神病院(Zurich, Burghölzliasylum in), 17n

苏黎世大学(University of Zurich), 251n

苏俄饥民救助委员会（Komitee Arbeiterhilfe für Sowjetrußland），呼吁书，251—252

苏维埃革命（Soviet revolution），Clarté 的评论，354n

## T

Thomson 效应（effect），23

塔式望远镜（Tower telescope），liii，293；为光谱仪筹集经费，431c

天津（Tientsin），469c

通货膨胀（Inflation），324

通识教育和经济科学方面的学术课程（Akademische Kurse für allgemeine Fortbildung und Wirtschafts-Wissenschaften），AE 发表演讲，475c，480c

同时性，AE 对 Bennett 的解释的评论，314—315

统一场理论（Unified field theory），xlviii AE 的评论，206—207 Bach，206，276 Eddington，206，276 Kaluza，316，329，330—331，357—358 Weyl（参阅 Weyl 的统一场理论）。

## V

Vilna Yiddish 剧团，AE 感谢他们的表演，281

## W

Weyl 不变量（invariant），119

Weyl 标量（scalar），xlix

Weyl 张量（tensor），97，97n，116

Weyl 假设（postulate），96

Weyl 统一场理论（unified field theory），97n，118n，246，276，316，358，379，511a AE 的评论，21，26，149，246，276，316，374 与 AE 理论的妥协，97，110，259 红移，215 与 AE 理论的相似性，246

Willigens 的时间坐标（Willigens' time coordinates），431c

Winteler 家族（family），AE 关于其狂热，344

威尔逊山天文台（Mount Wilson Observatory），228，273；红移观测，326

威发公司（Veifa company），324，362

威廉皇帝物理研究所（Kaiser-Wilhelm-Institut für Physik）（KWIP）日常费用账户，470c 行政公文，427c，428c，432c，486c AE 的评论，253 同意 Försterling 改变研究课题，464c 1921 年第一季度行政费用差额，452c 董事会（Direktorium），Laue 被提议为成员之一，435c，476c 理事会（Kuratorium），批准津贴，442c 1920—1921 年预算，463c，483c 1921—1922 年预算，441c，463c 基金会授予 Debye 奖金，427c 汇款，430c 任务，Planck 的评论，78 1920—1921 年的报告，439c，463c 1921 年第一季度报告，440c 参阅 Baeyer, Otto von; Born, Max; Debye, Peter; Försterling, Karl; Franck, James; Füchtbauer, Christian; Fürth, Reinhold; Gerlach, Walther; Grommer, Jakob; Jahnke, Eugen; Knipping, Paul; Kohn, Hedwig; Pohl, Robert; Radtke, Otto; Rubens, Heinrich; Schaefer, Clemens; Schweigler, Eduard; Trautz, Max; Wagner, Ernst

威廉皇帝学会（Kaiser-Wilhelm-Gesellschaft）（KWG）行政公文，485c，487c，488c 汇报 1920—1921 预算，483c 十周年纪念卷，444c

威斯康星大学（University of Wisconsin），xxxv, 73n, 89, 94

维也纳（Vienna），AE 离开，426c AE 演讲，35n AE 访问，36, 85

维也纳大学（University of Vienna），AE 演讲，35n, 424c—425c

乌拉尼亚（Urania），布拉格 AE 演讲，32, 424c 维也纳 AE 演讲，35, 35n, 421c—422c, 425c

武斯特罗（Wustrow），265；AE 在那里度假，254

乌特勒支学生团（Utrechtsch Studenten Corps），向 AE 要求普及演讲，424c, 429c

物理杂志（Physics journals），合并，244

物质能量张量（Energy tensor of matter），AE 的评论，373

## X

X 射线的产生（X-rays, generation of），AE 的评论，226 Meitner 的评论，234

西门子公司（Siemens corporation），362

西门子-哈尔斯克股份公司（Siemens & Halske AG），203

西门子-舒克特维克公司（Siemens-Schuckert Werke），203n

狭义相对论（Relativity, special theory of），Silberstein 谈与观测结果相冲突，221, 227—228, 239；AE 的评论，300—301, 375 同时性的定义，314—315 狭义相对论中的双星，227, 239—240, 275, 300—301, 375 基本原理，508a 与广义相对论比较，514a 历史发展，514a 观测者和参考系，295 没有刚性尺和物质钟，313 狭义相对论中的空间与时间，294 狭义相对论中的恒星光行差，239, 275, 300—301, 375 狭义相对论中的同时性，311—313 狭义相对论中光量子的变化属性，349 Zschimmer 的评论，295n

相对论（Relativity theory），AE 关于冠名，294

相对性原理（Relativity, principle of），530a

相对论中的边界条件（Boundary conditions, in relativity），315

相对论中的幺模坐标系（Unimodular coordinates, in relativity），11n

相对论中的坐标系（Coordinate systems in relativity），De Sitter 的评论，9

效忠宣誓（Oath of allegiance），AE 宣誓，437c

协约国（Entente），Born 极其讨厌～，325

《新鹿特丹报》（Nieuwe Rotterdamsche Courant），AE 关于该报对自己访谈的评论，222, 223—224, 273—274, 300 AE 关于自己对美国媒体的回应，241 美国媒体的反应，229 反犹方面的反应，214 芝加哥科学家的反应，221, 227, 273 抵消伤害的步骤，215—216 瑞士方面的反应，243n 犹太复国主义者的反应，216, 220, 224

新世纪俱乐部（New Century Club），波士顿，xxxiii, 286n, 360, 453c

《新自由报》（Neue Freie Presse），向 AE 征稿，390, 485c

新祖国同盟（Bund "Neues Vaterland"）（BNV），xxxix, xliii, 31, 84n, 424c AE 早期参与项目，31n 呼吁捐款，193 来自法国人权联盟在法国联席会议的邀约，265 起诉法国杂志《晨报》，45

信号公司（Single Co.），与图集制作公司的法律纠纷，482c

《信使报》（Il Messagero），采访，542a

旋磁比（Gyromagnetic ratio），27n，130，142，212，218

旋磁效应（Gyromagnetic effect），lii

旋转盘（Rotating Disk），524a AE 的评论，484c Davenport 的评论，472c

选择定则（Selection rules），Sommerfeld 的评论，320—321

## Y

雅法骚乱（Jaffa riots），174n

叶凯士天文台（Yerkes Observatory），184，195；AE 访问，449c

耶鲁大学（Yale University），xxxv，89，99n，444c

耶路撒冷希伯来大学（Hebrew University of Jerusalem），xxviii，89，94，95，98，108，109，113，124，129n，132，140，152，158，162，165n，209，540a，548a AE 邀请著名德国犹太人与 Weizmann 讨论，389n AE 的评论，167，168—169 关于新世纪俱乐部的财政困难，360 AE 为此的访美之行，181，206 Ehrenfest 的评论，105 为其大学图书馆捐书，153n，206；筹资，286，438c 为其大学医学系筹资，183，194；关于该大学的计划，104

耶拿（Jena），见德国物理学会，耶拿会议

伊索寓言（Aesop's fables），130n

以太（Ether），508a AE 的早期实验设想，519a De Sitter 的评论，10 可能被称作空间，511a

阴极射线散射（Cathode ray scattering），AE 的评论，226，234，235 Meitner 的评论，233—234

引力（Gravitation），作为 Kaluza 理论中的不同效应，358 纵波辐射，475c，478c Kaluza 理论中的～

引力波（Gravitational waves），11n

引力常数（Gravitational constant），358 Weyl 的评论，358

引力场（Gravitational field），和制动的火车，315—316 方程，536a 线性近似，10n

引力光偏转（Gravitational light deflection），523a

引力红移（Gravitational redshift），21，183，215，326，344n，452c，510a

引力透镜（Gravitational lensing），liii；AE 论及，6—7

英国（England），AE 关于改善其与德国的关系，401 AE 访问，190—191 和解，539a 制裁德国，125

永动机（Perpetuum mobile），AE 的评论，468c Bamberger 的评论，467c

永恒回归（Eternal return），概念，368

犹太复国主义，548a Weizmann 派和 Brandeis 派的冲突，90n Schlesinger，关于不支持的理由，389

犹太复国主义者总理事会（Zionist General Council），89n

犹太复国主义者组织（Zionist Organization），89n，101n，108，111，127，158 被 Brandeis 派团体指控，323 声称挪用基金，182 为在巴勒斯坦定居筹款，304 重组委员会，323

犹太军团（Jewish Legion），283

犹太信仰德国公民中央联合会（Central Association of German Citizens of the Jewish Faith），关于 AE 与该联合会的观点不一，104，420c

犹太学生协会理事会（Council of Jewish Student Societies），AE 出席会议 447c

犹太艺术剧院（Jüdisches Künstler Theater），281n

油滴实验（Oil drop experiments），Millikan 的实验，359n Olbers 的悖论，317

宇宙（Universe），与无限量物质，510a 半径，317 静态模型，317n

约旦特许书，由 H. Samuel 签署，304

月球（moon），移动，De Sitter 的评论，10

## Z

**Zeeman** 基金（Fund），433c；AE 的贡献，46，84

**ZOA**，参阅美国犹太复国主义者组织

黏性（Viscosity），229

针状辐射（Needle radiation），Franck 的评论，254

芝加哥（Chicago），375；AE 计划在芝加哥定居，159

芝加哥大学（University of Chicago），xxxv AE 演讲，449c，513a 提供给 AE 一个职位，274—275，300，375 考虑 Silberstein 作为助理教授，274 瑞尔森实验室，273，274 Silberstein 的演讲，220，227，273

《芝加哥论坛报》（*Chicago Daily Tribune*）513a

《芝加哥每日新闻》（*Chicago Daily News*）513a

知识分子（Intellectuals），AE 评论处于糟糕情况中的知识分子，361

致天文学会呼吁书，AE 联合签名，466c

众议院（Chambre des députés），369n

状态方程（Equation of State），AE 的评论，4 气体，受低临界温度影响，247—248 关于氢，247 关于氢，247 对应态定律，246—248 关于氦，247 量子理论，247—248

《自然》（*Nature*），请求出版 *Einstein 1920j* 的译文，480c

# 人名索引

## A

**Aardenne, Gijsbert van**(1888—1983), 56, 72, 92, 191, 195, 346n 反对 AE 的美国之行, 54; 哥本哈根的假期, 396 访问柏林 194, 与 Joffe 和 Rozhdestvensky 见面, 195 希望访问美国, 55

**Abraham, Max**(1875—1922), 116

**Achad Ha'am**(1913—1916), 457c

**Adler, Friedrich**(1879—1960), 64

**Ahern, Michael,** 邀请 AE 去演讲, 448c

**Aichi, Keiichi**(爱知庆一)(1880—1923), 关于 AE 计划的日本之行, 308

**Alexandrow, Waldemar,** 467c

**Anna**(家庭保姆), 195n, 196, 258, 263; 解雇, 268

**Ansbacher, Luigi**(1878—1956), 469c

**Anschütz-Kaempfe, Hermann**(1872—1931), xli, 138, 141, 230, 236, 241n, 281, 284, 291, 309, 337, 382—383, 489a, 503a AE 询问能否和两个儿子一起拜访他, 230 慈善基金, 211 地磁实验, 285, 341, 383 回转罗盘, 133—134, 232, 285, 341, 383 关于把他的工厂交给 Hans Einstein, 263 邀请 AE 和他儿子, 286 邀请 AE 去基尔, 232 需要 Hans Einstein 的协助, 383 对 AE 不会访问慕尼黑感到遗憾, 340

**Anschütz-Kaempfe-Stöve, Reta**(1897—1961), 231n, 233, 309, 489a

**Anuschat, Mrs.,** 被 Elsa Einstein 收留的女人, 328—329

**Georg Count von**(1869—1940), 309

**Arrhenius, Svante**(1859—1927), 在柏林会见 AE, 324 读 AE 的论文, 323 访问柏林物理学家, 229

**Auerbach, Felix**(1856—1933), 244

**Ausländer, Fritz,** 252n

## B

**Bach, Johann Sebastian**(1685—1750), 318

**Bach, Rudolf.** 参阅 Förster, Rudolf

**Bachem, Albert**(1888—1957), 183, 326

**Bachmann, J.,** 申请使用熔炼炉, 484c

**Back, Ernst,** 142, 322n

**Bäckerei Niemann,** 230

**Baeyer Otto von,** 申请 KWIP 基金为基本电荷测定报销开销, 425c

**Bailby, Leon**(1867—1954), 146

**Bamberger, Curt,** 提出第二类永动机, 467c, 468c

**Bantock, Granville,** 邀请 AE 在伯明翰大学演讲, 463c, 470c

**Barbusse, Henri**(1873—1935), 239n, 352 请求 AE 为《光明》(*Clarté*)投稿, 353, 372 光明运动的非政治性, 353—354

**Barker, Ernest**(1874—1960), 161, 171, 429c, 445c, 457c 与 AE 共进晚餐, 457c

邀请 AE 在伦敦国王学院发表演讲 439c，440c，448c 为国王学院请求 AE 的著作，474c，475c

Barthel, Max（1893—1975），277，283n，469c

Baskerville, Charles, 446c

Beck, Carl（1864—1952），xxxvi，65，66，98，158，159，162，200，205，519a 作为 AE 美国演讲之旅的顾问，64—65 与 AE 会面，448c

Beck, Emil（1881—1965），130；关于分子电流，87

Becker, Carl, xlvii，475c，478c

Benedicks, Carl（1875—1958），395

Benedigkt, Clothilde, 424c

Ben-Gurion, David, 284n

Bennett, P. R., 314

Bentheim, Count zu, 474c，478c

Berger, Alfred, 请求 AE 帮助寻找电烤箱，478c

Berger, Joseph（1884—1962），384

Bergmann, Hugo（1883—1975），286

Berliner, Arnold（1862—1942），xxxix，liv，41，50，137，437c 关于反相对论者 51—52 关于相对论书目，51—52 关于手稿纠纷帮助协调 AE 和 Freundlich 的关系，391 关于合并德国物理杂志，41 关于 Moszkowski 谈论 AE 的著作，51—52 关于 Einstein 1921c 的出版，50 关于《物理学杂志》对巴德瑙海姆会议讨论的报道，41

Berliner, Emile, 170n；会见 AE，446c 学生希望邀请 AE 去伯尔尼发表演讲，393

Bernhard, Georg（1875—1944），216n 派记者去采访，215—216

Berthoud, Alfred, 谈电场中电子的质量增加，480c

Besso, Marco（1843—1920），393n

Besso, Michele（1873—1955），5，107，182，188，322 AE 希望在瑞士见面，334 与 AE 在苏黎世见面，344 关于犹太人的勇气 188 郁闷，357 丢失 AE 的出版物，392 瑞士专利局总部，188 关于瑞士物价，188 对希伯来大学的热心，188 关于 press hyenas 242 关于出版 AE 的论文集，393 关于 AE 与 Hans Albert Einstein 的紧张关系，5—6

Besso, Vero（1898—1962），183n，242

Besso-Winteler, Anna（1872—1944），183

Bianchi, Luigi, 463c

Bishkovitch, ?, 建议邀请 AE 在巴勒斯坦定居，426c

Bjerrum, Niels（1879—1958），396

Blaine, Anita（1866—1954），née McCormick, lviii，513a

Bleuler, Eugen（1857—1939），356

Bloch, Werner（1890—1973），245 向 AE 请求经济帮助，245 请求 AE 的推荐函，467c

Bloomfield, Fannie（1863—1927），318

Blumenfeld, Kurt（1884—1963），xxix，89n，101n，109n，127n，129n，133，181n，283n，437c，466c

Boas, Franz（1858—1942），xlvi，160 要求 AE 对德奥科学艺术紧急救助协会发表观点，157—158

Boas, Hans（1869—?），143

Boguslavsky, Sergei, 他的辐射理论，66，80

Bohlin, Karl, 262n

Bohr, Christian（1916—1934），396

Bohr, Erik（1920—1990），396

Bohr, Hans Henrik（*1918），396

Bohr, Harald（1887—1951），397

Bohr, Niels（1885—1962），lv，11，53，81，82，84，142，244，251，254，264n 出生，

362 不参加第三届索尔维大会，207n 与 Ehrenfest 待在哥本哈根，396—397 对 AE 的超导电流模型感兴趣，396 计划在哥本哈根发表演讲，141 量子条件，li 要求 AE 的照片，53 感谢 AE 在柏林对他的接待，53 原子结构理论，215，399

**Bohr-Adler, Ellen**(1860—1930)，396

**Bohr-Nørlund, Margrethe**(1889—1984)，396

**Bölsche, Wilhelm**，473c

**Boltwood, Bertram B.**，lvii

**Boltzmann, Ludwig**（1844—1906），107n，343，392

**Boni, Nell**，462c

**Born, Gritli**(1915—2000)，325，363

**Born, Gustav**(*1921)，244，254n，325，335，363，399

**Born, Hedwig**(1882—1972)，xl，66，244，254，325，325，335；患病，82

**Born, Irene**(1914—2003)，325，363

**Born, Max**(1882—1970)，xl，66，26，38，244，254，255，361 AE 关于相对论的书，67 关于德国的反犹情绪，81 关于近似值方法，325 关于 Bohr，362 相对论著作，82；Zangger 的评论，21 家遇强盗，82 Carathéodory 的热力学，81 与 Pauli 关于原子的量子论的合作，325 关于 AE 的事情，80 关于晶体，362 因政治局势感到沮丧，325 遭到协约国的厌恶，325 关于静电栅极电位，81 缓慢运动电子电流的精确理论，362—363；AE 的评论，399 关于德国在第一次世界大战中的错误行为，326 健康，325，362，399 关于晶格电势，325 关于 Laue 讨论相对论的书，363 关于测量金刚石的弹性常数，81 关于 Moszkowski 讨论 AE 的书，80 关于 Pauli，325，362，363 对政治局势的悲观态度，82 关于 Polányi 的工作，362 关于 Boguslavsky 的签证问题，80 关于毫无希望的量子研究，325 要求 KWIP 为 X 线装置提供资金，253，324—325，361 关于 Soldner，363，399 量子力学的统计解释，351n 关于晶体热力学，325 拜访 Ehrwald，325

**Borosini, J. von**，征稿，473c 下滑，475c

**Bothe, Walther**（1891—1957），lv，lix，234n，337n，391n，399 关于极隧射线实验，370—372

**Bragg, William H.**(1862—1942)，152；不参加第三届索尔维大会，207n

**Bragg, William L.**(1890—1971)，191

**Brandeis, Louis D.**（1856—1941），xxix，90n，112n，170，170n，178n，182n，229 关于在华盛顿与 AE 和 Elsa Einstein 见面，170 会见 AE，446c

**Branting, Karl H.**，45n

**Bredig, Georg**(1868—1944)，100

**Bridgman, Percy W.**(1882—1961)，395

**Brillouin, Léon**(1889—1969)，152

**Brillouin, Marcel**（1854—1948），152 AE，429c

**Brod, Max**(1884—1968)，32n

**Bródy, Imre**（1891—1944），81，244，325；与 Born 的合作，325

**Brönnimann, Lydia**，183n

**Brown, Cyril**(1887—1949)，216，216n

**Brown, Elmer E.**(1861—1934)，邀请 AE 在纽约大学发表演讲，442c，445c，446c，450c

**Brush, Charles Francis**，xl

**Buber, Martin**(1878—1965)，283

**Buchholz, Hugo**(1866—1921)，343

**Büchler, Rob.**，422c

**Buchmann, J.**，478c

**Budde, Emil A.**(1842—1921)，6

**Buek, Otto**(1873—1966), 32n
**Buisson, Henri**, 183, 188
**Burdach, K.**, 475c, 478c
**Busch, Adolf**(1891—1952), 47, 56
**Butler, Nicolas**(1862—1947), 178, 193
**Büttner, Erich**, 为 AE 画像, 225n
**Byk, Alfred**(1878—1942), 80, 248 关于对应态与量子, 67

## C

**Cahn, Luise**, 267
**Candioti, Alberto Maria**(1888—1968), 310, 314
**Carathéodory, Constantin**(1873—1950), 81
**Cardozo, Benjamin**(1870—1938), 172, 173
**Carvallo, Emmanuel**(1856—1945), 155
**Cassirer, Ernst**(1874—1945), 38, 478c
**Cathcart, E. P.**, 429c
**Chalmers Mitchell, P.**, 429c
**Christoffel, Elwin**(1829—1900), 510a
**Chulanovsky, Vladimir M.**(1889—1969), 要求 AE 为 Rozhdestvensky 的旅行办理签证, 90—91
**Clark, Chester**, 192, 455c
**Classen, Johannes W.**(1864—1928), lii, 431c 关于安培分子电流, 87, 96, 431
**Cohen, Morris**(1880—1947), 181, 186, 231, 507 帮助 AE 获得美国大学的邀请, 186 对相对论著作的回顾, 231 感谢 AE 的礼物, 231
**Cohen-Ryshpan, Mary**(1880—1942), 187n, 231n
**Colin, Paul**(1890—1943), 352
**Compton, Arthur H.**(1892—1962), 邀请 AE 在华盛顿大学发表演讲, 447c
**Conti, Gabriella**, 476c, 477c
**Contu, Rafaele**, 477c 关于相对论和 AE 的书, 482c
**Copernicus, Nicolaus**(1473—1543), 328n
**Cosentini, Francesco**, 邀请 AE 参加都灵的会议, 424c 宇宙学问题, 536a 宇宙学, 528a
**Courant, Richard**(1888—1972), 325, 377
**Cox, Channing**, 453c 临界温度和状态方程, 247—248
**Crommelin, Claude August**(1878—1965), 提出在莱顿座谈会讨论关于极隧射线实验, 395
**Crucy, François**(1875—1958), 378
**Cruise, M. J.**, 163
**Curie, Marie**(1967—1934), 152
**Curti-Ferrer, Eugen**(1865—?), 安排为 Einstein-Marić 支付款项, 346

## D

**Da Vinci, Leonardo**, 画像, 32n
**Dante Alighieri**, 319
**Davenport, W. S.**, 关于实心圆盘旋转, 472c AE 的评论, 484c
**Davidson, Randall**(1848—1930), xliv, 188n, 456c
**De Haas, Wander.** 参阅 Haas, Wander J. de
**De Lieme, Nehemia**, 323n
**De Sitter, Willem.** 参阅 Sitter, Willem de
*Dearborn Independent*, xl
**Debye, Peter**(1884—1966), 4n, 41, 215, 326, 435c AE 在苏黎世作为职位候选人, 4n 从 KWIP 获得资助, 427c, 428c 向 KWIP 汇出资金, 430c
**Delbrück, Hans**, 193n
**Descartes, René**(1596—1650), 510a
**Dewey, John**, 289
**Dilthey, Wilhelm**, 451c
**Doolittle, Eric**, 260

人名索引 583

Droste, Johannes(1886—1963)，9

Drosue, M. P.，481c

Drucker, Carl，向 AE 征稿，481c

Du Pasquier, Louis(1876—1956)，AE 寄出修正文稿，373 关于 AE 对 Weyl 理论的批评，379—380 关于相对论的书，354—355，379 AE 在 ETH 的同学，355n 给 AE 寄出修正文稿，354 请 AE 为他的书作序，428c，429c

Duderstadt, Henning，239n

Dukas, Helen(1896—1982)，295n

Dunn, Gano(1870—1953)，165，186

Durkee, Stanley J.，邀请 AE 去霍华德大学，445c

Dyson, Frank(1868—1939)，456c

E

Eberhard, Gustav(1867—1940)，148

Eberlein, Hugo，252n

Ebert, Friedrich，xlv，208n，389n，461c

Eckstein, Josef，33n

Eddington, Arthur S.(1882—1944)，xlviii，liii，130n，148，263n，279n，429c，456c，457c，468c，469c AE 的评论，xxxvii，277 AE 请求帮助，343 关于 Eddington 1921e，189 在德国，259 和平主义思想，218 统一场理论，206，276

Ehrenfest, Anna(Galinka)(1910—1979)，14n；绘画，72

Ehrenfest, Arthur(1862—1931)，36，46，54

Ehrenfest, Hugo，54，94n

Ehrenfest, Paul(1880—1933)，xxviii，li，36，42，46，49，54，83，84n，91n，109n，116n，121，126n，129n，144，146，157，181n，188，198，205，207n，270，340，342，395，399，448c，458c，469c AE 的评论，399 AE 关于给他女儿的小提琴，121 AE 关于非相对论题目的演讲，72 AE 计划在莱顿大学的讲座，42—43，92—93 关于 AE 在荷兰的政治行动，91—92，105 AE 建议进行辐射实验，54 AE 不愿意去美国旅行，56 AE 的美国演讲之旅，54，92 关于 Bjerrum，396 关于 Bohr，396 准备做 Bohr 的助手，397 在 Bohr 家感到很幸福，396 关于他的兄弟，54 关于 Busch 的表现，56 孩子，47，340 AE 与他的演奏，344 关于希伯来大学，105 关于 Ioffe，56，190—191 关于 AE 可能去荷兰，105 称赞 AE 的犹太复国主义者使命之旅，105 报告 AE 在荷兰的财政状况，42 要求 AE 帮助为 Rozhdestvensky 办理签证，43 要求 AE 提交论文以供发表，72 要求 AE 为俄罗斯物理学家办理签证，55 索尔维大会，第三次要求办理签证，72 支持 Bohr，56，84 哥本哈根的假期，396 访问柏林，190，194，470c 访问德国，447c 希望访问美国，54—55，92

Ehrenfest, Tatiana(1905—1984)，14n，92 哥本哈根的假期，396 希望访问美国，55

Ehrenfest-Afanassjewa, Tatiana(1876—1964)，397 AE 与 Ehrenfest 一家住在一起，345

Ehrenhaft, Felix(1879—1952)，xxxvi，liv，35，46，63 AE 住在他的家中，424c 关于基本电荷的验证，65 邀请 AE 在维也纳发表演讲，33n 亚电子，357

Ehrenhaft-Steindler, Olga(1879—1933)，46，63，66n

Ehrwald(Tirol)，325

EINSTEIN, ALBERT(1879—1955)

生涯

波茨坦天文台董事会成员，465c，466c 1922 日食观测委员会成员，468c 德国博物馆董事会委员，473c 物理技术董事会成员，436c 科学考察董事会成员，452c

**执教经历**

曾在柏林大学物理研讨会执教（WS 1921/22），476c

**经济**

奥尔公司股份，370 在荷兰的银行账户，42，50 对苏黎世家人的经济支持，17，263，346，486c

酬金：Anschütz-Kaempfe，486c 在 Schweizerland 的文章，431c 对和平主义手册的捐助 480c Einstein 1917a，439c Einstein 1917a 及其意大利语版与法语版，478c，479c，484c Einstein 1920j and 1921c，435c，436c 英语版 Einstein 1917a，448c，458c，460c，461c 英语版 Einstein 1920j，1921c 与 Lorentz et al. 1913，485c，486c，488c 英语版 Lorentz et al. 1920，479c 专家的观点，338，482c 法语版 Einstein 1916f，482c，488c；Einstein 1920j，432c 法语和俄语版 Einstein 1917a，456c，459c 法语翻译，205 匈牙利语版 Einstein1917a，465c，471c 演讲：在日本 288，289 国王学院，457c 纽约大学，442c 巴塞罗那大学，461c 博洛尼亚大学，426c 维也纳，30，422c；Lorentz et al. 1920，486c，488c 梅休因出版社，47 波兰语版 Einstein 1917a，479c；Einstein 1920j，471c；Einstein 1917a 与 1920c，467c 波兰语、希伯来语、与意第绪语版 Einstein 1917a，472c 普林斯顿演讲稿的出版，162，459c 俄语版 Einstein 1920j 与 1921c，439c 科学考察委员会，449c Silliman 讲座，430c 菲韦格出版社，423c 国内税务局对外国银行账户的质询，474c 回复，474c 货款给 David Dominicus 公司产生的利息，473c 留在美国的款项，280 在荷兰和瑞士的资金需求，144 SAG 的红利，346 作为全职教授领薪，439c 从 KWIP 领薪，447c，484c 从 PAW 领薪，476c 汇款，474c，475c；给 Rudolf Einstein，429c

**发明**

与 Nernst 一起发明冰箱，liv，237

**邀请**

美国犹太医生委员会的邀请信，104 Durkee，霍华德大学，445c Haguenin，国际哲学大会，486c Fisher，耶鲁大学，444c 法国人权联盟，265 德国驻东京东亚自然科学与民族学学会，476c Haldane，450c，454c 哈佛大学，447c，449c，451c，453c 东京帝国大学，335 Kraft，433c Lindemann，449c Lorentz，荷兰科学学会会议，424c Lyman，美国物理学会会议，444c Moore，美国科学与艺术院，446c，447c Murobuse，日本，334—335 德国临时物理学会，426c，427c Painlevé，国际哲学大会，368，481c，483c 国家科学研究理事会，90n Reuterdahl，答辩，443c Scott，美国哲学学会会议，441c，442c Siemens-Helmholtz，351—352 Webster，克拉克大学，445c

**演讲邀请**

在杜塞尔多夫举行通识教育和经济科学方面的学术课程讲座，475c 阿根廷，310，314 数学与科学教育促进协会，479c，482c 联邦雇员的化学家和工程师，477c，485c 凯尼修斯学院，布法罗，448c 纽约城市学院，163 克拉克大学，160 哥伦比亚大学，178—179，186 杜塞尔多夫，355，472c，473c 法兰克福报 478c 佛洛伦萨的德国侨居地，468c，470c 德国红十字会，他的美国印象，199 哈佛联盟与哈佛自由主义俱乐部，170 国际哲学大会，383—384，386 日本，287—288，288—289，290，367，340，344，355 国王大学，

161，166，439c，440c，445c，448c 柏林大学数学与物理系，433c，434c 国家科学学会，94 纽约大学，442c，445c，446c，450c 普林斯顿大学，94，144，158，159，163 城镇大厅，428c 学生自由主义俱乐部，哈佛大学，448c 都灵，会议地，424c 巴塞罗那大学，461c，465c 伯明翰大学，463c，470c 博洛尼亚大学，194，210，217，218，249，269，294，305，309，322，344，426c，433c，446c，463c，470c，472c，473c，475c 芝加哥大学，162 日内瓦大学，306 利兹大学，452c 曼彻斯特大学，128，166，438c，445c，448c，449c 慕尼黑大学，141—142，211，218，243，245，249，306—307，309，320 匹兹堡大学，442c，445c 威斯康星大学，48n，94，445c 在维也纳的乌拉尼亚，421c—422c 学生团体，424c 女性之家协会，481c 华盛顿大学，447c 耶鲁大学，94，430c，443c 纽约犹太复国主义工程师和农学家协会，446c，447c

犹太事务

在柏林布吕特纳报告厅犹太复国主义者集会上致辞，255 在曼彻斯特大学犹太学生会上发言，456c 建议移民到耶路撒冷，214 出席犹太学生委员会，447c 关于成为一个"忠心"的犹太人，223 犹太复国主义问题方面的新手，180 犹太共同体概念，124 面对德累斯顿的反犹主义，xliii 批评犹太复国主义者组织的政策，180，182 表示对 Weizmann 的支持与美国之行的成功，222 极端犹太民族主义因巴勒斯坦的面积小和依赖性而受到阻碍，144 希伯来大学，论新世纪俱乐部财政困难，360 聚会，487c 邀请名人讨论声援，450c，451c，452c，453c 为耶路撒冷大学而计划发表演讲，159 关于董事会的作用，168 关于宗教与科学之间的关系，168 关于 Rosenbloom 文章的评论，168—169 宗教关系的无意义，222—223 对犹太人这一名词的解读，29 邀请杰出的德国犹太人与 Weizmann 讨论，389n 不参加柏林犹太共同体，29，112，120，124，441c 从民族的角度看属于犹太人，29 作为民族、国家或者社会共同体的犹太人，223 犹太人的聪明胜过勇气，183 在非犹太人面前捍卫犹太人的利益，180 犹太人当中的民族主义，194 为创建大学援助委员会组织聚会，172 计划去巴勒斯坦旅行，304 在第十二次犹太复国主义大会接受赞颂，283 愿意帮助犹太个人和非宗教性的犹太组织，124 请求为德国犹太组织去美国募捐，437c 与犹太同胞的团结，123 在德国犹太复国主义大会发表讲话，461c 大学援助委员会，158—159 Weizmann 与 AE 一同前往美国，304 关于犹太复国主义，11，194 为犹太复国主义使命去美国，95，98，121，123，180，182—183，194 对德国犹太人的愤怒，121 邀请参加，89，158 加入，101，109，113，127 在全体会议上报告，464c

演讲

在杜塞尔多夫通识教育和经济科学方面的学术课程，480c 美国艺术与科学学院，453c，456c 纽约城市学院，444c，445c，446c 哥伦比亚大学，444c 德累斯顿，65，307n Francis W. Parker 学校，芝加哥，xxxv，449c Friedrich II 纪念仪式，428c 伦敦国王学院，212，457c 维也纳音乐厅，35n 数学物理协会，柏林大学，434c 美国国家科学院，446c 普林斯顿大学，89，180，199，275，450c，451c，452c，459c，465c 德累斯顿理工大学，30n，46，63，426c 阿姆斯特丹大学，307n 博洛尼亚大学，330，344，476c，477c 芝加哥大学，449c 莱顿大学，3n，14n，84，92—93 曼彻斯特大学，456c 取消前往慕尼黑大学，290—291 帕多瓦大学，344，477c 维也纳大学，30n，35n，424c—425c 布拉格的乌拉尼亚天文台，30n，32—33，424c 维也纳的乌拉尼亚天文台，35，425c 维也纳，32，64 耶鲁大学，95 纽约犹太复国主义工程师与农学家协会，447c

涉及个人的

个人的技术活动，192 反对在引用中夸大他，373 反对发表与他的谈话，374 暑期的个人安排，203—204 艺术和科学，63 关于服装，356 天生喜欢专注一事，不容易适应新环境，25 因各种事务缠身而身心疲惫，25 关于作为杰出的人，217 关于被宣传，11 被人称之为"野兽"，129 太受关注，305 关于柏林，xliii，140 被戏称为"科学巴纳姆"，lviii 自称世界公民，541a 声称是德国公民，127n 声称是瑞士公民，127n，548a 比较罗马人、德国人和瑞士人，25 施潘道的小木屋，xlii，241，249，250，263 服务于德国朋友而非德国，128 离婚，37n Besso 强大的专注力，242 与 Freundlich 的隔阂，liv 厌倦相对论，32 因德国物理学家而感到伤心，264 感觉在美国像一头用来发奖的公牛，183 四十一岁生日，12 增重，340 因为美国演讲之旅未成行而高兴，84 没有在科学上有革命性建树，546a 不懂英语，94，163，513a 生活匆忙，150 患病：肠炎，46，56；咽喉肿痛，268 对英格兰印象深刻，192 对东方人和东方文化感兴趣，290 国际思想，127 意大利生活昂贵，319 懒于写信，140 对孩子的爱，469c 关于 Margot Einstein，258，263 不太懂意大利语，309，319，330 对科学职业不抱希望，293 留在柏林的道德责任，275 大城市的士气，293 希望把瑞士的家搬到德国，25，263，305，345

音乐：巴赫和莫扎特是最喜爱的演奏家，469c 演奏巴赫，莫扎特与舒曼，457c 在布拉格演奏莫扎特，33 在布拉格演奏四重奏，32

否认精神与物质的分离，71 作为诱惑的新保姆，345 没有宗教联系，29 没有身体就没有灵魂，71 关于非宗教观，168 不被名声宠坏，123 不再担心他人，293 太老了，不能再做大发现，151 论记者的小册子，249 悲观主义者，150 关于争议性文章，400 愿意把柏林的位置换到博洛尼亚，344 收到反犹主义的信，xlii 在美国受到接待，180 拒绝神秘主义，71n 关于肉体与灵魂之间的关系，71 关于天气与德国和瑞士之间的关系，25 房租提高，425c 为见到芝加哥的科学家请求帮助，159，163 根在柏林，300 作为邮递员的奴隶，254

儿子们：241 艰难的童年经历，258 具有商业精神，缺乏形而上学的兴趣，25 与继女之间的事情，258 聪敏、喜欢音乐、孩子气，345 疏于写信，140 希望见到儿子 Eduard，305 假期计划，183，195，196 对 Hans Albert 的教育计划，263 因为进步和智慧而高兴，263 满意，25，294 与 Hans Albert 的紧张关系，5—6 与 Hans Albert 去意大利，263，305 去武斯特罗度假，230，254，265，268

关于精神，71 住在维罗纳，319 瑞士人很吝啬，25 同情中国人，150—151 肖像画被计划安置在慕尼黑德意志博物馆，469c 英美之行，158，179—180，194，198，206，217，401 佛罗伦萨之行，319 意大利之行，340，344 不被打扰的生活，151 作为一个年轻人在瑞士，13 写信成了

一种惩罚,268

哲学

永恒的回归,368 Kant 的先验空间,153 Mach 反相对论的评论,218

政治

成为一个和平主义者,286—287 拒绝俄国饥荒艺术家救助委员会的要求,267 辞职,271,470c 政治的本质,277 关于成为和平主义者,128 柏林和平示威,xlv,238

新祖国同盟:为其申请资金,193 阿姆斯特丹会议的代表,83,109,431c,433c

德国所承受的外部压力带来的后果,150 被慕尼黑学生认为是共产主义者,306—307 捍卫柏林反对批评,xliii 拒绝《观察家报》对他的采访,68 恢复国际间科学家之间关系的困难,155—156 不赞同 Sommerfeld 关于卢西塔尼亚奖章的文章,218 区分科学家的角色和国家的角色,128 感激德奥科学艺术紧急救助协会的工作,160 作为贵格会会员和和平主义者的英国科学家,128

德国:处于极端右翼主义危机中,12 人们所经历的苦难,12

越发明朗的欧洲团结趋势,294 关于帮助俄罗斯科学家,61 他对恢复国际上科学家之间关系的成功,194 他的政治观点引起的愤怒效应,68 关于 Kapp 政变,12—13 拒绝俄国饥荒艺术家救助委员会的要求,285 关于五一示威,13 关于俄国兵变,141 关于知识分子中的狭隘民族主义,361 诺贝尔和平奖提名:Benes,423c; Masaryk,44 英国科学家的客观态度,218 关于俄罗斯的匈牙利饥饿艺术家救助委员会的政治本质,277 称赞英国科学家的和平主义行为,149—150 称赞英国,194 重建国际纽带,206 德英关系,128,401 关于赔款,67 德国疯狂的纳粹意识死灰复燃,140 论知识工作者的处境,361 被暗杀威胁,60n,424c,9c 德国科学家的传统性偏见,150 美国邀请去发表演讲,象征着国际关系的恢复,89,95

相对论通俗著作

第十一版,售罄,439c 第十二版,439c 反对脸谱化,311 英语版,432c,486c 新德语版,460c 希伯来语版,304,311,472c 匈牙利语版,463c 日语版,477c 波兰语版,426c,427c,428c 罗马尼亚语版,461c 俄语版,435c 乌克兰语版,311 意第绪语版,304,311,472c

出版物

*Einstein 1920j*:英语版,466c,470c,479c,481c,486c,488c 法语版,425c,426c,431c,432c,437c 匈牙利语版,488c 波兰语版,472c 俄语版,437c,439c,448c *Einstein 1921c*:英语版,483c,486c,488c 法语版,437c 匈牙利语版,488c 波兰语版,472c 俄语版,437c *Lorentz et al. 1915*,英语版,473c *Lorentz et al. 1920*,英语版,483c "关于记者",273—274,300 普林斯顿演讲,法语版,204

褒奖

巴纳德奖章,15 博洛尼亚科学院,通信院士,444c,460c 哈特福德市荣誉市民,450c 纽黑文市荣誉市民,453c 纽约市荣誉市民,163,442c 纽约州荣誉市民,442c 国际天文爱好者协会,名誉会员,451c,475c 纽约国家发明家协会,名誉会员,455c 哥尼斯堡物理与社会经济学学会,通信会员,428c,429c 普林斯顿大学,名誉博士,450c 国家皇家学院,外籍会员,465c 莱顿皇家学会,外籍会员,446c,539a 瑞典科学与艺术学会,外籍成员,484c,488c 曼彻斯特大学,名誉博士 456c

推荐

Boas，143 Franck，143 Holitscher，286 Lehmann，435c Schegin，460c，461c，462c Schlick，139—140

受托

Alexandrow 谋求职位，467c Bachmann 请求使用熔化炉，484c Barbusse 请求他为《光明》撰稿，353，372 Barker，在国王学院图书馆谋求工作，474c，475c Borosini，请求他为 *Epoca* 撰稿，473c，475c 英国援助俄罗斯文学与科学委员会寻求帮助，429c Bruehl Lévy 请求他为《哲学杂志》撰稿，487c Conti，请求协作 476c，477c Drucker，请求他为《物理化学杂志》撰稿 481c Du Pasquier 请求为他的著作作序，428c，429c Fleischer，请求他为《德语杂志》撰稿，400，483c Frischeisen-Köhler，请求他为《康德研究》撰稿，460c，461c Hoepli，请求他为意大利版 *Schmidt 1920* 作引言，477c，481c Hoffmann，请求他为《布拉格日报》撰稿，433c Hönn，请求他为《瑞士》月刊撰稿，431c，434c Joël，请求他对广义相对论的文章提出批评建议，464c Kármán 请他在呼吁书上签字，377—378 Kuwaki，请求日文版的 AE 在 *Lorentz et al. 1920* 上的论文，477c，481c Lämmel 请求职位，471c，473c Lasker-Schüler 请求拜访，464c Laub 请求撰稿，423c Lévy-Bruhl，请求关于热门的相对论文章，423c Michael，请求为《德国图书》杂志撰稿，423c《自然》杂志：请求英译本 *Einstein 1920j*，480c；请求在国王学院的演讲稿，454c，459c《新自由报》请求撰稿，390，485c Nordegg 请求为他著书立传，487c Richter（教育部长）征求关于 Frank 论文的意见，427c，428c Saha，请求他的推荐信，468c Schmidt，Gerhardt，征求关于 Hopf 的意见 452c 关于 Poppert 的意见，484c 关于 Kretschmann 工作的简评，484c Schmidt，Harry 请求他联系在美国的有关人员，480c Schorr 征求关于 Classen 的意见，431c，432c Schwetschke 出版社请求出版手册《和平运动》，286—287 Stricker 请求签署呼吁书，352，361，482c，483c Ströbel，请求为手册《和平运动》撰稿 480c Teubner 请求获得 *Lorentz et al 1920* 的翻译权，486c，488c "关怀海外德国人联合会"请求捐款，474c，478c Wagner，请求他为《观察家报》撰稿，429c Weyl，为征得 PAW 的同意转载自己的论文请求他帮助，259，276，380，382，390 Wolff 请求资助，482c，483c，484c

科学

将相对论应用到实际中作为其发展方法，26 请求德国天文学会研究带内行星的近日点运动，261 关于相对论中火车刹车的例子，315—316 超导体中电流的传输，270—271 关于他的关键实验，li 关于临界点状态方程，4 关于超导体中磁场的效应，li，23—24 热辐射场中能量分布的实验，23，27，46，67 光的本性的实验，253，264 关于外星生命，430c 关于地磁实验，282，309，365 关于引力透镜，6—7 关于回转罗盘，236，249，281—282，284，309 关于他在相对论和量子理论方面的成就，150 关于他的"关键实验，"li 私人图书馆的相对论文献，38—40 光辐射手稿，308n 关于时间维度和空间维度的非等价性，137 关于乳光，4 关于永动机，468c 关于电磁势的物理意义，97 提议德国天文学会组织荷兰-德国日食考察队，262 不怀疑红移，183 反对世界的时空无限性，137 关于塔式望远镜，293 关

于场理论的有效性，382，390

**Einstein, Edith**(1888—1960)，115 论文，366 AE 的帮助，344

**Einstein, Eduard**（1910—1965），xli，20，140，154，183，195，196，230，241，249，254，264，268，303，334，340 AE 的评论，241，265 AE 期待见到他，305 关于 AE 从未与他和 Hans Albert 一起庆祝圣诞节，402 与 AE 的亲近，345 关于圣诞礼物，402 集邮，154 与 AE 的继女的冲突，258 需要瑞士的气候，37 对 AE 的新年祝福，402 弹钢琴，154，302 与鹦鹉玩，154 关于从卢塞恩和荷兰来的款项，402 收到来自卢塞恩的款项，402 遗憾 AE 将不会拜访苏黎世，302 AE 的银表，268，302 与 AE 度假，217 Zangger 的评论 21，298

**Einstein, Elsa**（1876—1936），xxxi，14n，31，43，63，101，108，170，172n，173，176，176n，180，181n，186，187，191，209，220，225，229，249，252，257，268，275，319，339，344，355，366 关于 AE 留在柏林的道德责任，275 Einstein-Marić 的怀疑，AE 的评论，344 收留 Anuschat 夫人，328—329 受到 Hadassah 接待，445c 雇佣新保姆，329 参与反战游行，466c 关于 Paul Habicht，328 人相学 225 关于 Planck 对 AE 的友情，328 AE 因其健康状况欠佳而感到抱歉，340 关于 AE 的儿子在美国成长的美好前景，275 要求 Freundlich 归还 AE 的手稿，385

**Einstein, Fanny**(1852—1926)，195n，356

**Einstein, Hans Albert**（1904—1973），xli，14，20，140，154，183，195，196，230，241，249，254，268，303，305，322n，334，340，489n 确认收到付款，367 AE 的评论，241，265 AE 说其长大成人了，217 AE 关于在因斯布鲁克见面，302，305，319 AE 对其接受高等教育的规划，263，305 反对 AE 把瑞士的家搬到德国的建议，18—19，20 Anschütz-Kaempfe 需要帮助，383 关注 AE 的沉默，367 关于财政困难，16—17 放弃钢琴课，20 在意大利问候 Alfred 和 Clara Stern，330 高兴见到 AE，270 嗓子疼痛，402 与 AE 的继女的冲突，258 对六分仪感兴趣，270 做版画，19—20 搬家的负面影响，37 对 AE 的新年问候，402 参与学校管弦乐队，20，269，367 关于来自卢塞恩的款项，20 在音乐会演奏钢琴，367 准备与 AE 去本欣根度假，17 关于 AE 对赡养费的支付办法，17 要求 AE 买书，270 与 AE 关系紧张，Besso 的评论，5—6 谢谢 AE 的圣诞节礼物，19 与 AE 去意大利，154，241，269，302—303，309 与 AE 度假，217，226—227 与 AE 关系亲近，345 Zangger 的评论，298

**Einstein, Hermann**(1947—1902)，141n；关于专利的专家意见 480c

**Einstein, Ilse**（1897—1934），xli，13，43，107，136，145，195n，205，249，250，253，257，268，319，356，366 与 Steinthal 订婚，339，345 从 KWIP 领薪，470c，476c，479c

**Einstein, Margot**（1899—1986），xli，13，43，195n，249，250，258，268，319，356，366 AE 对其人品评论，263

**Einstein, Norbert**(1892—1980)，294

**Einstein, Pauline**(1858—1920)，11，211n

**Einstein, Rudolf**（1843—1928），429c，356 爱因斯坦-德哈斯效应（Einstein-De Haas effect），Ioffe 的评论，190

**Einstein-Marić；Mileva**（1875—1948），xli，3n，259n，268，302，305，334，486c AE

关于其对 Elsa Einstein 的怀疑, 344 AE 感谢她容许儿子跟他一起去度假, 263 AE 在苏黎世拜访他们, 340, 344 处理家庭财产问题, 16 关于其作为母亲的评论, 37 关于儿子们后悔 AE 绕过苏黎世, 303

**Einwohnerwehr**, lix

**Eisenhart, Luther P.**(1876—1965), lvii

**Eltzbacher, Paul**(1868—1928), 252

**Emden, Robert**(1862—1940), 348

**Enriques, Federigo**(1871—1946), 195, 298, 344, 401, 476c 与 AE 在博洛尼亚大学的演讲, 426c, 463c, 470c, 472c, 473c

**Epstein, Max**, 安排接待 AE, 448c

**Epstein, Paul**(1882—1966), 141 与 Edith Einstein 的论文, 115, 366 离开苏黎世去莱顿, 115 想在美国获得职位, 115

**Evershed, John**(1864—1956), 343n

**Ewald, Peter**(1888—1985), 484c 决定性实验, AE 对此的评论, li

**Eylenburg, Dr. ?**, 252n

### F

**Fabian, Walter**(1902—1992), 286

**Fabre, Lucien**(1889—1952), 107, 122, 123, 136, 145, 146, 151, 152, 205 关于 AE 的成就, 145 关于 AE 访问法国的声明, 100 关于相对论的著作, 99, 102—103；伪造 AE 的前言, 99, 437c, 439c, 482c, 销量减少, 197 对 AE 的人品持否定观点, 197

**Fabry, Charles**(1867—1945), 183, 188

**Fajans, Kasimir**(1887—1975), 461c

**Falconer, Bruce**, 233n 反对授予 AE 纽约市荣誉市民, 164n

**Fanta, Otto**, 31

**Fanta-Sohr, Bertha**, 32n

**Faraday, Paul**, AE 请求得到 Michael Faraday 的自画像, 469c

**Farrow, Ernest Pickworth**(1891—1956), 130n, 关于英国对德国的感受, 426c

**Fedorovsky, Nikolai M.**(1886—1956), 61

**Feringer, Anna**, 57n AE 请求更改签证, 427c 计划访问荷兰, 55 场理论的有效性, 382, 390

**Fimmen, Edo**, 84n

**Fischer, Kuno**, 451c

**Fisher, Irving**, 邀请 AE 前往耶鲁大学, 443c, 444c

**Fleischer, Richard**(1849—1937), 要求为《德语杂志》撰稿, 400, 483c

**Flexner, Bernard**(1865—1945), 170n, 178 佛罗伦萨, AE 拜访, 322

**Ford, Henry**(1863—1947), xl

**Förster, Friedrich**(1869—1966), 352

**Förster, Rudolf**(1885—1941)(ps. Rudolf Bach), xlviii；统一场论, 206, 276

**Försterling, Karl**, 提出改由 KWIP 提供科研经费的选项, 441c, 464c

**France, Anatole**(1844—1924), xlvi, 486c；与 AE 见面, 378, 381, 485c

**Franck, James**(1882—1964), 81, 82, 143, 190, 244, 254, 255, 273, 308n, 324, 325, 361, 362 请求 KWIP 为电子撞击测量拨款, 16 对电子撞击影响的实验研究, 436c

**Frank, Philipp**(1884—1966), 31, 32, 33, 34, 45n, 46, 98, 425c AE 住在他家, 424c

**Frank, Reinhard**, 291n

**Frankfurter, Felix**(1882—1965), xxxiii, 132, 174n, 178n, 229, 446c, 447c 否认自己阻碍了 AE 去哈佛大学的演讲, 174 AE 对公开指责他表示歉意, 208—209 关于美国与欧洲犹太复国主义者组织的领

导人之间的冲突,209

**Frank-Gerson, Hania**(1894—1967),31,32, 33,46

**Frankl, O.,** 33n

**Frenkel-Heiden, Elsa**(1888—?),可能是 AE 的助手,19,154

**Freundlich, Erwin**(1885—1964),liii,195, 262n,263n,267n,292,385,386,439c 与 AE 关于手稿的纷争,liv,385,391, 393—394

**Frichmann,** AE 的题词,430c

**Fricke, Hermann**(1876—1949),41

**Fried, Adolf,** 239n

**Friedrich, Walter**(1883—1968),被指定为柏林放射学研究所主任,296

**Friesland, Ernst,** 252n

**Frischeisen-Köhler, Max,** 457c 请求 AE 撰稿,460c,461c

**Frost, Edwin**(1966—1935),184,195

**Fuchs, Ed.,** 272n

**Füchtbauer, Christian**(1877—1959),387, 389n;请求 KWIP 为谱线强度测量拨款, 425c

**Fürth, Reinhold**(1893—1979),请求 KWIP 为基本量子计量拨款,435c

## G

**Gäbel, Otto**(1885—1953),252n 请求 AE 在《告德国全体工人书》上签名,272

**Gale, Henry**(1874—1942),xxxvi,160n, 273,274,275,276,300,375

**Galeen**(Wiesenberg),**Heinrich,** 281n

**Galilei, Galileo**(1564—1642),9,508a

**Gauss, Carl Friedrich**(1777—1855),510a, 525a

**Gehrcke, Ernst**(1878—1960),xl,275,276n

**Geiger, Hans**(1882—1945),lv,233—234, 291,293,372n,382,391n,399,307n, 310n AE 关于他的疾病,355 关于光发射的极隧射线实验,336—337

**Geiger, Moritz**(1880—1937),142 关于 Kant 的先验论与 AE 的观点,212

**Gerlach, Hellmut von**(1866—1935),193n 计划代表新祖国同盟访问巴黎,384

**Gerlach, Walther**(1889—1979),Born 评论, 81 请求 KWIP 为单原子金属蒸气带光谱研究拨款,476c,477c,479c,482c

**Giacomi, Joachim**(1858—1921),15

**Gillen, Charles,** 449c

**Ginzberg, Solomon,** xxxii,164,176n, 179n,184,195,216,220,222,224, 360,426c,439c,446c,447c,454c, 459c,464c 作为 AE 的秘书,108

**Ginzel, Friedrich,** 262n

**Glaser, Ludwig**(1889—?),关于引力红移, 326

**Glässer, Otto**(1895—1964),担任巴登州阿里林工厂的助理,296

**Glitscher, Karl**(1886—1945),134n,139n, 282,310n,503a,505a,506a

**Glum, Friedrich**(1891—1974),434c,447c, 435c,485c,487c,488c

**Gnehm, Robert**(1852—1925),21

**Goethe, Johann Wolfgang von**(1749—1832), 51;Torquato Tasso,125

**Goetheanum, Dornach,** 393n

**Goldscheid, Rudolf**(1870—1931),451c

**Goldschmidt, Rudolf**(1876—1950),121—122

**Goldschmidt, Victor,** 拜访 AE,469c

**Goldstein, Abraham,** 454c

**Gollancz, I.,** 429c

**Gonzenbach, Wilhelm von**(1880—1955), 437c

Gonzenbach-Frenkel-Heiden, Margherita S. (1891—1972), 可能是 AE 的助手, 19, 20, 154

Görke, 372, 382n

Gorky, Maxim(1868—1936), 267n

Gottowt, John, 281n

Götze, Richard, 322n

Graeber, 449c

Grassmann, Hermann(1809—1877), 242

Graubard, Moritz, 164n

Grebe, Leonhard(1883—1967), 183, 326

Gregory, R. A., 429c

Grommer, Jakob(1879—1933), xlix, lii, 118, 219, 373n KWIP 拨款给他用于相对论的计算工作, 435c 关于相对论的著作, 119, 255 关于闭合类时曲线, 257 在 Kaluza 理论中的电子解, 330—331 关于相对论中真空几何解, 119 计划移民巴勒斯坦, 119 关于相对论的不变量, 118—119 关于教师职位, 257 关于 Weyl 张量, 255—257, 331—333

Grossmann, Marcel(1878—1936), 129n, 355n, 463c

Grosz, George, 283n

Grüneisen, Eduard(1877—1949), 325

Guillaume, Edouard(1881—1959), 27, 48, 62, 99; 与 AE 讨论狭义相对论, 27—29, 427c, 431c

Gumbel, Emil J.(1891—1966), 58, 114, 239n, 266n

Guthnick, Paul, 263n, 266

Guye, Charles-Eugène(1866—1942), 306n

## H

Haas, Hendrik A. de(1919—?), 96n

Haas, Wander J. de(1878—1960), lii, 24, 47, 84, 96, 356 第三届索尔维大会, 54, 96

Haas-Lorentz, Geertruida de(1885—1973), 24, 96n

Haber, Fritz(1868—1934), xxx, 16, 121n, 129n, 156n, 202—203, 395, 484c 关于 AE 计划的访美, 124—126 要求 AE 帮助使 Warburg 成为监事会成员, 202

Habicht, Paul(1884—1948), 328

Hadamard, Jacques(1865—1963), 27, 48

Hadley, Arthur T.(1857—1931), 邀请 AE 去耶鲁大学发表演讲, 94—95, 156, 430c

Haenisch, Konrad(1876—1925), xlvii

Häfliger, Josef(1873—1954), 209

Haga, Herman(1852—1936), 43

Hagberg Wright, C., 429c

Haguenin, Emile, 481c

Hahnemann, Walter, 关于纵波辐射的引力, 475c, 478c

Haldane, Elizabeth Sanderson(1862—1937), 188n; AE 感谢他的接待, 400

Haldane, Mary(1825—1925), 192, 458c

Haldane, Richard B., Cloan 的霍尔丹子爵(1856—1928), liv, 198, 250, 457c AE 赞叹不已, 192 AE 感谢他的款待, 198, 400—401 关于 AE 的访问对英德之间关系的改善, 201 邀请 AE 共进晚餐, 187, 454c AE 出席, 456c 邀请 AE 住在他自己的家里, 171, 450c 寄给 AE *Haldane 1921*, 187 访问德国, 249

Hale, George E.(1868—1938), 148, 229

Halpern-Neuda, Lili(1882—1940?), 69, 70, 71 Halpert(律师), 429c

Hamburger, Margarete(1869—?), 324

Haniel, Edgar von, 438c

Hannover, H. I., 53

Harding, Warren G.(1865—1923), 125, 126n AE 与其会见, 446c 谐和坐标, 在相对论中, 10n

Harnack, Adolf von(1851—1930), 463c 邀请 KWI 参与 KWG 十周年纪念, 434c, 435c KWG 的周年纪念卷, 444c 请求 1921—1922 的预算, 441c

Harris, Isaac(1873—?), 170

Hartford AE 访问, 454c 向 AE 授予城市荣誉市民资格, 450c

Hartmann, Eduard(1874—1952), 316n 关于广义相对论的制动火车, 315, 476c

Hartmann, Hermann(1863—1923), 219

Hartmann, Johannes(1865—1936), 266

Hartmann, Ludo Moritz(1865—1924), 64

Hasenclever, Walter(1890—1940), 49, 63 向 AE 征稿, 49

Hassenstein, Walter(1883—1961), 266

Hauptmann, Gerhart(1862—1946), 395n 请求他在 Von Kármán 的呼吁书上签名, 395

Haussmann, Conrad, 444c

Heine, Heinrich(1797—1856), 217

Heinrichsdorff, Carl, 220n, 463c

Helmholtz, Hermann von(1821—1894), 161 百年诞辰, 351

Heppenheimer, Heinrich, 239n

Hergenshausen, Ludwig, 252n

Herglotz, Gustav(1881—1953), 85

Herman, David, 281n

Hertz, Gustav(1887—1975), 308n

Herzfeld, Joseph, 252n

Herzfeld, Karl(1892—1978), lii 旋磁比实验, 27n, 130, 142, 212, 218

Herzog, Wilhelm(1884—1960), 272n

Hibben, John(1861—1933), xxxviii, 89, 162, 173

Hilbert, David(1862—1943), xl, 9 关于 Soldner, 363

Hiller, Kurt(1885—1972), 239n, 352

Himes, Norman, 邀请 AE 前往哈佛大学演讲, 448c

Hindenburg, Paul von(1847—1934), 158n

Hippel, Walter, 希望为 AE 画像, 432c

Hirschbein, Peretz(1880—1948), 表演的意第绪语戏剧, 281

Hirschfeld, Curt, 480c

Höber, Rudolf(1873—1953), 229

Hocking, William, 449c, 451c

Hoepli, Ulrico, 征稿, 477c, 481c

Hoffmann, ?(外国办事处), 为俄国物理学家办过境签证, 439c

Hoffmann, Adolf, 272n

Hoffmann, Camill, 为《布拉格日报》征稿, 433c

Hoffmann, Ernst(1880—1952), 37

Holitscher, Arthur(1869—1941), 251 反对巴勒斯坦的犹太力量, 283 关于援助苏俄, 252 出席第十二次犹太复国主义大会, 282 关于布尔什维克恐怖行为的借口, 282—283 关于在苏俄的经历, 283 关于计划前往巴勒斯坦, 283 关于苏俄饥民救助组织的政治性, 282 被 AE 引荐给 Bergmann, 286 在苏俄呼吁赈灾 251—252

Holländer, Ludwig(1877—1936), 104

Holst, Helge(1871—1944), 11

Hönn, Karl, 征稿, 431c, 434c

Hoofien-Ornstein, Jeanette(1886—1948), 356n

Horner, John, 457c

Hörnle, Edwin, 252n

Horten, Alfons, 193

Huber, Frieda(1880—1944), 12, 13, 14, 24 给 AE 送食品包装, 24 拜访 Hans Albert 与 Eduard, 14—15

Huisman, Michel, 126n

**Hurwitz, Eva**(1896—1942), 402
**Hurwitz, Ida** (1864—1951), 402
**Hurwitz, Lisbeth**(1894—1983), 402
**Hurwitz, Otto Adolf**(1898—?), 402
**Husserl, Edmund**(1859—1938), 451c
**Hylan, John**(1868—1936), 164n, 441c

### I

**Ikeda, Yoshiro,** 477c
**Ioffe, Abram F.**(1880—1960), 55, 195 AE 请求为其换签证, 427c Ehrenfest 的评论, 56, 190—191, 396 关于铁和镍粉尘的磁化曲线, 190 计划访问荷兰, 55
**Ishiwara, Jun**（石原纯）(1881—1947), 288n, 289, 308, 367 邀请 AE 前往日本演讲, 287—288
**Itelson, Gregorius,** 430c, 437c, 439c, 448c
*Izvestiya,* xlvi

### J

**Jabotinsky, Vladimir**(1880—1940), 283
**Jaffé, Georg**(1880—1965), 342
**Jäger, Gustav**(1865—1938), 64
**Jahnke, Eugen,** 452c 请求 KWIP 为出版《物理学报告》拨款, 435c
**Jeans, James**(1877—1946), 469c 未出席第三次索尔维会议, 207n
**Jeffery, George B.** (1891—1957), 149, 473c, 474c 关于英国与德国和平主义者, 57—58 引力和电磁场的度规, 58 AE 的评论, 149
**Joël, Joel J.**(1867—1933), 安排 AE 的暑假, 203—204
**Joël, Kurt,** 请求 AE 为广义相对论文章提供看法, 464c
**Johannsen, N.,** 474c
**Jokor, J.,** 436c

**Judson, Harry Pratt,** xxxvi
**Julius, Willem H.**(1860—1925), 43, 195, 479c AE 的拜访, 356 关于反常色散, 195n

### K

**Kaliski, David,** 105n
**Kaluza, Theodor**(1885—1954), xlviii 关于教书职责, 329 统一场理论, 316, 329, 330—331, 357—358 AE 对其批评 329 AE 赞扬, 373 AE 关于其论文出版, 329, 373 AE 抱歉阻碍其论文的发表, 316 电子, 373n
**Kamerlingh Onnes, Catharina**(1861—1936), 4
**Kamerlingh Onnes, Elisabeth**(1897—?), 56
**Kamerlingh Onnes, Harm** (1893—1985), 56, 72, 84
**Kamerlingh Onnes, Heike**(1853—1926), li, 3, 43, 91, 110n, 248, 265n, 395, 455c 关于状态方程与相应状态定律, 246—248 邀请 AE 来家, 246 邀请 Ioffe, 190 缺乏合作者, 247
**Kamerlingh Onnes, Jenneke**(1894—?), 56, 246, 455c AE 为其带乐谱, 265
**Kamerlingh Onnes, Menso** (1860—1925), 56, 72
**Kant, Immanuel**(1724—1804), 438c Geiger 关于他的先验论, 212
**Kapitsa, Petr L.**(1894—1984), 191n AE 为其请求过境签证, 427c 计划访问荷兰 55
**Kapteyn, Jacobus**(1851—1922), 263n
**Kármán, Theodor von**(1881—1963), 395n 请 AE 在呼吁书上签名, 377—378, 395
**Karr, Albert**(1869—1927), 17, 346n AE 在苏黎世与他见面, 344
**Karr-Krüsi, Luise**(1873—1959), AE 与他在苏黎世见面, 344

**Kasner, Edward,** 444c, 507a

**Katzenstein, Moritz**(1872—1932), 249

**Kautsky, Karl,** 289

**Kayserling, Count Hermann**(1880—1946), 352

**Keesom, Willem H.**(1876—1956), 4, 247

**Kepler, Johannes**(1571—1630), 第三定律, 355n

**Kerr, Alfred**(1867—1948), xxxv, 120, 120n

**Kerr, Michael**(1921—2002), 120n

**Kerr-Weismann, Julia**(1898—1965), 120n

**Kessler, Count Harry**(1868—1937), xlv, 84n, 352, 383, 431c 关于 AE 在法国得到的公众同情, 384

**Kinertia,** 传说是 1866 年的所谓相对论作者, xl, 443c

**Kirpicheva, Melitina V.**(1887—1923), 191n AE 为其请求过境签证, 427c 计划访问荷兰 55

**Klebinder,** 287

**Klein, Felix,** 249n, 295n

**Klein, Oskar,** 254, 273

**Kleiner, Alfred**(1849—1916), 4n

**Knecht, Frieda**(1895—1959), 226

**Knecht, Johann H.**(1859—1929), 18

**Knipping, Paul,** 请求 KWIP 为电压曲线记录仪拨款, 425c

**Knox, Philander,** 126n

**Kobold, Hermann,** 262n

**Kodály, Zoltán,** 弦乐四重奏, 481c, 488c

**Koelsch, Adolf**(1879—1948), 381

**Koessler, Ludwig**(1861—1927), 30, 34n, 35, 421c, 422c

**Kohlschütter, Arnold**(1883—1969), 263n

**Kohn, Hedwig**(1887—1965), 请求 KWIP 为石英摄谱仪拨款, 425c

**Kollwitz, Käthe**(1867—1945), 252, 279, 283n, 352

**Kölsch, Franz**(1876—1970), 296

**Kopetzky, Samuel,** 105n

**Koppel, Leopold**(1854—1933), 202, 203 和 Winteler 在奥尔股份公司的股份, 344

**Kossel, Walther**(1888—1927), 185

**Kraft, Ludwig,** 433c

**Kramers, Hendrik A.**(1894—1972), 11

**Kratzer, Adolf**(1893—1980), 246

**Kraus, Oskar**(1872—1942), 30n, 32, 46, 460c, 461c 在布拉格乌拉尼亚天文台与 AE 讨论, 424c

**Kretschmann, Erich**(1887—1973), 484c

**Kritzinger, Hans-Hermann,** 451c, 475c

**Kronig, Ralph de Laer**(1904—1995), 317

**Krüss, Hugo A.**(1879—1945), 386

**Krylov, Alexei**(1863—1945), AE 请求为其办理过境签证, 427c 计划访问荷兰, 55

**Kuenen, Johannes**(1866—1922), 43

**Kumpmann, Karl,** 475c 邀请 AE 去杜塞尔多夫讲学, 355, 472c, 473c

**Kundt, August**(1839—1894), 161

**Kunz, Jakob**(1873—1938), 212

**Küstner,** 325

**Küstner, Friedrich**(1856—1936), 266

**Kuwaki, Ayao**(桑木彧雄), 289, 477c, 481c 向 AE 请求出 *Lorentz et al. 1920* 中他的论文日文版, 477c, 481c

## L

**Laemmel, Georg,** 32n

**Lagerlöf, Selma**(1858—1940), 352

**Lämmel, Rudolf**(1879—1962), 请求 AE 帮助谋一个职位, 471c, 473c

**Lampa, Anton**(1868—1938), 390

**Landau, Leopold,** 420c

Landé, Alfred(1888—1975), 322n

Lang, ?（工程师），期望中的 *Einstein 1920j* 的法语译者，425c，426c

Lange, Christian L., 45n

Langevin, Paul(1872—1946), 152, 161, 401, 483c

Langmuir, Irving(1881—1957), 362

Lann, D. D., 443c, 445c

Laprévotte, Emma, 382n

Lasker-Schüler, Else(1869—1945), 225；拜访 AE, 464c

Lasker-Schüler, Paul(1899—1927), 225n

Laub, Jakob(1882—1962), 314

Laue, Max von(1879—1960), 38, 52, 142, 438c, 465c, 476c Born 关于相对论著作的评论，363 可能是相对论参考文献的作者，52 可能是 KWIP 董事会成员，435c，476c 可能是天体物理实验室的主任，147—148 关于 Soldner, 363 对应态定律，与状态方程，246—248

Lawson, Robert W.(1890—1960), 130n, 458c 关于英语版 *Einstein 1921d*, 432c

Le Verrier, Urbain(1811—1877), 260, 527a

Lebius, Rudolf 向 AE 请求协助，60n，424c 被控诽谤，429c

Lederer, Eugen(1884—1947), 63, 64

Lehmann, Juda, AE 推荐，435c

Lehmann-Russbüldt, Otto(1873—1964), xliii, 31, 45, 59, 60, 84n, 193, 239n, 429c, 431c 关于德国私藏武器的指控，31, 45, 60 计划访问巴黎，384 请求 AE 同意将他的名字加进 BNV 呼吁书，430c；BNV 成员名单，426c

Lenard, Philipp(1862—1947), xxxix, 275, 316n, 478c 关于巴德瑙海姆会议对相对论的讨论，50 关于日食观测，364n 关于 Soldner, 363, 381

Lenin, Vladimir I.(1870—1924), 267n

Lenz, Kurt(1901—?), 286

Lenz, Wilhelm(1888—1957), 142, 143n, 325, 362

Leonard, Anne L.(1862—1951), 230n

Lepper, George, 462c

Lessing, Theodor(1872—1933), 352

Levi-Civita, Tullio(1873—1941), 510a

Levin, Shmarya(1867—1935), 90n, 174, 179, 183n, 323, 454c

Lévy-Bruhl, Lucien 请求关于相对论的普及文章，423c 为《哲学评论》征稿，487c

Lewinson, Horace, 与 AE 见面，448c

Lewis, Gilbert N.(1875—1946), 436c, 440c；在加州为 AE 提供住处，100

Lieber, Hugo, 426c

Liebig, Justus von, 关于老一辈人去世，400n

Lindemann, Adolf F.(1846—1931), 395

Lindemann, Frederick A.(1886—1957), 395, 457c 邀请 AE, 449c 为《大英百科全书》写关于 AE 的文章，427c

Lipschitz, Rudolf(1832—1903), 119

Lloyd George, David(1863—1945), xliv, 126n, 187n

Lodge, Oliver, 480c

Loeb, Jacques(1859—1924), 159, 172, 229, 487c 关于红移的证明，452c 批评国家研究委员会，229 战争结束后对法、德两国科学的影响，229 关于黏度，229

Loewe, Heinrich(1869—1951), 175

Lohuizen, Teunis van, 322n

Lorentz, Geertruida. 参阅 Haas-Lorentz, Geertruida de

Lorentz, Hendrik A.(1853—1928), xxx, li, lvi, 4, 22, 43, 44n, 56, 84n, 91, 95, 105, 109n, 110n, 116n, 126n, 152, 206, 392,

480c AE 计划拜访他，356 关于光发射的极隧射线实验，347—351 以太，511a 帮助俄国物理学家办理签证，55 邀请 AE 参加在荷兰科学协会举行的会议，424c 邀请 Ioffe，190 在加州理工学院演讲，351n 会见 AE，3，16 遗憾 AE 缺席第三届索尔维会议，152 寄给 AE 食品包，22

**Lorentz-Kaiser, Aletta**（1858—1931），96n，153n

**Lorenz, Martha,** 感谢 AE 计划在舍嫩贝格市政厅演讲，428c

**Losada y Puga, Cristóbal de,** 484c

**Lourie, David**（1878—1930），360

**Löwe, Heinrich,** 420c 请求 AE 为希伯来大学筹款提供帮助，438c

**Lowell, Abbott,** 171n，447c，449c，453c 邀请 AE 来哈佛大学，451c

**Löwy, Heinrich**（1884—?），34，98，339n，425c

**Ludendorff, Hans**（1873—1941），148，263n，385，386，394，438c AE 提议的领导人，147—148

**Ludwig, Emil,** 456c

**Lunacharsky, Anatoly**（1875—1933），xlvi，242，250n，464c

**Lyman, Theodore**（1874—1954），170 邀请 AE 去哈佛大学，447c，449c 邀请 AE 参加美国物理学会会议，444c

## M

**Mach, Ernst**（1838—1916），536a AE 关于其批评相对论的看法，218 Sommerfeld 的评论，212《光学》，212，218

**Mack, Julian**（1866—1943），112n，132，159，174n，178，178n，440c 反对犹太复国主义委员会指控其滥用大学基金，182n

**Madelung, Erwin**（1881—1972），81

**Magnes, Judah**（1877—1948），xxxiii，164，166，172n

**Malfitano, Giovanni**（1872—1941），401，402n

**Maltzen, von,** 427c，438c

**Margueritte, Victor**（1866—1942），352

**Marić, Marija**（1847—1935），16

**Marić, Mileva,** 参阅 Einstein-Marić；

**Marić, Zorka**（1883—1938），16

**Marshall, Louis B.,** 172n

**Marx, Erich**（1888—1966），113 关于希伯来语对犹太人的重要性，437c 邀请 AE 讨论希伯来大学的创建问题，111—112 邀请 AE 参加犹太复国主义者代表团访问美国，111

**Masaryk, Tomas**（1850—1937），44n

**Mayer, A.** 455c

**Meinhardt, Wilhelm**（1872—1955），203

**Meitner, Lise**（1878—1968），226，233，235 关于阴极射线散射，233—234 关于 X 线的产生，234

**Mendelssohn, Franz von,** 483c

**Merkel, Hermann**（1878—?），249

**Merlecker, Hardmuth**（1894—?），215，216

**Mesmer, Franz A.,** 关于动物磁性，70n

**Methuen, Sir Algernon Methuen Marshall**（1856—1924），320

**Meyer Edgar**（1879—1960），129n AE 的职位在苏黎世的候选人，4n

**Meyer, Erich**（1874—1927），362

**Meyer, Josef,** 252n

**Meyerhof, Otto**（1884—1951），Loeb 试图支持他的观点，229

**Mezes, Sidney Edward**（1863—1931），纽约城市学院院长，507a

**Michael, Friedrich,** 请求为《德国图书》撰稿，423c

**Michael, Friedrich**(1892—?), 38

**Michaud, Félix,** 208；请求 AE 为他的书发表看法，167

**Michelson, Albert A.**(1852—1931), xxxvi, lii, 148, 152, 160n, 221, 228, 273, 274, 275, 300, 508a AE 的实验知识，xxxvii, 519a 旋转阻力实验，177, 241, 275—276, 375—376

**Michelstädter, Elia Silvio**(1880—?), 188

**Michelstädter, Emilio**(1892—1933), 188

**Mie, Gustav**(1868—1957), 142

**Miers, Henry A.**(1858—1942), 438c, 445c, 448c, 449c；邀请 AE 去曼彻斯特大学，166

**Mileva Marić, Milos**(1846—1922), 16

**Mill, John Stuart**(1806—1873), 139

**Miller, Dayton**(1866—1940), 测试以太曳引的旋转实验，liii, 450c, 455c

**Miller, Oscar von,** 469c

**Millikan, Robert A.**(1868—1953), xxxvi, 160n, 206, 221, 273, 274, 357, 359n, 377n 与 AE 会面，448c

**Minkowski, Hermann**(1864—1909), 362, 509a, 530a, 531a

**Minkowski, Rudolf**(1895—1976), 362—363

**Mises, Richard von**(1883—1953), 119, 339n

**Moch, Gaston,** 480c, 484c

**Mond, Alfred M.,** 457c

**Montel, Paul**(1876—1975), 401, 402n

**Moore, George,** 邀请 AE 去美国科学与艺术学院，446c, 447c, 456c

**Morley, Edward**(1838—1923), 508a

**Morris, Samuel,** 164n

**Mosse, Emilie,** 请求开讲座，481c

**Mossinson, Ben-Zion,** xxxii, 441c

**Moszkowski, Alexander**(1851—1934), xxx-ix, 77, 319 关于 AE 的书，50, 51—52, 66, 74, 76 AE 的评论，77, 140

**Moszkowski, Bertha**(1859—1942), 319

**Mühsam, Hans**(1876—1957), 203

**Mühsam, Margarethe**(1875—1958), 204n

**Muller, Aristiole,** 477c

**Müller, Friedrich von**(1858—1941), 327

**Müller, Gustav**(1851—1925), 爱因斯坦捐助基金董事会成员，479c, 385

**Mulvey, Thomas,** 487c

**Münzenberg, Willi**(1889—1940), 470c 邀请 AE 参加援助俄罗斯饥民的国际会议，267

**Murnau,** 286

**Murobuse, Kôshin**（室伏高信）(1892—1970), xxxviii, 345n 邀请 AE 来日本，287, 288—289, 290, 334—335, 367 拜访 AE, 472c

## N

**Nagaoka, Hantaro**（长冈伴太郎）, 477c

**Nagel, Ottilie,** 33

**Naiditch, Isaac,** 126n, 183n

**Neder, Ludwig,** 442c

**Neilson, Francis**(1952—1953), 448c

**Nernst, Walther**(1864—1941), 129, 129n, 130, 148, 262n, 265n, 324, 325, 395 关于恒星的年龄，237—238 关于与 AE 合作研制制冷机，liv

**Neurath, Otto**(1882—1945), xlvi, 35n 计划出版科普系列读物，34—35, 42, 98, 114, 425c

**Newcomb, Simon**(1835—1909), 260, 261

**Newton, Isaac**(1642—1727), 438c, 508a, 535a 绝对空间，511a AE 在～墓前献花圈，457c 光发射理论，308n

**Nicholson, Seth B.,** 343n, 344n

**Nicolai, Friedrich**, 485c
**Nicolai, Georg F.**(1874—1964), 32n, 114, 239n
**Niemann-Konow, Friede**, 231n
**Nordegg, Martin**, 487c
**Northcliffe, Viscount**(Alfred Harmsworth)(1865—1922), 212
**Nypels, Leopold A.**, 248n, 455c

## O

**Od**, 70n
**Onnes, Heike Kamerlingh.** 见 Kamerlingh Onnes, Heike
**Oppenheim, Franz**(1852—1929), 为研究提供资金, 143
**Oppenheim, Paul**(1885—1977), 81, 99, 123n, 336 抗议 Fabre 的书, 102—103
**Oppenheim-Errera, Gabriella**(1892—1998?), 346n
**Ornstein, Leonard**(1880—1941), 479c; AE 拜访, 356
**Osram Gesellschaft**, 203
**Ossietzky, Carl von**(1889—1938), 239n
**Otto, Wolfgang**, 486c
**Oudegeest, Jan**, 84n

## P

**Pahlen, Emanuel von**(1882—1952), 266
**Painlevé, Paul**(1863—1933), 邀请 AE 参加国际哲学大会, 481c 邀请 AE 来巴黎, 368, 383—384 在巴黎科学院关于相对论的演讲, 354 对相对论的批评, 354, 368—369, 374, 387 和平主义, 368
**Paquet, Alfons**, 283n
**Pares, Bernard**, 429c
**Paschen, Friedrich**(1865—1947), 91, 321, 322n
**Pasquier, Louis G. du**(1876—1953), 355n
**Pauli, Wolfgang**(1900—1958), 246 Born 的评论, 325, 362 与 Born 在原子的量子理论方面的合作, 325 关于相对论的百科全书文章, 142 AE 的评论, 399 Born 的评论, 82, 142, 363 去汉堡, 325 关于静态场中 Weyl 的理论, 359n
**Paulsen, Friedrich**, 451c
**Pearson, Fred**, 228n
**Perez Chajes, Rabbi Hirsch**, 126n
**Pérot, Alfred**(1863—1925), 183, 188
**Perrier, Albert**(1883—1962), 3
**Peters, Andrew**, 453c
**Peters, Rudolf**, 137
**Peters, Wilhelm**, lix 在德国私藏武器, 31n
**Pflüger, Alexander**(1869—1946), 479c, 482c
**Pick, Georg**(1859—1944), 31, 33, 45n 与 AE 奏乐, 33n
**Piscator, Erwin**, 280n
**Planck, Max**(1858—1947), lvii, 52, 129n, 161, 275, 327, 382, 392, 400n, 438c, 464c 关于巴德瑙海姆会议, 327, 335 Elsa Einstein 的评论, 328 邀请 AE 参加 1922 年 GDNÄ 会议, 327 关于 KWIP 的任务, 78 关于 GDNÄ 的莱比锡会议, 327, 335 可能是相对论参考文献的作者, 52 量子理论, 511a 召开 PAW 特别会议的作用, 129n
**Pohl, Robert W.**(1884—1976), 324, 361, 362 请求 KWIP 为光电研究拨款, 425c
**Poincaré, Henri**(1854—1912), xlix, 28, 29, 145
**Polányi, Michael**(1891—1976), 325, 326n, 399 Born 与 Franck 关于他工作的评论, 362 关于光谱分布, 387—388
**Popov, Sergius**, 322n

**Popper, Karl**(1902—1994),参与 AE 在维也纳的演讲,36n

**Popper-Lynkeus, Josef**(1838—1921),AE 拜访,425c

**Poppert,** ?,484c

**Pringsheim, Peter**(1881—1963),li,46,67

**Pupin, Michael**(1858—1935),AE 与他见面,178 关于 AE 成功地促进犹太事业的发展,179

## R

**Radtke, Otto,** 要求 KWIP 支付预算,423c,425c

**Ramsauer, Carl**(1879—1955),363

**Rathenau, Walther**(1867—1922),203,252n

**Ratnoff, Nathan**(1875—1947),104,105n,112n

**Ratnowsky, Simon**(1884—1945),对 Edith Einstein 论文的支持,366

**Rayleigh, John,** 457c

**Rebholz, Ludwig,** 加收 AE 的租金,425c

**Recouly, Raymond,** 342n

**Réfik, M.** 与法译版 *Einstein 1916f*,482c,488c

**Reichenbach, Hans**(1891—1953),xxxix,102n,114,438c 114,438c 关于相对论的公理方法,311—313 提出相对论的参考文献,51

**Reichenbach, Karl von,** 关于 Od,70n

**Reichinstein, David**(1882—1955),430c

**Reichspatentamt,** 339n

**Reissner, Hans**(1874—1967)关于 *Einstein 1916e*,131—132 解释 *Reissner 1920*,131—132

**Renner, Willy**(1855—1922),377

**Reuterdahl, Arvid,** 欲与 AE 辩论,xl,443c

**Reval,** 43,438c,439c

**Ricci-Curbastro, Gregorio**(1853—1925),510a

**Richardson,** 457c

**Richter, Werner**(1887—1960),266,292 提名 AE 与 Laue 为天体物理天文台董事,465c,466cs 为论文征集观点,427c,428c

**Riemann, Bernhard**(1826—1866),510a

**Rödelberger, Franz**(1863—1926),13

**Roediger, C.,** 440c,448c,459c

**Roethe, Gustav**(1859—1926),xxxi,127 关于 AE 的薪水,439c,476c

**Rolland, Romain**(1866—1944),21,22n,110,352

**Rongy, Abraham,** 105n

**Röntgen, Wilhelm**(1845—1923),190

**Rosenbloom, Solomon**(1866—1925),176 关于希伯来大学,167—168,175

**Rosenbloom-Neumark, Cecilia**(1888—1947),176

**Rosenblüth, Felix,** 487c

**Rosseland, Svein,** 254,273

**Rote Hilfe,** 272

**Rouvière, Jeanne,** 106,123n

**Rozhdestvensky, Dimitry S.**(1876—1940),43,49,190,195,438c AE 从中斡旋,48n 过境签证,427c,439c 访问荷兰,55

**Rubens, Heinrich**(1865—1922),KWIP 授予辐射测量研究基金,425c,435c

**Rubner, Max,** 433c

**Rümelin, Theodor**(1877—1920),27

**Ruppin, Arthur,** 126n

**Rusch, Franz**(1880—1962),150,485c 关于在中国教学的条件,469c

**Rusconi, Jahn,** 468c

**Rusconi-Besso, Beatrice**(1890—1965),211,322n

**Russell, Bertrand**(1872—1970)，218，289

**Rutenberg, Pinchas**，305n

**Rutherford, Ernest**(1871—1937)，lvii，150，191，251

**Rydberg, Johannes R.**，322n

## S

**Sackur, Otto**(1880—1914)，247

**Sadler, Michael**，邀请 AE 来利兹大学演讲，452c

**Saha, Megh Nad**，请求 AE 写推荐信，468c

**Samsioe, Axel F.**(1890—1972)，69，431c

**Samuel, Herbert**(1879—1963)，304

**Schaefer, Clemens**(1878—1968) 荣获 KWIP 基金用来购买硅酸盐研究静电护具，435c 请求更换检流表，467c 请求 KWIP 为硅酸盐红外线研究拨款，424c，435c，464c

**Scheel, Karl**(1866—1936)，41，84

**Schegin**，460c

**Scherk, L.**，460c，461c，462c

**Schickelé, René**(1883—1940)，352

**Schilling, Heinar**，49n

**Schlesinger, Georg**(1874—1949)，关于不支持犹太复国主义的理由，389

**Schlick, Moritz**(1882—1936)，38，153 AE 的评论，139—140 AE 拜访，244，467c 关于 Cassirer 分析 AE 的工作，244 关于 Kant 与 Newton 的空间，438c Scholz 的评论，436c

**Schlör, J.**，272n

**Schmedeman, Albert G.**(1864—1946)，lvii

**Schmeidler, Werner**(1890—1969)，185

**Schmidt, Gerhard**，征求关于 Hopf 的意见，452c Kretschmann，484c Poppert，484c

**Schmidt, Harry**，459c 请求与 AE 在美国联络，480c

**Schmidt-Ott, Friedrich**，426c，427c，432c，442c，447c，454c，484c

**Schnauder, Gustav**(1893—1924)，266

**Schneider, Rudolf**，487c

**Schnell, Curt**，388

**Scholem, Gershom**，291n

**Scholz, Heinrich**(1884—1956)，139，153 关于 Kant 空间与相对论，184—186 请写关于 Schlick 的推荐意见，436c 关于 Kant 与 Newton 的空间概念，438c

**Schorr, Richard**，263n

**Schorr, Robert**，征求 AE 关于 Classen 的意见，431c，432c

**Schrödinger, Erwin**(1887—1961)，294

**Schücking, Walther**(1875—1935)，352

**Schuler, Maximilian**，134n，138，282，310n，341，365，383，503a，505a，506a 关于地磁实验，285，337—338

**Schulz, Marianne**，252n

**Schulze, W.**，464c

**Schuster, Arthur**，429c

**Schwarzschild, Karl**(1873—1916)，9

**Schweigler, Eduard**，请求 KWIP 为升级电视设备拨款，78—79，87

**Scott, William**，443c；邀请 AE 出席美国哲学学会的会议，441c，442c

**Selety, Franz**(1893—1933?)，170 关于宇宙学的论文，397—398

**Shaw, George B.**(1856—1950)，456c

**Sherrington, Charles S.**，429c，456c

**Shipley, A. E.**，429c

**Siemens, Friedrich C.**(1877—1952)，关于 AE 对其论文的批评，74—76

**Siemens, Karl Friedrich**(1872—1941)，203

**Siemens-Helmholtz, Ellen**（1864—1941），351—352，352n，355 邀请 AE，351—352

**Siemsen, Hans**，239n

信号公司(Single Co.)与图集制作公司的法

律纠纷,482c

**Silberstein, Ludwik**(1872—1948), lii, 177, 177n, 314n, 451c 关于 AE 拒绝芝加哥的职位, 375 关于 AE 在采访中对美国的评价, 221, 227 关于 AE 的"论记者", 273—274 AE 的评论, 300 关于德国科学的氛围, 275 芝加哥大学的相对论讲座, 220, 227, 273 关于 Michelson 测试以太曳引的旋转实验, 177n, 241, 228, 275, 375—376 关于狭义相对论与观测结果的冲突, 221, 227—228, 239—240 AE 的评论, 300—301, 375 为 AE 提供芝加哥大学的教授席位, 274—275 提议作为芝加哥大学的助理教授, 274

**Silverman, Alexander,** 邀请 AE 来匹兹堡大学, 442c, 445c

**Simmel, Georg,** 451c

**Simon, Julius,** 323n

**Sitter, Willem de**(1872—1934), 469c, 473c 关于坐标条件 $\sqrt{-g}=1$, 9—10 关于月球运动, 10 关于相对论, 8—10 关于以太, 10

**Small, Lennington,** 448c

**Smith Woodward, A.,** 429c

**Sokolow, Nachum,** 90n

**Soldner, Johann von**(约 1777—1833), 关于光偏转的论文, xxxix Born 的评论, 399 Lenard 的评论, 363 Weyl 的评论, 381

**Solovine, Maurice**(1875—1958), xxxi, xlii, 122, 135, 144, 151, 188, 199, 432c, 437c, 470c, 483c 关于 AE 的美国之行, 107, 135—136 关于 Fabre, 107, 136, 145—146, 197 关于 *Einstein 1921c* 的法语翻译, 106 关于 *Einstein 1917a* 的法语新版, 253 愿意把 AE 在英、美两国的演讲翻译成法语, 197, 204, 205, 252—253, 472c, 483c 计划去美国, 205 关于犹太民族主义可能产生的影响, 136 不加入犹太复国主义运动的原因, 136 要求 AE 帮他在美国获得发表演讲的邀请函, 197, 205 关于 AE 的理论在法国遭受的反对, 145 关于 AE 法语版著作的成功, 145, 197 作为 *Einstein 1920j* 的译者, 106, 135, 425c, 426c, 431c

**Solovine, Minnie**(1856—1944), 107, 205

**Soloweitschik, Max**(1883—1957), 介绍 Berger, 384

**Solvay, Ernest**(1838—1922), 95

**Sommerfeld, Arnold**(1868—1951), xliii, xlix, 4n, 26, 130, 139, 141, 286n, 341, 350, 461c AE 称赞他的骑士风度, 306 AE(取消)慕尼黑的演讲, 141—142, 211, 243, 245, 309, 320 因《费加罗报》对 AE 的访谈而生气 341 维护 AE, 291 关于内部量子数, 320—321 相对论讲座, 212 关于光量子, 320 关于卢西塔尼亚奖章, 212, 243 关于 Mach 的反相对论评论, 212 关于量子理论, 251 关于选择定则, 320—321 关于上西里西亚公投, 320

**Sorani, Aldo,** AE 的采访, 542a

**Sorge, Ernst,** 433c, 434c

**Sponer, Hertha**(1895—1968), 363

**Springer, Julius,** 53n, 参阅出版商, 斯普林格出版社

**St. John, Charles E.,** liii; 关于对引力红移的研究, 326, 343

**Stampe, Karl,** 219

**Stark, Johannes**(1874—1957), lv, 142, 307, 348, 395

**Starkenstein, Emil**(1884—1942), 222

**Staub, Johannes,** 368 关于永恒回归, 480c

**Stauder, Isaac,** 邀请 AE 为纽约犹太工程与农业学会做演讲, 446c

**Steindler, Arthur**(1878—1959), 64

**Steinthal, Walter**(1887—1951), 与 Ilse Ein-

stein 的约定，345，399
**Stern, Alfred**(1846—1936)，3，330
**Stern, Clara**(1862—1933)，3n，330
**Stern, Otto**(1888—1969)，80，81
**Stevenson, Robert**(1844—1922)，lix
**Sthamer, Friedrich**(1856—1931)，130n
**Still, Carl**，83n
**Stöcker, Helene**(1869—1943)，194n，352
**Störmer, Carl**，468c
**Straus, Nathan Jr.**，164n
**Straus, Oscar**（1850—1936），159，442c，447c
**Strauss, Israel**，105n
**Strauss, Richard**，AE 观看芭蕾舞剧，431c
**Stricker, Noémi**(1879—?)，482c，483c 请求 AE 签署请愿书，352，361 国际和解，352
**Ströbel, Heinrich**（1869—1944），193，430c 请求 AE 为和平主义出力，480c
**Strömgren, Svante-Elis**，263n，266
**Szende, Paul**，479c
**Szold, Robert**，323n

T

**Tagore, Rabindranath**，444c
**Talamo, Joseph**(1894—1970)，160
**Talmey, Max**(1869—1941)，455c
**Tassel, Émile**，126n
**Terradas é Illa, Esteban**，邀请 AE 到巴塞罗那大学做演讲，461c，465c
**Thoma, Ludwig**(1867—1921)，336
**Thompson, William H.**，448c
**Thomson, Joseph J.**（1856—1940），343，395，456c
**Tomlinson, Paul**(1888—1977)，295
**Trautz, Max**，请求 KWIP 为气体比热研究拨款，439c，465c，482c
**Tucholsky, Kurt**(1890—1935)，239n

**Turner, Julius**，为 AE 画像，311

U

**Untermyer, Minnie Carl**(1859—1924)，252，483c
**Untermyer, Samuel**(1858—1940)，xlii，200，205，280，345n 关于 Winteler 被没收的股份，318
**Ussishkin, Menachem**(1863—1941)，126n，179n，183n，441c

V

**Vaihinger, Hans**(1852—1933)，457c，461c，509a
**Vámos, Franz**（Ferenc），463c，481c，488c 关于匈牙利语版 *Einstein 1917a*，*1920i 1921c*，463c
**Varcollier, Henri**，99
**Veblen, Oswald**(1880—1960)，liii，450c
**Vetter, Karl**，239n
**Vincent, George**，179n
**Virchow, Rudolf**(1821—1902)，275，276n
**Voigt, Woldemar**(1850—1919)，81
**Vos van Steenwijk, Jacobus de**(1889—1978) 关于水星与金星观测 473c
**Voûte, Joan**，263n

W

**Waard, R. de**，邀请 AE 来演讲，424c
**Wagner, Ernst**（1876—1928），234 请求 KWIP 为高压电池维护拨款，425c
**Wagner, Evelyn N.**，68，429c
**Wähner, Franz**，33n
**Wait, Wesley**，xl
**Walcott, Charles**(1850—1927)，165
**Warburg, Emil**(1846—1931)，202，203，352

**Warburg, Felix**, 95n, 112n

**Warburg, Max M.**(1868—1946), xxix, 73, 84n, 88

**Warburg, Otto**(1883—1970), 436c Loeb 想支持他, 229

**Warburg, Paul M.**(1868—1932), xxviii, 73, 88, 89, 95, 162, 112n, 141n 不能与 AE 参加会议, 173 AE 美国巡回讲座的财务困难, 88n 对犹太复国主义疑虑重重, 173

**Warschauer, Malwin**(1871—1955), xxxv, 120n, 124 犹太共同体的重要性, 112—113

**Webb, Sidney**, 289

**Webster, Arthur**(1863—1923), 邀请 AE, 160, 161, 445c

**Wechsler, Israel**, 105n

**Wegscheider, Rudolf**(1859—1935), 64

**Weigert, Charlotte**(1883—1971), 11

**Weiss, Otto**, 428c, 429c

**Weiss, Pierre**(1865—1940), 4n, 401

**Weissmann**(警察局长), Zangger 的评论, 296

**Weitzenböck, Roland**(1885—1955), 118

**Weizmann, Chaim**(1874—1952), xxviii, 101n, 105n, 111, 126n, 129n, 158, 164n, 165n, 172n, 174n, 178, 178n, 181n, 182n, 183n, 209, 216, 222, 224, 225, 233n, 257, 283n, 434c, 437c, 440c—443c, 447c, 450c, 454c, 455c, 466c, 487c AE 应邀去美国, 194 AE 关于即将到来的美国之行, 360 关于 AE 计划去巴勒斯坦, 304 与 Brandeis-Mack 的冲突, 176n, 181n, 182 与 ZOA 的冲突, 90n 前往美国, 434c 获得纽约市荣誉市民, 163, 442c 获得纽约州荣誉公民, 442c 关于美国大学对 AE 的邀请, 132—133 邀请 AE 参与美国之行的使命, 89n, 96n, 127, 180 柏林的演讲, 389 关于与 AE 去美国, 304 感谢 AE 同意参与美国之行的使命, 101, 108

**Weizmann, Vera**(1881—1966), xxxi, 101, 109n, 179n 在 Hadassah(哈达萨)获得接待, 445c

**Wells, H. G.**, 289, 326n, 429c

**Wende, Erich**(1884—1966), 310, 314

**Wertheimer, Max**(1880—1943), 114

**West, Andrew**, 446c

**Westphal, Wilhelm**(1882—1978), 476c

**Wetzel, ?**, 512a

**Weyl, Hermann**(1885—1955), xlviii, lvi, 21, 25, 97, 116, 118, 118n, 130, 142, 206, 246, 256, 316, 333, 379, 461c, 467c, 511a 巴德瑙海姆会议, 382 关于引力常量, 358 要求 AE 帮助重印 *Weyl 1918a*, 259, 276, 380, 382, 390 关于 Soldner, 381

**Weyland, Paul**(1888—1972), 51, 128, 212

**Whitehead, Alfred North**(1861—1955), liv, 231, 456c, 457c

**Wickersham, George**, 164n

**Wien, Wilhelm**(1864—1928), 82, 130, 139n, 235

**Wiener, Otto**(1862—1927), 81

**Wilamowitz-Moellendorff, Ulrich von**(1848—1931), xxxi, 127

**Wildermuth, Filipp**(1881—?), 310, 310n

**Wilhelm II**(1859—1941), 德国皇帝威廉二世, 140

**Wilson, Woodrow**(1856—1924), 126n, 230n

**Windelband, Wilhelm**, 451c

**Winteler, Mathias**, 345n; AE 与其见面, 344

**Winteler, Paul**（1882—1952），xli，281n，306n，322n，474c AE 的评论，344 关于奥尔公司分红，18n 没收股份，318 胸膜炎，370 菲耶索莱的新住宅，344 向 Einstein-Marić 支付款项，367

**Winteler-Einstein, Maja**（1881—1951），xli，209，322n，346，469c，484c AE 的评论，344 AE 关于在意大利找到工作的概率，344 关于奥尔公司股份，370 菲耶索莱的新住处，344 计划在佛罗伦萨附近安家，210 关于在意大利旅行，210

**Winterfeldt-Menkin, Joachim von**（1865—1945），199，213，245，461c，485c

**Winternitz, Artur**（1893—1961），32n，33，34n

**Winternitz, Moritz**（1863—1937），31，33n，33，45n

**Winternitz-Nagel, Berta**（1862—1932），32n，33，34n

**Wirth, Joseph**，389n

**Wirtinger, Wilhelm**（1865—1945），xlix，85，96n，110n，118，119n，258n 相对论不变量，116—118 带有度规商的相对论，85—86，97

**Wise, Stephen**，105n

**Wolff, Rudolf**，向 AE 请求资助，482c—484c

**Wolff, Theodor**（1868—1943），xliii，223，224n

**Wrobel, Ignaz**（ps. of Kurt Tucholsky），239n

**Wulf, Theodor**（1868—1946），102，102n，432c

**Wulford, Max**，为 AE 画像，423c

## Y

**Yamamoto, Sanehiko**（1885—1972），287，288

## Z

**Zacharias, Elisabeth, née Holländer**（1885—?），31

**Zacharias, Paul**（1875—?），30，45，59 反对无控制地向外国媒体透露消息，60 关于 AE 受攻击的危险，31，59

**Zangger, Gina**（1911—2005），26

**Zangger, Heinrich**（1874—1954），xli，5，21，25，214，242，293，296，298 对 Einstein-Marić 生气，5 帮 Weyl 请病假，21，25 关于 Bleuler 的著作，356 Born 关于相对论的著作，21 开拓新的科学道路的艰难，21 关于持续使用可卡因，296—298 对 Eduard Einstein 的健康很乐观，21 在 AE 与 Hans Albert 之间斡旋，5—6 关于工伤事故的防范措施，298—299 工业研究展望，296 对他的医学和法律著作的反映，21 对相对论的接受，21 遗憾 AE 不访问瑞士，298 建议 AE 邀请 Besso 去柏林，357 访问巴黎，21

**Zeeman, Pieter**（1865—1943），43

**Zeipel, Hugo von**，468c

**Zeisler, Ernest**（1899—1962），318，448c

**Zeisler, Leonard**（1886—1966），318

**Zeisler, Paul**（1897—1971），318

**Zeisler, Sigmund**（1860—1931），280，318，345n AE 关于他的信，344 与 AE 和 Elsa Einstein 见面，318 阅读 *Moszkowski*

1921, 318
**Zeltner, Louis,** 164n
**Zetkin, Klara,** 272n
**Zlatopolsky, Hillel,** 126n
**Zschimmer, Eberhard**(1873—1940), 294 关于相对论与常识的冲突, 295n *Einstein 1917a* 中的思想实验, 488c

**Zürcher, Emil Jr.** (1877—1937), 20n, 36 AE 解释相对论, 36 反对 AE 把瑞士的家从苏黎世搬走, 37 称赞 AE 的儿子, 37
**Zürcher-Siebel, Johanna**(1873—1939), 20n, 36, 37
**Zweig, Stefan**(1881—1942), xlvi 关于 Anatole France 与 AE 见面, 378

# 引文索引

*Adams and Kohlschütter 1912* 7n
*Adelson 1978* lviin
*Aichi 1907* 309n
*Aichi 1908* 309n
*Aichi 1919a* 308n
*Aichi 1919b* 308n
*Aichi 1919c* 308n
*Alexander 1920* 231n
*Anizan 2006* 369n
*Außenhandels-Kontrolle 1922* 264n

*Bach 1921* 207n, 260n, 277n
*Back 1921* 143n
*Badash 1969* lviin, 126n
*Baer 1998* 45n
*Barnard 1974* lviin, 90n
*Baumgardt 1921* 364n
*Beck 1919* 87n, 131n
*Berlin 1970* lviin
*Berlin Verzeichnis 1920* 42n

*Campbell 1970* 321n
*Carathéodory 1909* 83n
*Carr 1920* 231n
*Chernow 1993* lviiin, 73n, 112n, 174n
*Clark 1971* lviin, 457c
*Cohen 1918* 187n
*Cohen 1921a* 187n
*Cohen 1921b* 231n
*Cohen 1949*, 182n
*Cohen, N. 1969* 159n
*Cohen, N. 1978* 225n
*Crawford 1987* 45n
*Crawford 1996* 230n
*Crommelin 1922a* 396n
*Crommelin 1922b* 396n
*Crowther 1910* 234n
*Cunningham 1914* 59n

*Dahms 2005* 35n, 115n
*de Sitter 1916a* 11n

*Delft 2007* 4n
*Desmet 2008* lixn, 231n
*Dirks & Simon 2005* 420c
*Dongen 2002* 317n, 373n
*Dongen 2007a* 41n, 52n
*Dongen 2007b* 351n
*Doolittle 1912* 262n
*Droste 1916b* 10n
*Du Pasquier 1921* 355n
*Du Pasquier 1922* 355n
*Duerbeck2007* 8n
*Dunker 1977* 127n

*Earman and Janssen 1993* 261n
*Eddington 1918* 238n
*Eddington 1920* 231n, 427c
*Eddington 1921* 189n, 207n, 260n, 277n
*Eggert and Noddack 1921* 238n
*Ehrenfest 1921* 73n, 84n
*Ehrenfest and Ioffe 1990* 57n, 191n
*Ehrenhaft 1914* 359n
*Ehrenhaft 1915* 359n
*Ehrenhaft 1920* 66n
*Einstein 1905i* lvn
*Einstein 1905j* 230n
*Einstein 1905r* xxxviiin, 241n, 301n, 459c
*Einstein 1908a* 192n
*Einstein 1909b* lvn, 351n
*Einstein 1909c* lvn, 94n, 469c
*Einstein 1910d* 5n
*Einstein 1911h* 59n, 364n
*Einstein 1912b* 94n
*Einstein 1914o* 120n
*Einstein 1915h* 10n, 364n
*Einstein 1916e* livn, 59n, 132n, 150n, 386n, 471c
*Einstein 1916f* 482c, 488c
*Einstein 1916g* 10n, 11n, 59n
*Einstein 1916j* 94n
*Einstein 1916m* 192n
*Einstein 1916n* lixn, 94n, 255n, 308n, 324n

*Einstein 1916o* 59n, 277n
*Einstein 1917a* xliin, 43n, 107n, 123n, 154n, 231n, 253n, 311n, 321n, 424c, 426c, 427c, 430c, 432c, 435c, 437c, 439c, 442c, 448c, 456c, 458c, 459c, 460c, 461c, 462c, 463c, 465c, 467c, 471c, 472c, 474c, 477c, 478c, 479c, 480c, 483c, 484c, 486c, 488c
*Einstein 1917b* 59n, 277n
*Einstein 1917c* 255n
*Einstein 1917d* 251n
*Einstein 1918a* 10n, 59n
*Einstein 1918g* 277n, 317n
*Einstein 1918h* 277n
*Einstein 1919a* xlixn, 59n, 277n
*Einstein 1920a* 291n
*Einstein 1920c* 94n
*Einstein 1920i* 90n
*Einstein 1920j* xxxvin, 69n, 107n, 123n, 137n, 144n, 198n, 324n, 423c, 425c, 426c, 431c, 432c, 435c, 436c, 437c, 439c, 448c, 462c, 463c, 466c, 467c, 468c, 470c, 471c, 472c, 479c, 480c, 481c, 485c, 486c, 488c
*Einstein 1921a* 63n
*Einstein 1921b* 433c
*Einstein 1921c* xlviin, 52n, 107n, 116n, 123n, 137n, 144n, 146n, 206n, 324n, 343n, 423c, 433c, 435c, 436c, 437c, 438c, 439c, 448c, 462c, 463c, 466c, 470c, 471c, 472c, 479c, 481c, 483c, 485c, 488c
*Einstein 1921d* xlviin, 432c
*Einstein 1921e* xlviin, xlixn, lixn, 87n, 96n, 97n, 98n, 110n, 118n, 119n, 131n, 143n, 189n, 215n, 258n, 260n, 380n
*Einstein 1921f* xlviin, 195n, 444c
*Einstein 1921g* 152n, 198n, 201n
*Einstein 1921h* xlviin
*Einstein 1921j* xlviin
*Einstein 1921k* xlviin, 390n
*Einstein 1921l* 137n, 146n
*Einstein 1921m* 146n, 253n
*Einstein 1922a* xlviin, lvin, 254n, 264n, 265n, 277n, 292n, 294n, 307n, 308n, 337n, 351n, 372n, 382n, 391n
*Einstein 1922b* xlviin, 287n, 373n
*Einstein 1922c* xxxvin, 265n, 269n, 470c
*Einstein 1922d* 373n
*Einstein 1922e* 271n, 396n
*Einstein 1922f* 396n
*Einstein 1926a* 351n

*Einstein 1926b* 351n
*Einstein and Besso 1972* 183n, 188n, 201n, 243n, 322n, 334n, 393n
*Einstein and Born 1969* 67n, 82n, 83n, 244n, 254n, 326n, 335n, 363n, 399n
*Einstein and Born 2005* 68n, 82n, 83n
*Einstein and De Haas 1915a* 96n, 191n
*Einstein and De Haas 1915c* 96n, 191n
*Einstein and De Haas 1915d* 96n
*Einstein and Grommer 1923* lixn, 333n, 334n, 373n
*Einstein and Grossmann 1913* 7n
*Einstein and Solovine 1956* 123n, 137n, 144n, 152n
*Einstein and Sommerfeld 1968* 27n, 131n, 143n, 212n, 219n, 243n, 246n, 291n, 307n, 321n
*Einstein et al. 1920* 41n, 316n
*Einstein, E. 1922* 116n, 366n
*Eisenstaedt 1982* 370n
*Eisenstaedt 1991* 364n
*Eliasberg 1951* 22n
*Emden 1921* 351n
*Epstein 1915* 309n
*Epstein 1916a* 251n
*Epstein 1916b* 251n
*Epstein 1919* 251n
*Epstein 1921* 116n
*Evershed 1919* 343n
*Eyck 1967* 126n

*Fabian and Lenz 1985* 287n
*Fabre 1920* 107n, 146n
*Fabre 1921* 100n, 103n, 123n, 137n, 152n, 198n, 206n, 482c
*Fairchild 1924* 174n
*Feldman 1997* 68n
*Fenster 2003* 22n
*Ferrari 2003* 245n
*Finkel 1937* 105n
*Fischer-Petersen 1912* 7n
*Fisher 1988* 354n
*Fölsing 1997* lviin
*Forman 1970* 322n
*Franck and Hertz 1914* 308n
*Frank 1949* 32n, 33n
*Frank 1953* lviin
*Frei and Stammbach 1992* 22n
*Frenkel' 1976* 61n

*Freundlich 1920* 231n
*Fricke 1920* 41n
*Fridman 1958* 268n
*Füchtbauer and Schell 1913* 389n

*Gavroglu and Goudaroulis 1989* 248n
*Gehrcke 1920* 53n
*Geiger and Bothe 1921a* 234n, 235n
*Geiger and Bothe 1921b* 235n
*Geiger, M. 1921* 213n
*Genovesi 2000* 29n, 49n, 63n
*Gimbel and Walz 2006* 313n
*Ginossar (Ginzberg) 1950* 176n
*Ginossar 1950* 109n, 174n, 176n
*Glaser 1922* 327n
*Goenner 1993* 52n
*Goenner 2004* 317n
*Goethe 1994* 52n
*Goodspeed 1953* 448c
*Goren 2000* 165n
*Götze 1919* 322n
*Graff 2004* 238n
*Grassmann 1862* 243n
*Grau 2000* 123n
*Grebe 1920* 327n
*Grebe 1922* 327n
*Grebe and Bachem 1920a* 183n
*Grebe and Bachem 1920b* 183n
*Gross 1967* 267n, 268n
*Gruber 1966* 268n
*Grundmann 1998* 208n

*Haas 1929* 90n
*Haber 1919a* 396n
*Haber 1919b* 396n
*Haldane 1921* 188n, 198n, 401n
*Hale 1921* 228n
*Halpern 1987* lviin
*Harrow 1920* 231n
*Harvard 1936* 171n
*Hebrew University 1924* 105n
*Hebrew University 1948* 105n
*Heine 1851* 217n
*Hentschel 1990* 52n, 381n
*Hentschel 1993* lixn, 183n
*Hentschel 1997* lixn, 394n
*Herglotz 1916* 87n
*Hermann 1994*, lviin
*Hermann 1995* 244n

*Herneck 1966* 425c
*Hilbert 1915* 10n
*Hilbert and Born 1921* 365n, 399n
*Holitscher 1921* 283n
*Holitscher 1928* 284n
*Holst 1919* 12n
*Holton 1969* lviiin
*Holton 1978* 359n
*Holton 1993* 213n
*Huneidi 2001* 305n
*Hunt 1960* 268n

*Ibald 1919* 12n
*Illy 2006* lviin, lviiin
*International Yearbook 1921* lixn
*Ioffe 1923* 191n
*Ioffe and Kirpitcheva 1922* 191n
*Isaacson 2007* lviin

*Jaffé 1910* 343n
*Jaki 1978* 364n
*Janssen 1999* 7n
*Jeffery 1921* 59n
*Joël-Adler-Carlebach 1996* 204n
*Jonas 1984* 126n

*Kahlbaum 1904* 400n
*Kaliski 1925* 105n
*Kaluza 1921* ln, lixn, 317n, 333n, 359n, 373n, 483c
*Kamerlingh Onnes and Keesom 1908* 5n
*Kamerlingh Onnes and Keesom 1912* 5n, 248n
*Karabel 2005* lviiin, 174n
*Katz 1996* 284n
*Kaufman 1998* 173n
*Keesom 1911* 5n
*Kerr 1920* 120n
*Kessler 1961* 84n, 431c, 433c
*Kirsten and Treder 1979* 419c
*Kirsten and Treder 1979a* lviin, 149n, 433c, 464c, 466c, 482c, 485c
*Kirsten and Treder 1979b* 391n, 431c, 438c, 464c, 466c, 478c
*Klein and Rosseland 1921* 255n
*Klein, M. 1970* 57n
*Klein, M. 1970b* lixn
*Koch 2004* 268n
*Kolatt 2000* 189n
*Kollwitz 2007* 280n

*Kopff 1921* 309n
*Kowalewski 1950* 33n
*Kox 1993* lviin

*Landé 1921* 322n
*Lasker-Schüler 1921* 225n, 464c
*Laue 1920a* 53n
*Laue 1920b* 53n
*Laue 1921a* 365n
*Laue 1921b* 364n
*Laue 1921c* 364n
*Lavsky 1996* 113n
*Lavsky 2000* 169n, 189n
*Le Verrier 1859* 261n
*League of Nations 1926* 18n
*Lehmann-Russbüldt 1922* 31n, 60n, 266n
*Lenard 1921* 364n, 399n
*Levin 1996* 385n
*Levy and Murphy 1980* 182n
*Lewis 1919* 94n
*Lewis 1920* 94n
*Lipstadt 1978* lviin, 90n
*Loeb 1924* 230n
*Loewe 1921* 176n
*Lohmeier and Schell 2005* 134n, 135n, 139n, 230n, 233n, 236n, 282n, 284n, 286n, 309n, 338n, 341n, 366n, 383n, 489n, 506n
*Lohuizen 1919* 322n
*Lorentz 1920* 231n
*Lorentz 1927* 351n
*Lorentz et al. 1920* 59n, 150n, 277n, 472c, 473c, 474c, 477c, 479c, 483c, 485c, 486c, 488c
*Lorentz et al. 1922* 260n, 277n, 488c
*Lorentz et al. 1923* 150n
*Löwy 1920* 339n
*Ludwig 1920* 456c
*Luther 1913* 214n
*Luz 1987* 284n

*Mach 1921* 213n, 219n
*Manning 1921* 470c
*McMeekin 2003* 268n, 283n
*Mehra and Rechenberg 2000* 83n
*Meyers Konversationslexikon 1892* 70n
*Michaud 1921* 167n, 208n
*Michelson 1904* 177n
*Michelson 1925* 177n, 228n, 377n
*Michelson and Gale 1925* lixn

*Millikan 1913* 359n
*Millman 2000* 59n
*Minkowski 1923* 364n
*Minkowski and Sponer 1923* 364n
*Moch 1921* 480c, 483c
*Mommsen 1996* 68n, 156n
*Morris 1956* 268n
*Mossek 1978* 305n
*Moszkowksi 1921* lixn
*Moszkowski 1921* 50n, 52n, 67n, 71n, 76n, 77n, 78n, 82n, 141n, 181n, 196n, 306n, 319n, 335n, 342n, 374n, 480c
*Müller, F. 1921* 328n
*Müller, H. 1962* 268n
*Münzenberg 1923* 280n
*Münzenberg 1931* 268n, 280n, 283n

*Nathan and Norden 1960* 44n, 151n
*Neilson 1952–1953* 319n
*Nernst 1921* 238n
*Newcomb 1895* 261n
*Newton 1898* 381n
*Niewyk 2001* 127n
*Nordmann 1921* 384n
*Nordmann 1922* 384n
*Nordström 1918* 59n

*O'Raifeartaigh and Straumann 2000* 317n
*Olivová 1972* 32n

*Painlevé 1921a* 355n, 369n, 478c
*Painlevé 1921b* 355n, 478c
*Pais 1982* lviiin, 317n
*Palmier 1995* 268n
*Panitz 1978* lviin, 323n
*Paschen and Back 1921* 322n
*Paschen and Götze 1922* 322n
*Pasquier 1921* 374n
*Pasquier 1922* 355n, 374n, 380n
*Pauli 1919* 360n
*Pauli 1921* 83n, 143n, 360n, 365n, 399n
*Pérot 1921* 183n
*Perrin 1919* 94n
*Picard 1921* 478c
*Piscator 2005* 280n
*Planck 1919* 80n
*Planck 1948* 400n
*Poincaré 1908* 29n
*Polányi 1920a* 364n

*Polányi 1920b* 364n
*Polányi 1920c* 364n
*Polányi 1920d* 364n
*Polányi 1920e* 364n
*Polányi 1921* 364n
*Popper-Lynkeus 1925* 425c

*Ramsauer 1921* 364n
*Rapports 1923* 207n
*Ratnoff 1921* 105n, 454c
*Rayleigh 1916* 309n
*Reichenbach 1921a* 313n
*Reichenbach 1921b* 102n
*Reichinstein 1935* 223n
*Reichs-Gesetzblatt 1919* 204n
*Reinharz 1985* 126n
*Reinharz 1993* lviin
*Reissner 1920* 132n
*Renn and Sauer 2003* lixn, 7n
*Renn et al. 1997* 7n
*Report 1921* 323n
*Rey 1937* 300n
*Riesenberger 2002* 252n
*Ringer 1969* 127n
*Riss 2000* 281n
*Rogger 2005* 211n, 306n, 345n, 346n
*Rolland 1920* 111n
*Röntgen 1913* 191n
*Röntgen 1921* 191n
*Rose 1986* lviin
*Rosenbloom 1921* 169n, 176n
*Roseveare 1982* 261n
*Roth 2002* 448c
*Rowe 2006* 41n, 52n
*Rugel 1921* 298n

*Sabbata and Schmutzer 1983* 317n
*Sackur 1914* 248n
*Sauer 2007* lixn, 24n, 271n, 396n
*Sauer 2008* 7n, 8n
*Schidorsky 1999* 176n
*Schindler 1988* 291n
*Schlick 1918* 140n
*Schlick 1920* 231n
*Schlick 1921* 245n
*Schmidt 1920* 459c, 477c, 480c
*Schmidt 1921* 470c, 480c
*Schulz and Schwarz 1995* 231n, 465c
*Schwarzschild 1916* 11n

*Seelig 1956* 249n
*Seifert 1984* 284n
*Selety 1914* 398n
*Shara 1989* 8n
*Shedletzky and Sparr 1989* 291n
*Silberstein 1914* 59n
*Silberstein 1921* 177n, 377n
*Slosson 1920* 231n
*Soldner 1801* 364n, 399n
*Sommerfeld 1915a* 251n
*Sommerfeld 1915b* 251n
*Sommerfeld 1916* 251n
*Sommerfeld 1920* 143n, 322n
*Sommerfeld 1921a* 213n
*Sommerfeld 1921b* 143n, 246n, 321n, 322n, 351n
*Sommerfeld 1921c* 143n
*Sommerfeld 1921d* 143n
*Sommerfeld 1921e* 143n
*Sommerfeld 2004* 212n, 219n, 243n, 291n, 307n
*Sommerfeld and Heisenberg 1922* 322n
*Specht 2006* 291n
*Sponer 1923* 364n
*St. John 1917* 326n, 327n
*St. John and Nicholson 1921* 343n
*Stachel 2002* lviiin, 351n
*Stark 1905* 308n, 351n
*Stark 1921* 143n
*Stern 1999* lviin
*Stifter 2006* 30n, 36n
*Ströle-Bühler 1991* 291n
*Szende 1921* 479c
*Szporluk 1981* 45n

*Takamine and Kokubu 1919* 143n
*Talmey 1932* 455c
*Tauschinsky and Dongen 2008* lixn
*Teichova 1988* 32n
*Todesco 1922* 330n, 476c, 477c

*Ulitzur 1946* 90n
*UNSCOP 1947* 305n
*Urofsky 1974* lviin
*Urofsky and Levy 1991* lviiin, 90n, 170n, 176n, 178n

*Verhandlungen 1921* 328n
*Verhandlungen des Reichstages* 299n, 300n

*Verhey 2000* 239n
*Verordnung 1920* 19n
*Vietor-Engländer 1994* 120n

*Wagner 1920* 235n
*Warburg et al. 1922* 352n
*Warschauer 1995* 113n, 124n
*Wasserstein 1977a* lviin, 90n, 101n, 109n, 112n, 126n, 133n, 179n, 225n, 305n, 323n, 441c, 466c
*Wasserstein 1977b* 360n
*Wasserstein 1978* 174n
*Wasserstein 1991* 305n
*Wazeck 2005a* 208n
*Wazeck 2005b* lixn
*Webster 1919* 161n
*Webster 1920* 161n
*Weitzenböck 1920a* 118n
*Weitzenböck 1920b* 118n
*Weitzenböck 1921* 118n
*Weizmann 1949* lviin, lviiin, 441c
*Weyl 1918a* 260n, 277n, 317n, 359n, 381n, 382n, 391n
*Weyl 1918b* 150n, 334n
*Weyl 1918c* 98n
*Weyl 1919* xlviiin, 22n, 277n
*Weyl 1920* 382n
*Weyl 1921a* xlviiin, 26n
*Weyl 1921b* 432c
*Weyl 1922* 382n
*Weyland 1920* 53n
*Whitehead 1919* 231n
*Whitehead 1920* 231n
*Wiedenhoeft 1985* 32n, 204n
*Wien 1909* 236n
*Wien 1919* 308n
*Wien 1921* 308n
*Wien 1927* 236n
*Wills 1935* 179n
*Wilson 1910* 235n
*Wirtinger 1922* 118n
*Wolters 1987* 213n
*Wulf 1921* 102n
*Wünsch 2000* 329n
*Wünsch 2005* 317n

*Yerkes 1920* 230n

*Zangger 1920* 22n
*Zangger 1924* 357n
*Zierold 1968* 158n
*Zschimmer 1920* 295n

# 译后记

感谢清华大学人文学院科学史系张卜天教授的举荐,特别是湖南科学技术出版社编辑吴炜女士的信赖,同时也出于对爱因斯坦这位伟大科学家的崇敬,以及对自己理解能力和翻译能力的挑战,我们(夫妇俩)于2015年承担了《爱因斯坦全集》第十二卷的翻译工作。

我们深知,《爱因斯坦全集》翻译工作繁难而又意义重大,要求译者具备自然科学及科学史专业知识和丰富的翻译经验。就此而言,我们并非最合适的译者人选,我们只是懂点德语和英语,有一些粗浅的翻译经验,所以只能凭着自己"大无畏的"挑战精神,怀着诚惶诚恐的心情完成本卷的翻译工作。尽管如此,我们还是竭尽所能,克服了种种困难,履行了译者的职分,惟愿没有太过唐突伟人。我们原计划在完成本卷翻译之后,继续进行第十三卷的翻译,但由于工作压力大,时间不允许,只能完成本卷。我们为此深表歉意,同时也预祝《爱因斯坦全集》后续各卷都能顺利完成。

本卷书信的主要内容和特点在英文编者撰写的卷首序言里已有十分专业的论述,无需译者此处再作赘言。有时候,一部作品,可能除了作家自己和书稿编辑之外,译者或许是最忠实细致的读者了。译者理应是最善解人意的"文化苦力",所以也极易深深地走入作者的内心世界及其行诸笔端的那个独特世界,并为之感动。对于身为70后的两位译者而言,爱因斯坦首先是以一代科学巨擘的光辉形象出现在我们的教科书中。尤其令人印象深刻的是,他不修边幅,走路时因陷入对科学问题的沉思而撞上电线杆——这是我们高中英语课文里的爱因斯坦。在翻译本书的过程中,我们作为读者对爱因斯坦有了更深、更多样的认识。

在本卷里,与科学问题相关的往来信函只有40多封,占比仅十分之一强,从而我们眼前1921年的爱因斯坦,他的官方身份虽然是"奔忙得像一只兔子,不得不抓紧每分每秒"的德国威廉皇帝物理研究所所长,但更多时候,爱因斯坦的形象是这样的:一位穷困而节俭的普通人,一位有些冷酷的前夫,一位可爱的丈夫,一位对孩子们关爱有加却因无暇陪他们过圣诞节而愧疚不已的父亲,一位颇有爱心的亲人(作为儿子、女婿、继父等),一位出色的小提琴演奏家,一位友善而乐于提携后进的朋友和同事,一位坚定的和平主义者,一位愿意救济俄国的饥饿工人却又不想跟任何政治组织有瓜葛的好心人,一位"偶然"住在德国的瑞士公民,一位支持犹太复国主义运动的热心人,一个被其同胞视为"叛逆者"的犹太人——他竭力为同胞的文化教育事业出力,却又不想与狂热的犹太民族主义者站在一起,结果"遭到犹太人和非犹太人的各种抗议"……与很多名人一样,成名之后的他"不得不像一头用于发奖的公牛,被牵到各处去展览;不得不在大大小小的集会上无数次地发言;不得不举办无数次的科学讲演"。

在书信作为主要通讯手段的时代,或许除了极少数别有用心的人,绝大多数写信人诉诸笔端的都是他们的真情实感,收信人往往也是唯一的预期读者,因为其中含有某些不宜为外人所知的信息。作为译者,在阅读和翻译爱因斯坦这些信件时,往往会产生如同窥探他人隐私的那种令人震撼的、颠覆性的感觉——凡人所有的一切习性和伟人所有的一切美德他都具备。写于一百年前的这些书信所呈现出的丰富而复杂的内心活动和精神世界,让我们看到了一个有血有肉的普通人,他跟这个世界有着真正意义上的千丝万缕的联系或纠葛,他在艰难困顿的历史语境中为自己、为家人、为同胞、为这个世界孜孜不倦、殚精竭虑、苦苦挣扎——或许正因为他是智力超凡卓绝的爱因斯坦,我们更会设身处地,感同身受,为之动容。

普通读者可能大都会更关心爱因斯坦日常生活的样貌,从而会忽略那四十来封讨论科学问题的通信。而作为译者,我们为这部分翻译工作所付出的努力却更多。我们必须承认,我们确实无法从专业角度读懂这部分内容,只能理解其字面意思,所以我们的翻译目标是:尽可能完整、准确、流畅地传达作者所要表达的语义,让专业读者能够理解其中蕴含的科学或技术原理。为此,我们也满怀歉意地恳请专家学者们谅解,倘若我们作为物理学外行所给出的译文未能达到预期的效果。爱因斯坦有言曰:"只有从不探索的人,才一定不会犯错误。"愿读者们也能将我们这一部分译文视为一次"探索"。

本卷收录了爱因斯坦发出和收到的361封书信:其中349封出自1921年,另有12封出自其他年份,本该属于卷五、卷八、卷九和卷十。这些书简中,未有英译的104封德文书信,由莫光华译出,另有4封法文信件,是译者请西南交通大学法俄系的温杨博士和成蕾博士翻译的——我们再次感谢两位同事的鼎力相助。其余253封有英译的书信和英文注释以及本书其余内容,均由赵蓉翻译。

在本书清样于2017年初出来之后,本该由我们自己完成的校阅工作,由于时间上的原因而不得不通过出版社移交给中国科学院国家天文台研究员邹振隆先生,从而确保了它在专业上的可靠性。在此我们向邹振隆先生表示由衷的感谢,感谢他对译稿的精心校勘。此外,张卜天教授也曾给予我们很大的帮助,我们在此也向他深表谢意。本书的索引由王家俊整理编排。我们更要感谢本书责任编辑吴炜女士多年来的辛勤工作,尤其是她对于我们的真诚理解和支持。

译者在本月初收到付梓前的书稿之后,又匆匆浏览了一遍正文部分,对个别明显的问题进行了校订。尽管如此,书中必定还隐藏着这样那样的错漏或不当之处,凡此种种的文责皆由译者自己承担。最后,我们也向所有会对本卷译文可能存在的问题提出批评和建议的广大读者预致衷心谢意。

莫光华　赵　蓉
2020 年 6 月 23 日
成都,西南交通大学

## 图书在版编目(CIP)数据

爱因斯坦全集. 第十二卷/(美)阿耳伯特·爱因斯坦著；莫光华主译. —长沙：湖南科学技术出版社，2020.11
书名原文：The Collected Papers of Albert Einstein Vol.12
ISBN 978-7-5710-0002-8

Ⅰ. ①爱… Ⅱ. ①阿… ②莫… Ⅲ. ①爱因斯坦（Einstein, Albert 1879—1955）—全集 Ⅳ. ①Z471.2

中国版本图书馆 CIP 数据核字(2018)第 269770 号

The Collected Papers of Albert Einstein Vol.12
Copyright © 2009 by The Hebrew University of Jerusalem
No part of this book may be reproduced or transmitted in any form or by any means, electronic or mechanical, including photocopying, recording or by any information storage and retrieval system, without prior written permission of the Publisher.
All Rights Reserved
湖南科学技术出版社独家获得本书简体中文版中国大陆出版发行权。
著作权合同登记号：18-2013-422

AIYINSITAN QUANJI DI SHIER JUAN
爱因斯坦全集 第十二卷

著　　者：(美)阿耳伯特·爱因斯坦
主　　译：莫光华
审　　校：邹振隆
责任编辑：吴　炜　孙桂均　李　蓓　杨　波
文字编辑：陈一心
出版发行：湖南科学技术出版社
社　　址：长沙市湘雅路 276 号
　　　　　http://www.hnstp.com
湖南科学技术出版社天猫旗舰店网址：http://hnkjcbs.tmall.com
印　　刷：长沙超峰印刷有限公司
厂　　址：宁乡市金洲新区泉洲北路100号
邮　　编：410600
版　　次：2020 年 11 月第 1 版
印　　次：2020 年 11 月第 1 次印刷
开　　本：787mm×1092mm　1/16
印　　张：44.75
字　　数：828 千字
书　　号：978-7-5710-0002-8
定　　价：298.00 元

（版权所有·翻印必究）